# HISTOIRE

DE LA

# RÉVOLUTION

## FRANÇAISE

PARIS. — IMP. SIMON RAÇON ET COMP., RUE D'ERFURTH, 1.

# HISTOIRE

## DE LA

# RÉVOLUTION

## FRANÇAISE

### PAR M. LOUIS BLANC

—

TOME DOUZIÈME

## PARIS

| PAGNERRE | FURNE ET Cᴵᴱ |
|---|---|
| LIBRAIRE-ÉDITEUR | LIBRAIRES-ÉDITEURS |
| RUE DE SEINE, 18 | RUE SAINT ANDRÉ-DES-ARTS, 45 |

1862

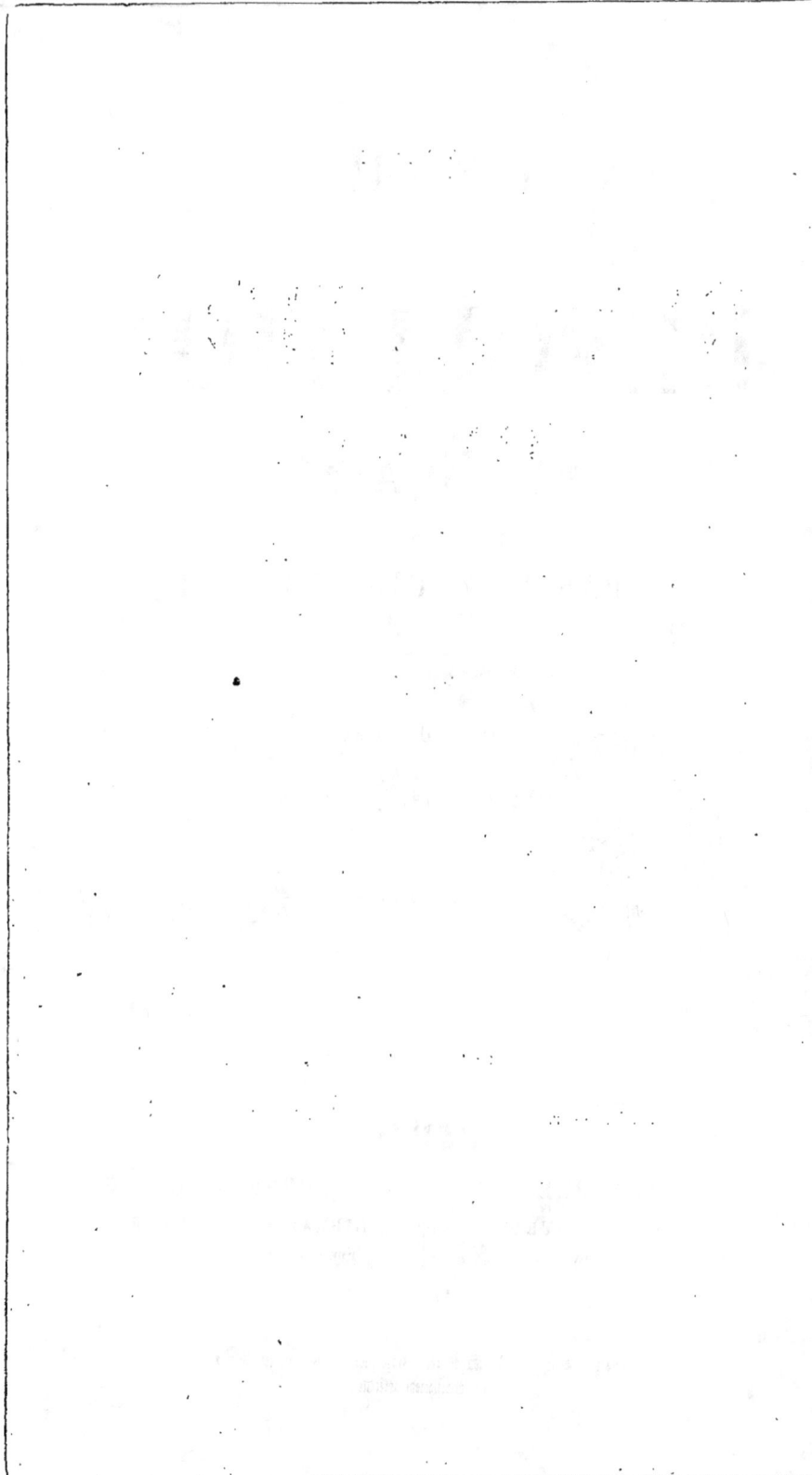

# AVIS AU LECTEUR

---

Chateaubriand dit, t. III, p. 191, de ses *Mémoires d'Outre-Tombe :*

« Dans les histoires de la Révolution, on a oublié de placer le tableau de la France extérieure auprès du tableau de la France intérieure, de peindre cette grande colonie d'exilés, variant son industrie et ses peines de la diversité des climats et de la différence des mœurs des peuples. »

Ce que, dans les histoires de la Révolution, on a aussi oublié de donner au lecteur, c'est un récit détaillé des intrigues, des menées de toute espèce et des dissensions intestines de cette *France extérieure* dont parle Chateaubriand.

Nous avions de la sorte une double lacune à remplir, et, comme cette partie de l'histoire de la Révolution était secrète de sa nature; comme elle se trouvait nécessairement confinée dans des correspondances mystérieuses, dans des papiers soustraits avec soin au grand jour de

A

la publicité, nous désespérions de pouvoir, faute de documents, compléter notre tâche, lorsqu'en poursuivant nos recherches nous avons eu cette bonne fortune de mettre la main sur une masse énorme de manuscrits, se rapportant tous à l'objet même de nos investigations.

Ces manuscrits, que possède le British Museum et qui ont été mis à notre disposition, sont les Papiers de Puisaye.

C'est une collection des lettres originales et papiers relatifs aux affaires des royalistes français depuis l'année 1793 jusqu'à l'année 1825.

Le lecteur aura une idée de l'importance historique de cette collection, quand nous aurons dit qu'elle ne comprend pas moins de cent dix-sept volumes de divers formats et de diverses grandeurs.

Parmi les documents originaux et manuscrits qu'elle renferme, nous indiquerons les suivants. Ils suffiront pour faire apprécier la valeur des sources où il nous a été donné de puiser :

*Correspondance avec Louis XVIII, Monsieur* (depuis Charles X), *le prince de Condé, le prince de Bourbon;*
*Correspondance avec les ministres royalistes,* 1794-1824;
*Instructions et dépêches officielles des ministres anglais,* 1795-1796;
*Lettres de M. Windham et de son secrétaire, M. Woodford,* 1794-1809;
*Lettres de MM. Pitt, Dundas, Huskisson, Perceval et autres personnages officiels;*
*Correspondance des agents royalistes employés par le gouvernement anglais,* 1794-1808 ;
*Registre du Conseil général de Bretagne;*
*Correspondance des Commissaires généraux royalistes en Bretagne,* 1796-1798;
*Lettre du Conseil général de Bretagne et des officiers royalistes au roi, à Monsieur, et au comte de Puisaye,* 1795-1797;

*Correspondance du général Humbert avec M. Boishardy,* 1795;

*Correspondance des généraux Georges Cadoudal et Mercier,* 1795-1798;

*Correspondance des principaux officiers des armées du Poitou et de la Vendée,* 1795-1798;

*Correspondance de l'abbé Bernier,* 1796-1798;

*Correspondance du comte d'Entraigues;*

*Correspondance des agents royalistes dans Nantes,* 1795-1797;

*Correspondance des agents employés par le roi de France en France et en Suisse,* 1794-1797;

*Rapports et narrations relatifs à l'affaire de Quiberon,* etc...

Est-il besoin de dire combien le caractère intime de ces documents ajoute à leur intérêt philosophique et historique? On y prend, en quelque sorte, la vérité sur le fait; on y voit les intentions secrètes, les plaies honteuses et le jeu des ressorts cachés; on y surprend les acteurs de la comédie humaine dans le déshabillé de leurs passions; on y est comme dans les coulisses de l'Histoire.

Veut-on une preuve frappante du prix qu'on doit attacher à de pareils matériaux? Puisaye a publié ses *Mémoires* en six volumes : eh bien, le récit qu'il fait, dans ses Mémoires *imprimés*, de l'expédition de Quiberon, diffère du tout au tout, sur plusieurs points importants, des comptes rendus *manuscrits* adressés, soit par lui, soit en son nom, par son aide de camp, le marquis de la Jaille, au gouvernement anglais! D'où il résulte que les historiens qui ont pris pour guide, dans le récit du désastre de Quiberon, le Puisaye des *Mémoires imprimés* — et tous sont dans ce cas — se trouvent avoir suivi un guide décidé à les égarer.

Le lecteur remarquera que, dans plusieurs chapitres de ce volume, nous nous sommes appuyé de l'autorité du comte de Vauban.

Le livre de lui publié sous ce titre : *Mémoires pour servir à l'histoire de la guerre de la Vendée, par le comte de ***,* peut-il être classé parmi les sources authentiques?

Puisaye, dans ses Mémoires *imprimés*, met en doute que le comte de Vauban, qui joua un grand rôle dans l'expédition de Quiberon, soit l'auteur du livre qui vient d'être cité, « quoiqu'il soit manifeste, ajoute-t-il, qu'une partie n'a pu être rédigée que sur des notes qu'on aura trouvées dans ses papiers. »

On va voir tout à l'heure comment le Puisaye des Mémoires *imprimés* est réfuté à cet égard par le Puisaye des *documents manuscrits.* Le savant bibliophile, M. Quérard, faute d'avoir connu ces documents, a été amené à dire, après avoir cité le passage ci-dessus : .

« M. de Puisaye était bien près de la vérité. Voici ce que le respectable M. de Montvéran raconte de ce livre, dans ses souvenirs personnels, encore inédits : « Le comte de Vauban, qui s'était gravement compromis dans les menées vendéennes, était en état d'arrestation. Il rédigea, dans sa prison, des Mémoires apologétiques de la guerre de la Vendée. Avec ou sans permission, son manuscrit lui fut enlevé et fut communiqué au chef de l'État. Napoléon, qui désirait de tout son cœur la pacification de la Vendée, vit qu'on pourrait tirer un grand parti de ces Mémoires, écrits par un des hommes les plus dévoués à la cause des Vendéens, en y faisant toutefois des altérations que la politique réclamait. Une proposition d'élargissement fut faite au comte de Vauban, à condition qu'il abandonnerait son manuscrit, et la proposition fut acceptée par lui. Les Mémoires du comte de Vauban furent remis à Alphonse de Beauchamps, qui les arrangea d'après les instructions qu'il avait reçues et compromit par là le nom de Vauban parmi les royalistes. »

Le livre du comte de Vauban, après avoir été publié

sous l'Empire, l'ayant été de nouveau sous la Restauration, il est difficile de comprendre qu'un homme, dans la position du comte de Vauban — à part même son caractère — se fût déshonoré au point de laisser paraître sous son nom un écrit où on lui aurait fait voir ce qu'il n'aurait pas vu, dire ce qu'il n'aurait pas dit, et insulter ce qu'il aurait respecté. Les royalistes, cependant, n'ont rien négligé pour accréditer cette opinion, intéressés qu'ils étaient à jeter des doutes sur l'authenticité d'un livre où les misères de leur parti étaient inexorablement mises au jour par un des leurs. Puisaye lui-même, dans ses Mémoires *imprimés*, fait semblant de croire que le comte de Vauban n'est pas, à tout prendre, l'auteur du livre en question.

Or, en ceci, Puisaye trahit, de propos délibéré, la vérité, que, mieux que personne, il connaissait; car nous avons trouvé, tracée de sa main, l'histoire de la publication du livre de Vauban, dans une lettre de lui à lord Boringdon, lettre en date du 15 septembre 1811. La voici reproduite textuellement. (ce que nous avons mis entre parenthèses indique les mots que Puisaye a rayés dans son manuscrit, et ce que nous avons écrit en italique indique les mots que Puisaye a ajoutés) :

« Comme l'ouvrage du comte de Vauban contient, sur le compte des princes français personnellement, des réflexions et des faits que j'ai toujours pris soin d'attribuer (dans mes écrits) uniquement à leurs misérables conseillers, et comme j'ai eu trop de preuves de l'honneur de ce brave officier, pour ne pas être certain qu'il ne les aurait jamais publiés *sous cette forme* s'il n'y avait pas été forcé, je dois vous demander la permission de vous donner quelques détails sur les événements qui ont produit cette publication.

« A mon retour du Canada, au temps de la dernière paix, soit que Bonaparte pensât qu'en m'attirant en

France il priverait les princes français d'un homme
pour qui les royalistes de l'intérieur n'avaient pas cessé
de manifester leur confiance, soit que, me jugeant d'après
la masse des courtisans de Louis XVIII qu'il avait facilement gagnés, il espérât de trouver en moi un instrument
servile de sa haine contre l'Angleterre, il me fit faire,
par Otto, les offres les plus séduisantes pour (m'attirer à
lui) m'engager à rentrer en France. Le choix des dignités et des emplois dans l'armée, ou dans l'administration, ou dans l'une et l'autre à la fois (me fut) m'était
donné. M. Windham connut ces ouvertures ainsi que
ma réponse, qui fut un refus (formel) honnête, mais
formel.

« La guerre ne tarda pas à se rallumer. Mon ami, le
comte de Vauban, que j'avais perdu depuis six ans de
vue (et qui était alors en Russie) profita de quelques décrets pour recouvrer ses propriétés; mais, à son arrivée
en France, il fut arrêté et ses papiers saisis. Parmi ces
papiers était un journal exact *écrit pour se rendre compte
à lui-même* de (tout) ce qu'il avait vu, fait, et pensé depuis le commencement de la Révolution. Bonaparte exigea la publication de tout ce qui *dans ce journal* était
relatif aux princes français et à moi. Vauban s'y refusa
(et persista courageusement) pour ce qui concernait les
princes, et persista dans son refus jusqu'à ce que, jeté
dans un cachot (au Temple) et les instruments de torture
apportés devant lui, on lui donna le choix de la liberté
et de la restitution de tous ses biens, ou de la question
ordinaire et extraordinaire et de la mort. Il crut faire
une *sorte de* composition (avantageuse) en obtenant que
du moins le titre de l'ouvrage ne porterait que l'initiale
de son nom, ce qui lui fut d'autant plus facilement accordé, que, comme il parle toujours de lui-même à la première personne, il n'y a pas une ligne qui puisse être
attribuée à un autre qu'à lui.

«Bonaparte, pour me prouver, *comme je l'ai su*[1]...que ses intentions à mon égard n'avaient point varié et que ma conduite en Angleterre ne me serait pas reprochée, ordonna que l'on insérât dans le cours de l'ouvrage un grand nombre de (des extraits des) passages de mes Mémoires où mes opinions *à l'égard de cette Puissance* sont conformes à celles énoncées par le comte de Vauban. Le livre, ainsi rédigé, fut imprimé au nombre de dix mille exemplaires en français et à un nombre très-considérable dans toutes les langues du continent. Les exemplaires qui sont parvenus en Angleterre ont été achetés chez les libraires par ordre des princes français et jetés au feu. Celui que j'ai l'honneur de vous confier, Mylord, avec un autre qu'a, je crois, le général d'Allègre, sont parvenus par une voie particulière; ils n'ont été communiqués qu'à une ou deux personnes, car, quelque injustes qu'aient été les princes français à mon égard, si je n'ai pas pour leurs personnes l'affection qu'ils n'ont pas voulu m'inspirer, j'ai, pour leur rang, pour leurs malheurs, et pour moi-même, le respect qu'il ne dépend pas d'eux de m'ôter[2]. »

La « question ordinaire et extraordinaire » étant abolie en France lorsque l'Empire fut établi, il est assurément fort peu probable que, pour forcer le comte de Vauban à faire ce qu'on désirait de lui, on ait étalé sous ses yeux les « instruments de torture. » Ceci est apparemment un détail imaginé par Puisaye pour rendre d'autant plus odieuse la contrainte à laquelle son ami fut soumis, et pour expliquer la faiblesse avec laquelle il céda.

Quoi qu'il en soit, ce que prouve la lettre ci-dessus, c'est que le comte de Vauban est bien, en effet, l'auteur

---

[1] Ici un mot illisible. — Note de M. Louis Blanc.
[2] *Puisaye papers*, vol. VIII. — Manuscrits du British Muséum.

de ce livre dont tant de gens étaient intéressés à nier l'authenticité. Napoléon força le comte à publier ce qui n'était pas destiné à la publicité; il le força, en outre, à grossir son ouvrage d'un grand nombre de passages, tirés des *Mémoires de Puisaye;* mais *la contrainte ne porta que là-dessus.* Le livre de Vauban doit donc être classé parmi les documents qui appartiennent au domaine de l'Histoire. Et c'est là un document d'autant plus précieux, d'autant plus digne de foi, qu'il consiste, selon l'expression de Puisaye, dans un journal exact que Vauban écrivit *pour se rendre compte à lui-même* de tout ce qu'il avait vu, fait et pensé depuis le commencement de la Révolution. Où trouver la vérité, si on ne la cherche pas dans des pièces de ce genre? Car enfin, on ne prétendra pas qu'un homme écrive un livre uniquement pour se mentir à lui-même!

Nous n'en dirons pas davantage: ce qui précède suffira, nous l'espérons, pour mettre le lecteur en état de juger que nous avons mis un soin particulier à recourir aux sources et que nos assertions ne manquent d'aucun des caractères qui appellent la confiance du public et la justifient.

# HISTOIRE
# DE LA RÉVOLUTION
## FRANÇAISE

# LIVRE QUATORZIÈME

## CHAPITRE PREMIER

### LA COALITION DISSOUTE

La Coalition frappée au cœur. — A qui appartenait l'honneur de l'avoir rendue impuissante. — Cette impuissance proclamée par Fox. — La Coalition condamnée par le sentiment des peuples. — Sacrifices que la guerre avait coûtés aux Anglais. — Subsides demandés par l'Autriche. — Mauvaise foi de la Prusse, révélée par les débats du parlement anglais. — Motifs de la Prusse pour se détacher de la Coalition. — Mésintelligence entre la Prusse et l'Autriche. — Haugwitz. — Hardenberg. — Impulsion donnée par le premier. — Manœuvres diplomatiques du second. — Politique du Cabinet de Vienne ; Thugut ; Colloredo. — Les trois colléges de l'Empire se déclarent pour la paix, avec le roi de Prusse pour médiateur. — Irritation sourde et embarras de l'Autriche. — Le comte de Goltz chargé de négocier la paix. — Instructions rédigées par Haugwitz. — Premières difficultés écartées. — Le négociateur français Barthélemy à Bâle. — Questions à résoudre. — Invasion de la Hollande par les Français. — Causes historiques des sympathies qu'ils y excitent. — Le parti anglais et le parti français en Hollande.

Le but héroïque assigné à l'action de la France sur le monde; son génie guerrier mis au service des droits, non du *Français*, mais de l'*homme;* — ses ressources immenses, maniées avec une vigueur sans exemple; — dans le peuple, une intrépidité, un élan, un mépris de la mort, une aptitude à souffrir, une certitude de vaincre, impossibles à surpasser, presque impossibles à comprendre, et, dans ceux qu'il voulut à sa tête, une foi profonde, une volonté de granit, la faculté de créer des prodiges à force de compter sur des prodiges, une audace enfin, une audace que rien n'étonna, que rien n'arrêta, qui n'hésita devant rien, voilà ce qui avait rendu, dès la fin de 1794, le maintien de la Coalition absolument impossible. Mais, quoique la gloire d'avoir réduit la Coalition à la nécessité de se dissoudre appartînt aux membres de l'ancien Comité de Salut public, ce fut le parti thermidorien qui profita du résultat et en eut l'honneur. Il moissonna sans effort ce qu'avaient ensemencé, au prix de leur repos et de leur vie, ceux-là mêmes qu'il assassina. L'Histoire est pleine de ces arrêts moqueurs de la fortune.

Le 21 janvier 1795, Fox disait, dans la Chambre des Communes d'Angleterre : « On a voulu forcer la France à changer le système qu'elle a adopté. L'épreuve s'est terminée en sa faveur, et a certes duré assez longtemps pour convaincre tous les membres de la Coalition, l'Angleterre exceptée, de l'inutilité de toute tentative ultérieure [1]. »

Et en effet, au moment où Fox tenait ce langage, la France, de nation à conquérir, était devenue nation conquérante ; et la République, franchissant les frontières, s'avançait, l'épée à la main, sur le territoire ennemi.

Encore si les gouvernements en guerre avec le peuple français n'avaient eu d'autre sujet de découragement que ses continuelles victoires ! Mais ce qui les troublait autant que leurs défaites, c'était l'aversion, hautement avouée, de leurs sujets pour une lutte de laquelle ceux-ci ne recueillaient que honte au dehors et misère au dedans. D'un bout de l'Europe à l'autre, ce n'étaient que plaintes amères sur cet embrasement prolongé du monde, sur l'égoïsme des rois, sur leur acharnement inhumain, et aussi sur la folie des peuples, imbéciles troupeaux qui se laissaient traîner à l'abattoir pour le soutien d'une cause qui était celle de leurs tyrans. « C'est contre nous-mêmes que nous allons combattre, » disaient tout haut, en marchant contre la République française, ces milliers de soldats plébéiens que la Coalition envoyait à la mort [2].

[1] *Annual Register*, vol. XXXVII, p. 170.
[2] Ceci est reconnu par les écrivains anglais eux-mêmes : « The inferior

Et ce n'était pas seulement le peuple qui, partout, maudissait cette affreuse guerre : même dans les classes moyennes, même dans les couches les plus hautes de la société, elle faisait horreur à beaucoup. Tant elles étaient contagieuses, ces maximes de liberté politique et religieuse dont la France était l'apôtre armé [1] !

D'un autre côté, les gouvernements n'étaient pas unanimes contre elle. Si ses voisins, en même temps qu'ils craignaient ses principes, redoutaient sa puissance, il n'y avait pas de raison pour que les États éloignés sacrifiassent à cette double peur leurs intérêts les plus chers. Aussi la Coalition n'avait-elle pu parvenir à entraîner dans son tourbillon ni le Danemark, ni la Suède. La Suisse même, quoique à nos portes, avait cherché son salut dans sa neutralité. Quant à la Russie, animée contre la Révolution française d'une haine platonique, elle se tenait à l'écart. Restaient donc, pour faire face à la France, l'Angleterre, l'Autriche, la Prusse, les petits États d'Allemagne, la Hollande, la Sardaigne, l'Espagne. Nous avons déjà raconté comment cette Coalition formidable fut vaincue ; nous allons dire comment elle fut dissoute.

Les chiffres suivants donneront une idée de ce que la guerre contre la France avait coûté aux Anglais d'efforts et de sacrifices.

Au commencement de la guerre, le nombre des matelots anglais était de seize mille seulement, et, en janvier 1795, il ne s'élevait pas à moins de quatre-vingt quinze mille [2] !

Le 21 janvier 1795, une armée de cent cinquante mille hommes, comprenant les troupes régulières, la

---

ranks, throughout all Europe, reprobated the Coalition against the French Republic, and styled it the war of kings against the people. » *Annual Register*, vol. XXXVII, p. 146.

[1] *Annual Register*, vol. XXXVII, p. 146, 147.

[2] Déclaration de M. Dundas à la Chambre des Communes, *Annual Register*. vol. XXXVII, p. 167. ?

milice et les nouvelles levées, était jugée suffisante pour
la protection du royaume, et, un mois après, le 23 février, le montant des forces absolument requises pour
l'année courante était évalué, dans un tableau mis sous
les yeux de la Chambre des Communes, à cent mille matelots, cent vingt-cinq mille hommes de troupes régulières, soixante-six mille miliciens et quarante mille
hommes à répartir entre l'Irlande et les Indes occidentales, sans compter les volontaires, les soldats étrangers
à la solde de l'Angleterre, et les émigrés français qu'elle
avait enrégimentés : ensemble de forces, dont l'entretien
était déclaré devoir coûter vingt-sept millions cinq cent
quarante mille livres sterling, ou six cent quatre-vingt-
huit millions cinq cent mille francs [1].

Ce n'est pas tout : ces alliés que Pitt, avec une ardeur
si passionnée, cherchait contre la France, il fallait les
payer, et très-cher. La Prusse avait reçu des subsides;
c'était l'Autriche, maintenant, qui en demandait. Lorsque les Autrichiens s'étaient retirés sur la Meuse, forçant ainsi l'armée anglaise à défendre la Hollande, ce
mouvement rétrograde n'avait eu d'autre but que d'inquiéter le Cabinet de Londres et de lui arracher de l'argent [2].

Mais Pitt n'était pas homme à marchander le triomphe
de sa haineuse politique : le 4 février 1795, il courut
porter à la Chambre des Communes un message du roi,
relatif à un emprunt de quatre millions de livres sterling que sollicitait l'empereur d'Autriche, moyennant
quoi il promettait de mettre sur pied deux cent mille
hommes [3].

Étranges furent les révélations qui sortirent des débats
du parlement anglais ! Le ministre dut avouer que les

[1] *Annual Register*, vol. XXXVII, p. 178.
[2] *Mémoires tirés des papiers d'un homme d'État*, t. III, p. 86.
[3] *Annual Register*, vol. XXXVII, p. 175.

douze cent mille livres sterling que l'Angleterre avait avancées au roi de Prusse pour combattre la France, avaient été employées par ce monarque à s'approprier la Pologne [1].

C'était là une arme terrible dans les mains de l'Opposition ; et Fox, appuyé par Shéridan, sut la manier avec son habileté ordinaire. La conduite du roi de Prusse n'était-elle donc pas une leçon assez claire et assez rude? Fallait-il une seconde fois exposer l'Angleterre à l'humiliation de servir de jouet aux despotes allemands? Fallait-il lui donner une seconde fois le chagrin de voir son or, non-seulement détourné frauduleusement de l'emploi convenu, mais employé à l'exécution de projets odieux? Pitt, qui représentait les passions nationales dans ce qu'elles ont de plus étroit et par conséquent de plus fougueux, Pitt insista, et la motion de Fox pour le rejet de l'emprunt fut repoussée, à la majorité de cent quinze voix [2].

Pendant ce temps, que faisait la Prusse? Pour bien apprécier son rôle, il faut reprendre les choses de plus haut.

Les manœuvres diplomatiques de la Prusse pour se détacher de la Coalition avaient commencé dès le mois de septembre 1794, mais sans bruit, sans éclat, parce qu'avant de jeter le masque, le gouvernement de Berlin voulait toucher le dernier payement des subsides que lui fournissait l'Angleterre [3]! Cela s'appelle de l'habileté, dans le langage diplomatique, et, dans le langage ordinaire, un vol.

Pour ce qui est des motifs qui poussaient le roi de Prusse à se séparer de ses alliés, ils étaient nombreux et

[1] *Annual Register*, vol. XXXVII, p. 166.
[2] *Ibid.*, p. 166-174.
[3] Schlosser, *Histoire du dix-huitième-siècle* (traduction anglaise de Davison), t. VI, p. 605.

divers. Que lui avait rapporté son rôle d'Agamemnon ? Il voyait ses illusions châtiées, ses armées battues, son commerce ruiné, ses sujets mécontents, son trésor vide. Les Puissances maritimes lui reprochaient avec raison de n'avoir pas rempli ses engagements, après en avoir reçu le prix, et refusaient de soudoyer plus longtemps des troupes dont l'inaction les indignait. Il lui aurait donc fallu, pour continuer la guerre, la nourrir lui-même, et c'est ce que ne lui permettaient, ni l'état de ses finances, ni les embarras nés de la question de Pologne. En outre, l'alliance de l'Autriche ne lui apparaissait que comme un obstacle à l'essor des destinées de la Prusse, et il était loin de croire à la sincérité des sympathies du chef de l'Empire germanique. Il savait que la Cour de Vienne n'avait pas oublié la conquête de la Silésie, et qu'on y frémissait en secret de l'élévation récente de la maison de Brandebourg, élévation dont l'Autriche avait en partie payé les frais. L'Allemagne pouvait-elle avoir deux têtes? C'est ce qu'on ne croyait possible, ni à Vienne, ni à Berlin.

Des dispositions mutuelles des deux Cours, à cette époque, il sera facile de juger par ce trait, qui est caractéristique : quelques députés de Bade ayant demandé au général prussien Muhlendorf un sauf-conduit pour leurs fourgons, il répondit : « Eh! à quoi vous servirait-il? Les postes autrichiens n'en tiendraient compte[1]?»

A Paris, cette rivalité était bien connue, et les chefs du gouvernement résolurent d'en tirer parti pour arriver à éteindre, par une série de paix partielles, l'incendie qui dévorait l'Europe. Obtenir d'emblée une paix générale, ils ne l'espéraient pas et le désiraient à peine; car, à rappeler subitement dans l'intérieur un million d'hommes répandus tout le long des frontières, il y aurait eu

---

[1] Schlosser, *Histoire du dix-huitième siècle* (traduction anglaise de Davison), t. VI, p. 605.

peut-être quelque péril; mais traiter séparément et successivement avec les Puissances les moins hostiles, en commençant par la Prusse, voilà ce qui les tenta.

La froideur, très-égoïste, il faut le dire, des Comités de Paris pour la cause de l'infortunée Pologne et leur refus de la secourir n'eurent pas d'autre cause que le parti pris de ménager la Prusse, qui, de son côté, ne laissait échapper aucune occasion de se rapprocher de la France : témoin sa conduite à l'égard des prisonniers de guerre français, qui furent toujours bien traités par elle, tandis qu'ils étaient traités fort mal par l'Autriche, et plus mal encore par l'Angleterre [1].

Le ministère des affaires étrangères en Prusse était alors occupé par Haugwitz. Doué de talents très-contestés, sinon contestables, et d'une figure que Lavater trouva semblable à celle du Christ avant d'avoir découvert qu'elle appartenait à un homme de mœurs extrêmement relâchées, Haugwitz avait dû son crédit auprès de Frédéric-Guillaume II à la secte des Illuminés, qui avait su s'attacher ce prince; et il est à remarquer qu'il fut nommé ministre des affaires étrangères le 21 janvier 1793, c'est-à-dire le jour même de l'exécution de Louis XVI [2]. Sa tendance à pactiser avec la Révolution française lui vint-elle de cet esprit révolutionnaire qui, dans la secte des Illuminés, s'enveloppait des ombres du mysticisme? Ce qui est certain, c'est que Haugwitz fut le principal agent du système qui, par la paix dont nous racontons l'histoire, allait saper les fondements du vieil Empire germanique, tel que l'avaient fait les institutions religieuses du passé et le génie catholique.

Ce fut dans les premiers jours d'octobre 1795 que le Cabinet de Berlin arrêta de donner au corps germanique

---

[1] *Mémoires tirés des papiers d'un homme d'État*, t. III, p. 78 et 149.
[2] Voy. la Biographie universelle, art. Haugwitz.

l'impulsion pacificatrice [1]. Le terrain avait été déjà obscurément préparé : du côté de la Prusse, par un marchand de Kreuznach, nommé Schmertz, agissant sous l'impulsion de Muhlendorf, et, du côté de la France, par Bacher, agent moitié militaire, moitié diplomatique, à qui ses liaisons avec Mongelas, ami confidentiel des héritiers de Charles-Théodore et du duc des Deux-Ponts, donnaient de puissants moyens d'intrigue à Munich et dans quelques autres parties de l'Allemagne [2]. La mission confiée au prince de Hardenberg d'influencer, dans le sens de la paix, les cercles de Franconie et du Bas-Rhin, tandis que Bacher agirait sur le Palatinat et la Bavière [3], accéléra le triomphe de la politique prussienne.

Hanovrien, Hardenberg avait fait son noviciat dans l'administration de l'électorat de Hanovre ; et, bien que d'amères pensées dussent s'associer, dans son esprit, au souvenir de l'Angleterre, où il s'était vu enlever par l'héritier du trône sa femme, une des plus belles personnes de cette époque, il avait un penchant décidé pour les Anglais. Mais, recommandé par le duc de Brunswick à Frédéric-Guillaume II, et attaché par Frédéric-Guillaume II au service du margrave de Anspach-Bayreuth, les services mêmes qu'il avait eu occasion de rendre au roi de Prusse l'avaient rendu prussien avant tout. C'était en effet dans le temps où il dirigeait l'administration des provinces d'Anspach et de Bayreuth que la célèbre actrice française, mademoiselle Clairon, maîtresse du margrave depuis dix-sept ans, fut obligée de céder la place à Élisabeth Berkeley, veuve de lord Craven. Or lady Cra-

---

[1] *Mémoires tirés des papiers d'un homme d'État*, t. III, p. 87.

[2] Schlosser, *Histoire du dix-huitième siècle* (traduction anglaise de Davison), t. VI, p. 604.

[3] *Mémoires tirés des papiers d'un homme d'État*, t. III, p. 87. — On sait que l'homme d'État des manuscrits duquel ces Mémoires sont tirés n'est autre que le prince de Hardenberg.

ven voulait bien être la femme du margrave, mais non sa maîtresse : circonstance gênante pour la Prusse, à laquelle le margrave devait laisser ses domaines, s'il lui arrivait de mourir sans enfants légitimes. Pour que l'ambition de la Prusse ne fût pas frustrée, il fallait pourvoir au sort des enfants à naître du mariage de lady Craven avec le margrave. On eut recours à Hardenberg, qui résolut le problème à la satisfaction des deux parties, et qui, après la cession du margraviat en décembre 1791, continua de l'administrer au nom du roi de Prusse[1].

Au surplus, le prince de Hardenberg était un de ces diplomates courtisans pour qui la volonté du souverain fait loi : ce qui explique de reste la docilité avec laquelle il se prêta au succès d'une politique qui, si l'on en juge par ses propres Mémoires, ne fut pas celle de ses convictions[2].

Bientôt, grâce à lui, l'impulsion donnée par la Prusse aux petites Cours d'Allemagne eut l'effet espéré. Au fond, ce qui dominait dans cette vaste république de princes, c'était bien moins le désir de rétablir la monarchie en France que celui de mettre obstacle aux vues d'agrandissement qu'on supposait à l'Autriche[3]. De là le succès des manœuvres diplomatiques du prince de Hardenberg.

L'électeur palatin fut le premier à exprimer en pleine diète ses vœux pour la paix, et la proposition formelle en fut faite aussitôt par l'électeur de Mayence, en sa qualité

---

[1] Voy. l'article HARDENBERG dans la *Biographie universelle*, et Schlosser, *Hist. du dix-huitième siècle* (trad. anglaise de Davison), t. VI, p. 543-544.

[2] Il est curieux de voir avec quelle sévérité la paix de Bâle est jugée dans les *Mémoires tirés des papiers d'un homme d'État*. Voy. t. III, p. 150.

[3] « Et qui eussent indisposé toute l'Europe, si elles eussent été avouées, » dit l'*Annual Register*, vol. XXXVII, p. 59.

d'archichancelier de l'Empire. Cette proposition était attendue : l'électeur palatin, l'électeur de Saxe et le duc de Wurtemberg y adhérèrent. Que déciderait le Cabinet de Vienne? Ne convenait-il pas de le savoir, avant de rien précipiter? Telle fut l'opinion du margrave de Bade[1].

La politique du Cabinet de Vienne était alors dirigée par deux hommes dont l'un, Thugut, penchait pour l'alliance avec la France, et l'autre, Collorédo, pour l'alliance avec l'Angleterre. Mais Collorédo lui-même, quoique entretenu dans des idées belliqueuses par son correspondant politique, le royaliste Mallet du Pan, ne pouvait se dissimuler combien il était impossible à l'Autriche de continuer la guerre, si elle restait abandonnée à ses propres forces[2]. Quant à l'Empereur, il était, personnellement, très-hostile à la France : disposition d'esprit que Thugut s'abstenait de heurter de front, de peur de compromettre son crédit[3].

La réponse de l'Autriche à la proposition pacificatrice se ressentit de cet état d'incertitude : elle demanda qu'on mît en délibération s'il fallait faire la paix, sans s'expliquer provisoirement sur la manière de la faire[4].

Inutile de dire avec quel empressement la Prusse adhéra, elle, à cette proposition pacificatrice qu'elle-même sous main avait suggérée.

Restait à savoir quand s'ouvrirait la délibération; et, à cet égard, l'électeur de Mayence et d'autres co-états de l'Empire, poussés par la Prusse, se montraient fort pressés et fort pressants. L'Autriche réclama un délai de six

---

[1] *Mémoires tirés des papiers d'un homme d'État*, t. III, p. 90.
[2] Rapprocher ce que dit à ce sujet Schlosser, vol. VI, p. 605, 606, de ce qu'on lit dans les *Mémoires tirés des papiers d'un homme d'État*, t. III, p. 91.
[3] *Mémoires tirés des papiers d'un homme d'État*, t. III, p. 95.
[4] *Ibid.*

semaines, pour prendre, disait-elle, l'avis du Cabinet britannique. En réalité, ce qui la préoccupait, c'était la question des subsides : si Pitt lui fournissait de l'argent, elle pouvait se prononcer contre la paix, l'entraver du moins.

Pitt n'hésita pas à prendre l'Autriche à sa solde; il promit quatre millions de livres sterling, sous le nom d'emprunt, et s'engagea à faire voter cet emprunt par la majorité dont il disposait dans le parlement[1]. Voilà ce que sir Morton Eden fut chargé d'aller dire à la Cour de Vienne, à qui cette assurance permit de regarder l'avenir d'un œil plus calme[2].

Le 5 décembre 1794, la paix ayant été mise sur le tapis dans les trois colléges de l'Empire, non-seulement trente-sept voix se déclarèrent pour la paix, mais il y en eut trente-six qui demandèrent qu'elle se fît par la médiation du roi de Prusse[3]. L'Autriche, quoique blessée au cœur, prit soin de voiler sous des dehors de modération le caractère hostile de son suffrage, qu'elle donna le 19 décembre 1794. Elle ne repoussait pas la paix d'une manière absolue, pourvu qu'on partît du rétablissement des possessions respectives sur le pied de la paix de Westphalie. C'était un moyen habile de pousser à la continuation de la guerre; car la Convention n'entendait traiter que sur la base de la cession de la rive gauche du Rhin, et l'Autriche le savait.

Mais la Prusse avait depuis longtemps pris son parti.

---

[1] On a vu plus haut la réalisation de cette promesse.

[2] Schlosser dit 6,000,000 liv. st. Mais c'est une erreur. L'emprunt dont la proposition fut faite au parlement, le 4 février 1795, ne devait être que de quatre millions de liv. st. V. l'*Annual Register*, vol. XXXVII, p. 173. Il est vrai qu'il fut porté ensuite à la somme de quatre millions six cent mille livres st., mais pas au delà. *Voy.* la Convention signée le 4 mai, 1795 par le baron de Thugut pour l'Autriche, et par sir Morton Eden pour l'Angleterre.

[3] *Mémoires tirés des papiers d'un homme d'État*, t. III, p. 106.

Fier du rôle de médiateur que lui assignait le vœu de la plupart des princes allemands, ardent à profiter de cette occasion d'agrandir son influence aux dépens de la maison d'Autriche, et prêt à abandonner ses possessions sur la rive gauche du Rhin, si la France lui assurait une riche compensation sur la rive droite, Frédéric-Guillaume II se prépara froidement à sacrifier aux vues particulières de la Prusse l'intérêt général de l'Empire germanique.

Le comte de Goltz avait été muni des pouvoirs du roi de Prusse, pour la négociation, dès le 8 décembre 1794[1], et, le 28 décembre, il était à Bâle, résidence du ministre plénipotentiaire français, Barthélemy.

Ses instructions, rédigées par Haugwitz, portaient que Sa Majesté Prussienne était *charmée du changement survenu dans les principes et la marche du gouvernement français;* que son désir de faire la paix venait principalement de là[2]; que, du reste, la Prusse avait toujours été animée de sentiments favorables à la nation française, ce dont Sa Majesté avait donné des preuves durant le cours de la guerre. Le fait était vrai; mais, en l'avouant, le ministre prussien reconnaissait avec une singulière audace que, pendant la guerre, la Prusse avait ménagé ses ennemis aux dépens de ses alliés[3].

Cependant une difficulté se présenta, tout d'abord. Le Comité de Salut public voulait la négociation à Paris, sous ses yeux; et c'est à quoi le roi de Prusse s'opposait, sous ce prétexte — remarquable de la part d'un prince allemand — qu'il existait à Paris « une *queue du comité*

---

[1] *Moniteur*, an III, n° 204.

[2] *Mémoires tirés des papiers d'un homme d'État*, t. III, p. 112, 114.

[3] Aussi Schlosser, dont le livre est écrit au point de vue nettement contre-révolutionnaire et exclusivement allemand, présente-t-il cet aveu comme un modèle d'impudence. *Voy.* la traduction de Davison, t. VI, p. 606.

*autrichien* qui, bien que repliée sur elle-même, s'agiterait dans tous les sens pour entraver la négociation et la faire échouer [1]; » mais, au fond, ce que le roi de Prusse craignait, c'était qu'on ne vît dans une concession de ce genre une marque de déférence trop éclatante donnée par un roi à une assemblée de régicides. Et puis, il n'était pas sans prendre souci de l'ardeur des sympathies éveillées parmi ses sujets par cette Révolution avec laquelle son égoïsme de monarque seul l'avait amené à traiter. Le général autrichien Hotze, qui, des environs de Bâle, observait avec une vigilance équivoque tout ce qui s'y passait, écrivait : « Il y a souvent des dîners entre les Prussiens et les Français, où les Prussiens portent des toasts à la prospérité et à la gloire de la République française, et *vice versa*. Au milieu de tout cela, on oublie le bon roi Guillaume [2]. » Il est aisé de comprendre qu'un oubli de cette nature ne fut pas du goût du roi de Prusse.

Toutefois, il n'eut garde d'offenser le Comité de Salut public; et, le 2 janvier 1795, Cambacérès et Rewbell, qui avaient plus particulièrement la conduite des affaires diplomatiques, virent arriver à Paris le conseiller de légation Harnier, envoyé de Berlin pour déclarer que la Prusse ne s'opposerait pas à l'abolition du stathoudérat en Hollande, et qu'elle était prête à consentir à l'occupation provisoire de la rive gauche du Rhin par la France, sauf à renvoyer à la paix générale la cession définitive [3].

Chose curieuse et caractéristique! La raison donnée par le roi de Prusse pour différer la cession de la rive gauche du Rhin jusqu'à la paix générale, fut « la crainte que l'Autriche, si le sort des armes la rendait victorieuse, ne s'emparât de ce pays comme appartenant à la France : »

[1] *Mémoires tirés des papiers d'un homme d'État*, t. III, p. 116.
[2] *Ibid.*, p. 151 et 152.
[3] *Ibid.*, p. 118, 119. — Schlosser, t. VI, p. 606, 607.

ce qui revenait à dire : « Que le Rhin devienne un fleuve français, s'il ne doit rester allemand qu'à la condition d'être à l'Autriche! »

Le 12 janvier 1795, le ministre plénipotentiaire français, Barthélemy, arrivait à Bâle, et, dès le lendemain même, il échangeait ses pleins pouvoirs contre ceux du comte de Goltz.

Barthélemy était un marquis; il en avait le ton, les manières, presque les sentiments : c'était un noble de l'ancien régime égaré au service de la Révolution. Mais cela même le rendait propre à aplanir les difficultés que présentait la négociation de la paix avec la Prusse : difficultés sérieuses, car les questions à résoudre étaient celles-ci :

1° Armistice préliminaire ;

2° Évacuation de Mayence par les Prussiens ;

3° Occupation des possessions prussiennes sur la rive gauche du Rhin ;

4° Neutralité de la Prusse comme État d'Empire ;

5° Établissement d'une ligne de démarcation pour le nord de l'Allemagne[1].

Tel était l'état des choses lorsqu'eut lieu l'invasion de la Hollande, événement par lequel, selon l'expression de Carnot, « le noyau de la Coalition fut brisé. »

Le grand coup frappé au nord par la France ayant eu beaucoup d'influence sur l'issue des négociations dont nous avons commencé le récit, voyons, avant de le poursuivre, comment la conquête de la Hollande s'effectua et ce qu'elle produisit.

Jamais, peut-être, l'Histoire n'offrit un spectacle plus extraordinaire que celui d'un peuple qui soupire après le bonheur d'être conquis, s'arme contre les alliés qui le défendent, appelle les conquérants, leur tend les bras,

---

[1] *Mémoires tirés des papiers d'un homme d'État*, t. III, p. 152.

les accueille avec transport, et reçoit la liberté des mains de ses ennemis de la veille, devenus ses frères du lendemain.

Un pareil phénomène ne se peut expliquer que par ce mystérieux, cet irrésistible pouvoir de fascination que posséda la Révolution française, pouvoir auquel se joignit, en Hollande, l'influence de causes antérieures et anciennes.

Presque à dater du jour où, dans ce pays, il y avait eu deux partis face à face : celui des États et celui des princes d'Orange, le premier, fortement imbu de l'esprit républicain, n'avait pas cessé de pencher du côté de la France, tandis que le second avait toujours attendu son appui de l'Angleterre. L'illustre et héroïque Jean de Witt, grand pensionnaire de Hollande, quoiqu'il se fût uni à Charles II d'Angleterre et à Charles X de Suède pour faire restituer la Franche-Comté par Louis XIV, et qu'il se fût ensuite allié à l'Empereur et à l'Espagne pour tenir en échec l'ambition du monarque français, nourrissait des sympathies si décidément françaises, que l'invasion de 1672 donna le signal de sa perte. Si lui et son frère Corneille furent mis en pièces par la populace; si leurs cadavres furent traînés dans les rues; si on les suspendit à un gibet, ce fut parce que Louis XIV, en attaquant la Hollande, vint fournir aux Orangistes le moyen de rendre odieux au peuple, trompé, le penchant des républicains hollandais pour la France. Toutefois, l'influence française ne fut entièrement détruite, ni par la mort de ces deux grands hommes, Jean et Corneille de Witt, ni par la popularité que valut au prince d'Orange sa glorieuse résistance à Louis XIV. Lui-même détruisit son ouvrage, en épousant la fille de Jacques II, en devenant roi d'Angleterre sous le nom de Guillaume III, et en ne se souvenant pas assez de sa première patrie, quand il en eut une seconde qui, en l'adoptant, l'avait couronné.

Pendant qu'en Angleterre, on lui reprochait d'être resté hollandais, on se mit à lui reprocher en Hollande d'être devenu anglais, et de gouverner comme une province annexée à son vaste royaume, le pays auquel il devait tout. Le parti républicain reprit donc à la vie, et peu à peu devint le parti national, notamment après la mort du petit-neveu de Guillaume III, et sous le gouvernement d'Anne, sa veuve, princesse anglaise qui, par sa hauteur, sa morgue, le caractère presque exclusivement anglais de son entourage, acheva de rendre l'influence anglaise impopulaire dans les Provinces-Unies. Et ce fut bien pis encore sous l'administration de son fils, Guillaume V. Les prédilections anglaises de ce prince, hautement affichées; son entourage plus que jamais composé d'Anglais; la mauvaise réputation du duc de Brunswick Wolfenbuttel, son précepteur et son conseiller, qui passait pour être vendu à l'Angleterre; les efforts de cette dernière Puissance pour entraîner la Hollande dans la guerre de Sept Ans, et enfin l'appui prêté à ces efforts par le duc, sans autre motif, disait-on, que la perspective d'une position brillante dans les armées alliées, tout cela contribua à établir l'ascendant du parti républicain et à augmenter, du même coup, l'influence de la France. Les idées de Jean-Jacques Rousseau, dont les livres furent imprimés en Hollande, et la guerre d'Amérique, firent le reste; si bien qu'en 1787, une révolution éclata qui, sans l'intervention de la Prusse, en eût fini, dès lors, avec le stathoudérat.

La Révolution française trouvait donc, en Hollande, le terrain admirablement préparé pour la recevoir. Aussi fut-elle saluée avec enthousiasme, dans ce pays, par le parti républicain; et, chose remarquable, même le parti du Stathouder ne put se défendre d'un sentiment d'admiration[1].

[1] Nous empruntons ce trait à des notes intéressantes qu'a bien voulu

Au reste, peu importait ce que pensait ou ne pensait pas le second de ces deux partis; car la prépondérance du premier était devenue absolument décisive. Une petite oligarchie, et les membres de l'Église réformée, — dans un temps où le pouvoir de l'Église n'était plus qu'un mot, — voilà tout ce qui constituait la force du Stathouder, tandis qu'on voyait marcher dans les rangs opposés les hommes les plus capables du pays, un grand nombre de personnages considérables et de bourgmestres, tous les dissidents: en un mot, les représentants de la puissance, au double point de vue de l'esprit et de la matière.

La province de Friedland fut la première à se prononcer. Dès le milieu du mois d'octobre 1794, les États de cette opulente province avaient pris la résolution de reconnaître la République française, de rompre avec l'Angleterre, et de s'allier à la France : cet exemple fut promptement suivi; on soupçonna, on accusa le Stathouder de n'être entré dans la Coalition que pour usurper, dans les Provinces-Unies, l'autorité suprême; et ce qui pouvait subsister encore d'attachement à la maison d'Orange fit bientôt place, presque partout, à la haine. Pour en arrêter l'explosion, le gouvernement dut en venir à défendre les réunions populaires : vaine défense, qui, loin d'intimider les esprits, les enflamma! Au bruit de l'approche des Français, les chefs de l'armée alliée avaient proposé de combattre, comme au temps de Louis XIV, les envahisseurs par l'inondation de la contrée exposée à être envahie; mais cette proposition tomba devant l'énergique résistance du parti même en qui le peuple voyait la patrie! Quoi! tout submerger! tout détruire! Et dans quel espoir? On pouvait bien retarder la marche victorieuse des Français, peut-être; mais les en-

nous fournir, par l'intermédiaire d'un ami commun, M. Frédéric Muller, d'Amsterdam.

pêcher d'arriver... chimère ! Une pétition dans ce sens fut présentée par le parti patriote, en dépit d'une prohibition formelle. Pour toute réponse, on emprisonna les pétitionnaires. Mais la digue qui arrêterait un ruisseau n'arrête pas un torrent : il fallut les mettre en liberté, et le torrent, grossi par l'obstacle, n'en roula qu'avec plus de violence [1].

Nous avons décrit dans un précédent volume l'entrée et les progrès de l'armée française en Hollande : un fait qui mérite d'être noté, c'est qu'à mesure que nos soldats avançaient, la sympathie des Hollandais pour la France ne cessait de croître en force et en éclat [2]. De fait, le peuple envahi se trouvait représenté dans les rangs de l'armée envahissante par plus d'un patriote connu et éprouvé. Daëndels, par exemple, qui, en 1787, avait eu tant à souffrir de la part des nobles de Gueldre et des troupes du Stathouder, figurait, en 1794, au nombre des généraux français, et avait commandé une partie des forces qui, le 11 décembre, tentèrent le passage du Wahal [3].

A quoi pouvaient servir, dès lors, les proclamations du Stathouder, et ses appels réitérés à l'orgueil national, et sa demande d'une levée en masse ? La levée en masse eut lieu, mais contre lui. Le 19 janvier 1795, après avoir attendu inutilement une réponse à des propositions qu'il avait envoyées au gouvernement français, il fut réduit à s'embarquer pour l'Angleterre. Et ce ne fut pas sans difficulté; car, le jour de son départ de la Haye, le peuple s'assembla en tumulte, réclamant sa mise en jugement. « Il a trahi la Hollande ! Il s'est fait l'instrument des An-

[1] Voy. l'*Annual Register*, vol. XXXVII, p. 43-45.

[2] Il n'y a pas à en douter, puisque les Anglais eux-mêmes l'ont attesté : « The nearer the French armies drew to the confines of the United States, the bolder and more explicit was the avowal of the people at large of a determined partiality in their favor. » *Ibid.*, p. 43.

[3] Schlosser, t. VI, p. 612.

glais! » tel était le cri populaire. Pour protéger le prince,
il fallut l'intervention de ses gardes [1].

Mais si la fuite du Stathouder fournit une preuve terrible de la préférence accordée par les Hollandais à ceux
que l'Europe appelait leurs ennemis sur ceux qu'elle
appelait leurs alliés, que dire du complément que
vint donner à cette démonstration la retraite de l'armée anglaise? Jamais certainement retraite ne fut
plus digne d'admiration. Durant leur longue et tragique
marche à travers les provinces d'Utrecht, de Gueldre,
d'Over-Yssel et de Groningue, les Anglais déployèrent une
persévérance, une fermeté d'âme, un courage, qui com-
mandent le respect de l'Histoire. Mais rien n'attesta
mieux que cette retraite l'antipathie qu'ils inspiraient
aux habitants. Ils traversèrent villes et villages, sans
qu'aucune main amie leur fût tendue, sans qu'aucun
cœur compatissant parût s'émouvoir au spectacle de
leurs souffrances [2].

Et quelles souffrances! Dépourvus de tout, embarrassés d'artillerie, forcés de traîner à leur suite des fourgons
chargés de malades et de blessés, ils virent s'étendre devant eux, avant d'arriver à Deventer, un désert sablonneux où pas une hutte, pas une tente, ne leur assurait un
abri. Un vent du nord, très-impétueux, leur jetait au
visage des flots de neige mêlés de sable. « Le froid était
tel, raconte un témoin oculaire, que l'eau qui coulait de
nos yeux, se gelant à mesure qu'elle tombait, restait
suspendue à nos cils sous forme de glaçons, et que notre
haleine même devenait de la glace sur nos visages.
Comme la nuit approchait, beaucoup, hommes et femmes, commencèrent à demeurer en arrière; beaucoup,

[1] *Annual Register*, vol. XXXVII, p. 49 et 51.
[2] « The British army, exclusively of an open enemy in the French,
had a concealed one in every dutch town and village through which they
passed. »

accablés de lassitude, se couchèrent sur le chemin et s'endormirent... pour ne plus se réveiller [1]. »

Voilà ce que les Anglais avaient gagné à la politique de Pitt. C'était bien la peine de mettre le feu au monde!

Pichegru fit son entrée dans Amsterdam le 1er pluviôse (20 janvier 1795), au milieu des transports de joie et des acclamations. La veille, le Comité révolutionnaire d'Amsterdam avait publié la proclamation suivante :

«Braves citoyens, W. E. G. Pruys, S. Wiseleus, J. J. A. Goges, J. Thoen, D. Von Laer, J. Ondoup, E. Vandestins, P. Duercult, J. Van Hassen, P. J. R. P. Vander Aa, formant votre Comité révolutionnaire, vous souhaitent santé et fraternité. Grâce au puissant secours de la République française et à votre propre énergie, la tyrannie qui pesait sur vous est par terre. Vous êtes libres, vous êtes égaux. Livrez-vous avec confiance et sécurité à vos travaux ordinaires. Vos personnes et vos propriétés seront protégées... Les Français qui sont parmi nous se conduisent réellement comme nos frères. Toute idée de rapine et d'injustice leur est inconnue. Pour eux comme pour nous, la fraternité est à l'ordre du jour.

« Au nom du Comité révolutionnaire,

« P. J. B. C. Vander Aa.

« Amsterdam, 19 janvier 1795, le premier jour de la liberté hollandaise [2]. »

Cette proclamation fut suivie d'une seconde, qui parut signée des conventionnels Gillet, Bellegarde, Lacoste, Joubert et Portiez (de l'Oise). Elle disait :

« Nous ne venons pas faire de vous des esclaves; la

[1] Annual Register, vol. XXXVII, p. 49.
[2] State papers, Annual Register, vol. XXXVII, p. 202, 203.

République française vous conservera votre indépendance.

« Les armées de la République observeront la plus stricte discipline.

« Tous crimes et délits seront punis avec la dernière sévérité.

« La sûreté individuelle sera garantie, les propriétés seront protégées.

« Les lois et les coutumes du pays seront provisoirement maintenues.

« Le peuple batave, exerçant cette souveraineté qui est son droit, possédera seul le pouvoir de changer ou de modifier la forme de son gouvernement [1]. »

L'attitude des soldats français répondit à ces magnanimes promesses. Portés par la victoire au sein d'une ville qui regorgeait de richesses, après avoir eu à subir toutes sortes de privations et de fatigues, ils n'exigèrent rien, ne demandèrent rien, et, plaçant leurs armes en faisceaux, ils attendirent avec un ordre admirable, dans le silence du respect, la décision des magistrats relativement à leur nourriture et à leur gîte [2].

C'est grâce à sa généreuse conduite que la France vit se soumettre sans aucune résistance, comme Carnot le fit remarquer dans son rapport du 2 ventôse (20 février) 1795 : « Berg-op-Zoom, qui, en 1747, nous avait coûté dix mille hommes; Gertruydemberg, qui avait arrêté Louis XIV au milieu de ses victoires; Williamstadt, qui fut le terme de nos propres succès en 1793; Gorcum, la clef des grandes inondations; Flessingue, l'une des trois places que Charles V conseilla à Philippe II de conserver avec soin; Middelbourg, qui avait soutenu un siége

---

[1] State papers, Annual Register, vol. XXXVII, p. 205.
[2] On a vu plus haut la preuve, en quelque sorte officielle, de ce fait, dans la proclamation du Comité révolutionnaire.

d'un an; les trois provinces d'outre-Rhin, la Frise, l'O-
ver Yssel, Groningue, et enfin les deux flottes du Texel et
de la Zélande[1]. »

Est-il besoin d'ajouter que les Hollandais mirent à
pourvoir aux besoins de l'armée française le plus noble
empressement? Sur l'invitation des représentants Haussmann, Joubert, Alquier, Gillet, Roberjot et Lacoste, les
États généraux, auxquels on s'était adressé pour n'avoir
pas à recourir aux réquisitions, décidèrent qu'il serait
fourni à l'armée française, dans l'espace de deux mois,
deux cent mille quintaux de blé, cinq millions de rations de foin, deux cent mille rations de paille, cinq
millions de boisseaux de grains, cent cinquante mille
paires de souliers, vingt mille paires de bottes, vingt
mille habits et gilets, cent cinquante mille paires de
pantalons, deux cent mille chemises, cinquante mille
chapeaux, et douze mille bœufs[2]. Ces approvisionnements étaient considérables, mais on savait que la demande avait été calculée strictement sur les besoins, et
on y satisfit avec bonne grâce.

Le jurisconsulte Schimmelpenninck, homme de beaucoup de savoir et de probité, mais d'un caractère peu
ferme, comme la suite le prouva, s'était montré un des
plus ardents à accueillir les Français : on l'élut président de la municipalité d'Amsterdam, et il prit alors
une part active à l'établissement de la République batave[3].

La proclamation de la souveraineté du peuple, l'abolition du stathoudérat, l'annulation des sentences prononcées contre les patriotes, le rappel des exilés, tels
furent les premiers actes de l'Assemblée des représentants provisoires du peuple hollandais, élue sous l'in-

[1] *Moniteur*, an III, n° 155.
[2] *State papers, Annual Register*, vol. XXXVII, p. 207-209.
[3] *Mémoires tirés des papiers d'un homme d'État*, t. III, p. 127.

fluence française, et présidée par Peter Paulus. Tout ce
que la Prusse avait fait en 1787, cette Assemblée le défit,
et, le 3 février, sa profession de foi parut sous la forme
d'une «Déclaration des droits de l'homme et du citoyen, »
reproduction de celle qui proclamait les principes de la
Révolution française [1].

Ainsi s'accomplit ce grand événement. Il ne donna
lieu à aucun désordre, ne fit pas couler une goutte de
sang, et aux acclamations qu'il provoqua l'on n'entendit
se mêler aucune voix haineuse, aucun cri de vengeance.
L'aspect d'Amsterdam était radieux; les seules larmes
qu'on y versa furent des larmes de joie [2].

Et, pendant ce temps, la Belgique demandait avec
instance à faire partie du peuple français; Pérès et
Haussmann pouvaient à peine suffire à la transmission
des requêtes qui, dans ce but, leur arrivaient de toutes
parts; les membres de l'administration générale de la
Flandre orientale, siégeant à Gand, écrivaient à la Convention : « Oui, législateurs, les habitants de ce beau
pays sont dignes d'être Français; » de Bruxelles, les
membres de l'administration centrale de Belgique con-
juraient, à leur tour, la Convention de se rappeler que,
depuis deux ans, les Belges soupiraient après le jour,
« l'heureux jour où ils pourraient dire avec enthousiasme : Nous sommes Français! » — « Ce peuple généreux de France, écrivaient les administrateurs bruxel-
lois, ce peuple qui mérite l'admiration de l'univers, est
fait pour aimer les Belges, pour fraterniser avec eux.
Pourquoi différer de proclamer cette union [3] ? » Que dire

---

[1] Voy. les *State papers*, t. XXXVII, p. 207 de l'*Annual Register*.

[2] Tout ceci est historiquement constaté dans la proclamation que
les représentants provisoires du peuple d'Amsterdam publièrent le 3 février 1795. *Voy.* les *State papers*, t. XXXVII, p. 211 de l'*Annual Register*.

[3] *Ibid.*, p. 240 et 241.

encore? le 2 mars 1795, la Convention recevait des magistrats d'Anvers l'adresse suivante : « Enfin, nous voici au terme de nos souffrances. Le décret du 22 pluviôse calme nos cœurs.... Vous avez brisé nos chaînes, complété notre bonheur en nous unissant à vous... Vive la République française sur la face du monde entier[1] ! »

La révolution survenue en Hollande, la puissance singulière d'attraction que la République française exerçait autour d'elle, le traité que, le 9 février 1795, la Toscane conclut avec la France, tout concourait à affermir le roi de Prusse dans son désir d'arriver à la paix. Ce désir chez lui était d'autant plus vif qu'il s'irritait de la part qu'on lui avait faite dans le partage de la Pologne, son lot ne se composant que de neuf cent trente-deux mille deux cent quatre-vingt-dix-sept habitants, tandis que celui de l'Autriche en comprenait un million trente-sept mille sept cent quarante-deux, et celui de la Russie un million, cent soixante-seize mille cinq cent quatre-vingt-dix[2].

Les négociations de Bâle, interrompues le 6 février 1795, par la mort du comte de Goltz, furent donc reprises par Hardenberg, qu'on lui donna pour successeur[3].

Inutile de dire que le Cabinet de St-James brûlait de les entraver. Le moyen auquel il eut recours vaut qu'on le signale : il montre de quels vils ressorts se compose le gouvernement des peuples par les rois.

Frédéric-Guillaume II avait séduit, lorsqu'il n'était encore que prince royal, l'aînée des trois filles d'Élie Henke, musicien de la chapelle de Frédéric le Grand. Cette femme, dont la violence égalait la beauté, maltraitait volontiers Wilhelmine, sa plus jeune sœur. Un jour,

___

[1] *State papers*, t. XXXVII, p. 242 de l'*Annual Register.*
[2] *Mémoires tirés des papiers d'un homme d'État*, t. III, p. 137.
[3] *Moniteur*, an III, n° 204.

elle lui donna un soufflet en présence du prince, qui, ému de pitié, prit Wilhelmine sous sa protection, et, passant bientôt de la pitié à l'amour, fit de sa protégée sa maîtresse[1]. Wilhelmine avait alors treize ans[2]; c'était donc une enfant. Le prince se plut à être son instituteur, et, entre autres romanciers, il lui apprit à admirer — trait caractéristique du dix-huitième siècle — « Voltaire, l'abbé Prévost et l'immortel Jean-Jacques. » L'extrême et durable attachement que Frédéric-Guillaume ressentit pour Wilhelmine Henke vint-il de ce qu'il put s'aimer dans son élève? Ce qui est certain, c'est que ce lien se trouva être de ceux que la mort a seule pouvoir de rompre[3].

S'il faut en croire les *Mémoires* de la favorite, l'amour avait déjà cessé entre elle et le prince, lorsque celui-ci devint roi[4]; mais, amour ou amitié, le sentiment qu'elle inspirait à Frédéric-Guillaume n'en était pas moins impérieux, et madame de Rietz — c'était le nom du mari que le roi lui avait donné avant de la faire comtesse de Lichtenau — passait pour avoir sur l'esprit de Frédéric-Guillaume II un empire absolu. Ce fut à elle que les diplomates de la Cour d'Angleterre songèrent à s'adresser.

Laissons-la parler :

« Peu de temps avant la paix de Bâle, en 1795, je reçus de lord Henry Spencer, ambassadeur d'Angleterre à la cour de Prusse, un billet par lequel il me demandait un entretien particulier de la plus haute importance. Je dois prévenir mes lecteurs que je ne connaissais qu'imparfaitement lord Henry Spencer, et qu'il venait

---

[1] *Biographie universelle*, supplément à l'article LICHTENAU.

[2] *Mémoires de la comtesse de Lichtenau, écrits par elle-même*, p. 15.

[3] C'est elle-même qui nous l'apprend, *Mémoires*, etc., p. 16.

[4] *Mémoires*, etc., p. 21 et 22. — « Les raisons de ce changement, dit-elle, appartiennent à des causes que je suis obligée de cacher. »

très-rarement chez moi. Je lui répondis aussitôt que
je le recevrais le jour même, entre sept et huit heures
du soir. Il fut exact au rendez-vous. Après avoir parlé
pendant quelque temps de choses indifférentes, il en
vint au point important, et me dit qu'il savait de bonne
part que le roi était dans l'intention de faire la paix
avec la France. Il me peignit avec les couleurs les plus
vives le tort qu'une pareille alliance pouvait faire à la
Prusse, me parla d'un subside de plusieurs millions de
piastres que l'Angleterre se proposait de donner à cette
dernière Puissance, et appuya cette assertion de plusieurs raisons que je ne me rappelle plus. Ma réponse
fut courte et précise : « Jamais, lui dis-je, je ne me suis
« mêlée d'affaires publiques. » Il ne se tint pas pour
battu, et me pria seulement de lui faire obtenir, à l'insu
des ministres, une audience du roi, et de me servir de
tout le pouvoir qu'il me supposait sur son esprit
pour le détourner de conclure la paix avec la France.
Il ajouta qu'il était chargé, dans le cas où la négociation tournerait suivant le désir de sa Cour, de me donner de sa part cent mille guinées, comme un gage
de sa reconnaissance, démarche qu'elle faisait d'autant plus volontiers, qu'elle était instruite que le roi
ne s'était pas encore occupé de mon avenir.... La proposition d'une somme aussi considérable me parut
suspecte. J'en fus vivement offensée, et je répondis assez sèchement que je ne concevais pas comment lord
Henry Spencer pouvait s'adresser à moi pour une intrigue
pareille... Je finis cependant par demander pour lui une
audience particulière. En effet, le lendemain, je rendis
compte à Sa Majesté de l'audience que j'avais eue avec
lord Spencer. Le roi sourit, et dit qu'il accorderait l'audience, mais qu'il ne changerait rien à ce qu'il avait
résolu [1].

[1] *Mémoires de la comtesse de Lichtenau*, t. I, p. 67, 68. — Ces faits

Ce fut le 18 mars 1795 que Hardenberg fit son entrée à Bâle, au grand désespoir de son correspondant royaliste, Mallet du Pan, qui, à la première nouvelle de l'arrivée prochaine du négociateur prussien, avait, de dépit, suspendu sa correspondance [1].

Non-seulement Hardenberg fut fidèle à ses instructions, mais il se conduisit à l'égard des représentants de la France avec une aménité de manières et une courtoisie qui les charma. « Je lui ai trouvé l'air et le ton d'un marquis français, » dit Merlin (de Thionville) à ses collègues de Paris [2].

Le but de la Prusse étant d'établir sa prépondérance en Allemagne, aux dépens de l'Autriche, la question pour elle était de conduire la négociation de manière à détacher de la Coalition tous les princes d'Allemagne qui désiraient la paix, en les amenant à traiter séparément avec la France, mais toujours sous l'égide et grâce à la médiation de la Prusse : c'est ce résultat que poursuivit Hardenberg, en demandant qu'on traçât d'abord une ligne de démarcation qui comprît les terres et domaines d'Allemagne appelés à jouir de la neutralité. Consulté par Barthélemy, le Comité de Salut public, après un premier refus, crut devoir acquiescer à cette demande, comprenant que, dès que la Prusse redevenait notre amie, sa prépondérance dans l'Empire germanique, loin de faire ombrage à la République française, devait lui paraître désirable [3].

D'un autre côté, la Prusse, ainsi que nous l'avons déjà

se trouvent confirmés dans les Mémoires tirés des papiers du prince de Hardenberg, t. III, p. 134-136.

[1] *Mémoires et correspondance de Mallet du Pan*, t. II, chap. VI, p. 136.

[2] *Mémoires tirés des papiers d'un homme d'État*, t. III, p. 169-170.

[3] Voy. ce que dit à cet égard Rewbell, parlant au nom du Comité de Salut public, dans la séance du 21 germinal (10 avril). *Moniteur*, an III, n° 204.

dit, avait pris son parti de l'abandon provisoire de la rive gauche du Rhin, et même de l'abandon définitif, si on lui assurait sur la rive droite un dédommagement convenable.

On n'eut donc pas de peine à s'entendre; et le 16 germinal (5 avril) [1], la célèbre paix de Bâle fut conclue.

De la part du roi de Prusse, les conditions furent :

De vivre en bonne amitié avec la République, tant comme roi de Prusse que comme membre de l'Empire germanique;

De ne fournir aux ennemis de la France ni contingent ni secours ;

D'abandonner aux Français l'occupation des possessions prussiennes situées sur la rive gauche du Rhin, jusqu'au jour de l'arrangement définitif à intervenir lors de la pacification générale.

A ces conditions, la France prenait l'engagement :

De retirer ses troupes des possessions prussiennes situées sur la rive droite du Rhin ;

D'accueillir les bons offices du roi de Prusse en faveur de l'Empire, et de ne pas traiter en ennemis ceux des États dudit Empire auxquels le roi de Prusse s'intéressait [2].

Ces stipulations, comme on voit, ne comprenaient pas la reconnaissance, en faveur de la Prusse, du principe d'une indemnité pour la cession de ses possessions sur la rive gauche du Rhin, et cette lacune avait été laissée à dessein, la Prusse jugeant utile de voiler ses vues d'agrandissement, qui eussent alarmé et irrité l'Allemagne. Le problème fut résolu par l'adoption d'articles secrets : procédé beaucoup plus conforme au génie des monarchies

[1] Le *Moniteur*, an III, n° 204, dit « le 15 avril; » mais c'est une faute d'impression.

[2] Voy. les Mémoires de Hardenberg, et le texte du traité dans le *Moniteur*, an III, n° 204.

qu'à celui des républiques, et qui rencontra dans la mino-
rité de la Convention une résistance fondée sur de nobles
considérations... Mais, pour les chefs du gouvernement
français, le temps des grandes choses grandement accomplies était passé, et il était dans la nature de la réaction
thermidorienne de recourir aux voies tortueuses de l'ancienne diplomatie : Cambacérès obtint de la Convention
que le Comité de Salut public fût autorisé à joindre un
traité clandestin au traité ostensible [1]. Les articles secrets dont on convint furent ceux-ci : —Nous les donnons,
tels que le prince de Hardenberg lui-même les dévoila
pour la première fois dans les *Mémoires* tirés de ses
papiers. —

« Par l'article premier, le roi de Prusse s'engageait à
ne former aucune entreprise hostile contre la Hollande,
ni contre aucun pays occupé par les troupes françaises.

« L'article 2 promettait d'indemniser la Prusse, dans
le cas où la France porterait ses limites jusqu'au Rhin.

« Dans l'article 3, la République française consentait à
ne pas pousser les opérations militaires dans les pays
situés au delà de la ligne de démarcation.

« Enfin la France, pour le cas où elle étendrait ses
limites jusqu'au Rhin et resterait en possession des États
du duc des Deux-Ponts, s'engageait à garantir la somme
de un million cinq cent mille rixdallers (environ cinq
millions deux cent cinquante mille francs), prêtée au
duc des Deux-Ponts par le roi de Prusse [2]. »

Quant aux pays compris dans la ligne de démarcation, c'étaient les cercles de Westphalie, de la basse
et haute Saxe, de la Franconie, et la partie des deux

---

[1] On lit, à ce sujet, dans la traduction anglaise du livre de Schlosser,
cette amère remarque : « In this way the object of Prussia was comple-
tely attained, and her participation in those parts of Germany destined
for division and plunder fully assured. » *Voy.* le t. VI, p. 608.

[2] Voy. les *Mémoires* de Hardenberg, t, III, p. 145.

cercles du Rhin, située sur la rive droite du Mein [1].

Telle fut cette paix de Bâle, qui frappa l'Europe de stupeur, tant il lui sembla étrange que celui-là fût le premier à abandonner la ligue des rois qui en avait été l'Agamemnon!

Pour ce qui est de la France et de la Prusse, le traité était avantageux : à la première, en couronnant ses succès militaires et en la débarrassant de toute crainte du côté de la Hollande; à la seconde, en soumettant à l'influence prussienne le nord de l'Allemagne.

Aussi la joie fut-elle extrême dans l'un et l'autre pays [2]. Lorsque Rewbell vint offrir le traité de Bâle à la ratification de la Convention, la salle fut, à diverses reprises, ébranlée par un tonnerre d'applaudissements et par le cri de « vive la République [3]! »

Les royalistes avaient, jusqu'au dernier moment, cru ou affecté de croire un pareil événement impossible : leur douleur et leur confusion furent sans bornes [4]. La nouvelle en parvint à Mallet du Pan, au moment même où il fermait une lettre dans laquelle il assurait le maréchal de Castries qu'on « n'était pas près de conclure [5]. » Peu de jours après, il écrivait à l'abbé de Pradt, dans un transport de colère : « La renommée qui, comme la peste, propage les poisons, vous aura instruit du traité *de paix et d'amitié* signé le 5 à Bâle... Encore six semaines de patience, et la Convention croulait! Le roi de Prusse lui apporte un étai, il la remet à flot, il alimente la ressource de ses charlataneries épuisées [6]. »

---

[1] *Mémoires de Hardenberg*, t. III, p. 147.

[2] Voy. le *Moniteur*, an III, n° 207 et 224.

[3] Séance du 21 germinal (10 avril) 1795. voy. le *Moniteur*, an III, n° 204, et le *Courrier républicain*, n° 527.

[4] *Moniteur*, an III, n° 207.

[5] *Mémoires et correspondance de Mallet du Pan*, t. II, chap. VI, p. 138 et 139.

[6] *Ibid.*, p. 133-134

Ce langage était celui de la fureur, qui exagère tout. Mais que la paix de Bâle vînt fournir un appui utile au parti thermidorien, c'est ce qu'il sentait si bien lui-même, que le Comité de Salut public fit présent au prince de Hardenberg d'un magnifique service de porcelaine de Sèvres, autrefois destiné à la table de Louis XVI [1].

En Allemagne, pendant ce temps, tous ceux que touchait l'intérêt de la patrie commune se répandaient en amers discours. Était-ce donc là que devait aboutir cette guerre où Frédéric-Guillaume les avait engagés! Était-ce pour rendre la Prusse forte de la faiblesse de l'Allemagne, qu'il leur avait mis les armes à la main? Et quelle était la nation qui, avec la Prusse, gagnait au résultat de tant d'efforts faits en commun par les États germaniques? C'était la France, la France, contre laquelle Berlin avait prêché une croisade universelle! Ainsi parlaient les uns, tandis que les autres reprochaient à Frédéric-Guillaume d'avoir usurpé en fait l'autorité du chef de l'Empire. Hardenberg ne se dissimulait pas que l'intérêt *allemand* venait d'être sacrifié, et nul ne jugeait avec plus de sévérité que lui ce qui était son ouvrage [2].

A Vienne, le déchaînement fut terrible. Si jamais le lien fédéral était brisé, l'Empire germanique dissous, l'Allemagne mise en lambeaux, la faute en serait au gouvernement de Berlin. A lui de répondre des suites devant l'Allemagne et devant l'Europe! Voilà quels reproches l'ambassadeur Lucchesini eut à essuyer de la part des ministres d'Autriche; et l'orage grossit au point, que le ministre de Brandebourg dut remettre à la Diète, au commencement de mai, une déclaration dans laquelle le roi de Prusse alléguait des motifs d'urgence et de né-

---

[1] *Biographie universelle*, art. HARDENBERG.

[2] C'est du moins ce qui résulte d'un passage des *Mémoires* tirés de ses papiers. *Voy.* le t. III, p. 150.

cessité pour s'excuser d'avoir fait sa paix particulière avec la France [1].

Au fond, ce qui troublait profondément l'Autriche, c'était la crainte que, si le système des paix partielles prévalait, elle ne restât isolée, et exposée seule aux coups d'un ennemi dont elle connaissait la puissance. Mais qu'opposer à ce système des paix partielles, que favorisait la lassitude générale des peuples? L'Autriche crut ne pouvoir mieux faire que d'adopter elle-même le langage de la paix, en se plaçant au point de vue de l'intérêt de tous, et en protestant avec force contre le principe des paix séparées.

Tel fut l'objet du rescrit impérial qui fut présenté, à Ratisbonne, le 4 mai 1795. Or jamais, peut-être, l'Histoire n'eut plus belle occasion de prendre en flagrant délit la fourberie diplomatique; car d'un simple rapprochement de dates, fait ici, nous le croyons, pour la première fois, il résulte que le rescrit impérial était un solennel mensonge. Ce fut en effet le 4 mai 1795 que la Diète reçut communication de la pièce diplomatique où l'Empereur se donnait *comme prêt à entrer en négociation avec la République française;* et, le 4 mai 1795, c'est-à-dire *le même jour*, le baron de Thugut et sir Morton Eden signaient, à Vienne, une convention par laquelle l'empereur d'Autriche s'engageait à tenir sur pied une armée d'au moins deux cent mille hommes, moyennant un secours pécuniaire de quatre millions six cent mille livres sterling, que, de son côté, le roi d'Angleterre s'engageait à garantir, avec le consentement du Parlement; — le tout fondé sur ce que « l'empereur d'Autriche et le roi de la Grande-Bretagne étaient également convaincus de la nécessité d'agir avec vigueur et énergie contre l'ennemi commun [2]! »

[1] *Mémoires tirés des papiers d'un homme d'État*, t. III, p. 172.
[2] Voy. dans les *State papers*, t. XXXV, p. 161 de l'*Annual Register*, le

Ce n'est pas tout : le 29 mai 1795, un traité d'alliance
défensive était conclu, à Vienne, entre l'empereur d'Allemagne et le roi d'Angleterre[1], presque au moment[2] même
où, par un second rescrit présenté à la diète de Ratisbonne, l'Autriche invitait le corps germanique à s'unir
à son chef, pour obtenir sous ses auspices une paix
que « Sa Majesté impériale — était-il dit dans cette
déclaration — désirait ardemment de procurer à l'Allemagne, comme État et comme membre de l'Empire[3]! »

Tandis que ces choses se passaient, Rewbell et Sieyès,
envoyés en Hollande, y arrêtaient, avec Peter Paulus,
Lestevenon, Mathias, Pons et Hubert, les bases du traité
qui devait unir définitivement ce dernier pays à la
France.

Les négociateurs étaient, de part et d'autre, si disposés à agir de concert, que la discussion n'occupa pas
plus de quatre conférences[4]. Ce fut le 27 floréal (16 mai)
que le traité reçut les signatures des parties contractantes. Les principales conditions[5] furent celles-ci :

« La République française reconnaît la République
des Provinces-Unies comme puissance libre et indépendante, lui garantit sa liberté, son indépendance et l'abolition du stathoudérat.

« Il y aura à perpétuité, entre ces deux Républiques,
paix, amitié, bonne intelligence.

texte de la convention signée à Vienne par le baron de Thugut et sir
Morton Eden, le 4 mai 1795, et rapprochez ce document du rescrit
impérial, dont le texte se trouve aussi dans le t. XXXV, p. 245 de l'Annual Register.

[1] Voy. le texte de ce traité dans les *State papers, Annual Register*,
t. XXXV, p. 269-271.

[2] Au milieu du mois de mai. *Voy.* le second rescrit en question,
*ibid.*, p. 246.

[3] Lettre de Sieyès et Rewbell au Comité de Salut public, *Moniteur*,
an III, n° 246.

[4] *Ibid.*

[5] Nous les avons sommairement indiquées dans le volume précédent.

« Il y aura entre les deux Républiques, jusqu'à la fin de la guerre, alliance offensive et défensive contre tous leurs ennemis, sans distinction.

« Cette alliance offensive et défensive aura toujours lieu contre l'Angleterre, dans tous les cas où l'une des deux Républiques sera en guerre avec elle.

« La République française ne pourra faire la paix avec aucune des autres Puissances coalisées sans y faire comprendre la République des Provinces-Unies.

« La République des Provinces-Unies fournira, pour son contingent, pendant cette campagne, douze vaisseaux de ligne et dix-huit frégates. Elle fournira en outre, si elle en est requise, la moitié au moins des troupes qu'elle aura sur pied.

« Les forces de terre et de mer des Provinces-Unies qui seront expressément destinées à agir avec celles de la République française seront sous les ordres des généraux français.

« La République des Provinces-Unies rentre, dès ce moment, en possession de sa marine, de ses arsenaux de terre et de mer, et de la partie de son artillerie dont la République française n'a pas disposé.

« La République française restitue pareillement, et dès à présent, à la République des Provinces-Unies, tout le territoire, pays et villes faisant partie ou dépendant des Provinces-Unies, sauf la Flandre hollandaise, Maëstricht, Venloo et leurs dépendances, ainsi que les autres enclaves et possessions situées au sud de Venloo, de l'un et de l'autre côté de la Meuse (acquisitions volontairement considérées comme une juste indemnité des restitutions consenties par la France victorieuse).

« Le port de Flessingue sera commun aux deux nations, en toute franchise...

« A la pacification générale, la République française cédera à celle des Provinces-Unies, sur les pays conquis et restés à la France, des portions de territoire égales en surface à celles réservées par les articles précédents.

« La République française continuera d'occuper militairement, mais par un nombre de troupes déterminé et convenu entre les deux nations, pendant la présente guerre seulement, les places et positions qu'il sera utile de garder pour la défense du pays.

« La navigation du Rhin, de la Meuse, de l'Escaut, du Hondt et de toutes leurs branches jusqu'à la mer, sera libre aux deux nations française et batave.

« La République des Provinces-Unies payera cent millions de florins à la République française, à titre d'indemnité et de dédommagement des frais de la guerre.

« La République française emploiera ses bons offices auprès des Puissances avec lesquelles elle sera dans le cas de traiter, pour faire payer aux habitants de la République batave les sommes qui pourraient leur être dues par suite de négociations directes avec le gouvernement avant la présente guerre [1]. »

Ce traité, lorsque Sieyès en donna communication à la Convention nationale, y fut applaudi avec transport [2].

Nul doute, en effet, qu'il ne fût très-favorable à la France, et que Sieyès ne fût fondé à dire : « La Tamise doit voir avec inquiétude les destinées de l'Escaut [3]. » Cependant, si l'on considère que, renonçant à la dure logique du droit de conquête, la France restituait volontairement une partie très-considérable du territoire que le sort des armes lui avait livré et qu'il ne tenait qu'à elle de garder; si l'on considère que, même pour ce qu'elle croyait juste de retenir, elle s'engageait à indemniser plus tard la Hollande, et que, non contente de proclamer l'indépendance et la liberté des Provinces-Unies,

---

[1] *Moniteur*, an III, n° 249.
[2] *Ibid.*
[3] *Ibid.*

elle contractait l'obligation de les défendre, il faudra bien
reconnaître qu'il n'y eut rien dans le traité de la Haye
qui ressemblât à un abus de la victoire. Cela est tellement vrai, que le Comité de Salut public encourut, au
contraire, de la part de quelques esprits étroits, le reproche de n'avoir pas fait suffisamment tourner au profit de
la France les triomphes de son génie guerrier. Les royalistes, que l'annexion de la Hollande à la République
française eût désespérés si elle avait eu lieu, affectèrent
de se récrier contre la politique qui sacrifiait une conquête magnifique à ce que Beaulieu, un des leurs, appelle
une « jonglerie révolutionnaire ; » car c'est ainsi qu'il
qualifie le fait de l'indépendance de la nation batave, solennellement reconnue [1] !

Tout autre, et non moins injuste, fut, dans les pays
étrangers, l'appréciation de ceux qui haïssaient le peuple
français, moins encore à cause de ses principes qu'à
cause de sa puissance. Ceux-là ne manquèrent pas de
déclarer oppressif le traité imposé, disaient-ils, à la
Hollande [2].

La Hollande se chargea de leur répondre.

Le 4 messidor (22 juin) 1795, des applaudissements
réitérés annoncent, dans la Convention, l'arrivée de Blaw
et Meyer, ministres plénipotentiaires de Hollande. Ils
entrent, sont placés en face du président, et l'un d'eux,
prenant la parole, commence en ces termes : « Citoyens
représentants, les ministres plénipotentiaires du peuple
batave remplissent aujourd'hui un devoir bien cher à
leur cœur, celui de la reconnaissance, celui de l'admiration. » Le reste du discours était sur le même ton, et il
se terminait par les paroles suivantes : « Voici le drapeau

[1] Voy. *Essais historiques sur les causes de la Révolution.*

[2] « Oppressif » est le mot dont se sert Schlosser dans son *Histoire
du dix-huitième siècle,* livre qui respire d'un bout à l'autre une haine
peu réfléchie de la Révolution et de la France.

de notre nation. Nous vous prions de l'agréer comme un gage de la fraternité qui nous unit, et de la bonne foi avec laquelle nous remplirons les engagements sacrés que nous avons contractés. »

Les deux ministres furent alors invités à monter au Bureau, où ils reçurent l'accolade fraternelle du président, au sein de l'émotion générale, et au cri mille fois répété de : *Vivent les deux Républiques*[1]*!*

Ainsi, sur le continent, la Coalition s'écroulait. Quel parti allait prendre l'Angleterre?

Dès le 6 janvier 1795, le comte Stanhope, dans la Chambre des Lords, avait présenté une motion contre toute intervention dans les affaires intérieures de la France; et cette motion ayant été repoussée par un vote d'ajournement, à la majorité de soixante et une voix contre une, il avait consigné les motifs de son opposition solitaire dans une des plus belles protestations qu'aient jamais inspirées le culte de la justice et le génie de la liberté. Elle mérite d'être reproduite ici; d'autant qu'on y trouve, résumées avec non moins de force que de noblesse, toutes les raisons qui, aux yeux de la partie la plus généreuse de la nation anglaise, militaient en faveur de la paix.

---

[1] *Moniteur*, an III, n° 277. — Il va sans dire que Schlosser a soin d'omettre cette preuve de l'*oppression* exercée sur la Hollande! Au reste, les omissions coûtent peu à Schlosser, lorsqu'il les juge utiles *politiquement*, et il a, sur ce point, une théorie que lui-même fait très-ingénûment connaître dans le passage suivant : « Nous passons sous silence la faiblesse que montra alors l'Allemagne, déchirée par des dissensions intérieures, la scandaleuse façon dont on perdit la rive gauche du Rhin par le honteux abandon de Rheinfels aux Français, alors que Hardenberg mettait en mouvement tout le cercle de Franconie, et que la Saxe, Bade, le Palatinat et Mayence poursuivaient la paix à Ratisbonne, *pour ne pas exposer aux yeux du monde les fautes de nos gouvernements, qu'il vaut mieux tenir cachées.* » T. VI, p. 604 (traduction anglaise de Davison). Voilà une étrange manière de comprendre les devoirs de l'historien !

« Dissident,

« ... Parce que le gouvernement de la Grande-Bretagne (n'ayant pas été élu par les citoyens de France) n'a pas plus le droit de donner à la France un gouvernement monarchique, aristocratique, ou tout autre, que les despotes couronnés de Prusse et de Russie n'ont eu celui de renverser la constitution libre de l'infortunée Pologne;

« Parce que, du fond du cœur, je désapprouve et réprouve la doctrine émise dans le débat par les ministres, savoir que, « pour rétablir l'ancienne et héréditaire mo-« narchie de France, aucune dépense ne doit être épar-« gnée..... »

« Parce que j'estime qu'il y a injustice criante, de la part des ministres, à adopter un principe qui les force à aggraver le fardeau qui pèse sur le peuple, et à taxer les maisons des citoyens, leurs fenêtres, leurs lits, leurs chaussures, toutes les choses nécessaires à la vie... Pourquoi? pour atteindre un but condamnable.

« Parce que la résolution adoptée par la Chambre des Lords tend à fermer la porte à la paix, et, conséquemment, à ruiner ce pays manufacturier, commerçant, et autrefois heureux, — surtout quand on considère que la force de la marine française s'est rapidement accrue, et que les marines hollandaise et espagnole vont probablement passer sous l'influence immédiate de la France;

« Parce que le trésor, la circulation, le crédit, soit public, soit privé, ont peu de chances de résister au choc terrible auquel ils sont exposés par les ministres;

« Parce qu'il est lamentable de voir la Chambre des Lords s'obstiner à vouloir intervenir dans l'organisation intérieure de la France, alors que la Constitution française, telle qu'elle a été adoptée le 23 juin 1793, par la Convention nationale, porte, articles 118 et 119 : « Le « peuple français est l'ami et l'allié naturel de tout

« peuple libre. Il n'intervient pas dans le gouvernement
« des autres nations, et ne souffre pas qu'elles intervien-
« nent dans le sien... »

« Parce que, suivant moi, une forme de gouvernement vraiment républicaine, établie en France, présente
plus de garantie aux libertés de la Grande-Bretagne que
le gouvernement capricieux, tyrannique, perfide, intrigant et inquiet de l'ancienne monarchie de France, ou
de toute autre monarchie qu'on y pourrait fonder.....

« Parce qu'on ne doit pas continuer une guerre qu'a-
vec un peu de modération il est possible d'éviter, principalement une guerre contre ce peuple français qui, par
ses efforts républicains, son enthousiasme républicain,
son courage républicain, a, presque invariablement,
« mis la victoire à l'ordre du jour. »

« Parce que poursuivre sans nécessité une lutte aussi
sanglante, c'est tenter d'une manière impie la Provi-
dence, qui tient dans ses mains le sort des batailles et le
destin des empires;

« Parce que je ne veux pas avoir sur la conscience
tout le sang innocent qui peut encore couler dans cette
guerre, et toutes les calamités qui, pour la Grande-Bretagne elle-même, en peuvent être le résultat;

« Parce que ma motion avait pour but d'empêcher le
gouvernement anglais de pousser à l'insurrection de la
Vendée et autres parties de la France;

« Enfin, parce que le principe de ma foi est celui-ci,
— inébranlable fondement de l'égalité des droits, et de la
justice — « Ne fais pas à autrui ce que tu ne voudrais pas
« qu'on te fît à toi-même[1]... »

L'homme qui tenait ce langage avait épousé lady Es-
ther Chatham, fille du célèbre comte Chatham; il était
donc le beau-frère de Pitt ! Sa vie entière fut consacrée à

---

[1] *Parliamentary History of England-Protests*, vol. XXXI, p. 1141.

plaider, sous ses formes diverses, la cause, éternelle-
ment combattue, de la liberté et de la justice. Les journaux ministériels le désignaient sous le nom de *mino-
rité d'un seul*. Et en effet, il était seul dans la Chambre
des Lords, seul... avec sa conscience, avec les sympathies
du peuple français et l'admiration des grandes âmes.

Fox, l'autre illustre champion de la paix en Angleterre,
n'était pas, à beaucoup près, aussi isolé dans la Chambre
des Communes. Quoique peu nombreuse, l'Opposition,
qui marchait à sa suite, donnait à Pitt de cruels soucis.
Fox n'eût-il eu pour l'appuyer que Shéridan, l'union de
ces deux puissants esprits n'était pas chose avec laquelle
on pût se dispenser de compter. Mais quoi! au lieu de
diminuer, l'Opposition s'était accrue, et, au mois de
mai 1795, elle se trouvait avoir fait, relativement à la
question spéciale de la guerre, une conquête d'un prix
moral inestimable. Wilberforce, l'intime ami de Pitt, le
zélé soutien de son administration, le plus vertueux et le
plus accrédité de ses partisans; Wilberforce, qui n'avait
pas été un des moins ardents à prêcher la guerre contre
la France et ses principes[1]; Wilberforce lui-même était
devenu l'avocat déclaré de la paix. Rien ne pouvait être
plus sensible à Pitt que la défection d'un pareil allié[2];
mais sa haine contre la France et son orgueil n'avaient
pas encore appris à fléchir sous la rude discipline des
revers. Wilberforce ayant présenté à la Chambre des
Communes, le 27 mai 1795, une motion tendant à ce
qu'on fît la paix avec la France, pourvu que ce fût à des
conditions honorables, Pitt se tint prêt à soutenir le choc
avec son énergie ordinaire.

La disposition générale de l'Europe à sortir des hor-

[1] Voy. sa propre déclaration, *Parliamentary History of England*
vol. XXXII, p. 36.
[2] Voy. ce que dit à ce sujet M. Robert Bell, dans son intéressante biographie de Canning, p. 122.

reurs de la guerre; l'abandon de la Coalition par la
Prusse; l'ardeur de la Hollande à se jeter entre les bras
de la France; le bruit qui courait sur les tendances pa-
cifiques de l'Espagne; le peu qu'il y avait à espérer du
côté de la Sardaigne; la lassitude et l'impuissance de
l'Autriche, démontrées par ce rescrit de l'Empereur,
que quelques-uns, il est vrai, soupçonnaient d'être un
mensonge diplomatique, mais dont la sincérité devait
être admise jusqu'à preuve du contraire; l'esprit qui prévalait en Allemagne; les effroyables calamités dont une
invasion des hordes russes menacerait l'Europe, à supposer que la Russie se laissât entraîner par les Anglais sur
ce vaste champ de carnage; la difficulté de protéger suffisamment les colonies anglaises, à cause de leur immense étendue; le danger de pousser, par la guerre
même, à l'extension contagieuse des idées françaises, et
celui, non moins grand, d'inculquer au peuple anglais
des habitudes militaires peu compatibles avec le maintien de la liberté et la pratique des vertus civiles, telles
furent les considérations développées par Wilberforce à
l'appui de sa motion[1].

Fox les reproduisit et les compléta, dans cet éloquent
langage qui lui était propre. Il déclara bien haut que
chaque pays avait le droit de se gouverner comme il
l'entendait, et que la prétention d'imposer une constitution à un autre peuple l'épée à la main était détestable.
Il dit que l'Angleterre ne pouvait, sans se montrer sous
un jour odieux, poursuivre l'embrasement du monde,
alors que la paix était le vœu des alliés, le vœu des pouvoirs neutres, le vœu de la France elle-même. Comme
exemples de ce qu'avait coûté à l'Angleterre cette obstination cruelle, il cita la retraite des Anglais à travers les
provinces de la Hollande envahie, et ce fait, que de toutes

[1] Voy. le texte de son discours, *Parliamentary History of England*,
vol. XXXII, p. 4-9.

les conquêtes de l'Angleterre dans les Indes occidentales, il ne lui restait plus qu'un poste à Saint-Domingue, un autre à Sainte-Lucie, et l'île de la Martinique. « Je rappellerai, s'écria-t-il en terminant, ce que Burke disait, à propos de l'Amérique : « Essayez de la paix et de la con- « ciliation; si vous échouez, alors poursuivez la guerre. » Les maux de la guerre, nous les avons éprouvés; les maux de la paix n'existent dans l'esprit de quelques hommes qu'à l'état d'hypothèse. Convient-il d'opposer une hypothèse à l'expérience [1]? »

La réponse de Windham à Wilberforce et la réponse de Pitt à Fox furent caractéristiques. Les arguments des deux ministres se réduisirent à peu près à ceci :

Qu'il fallait combattre à tout prix la contagion des principes de la Révolution française;

Que le changement survenu le 9 thermidor, bien que considérable, ne donnait aucune garantie certaine contre un retour au prosélytisme révolutionnaire;

Que la question était, non pas de savoir si une paix honorable n'était pas préférable à la continuation de la guerre, ce qui ne faisait doute pour personne, mais si la continuation de la guerre n'était pas précisément le moyen d'arriver à une paix honorable;

Que le choix du moment devait être laissé à la Couronne;

Que le déclin, en France, avait commencé;

Que les déchirements intérieurs dont Paris donnait le spectacle attestaient la faiblesse du gouvernement et son défaut de stabilité;

Qu'il ne fallait pas se méprendre sur la portée des succès militaires et diplomatiques de ce gouvernement : succès produits par une impulsion qui avait cessé, effets qui survivaient à leur cause;

[1] Voy. *Parliamentary History of England*, vol. XXXII, p. 22-27.

Qu'il n'y avait donc pas lieu pour l'Angleterre de remettre l'épée dans le fourreau, et qu'elle gagnerait tout à ne se point hâter [1].

Ces raisons l'emportèrent dans la Chambre des Communes, et l'ordre du jour sur la motion de Wilberforce fut adopté à la majorité de deux cent une voix contre quatre-vingt-six [2].

Ce qu'il y avait de vraiment remarquable dans le discours de Pitt, c'était le passage où il représentait la Révolution française tombée, depuis le 9 thermidor, dans un état d'irrémédiable faiblesse, et où il montrait dans ses derniers succès au dehors « un effet qui survivait à sa cause [3]. » Cette appréciation était d'une justesse surprenante.

Certes, à ne s'en tenir qu'aux apparences, la France, à aucune époque, n'était apparue, au dehors, plus imposante et plus terrible. Depuis Charlemagne, son empire ne s'était jamais étendu sur autant de contrées. Peu de temps après le jugement que Pitt portait sur elle, elle se trouvait avoir conquis la Belgique, les Sept-Provinces Unies, les évêchés de Liége, de Worms et de Spire; les électorats de Trèves, de Cologne et de Mentz; le duché des Deux-Ponts, le Palatinat; les duchés de Juliers et de Clèves, le duché de Savoie, les principautés de Nice et de Monaco, en Italie; les provinces de Biscaye et de Catalogne, en Espagne; — le tout formant une population de treize millions d'âmes. Et ces conquêtes, elles étaient le résultat d'une lutte sans exemple, soutenue par la France seule contre une coalition formidable, ayant à son service d'immenses et valeureuses armées que commandaient de grands capitaines.

---

[1] *Parliamentary History of England*, vol. XXXII, p. 10-19, et p. 28-36.

[2] *Ibid.*, p 36.

[3] « The effects were not to cease as immediately as the causes. The effects in their operation survive the causes. » *Ibid.*, p. 35.

Quatre chiffres disent tout : dans l'espace de *dix-sept mois*, la France gagna *vingt-sept batailles*, resta victorieuse dans *cent vingt combats*, et prit *cent seize places fortes*[1] !

L'histoire d'aucun temps et d'aucun pays ne constate de tels prodiges militaires.

Mais il avait fallu, pour les rendre possibles, une impulsion souveraine qui n'existait plus; et de même qu'une roue s'arrête quand elle a cessé d'être poussée, bien qu'elle continue à tourner quelque temps, en vertu de la première impulsion reçue, de même la Révolution devait s'arrêter, après la chute des idées qui lui avaient communiqué son mouvement, bien que l'effet n'eût pas disparu au même instant que la cause.....

Chose singulière en apparence, mais en réalité très-explicable! Pendant qu'au dehors, la Prusse, la Toscane, les petits princes d'Allemagne, la Hollande, saluaient et subissaient la puissance du génie révolutionnaire, ce génie n'était déjà plus qu'une chose du passé, et, au dedans, la Révolution se mourait.

C'est l'histoire de son agonie que nous allons raconter dans les chapitres suivants, après avoir montré comment les royalistes, qui n'avaient pu la vaincre avec l'épée. l'attaquèrent avec le poignard.

---

[1] Le tableau de ces conquêtes et des victoires dont elles furent le fruit fut suspendu dans la salle de la Convention. *L'Annual Register* dit à ce sujet : « Such was the description given by the French of their numerous exploits; and impartiality requires it should be acknowleged, notwithstanding the odium they lie under, that the account is not exaggerated, » vol. XXXVII, p. 54.

# CHAPITRE DEUXIÈME.

## TERREUR BLANCHE.

La Terreur blanche, bien plus odieuse et bien plus terrible que la Terreur rouge. — Les historiens prodigues de détails à l'égard de la seconde, n'ont presque rien dit de la première. — L'assassinat devenu de bonne compagnie. — Mobiles des agents de la Terreur blanche. — Saint-Barthélemy organisée contre les républicains par toute la France. — *Compagnies de Jésus* ou *du Soleil :* assassins enrégimentés. — La Terreur blanche à Lyon ; massacre dans les prisons ; les égorgeurs couronnés. — Odieux rapports de Boisset et de Mathieu. — Renseignements fournis par Gonchon sur les horreurs commises à Lyon. — Effets du gouvernement thermidorien décrits par Chénier. — Ubiquité de l'assassinat. — Scènes épouvantables dans les prisons. — Les Carrier de la contre-révolution. — Soulèvement des ouvriers toulonnais ; ses causes. — Boucherie du Beausset. — Préparatifs d'un massacre, à Marseille. — Drame de cannibales, à Tarascon. — Invasion du fort Saint-Jean à Marseille par les assassins. — Prisonniers égorgés ; prisonniers brûlés vifs ; on tire à mitraille sur des cachots. — Souvenirs du duc de Montpensier, enfermé avec son frère au fort Saint-Jean. — Cadroy, Isnard et Chambon dans le fort Saint-Jean. — Leur attitude au milieu des assassins ; leur part de responsabilité dans ces horreurs. — Effroyables méprises. — Nombre des morts. — Raffinements de barbarie. — Triomphe décerné aux assassins par le club royaliste de Marseille. — Partialité infâme des autorités judiciaires sous le règne des Thermidoriens. — La Convention devenue impuissante contre les assassins. — Motifs de l'impunité qui leur est accordée ; pitoyables sophismes de Thibaudeau. — Système suivi de correspondance entre diverses bandes d'assassins. — Traités qui se payent en têtes d'hommes. — Les prêtres assermentés poursuivis à coups de poignard. — La lubricité mêlée à la soif du sang. — Femmes fouettées avec des nerfs de bœuf. — Aux yeux des assassins enrégimentés par la Terreur blanche, la piété filiale et l'amour conjugal sont des crimes. — Renouvellement de l'épisode d'Ugolin dans le prisons, sous la Terreur blanche. — Dérisoire application des mots les plus sacrés; *bonnets à l'humanité, corsets à la justice.* — *Organisation des bals à la victime.*

Je vais raconter le règne des assassins en France.

Que le lecteur s'arme de courage! L'histoire de la contre-révolution va lui donner des mares de sang à traverser; elle va faire passer sous ses yeux des scènes de l'enfer. Car, quelque invraisemblable que cela puisse paraître, la *Terreur blanche*, celle qui marqua le triomphe des Thermidoriens et la résurrection du royalisme, dépassa en horreur, même les massacres de septembre, même les mitraillades de Collot-d'Herbois, même les noyades de Carrier.

Jusqu'ici, on a pris soin de dresser, des victimes de la *Terreur rouge*, une liste minutieusement fidèle. A la Révolution défendant la patrie contre la ligue des rois au dehors, et, au dedans, contre les traîtres, leurs complices, on a demandé compte jour par jour, presque heure par heure, des coups frappés et des têtes abattues. Quand il s'est agi de flétrir les soldats en délire d'un monde nouveau, l'on n'a épargné à la sensibilité du lecteur la description détaillée d'aucun supplice, le tableau complet d'aucun massacre. Mais ce système d'extermination que le parti des soi-disant modérés d'alors pratiqua, comme nous allons le prouver, sans autre motif que la haine, et à la manière des voleurs de grand chemin, de quel voile complaisant on a su le couvrir! Il est temps que toute la vérité soit connue; il est temps qu'on sache comment la réaction thermidorienne fit succéder au régime du Tribunal révolutionnaire le règne des assassins. Il y eut en effet cette différence entre la Terreur rouge et la Terreur blanche, que la seconde ne put s'accommoder de rien qui ressemblât à un examen judiciaire ou à des formes légales.

La justice du Tribunal révolutionnaire avait été une justice sommaire sans doute, implacable, homicide ; mais enfin elle n'avait fait venir le bourreau qu'après le juge ; elle n'avait pas tué, un masque sur le visage, au hasard, et fermé toute issue à l'innocence : témoin les nombreux acquittements qu'elle prononça. Si, à Lyon, Collot-d'Herbois et Fouché remplacèrent l'échafaud par le canon, cette substitution horrible n'eut lieu, du moins, qu'à l'égard d'hommes jugés et condamnés. Les Septembriseurs, tout féroces qu'ils étaient, ne se crurent pas dispensés de distinguer entre l'innocent et le coupable. On se rappelle que Maillard institua un tribunal à l'Abbaye, pour empêcher le massacre de tout envelopper, de tout confondre ; et non-seulement des prisonniers furent acquittés par ce tribunal de sang, mais il y en eut d'acquittés après s'être proclamés royalistes, sur l'observation de Maillard que les actes pouvaient être criminels, mais que les opinions étaient libres. Et non contents d'épargner les prisonniers, ainsi déclarés non coupables, les égorgeurs les prirent dans leurs bras, les portèrent chez eux en triomphe, ne cessant de crier sur la route : « Respect à l'innocence [1] ! »

Les sicaires de la contre-révolution, au contraire, ne voulurent aucun examen avant le meurtre ; ils n'admirent aucun délai entre la pensée et l'exécution, aucun intermédiaire légal entre le bourreau et la victime ; ils appelèrent à être le bourreau quiconque avait un poignard à mettre au service de la *modération* ; ils prirent pour règle de tuer à bout portant quiconque, à tort ou à raison, était désigné comme jacobin, partout où on le ren-

---

[1] Voyez la *preuve* de ces faits, administrée par des *royalistes*, qui furent sauvés de la sorte, dans le chapitre intitulé : *Souviens-toi de la Saint-Barthélemy* du tome VII de cet ouvrage.

contrerait, sur le seuil de sa porte, au détour d'un chemin, dans la rue ; leurs massacres des prisons, à eux,
eurent cela de caractéristique et de nouveau, que, dans
certaines villes, les égorgeurs furent des gens masqués ;
que, dans d'autres, ils firent de l'assassinat un spectacle
qui eut ses galeries et son parterre ; que, dans d'autres,
ils pointèrent des canons contre des cachots, et brûlèrent
vifs des prisonniers sans défense, pour se reposer de la
fatigue de les tuer.

Les promoteurs de la Terreur rouge avaient été des hommes à farouches convictions, des fanatiques de salut public, des âmes violentes et sombres ; mais eux, du moins,
avaient parlé le langage de leurs actes ; on ne les avait
pas vus grimacer l'humanité, un couteau teint de sang à
la main, et le pied sur un monceau de cadavres ; on ne
les avait pas vus se parfumer et se farder avant d'aller à
l'abattoir.

Les promoteurs ou partisans de la Terreur blanche, au
contraire, furent des gens aux belles manières, d'élégants
libertins, des femmes à la mode, des personnages d'une
piété onctueuse. Sous l'empire de la Terreur blanche, des
pensées atroces s'exprimèrent dans un jargon ridiculement efféminé ; on jura sa *paole d'honneu* qu'on poignar-
derait son ennemi désarmé ; on tua des prisonniers à
coups de canon ou on les brûla vifs, en vertu des lois du
bon ton ; on fouetta dans les rues, pour plaire aux dames,
des filles coupables de s'être jetées en pleurant sur le
corps de leurs pères égorgés. L'assassinat fut de bonne
compagnie.

« Quand la détestable politesse du vice, dit un écrivain
peu suspect de jacobinisme, prête son vernis à la férocité, il me semble qu'elle l'enlaidit encore. Il se trouva
des hommes, alors, tout aussi cruels que Marat, mais
beaux de jeunesse et de manières, qui entraînaient les
cœurs après eux, quand ils entraient dans un salon au

milieu d'un nuage d'ambre. S'ils n'avaient pas senti
l'ambre, ils auraient senti le sang [1]. »

On nous accuserait d'exagération, si les faits n'étaient
pas là : il faut donc leur laisser la parole.

La politique thermidorienne ne se fut pas plutôt des-
sinée, qu'on vit accourir en foule des frontières de Suisse,
des cours de Rome , de Vienne et de Londres, des bandes de royalistes se donnant le nom de *patriotes opprimés* [2]. Attaquer tout d'abord et directement le principe
de la République, ils ne l'osèrent pas; mais habiles à
profiter de la division fatale que le 9 thermidor avait jetée
parmi leurs adversaires, ils s'unirent aux Legendre et aux
Tallien contre les restes du parti de Robespierre, comme
ils s'étaient unis aux Louvet et aux Barbaroux contre
la Montagne ; ils se proclamèrent bien haut républicains ;
ils ne jurèrent que par la République : c'était son salut,
à les entendre, qu'ils voulaient assurer, en exterminant
les Terroristes. Mais par « Terroristes, » que fallait-il
comprendre ? Ainsi que Chénier fut amené plus tard à en
faire la remarque, « dans les révolutions longues et pro-
fondes, les mots qui désignent des partis deviennent des
cadres merveilleux de vengeance et de proscription, de
sorte qu'on créa le nom de Terroristes, comme on avait
créé, deux ans auparavant, les noms de Modérés, de Fédéralistes, de Girondins [3]. » Et ce cadre une fois trouvé,
la réaction royaliste, à mesure qu'elle se développait, y
fit entrer, pêle-mêle avec ceux qui avaient dressé la guillotine, tous ceux qui avaient aimé la Révolution. Alors
retentirent des plaintes amères, où perçait l'accent de
l'effroi. Legendre, avec sa véhémence ordinaire, dénonça

[1] Charles Nodier, *Souvenirs de la Révolution et de l'Empire*, t. 1,
p. 113.

[2] Rapport de Chénier, au nom des Comités de salut public et de sûreté
générale, séance du 29 vendémiaire, an IV. (*Moniteur*, an IV, numéro 54.)

[3] *Ibid.*

la tactique perfide qui, dans l'accusation de Terrorisme, tendait à envelopper tout républicain [1]. Chénier montra cette accusation meurtrière atteignant jusqu'aux vaincus du 31 mai [2]. Goupilleau (de Montaigu) vint raconter, du haut de la Tribune, que, dans le Midi, le patriote Redon, un des juges de Carrier, ayant rencontré une bande d'assassins, ceux-ci lui dirent : « Tu n'es point un Terroriste, tu n'es point un dilapidateur, mais tu es un républicain, et nous n'en voulons pas. » Sur quoi, ils l'égorgèrent [3].

Lamentations vaines ! Les républicains qui avaient trempé dans le 9 thermidor s'apercevaient trop tard que le monstre déchaîné par eux-mêmes menaçait de les dévorer. Et Goupilleau (de Montaigu) condamnait d'une manière bien terrible son propre aveuglement, lorsque, dans la séance du 16 messidor an III (4 juillet 1795), il s'écriait, le cœur navré : « Le chef des assassins dans le Midi est un homme qui porte le deuil du petit Capet [4]. »

Ce qu'il importe aussi de remarquer, c'est que le désir de venger un père, un frère ou un ami, moissonnés par la Terreur rouge, ne fut pas en général le mobile de la Terreur blanche. Ce désir, sincère de la part de quelques-uns seulement, ne fut, de la part du plus grand nombre des assassins, qu'un prétexte menteur à l'usage de leur politique de sang. L'énorme disproportion qui existe entre le chiffre des massacreurs et celui des hommes qui avaient la mort d'un des leurs à déplorer, est à cet égard une preuve décisive. La vérité est que les massacreurs voulaient en finir avec les républicains, comme Catherine de Médicis en avait fini avec les calvinistes. Ils s'étaient fait une théorie : la théorie de l'extermination : « Tu n'es

---

[1] *Moniteur*, an III, numéro 280.
[2] *Ibid.*, an IV, numéro 54.
[3] *Ibid.*, an III, numéro 524.
[4] *Ibid.*, numéro 289.

pas un Terroriste, tu n'es pas un dilapidateur, mais tu es un républicain, *et nous n'en voulons pas.* » Fréron, que sa seconde mission dans le Midi et la redoutable enquête à laquelle il se livra, mirent en état de bien connaître les choses, dit expressément : « Il est faux que ces massacres puissent être attribués aux premiers mais rapides élans de la vengeance : ce fut une Saint-Barthélemy systématique organisée contre les républicains [1]. »

Le but de la contre-révolution ainsi déterminé, elle y marcha par l'établissement et la mise en action de compagnies d'assassins, qui prirent le nom de *Compagnies de Jésus* et *Compagnies du Soleil.*

Un auteur du temps écrit à ce sujet : « On ne sait trop ce que signifient ces dénominations. Probablement, la première fut imaginée par de pieux fanatiques. La seconde signifiait sans doute que c'était en plein jour, en plein soleil, qu'on se vengeait [2]. »

Si ce fut là effectivement ce que les assassins prétendirent exprimer, la première dénomination était singulièrement blasphématoire, et la seconde bien peu justifiée; car, comme la suite de ce récit le prouvera, les *Enfants du Soleil* se plaisaient fort à frapper pendant la nuit, avec un masque sur le visage, et par derrière.

Suivant Charles Nodier, c'est par erreur qu'on s'est accoutumé à désigner ces bandes infâmes sous le nom de *Compagnies de Jésus.* « Le nom sacramentel, dit-il, était *Compagnons de Jéhu,* et bien approprié à leur cruel ministère, Jéhu étant, comme on sait, un roi d'Israël qui avait été sacré par Élisée, sous la condition de punir les crimes de la maison d'Achab et de Jézabel, et de mettre à mort tous les prêtres de Baal [3]. »

---

[1] *Mémoire historique sur les massacres du Midi,* p. 37. Collection Berville et Barrière.

[2] Nougaret, *Histoire abrégée de la Révolution,* liv. XXIV, p. 448.

[3] *Souvenirs de la Révolution et de l'Empire,* t. I, p. 115.

Quoi qu'il en soit, « cette armée, ajoute le même écrivain, était organisée avec beaucoup de puissance ; elle avait sa hiérarchie, ses cadres, ses statuts, sa discipline, ses volontaires, ses mercenaires, ses enfants perdus [1]. »

Ce fut à Lyon que commencèrent les barbaries [2]. Là, les *Compagnons du Soleil* avaient pris, pour se distinguer, la ganse blanche au chapeau ; elle leur tenait lieu de cocarde [3], en attendant que l'heure vînt d'arborer ouvertement les insignes du royalisme.

Dès le 13 floréal (3 mai), on écrivait, de Lyon, au *Moniteur :* « Aujourd'hui, tout républicain passe pour Terroriste, et sa vie est en danger. Des républicains ont été assassinés. L'état-major de Précy est refait ; nul n'y est admis qu'il n'ait porté les armes pendant la révolte de Lyon. Les émigrés arrivent en foule dans la ville [4]. »

De son côté, le représentant en mission, Boisset, mandait aux Comités, dans une lettre datée du 5 floréal (24 avril), que Lyon était en proie à une fermentation terrible ; que des groupes menaçants se formaient autour des prisons [5]...

Mais ce que Boisset ne disait pas, c'est que déjà l'assassinat planait sur toute la ville. On se demande avec étonnement et horreur comment les choses qui se passèrent alors furent possibles. On vit des hommes, un pistolet à la main, courir sus dans la rue à d'autres hommes, et les tuer à bout portant. On vit des femmes égorgées sur le seuil de leurs portes. On vit les sicaires monter chez ceux qu'ils voulaient immoler, les faire sortir de-

---

[1] *Souvenirs de la Révolution et de l'Empire*, t. I, p. 115.
[2] Durand de Maillane, *Histoire de la Convention*, chap. XIII.
[3] *Moniteur*, an III, numéro 325.
[4] *Ibid.*, an III, numéro 224.
[5] Lettre de Boisset, citée dans le rapport de Mathieu sur les événements de Lyon. (*Moniteur*, an III, numéro 255.)

vant eux comme pour les mener à la Maison commune et les assommer par derrière[1]. Les cadavres étaient attachés à la première charrette qui passait, et l'on allait les jeter dans le Rhône, en disant, de chaque corps qui tombait : « c'est un Mathevon de moins[2]. »

Et les autorités locales, de concert avec les représentants en mission, laissaient faire, tant elles craignaient peu que les dominateurs du jour, les meneurs actuels de la Convention, leur demandassent compte de cette abominable et lâche tolérance !

Elle eut tous les fruits qu'en en devait attendre. Les meurtres successifs qu'ils commettaient impunément par toute la ville ayant donné soif aux *Compagnons du Soleil*, ils résolurent de procéder à un massacre général des prisonniers républicains, et d'avoir, eux aussi, leurs journées de septembre. Cette fois, on n'annonçait pas l'arrivée des Prussiens à Verdun ; nul danger public et pressant n'était là pour enfiévrer les âmes ; non : le massacre, cette fois, fut décidé comme on décide une partie de plaisir, et ce fut au spectacle qu'on en donna le signal, dans la soirée du 16 floréal (5 mai)[3]. Divisés en trois détachements, les tueurs courent aux maisons d'arrêt des Récluses, de Saint-Joseph et de Roanne, enfoncent les portes, et égorgent quatre-vingt-six prisonniers, parmi lesquels six femmes[4]. Le feu ayant été mis à la prison, pour couper court à la résistance désespérée des victimes, une

---

[1] Prudhomme, *Histoire impartiale des erreurs, des fautes et des crimes commis pendant la Révolution française*, t. VI, p. 70 et 71. — Nougaret, *Histoire abrégée*, etc., liv. XXIV, p. 449 et 450.

[2] Prudhomme, *ibid.*, p. 74.

« Mathevon, selon Prudhomme, était le nom d'un ouvrier en soie, dont la famille avait longtemps existé au milieu du ridicule dont on la couvrait, au point que ce nom, devenu si tragique, avait fourni autrefois le sujet d'une comédie. »

[3] *Hist. parl.*, t. XXXVI, p. 415.

[4] Prudhomme, dans son livre, donne la liste des victimes.

mère, tenant son enfant dans ses bras, se précipita du haut d'une tour dans les flammes [1].

Les assassins furent traduits pour la forme devant le tribunal de Roanne, et acquittés! Ils rentrèrent à Lyon en triomphe. Des femmes, accourues au-devant d'eux, jetèrent des fleurs sur leur passage. Le soir, au spectacle, on les couronna [2]!

Voici quel fut, tracé par lui-même, le rôle de Boisset dans ces affreuses circonstances : « A sept heures et demie, le général de brigade César m'envoie un hussard pour m'avertir que toute la garnison se porte aux prisons, mais qu'elle sera insuffisante. Aussitôt je fais seller mon cheval, et, accompagné de mon secrétaire, je me transporte à la prison. Les victimes désignées n'étaient déjà plus [3]. »

Odieuse est la lettre où ce représentant de la faction dominatrice rend ainsi compte du succès de sa vigilance. Après avoir fait observer que les massacreurs — qu'il appelle *le peuple* — ont été « égarés par la vengeance, » et avoir insisté sur ce qu'ils criaient : « Vive la Convention! » il attribue tout le mal à « l'audace des partisans du système de la Terreur. » « Si vous ne prenez, dit-il, des mesures générales pour punir les oppresseurs ( et dans quel camp se trouvaient-ils donc alors?); si vous ne vous occupez de ceux *qui furent* opprimés, il naîtra des maux incalculables [4]; » en d'autres termes, si vous ne mettez pas les révolutionnaires légalement en coupe réglée, ce sera besogne d'assassins.

Le rapport que Mathieu présenta sur ces horreurs, au nom du Comité de sûreté générale, n'est pas moins ca-

---

[1] Nougaret, *Hist. abrégée*, etc, liv. XXIV, p. 450.
[2] *Ibid.*
[3] Lettre du représentant du peuple, Boisset. (*Moniteur*, an III, numéro 235.)
[4] *Ibid.*

ractéristique. Tout en blâmant les vengeances particulières, Mathieu en rejeta la responsabilité sur l'action des
tribunaux, trop « chancelante et timide, » et sur ce qu'on
avait fait la guerre « plutôt au Terrorisme qu'au Terroriste [1]. »

D'où la conséquence, probablement, qu'il était tout
simple d'abandonner au premier venu le soin de « faire
la guerre au Terroriste! »

Inutile de dire que, bien souvent, pour le débiteur, le
« Terroriste » fut... son créancier; que, bien souvent,
pour l'amant d'une femme, le « Terroriste » fut le rival
dont son cœur avait juré la perte. « Faire la guerre au
Terroriste » devint le prétexte suprême dont se couvrit la
haine de tous les hypocrites et la fureur de tous les lâches. Malheur à qui se trouvait porter un nom semblable à celui d'un révolutionnaire! Une erreur à cet égard
pouvait lui coûter la vie. Malheur à qui se trouvait res-
sembler à tel Jacobin connu! Cette ressemblance pouvait
amener une méprise: et cette méprise, un coup de poignard [2].

Il est à remarquer que, sur les bancs de la majorité
thermidorienne, qui, en germinal, cria si douloureusement « Ah! Dieu! » en apprenant qu'Auguis avait été
blessé, pas une marque de douleur ou d'indignation ne
fut provoquée par le récit du massacre des prisons à Lyon.
Du moins, le *Moniteur* ne consigne rien de semblable
dans le compte rendu de la séance.

Gonchon fut envoyé à Lyon par le Comité de sûreté
générale, avec mission de lui donner sur la situation de

---

[1] *Moniteur*, an III, numéro 255.

[2] M. de Barante, qui, dans son *Histoire de la Convention*, a si largement
pratiqué la *théorie des omissions systématiques*, et qui semble ne s'être
pas douté qu'il y ait eu une *Terreur blanche*, M. de Barante lui-même ne
peut s'empêcher, au sujet des excès de la réaction à Lyon, de constater
les résultats affreux que nous signalons ici.

cette ville des renseignements secrets et précis. Peu de temps après, il écrivait au Comité :

« Un homme, au spectacle de Saint-Clair, m'a dit : « Bientôt nous aurons la paix, parce que la Convention « va remettre sur le trône le petit Capet, et, si elle tarde, « les Lyonnais se prononceront. » Un autre m'a dit : « Nous ne tarderons pas à proclamer le petit Capet roi de « France. Ainsi, Lyon deviendra la capitale du royaume. » — La Compagnie de Jésus, à Lyon, est composée d'environ trois cents sicaires, qui parlent d'assassiner même des hommes comme Lanjuinais, parce qu'ils sont républicains. « Il ne faut pas qu'il en reste un seul, » disent-ils. — Les femmes riches excitent les jeunes gens à ces affreux exploits, et les dévotes citent, pour les justifier, des passages de l'Écriture : « Tuez les vieillards, l'homme, l'enfant à la mamelle, la brebis, le chameau et l'âne. » — Les ouvriers républicains souffrent infiniment de ces horreurs. — Le jour de la fête du 29 mai, une femme de soixante-dix ans, ayant dit que les muscadins avaient bonne tournure, et tenu quelques autres propos semblables, six jeunes gens la prirent par le bras, la conduisirent au bout du pont de la Boucherie des Terreaux ; là, ils lui brûlèrent la cervelle, et la jetèrent dans la Saône, sans que personne osât s'y opposer. Il était cinq heures du soir [1]. »

Gonchon lui-même n'échappa à la mort que par miracle. Se trouvant un jour chez un limonadier nommé Peaufin, il est désigné comme appartenant au parti de la République, et aussitôt on lui signifie son arrêt. Lui, se tournant vers son enfant, qu'il avait amené, et lui mettant un mouchoir dans la main : « Mon fils, lui dit-il, on va tuer ton père. Ramasse bien avec ce mouchoir son sang qui va couler ; puis, prie ton oncle de te conduire à la

[1] Cette lettre de Gonchon se trouve dans le volume publié par Beaudoin en 1828, contenant plusieurs pièces omises ou supprimées par Courtois.

Convention, à laquelle tu montreras le sang de Gonchon, assassiné par les Lyonnais, pour les avoir défendus avec courage.» Et, en effet, lors du siége de Lyon, il avait parlé contre les mesures violentes prises à l'égard des rebelles, ce qui lui valut alors quatorze mois de prison. Cette circonstance, rappelée d'une manière si touchante, le sauva pour le moment. Mais il y avait parti pris de le tuer, et c'en était fait de lui, s'il ne fût parvenu à s'échapper de Lyon [1].

A ces nouvelles, les meneurs de la faction thermidorienne s'émurent. Le mouvement rétrograde par eux imprimé au char de la Révolution menaçait de tout écraser ; et ils se trouvaient dans la position de ce cocher dont parle Mercier [2], qui ayant passé sur la jambe d'un malheureux, recula, et lui passa sur le corps, lorsqu'on eut crié de tous côtés : Arrête!

Cinq jours avant le massacre des prisonniers de Roanne, c'est-à-dire le 11 floréal an III (30 avril 1795), Marie-Joseph Chénier avait présenté, et cela au nom des Comités réunis, le tableau suivant de la situation de la République, telle que l'avait faite le 9 thermidor :

« Comme il est dans la nature des choses que tout excès mène à un excès contraire, il est arrivé que l'espoir des vieux ennemis de la Révolution s'est réveillé en voyant tomber plusieurs de ses partisans qui s'étaient rendus coupables ; il est arrivé que la mollesse et l'inertie ont remplacé insensiblement cette force démesurée et despotique qui caractérisait le gouvernement décemviral; il est arrivé aussi que les autorités constituées, déconcertées par les clameurs que l'on voudrait faire confondre avec l'opinion publique, ont craint d'être punies pour faire exécuter vos lois et même vos lois les plus récentes ;

[1] *Lettre de Gonchon, ubi supra.* — Voyez aussi le rapport de Chénier, du 6 messidor an III, (*Moniteur* an III, numéros 279 et 280.)
[2] Le *Nouveau Paris*, chap. ccxlv.

que les tribunaux, paralysés, ne se sont pas senti la vigueur nécessaire pour rendre la justice, et que l'anarchie, avide de troubles et repoussant toute police, a succédé au pouvoir arbitraire... A quoi bon se le dissimuler, représentants, vos ennemis existent, ils sont nombreux, ils lèvent audacieusement la tête... Vos lâches, vos implacables adversaires, ces émigrés, qui ont traîné de cour en cour, de ville en ville, la fureur, l'ignominie et le scandale, les émigrés, vous dis-je, ne cachent plus leur coupable espoir; ils se flattent que tout va changer; ils annoncent leur prochain retour en France; ils assurent que leurs amis sont puissants dans la République... On nous écrit de Suisse que des émigrés célèbres, dont le nom ne doit pas être prononcé à cette tribune, ont osé rentrer sur le territoire français... Les religions sont du domaine de la conscience; mais lorsqu'une opinion religieuse devient un prétexte pour violer la loi, ce n'est pas l'opinion religieuse que le législateur doit punir, c'est la loi violée qu'il doit venger. Eh bien, de toutes les frontières, des hommes déportés pour n'avoir pas voulu se soumettre aux décrets rendus par l'Assemblée constituante, pour avoir refusé de faire partie du corps social, rentrent aujourd'hui sur le territoire français, ils se répandent dans les villes, mais surtout dans les campagnes, où la faiblesse crédule est sans défense contre la séduction; ils abusent de leur influence sur les âmes faibles; ils jettent la terreur dans les consciences; et, par un moyen d'autant plus puissant qu'il est secret, ils soulèvent contre la Convention nationale tous les préjugés, toutes les passions, tous les mécontentements, qu'ils prennent soin d'irriter. Ce ne sont plus des hommes ordinaires, ce sont des apôtres persécutés, ce sont des martyrs de la religion de nos pères. Cependant, eux-mêmes persécutent ceux d'entre les prêtres catholiques qui ont lié leur sort aux destinées de la Révolution; et, en même temps,

ils prêchent la révolte, ils provoquent ouvertement à la
royauté[1]. »

Chénier montrait ensuite l'anarchie partout transfor-
mée en moyen de royalisme ; le désarmement qui avait
été ordonné contre les agents de la Terreur étendu à des
patriotes courageux et purs ; l'esprit de vengeance déchaîné ; la liberté combattue à outrance par une coalition
de journalistes ; le président de la Convention assailli
de lettres anonymes, infectées de venin et noires d'injures ; les départements du Dauphiné et de la Bretagne
inondés de manifestes séditieux, et le département du
Rhône abandonné à une dictature d'assassins[2].

Voilà en quels termes, les Thermidoriens, le 11 floréal an III (30 avril 1795), décrivaient eux-mêmes, par
l'organe de Chénier, l'état déplorable où leur domination
avait conduit la République.

Comme remède au mal, il fut décrété, sur la proposition de l'orateur des Comités, que tout émigré trouvé sur
le territoire de la République serait traduit devant les
tribunaux et jugé suivant la loi. Devait être frappé de
la même peine que les émigrés, quiconque, ayant été dé-
porté, serait rentré en France ; et cette disposition com-
minatoire fut, sur la proposition de la Reveillère-Lepeaux,
étendue aux prêtres condamnés à la déportation, malgré
l'observation de Merlin (de Douai) qu'il fallait prendre
garde d'exciter une nouvelle Vendée[3].

Ces mesures intimidèrent-elles les royalistes ? C'est ce
dont on peut juger par ce fait, que le massacre des prisonniers de Roanne eut lieu cinq jours après le rapport
de Chénier et le décret qui en fut la suite.

Encore si les massacreurs avaient daigné déguiser
leurs projets ultérieurs ! Mais non : comme on l'a vu par

[1] *Moniteur*, an III, numéro 225.
[2] *Moniteur*, an III, numéros 225 et 226.
[3] *Moniteur*, an III, numéro 226.

la lettre de Gonchon, ils se vantaient bien haut de marcher à l'extermination de tous les républicains, y compris Lanjuinais.

Jusqu'où ne porteraient pas l'audace de leurs fureurs, des hommes capables de viser Lanjuinais à la tête? Les Thermidoriens commencèrent à trembler pour eux-mêmes; et la Convention, qu'ils dominaient en ce moment, décréta, sur un second rapport de Chénier, que les pouvoirs de tous les corps administratifs séant dans la commune de Lyon seraient suspendus; que le maire, le substitut de l'agent national de la Commune, et l'accusateur public du tribunal criminel se rendraient sans délai à la barre de la Convention pour y rendre compte de leur conduite; que l'état-major de la garde nationale serait cassé; enfin, que les auteurs du massacre commis à Lyon, et les membres de la compagnie d'assassins, dite « Compagnie de Jésus, » seraient livrés dans les vingt-quatre heures, pour être jugés par le tribunal criminel de l'Isère [1]. »

— En même temps, le journal du *Bonhomme Richard*, organe du parti dominant, s'écriait : « Bons citoyens des départements, imitez, imitez au plus tôt les Parisiens. Écrasez l'hydre nouveau qui vient de naître, et dont la tête est à Lyon, la queue chez les Chouans [2]. »

Quand la balle est une fois lancée, s'imaginer qu'on la rappellera suivant son caprice est folie. Les Thermidoriens, en croyant qu'ils pourraient arrêter la réaction juste au point qui convenait à leur politique, avaient commis une erreur dont les royalistes prirent soin de leur démontrer l'étendue. Les décrets destinés à punir l'assassinat ou à le prévenir allant contre un torrent dont le lit avait été creusé par ceux-là mêmes qui les rendaient,

[1] Décret du 6 messidor, an III, (*Moniteur*, an III, numéro 280.)
[2] *Journal du Bonhomme Richard*, numéro 5.

n'empêchèrent rien, ne punirent rien, et, n'intimidant
personne, ne protégèrent personne. A Paris et dans le
Nord, les assassins furent tenus en respect, parce que, à
Paris et dans le Nord, la Révolution n'était pas encore entièrement désarmée ; mais tout le Midi fut livré aux poignards. Malheur à ceux qui, dans la Révolution, avaient
joué un rôle quelconque, ou seulement fait acte d'adhésion aux principes qu'elle avait proclamés ! Quelque bornée qu'eût été leur influence, quelque inoffensive qu'eût
été leur conduite, quelque obscure que fût leur condition,
une mort tragique les attendait ; car on ne les tuait point
uniquement pour ce qu'ils avaient fait, on les tuait pour
ce qu'ils avaient été, ou étaient, ou étaient soupçonnés
d'être. Dresser la liste des victimes eût été impossible :
Prudhomme, dans son funèbre livre, et Fréron, dans son
Mémoire sur les massacres du Midi, n'ont pu enregistrer
qu'un certain nombre de faits, ils n'ont pu recueillir
qu'un certain nombre de noms ; et néanmoins cette no-
menclature, tout incomplète qu'elle est, fait frémir. Ici,
ce sont des adolescents, presque des enfants, qui péris-
sent hachés à coups de sabre ou percés de coups de
baïonnette ; là, ce sont des femmes qu'on égorge de sang-
froid. Des hommes désignés comme Jacobins sont-ils
arrêtés, on épie le moment où ils seront conduits à
la prison et on les massacre en chemin. Des cadavres
trouvés çà et là le long de toutes les routes attestent,
dans ces malheureuses contrées, l'ubiquité de l'assassinat[1].

Les prisons du moins servirent-elles de refuge aux
victimes ? Non : l'aimant n'attire pas le fer avec plus
de force, que les prisons n'attiraient les meurtriers ;
« et l'aspect de ces tragédies était encore plus sinistre

[1] Voyez Prudhomme, tome VI, p. 133 et suiv. — Voy. aussi Fréron,
numéro premier des pièces justificatives de son *Mémoire sur les massacres du Midi*, contenant les procès-verbaux de divers assassinats.

dans les cachots, où, à l'exception du geôlier consterné, l'action se passait entre Marius et le Cimbre. L'assassin s'arrêtait quelque temps sur le seuil pour exercer son regard à l'obscurité du souterrain ; il le promenait ensuite avec une cruelle activité dans tous les recoins, jusqu'à ce qu'il eût à demi discerné sur une poignée de paille quelque chose de vivant qui palpitait d'épouvante. Alors le tigre bondissait, et l'on n'entendait plus qu'un gémissement... Un aubergiste de Saint-Amour, nommé Tabé, gémissait malade sur un mauvais pliant dans un des angles les plus retirés de la prison, protégé par les ténèbres où on l'avait caché... La troupe s'éloignait. Tout à coup la rumeur reflue vers son lit, car ils avaient oublié quelque chose. « Tabé ! Tabé ! » crient des voix furieuses. Une balle part et lui fracasse le bras. Il se relève en s'appuyant de l'autre bras, et montrant sa poitrine : « c'est ici qu'il faut frapper, » dit-il. Cette fois, on eut l'humanité de le tuer à bout portant [1] ! »

Et il ne faut pas croire que le seul crime des hommes qui représentaient alors dans les provinces l'esprit du parti vainqueur et en exerçaient le pouvoir, fût de s'abstenir : à la tête de cette réaction de forcenés, on trouve, l'encourageant et la dirigeant, les Commissaires mêmes de la Convention, telle que le 9 thermidor l'avait faite, c'est à-dire le féroce Cadroy ; l'ex-girondin Isnard, dont l'exaltation avait redoublé d'intensité en changeant d'objet, et Chambon, qui le 21 floréal (10 mai) écrivait à la Convention : « Combien je gémis de la lenteur des formes !.... Ces longueurs irritent les meilleurs esprits. Frappez donc un coup général [2]. »

Chambon n'eut pas longtemps à gémir de la *lenteur des formes* : le jour même où il s'exprimait ainsi, les *Com-*

[1] Charles Nodier, *Souvenirs de la Révolution et de l'Empire*, t. I, p. 131, 132.
[2] *Moniteur*, an III, numéro 241.

*pagnons du Soleil* se chargeaient d'en finir, à Aix, avec
l'action trop lente des tribunaux, et de frapper le coup
général après lequel il soupirait.

Ce même jour, en effet, il partit de Marseille, où
Chambon, de concert avec Isnard et Cadroy, exerçait
l'autorité de représentant du peuple en mission, une
bande de sicaires annonçant bien haut leur résolution
d'aller purger la prison d'Aix, remplie de Jacobins —
qu'on allait juger, il est vrai, mais dont la condamnation
n'était pas certaine. C'était le 21 floréal que le tribunal
d'Aix devait prononcer; il était possible que quelques-
uns des accusés fussent reconnus innocents : or, les
*Compagnons* ou *Enfants du Soleil* ne voulaient rien
perdre de leur proie. Marseille est à cinq lieues d'Aix
seulement, et il y avait de la cavalerie à Marseille. Les
assassins, qui étaient partis en plein jour, faisant la route
à pied, il eût été facile de prévenir l'exécution de leur
affreux dessein. Aucun ordre cependant ne fut donné à
cet effet, la *lenteur des formes* ne répugnant pas moins
sans doute à Isnard et à Cadroy qu'à Chambon, de sorte
que les sicaires arrivèrent à Aix, sans qu'on eût fait la
moindre tentative pour les arrêter [1].

La nuit descendait, en ce moment, sur la ville. Un
membre de la municipalité reçoit avis qu'on a vu paraître dans la Commune un grand nombre d'hommes armés,
et que leur projet est d'attaquer, le lendemain, les détenus qu'on va juger, au moment où on les conduira de
la maison de justice au tribunal. Aussitôt, la Commission
municipale est convoquée extraordinairement, et il est
décidé qu'on emploiera, pour la sûreté des détenus, toute
la force disponible [2]. Mais, comme cette force était insuf-

[1] Fréron, *Mémoire historique sur les Massacres du Midi*, p. 169.
[2] *Extrait des registres des délibérations de la Commune d'Aix*, numéro 9 des pièces justificatives à la suite du *Mémoire* de Fréron.

fisante, la municipalité aurait dû faire immédiatement ce qu'elle ne fit que le lendemain, — il n'était plus temps alors, — c'est-à-dire dépêcher un courrier extraordinaire à Marseille pour demander du renfort aux représentants.

Le lendemain, en effet, 22 floréal, tout ce que la troupe de ligne, forte seulement de trois cents hommes, put faire, ce fut de protéger les détenus dans leur trajet de la prison au tribunal et du tribunal à la prison. A quatre heures, la cloche du beffroi retentit: c'est l'annonce d'un massacre. Les assassins s'étaient emparés de deux pièces de canon, les avaient braquées contre la maison de justice, avaient enfoncé les portes, et massacré vingt-neuf prisonniers[1]. Ils mirent ensuite le feu à la prison[2], et l'on eut quelque peine à éteindre l'incendie.

A ce premier égorgement, en succéda, peu de temps après, un second, dans lequel deux femmes périrent. L'une d'elles, quand les assassins parurent, allaitait son enfant âgé de quatre mois. On le lui arrache; elle, on l'étend morte d'un coup de pistolet, et, tandis que l'enfant est foulé aux pieds, les misérables coupent le corps de la mère en morceaux[3]. Quarante-quatre détenus, ce jour-là, perdirent la vie. Un prisonnier s'étant avisé de crier: « Je ne suis pas un Jacobin, je suis un marchand de faux assignats, » les assassins l'épargnèrent. Ce n'était qu'un voleur!

Ce massacre, que Chambon, dans une proclamation, représenta comme « l'effet d'une trop excusable impatience[4], » n'était que le prélude du sort préparé par les

---

[1] *Extrait des registres des délibérations de la Commune d'Aix, du 25 floréal, an III.*

[2] *Ibid.*

[3] Cette malheureuse femme se nommait Fassy.—Voy. sur cet épisode caractéristique, Prudhomme, t. VI, p. 140; Nougaret, *Hist. abr.*, liv. XXIV, p. 454, et le *Moniteur*, an IV, numéro 52, (séance du 27 vendémiaire.)

[4] Voy. la séance du 17 frimaire, an IV, au Conseil des Anciens. (*Moniteur*, an IV, numéro 84.)

*Compagnons du Soleil* aux détenus du fort Saint-Jean, à Marseille.

Le commandement du fort avait été confié à un certain Pagès, contre-révolutionnaire impitoyable, qu'excitait Manoly, son secrétaire, encore plus méchant que lui[1]. Ces deux hommes entretenaient avec les *Compagnons du Soleil* des relations qui permettaient à ceux-ci de s'introduire dans le fort; et ils en profitaient pour faire savourer aux détenus toute l'horreur de leur mort prochaine, mêlant aux insultes dont ils les accablaient les plus hideuses menaces, rappelant ce qui s'était passé dans les prisons de Lyon, dans celle d'Aix, et jurant que celle de Marseille aurait son tour[2]. « Nous les entendions se dire entre eux, lorsque nous passions : « *Je me réserve celui-là pour le* « *jour du travail*[3]. »

Pendant ce temps, au lazaret de Marseille, on préparait des fosses avec de la chaux vive. Là devaient être ensevelis, et là furent ensevelis en effet, les détenus qu'on se disposait à égorger[4].

Un imprudent effort tenté pour empêcher cette boucherie, annoncée d'avance avec une affectation si barbare, fut précisément ce qui en fournit l'occasion.

Depuis que les royalistes avaient été chassés de Toulon dans les rangs des Anglais, auxquels, comme on l'a vu, ils avaient livré cette ville, l'esprit de la Révolution s'y était maintenu, surtout parmi les ouvriers de l'arsenal. Le bruit répandu parmi ces derniers que la vie des républicains enfermés au fort Saint-Jean à Marseille était

---

[1] Voy. le numéro 8 des pièces justificatives à la suite du *Mémoire* de Fréron, *passim*.

[2] Déclaration de Pâris d'Arles, un des détenus, numéro 6 des pièces justificatives, à la suite du *Mémoire* de Fréron. — Voy. aussi, sur ce point, les *Mémoires* du duc de Montpensier, alors enfermé au fort Saint-Jean, p. 146.

[3] Déclaration de Pâris d'Arles, *ubi suprà*.

[4] *Ibid.*

menacée, produisit à Toulon une fermentation terrible.
Dans ces entrefaites, des hommes sont surpris et arrêtés,
sur lesquels on trouve des morceaux de papier figurant
une cocarde blanche et portant ces mots : Vive Louis XVII !
A cette vue, le peuple s'anime. Le nombre des personnes arrêtées pour avoir adopté les insignes du royalisme
est bientôt porté par la rumeur publique, qui grossit
tout, de sept à quatre cents[1]. On parle d'émigrés qui
rentrent en foule, des vengeances que s'apprête à exercer la réaction victorieuse, de celles par où s'est révélée déjà sa sinistre puissance, des patriotes qui gé-
missent au fond des cachots, et des poignards qu'autour
d'eux on aiguise. Ceci se passait à Toulon la veille même
du 1er prairial (20 mai), date célèbre par le suprême effort que fit, à Paris, la Révolution expirante. Les deux
mouvements étaient-ils concertés? On a pu d'autant mieux
le supposer, que le représentant du peuple, Charbonnier,
membre de la Montagne, et qui se trouvait alors à Toulon,
fut compromis dans la levée de boucliers des ouvriers
toulonnais, ainsi que trois autres Commissaires de la
Convention, Escudier, Ricord et Salicetti ; mais on verra,
quand nous en serons à l'insurrection parisienne de prairial, tout ce que cette insurrection eut de spontané, de la
part des faubourgs.

Le mot d'ordre du soulèvement à Paris fut : *du pain
et la Constitution de* 1793 ; le mot d'ordre du soulèvement à Toulon fut : *Mise en liberté des patriotes opprimés.*
Ce fut en poussant ce cri, que les ouvriers toulonnais coururent à l'arsenal, s'en emparèrent ; et ce fut là ce qu'ils
allèrent sommer les représentants Nion et Brunel d'ordonner sur-le-champ. Le premier, qui était sur l'escadre
et l'avait quittée au premier bruit de la révolte, parvint

[1] C'est du moins, à ce nombre sept, que Chambon et Guérin réduisirent
le chiffre des porteurs de cocardes blanches, dans leur lettre à la Convention (*Moniteur*, an III, numéro 252.)

à la regagner, après avoir cédé à la clameur populaire. Le second, désespéré de n'avoir pu rien empêcher, rentra chez lui décidé à mourir, et se brûla la cervelle[1]. Dans une lettre du représentant Chiappe à la Convention, il est dit que le but des révoltés était de rétablir la Montagne; qu'ils voulaient marcher sur Marseille, puis sur Paris; qu'ils espéraient constituer, avant de sortir du Midi, une force de vingt-cinq mille hommes, et qu'ils regardaient comme devant s'immortaliser quiconque se mettrait à leur tête. Ce fut le langage qu'ils tinrent à Chiappe lui-même, sans réussir à l'entraîner, et sans que sa résistance lui fût fatale; car il put sortir de Toulon, suivi de quatre compagnons de voyage seulement, et le sabre à la main[2].

Cependant, la nouvelle des troubles de Lyon arrive à Marseille, et l'on ne tarde pas à y apprendre que les ouvriers toulonnais s'avancent pour venir délivrer les détenus du fort Saint-Jean. Tel était effectivement leur dessein, et déjà ils étaient en route. Aussitôt, comme si Marseille était à la veille de périr, Chambon, par des proclamations ardentes, appelle tous les habitants à concourir à la « défense commune[3], » tandis que Cadroy et Isnard écrivent à la Convention, d'un ton de triomphe : « La dernière heure du Terrorisme va sonner dans le Midi[4]. »

Pour mieux enflammer les esprits, Isnard, à Aix, monte sur le balcon de l'auberge située à l'entrée du Cours, et crie à la foule rassemblée : « Braves amis, vous manquez d'armes... Fouillez dans cette terre qui ensevelit les vic-

---

[1] Voy. Fréron, *Mémoire sur les massacres du Midi*, p. 41 ; Nougaret, *Hist. abr.*, liv. XXIV, p. 447 ; et la lettre de Chambon et Guérin à la Convention. (*Moniteur*, an III, numéro 253.)

[2] Voy. sa lettre à la Convention. (*Moniteur*, an III, numéro 253.)

[3] Voy. le *Moniteur*, an III, numéro 255.

[4] *Ibid.*

times de la Terreur; armez-vous des ossements de vos pères, et marchons contre leurs bourreaux [1]. »

Ceux auxquels Isnard s'adressait ainsi étaient si peu embarrassés pour avoir des armes, que, selon l'aveu d'Isnard lui-même, « deux bataillons de douze cents hommes, armés, équipés, et munis de quatre pièces de canon, » étaient en marche quelques heures après [2].

Quant aux ouvriers toulonnais, leur prétendue armée consistait en une cohue d'hommes presque nus, marchant à pied, tumultuairement et sans chefs [3].

Les forces qui leur étaient opposées, au contraire, conduites par le général Pactod et l'adjudant Charton, constituaient une armée régulière, composée d'infanterie et de cavalerie [4].

A peine en route, l'avant-garde du général Pactod rencontra quatre-vingts matelots, déserteurs des vaisseaux de guerre, à moitié vêtus, sans armes, n'ayant pas même un bâton à la main [5]. L'occasion parut heureuse pour

---

[1] Plus tard, des députations de Marseille ayant attribué cette phrase à Cadroy, qu'ils étaient venus dénoncer, Isnard en réclama l'honneur, dans l'Assemblée dont ils faisaient alors partie l'un et l'autre. Voy. le *Moniteur*, an IV, numéro 84.

[2] Discours d'Isnard dans la séance du 17 frimaire, an IV. (*Moniteur*, an IV, numéro 84.)

[3] Fréron, *Mémoire historique sur les massacres du Midi*, p. 44. — Dans une lettre qu'ils écrivirent le 11 prairial (30 mai) à la Convention, Guérin, Isnard, Chambon et Cadroy, pour enfler leur triomphe, grossirent démesurément la force qu'ils avaient combattue. Mais, plus tard, la vérité fut connue, non-seulement par les foudroyantes révélations de Fréron, mais par la dénonciation que les députés du midi portèrent contre les proconsuls, dans la séance du 27 vendémiaire.

[4] C'est ce que constate la lettre même de Guérin, Isnard, Chambon et Cadroy à la Convention. (*Voy.* le *Moniteur*, an III, numéro 261.)

[5] Dénonciation d'une députation du Midi à la Convention, séance du 27 vendémiaire, an IV, voy. le *Moniteur*, an IV, numéro 32; — Fréron, *Mémoire historique*, etc., p. 46.

L'orateur de la députation du Midi porte à quatre-vingts le nombre des matelots dont il s'agit, et Fréron à soixante seulement; mais les deux récits s'accordent à les représenter comme absolument sans armes.

publier le bulletin d'une première victoire remportée sur le « Terrorisme. » On arrêta ces malheureux, et leur bande était si redoutable, qu'elle fut emmenée prisonnière par six hussards[1]!

Les ouvriers toulonnais avançaient toujours. Instruits qu'on dirigeait contre eux une véritable armée, ils députent aux proconsuls de la réaction un chirurgien de l'hôpital de la marine, nommé Briançon, pour s'enquérir des motifs d'un déploiement de forces si considérable, et offrir, après explication, de mettre bas les armes. La réponse fut : « Qu'on fusille cet homme ; » et le parlementaire fut sur-le-champ fusillé[2].

Ce fut au Beausset, village situé à cinq lieues de Marseille, qu'eut lieu la boucherie que, dans leur lettre du 11 prairial (30 mai) à la Convention, Guérin, Isnard, Chambon et Cadroy représentèrent comme une bataille gagnée. Ils prétendirent qu'on « s'était battu pendant cinq heures, » et ils ajoutèrent, par mégarde sans doute, rien n'étant plus propre à montrer de quelle nature avait été ce *combat* : « Quarante ou cinquante hommes (du côté des ouvriers toulonnais) ont été tués. Le nombre des blessés a dû être considérable, l'*ennemi* ayant été chargé et sabré par la cavalerie pendant plus de trois heures[3]. » Furent signalés comme les héros de cette journée les hussards du 1er régiment et les chasseurs du 25e.

La route était libre maintenant jusqu'à Toulon : Isnard, Cadroy et Chambon y firent leur entrée triomphale. « Aussitôt, écrit Fréron, les échafauds se dressent ; l'épouvante glace tous les cœurs ; la marine se désorganise ; l'arsenal se dépeuple ; les équipages désertent, et quatre mille cinq cents matelots abandonnent Toulon pour soustraire

---

[1] *Ubi suprà*, séance du 27 vendémiaire, an IV.

[2] Fréron, *Mém. hist.* etc., p. 44-45.

[3] Lettre de Guérin, Isnard, Chambon et Cadroy, à la Convention. (*Moniteur*, an III, numéro 261.)

leurs têtes aux recherches de la Commission militaire[1]. »

Pendant ce temps, à Marseille, les partisans de la réaction se livraient aux transports d'une joie bruyante, affectant de se croire échappés aux plus affreux périls, et faisant retentir les rues de ce refrain, imité de la *Caravane*:

> La victoire est à nous.
> Cadroy, par son courage,
> Nous a délivrés tous[2].

Loin de rien changer au parti-pris de massacrer en masse les détenus du fort Saint-Jean, ces événements précipitèrent la catastrophe.

Le lendemain même de la tuerie du Beausset, la garde du fort Saint-Jean fut changée, et le poste confié à des royalistes dont les fureurs, bien connues, garantissaient le zèle. « N'était-ce pas là confier à Néron la garde de Britannicus? » s'écria, dans la séance du 27 vendémiaire an IV, l'orateur de la députation du Midi qui était venue dénoncer à la Convention cette circonstance sinistre, parmi tant d'autres prouvant toutes la préméditation du massacre[3].

Il est à remarquer que Cadroy, de retour à Marseille, y ayant annoncé publiquement qu'une Commission militaire avait été établie à Toulon, chacun s'attendait à l'entendre ajouter qu'on allait en établir une semblable à Marseille : le silence qu'il garda à cet égard étonna tout le monde, et plusieurs s'en émurent. Le grand prétexte dont se couvrait la férocité des *Compagnons du Soleil* étant que la justice des tribunaux ordinaires se faisait trop attendre, le meilleur moyen de leur fermer la bou-

---

[1] *Mémoire historique sur les massacres du Midi*, p. 46.
[2] *Ibid.*, p. 45.
[3] *Voy.* le *Moniteur*, an IV, numéro 32.

che eût été, chose horrible à dire et qui peint l'époque !
de livrer les détenus à un tribunal d'exception. De cette
façon, du moins, quelques-uns d'entre eux eussent pu
échapper à la mort, en établissant leur innocence. Aussi
était-ce là ce que désiraient ceux à qui le sort des prisonniers inspirait de la sollicitude, et c'est pourquoi ceux-là
trouvèrent sinistres les réticences de Cadroy. Y avait-il
donc dessein arrêté de se délivrer des détenus d'une
façon plus sommaire encore que la justice sommaire ?...
Il courait à ce sujet, depuis quelque temps, des rumeurs
effrayantes. Gabriel, procureur-syndic du district de
Marseille, écrivit à Cadroy qu'un tribunal militaire ayant
été établi à Toulon, ce que lui-même, Cadroy, était venu
publiquement annoncer, on s'étonnait qu'un tribunal
pareil ne fût pas institué aussi à Marseille[1]. L'explication
de ce mystère ne fut pas donnée par Cadroy; mais les *Compagnons du Soleil* la donnèrent peu de jours après, et de
quelle manière, grand Dieu !

En attendant, voici ce qui se passait à Tarascon.

Le 6 prairial (25 mai), deux ou trois cents hommes
masqués[2], appartenant au parti des assassins, envahirent
le fort où étaient les prisonniers. Rien ne s'opposait à ce
qu'on les égorgeât; mais ce procédé fut rejeté comme
trop vulgaire et comme n'offrant pas aux assassins une
jouissance assez raffinée. On résolut donc de jeter les victimes du haut de la tour du château, qui est bâti sur le
roc, au bord du Rhône. Des chaises, que vinrent occuper
des émigrés rentrés, des dévotes, des prêtres, avaient été
placées sur la chaussée qui va de Tarascon à Beaucaire[3] :

---

[1] Tout ceci rappelé par Gabriel lui-même, dans une lettre à Cadroy, en
date du 22 prairial an III. Voy. le numéro 8 des pièces justificatives à la
suite du *Mémoire* de Fréron.

[2] Extrait des registres des arrêtés de l'administration du district de
Tarascon, à la suite du *Mémoire* de Fréron, p. 218 et suiv.

[3] Voy. séance du 27 vendémiaire. (*Moniteur*, an IV, numéro 32.)

le spectacle commença. Du sommet d'une tour qui n'a
pas moins de deux cents pieds, les prisonniers étaient
précipités un à un ; et, à mesure que les corps, tombant
sur les pointes aiguës du rocher, s'y déchiraient, des
applaudissements sauvages retentissaient tout le long de
la chaussée[1]. Pour comble d'infamie, on avait attaché à
chaque cadavre une étiquette en bois tenue par un poignard, étiquette qui portait ces mots : *Il est défendu d'en-
sevelir sous peine de la vie.* La menace porta ses fruits :
sur les bords du Rhône, les chiens se nourrirent de lambeaux de chair humaine[2].

Une pièce effroyablement caractéristique de l'esprit
qui animait les autorités locales sous le régime thermidorien, c'est le procès-verbal qui constate la *disparition*
des prisonniers de Tarascon. Dans le style de la municipalité, le drame d'anthropophages qui vient d'être rappelé
est un *fâcheux événement ;* les autorités de l'endroit font
remarquer que tout « *s'est borné à la perte de vingt-quatre prisonniers,* et représentent cette accumulation d'horreurs comme le résultat de l'indignation causée par la
nouvelle de la révolte de Toulon[5]! »

D'après cela, on pouvait s'attendre à une répétition des
mêmes scènes : peu de temps après, dans les premiers
jours de thermidor, les administrateurs sont avertis que
vingt-trois personnes, dont deux femmes, *manquent* dans
la prison du fort d'Eyragues : ils s'y rendent. Les prisonniers *manquaient* en effet, et les administrateurs déclarèrent dans leur procès-verbal qu'ils avaient reconnu le chemin que les *absents* avaient pris... à la trace de leur sang[4].

[1] Séance du 27 vendémiaire (*Moniteur*, an IV, numéro 52). — Voy. aussi
Durand de Maillane, *Histoire de la Convention,* chap. XIII, p. 279 ; — et
encore Prudhomme, t. VI, p. 139.

[2] Séance du 27 vendémiaire. (*Moniteur*, an IV, numéro 52.)

[5] Voy. ce procès-verbal, dans les pièces justificatives à la suite du *Mémoire* de Fréron, p. 218 et suiv.

[4] *Ibid.,* p. 223 et suiv.

Un trait qui mérite de n'être pas oublié, c'est qu'à la suite de la tragédie du 6 prairial à Tarascon, les assassins se mirent à parcourir la ville, en faisant la farandole [1].

Revenons maintenant à Marseille.

Dès le 1er prairial (19 mai), les prisonniers du fort Saint-Jean étaient au pain et à l'eau. « Cela n'avait été imaginé, écrit Fréron, que pour épuiser leurs forces et avoir meilleur marché d'eux au moment de l'attaque [2]. » Ce qui est certain, c'est que le 17 prairial (5 juin), Gérard, chirurgien major des hôpitaux militaires à Marseille, ayant demandé au commandant Pagès des vivres pour un prisonnier malade, la réponse fut : « Il m'est expressément défendu par un arrêté du représentant du peuple, de laisser passer des vivres aux prisonniers [3]. »

En même temps, on les soumettait à toutes sortes de traitements cruels. On leur enleva leurs pliants et jusqu'aux cordes de leurs matelas ; on les enferma dans des cachots infects, remplis d'araignées, de scorpions et de cloportes ; on leur enleva leurs couteaux et leurs ciseaux, mesure, leur dit-on, « qui avait pour but de les empêcher d'attenter à leurs jours, dans un moment de désespoir occasionné par *quelque événement qui pouvait arriver* [4]. »

Cet événement n'était que trop prévu : il éclata le 17 prairial (5 juin).

Ce jour-là même, une compagnie de grenadiers, commandée par Le Cesne, était arrivée à Marseille. Or, de la déposition que fit plus tard cet officier, il résulte qu'au

---

[1] Danse du pays. — Ce détail fait partie des renseignements, fournis aux auteurs de l'*Histoire parlementaire*, par M. Milhaud, ancien maire de Tarascon. Voy. l'Hist. parl., t. XXXVI, p. 433.

[2] *Mémoire historique sur les massacres du Midi*, p. 47-48.

[3] *Ibid.*

[4] Déclaration de Pâris d'Arles, ex-président du département des Bouches-du-Rhône, numéro 6 des pièces justificatives, à la suite du *Mémoire historique* de Fréron.

lieu de loger ses grenadiers dans les environs du fort Saint-Jean, on prit soin de les éparpiller dans des quartiers et des maisons éloignés [1]...

. Depuis plusieurs jours, des rumeurs épouvantables couraient par la ville ; l'aubergiste Robin et les sicaires qui marchaient à sa suite laissaient paraître une joie farouche. Enfin, le 17 prairial, ils entrèrent dans le fort. Il était cinq heures du soir [2].

Vu l'impossibilité de former et de réunir sans bruit les soldats, dispersés chez les bourgeois, le commandant de la place proposait de faire battre la générale : Cadroy s'y opposa formellement [3]. Mais le commandant déclara que la place étant en état de siége, c'était lui qui était responsable, et, après de vifs débats, il donna ordre, malgré Cadroy, qu'on battît la générale [4].

Le duc de Montpensier et son frère se trouvaient au nombre des prisonniers du fort Saint-Jean, où ils avaient un appartement particulier. Voici en quels termes le premier raconte les scènes dont ils furent témoins :

« Dix ou douze jeunes gens, assez bien habillés, mais les manches retroussées et le sabre à la main, entrèrent en portant l'adjoint (du commandant Pagès), qu'ils déposèrent sur mon lit. Ensuite, nous adressant la parole : « N'êtes-vous pas, nous dirent-ils, messieurs d'Orléans ? » Et, sur notre réponse affirmative, ils nous assurèrent que, loin de vouloir attenter à notre vie, ils la défendraient de tout leur pouvoir, si elle était en danger ; que l'acte de justice qu'ils allaient exercer contribuerait autant à notre sûreté qu'à la leur et à celle de tous les honnêtes gens ; puis, ils nous demandèrent de l'eau-de-vie, dont

[1] Déposition du capitaine Le Cesne, dans la procédure de Delcour.
[2] Voy. le procès-verbal du massacre des prisonniers du fort Saint-Jean, numéro 4 des pièces justificatives, à la suite du *Mémoire* de Fréron.
[3] Déposition de Le Cesne, *ubi suprà*.
[4] *Ibid*.

assurément ils ne paraissaient avoir aucun besoin. Nous n'en avions pas; mais ils trouvèrent une bouteille d'anisette, dont ils se versèrent dans des assiettes à soupe; après quoi, ils sortirent, en nous recommandant d'avoir soin de l'adjoint... Il était pâle comme un mort, mais il n'était pas blessé; on s'était empressé de le désarmer et l'effroi avait été la seule cause de son évanouissement. Revenu à lui, il voulut sortir pour tâcher, disait-il, de s'opposer à l'horrible scène qui allait se passer; mais il trouva à la porte deux sentinelles posées par les massacreurs [1]... »

Les assassins ne perdirent pas de temps. « Nous entendîmes, continue le duc de Montpensier, parlant de lui et de son frère, nous entendîmes enfoncer à grands coups la porte d'un des cachots de la seconde cour; et, bientôt après, des cris affreux, des gémissements déchirants et des hurlements de joie. Le sang se glaça dans nos veines; nous gardâmes le silence le plus profond [2]... »

La boucherie, dans ce cachot, dura environ vingt minutes [3]. On avait eu soin, comme on l'a vu, d'ôter aux prisonniers jusqu'à leurs ciseaux, et on avait eu recours, pour les affaiblir, au jeûne et à toutes sortes de tortures systématiques : il n'était donc pas à craindre qu'ils pussent défendre leur vie; les assassins n'eurent que la peine de les tuer. Sous les voûtes du fort Saint-Jean, faiblement éclairées par la lueur de quelques lampions, le sang ruissela. Un jeune homme était accouru de l'armée pour visiter son père captif : il fut poignardé entre les bras du vieillard expirant [4].

« Nous entendîmes, raconte le duc de Montpensier, l'horrible troupe revenir dans la première cour, sur la-

[1] *Mémoires du duc de Montpensier*, p. 148 et 149.
[2] *Ibid.*, p. 149-150.
[3] *Ibid.*
[4] Fréron, *Mémoire historique*, p. 48.

quelle donnait une de nos fenêtres, et nous étant rapprochés par un mouvement machinal impossible à décrire,
nous les vîmes qui s'efforçaient d'enfoncer la porte du cachot n° 1, placé précisément en face de notre fenêtre, et
dans lequel il y avait une vingtaine de prisonniers. Ils en
avaient déjà égorgé environ vingt-cinq dans l'autre cachot.
Ceux du n° 1, dont heureusement pour eux la porte s'ouvrait en dedans, se barricadèrent si bien, qu'après avoir
travaillé inutilement pendant plus d'un quart d'heure à
l'enfoncer, les massacreurs l'abandonnèrent, après avoir
tiré quelques coups de pistolet à travers les barreaux, et
avoir promis qu'ils reviendraient quand ils auraient expédié les autres [1]. »

Ce fut à six heures du soir seulement, que le commandant du fort se présenta au pont-levis. Le trouvant levé et
ne pouvant parvenir à le faire baisser, il prend le parti
d'escalader par le fossé, mais à peine est-il dans le fort,
qu'on le désarme. On le conduisit dans l'appartement
des princes d'Orléans. Il jurait, tempêtait, se mordait les
poings, et reprochait à son adjoint l'effroi dont témoignait la pâleur de son visage. « On entendait toujours
les coups de pistolet, de sabre et de massue des égorgeurs [2]. »

A sept heures, on entendit le canon... Les assassins,
chose épouvantable! étaient en train de tirer à mitraille
sur les prisonniers qui occupaient le cachot n° 9 [3]. Et,
comme la besogne n'allait pas encore assez vite au gré de
leur féroce impatience, on les vit jeter des paquets de
soufre enflammé par les soupiraux, tandis que d'autres
allumaient de la paille mouillée à l'entrée des souterrains,

[1] *Mémoires du duc de Montpensier*, p. 150.
[2] *Ibid.*, p. 150 et 151.
[3] *Mémoires du duc de Montpensier*, p. 151. — *Mémoire* de Fréron,
p. 48. — *Moniteur*, an IV, numéro 34, rapport de Marie Joseph Chénier.

où nombre de malheureux périrent étouffés dans des tourbillons de fumée [1].

Or, pendant ce temps, que faisaient les autorités? que faisaient les représentants officiels de la réaction thermidorienne? que faisait Cadroy? Cadroy se promenait tranquillement dans les rues; et, au moment même où grondait le canon, changé en instrument d'assassinat, lui se préparait à aller au-devant de ses collègues Chambon et Isnard, qui revenaient de Toulon [2].

De la joie qui rayonnait sur son visage quand il les aborda, il existe un témoignage irrécusable : l'aveu de Chambon lui-même. « Notre collègue Cadroy, dit plus tard Chambon en pleine Convention nationale, était venu au-devant de nous. Sa *gaieté franche* au milieu de la satisfaction commune ne nous laissait aucun doute sur l'état satisfaisant de cette grande cité, tandis que, depuis quatre heures, on égorgeait au fort Saint-Jean [3]. »

Il était environ huit heures et demie du soir — le massacre avait commencé à cinq ! — lorsque ce cri retentit dans la première cour : « Voici les représentants du peuple ! » Ils paraissent en effet, ordonnent que le pont soit abaissé, et menacent de traiter en rebelles ceux qui désobéiraient. — « Je me f... des représentants, répond un des massacreurs, et je brûle la cervelle au premier lâche qui fera mine de leur obéir. Allons, camarades, *à la besogne !* Nous aurons bientôt fini. » Cela dit, le misérable s'éloigne, suivi de ses affreux compagnons. Alors, les soldats de la garde baissent le pont, et les représentants du peuple entrent à la lueur des flambeaux, traînant

[1] *Mémoires du duc de Montpensier*, p. 151. — *Mémoire* de Fréron, p. 48.

[2] Placard affiché sur les murs de Paris, intitulé : « Le chef des égorgeurs du Midi, Cadroy, traîné au tribunal de l'opinion publique. »

[3] Compte-rendu de Chambon à la Convention nationale, cité p. 197 et 198 des pièces justificatives à la suite du *Mémoire* de Fréron.

après eux un grand nombre de hussards à pied et de grenadiers[1].

Selon le duc de Montpensier, qui, dans cette partie de
son récit, parle de choses qu'il ne vit pas, puisqu'il était
dans sa chambre, les représentants, dès qu'ils furent entrés dans le fort, crièrent aux assassins : « Au nom de la
loi, cessez cet horrible carnage ! cessez de vous livrer à
ces vengeances odieuses ! » A quoi plusieurs auraient répondu : « Si la loi nous avait fait justice de ces scélérats,
nous n'aurions pas été réduits à la nécessité de nous la
faire nous-mêmes. Maintenant, le vin est tiré, il faut le
boire. » Et les représentants auraient alors « ordonné
l'arrestation de ces forcenés[2]. »

Mais cette version est formellement contredite par les
déclarations que firent devant la justice les grenadiers
qui accompagnaient les représentants, et qui parlent, eux,
des choses qu'ils virent et entendirent.

Appelé comme témoin, Uris Bruno, volontaire au
1er bataillon de Loir-et-Cher, déposa en ces termes :

« Les représentants et grenadiers s'arrêtèrent devant
la cantine. La place était remplie de massacreurs qui
égorgeaient. Cadroy leur dit : « Qu'est-ce que ce bruit ?
« *Est-ce que vous ne pouvez pas faire ce que vous faites, en*
« *silence?* Cessez ces coups de pistolet. Qu'est-ce que c'est
« que ces canons? ça *fait trop de bruit* et met l'alarme
« dans la ville. » Il entre ensuite dans la cantine, et, après
en être sorti, il dit aux égorgeurs : « Enfants du Soleil,
« je suis à votre tête. Je mourrai avec vous, s'il le faut.
« Mais, *est-ce que vous n'avez pas eu assez de temps?* Cessez.
« Il y en a assez. » Les égorgeurs l'entourèrent en criant,
et alors il leur dit : « Je m'en vais, faites votre ouvrage[3].»

[1] *Mémoires du duc de Montpensier*, p. 151.
[2] *Ibid.*, p. 151 et 152.
[3] Déposition d'Uris Bruno, reproduite numéro 5 des pièces justificatives
à la suite du *Mémoire* de Fréron.

Divers grenadiers attestèrent avoir entendu Cadroy dire aux assassins : « Lâches que vous êtes ! Vous n'avez pas encore fini de venger vos pères et vos parents. *Vous avez eu cependant tout le temps qu'il fallait pour cela*[1]. »

Dans la dénonciation des Marseillais contre Cadroy au Conseil des Cinq-Cents, séance du 17 frimaire, an IV, on lit : « Quand Cadroy feignit de reprocher aux assassins tant d'épouvantables homicides, pourquoi souffrit-il que les égorgeurs lui reprochassent en face de les avoir ordonnés ? » Cadroy, qui était présent lorsque cette dénonciation fut lue à l'Assemblée, nia le fait ; et Isnard, dans le discours qu'il prononça pour défendre son collègue, prétendit n'avoir rien entendu de semblable. Mais ni l'un ni l'autre n'eurent rien à répondre à cette terrible interpellation de Bentabolle : « Pourquoi les auteurs du massacre ne furent-ils pas poursuivis? Pourquoi aucun d'eux ne fut-il arrêté? Pourquoi les administrateurs complices de ces horreurs furent-ils laissés en place[2] ?

C'est peu : de la déposition du commandant Le Cesne, il résulte que lui et plusieurs de ses grenadiers ayant arrêté quelques-uns des assassins qu'ils prirent en flagrant délit, Cadroy les leur arracha des mains et les fit mettre en liberté[3].

Toutefois, l'indignation des soldats était si grande, qu'ayant cerné quatorze meurtriers, ils allaient en faire justice, lorsque le commandant Pactod, accourant, remarqua qu'il fallait que ces assassins fussent punis légalement, servissent d'exemple... Deux jours après, ils étaient élargis[4] !

Ce que le rapprochement et l'ensemble des témoi-

[1] Déposition de Le Cesne, commandant des grenadiers qui entrèrent dans le fort, numéro 5 des pièces justificatives à la suite du *Mémoire* de Fréron.

[2] Voy. le *Moniteur*, an IV, numéro 84.

[3] Déposition de Le Cesne, *ubi suprà*.

[4] *Ibid.*

gnages établissent d'une manière décisive, surtout à l'égard de Cadroy, c'est que, dans ce drame épouvantable, le rôle des représentants officiels de la faction dominante fut celui d'hommes qui poussent au crime, en favorisent le résultat, n'osent en accepter la responsabilité sanglante, et en protégent les auteurs tout en affectant de les gourmander. La scène suivante, que le duc de Montpensier raconte — comme témoin oculaire, cette fois —a quelque chose de singulièrement caractéristique.

« Les représentants ayant demandé où était le commandant du fort, on leur apprit qu'il était enfermé dans une chambre en haut et ils s'y firent conduire. Ces représentants étaient Isnard et Cadroy. En entrant dans notre chambre, ils demandèrent au commandant compte de sa conduite, et ils parurent convaincus de l'impossibilité où il avait été de s'opposer à cette horrible scène; puis, s'asseyant sur nos lits, et se plaignant de l'excessive chaleur, ils demandèrent à boire. On leur apporta du vin. Isnard le repoussa, en criant d'un ton tragique : « C'est du sang!» On lui offrit ensuite de l'anisette, et il l'avala sur-le-champ... Cinq ou six massacreurs arrivèrent tout couverts de sang. « Représentants, dirent-ils, laissez-nous « achever notre *besogne* : cela sera bientôt fait, et vous « vous en trouverez bien. — Misérables, vous nous « faites horreur. — Nous n'avons fait que venger nos « pères, nos frères, nos amis, et *c'est vous-mêmes qui* « *nous y avez excités.* —Qu'on arrête ces scélérats, » s'écrièrent les représentants. On en arrêta en effet quatorze, mais ils furent relâchés deux jours après[1]. »

Parmi les victimes, quelques-unes avaient des assignats et des bijoux : les égorgeurs, leur œuvre achevée, volèrent ceux qu'ils avaient tués, ayant avec grand soin dépouillé chaque cadavre[2].

[1] *Mémoires du duc de Montpensier*, p. 152.
[2] Déposition d'Uris Bruno. —*Mémoire* de Fréron, p. 49.

Le lendemain, l'aspect du fort était celui d'un champ de bataille. On y voyait d'affreuses mares de sang, et « pour que rien ne manquât à l'horreur de ce lieu, écrit le duc de Montpensier, l'air y était empesté par la fumée qui s'exhalait des cachots brûlés[1]. » Le prince ajoute : « Ce fut seulement alors que nous découvrîmes avec horreur sous nos lits et quelques-unes de nos chaises trois ou quatre poignards ensanglantés jusqu'à la garde[2]. »

C'est à peine s'il est nécessaire de dire que dans ce carnage engendré par une aveugle furie furent enveloppés beaucoup de malheureux auxquels, même au point de vue des meurtriers, on n'avait rien à reprocher. Il est à noter, par exemple, qu'au nombre de ceux qui tombèrent sous les coups des assassins royalistes, se trouvait un cordonnier qui n'était enfermé que pour avoir crié : Vive le roi[3] !

Le procès-verbal du massacre donne une liste nominale de quatre-vingt-huit personnes égorgées ; mais dans cette liste funèbre ceux-là ne figurent point qu'il fut impossible de retrouver ou de reconnaître, leurs cadavres ayant été brûlés en tout ou en partie. On porte à deux cents le nombre total des prisonniers qui périrent dans cette effroyable journée[4].

« Plusieurs victimes du massacre, écrit le duc de Montpensier, survécurent deux ou trois jours, et expirèrent ensuite dans des souffrances d'autant plus affreuses qu'on ne s'empressa nullement de les soulager[5]. » Un de ces infortunés, qui se mourait, s'adressant au jeune prince, lui dit : « Faites-moi donner du secours, ou qu'on m'achève, car rien ne peut égaler les tortures que j'éprouve. » Le duc

---

[1] *Mémoires du duc de Montpensier*, p. 153.
[2] *Ibid.*
[3] *Ibid.*
[4] Fréron, *Mémoire*, etc. p. 50. — Nougaret, *Hist. Abrég.*, liv. XXIV, p. 448.
[5] *Mémoires du duc de Montpensier*, p. 153.

de Montpensier court chez le commandant du fort, qui à ses observations répond brutalement qu'il a fait demander un chirurgien et que ce n'est pas sa faute si le chirurgien n'arrive pas. Il arriva... trop tard [1].

Les survivants furent laissés les pieds dans le sang de leurs compagnons, et pendant vingt-quatre heures, il ne leur fut rien donné à manger [2]. Pour comble d'infamie, les assassins se donnèrent le plaisir d'aller les insulter et les menacer. Un des meurtriers, nommé Bouvas, disait à un des détenus, nommé Fassy, quelques jours après le massacre : « J'ai dans une boîte l'oreille de ta femme : si tu veux, je te la montrerai [3]. »

Qu'ajouter au tableau de tant d'abominations ? Les grenadiers qui avaient arrêté le cours des assassinats, furent, qui le croirait ? dénoncés au club royaliste de la ville comme des *Terroristes*, *des buveurs de sang* [4] ; et ce même club, ayant appelé dans son sein les quatorze égorgeurs qu'on avait arrêtés, puis élargis, leur décerna une couronne [5].

Quelque horribles que soient les forfaits qui viennent d'être racontés, on arrive presque à concevoir qu'ils aient été possibles quand on songe à l'impunité que leur assurait d'avance la composition des justices de paix et des tribunaux sous l'empire de la réaction thermidorienne. La partialité criminelle des autorités judiciaires était un fait si éclatant, que, lorsqu'elles intervenaient pour la

[1] *Mémoires du duc de Montpensier*, p. 153.

[2] *Moniteur*, an IV, numéro 32, séance du 27 vendémiaire. — Déclaration de Pâris d'Arles, numéro 6 des pièces justificatives à la suite du *Mémoire* de Fréron.

[3] Lettre de neuf prisonniers du fort Saint-Jean à Fréron, numéro 7 des pièces justificatives à la suite de son *Mémoire*.

[4] Déposition de Le Cesne, numéro 5 des pièces justificatives à la suite du *Mémoire* de Fréron.

[5] Les Marseillais au Conseil des Cinq-Cents, séance du 17 frimaire, an IV.

forme, il advenait toujours que, le meurtre une fois bien constaté, les meurtriers étaient déclarés être des *inconnus*. Un crime avait-il été commis qui avait eu pour témoin toute une ville, ceux qu'on interrogeait à cet égard étaient amenés par la terreur soit à déclarer qu'ils ne savaient rien, soit à taire le nom des coupables! Et de là vient, comme le remarque amèrement Fréron[1], que pas un seul mandat d'arrêt ne fut lancé, dans tout le Midi, par les représentants du peuple ou les juges de paix contre les auteurs ou complices de tant d'assassinats, dont les procès-verbaux existent, pour l'éternel opprobre des hommes investis, en ce temps-là, de l'autorité publique.

Quant à la Convention, elle avait perdu le pouvoir d'arrêter les excès des contre-révolutionnaires et semblait en avoir perdu jusqu'à la volonté. Vainement Legendre, dans la séance du 4 messidor an III (22 juin 1795), demanda-t-il compte au gouvernement des mesures prises pour mettre un terme au règne des assassins[2]; vainement Tallien lui-même, sur qui pesait le souvenir des massacres de septembre, s'éleva-t-il contre ceux du Midi : Tallien et ses pareils se trouvaient avoir fait avec la Terreur blanche, au 9 thermidor, un pacte affreux qu'il ne dépendait plus d'eux de rompre. Il fallut que l'insurrection de vendémiaire vînt, dans leurs alliés les royalistes, leur montrer des ennemis, pour qu'ils se décidassent enfin à protester avec un peu d'ensemble contre des horreurs qui déshonoraient leur domination; mais, même alors, tout se borna de leur part à des paroles vaines.

C'est ainsi que, dans la séance du 29 vendémiaire — alors que, levant enfin le masque, le royalisme venait d'être momentanément vaincu — Marie-Joseph Chénier,

---

[1] Note de Fréron, au bas de la lettre à lui adressée par l'accusateur public du tribunal criminel des Bouches-du-Rhône, numéro 8 des pièces justificatives à la suite de son *Mémoire*.

[2] Voy. le *Moniteur*, an III, numéro 278.

après avoir présenté à la Convention, touchant les crimes qui avaient ensanglanté le Midi et le centre de la France, un tableau à faire dresser les cheveux, conclut... à quoi? à la destitution des fonctionnaires publics qui auraient toléré l'assassinat, et à la traduction des assassins devant les tribunaux[1]! C'était avouer à la face du monde que, jusqu'alors, l'assassinat pour le compte du royalisme avait eu droit d'impunité! Et puis, était-ce donc assez que de menacer de destitution des magistrats protecteurs systématiques du crime? Contre eux, c'était la mise en accusation qu'il fallait, ainsi que le fit observer Bentabolle, appuyé en cette occasion par Legendre[2].

Ce fut dans cette séance qu'André Dumont, ardent à empêcher la publication des atrocités commises par les royalistes, s'écria : « Est-il donc nécessaire d'épouvanter le monde et la postérité[3]? »

Ce fut aussi dans cette séance que, pour couvrir la masse des fonctionnaires prévaricateurs, Thibaudeau dit « qu'il ne pouvait y avoir, dans une aussi vaste conspiration, que de grands coupables à punir[4]. »

Or, ces grands coupables à punir, chacun les connaissait, chacun les pouvait montrer du doigt, chacun avait entendu leurs noms répétés, d'un bout de la France à l'autre, par mille échos lugubres. Ce dut être un terrible moment pour Cadroy, que celui où Pélissier, après l'avoir sommé de dire par quelles mesures il avait cherché à prévenir ou à arrêter les égorgements, ajouta : « Quant à nous, députés de ces départements, nous ne savions qu'imparfaitement la vérité; il semblait que toute correspondance fût interceptée, et si nous recevions quelquefois des lettres de nos parents et de nos amis, elles étaient

---

[1] Voy. le *Moniteur*, an IV, numéro 54.
[2] *Ibid.*
[3] *Ibid.*
[4] *Ibid.*, an IV, numéro 55.

humides de leur sang et de leurs larmes[1]. » Ce dut être
un terrible moment pour Chambon, que celui où Blanc
(des Bouches-du-Rhône) lui demanda s'il n'était pas vrai
que plusieurs des égorgeurs eussent mangé à sa table[2].
Car, à cette question, que pouvait-il répondre, lui qui
avait reçu publiquement, à sa table, dans ses bureaux,
dans sa voiture, l'infâme Rolland par qui avaient été
dirigés les massacres des prisons d'Aix[3]?

Il existe, à la charge de Chambon, un document historique d'une gravité accablante; c'est l'ordre, signé par
lui, de distribuer six cents sabres à la Compagnie du
Soleil. Il est à remarquer que, sur le manuscrit, les mots
*du Soleil* sont effacés par un trait de plume, et les mots
*Compagnie franche* substitués de la sorte à ceux de *Compagnie du Soleil*. Mais en effaçant le nom, on entendait si
peu effacer la chose, que, d'après l'ordre en question,
les sabres devaient être distribués à un nommé Bon,
connu pour être le lieutenant de la bande organisée en
vue de l'assassinat. Et ce qu'il importe aussi de noter,
c'est que la sinistre livraison fut faite postérieurement à
la tragédie du fort Saint-Jean, comme si ce n'était pas
assez de sang versé, assez de crimes, assez d'horreurs[4]!

Et pourtant, c'est ce Chambon, qui dans la séance du
29 vendémiaire que nous venons de rappeler, osa parler
des efforts par lui tentés pour prévenir le désordre. Mais
Pélissier : «Quels sont les assassins que tu as fait punir?»
A cette foudroyante question, le *Moniteur* ne nous apprend pas que Chambon ait rien répondu. Il se contenta
de dire qu'il avait, pour se justifier, beaucoup de pièces

[1] *Moniteur*, an IV, numéro 34.

[2] *Ibid.*

[3] Voy. la dénonciation des Marseillais au Conseil des Anciens, séance
du 17 frimaire, an IV.

[4] L'arrêté de Chambon est donné textuellement dans le numéro 3 des
pièces justificatives à la suite du *Mémoire* de Fréron. L'ordre est daté du
23 prairial.

« dont la lecture serait trop longue et fastidieuse[1], » ajoutant qu'il était en état de répondre à toutes les calomnies. Blanc (des Bouches-du-Rhône) lui cria : « Des cadavres ne sont pas des calomnies[2] ! »

Ce qui est certain, c'est que la conduite de Cadroy et de Chambon ne donna pas même lieu à une enquête. Dans la séance du Conseil des Cinq-Cents du 5 frimaire an IV (25 novembre 1795), l'Assemblée, après avoir entendu la dénonciation portée contre eux par une députation de Marseillais, déclara, sans plus ample informé, qu'il n'y avait pas lieu de délibérer. Il est vrai que la fameuse phrase : « Armez-vous des ossements de vos pères » avait été attribuée par les dénonciateurs à Cadroy, tandis qu'elle était d'Isnard ; sur quoi, André Dumont s'était hâté de dire : « Puisqu'il est prouvé que la dénonciation repose sur *des faits* faux, etc. » Cela n'avait été nullement prouvé : seulement, *un* de ces faits avait été rapporté d'une manière inexacte, non quant aux paroles prononcées, mais quant à celui qui les prononça. Il n'en fallut pas davantage : on écarta l'accusation[3], et les coupables n'eurent à comparaître que devant la justice de l'Histoire. La Révolution n'avait point pardonné à Carrier de s'être souillé de sang à son service : les Carrier de la contre-révolution furent amnistiés par elle !

Rien de plus misérable que les raisons par lesquelles Thibaudeau, dans ses *Mémoires*, cherche à expliquer « comment la Convention, après avoir fait justice des noyades de Nantes, laissa impunis les égorgements du Midi[4]. » C'est, dit-il, qu'elle craignait moins les Terroristes royaux que les Terroristes révolutionnaires[5]... Il

---

[1] *Moniteur*, an IV, numéro 34.
[2] *Ibid.*, an IV, 35.
[3] Voy. le *Moniteur*, an IV, numéro 84.
[4] *Mémoires de Thibaudeau*, t. I, chap. XVII, p. 240.
[5] *Ibid.*

ne me venait pas à la pensée que le royalisme pût renaî-
tre de ses cendres [1]. » Mais, comme le remarquent avec
raison les auteurs de l'*Histoire parlementaire* [2], il est bien
étrange que les Thermidoriens ne se soient pas aperçus
des progrès du royalisme par eux déchaîné, alors que le
royalisme se faisait jour partout à coups de poignard ; et
puis, à supposer qu'on ne craignît point de le voir revivre, était-ce donc une raison pour qu'on lui permît de
pratiquer publiquement l'assassinat ? Quant au second
motif, tiré de ce que la Convention, contrainte de garder
un milieu entre deux écueils et en guerre avec elle-
même, ne pouvait ce qu'aurait pu, peut-être, un homme
juste et vigoureux [3], nous dirons avec les auteurs de
l'*Histoire parlementaire*, qu'à l'époque de la Terreur
blanche, c'est à peine s'il existait un côté gauche dans la
Convention, dominée qu'elle était souverainement par
une majorité composée de Girondins et de royalistes, unis
à tous les républicains corrompus, à tous les révolutionnaires apostats.

La vérité est que les Thermidoriens s'asservirent au
royalisme jusqu'au jour, où, se croyant désormais assez
fort pour marcher seul, le royalisme fit mine de se passer d'eux. Et c'est ce que le choix de leurs agents prouva
de reste. Fréron a publié dans son livre les arrêtés par
lesquels Durand de Maillane, représentant en mission
dans le département du Var, ouvrit la France à cent
vingt-huit émigrés, sous prétexte que c'étaient des fugitifs du 31 mai, de malheureux réfugiés républicains. Or,
sur la liste de ces prétendus fugitifs du 31 mai figu-
raient les noms de François Barallier, Louis-Jean Mau-
vie, François Panon, André-Victor Barrat, Jean Macadré,
Ferrand de More, Vidal, Doudun, qui tous avaient signé

[1] *Mémoires de Thibaudeau*, t. I, p. 241.
[2] *Hist parl.*, t. XXXVI, p. 411.
[3] *Mémoires de Thibaudeau*, t. I, p. 241.

l'acte d'emprunt d'un million de piastres fortes, fait « au nom de Louis XVII, sous la garantie de Leurs Excellences les amiraux Hood et Langara, emprunt hypothéqué sur le port, les magasins, les arsenaux de Toulon, et toute l'escadre française ! » Quand la Convention envoyait dans les départements des agents qui se hâtaient d'y rappeler de pareilles *victimes*, l'impunité des assassins au service du royalisme s'appuyant sur l'étranger n'avait rien, hélas ! qui ne fût dans la logique des passions humaines.

Et quel fut le résultat de cette impunité accordée au meurtre ? Qu'une partie considérable de la France devint le théâtre d'une longue Saint-Barthélemy. Le prix des massacres pouvant être, pour ainsi dire, mis au concours, et rien ne faisant obstacle au déploiement d'une émulation féroce, Chénier put dire plus tard, et trop tard : « Dix départements, trente cités, ont vu se renouveler ces scènes sanglantes. A Marseille, à Tarascon, à Aix, dans le département des Bouches-du-Rhône ; à Avignon, à l'Ile, dans le département de Vaucluse ; à Nîmes, dans le département du Gard ; à Sisteron, dans le département des Basses-Alpes ; à Toulon, dans le département du Var ; à Montelimar, dans le département de la Drôme, on a lutté de crimes avec les assassins de Lyon. La fureur des royalistes ne s'est pas encore arrêtée dans ces communes ; elle s'est promenée dans les contrées de l'Est ; elle a souillé Saint-Étienne et Montbrison, dans le département de la Loire ; Bourg, dans celui de l'Ain ; Lons-le-Saulnier, dans celui du Jura. Elle a pénétré jusqu'à Sédan, dans le département des Ardennes ; dans le centre même de la France ; à Ronsières, district de Chinon, et jusqu'aux portes de Paris à la ferme du Bois-Blanc [1]. »

Et il ne faut pas croire que cette fureur dont parle

---

[1] Rapport de Chénier, au nom des deux Comités, séance du 29 vendémiaire, an IV. (*Moniteur*, an IV, numéro 34.)

Chénier eût rien de spontané, de soudain, d'ingouvernable ; non : c'était une fureur parfaitement froide, régie par les lois d'une organisation savante. Les bourreaux étaient formés en compagnies ; ils avaient leurs mots d'ordre, leurs signes de ralliement, leurs chants de mort convenus[1]. Répandus sur divers points du territoire, ils avaient un système suivi de correspondance qui leur permettait de lier leurs opérations, de les étendre et d'en assurer l'odieux succès. Suivant Charles Nodier, l'administration ne parvenait pas à sauver les victimes désignées d'avance, même en les dépaysant, même en les envoyant à vingt, à trente lieues de leurs femmes et de leurs enfants. Car, ajoute cet écrivain, « les Jéhuistes se livraient leur proie par échange d'un département à l'autre avec la régularité du commerce ; et jamais une de ces traites barbares qui se payaient en têtes d'hommes ne fut protestée à l'échéance[2]. »

Si formidable devint le pouvoir de ces brigands, que, dans le district de Montbrison, la crainte de tomber sous leurs coups força six cents familles à abandonner la levée d'une récolte précieuse et à se réfugier dans les bois[3]. Même frayeur dans le district de Saint-Étienne amena deux mille ouvriers à fuir de leurs ateliers[4].

Nous avons vu que, loin d'être un refuge, les prisons attiraient les meurtriers par l'appât d'un assassinat en grand : à Saint-Étienne, vingt-huit prisonniers ayant été traînés sur la place du Treuil et fusillés, les bourreaux, en goût de sang, allèrent en chercher quatorze autres, qu'ils se donnèrent le plaisir d'égorger sur les cadavres des premiers[5].

[1] Fréron, *Mémoire historique sur les massacres du Midi*, p. 35-37.
[2] Charles Nodier, *Souvenirs de la Révolution et de l'Empire*, p. 129 et 130.
[3] Voy. le *Moniteur*, an IV, numéro 34, séance du 29 vendémiaire.
[4] *Ibid.*
[5] *Ibid.*

A la religion, les *Compagnons du Soleil* ne manquèrent pas de faire sa part, dans cette curée de victimes humaines. Suivant eux, tout prêtre assermenté était digne de mort. Le curé de Barbantane, pour avoir juré fidélité à la Constitution, fut jeté dans la Durance, pieds et poings liés[1]. A Montbrison, une de leurs bandes fut aperçue se repaissant du spectacle d'une tête divisée en deux par un coup de sabre et pendante sur chaque épaule : c'était celle d'un prêtre coupable de s'être soumis aux lois de son pays en acceptant la Constitution civile du clergé[2].

Souvent, ils mêlaient aux raffinements de la cruauté ceux du libertinage : témoin les femmes qui, à Montbrison, furent traînées au pied de l'arbre de la liberté, exposées toutes nues aux regards lubriques de la jeunesse royaliste et fouettées avec des nerfs de bœuf[3].

Les massacreurs en haillons des trop fameuses journées de septembre avaient, eux du moins, accordé la vie de M. de Sombreuil à la piété filiale de sa fille ; mais depuis que les massacreurs étaient — pour parler le langage d'alors — d'*admirables* jeunes gens, des assassins en bas de soie, qui maniaient le poignard d'une main accoutumée à la pâte d'amande et au savon d'Angleterre, et tuaient un homme entre deux parties de billard, ou en sortant d'un bal, ou en allant à un rendez-vous d'amour[4], la piété filiale était devenue un crime, et l'on put citer au nombre des exploits des *Compagnons du Soleil* le fait d'une pauvre fille de quinze ans qui fut ignominieusement fouettée par ces misérables pour s'être jetée tout en larmes sur le cadavre de son père qu'ils venaient d'égorger[5].

[1] Voy. le *Moniteur*, an IV, numéro 32.
[2] *Ibid.*, an IV, numéro 34.
[3] *Ibid.*
[4] Voy. la description que Charles Nodier donne des *Enfants du Soleil*, dans ses *Souvenirs de la Révolution et de l'Empire*, t. I, p. 115-122.
[5] Séance du 29 vendémiaire. (*Moniteur*, an IV, numéro 34.)

L'amour conjugal aussi était réputé crime par les assassins. Chénier, parlant au nom des deux Comités, fit, dans la séance du 29 vendémiaire an IV, le récit suivant : « Dans l'Ile, petite commune voisine d'Avignon, Prade, gendarme, et père de cinq enfants, est assailli par une troupe de forcenés ; on le traîne à l'autel de la patrie, et les poignards sont levés sur lui. Espérant fléchir les bourreaux, sa femme accourt ; et, au moment même où l'on immole son mari, un coup de sabre lui coupe le bras qu'elle lui tendait pour lui faire du moins ses derniers adieux[1]. »

Pour avoir une idée juste de l'acharnement de ces lâches fureurs, il faut lire, dans le recueil des pièces justificatives imprimées à la suite du *Mémoire* de Fréron, les détails de l'assassinat de Breyssand, administrateur du district de Sisteron, tel que l'a raconté le fils de la victime. Breyssand, après le 9 thermidor, avait été destitué et mis en prison. Les réclamations de sa femme et les témoignages de sympathie ardente que son arrestation provoqua de la part de ses administrés décidèrent les membres du Comité de sûreté générale à donner, après un mûr examen de sa conduite, l'ordre de son élargissement. Mais arracher leur proie aux sicaires de la réaction n'était pas chose facile. Ayant obtenu de l'administration locale qu'un nouveau mandat d'amener fût lancé contre Breyssand, ils se postent sur le chemin de Thoard à Sisteron par où il devait passer pour se rendre en prison, et le malheureux n'a pas plutôt paru, qu'il se voit enveloppé de toutes parts. Un caillou qui lui brise le crâne donnant le signal, il est renversé de cheval, haché à coups de sabre, laissé pour mort. « Le bruit de ce forfait — raconte Breyssand fils — ne tarde pas à répandre l'effroi dans la ville. Des personnes charitables viennent pour rendre les der-

---

[1] Séance du 29 vendémiaire (*Moniteur*, an IV, numéro 34).

niers devoirs à la victime ; mais, en l'examinant, on
s'aperçoit qu'elle donne encore quelques signes de vie.
Mon père est transporté et déposé à l'hôpital, et là, après
lui avoir prodigué tous les secours, on parvient à le rappeler à la vie. Mais, ô barbarie sans nom ! Mévolhon (c'était
le secrétaire du représentant Gauthier) et les autres mons-
tres en frémissent de rage. Ils attendent la nuit. N'ayant
pu se faire ouvrir les portes de l'hospice, ils s'introdui-
sent par les fenêtres ; ils éloignent tous les gardiens.
Quatre de ces bourreaux, après avoir arraché l'appareil
mis sur les innombrables blessures du jour, enveloppent
l'infortuné dans son drap, le brisent contre les murs et
le plancher par cent coups réitérés, et le précipitent ensuite par une des fenêtres. Puis, ils traînent le martyr,
qui poussait encore de longs gémissements, jusque sur
le gravier de la Durance, et là ils consomment le forfait
en coupant son corps en pièces. Huit jours après, ses
membres épars avaient servi de pâture aux chiens et aux
vautours[1]. »

Pendant ce temps, le fils de la victime se battait, aux
frontières, pour l'honneur et le salut de la France[2].

Faut-il le compléter, cet effroyable tableau ? Faut-il
dire :

Que, dans la commune de Moingt, un octogénaire eut
la tête pilée avec des cailloux[3] ;

Que, dans la commune de Feurs, un aubergiste ayant
été haché en morceaux, on donna sa cervelle à dévorer
à des porcs, et son sang à boire à des chiens[4] ;

---

[1] Voy. le numéro 2 des pièces justificatives à la suite du *Mémoire* de
Fréron.
[2] Il était officier d'un bataillon de l'armée des Alpes, et, dit Fréron,
p. 39 et 40 de son *Mémoire*, « il se signalait depuis le commencement
de la guerre par son courage et son patriotisme. »
[3] Voy. le *Moniteur*, an IV, numéro 54, séance du 29 vendémiaire an IV.
[4] *Ibid.*

Qu'à Saint-Étienne, une des victimes fut mise en croix[1] ;

Qu'un citoyen nommé Brasseau, dont les deux fils, chefs de bataillon, étaient l'honneur de l'armée, fut enterré vivant[2] ;

Qu'il se passa dans les prisons de la *Terreur blanche* des scènes qui rappellent l'épisode d'Ugolin, et qu'un des malheureux condamnés par elle au supplice de la faim, dit un jour à ses compagnons d'agonie : « Je désire que mes membres servent pendant quelques jours à vous faire vivre. Mon âme dans vos âmes jouira de la liberté. Frères, mangez-moi[3] ! »

Les massacres, les poignards et les fleuves, dit P. Moussard, cité par Nougaret, auquel cette appréciation ne paraît point exagérée, ont dévoré trente mille pères de famille, dans la seule Provence, pendant la réaction[4].

Et ces choses se faisaient au nom des principes les plus sacrés ; car jamais à aucune époque les mots de *justice* et d'*humanité* n'avaient été employés avec tant de complaisance, jusque-là qu'ils faisaient partie du vocabulaire obligé de la toilette. Une femme n'aurait pas été à la mode si elle n'eût porté un *bonnet à l'humanité* et un *corset à la justice*[5].

Cette affectation dérisoire, cette légèreté impie, se retrouvent dans la manière dont les réacteurs ne rougirent pas de parodier le supplice de ceux de leurs proches que la Révolution avait frappés. Manquant de respect à leur propre douleur, de leur deuil même ils firent un

---

[1] Nougaret, *Hist. abr.*, liv. XIV, p. 452.

[2] Voy. le *Moniteur*, an IV, numéro 32, séance du 27 vendémiaire an IV. — Nougaret, *Hist. abr.*, liv. XXIV, p. 454.

[3] Voy. les notes qui accompagnent le poëme intitulé : *La Liberticide*, ou les *Phases de la Révolution française*, par P. Moussard.

[4] Nougaret, *Hist. abr.* liv. XXIV, p. 446.

[5] *Hist. parl.*, t. XXXVI, p. 215.

carnaval. Un fils pleura son père mort sur l'échafaud, en saluant dans la rue ses connaissances par un mouvement qui imitait la chute d'une tête dans le panier du bourreau. Le désespoir d'une veuve s'étala dans la coiffure choisie pour un rendez-vous galant. Les jours d'affliction solennelle et commune furent des jours où il s'agissait de valser, de boire et de manger à cœur-joie. Il y eut des *bals à la victime*. Pour y être admis, il fallait exhiber un certificat en règle constatant qu'on avait perdu un père, une mère, une femme, un frère ou une sœur sous le fer de la guillotine[1]. La mort des collatéraux ne donnait pas droit d'assister à une pareille fête[2]. Le costume de rigueur d'une danseuse était celui dans lequel sa mère ou sa sœur avait péri, c'est-à-dire le châle rouge et les cheveux coupés à fleur du cou[3]. Ces conditions remplies, on était reçu à danser, valser, rire et faire l'amour dans les *bals à la victime*. « Est-ce la danse des morts de Holbein, s'écrie Mercier, qui avait inspiré une telle idée? Pourquoi, au milieu du bruit des violons, ne fit-on pas danser un *spectre* sans tête[4]? »

[1] Mercier, le *Nouveau Paris*, chap. LXXXIII.
[2] *Ibid.*
[3] Charles Nodier, *Souvenirs de la Révolution et de l'Empire*, t. I, p. 113.
[4] Mercier, le *Nouveau Paris*, chap. LXXXIII.

# CHAPITRE TROISIÈME.

## CHUTE DES ASSIGNATS.

Le 16 pluviôse an III (4 février 1795), la Révolution se trouvait avoir dépensé, depuis le 1er janvier 1790, c'est-à-dire dans l'espace d'environ quatre ans et demi, la somme de 9,500,000,000 livres en assignats[1].

En assignats! que de tragédies dans ce mot! Mais, en revanche, que de prodiges!

Si le gouvernement révolutionnaire parvint à nourrir et à équiper des armées de douze cent mille hommes — à créer des flottes — à extraire de la terre des quantités énormes de salpêtre — à couvrir la France de manufactures d'armes — à combattre la famine — à se passer de l'industrie, qui était paralysée, et du commerce, qui était mort — à étouffer la guerre civile — à chasser de nos frontières des nuées d'ennemis — à faire d'une nation de toutes parts assaillie une nation conquérante — à mettre la Coalition en lambeaux, et à remplir d'admiration le monde qu'il frappait d'épouvante, le moyen qui servit à l'accomplissement de ces choses fut un chiffon de papier que, plus tard, quand elles furent accomplies, un mendiant dédaignait de ramasser[2].

Qu'importe, après cela, que les économistes, pour l'honneur de la théorie, condamnent l'assignat? Il est absous, puisque, associé à l'enthousiasme républicain, il a fait la Révolution et sauvé la France.

Au fond, il était naturel qu'ayant sous la main une masse considérable de domaines nationaux, la Révolution rendît leur valeur immédiatement disponible par leur mise en circulation au moyen d'un papier-monnaie. Comment les Américains avaient-ils fondé leur indépendance? En créant des billets au porteur, payables en numéraire, mais qui n'étaient garantis que par des terres incultes dans un pays peu habité : que n'avait-on pas à attendre

---

[1] Y compris un milliard qu'avait coûté le remboursement de la dette ancienne. Voy. le rapport de Cambon, du 10 pluviôse an III. (*Moniteur*, an III, numéro 140.)

[2] Nous avons déjà rappelé ce trait consigné dans le *Nouveau Paris*, de Mercier.

des assignats français, mandats payables en terres fertiles
dans un pays couvert d'habitants? Quel gage fut jamais
plus réel et plus solide que celui sur lequel reposait le
prix des assignats? Les métaux précieux, l'or, l'argent,
peuvent-ils avoir, après tout, une valeur intrinsèque supérieure à celle de la terre même du sein de laquelle on
les tire? Et un papier convertible en champs, en prairies,
en forêts, n'offre-t-il pas autant de garanties qu'une monnaie d'or ou d'argent convertible en lingots? Les financiers de la Révolution étaient partis de là.

Non qu'ils se fissent illusion sur les avantages particuliers attachés à l'emploi des métaux précieux comme
intermédiaires des échanges; ils n'ignoraient certes pas
qu'un des inconvénients du papier-monnaie, même lorsqu'il a un gage solide, est de ne pas porter ce gage avec
lui partout où il se présente, et qu'un autre de ses inconvénients, plus sérieux encore, est de pouvoir se créer
à très-peu de frais, presque à volonté, d'où résulte de la
part des gouvernements une tendance funeste à le multiplier outre mesure, ce qui entraîne son avilissement et
bouleverse les transactions. Ils n'ignoraient pas que, dans
les métaux précieux, au contraire, la valeur idéale se
montre toujours unie à la valeur réelle qui lui sert de
base; que, dans l'or et l'argent, le *signe* et le *gage* se con-
fondent; qu'on ne saurait avilir indéfiniment et arbitrairement la monnaie métallique par la surabondance, parce
que sa quantité est limitée par la fécondité des mines et
la difficulté de les exploiter; qu'enfin les métaux précieux,
conservant toujours comme lingots un prix équivalent
aux frais de production, et pouvant s'offrir aux arts, à
l'industrie, comme matière d'ornement, le jour où ils
cesseraient d'être employés comme monnaie, cela même
assigne à leur dépréciation, en tout état de cause, une
limite nécessaire.

Oui, les financiers de la Révolution savaient tout cela;

mais ce qu'ils savaient aussi, c'est qu'avant de songer au danger possible d'émissions exagérées dans l'avenir, il fallait pourvoir aux exigences formidables du moment; c'est qu'il y aurait eu folie, quand la France était à la veille d'être isolée dans le monde et enveloppée par la haine des rois, à ne pas tirer parti de la seule ressource qu'elle eût sous la main : les domaines nationaux; c'est que, en un mot, la question était une question de vie ou de mort.

Un levier révolutionnaire, voilà ce que les hommes de la Révolution virent dans l'assignat, et l'événement prouve de reste que, sous ce rapport, ils ne se trompèrent pas.

Mais, nous l'avons déjà dit[1], au point de vue scientifique, et comme signe permanent des richesses, comme intermédiaire normal des échanges, le papier ne saurait convenir qu'à un ordre social basé sur l'intimité des relations, l'accord des intérêts et la convergence des efforts. Le papier, même couvert par un gage, se présente séparé de ce gage; il fait donc appel à la bonne volonté, à la confiance de ceux qui ont à le recevoir; il n'est et ne peut être que la *monnaie des promesses qu'on tient et auxquelles on croit.* Et c'est ce qui le rend impropre à être employé comme instrument des échanges dans tout régime qui consacre la séparation des intérêts, sanctionne leur antagonisme et fait servir la défiance de contre-poids à la fraude.

Il était donc inévitable que la contre-révolution signalât son avénement sur la scène par la chute du papier-monnaie, et c'est ce qui eut lieu.

A l'époque du 9 thermidor, le chiffre des assignats émis était loin d'être hors de rapport avec la valeur des domaines nationaux contre lesquels ils pouvaient s'échanger; car, même trois mois après, le chiffre des assignats

[1] Dans le tome IV de cet ouvrage, chap. VI.

en circulation ne s'élevait pas au-dessus de 6,400,000,000 livres[1], ayant pour gage des biens qui, vendus à raison du denier 40 de leur produit annuel, représentaient une valeur de 15,000,000,000 liv.

Il n'y aurait donc pas eu sujet de s'alarmer de l'insuffisance du gage, si, à mesure que le service public nécessitait des émissions nouvelles, on eût pu retirer de la circulation les assignats surabondants en donnant en échange aux possesseurs une portion correspondante des domaines nationaux. Par malheur, là était la difficulté, tant les scrupules religieux et les considérations politiques, la crainte d'un changement chez les uns, et chez les autres la peur de l'enfer, apportaient d'entraves à la vente de biens que les prêtres et les émigrés n'avaient cessé de regarder comme leurs !

Toutefois, tant que la loi du *Maximum* fut en vigueur, l'assignat se maintint, par la raison bien simple que le *Maximum* empêchait le prix des marchandises de s'élever au-dessus d'un niveau déterminé. Mais lorsque le *Maximum* fut aboli, chaque vendeur devenant libre d'exiger des acheteurs tout ce qu'il voulait, le renchérissement subit des marchandises eut lieu dans des proportions qu'on n'avait pas soupçonnées. La cupidité, long-temps arrêtée dans son essor, se hâta de faire usage des ailes de vautour qu'il lui était désormais permis de déployer sans contrainte ; pour la même quantité de marchandises, l'acheteur se vit obligé de donner en assignats une valeur décuple, et la chute du papier-monnaie fut effroyable.

Autre cause de dépréciation. Tant que la France, isolée dans le monde, avait dû se suffire à elle-même, elle n'avait pas senti aussi vivement la nécessité de donner pour base à ses stipulations de commerce ce qui sert de

---

[1] Déclaration de Cambon. (*Moniteur*, an III, numéro 46.)

point de comparaison aux valeurs chez tous les peuples, c'est-à-dire le marc d'argent. Mais lorsque ses communications avec le dehors commencèrent à se rétablir, l'assignat ne put entrer en comparaison avec les valeurs étrangères, sans que son infériorité se manifestât par la baisse du change. Ce que les étrangers étaient naturellement portés à voir dans nos assignats, c'était, comme Johannot le fit très-bien remarquer dans son rapport du 25 germinal (14 avril) 1795 [1], un engagement de vendre des biens qui ne leur étaient point nécessaires ; rien de plus. L'assignat avait beau être une *promesse*, et une promesse portant sur un gage formel, sur un gage suffisant, il aurait fallu que sa réalisation fût exigible à vue, pour que l'étranger y eût confiance.

Est-il vrai que Pitt ait entretenu à Paris des émissaires chargés de pousser à la baisse des assignats par d'indignes manœuvres ? C'est là un fait qui n'a jamais été prouvé, mais que la Convention tenait pour certain. Vernier, esprit sérieux et modéré, disait dans la séance du 17 floréal (16 mai) 1795 :

« Le cabinet de Saint-James est le principal agent de la baisse des assignats. Il opère ainsi : du moment que nos assignats prospèrent à l'étranger, il les fait répandre à profusion et vendre à vil prix. Quand le louis se vend 260 livres au Palais-Royal, ses émissaires le font monter à 400 livres. Ces hommes pervers, qui suivent le cours de nos opérations, annoncent que telles communes ont reçu des assignats du trésor national ; qu'il faut doubler le prix de l'or dont elles ont besoin pour avoir les subsistances. C'est ainsi que la bienfaisance nationale tourne au détriment de la nation, par les intrigues des émissaires de Pitt [2]. »

---

[1] *Moniteur*, an III, numéro 216.
[2] *Moniteur*, an III, numéro 231.

Il est difficile de concevoir comment nos assignats auraient pu, dans quelque circonstance que ce fût, « prospérer à l'étranger ; » et certes, pour expliquer les manœuvres infâmes dont le Palais-Royal était le théâtre, il n'était pas besoin de recourir à l'hypothèse d'émissaires envoyés par Pitt.

Mais ce qui n'est pas douteux, c'est que la fabrication des faux assignats était plus que tolérée en Angleterre par le gouvernement anglais[1]. Ce qui n'est pas douteux, c'est que, lorsque Puisaye arriva à Londres, il y trouva chez un M. de Saint-Morys, dont il fit depuis son homme de confiance et son intermédiaire auprès du comte d'Artois, toutes les planches et tous les ustensiles nécessaires pour la fabrication « d'assignats revêtus des formes extérieures de ceux des assemblées nationales[2] ! » En outre, il existait à Londres dix-sept ou dix-huit fabriques particulières de faux assignats[3]. Puisaye, jugeant ces « petites mesures tout à fait insuffisantes pour que la cause générale en pût retirer le moindre avantage, » — ce sont ses propres paroles — eut l'idée de faire les choses en grand ; en d'autres termes, de mentir et de voler sur une immense échelle.

Les raisonnements au moyen desquels Puisaye transforme en acte de vertu le crime qui consiste à contrefaire les effets publics ou particuliers, crime subversif des fondements de toute société, ont un caractère de naïve impudence qui mérite une place dans l'histoire des forfaits enfantés par les discordes civiles.

Partant de cet étrange point de vue que la Convention était revêtue d'un pouvoir usurpé, et que, conséquemment, les assignats émis par elle représentaient une propriété appartenant aux *princes français*, Puisaye en

[1] On en verra plus loin la preuve.
[2] *Mémoires de Puisaye*, t. III, p. 376.
[3] *Ibid.*, t, III, p. 376-377.

concluait qu'il était légitime de les contrefaire, « un propriétaire pouvant, lorsqu'il en a l'occasion et le moyen, reprendre son bien où il le trouve[1]. » De sorte qu'il était parfaitement juste de porter un coup terrible à la valeur d'un papier dispersé entre les mains de tous, parce que, en élisant ceux par qui il lui avait plu d'être représentée, la nation avait disposé du pouvoir souverain, qui était « la *propriété des princes français !* »

Il est vrai que les faux assignats fabriqués par Puisaye étaient déclarés remboursables, au lendemain de la victoire des royalistes, après avoir été rendus reconnaissables, par un *signe secret*[2]. Mais en quoi cela pouvait-il empêcher l'avilissement, résultat inévitable de la surabondance? En quoi cela pouvait-il empêcher la ruine des porteurs actuels d'assignats? Et les porteurs d'assignats, c'était tout le monde !

En outre, par qui auraient-ils été remboursés, sinon par la nation, en cas de succès des royalistes, ces assignats déclarés remboursables et qui ne répondaient à aucune valeur réelle, ces assignats qu'on créait pour les donner purement et simplement aux royalistes? Supposons que, la cause du roi venant à triompher, Puisaye lui-même se trouvât en avoir gardé pour deux ou trois, ou dix millions qui ne lui avaient coûté que la peine de les faire fabriquer : il n'aurait donc eu qu'à se présenter au trésor et à faire reconnaître le *signe secret*, pour être plus riche de deux, de trois, de dix millions, que la nation aurait dû lui payer en numéraire ! En vérité, l'audace du crime est ici dépassée par l'imbécillité de l'aveu !

Il est vrai encore que Puisaye n'entendait pas opérer dans l'ombre. Mais quoi ! La publicité ici était une aggravation du mal ; car publier qu'une masse énorme d'assignats contrefaits allaient être lancés dans la circulation,

[1] *Mémoires de Puisaye*, t. III, p. 374-375.
[2] *Ibid.*, t. III, p. 374-375.

et que la distinction entre ceux qui étaient .remboursables et ceux qui ne l'étaient pas résidait dans un *signe secret*, c'était jeter dans toutes les transactions, rendues de la sorte incertaines, un trouble épouvantable.

Et si d'aventure ce succès sur lequel Puisaye basait ses calculs, n'arrivait pas, les royalistes à qui l'on faisait cadeau de ces assignats menteurs, se seraient donc tirés d'affaire en les passant à d'autres, entre les mains desquels ils n'auraient plus été qu'un misérable chiffon de papier ! Encore une fois, c'était le mensonge réduit en système, c'était le vol organisé sur une immense échelle.

Or, chose monstrueuse ! l'évêque de Dol, le même que les récits royalistes qualifient de « prélat vénérable, » donna son plein assentiment à cette théorie de la spoliation. Comme le fait risquerait de n'être pas cru, il faut citer les propres paroles de Puisaye :

« Je soumis à l'évêque de Dol la question des assignats, et lorsqu'il eut pesé les motifs d'autorité, de publicité et de garantie qui venaient à l'appui de l'intérêt politique, qui, seul, n'eût été certes pour lui ni une justification ni une excuse, il n'hésita pas à y donner son entière approbation[1]. »

Un trait manquerait à ce hideux tableau, si nous négligions de dire qu'un grand nombre d'*ecclésiastiques* furent employés, en Angleterre, à la fabrication de la fausse monnaie. M. de Saint-Morys les avait réunis « pour accélérer ce travail[2] ! »

Il faut dire, à l'honneur de l'évêque de Léon, que, bien différent en cela de l'évêque de Dol, son confrère, il eut horreur de la fabrication des faux assignats, et suspendit de leurs fonctions ecclésiastiques ceux des prêtres faussaires qui relevaient de son autorité. Une lettre

[1] *Mémoires de Puisaye*, t. III, p. 402.
[2] *Ibid.*, t. III, p. 42.

manuscrite, que nous avons trouvée, au British Museum, parmi les « Papiers de Puisaye, » fournit à ce sujet des détails dont le caractère est si curieux et l'importance historique si grande, qu'il convient de la citer ici textuellement, sans en retrancher un mot. Elle montre comment certains prêtres, grands meneurs du parti royaliste, comprenaient les lois de la morale. C'est à confondre l'esprit.

### LETTRE DE DOUDUIT, CURÉ DE LOURENAIS, A PUISAYE

*Shadwell*, 20, *Great Spring Street.*

14 mars 1795.

« Mon général et cher bienfaiteur,

« Encore un mot de l'évêque de Léon et je ne vous en parlerai plus. Jeudi dernier, M. Gaultier, mon intime ami et moi, nous allâmes saluer Sa Grandeur et attendre le sermon paternel solennellement promis à cette époque. Il nous reçut d'une manière à nous faire juger qu'il éprouvait une certaine satisfaction en nous voyant soumis, mais qu'il avait en même temps envie de nous mordre. Il ne nous laissa pas longtemps sans nous faire connaître ses bonnes dispositions à notre égard.

« — Messieurs, nous dit-il, comme vous avez contribué à cette association (pour la fabrication des faux assignats) qui m'a fait tant de peine, qui a scandalisé le clergé catholique, et même tous les anglicans de tout ordre et de toute condition, vous ne devez pas vous attendre à être relevés aussitôt que les autres. »

« Nous eûmes, mon ami et moi, bien de la peine à ne pas rire tout haut; mais nous nous tûmes, et voici comment le bon évêque continua ses honnêtetés :

« — Vous avez d'autant plus de tort, que vous, monsieur

Douduit, avez fait venir tout le monde, et que vous, monsieur Gaultier, avez, par votre exemple, attaché au parti de Douduit tous ceux qui, ne s'en rapportant pas à sa tête enthousiaste, crurent tout ce que vous leur dîtes, parce que votre prudence, vos connaissances et votre mérite leur étaient plus connus. D'ailleurs, vous avez agi contre votre conscience, ou vous avez tout au moins suivi une conscience douteuse.

« — Pardonnez-moi, monseigneur, lui répondis-je, nous savions faire le bien de notre païs, et je n'en ai jamais eu, n'en ai actuellement, ni jamais n'en aurai le moindre remords. Je n'ai fait, comme mes confrères, en rompant notre association, que me soumettre à l'autorité apostolique, mais je ne crois pas que jamais mon travail m'ait rendu coupable d'un seul péché véniel.

« — Assurément, il faut, me répliqua l'évêque, que vous soyez fou ou étrangement trompé.

« — Non, monseigneur, répondis-je, c'est vous.

« — Comment ! vous me dites que je suis fou ! reprit vivement le prélat.

« — Non, monseigneur, dis-je, mais trompé.

« — Et par qui ?

« — Par tous les cabaleurs qui vous assiégent et qui ne cherchent qu'à abuser de la confiance de Votre Grandeur.

« — Mais, monsieur Douduit, pour qui me prenez-vous ? Des cabaleurs me tromper !

« — Oui, monseigneur, des cabaleurs, que je nommerais bien si je voulais, vous trompent tous les jours. Un homme respectable comme vous, incapable de tromper, croit rarement que les autres cherchent à le surprendre et à lui en imposer.

« — Apprenez, monsieur, qu'on peut m'en imposer un instant, mais pas toujours, et que le parti que j'ai pris contre vos opérations est le fruit d'un mûr examen et de

longues considérations; je crois avoir au moins plus
d'expérience et de connaissances que vous.

« — Assurément, je me ferais un devoir, en toute autre occasion, de recevoir des instructions de Votre Grandeur, mais je suis un peu mieux informé qu'elle sur ce
que j'ai fait jusqu'ici.

« — Je le sais bien, ce que vous avez fait... de faux
assignats, et jamais il ne convient de faire un faux,
même pour le plus grand bien.

« — J'ose observer, monseigneur, soit que j'aie fait
ou non des assignats, ce que je ne puis vous dire, que
jamais je n'ai fait de faux assignats, vous devez m'entendre... Au reste, je soutiens qu'il n'en existe pas de
véritables.

« — Vous avez tort, monsieur, ceux de la Convention,
quoiqu'elle soit coupable, sont les seuls vrais.

« — Je ne crois pas, monseigneur, que le papier-
monnoye des rebelles et des régicides puisse être autre
chose qu'un faux, maintenu par la force, les violences et
l'invasion de toutes les propriétés.

« — Les princes, croyez-moi, monsieur Douduit,
n'ont pas le droit de faire faire un faux. S'ils avaient,
comme on dit, l'intention de rembourser les assignats
fabriqués à Londres, ils auraient dû en émettre qui auraient porté leurs noms, leur empreinte. On dit qu'il y
a une marque distinctive, un caractère de reconnaissance pour leur remboursement; mais cette marque
même doit les faire reconnaître pour faux, et c'est le
moyen d'occasionner des massacres et des incarcérations.
Il y en a eu déjà beaucoup à ce sujet, et cela a fait un
grand scandale en Bretagne. C'est faire un grand tort
au ministère français.

« Comme il n'y avait pas dans toutes ces phrases un
seul mot qui n'eût exigé une réponse directe, et que cela
m'eût mené trop loin, je m'abstins d'y riposter. Il con-

tinua sa pointe, et me dit qu'il savait de la bouche des ministres de Sa Majesté Britannique qu'ils désapprouvaient notre association et notre travail. « C'est, au reste, « dit-il, affaire de politique. » Je lui répondis froidement que je pensais, comme lui, que c'était par pure politique. Il me dit ensuite que le comte avait été trompé (j'ignore de quel comte il voulait parler) et ajouta que lui, évêque de Léon, avait eu entre les mains pour 50,000 fr. en assignats faux, mais de notre manufacture; que s'il avait voulu en avoir d'autres, cela lui eût été facile. « Alors, dit-il, s'il existe un caractère de reconnaissance, je pourrais, en France, dire à mes princes : « Voilà vos assi- « gnats, remboursez-les-moi, » et j'aurais une somme presque incalculable, pour trois ou quatre guinées !

« — Mais, monseigneur, repartis-je, ces assignats ont donc été volés dans quelque manufacture, non pas dans notre prétendu atelier, je n'avoue pas qu'il en existe... L'évêque hésita, et à la fin il me dit qu'ils avaient été volés et qu'il les avait rendus à un ministre. Il me souhaita et à mon ami le bonjour, après nous avoir dit que, puisque nous nous obstinions à ne pas nous reconnaître coupables, jamais, pendant que nous serions dans de pareils sentiments, il ne nous accorderait aucuns pouvoirs. Ainsi, comme je ne puis, sans trahir mon honneur, la bonne cause et ma propre conscience, confesser que j'ai eu tort, me voilà suspens jusqu'à la vallée de Josaphat.

« Nous n'avons plus que deux partis à prendre, mes confrères et moi. Nous vous supplions de nous décider, après que vous en aurez conféré avec Mgr l'évêque de Dol.

« Le premier serait de nous retirer à Guernesey ou Jersey, pour y faire une espèce de quartier de séminaire, afin de mettre nos âmes en bon état, et d'être prêts à travailler pour vous, ou à mourir pour Dieu, le roi et vous. Nous serions là sous la juridiction de l'évêque de Coutances, qui pourrait bien nous réhabiliter.

« Le deuxième parti serait, en cas que les émigrés soyent en peu obligés de se rendre en France, de continuer, s'il est nécessaire, le travail que tant d'agitations nous ont forcés d'abandonner.

« Daignez m'honorer d'une réponse, ou m'assigner un lieu où je puisse recevoir vos bons avis. Nous nous y soumettrons tous avec le plus grand respect. Je puis vous le dire au nom de la très-grande majorité de mes associés, et surtout au nom de MM. Julien GAULTIER, prêtre, curé de Treffendel, diocèse de Saint-Malo; Pierre FROBERT, prêtre de Moncontour, directeur des religieuses dudit Moncontour, évêché de Saint-Brieuc; Étienne AMY, prêtre de la ville de Saint-Malo; Julien BASLE, prêtre de Saint-Meloir, évêché de Saint-Malo; Pierre COGRANNE, prêtre de Tremblay, évêché de Rennes; Marc-Antoine BOSCHUT, sous-diacre de la paroisse de Saint-Urian de Quintin, évêché de Saint-Brieuc.

« J'ai l'honneur d'être, mon général et cher bienfaiteur, votre très-humble et très-obéissant serviteur,

« J. DOUDUIT,

« curé de Lourenais [1]. »

Voilà par quels hommes était dirigée la conscience des royalistes, et comment ils servaient la cause de la religion!

Le document qu'on vient de lire, outre l'intérêt qui s'attache à une pareille révélation, a cela de grave qu'il prouve que les ministres anglais connaissaient à merveille ce fait de la fabrication des faux assignats par Puisaye, le toléraient et n'avaient l'air de le désapprouver, en présence d'hommes du caractère de l'évêque de Léon, que par « pure politique. »

[1] Papiers de Puisaye, vol. CI. Manuscrits du *British Museum*.

Mais ne furent-ils coupables que de tolérance? Dans les Papiers de Puisaye nous lisons une lettre relative à la fabrication des faux assignats, par laquelle la fille de Saint-Morys prie le marquis Dumesnil d'obtenir *un ordre de M. Windham pour faire 40 livres d'encre*[1] !

Pour chaque variété de faux assignats il y avait un signe de reconnaissance particulier, qui était, d'après les Papiers de Puisaye :

Pour les assignats de 5 livres :

« A la bande de droite, le premier azur en descendant le plus près du mât au bout du mot *mort*, un peu émoussé par un coup de burin dans la partie à droite, à côté du filet extérieur; »

Pour les assignats de 25 sols :

« Dans le filet du rond à gauche, dans la partie inférieure dudit filet qui est dans la bande, une coupure de burin; »

Pour les assignats de 50 livres :

« Au filet d'en bas, en dehors, sous le troisième chiffre de la série, un point rond[2]. »

Comme il n'en coûtait à Puisaye, pour avoir de l'argent, que de se déshonorer, il fut bientôt en état d'écrire au Comité central catholique-royal : « Portez la solde à 40 sous : avant peu, vous aurez un million par jour, et deux dans quelque temps[3]..... La fabrication est lente, mais elle prendra la plus grande activité... Les prêtres qui partent ont chacun mille livres dans leur poche[4]...

---

[1] Papiers de Puisaye, vol. CI. Manuscrits du *British Museum*.

[2] Papiers de Puisaye, vol. CI. Manuscrits du *British Museum*.

[3] *Correspondance secrète de Charrette, Stofflet, Puisaye et autres*, t. I, p. 110.

[4] *Ibid.*, t. I, p. 111.

Je fais faire des assignats de 25, 10 et 15 sous, mais cela est horriblement volumineux. Néanmoins, il en faut de toute espèce pour compléter le système, que vous trouverez bon, et auquel il faut donner sur toute la surface du pays le plus d'étendue possible. »

Puisaye, dans ses *Mémoires*, dit d'un ton de triomphe que les faux assignats sortis de sa manufacture « étaient parfaitement imités et se donnaient pour rien aux officiers qui passaient en France [1]. Mais ces assignats qu'on leur donnait pour rien, eux les échangeaient, en France, contre des valeurs réelles, et qu'était-ce que cela, sinon un vol?

Le fait est qu'au mois de mai 1795, on ne portait pas à moins de douze ou quinze milliards le nombre des faux assignats glissés dans la circulation. Vernier, à la vérité, nia, du haut de la Tribune, l'exactitude de ce chiffre, et alla même jusqu'à prétendre que le nombre des faux assignats était « très-petit; » mais il aurait fallu expliquer d'une manière un peu précise ces mots « très-petit », et comment prendre la dénégation de Vernier au sérieux, quand on songe à l'immense intérêt qu'avaient les thermidoriens à rassurer les esprits, à éviter une panique?

Du reste, la surabondance des assignats, même vrais, n'était déjà que trop calamiteuse. La vente des biens nationaux ne s'opérant qu'avec beaucoup de lenteur, et les besoins du Trésor appelant sans cesse des émissions nouvelles, la circulation s'engorgeait d'une manière effrayante. D'après Vernier, se fondant sur un tableau publié par le Comité lui-même, le chiffre des assignats créés jusqu'au mois de floréal an III (mai 1795), ne s'élevait pas à moins de 11,855,831,623 liv., sur lesquels 8 milliards moins 140 millions étaient en circulation.

[1] *Mémoires de Puisaye*, t. III, p. 393.

« Nous avons une hydropisie de papier, » s'écriait avec terreur Bourdon (de l'Oise) dans la séance du 28 floréal (17 mai 1795)[1]. Et c'était vrai.

De là, une dépréciation continue dans la valeur du signe et de l'instrument des échanges ; de là, une horrible incertitude dans les transactions ; de là, dans les conventions publiques et privées, un désordre qui allait croissant et menaçait de devenir incurable. Tous ceux qui avaient des payements à recevoir étaient ruinés ; tous ceux qui avaient des payements à faire s'accoutumaient, comme s'en plaignit amèrement Johannot, à y porter une mauvaise foi qu'ils ne se reprochaient même plus, la rejetant sur les accidents de la Révolution[2] : de sorte que fortune publique et moralité publique semblaient à la veille de s'abîmer à la fois dans un gouffre sans fond. Le fonctionnaire public, qui recevait maintenant en une monnaie avilie un salaire qu'on n'avait point augmenté, descendait la pente du désespoir. Le rentier, qui avait vécu heureux avec une rente de 6,000 livres, laquelle n'en valait plus aujourd'hui que 1,200[3], se déclarait un homme perdu. Le propriétaire d'une ferme de 6,000 livres de rente, que son fermier payait avec le produit de la vente d'un cheval[4], criait à la spoliation. L'État, de son côté, perdait considérablement, parce que, dans le payement des impôts, il lui fallait recevoir l'assignat à sa valeur nominale, tandis que ses fournisseurs, depuis que les prix étaient libres, recevaient seulement l'assignat à la valeur que lui assignait le cours. Comment suppléer à ce déficit, qui se renouvelait sans cesse ? Le trésor

---

[1] *Moniteur*, an III, numéro 244.

[2] Séance du 25 germinal (14 avril) 1795. (*Moniteur*, an III, numéro 216.)

[3] Discours de Bourdon (de l'Oise), dans la séance du 17 floréal (6 mai) 1795. (*Moniteur*, an III, numéro 231.)

[4] *Ibid.*

n'avait d'autre ressource que de créer des assignats, encore des assignats, toujours des assignats. C'était essayer de remplir le tonneau des Danaïdes !

. Autre fléau. De même que les vers naissent de la pourriture, de même l'agiotage naquit du vaste désordre moral qu'enfantèrent bientôt, et l'incertitude des transactions, et la tentation de pêcher en eau trouble. La mobilité des prix étant née de la hausse continue des marchandises par rapport aux assignats, la fureur du jeu n'eut garde de manquer une aussi belle occasion de se donner carrière. On acheta des marchandises qu'on n'entendait nullement posséder, et l'on vendit des marchandises qu'on ne possédait pas, selon la pratique bien connue des marchés à terme. Au terme échu, la marchandise se trouvait-elle avoir haussé, c'était l'acheteur qui bénéficiait de la différence ; se trouvait-elle avoir baissé, c'était le vendeur. On ne produisait pas, on spéculait. Le commerce était mort, le pari régnait à sa place. Bientôt, il y eut agiotage sur toute chose : sur les denrées, sur les subsistances, sur les métaux[1] ; et le royalisme s'alliant à l'agiotage, les manœuvres qui avaient pour but d'achever les assignats par le surhaussement systématique du prix des denrées, des subsistances et des métaux, eurent un succès déplorable. Elles ne furent pas indignes seulement, ces manœuvres : elles furent barbares ; car la spéculation, mariée à l'esprit de parti, n'eut pas même pitié de la faim. Lorsque, dans la séance du 23 floréal (12 mai) 1795, Pressavin dénonça ce fait qu'au Palais-Égalité (Palais-Royal), on exposait en vente du pain à vingt-deux francs la livre, un mouvement d'indignation éclata sur tous les bancs ; et de vifs applaudissements se firent entendre, quand Pressavin ajouta : « Je demande que le

---

[1] Discours de Lehardy, séance du 22 floréal (12 mai) 1795. (*Moniteur*, an III, numéro 236.)

XII.                                                      8

Comité de sûreté générale soit chargé de prendre des mesures pour atteindre ces voleurs-là[1]. »

Dans la même séance, Jean Bon Saint-André s'exprimait en ces termes : « Ces hommes trouvent dans les principes de douceur et de justice qui vous animent l'impunité et un moyen assuré d'assassiner le peuple sans courir de risques[2]. » Sur quoi, Duroy s'écria : « Il y a un mois que j'ai instruit le Comité de salut public du brigandage qu'on vient vous dénoncer aujourd'hui, mais nous n'avons pas de gouvernement[3]. »

Duroy se trompait : il y avait un gouvernement, mais qui n'était fort que contre... la Révolution qu'officiellement il représentait !

L'agiotage, d'ailleurs, a l'élasticité de l'anguille : il s'échappera toujours des mains qui essayeront de le saisir. Qu'avait fait la réaction en abolissant le *Maximum*, en absorbant l'intérêt social dans l'intérêt individuel, en proclamant comme l'inviolable loi du monde commercial la mobilité sans limites du prix des choses, et en dégageant de tout contrôle les rapports qui unissent la production, la circulation et la consommation des richesses ? Elle avait rendu la société à l'empire du principe de l'*offre* et de la *demande*, principe qui soumet nécessairement la vie de l'industrie et celle du commerce à des conditions aléatoires, à des fluctuations de chaque jour. Or, la spéculation ainsi déchaînée, son pouvoir, qu'elle fût productive ou non, devenait incoercible. Pour interdire efficacement les *marchés à terme*, pour empêcher par voie réglementaire les fureurs du jeu de se substituer à l'action du commerce, il aurait fallu sortir du système de l'*offre* et de la *demande* ; il aurait fallu revenir précisément à ce que les réactionnaires avaient

---

[1] *Moniteur*, an III, numéro 237.
[2] *Ibid.*
[3] *Ibid.*

détruit ; et cela même n'eût pas suffi ; car, au point de vue économique, l'œuvre révolutionnaire ayant été illogique, incomplète, il aurait fallu la compléter. Maudire les excès de la spéculation, après avoir inauguré un ordre social qui rendait ces excès inévitables, c'était, de la part de la réaction, le comble de l'inconséquence.

Si, pour arrêter la spéculation dans son frénétique essor, il n'y eût eu qu'à la maudire, les meneurs du parti dominant eussent été bientôt délivrés des soucis qu'elle leur causait. Jamais on n'ouït pareil débordement d'anathèmes. Il ne se passait presque pas de séance que quelque membre des Comités ne vînt tonner contre l'audace avec laquelle « des millionnaires en guenilles poursuivaient leurs plans de destruction et de famine [1]. » Le *Journal du Bonhomme Richard*, feuille dont le rôle était de célébrer en langage ordurier la sagesse de la politique thermidorienne, s'écriait : « Croirait-on bien qu'il y a de ces infâmes brocanteurs d'or qui jouent jusqu'à 10,000 livres la partie au domino, et qui se peignent ensuite comme des chiens qui sont las de manger la curée [2] ? »

Imprécations vaines et vaines invectives ! La logique, l'indomptable logique de la situation que le triomphe des réactionnaires avait enfantée, donnait raison aux agioteurs et les couvrait d'une égide impénétrable à tous les traits.

Ils marchaient donc tête levée, en hommes qui se savaient les grands prêtres d'une société qui n'avait plus d'autre religion que l'individualisme.

Leur temple, c'était le Palais-Égalité, qui avait été et devait redevenir le Palais-Royal, temple bien digne du culte immonde qu'on y pratiquait. Là, en effet, s'étaient conservées les traditions de la corruption monarchique ;

[1] Discours de Bailleul, au nom des Comités. (*Moniteur*, an III, numéro 346.)

[2] *Journal du Bonhomme Richard*, numéro 3.

là, durant l'orage révolutionnaire, les libertins de la *Jeunesse dorée* avaient fait en silence leur éducation politique, à l'école des prostituées ou dans l'ombre des tripots. Les agioteurs ne pouvaient choisir un plus convenable repaire, ni un plus admirable lieu de rendez-vous pour leurs conférences avec la fraction gangrénée du parti royaliste. Ce fut dans ce monument bizarre, moitié palais, moitié bazar, dont le seul aspect indiquait l'alliance intime de la boutique et du trône, que la spéculation improductive et spoliatrice, en 1795, établit le siége de son empire.

« C'est un spectacle dégoûtant, s'écriait Jean Bon Saint-André, dans la séance du 23 floréal (12 mai), que celui que présentent les agioteurs qui siégent au Palais-Égalité. Ils portent empreinte sur leur figure toute l'immoralité des sentiments qui les animent. On les voit, les uns ayant à la main des tabatières d'or, les autres des échantillons d'étoffe ou d'autres marchandises, venir faire des opérations qui attestent en même temps la faiblesse du gouvernement et l'excès d'avilissement où la plus basse cupidité peut porter certains individus[1]. » .

Ceux qui spéculaient sur les valeurs métalliques avaient coutume de se réunir au café *de Chartres*. Avoir l'air de vendre des louis ou des écus, avoir l'air d'en acheter, en faire monter la valeur à volonté, et faire baisser les assignats dans la proportion de la valeur factice qu'ils donnaient entre eux à l'or et à l'argent, telle était l'occupation journalière de ces hommes que, du haut de la Tribune nationale, Lehardy appelait des sangsues politiques[2], et Bailleul des misérables[3]. Grâce à leurs manœuvres, la variabilité des prix était devenue quelque chose de fabuleux. Le louis, qui, à onze heures, par

---

[1] *Moniteur*, an III, numéro 237.
[2] *Ibid.*, an III, numéro 236.
[3] *Ibid.*, an III, numéro 246.

exemple, valait 200 liv. en assignats, se trouvait en valoir 250 à midi. Après avoir fait monter le louis à 400 livres, puis à 100 pistoles, ils finirent par dire bien haut qu'il fallait qu'il montât à 1,500 livres[1].

Ainsi, tout contribuait à rendre la chute des assignats effroyable.

Et contre ce mal, quel remède?

Le 13 ventôse (3 mars) 1795, Boissy d'Anglas avait présenté un rapport sur l'agiotage.

Il y attribuait cette fièvre de spéculation, qu'il était, du reste, le premier à déplorer, au découragement du commerce et de l'industrie, découragement produit, disait-il, par les réquisitions, les préemptions, les taxations arbitraires des prix et la législation insensée du *Maximum*[2]. » Mais cette législation avait été abolie ; et c'était précisément à partir de ce jour que l'agiotage avait envahi la scène !

« Il est simple, ajoutait Boissy d'Anglas, que les citoyens auxquels il reste des capitaux et qui craignent de les rendre ostensibles, de les exposer aux regards jaloux de la dénonciation et à la main rapace de la tyrannie, aiment mieux les jouer que n'en rien faire[3]. » — Mais quand Boissy d'Anglas disait cela, il y avait déjà plus de sept mois que cette prétendue tyrannie à laquelle il faisait allusion avait cessé d'exister, et c'était précisément depuis cette époque que tout s'inclinait devant l'abjecte souveraineté de l'agiotage !

Le mal qu'il s'agissait de guérir, Boissy d'Anglas le décrivait en ces termes :

« Le jeu de l'agiotage n'est pas précisément illicite, mais il est immoral, et c'est avec justice que les hommes le méprisent, qu'ils refusent leur estime aux égoïstes

---

[1] *Moniteur*, an III, numéro 346.
[2] *Moniteur*, an III, numéro 166.
[3] *Ibid.*

qui en font métier. La raison en est simple : c'est que la
nation ne gagne rien au déplacement de fortune que
l'agiotage peut occasionner ; c'est que l'industrie de
l'agioteur ne produit aucune création réelle ; c'est que
les capitaux qu'elle emploie sont faits pour salarier le
travail, pour faire naître de nouvelles productions ou fabriquer de nouveaux ouvrages ; en un mot, pour servir
la société, et non pour être prodigués ou risqués dans des
spéculations frivoles, où l'avantage de celui qui gagne
n'est fondé que sur le malheur de celui qui perd, sans
qu'il y ait pour personne aucun autre profit. L'agiotage
tarit donc les sources naturelles de la richesse de l'État ;
mais, en produisant une vicissitude excessive dans les
fortunes, il tend à bannir encore la morale de la société ;
il en chasse l'économie ; il en éloigne la frugalité ; il y
fait naître le luxe et les vices inséparables d'une opulence
promptement acquise et qui, souvent, doit être si promptement détruite ; il invite, par l'appât du gain, le père
de famille, l'époux, le citoyen aisé, à livrer aux chances
du hasard l'existence de ce qui l'entoure et les aliments
de son industrie ; il substitue la cupidité à la bonne foi,
la dissimulation à la franchise, et l'oisiveté criminelle à
l'activité laborieuse[1]. »

Boissy d'Anglas aurait pu dire mieux encore ; il aurait
pu dire que la spéculation improductive affecte, en mainte
occasion, des formes qui ne sont pas seulement celles du
pari ou du jeu ; il aurait pu dire que l'agiotage est lié
à la propagation des fausses nouvelles, à l'abus des secrets d'État, à l'absence de tout patriotisme, à l'astuce,
à la trahison. L'immoralité de l'agiotage ne vient pas de
ce que l'avantage de celui qui gagne est fondé sur le
malheur de celui qui perd — c'est là un fait inhérent à
tous les genres de commerce sous l'empire de la concur-

[1] *Moniteur*, an III, numéro 166.

rence — mais bien de ce que le mensonge, la fraude, et, tranchons le mot, le vol, sont au nombre des moyens qui font gagner.

Restait à savoir ce qu'on opposerait au fléau. Interdirait-on l'agiotage par des lois? Mais, à supposer même que la répression n'eût pas entraîné un despotisme inquisitorial plus à craindre que le mal qu'on voulait extirper, quelle efficacité attendre d'un pareil remède dans un ordre social basé sur un principe dont l'agiotage était le résultat nécessaire? Ainsi que Johannot en fit la remarque dans la séance du 25 germinal (14 avril) : « On peut appliquer à l'agiotage ce que Montesquieu dit de l'usure défendue dans les pays mahométans : elle augmente à proportion de la défense, le prêteur s'indemnisant des périls de la contravention[1]. »

Cela étant, que faire? Les économistes du Comité de salut public imaginèrent que, puisqu'il ne fallait pas songer à détruire l'agiotage, le mieux était de le régulariser. Dans la séance du 13 ventôse (3 mars) 1795, Boissy d'Anglas avait dit : « Le tripot des joueurs restera livré à son ignominie quand on rouvrira le marché de la République commerçante », et, comme conclusion, il avait proposé un décret dont le premier article était : « La Bourse de Paris sera rouverte[2]. » C'est ce qui ne tarda pas à être décidé. Mais la création d'un tripot pour ainsi dire officiel n'arrêta rien, n'empêcha rien. Les agioteurs ne sont pas de pudiques jeunes filles qu'un mot vif fait rougir : ils s'amusèrent beaucoup de cette « ignominie » à laquelle Boissy d'Anglas prétendait les condamner; et fiers de lui avoir arraché cet aveu qu'à leur égard toute loi de répression serait impuissante, ils continuèrent de se rassembler, non plus seulement au Palais-Royal,

[1] *Moniteur*, an III, numéro 216.
[2] *Ibid.*, an III, numéro 166.

mais à la Halle au blé, au quai de la Ferraille, partout. On eut beau ouvrir la Bourse, les agioteurs se soucièrent si peu des expédients de Boissy d'Anglas et de son « marché de la République commerçante, » qu'il fallut en venir à les poursuivre de place en place comme des bêtes fauves, et que, cela ne suffisant pas encore, on dut mettre en discussion les moyens de faire rendre gorge à ces invincibles brigands[1]. Jamais la logique ne s'était montrée plus inexorable.

Une autre question qui donnait aux dominateurs du jour de cruels soucis était celle du numéraire.

Le 5 floréal (24 avril) 1795, Vernier disait : « L'or et l'argent sont un point de comparaison auquel tout se doit rapporter. Ces métaux, par le consentement exprès ou tacite des peuples, sont reçus comme une estimation, comme une mesure de valeur, de même que la pinte est une mesure de contenance, de même que la toise et l'aune sont des mesures d'étendue, de même que la livre de poids est une mesure de pesanteur. Il est donc impossible de concevoir qu'une nation qui se livre au commerce, ou qui a des besoins qu'elle ne peut satisfaire que par l'étranger, puisse se priver de cette commune mesure, à moins qu'elle n'ait des moyens d'échange propres à tous les lieux et à tous les pays dont elle doit extraire ses marchandises[2]. »

Ces considérations étaient d'une justesse frappante, en tant qu'elles se rapportaient à l'ordre de relations internationales que la cessation du régime révolutionnaire tendait à faire prévaloir ; mais on conçoit qu'elles n'avaient pas dû agir avec beaucoup de force ou du moins d'une manière décisive sur l'esprit de ceux que la Révolution avait chargés du soin de ses destinées, alors que la France, presque isolée du monde entier, n'avait à se

---

[1] Voy. le *Moniteur*, an III, numéros 303, 346, 349.
[2] *Moniteur*, an III, numéro 219.

préoccuper que de se suffire à elle-même. Aussi avaient-ils tout sacrifié à la nécessité de faire de l'assignat, en France, la monnaie par excellence, la monnaie de la Révolution, la vraie monnaie républicaine ; et son rival naturel, le numéraire, ils l'avaient repoussé comme obstacle, ne pouvant pas s'en servir comme moyen. La vente de l'or et de l'argent avait donc été prohibée. Mais depuis que le triomphe de la réaction était venu encourager la violation de tout ce qui était loi ou défense révolutionnaire, la vente de l'or et de l'argent se pratiquait, sans qu'on se crût même obligé à beaucoup de mystère. D'autre part, la tendance, de jour en jour plus vivement accusée, à se procurer les objets de provenance étrangère, avait amené le trésor public à appeler à lui le numéraire. N'était-ce pas, d'ailleurs, en numéraire métallique ou en assignats au cours que les Comités étaient forcés de stipuler leurs marchés, depuis que la chute du papier-monnaie avait commencé? Ajoutez à cela qu'une fois les besoins du trésor public à cet égard bien constatés, on n'avait pas manqué de s'en prévaloir pour lui vendre l'or et l'argent au plus haut prix[1].

Ainsi, la loi se trouvait violée, chaque jour, par le législateur lui-même; et ses prohibitions, sans être respectées par les particuliers, nuisaient à l'État.

Cet état de choses conduisit la Convention à adopter le décret suivant, que Lesage (d'Eure-et-Loir) vint proposer, au nom du Comité de salut public et des finances, dans la séance du 5 floréal (24 avril) 1795, et qui fut vivement appuyé par Vernier, Jean Bon Saint-André et Cambacérès :

« L'article 1ᵉʳ du décret du 11 avril 1793, portant que le numéraire de la République en or ou en argent n'est pas marchandise, est rapporté.

[1] Discours de Vernier. (*Moniteur*, an III, numéro 219.)

« Cette marchandise ne pourra être exportée qu'en donnant caution de faire rentrer pour sa valeur des denrées de première nécessité, conformément au décret du 13 nivôse.

« Le gouvernement est autorisé à continuer à solder ce qui peut ou pourra être dû en or et en argent avec des assignats, à la concurrence de la valeur de cette marchandise, selon le cours. »

Suivait un article ainsi conçu : « Tous les lieux connus sous le nom de Bourse, où se tenaient les assemblées pour la banque, le commerce et le change, seront ouverts[1]. »

Donner à l'agiotage, tout en le maudissant, une sorte de haute sanction; ménager à la passion du jeu un sanctuaire, dans l'espoir de la dépayser, et, par la vente publique du numéraire, imprimer une nouvelle secousse à l'assignat, voilà tout ce que le génie des économistes de la réaction sut inventer en matière de finances. Mais cela ne sauvait du désespoir aucun de ceux que la dépréciation progressive du papier-monnaie menaçait d'une ruine complète. Quel parti prendre?

Au point où en étaient les choses, la dépréciation de l'assignat consistait en ceci : que, pour se procurer un objet quelconque, il fallait donner en assignats le décuple de la valeur nominale, le marchand n'ayant plus à subir l'empire du *Maximum* et étant libre d'exiger qu'on lui payât en assignats, pour le même objet, dix fois plus qu'il n'aurait demandé si on lui eût offert de l'argent. Mais, à côté de ce fait, il y avait celui du contribuable pouvant payer avec un assignat de 100 liv. ses 100 liv. d'impôt; celui du fermier pouvant payer avec un assignat de 1,000 liv. les 1,000 liv. qui constituaient le prix de son fermage; celui du débiteur pouvant, avec un

<hr>

[1] *Moniteur*, an III, numéro 219.

assignat de 10,000 liv., éteindre une dette de pareille somme ; celui de l'acquéreur de biens nationaux pouvant se faire adjuger, avec 100,000 liv. d'assignats, un domaine national estimé à ce prix. Donc, tant que l'assignat était pris forcément à sa valeur nominale dans le payement des impôts, des fermages, des créances échues, des biens nationaux, cette valeur nominale répondait, du moins entre les mains du contribuable, du fermier, du débiteur, de l'acquéreur des biens nationaux, à une valeur parfaitement réelle, et il y avait une limite à la baisse. Mais supposons qu'on eût décrété tout à coup que, désormais, dans tous les payements sans exception, l'assignat ne serait reçu qu'au taux de sa valeur réelle, constatée par le cours du jour, et sans égard à sa valeur nominale, où eût été la limite? Les causes qui avaient fait descendre l'assignat de 100 à 10, risquaient de le faire descendre de 10 à 1 et de 1 à zéro. La réduction de l'assignat au cours, c'était, pour peu que les choses suivissent leur pente, l'anéantissement de l'assignat.

Et, en outre, c'était une banqueroute, soit qu'on réduisît l'assignat au cours de l'argent, comme Johannot le proposa, soit qu'on le réduisît au cours du blé, comme Jean Bon Saint-André le demandait [1].

Si, par exemple, après avoir constaté que l'assignat en était venu à ne plus valoir que le dixième de l'argent, on décrétait qu'il ne serait plus reçu qu'à ce taux dans tous les payements, c'est-à-dire que le débiteur d'une somme de 100 liv. aurait à donner à son créancier 1,000 liv. en assignats, et qu'il faudrait payer en assignats une somme décuple de celle qu'on payerait en argent, pour l'impôt, les fermages, l'acquisition des domaines nationaux, etc., à quoi revenait un pareil décret, sinon à faire perdre aux assignats 90 p. 100?

[1] Voy. le discours de Jean Bon Saint-André. (*Moniteur*, an III, numéro 239.)

Que si, au lieu de l'argent, on adoptait le blé comme échelle des valeurs, conformément au plan de Jean Bon Saint-André, c'était bien pis encore. Le prix du blé depuis 1790 avait subi une hausse tellement considérable, que, si l'assignat eût été réduit au cours du blé, celui qui devait 100 liv. en 1790 n'aurait pu s'acquitter en 1795 qu'avec 40,000 liv. d'assignats!

Cependant, cette banqueroute, que la Convention tremblait de décréter, elle était dans la situation même, hélas! Mais c'est ce que la Convention hésitait à avouer et à s'avouer. Le 18 floréal (7 mai) Raffron ayant proposé de déclarer qu'à compter du 30 de ce mois, les assignats commenceraient à diminuer d'un pour cent, de violents murmures l'interrompirent. « Je demande, s'écria impétueusement Bourdon (de l'Oise), qu'on interdise la parole à celui des membres qui, sous le nom de démonétisation, proposerait ce que j'appelle, moi, une banqueroute. La Convention nationale, en consentant à une pareille opération, se déshonorerait sans nécessité; car il est constant que la valeur des biens nationaux s'élève, d'après l'estimation qui en a été faite en 1790 et 1791, à la somme de 15 milliards; et il n'existe en circulation que 8 milliards d'assignats. » A ces mots, toute l'Assemblée se leva en signe d'approbation [1], tant l'émotion était vive chaque fois qu'on touchait à cette question brûlante!

Mais quoi! était-il donc impossible de relever les assignats? Ne pouvait-on trouver quelque moyen d'en retirer de la circulation la partie surabondante? Sur ce point, tous les esprits étaient en éveil. Le 16 pluviôse (4 février) 1795, Cambon, comme moyen de retirer les assignats de la circulation, avait émis l'idée d'une loterie qui reposait sur un ensemble de combinaisons très-ingénieuses [2], mais ce projet n'avait pas eu de suites. Le 22 floréal

[1] *Moniteur*, an III, numéro 231.
[2] Voy. le *Moniteur*, an III, numéro 140.

(11 mai), Bourdon (de l'Oise) proposa un nouveau plan, qu'il exposa ainsi lui-même :

« Un citoyen peu aisé, faisant des économies, possède, par exemple, 800 liv. d'assignats. Un décret l'oblige à porter au chef-lieu du district cette somme. On lui remet 500 liv. en bons portant intérêt d'un et demi pour cent, recevables en payement des biens nationaux. Les autres 300 liv. restant sont vérifiés, frappés d'un nouveau timbre, rendus au propriétaire, et rentrent dans la circulation. Par ce moyen bien simple, sur les 8 milliards en circulation, 5 sont retirés et les 3 qui restent en circulation reprennent, par la suppression des autres, la valeur qu'une trop grande émission leur avait fait perdre[1]. »

Mais à ce système, Jean Bon Saint-André opposa les objections que voici :

« Tous les citoyens sont porteurs d'une quantité d'assignats plus ou moins grande. Le riche, qui a mis ses fonds dans le commerce, et qui ne se soucie pas d'acquérir des biens territoriaux, sera forcé de retirer ses assignats du commerce, de rompre ses engagements, de renoncer à ses spéculations et de vendre ses bons à celui qui veut acheter des biens nationaux. Le commerce sera donc entravé, et l'agiotage reprendra une vie nouvelle. Je suppose maintenant qu'un pauvre ouvrier ait devant lui une somme de 100 liv., fruit du travail de la décade ; il faut que les cinq huitièmes de cette somme soient annulés et convertis en bons : achètera-t-il avec ces bons un pré, une terre, une vigne? Non, il ira chez l'usurier, son voisin, et lui dira : Ce bon m'est inutile ; donnez-moi en échange des assignats qui aient cours et m'aident à vivre. De là l'agiotage sur le pauvre[2]. »

---

[1] Voy. le *Moniteur*, an III, numéro 236.
[2] *Ibid.*

La justesse de ces considérations frappa Bourdon (de l'Oise), qui se contenta de demander le renvoi de son plan au Comité des finances, pour qu'il y fût discuté et mûri[1].

Le résultat de cet examen, tel que Vernier le présenta dans la séance du 27 floréal (16 mai), fut « qu'apposer un nouveau timbre sur une partie des assignats serait une mesure désastreuse, inutile, inexécutable : désastreuse, en ce que les assignats ne circuleraient plus qu'avec un type de proscription qui annoncerait une détresse totale; inutile, en ce que le timbre pourrait être contrefait; inexécutable, en ce qu'il faudrait faire venir tous les assignats dans une même caisse, pour y recevoir le timbre, ou envoyer des timbres dans tous les départements, ce qui occasionnerait des retards dispendieux et pourrait faire concevoir des craintes touchant la fidélité des personnes chargées des timbres[2]. » Sur l'exposé de ces motifs, l'Assemblée rejeta le plan proposé par Bourdon (de l'Oise)[3].

Ce dernier s'avisa alors d'un autre expédient. Il imagina que le meilleur moyen de retirer de la circulation une quantité considérable d'assignats était d'activer la vente des biens nationaux, en créant à ceux qui seraient tentés de les acquérir un intérêt immense à le faire. Comme ces biens étaient vendus aux enchères, et que les offres se proportionnaient naturellement à la dépréciation des assignats, le prix en assignats auquel on les pouvait obtenir en 1795 excédait de beaucoup celui auquel on les eût obtenus en 1790. Pour se procurer une terre estimée 100,000 liv. en 1790, il ne fallait pas donner moins de 500,000 ou 600,000 liv. d'assignats en 1795.

---

[1] *Moniteur*, an III, numéro 236.
[2] *Ibid.*, an III, numéro 240.
[3] *Ibid.*

Or, suivant Bourdon (de l'Oise), l'État n'avait qu'à dire aux porteurs d'assignats :

« Mes biens ont été estimés en 1790 à un taux raisonnable, sur le prix des baux. Alors l'assignat ne perdait point. Eh bien, donnez-moi trois fois la valeur de l'estimation du bien que vous désignerez, et vous pouvez en être les propriétaires, sans vous le faire adjuger par enchères[1]. »

De la sorte, ce qu'on avait à payer 6, on n'aurait plus eu à le payer que 3 : nul doute que ce ne fût là présenter aux acheteurs des biens nationaux un appât très-puissant, faciliter la vente de ces biens et, conséquemment, ouvrir la porte à la rentrée d'une partie des assignats en circulation. Mais, d'un autre côté, c'était enrichir un petit nombre de riches, aux dépens de la nation tout entière, à qui les domaines en question appartenaient; c'était gaspiller une ressource qui n'avait pas encore cessé d'être pour l'État d'une importance suprême; c'était, comme Balland le fit remarquer[2], gorger les agioteurs, qui, ayant acquis depuis peu des assignats à vil prix, s'en seraient servis pour s'emparer, sans qu'il leur en eût rien coûté, du patrimoine de la République.

On verra plus loin ce qui advint de ce projet; mais si la Convention se montra hésitante, elle ne le fut guère à l'égard d'un autre projet qui, en même temps que l'agiotage, favorisait le royalisme.

On se rappelle que Cambon avait fait rendre un décret qui transformait les *assignats à face royale* en effets au porteur, et les déclarait, pendant un laps de temps déterminé, recevables, soit en payement des contributions, soit en payement des domaines nationaux[3].

[1] *Moniteur*, an III, numéro 241.
[2] *Ibid.*, an III, numéro 241.
[3] Voy. le onzième volume de cet ouvrage, p. 389.

Le but de cette mesure avait été de couper court, sans néanmoins dépouiller personne, à la concurrence ruineuse que faisait au papier émis depuis la chute de Louis XVI, celui qui, émis sous son règne, portait son effigie. La démonétisation des assignats à face royale avait donc un caractère financier aussi bien qu'un caractère politique; elle visait à empêcher les porteurs de ces sortes d'assignats de s'en aller disant partout : « Lorsque la Révolution aura succombé, seuls les assignats à effigie royale survivront. » Langage si propre à décrier les assignats républicains!

Malheureusement, le décret obtenu par Cambon n'avait pas eu un succès complet. Bien qu'il frappât de déchéance ceux des assignats royaux qui, passé un certain délai, n'auraient pas été donnés en payement des contributions ou employés en acquisition des domaines nationaux, il en était resté dans la circulation près d'un milliard 25 millions [1], qui ne se trouvaient plus qu'entre les mains des agioteurs [2], sans excepter même les plus petits, même ceux de 5 livres, ceux qu'il était naturel de supposer entre les mains des citoyens pauvres. « On a fait, disait Dubois Crancé, on a fait de ces assignats un accaparement général ; on les a vendus à la porte des boulangers, et l'homme indigent à qui l'on offrait 8 livres pour un assignat de 5 livres à face royale, s'est empressé de vendre, parce qu'il satisfaisait également dans ce marché ses intérêts et son goût bien prononcé pour la République [3]. »

Cela étant, on ne pouvait rapporter le décret qui avait démonétisé les assignats à face royale, et les admettre en

---

[1] Voy. le discours de Vernier, dans la séance du 27 floréal (16 mai) 1795. (*Moniteur*, an III, numéro 240.)

[2] C'est ce qui fut constaté par Dubois-Crancé, dans la séance du 23 floréal (12 mai) 1795. (*Moniteur*, an III, numéro 236.)

[3] *Ibid.*

payement des biens nationaux, sans récompenser la violation de la loi, sans faire les affaires des agioteurs et des
royalistes. Voilà pourtant ce que Bourdon (de l'Oise), dans
la séance du 22 floréal (11 mai), ne craignit pas de demander, ce que Johannot appuya au nom du « crédit »,
et ce que la Convention décréta, séance tenante, au milieu des plus vifs applaudissements[1] !

Ils prouvaient, ces applaudissements, la force croissante de la réaction, et quels progrès le royalisme faisait
sourdement au sein de la Convention elle-même !

Le lendemain, toutefois, l'Assemblée, comme honteuse
d'être allée si loin, adopta l'amendement suivant proposé par Monnot : « pourvu que le porteur des assignats
à face royale les ait fait enregistrer en son nom, suivant
la loi, ou qu'il prouve au Comité des finances qu'il en a
été empêché par quelque événement de force majeure[2]. »

Ainsi se développaient les conséquences de la crise
que le 9 thermidor avait produite. L'assignat ne pouvait pas plus survivre à la Révolution, que l'effet ne peut
survivre à la cause ; et, quant à l'agiotage, c'était la robe
de Nessus attachée aux flancs de la société, telle que la
réaction l'avait voulue : cette société n'avait plus qu'à
s'arranger de son mieux dans les plis de la tunique empoisonnée !

[1] Voy. le *Moniteur*, an III, numéro 236.
[2] *Ibid.*

# CHAPITRE QUATRIÈME

## FAMINE

Disette au milieu de l'abondance. — Cupidité des gros cultivateurs. — Fraudes dans le commerce des blés. — Le peuple avait supporté la faim en 1794 avec un calme et dans un silence héroïques ; ses plaintes et ses clameurs en 1795 ; raison de ce changement. — Remarquable aveu de Thibaudeau. — Les morts calomniés. — L'appui des agioteurs et des accapareurs indispensable au gouvernement thermidorien : son impuissance à combattre la famine factice, expliquée par là. — Achats de grains. — Consommation de Paris au mois de mai 1795. — Ce qu'il en coûtait au gouvernement pour nourrir le peuple. — L'État volé par les spéculateurs. — Immense désordre. — Machinations contre-révolutionnaires pour empêcher les arrivages. — Émeutes sur le passage des convois de grains. — Pillages organisés. — Les prêtres, fauteurs de troubles. —L'anarchie partout.—Souveraineté de l'égoïsme individuel proclamée; conséquences.—Le gouvernement a de la peine à faire protéger les arrivages. — *Armée persuasive* proposée par Gossuin. —Langage de la presse thermidorienne au milieu de la détresse publique. — Optimisme affecté par le *Journal du Bonhomme Richard*. — Excès des souffrances du pauvre. — La disette du pain compliquée de celle du charbon. — Composition du Comité de salut public à cette époque. — Une insurrection de la faim imminente.

Pendant que les économistes de la réaction cherchaient, sans le pouvoir découvrir, un moyen d'arrêter la chute des assignats, le peuple mourait littéralement de faim.

Et pourquoi? Parce que, sous l'empire du régime de désordre qu'avait inauguré la réaction, la subsistance du peuple était devenue la proie des marchands d'argent, des usuriers, des accapareurs, de tous les vautours à face humaine. En 1793, il y avait eu disette aussi, mais les récoltes avaient été mauvaises, et le pauvre ne pouvait accuser de ses maux que la nature. En 1795, au contraire, la famine avait cela de particulièrement effroyable, qu'elle se déclarait au sein de l'abondance annoncée par les récoltes de 1794, qui avaient été magnifiques[1]. C'était une disette factice, une disette née en partie de la cupidité des gros cultivateurs, auxquels Richoux put reprocher de faire peser sur le peuple une oppression plus cruelle encore que celle dont les nobles d'autrefois le rendaient victime[2]. La cherté des blés était si grande, qu'avec la valeur de quatre sacs, les laboureurs payaient le prix d'une ferme très-considérable[3]. Souvent, ils refusaient de livrer leurs denrées, à moins qu'on ne leur offrît de l'or en échange, et ce fait fut dénoncé avec beaucoup d'amertume par la section de l'Observatoire, dans la séance du 11 germinal (31 mars)[4]. Peu de jours après, Garnier (de Saintes), en mission dans les environs de Paris, écrivait à la Convention : « L'avarice entre pour beaucoup dans la famine *factice* qui nous poursuit[5] ; » et Laurent appelait l'attention de l'Assemblée sur cette circonstance significative, que le commerce des blés se faisait pendant la nuit[6].

Le 25 ventôse (15 mars), un décret avait fixé la ration journalière de chaque habitant de Paris à une livre de pain, et décidé que l'ouvrier en recevrait à l'avenir une livre et demie ; mais ce décret n'avait pas reçu d'exécution.

Rien de plus caractéristique que la scène du 7 germinal (27 mars). Ce jour-là, on vit une multitude de femmes

---

[1] *Hist. parl.*, t. XXXVI, p. 409.
[2] *Moniteur*, an III, numéro 208.
[3] Discours de Tallien, dans la séance du 24 floréal (15 mai 1795). *Moniteur*, an III, numéro 238.
[4] *Moniteur*, an III, numéro 194.
[5] *Ibid.*, an III, numéro 212.
[6] *Ibid.*, an III, numéro 208.

assiéger la Convention. Elles étaient furieuses, et une d'elles fut entendue criant anathème sur l'Assemblée. Toutes voulaient être admises : vingt seulement obtinrent d'entrer. Or, quel fut le langage de celle qui porta la parole pour tant de mères au désespoir? « Nous venons vous demander du pain. Un décret porte qu'il nous sera délivré une livre de pain par jour : ce matin, on n'a voulu nous en donner qu'une demi-livre. Personne n'a consenti à la recevoir. Personne ne peut, avec quarante sous par jour, acheter des denrées qui suppléent au défaut de la viande[1]. »

Encore si la distribution des farines s'était faite avec un peu d'égalité! Mais non : il y avait des sections dans lesquelles on ne recevait pas plus d'un quarteron de pain par jour[2]. Et quant au riz distribué comme supplément, à quoi servait-il à ceux qui n'avaient ni bois ni charbon pour le faire cuire[3]?

Nous avons dit, dans un précédent volume, avec quel calme héroïque le peuple de Paris avait traversé le terrible hiver de 1794. La ration de pain n'était que d'une once, alors; la corde de bois se vendait quatre cents livres; les fontaines ayant gelé, l'eau se payait jusqu'à vingt sous la voie, et, dans les rues, devenues le théâtre des scènes les plus tragiques, on avait vu des pères de famille scier leurs bois de lit pour faire cuire les aliments de leurs enfants[4]. Eh bien, dans cette agonie de tout un peuple, pas un murmure ne s'était fait entendre; pas une voix ne s'était élevée contre la Convention; pas une main ne s'était étendue avec menace vers les dépôts dans lesquels le Co-

[1] *Moniteur*, an III, numéro 190.
[2] Députation de la section de la Fraternité, séance du 12 germinal (1er avril 1795). *Moniteur*, an III, numéro 195.
[3] Ibid.
[4] Mercier, le *Nouveau Paris*, t. III, chap. xc. — Voy. le tome dixième de cet ouvrage, p. 256.

mité de salut public avait emmagasiné les objets d'absolue
nécessité[1]. Que pouvait la faim, que pouvait la soif, que
pouvait le froid, contre l'enthousiasme républicain et
son souffle vivifiant? Sous le régime que les Thermidoriens ont appelé depuis « la tyrannie de l'infâme Robespierre, » le peuple avait été fier de souffrir pour ce qui
était, à ses yeux, le grand combat de la liberté.

Mais « la tyrannie de l'infâme Robespierre » ne fut
pas plus tôt abattue, que tout changea. Ce même peuple
dont le stoïcisme avait été si prodigieux, se montra tout
à coup impatient de la souffrance, irritable à l'excès, et
prompt à accuser de ses maux ceux qui avaient charge
de ses destinées. On lit dans les Mémoires du Thermidorien Thibaudeau ces lignes qu'il a sans doute tracées
par mégarde, n'en soupçonnant pas la portée : « La disette et la cherté des subsistances que les sans-culottes
avaient supportées si patiemment quand Robespierre les
flattait, leur servait maintenant de prétexte pour crier et
s'armer contre un pouvoir qui ne les dédommageait plus
de la rareté du pain, au moins par des caresses et de
l'influence[2]. » En d'autres termes, tous ces sacrifices vi-
rils, toutes ces fortes vertus, qui avaient marqué d'un
cachet impérissable la période précédente, n'étaient plus
maintenant qu'un souvenir ; ce que la Révolution avait
rendu facile, la contre-révolution le rendait impossible ;
et le lendemain du jour où les Thermidoriens avaient
triomphé, le peuple se trouvait avoir tout perdu, tout,
et par conséquent le pouvoir... d'endurer la faim. Voilà
ce que les chefs du parti dominant comprenaient bien,
malgré leurs efforts pour le cacher ; et cette idée leur
rongeait le cœur. Aussi ne manquaient-ils pas, toutes les
fois qu'un cri d'angoisse montait vers eux, d'y répondre
par une insulte jetée à la mémoire de Robespierre.

[1] Voy. tome dixième du présent ouvrage, p. 256.
[2] *Mémoires de Thibaudeau.*

Le 13 ventôse (3 mars), Boissy d'Anglas disait : « Dans un pays que Robespierre et ses complices affamaient pour l'asservir et asservissaient pour l'affamer, etc. '.. » C'était là une des phrases sacramentelles du moment. Par malheur, le peuple n'avait nullement cessé de souffrir de la faim depuis la mort du tyran et « de ses complices ! »

Le 7 germinal (27 mars), Pelet, qui occupait le fauteuil à la Convention quand les femmes s'y présentèrent éperdues, disait : « La gloire des bons citoyens dépend de votre bonheur, citoyennes. La faction criminelle qui a régné sur la France pendant deux ans a ruiné l'agriculture, détruit le commerce, anéanti nos ressources. Depuis le 9 thermidor, la forme de la République a changé; la justice a été mise à l'ordre du jour. Déjà beaucoup de maux ont été réparés : pour les réparer tous, la Convention a besoin du calme et de la vertu du peuple². »

Vains discours ! Jamais à ce peuple infortuné ses maux n'avaient paru plus cuisants que depuis la chute de la « faction criminelle. » Les dominateurs du jour avaient beau lui dire et lui répéter que les coupables c'étaient les morts, cette inepte calomnie, loin de le convaincre et de l'apaiser, l'indignait. Il ne se repentait pas d'avoir déployé une constance presque surhumaine, alors que la disette était le résultat de l'inclémence des saisons, mais il n'en maudissait qu'avec plus de violence ce qu'il regardait maintenant comme le résultat d'une politique réactionnaire et d'une administration déplorable.

Ce n'est pas qu'il y eût parti pris, de la part du gouvernement, de négliger les mesures d'urgence que réclamait la situation et dont son propre intérêt lui faisait une loi. Seulement, il ne pouvait donner suite à ces

---

¹ *Moniteur*, an III, numéro 166.
² *Ibid.*, an III, numéro 190.

mesures, parce que, lancé sur la pente de la contre-révolution, il avait besoin de l'appui des agioteurs, des marchands d'argent, des accapareurs, de tous ceux contre qui la question était de défendre le pain des pauvres.

Sous la pression des journées orageuses de germinal, un décret avait été rendu, ordonnant que le pain fût distribué de préférence aux ouvriers et aux indigents, le riz et le biscuit aux personnes aisées[1]. A cette même époque, le gouvernement avait acheté pour cinquante millions de grains[2]. La consommation de Paris étant, au mois de mai 1795, de huit mille quintaux par jour, et le pain coûtant quatre livres au gouvernement, qui le donnait à trois sous[3], il est aisé de se faire une idée de l'étendue de la dépense. Et ce qui tendait à la rendre de plus en plus lourde, c'était l'avidité sans scrupules comme sans frein des spéculateurs avec lesquels l'État était condamné à traiter. Il n'était sorte de manœuvre à laquelle ces misérables n'eussent recours pour augmenter les embarras que créait au gouvernement la détresse publique et le contraindre ainsi à subir leurs conditions, quelles qu'elles fussent. Une de ces manœuvres consistait à répandre de sinistres rumeurs, artificieusement calculées dans le but d'ajouter aux alarmes, déjà si vives, de la population. « Savez-vous, disait aux Parisiens, en parlant de ceux qui spéculaient sur la famine, le *Journal du Bonhomme Richard*, savez-vous ce qu'ils veulent? Ils veulent faire encore souscrire le gouvernement pour des marchés de farine à cinq ou six mille francs le sac[4]! »

On ne croirait pas à quel point le désordre était arrivé, s'il n'eût été publiquement attesté par ceux-là même qui avaient intérêt à en faire un mystère. Empêcher les

[1] *Moniteur*, an III, numéros 195.
[2] *Ibid.*
[3] Discours de Dubois-Crancé, *Moniteur*, an III, numéro 230.
[4] *Journal du Bonhomme Richard*, numéro 12.

arrivages était devenu le mot d'ordre de quiconque
aspirait à compléter la contre-révolution. Sur toutes les
routes, les convois destinés pour Paris étaient arrêtés;
partout les cultivateurs étaient excités à ne tenir aucun
compte des réquisitions, et ils étaient d'autant plus
disposés à ouvrir l'oreille à ces instigations inhumaines,
qu'elles leur donnaient l'espoir de vendre plus cher
leurs denrées[1]. Du 15 au 26 germinal (4-15 avril),
le pillage des subsistances eut lieu sans discontinuation
à Saint-Brice, à Bonneuil, à la Chapelle, à Évreux, à
Vernon, à Dreux, à Chantilly. Les cultivateurs, à Provins,
refusèrent de battre les grains pendant la semaine de
Pâques. A Montdidier et dans les communes environnantes, l'obstacle mis aux arrivages eut cela de caractéristique que, pour y mieux pousser la population, l'on
sonna le tocsin[2].

A Villers-Cotterets, les femmes ne voulant pas laisser
partir une voiture de grains, le représentant du peuple
Laurent, faute de pouvoir faire tirer le sabre contre des
femmes, se fit apporter des fouets de poste... La menace
eut plein succès, et Laurent fut fort applaudi par la
Convention, lorsqu'il vint à la Tribune raconter cet
exploit. Il ajouta : « Si je n'avais pas trouvé de fouets,
j'aurais fait venir des pompes[3]. » Malheureusement, il
était rare que la chose tournât au comique.

A Évreux, par exemple, le représentant du peuple
Bernier, ayant appris qu'un convoi était au moment
d'être pillé, et étant arrivé, accompagné de six gendarmes
seulement, au moment où déjà les femmes étaient en
train de délier les sacs, une d'elles, furieuse, saisit la

[1] Voy. le discours de Boissy-d'Anglas, dans la séance du 7 germinal
an III (27 mars 1795). *Moniteur*, an III, numéro 190.

[2] Rapport de Roux, au nom du Comité de salut public, dans la séance
du 25 germinal (14 avril 1795). *Moniteur*, an III, numéro 208.

[3] Discours de Laurent. *Ibid.*

bride de son cheval, tandis que le bâton se levait sur lui et qu'on l'accablait d'une grêle de pierres qui lui mirent le visage tout en sang. Il fallut composer avec la sédition, et, pour sauver le convoi, accorder aux sections, qui étaient au nombre de sept, une voiture par section [1].

Ce fut bien pis encore à Amiens. Là, le représentant du peuple Bô fut jeté par terre, traîné par les cheveux ; on lui marcha sur le corps, et on se disposait à le pendre, lorsque, par bonheur, la force armée se présenta [2].

Dans mainte commune, ces désordres avaient une sorte de caractère officiel. A Vernon, quinze voitures furent pillées sous les yeux des autorités constituées, qui, non-seulement n'empêchèrent rien, mais firent elles-mêmes la distribution du butin aux pillards [3]. Ailleurs, il advint que des grains ayant été mis en état de réquisition par le représentant du peuple en mission dans le pays, le maire, suivi d'une foule en délire, s'avança le pistolet à la main, et, non content de déclarer qu'on n'obéirait pas à la réquisition, foula insolemment aux pieds la cocarde nationale [4].

Lorsque Laurent porta ces faits à la connaissance de la Convention, l'indignation y fut extrême. Mais aucune mesure préservatrice ne sortit de ces violents transports, et la séance se passa en stériles déclamations contre le fanatisme, André Dumont voyant partout la main du prêtre refractaire, et rien de plus [5].

Il y avait certainement du vrai dans les dénonciations d'André Dumont. De l'ardeur des prêtres à fomenter les troubles des campagnes, on avait mille preuves. Ici ils

---

[1] *Moniteur*, an III, numéro 207.
[2] *Ibid.*, an III, numéro 208.
[3] Rapport de Roux. *Moniteur*, an III, numéro 204.
[4] Rapport de Laurent, dans la séance du 25 germinal (14 avril). *Moniteur*, an III, numéro 208.
[5] Voy. cette séance. *Ibid.*

défendaient aux cultivateurs d'entendre la messe avec la cocarde tricolore; là, ils poussaient secrètement la population à s'emparer des églises; à Soissons, les grands vicaires promettaient l'absolution aux prêtres constitutionnels, si ces derniers consentaient à prêcher que garder les domaines nationaux c'était marcher dans le chemin qui mène à l'enfer [1]. Les efforts du clergé pour saper les fondements de la République n'étaient donc pas douteux. Mais quoi! Poursuivre l'artisan tonsuré de quelque machination bien noire, empêcher le commerce de dégénérer en brigandage, protéger tout un peuple d'affamés contre une bande d'accapareurs, on ne le pouvait plus sans être montré au doigt et désigné à l'assassinat comme Jacobin. Ne pas accorder une impunité absolue au crime, quand il portait la livrée de la contre-révolution, c'eût été être un *Terroriste!* De là une anarchie sans exemple et sans limites. «C'est à l'anarchie que nous devons tous les fléaux qui nous désolent,» s'écriait douloureusement Jean Bon Saint-André, dans la séance du 15 germinal (14 avril) [2]. Et c'était là le vrai mot de la situation.

Aussi la gauche de la Convention avait-elle éclaté en rires ironiques, le jour où Boissy-d'Anglas était venu annoncer que, pour combattre les refus systématiques des cultivateurs, le gouvernement avait recommandé aux représentants envoyés dans les districts d'employer la force [3].

On juge quelles armes tout cela fournissait aux ennemis de la Révolution. Les fauteurs de troubles comptaient à ce point sur l'impunité, qu'à Paris, dans la section du

---

[1] Voy. la lettre de Garnier (de Saintes), dans le *Moniteur*, an III, numéro 212.

[2] *Moniteur*, an III, numéro 208.

[3] Discours de Boissy-d'Anglas. *Moniteur*, an III, numéro 190.

*Bonnet de la Liberté,* ils payèrent quatre cents livres
d'eau-de-vie à des femmes, pour qu'elles fissent main
basse sur des sacs de farine destinés à une autre section [1]. La calomnie avait longtemps opéré dans l'ombre :
c'était au grand jour maintenant qu'elle distribuait ses
poisons. On vit de hardis imposteurs s'en allant montrer,
de groupe en groupe, des morceaux de très-beau pain,
et ils furent entendus disant à ceux qui leur demandaient
où ils l'avaient pris : « N'en a pas qui veut ; *c'est du pain
de député* [2]. » Cette calomnie, imaginée pour rendre la
Convention odieuse, prit si bien, que, pour la réfuter,
plusieurs représentants du peuple crurent devoir se
passer de pain [3].

Le désordre, dans l'administration, n'était pas moindre
que partout ailleurs. Certains agents, chargés des approvisionnements de Paris, n'en livraient qu'une partie, et
versaient l'autre dans des magasins particuliers, où le
sac se vendait jusqu'à deux mille livres, et était revendu
ensuite trois mille livres. Garnier (de Saintes) qui, de
Rozay, mandait ces détails à Boissy-d'Anglas, ajoutait :
« Il existe au Palais-Royal des hommes qui sont les cour-
tiers d'un pareil commerce, ainsi que des milliers d'individus dans Paris, lesquels ont du pain à discrétion en
le payant cher, lorsque le peuple est réduit à un quarteron. C'est l'abondance de ces hommes qui fait la
véritable détresse de l'ouvrier et du pauvre [4]. »

---

[1] Rapport d'Ysabeau, au nom du Comité de sûreté générale. *Moniteur,* an III, numéro 225.

[2] Discours de Prieur (de la Marne), dans la séance du 12 germinal
(1er avril). *Moniteur,* an III, numéro 195.

[3] Voy., dans le compte rendu de la séance du 12 germinal, la déclaration de Boissieu et de plusieurs autres. *Moniteur,* an III, numéro 195.

[4] Lettre autographe de Garnier (de Saintes) à Boissy-d'Anglas. — Catalogue de lettres autographes dont la vente a eu lieu le 18 mai 1861
et les jours suivants. (Laverdet, expert ; numéro 57.)

Dans une autre lettre du même au même, datée de
Rozay, 4 floréal an III (23 avril 1795), on lit :

« Je demande à hauts cris la force armée; car déjà
plusieurs de mes meilleurs greniers ont été pillés. A
Égalité (Bourg-Égalité, aujourd'hui Bourg-la-Reine,
près Sceaux), j'ai fait désarmer une commune entière
qui était organisée en corps de brigands. Une plus dangereuse ici, celle de Rebais, qui a une population plus
considérable, exerce tous les jours des pirateries, et mes
moyens ne me permettent pas son désarmement. Je suis
réduit à quelques patrouilles insignifiantes [1].... »

Mais cette force armée que les Commissaires de la
Convention « demandaient à hauts cris, » pour parler
le langage de Garnier (de Saintes), rien n'était plus difficile que de l'obtenir. Lorsque, à des époques antérieures, la ville de Paris s'était trouvée en peine de sa
subsistance, l'énergie des citoyens, prompts à s'armer
et à partir pour aller protéger les arrivages, lui avait
été d'un puissant secours; mais depuis que la réaction
avait inauguré, à la place du principe de la fraternité
humaine, la souveraineté de l'égoïsme individuel, tout
service qui exigeait du dévouement tendait de plus en
plus à devenir impossible. Les volontaires manquèrent
donc à l'appel; et à ceux qui les pressaient, au nom de
l'intérêt commun, ils répondirent en invoquant leur
droit de rester chez eux [2]! Vainement Dubois-Crancé
essaya-t-il de faire revivre la fameuse théorie du salut
public; vainement parla-t-il de traiter comme déserteur
quiconque refuserait de marcher à l'ennemi; — car
quel autre nom donner à ceux qui faisaient métier d'affamer le peuple? — Dubois-Crancé lui-même retira sa

[1] *Catalogue de lettres autographes, ubi supra*, numéro 135.
[2] Voy. le discours de Dubois-Crancé, dans la séance du 21 germinal
(10 avril 1795). *Moniteur*, an III, numéro 204.

motion, sur l'assurance donnée par Gossuin que le Comité militaire avait pris les mesures convenables, assurance que Gossuin fit suivre de cette recommandation singulière : « Il faut que l'armée qu'on envoie aux environs de Paris soit une *armée persuasive* [1]. »

Cette « armée persuasive, » on la mit sous le commandement de Barras, auquel on adjoignit Rouyer [2].

Pendant ce temps, les organes du parti thermidorien s'étudiaient, avec une sollicitude croissante, à détourner de lui, en la rejetant sur des causes générales, la responsabilité de tant de maux. Baladère, dans sa feuille intitulée : *L'Ami de la Convention et le Défenseur du peuple*, conjurait les Parisiens de ne pas perdre de vue que la nécessité d'entretenir des armées immenses avait presque doublé la consommation des vivres, aussi bien que celle du fer, des draps, des souliers, des chevaux. De son côté, le *Journal du Bonhomme Richard* publiait un dialogue imaginaire, dont le passage suivant indique assez le but et l'esprit :

« Gnognon : Ah, si la sainte Montagne existait, d'accord avec les bons Jacobins, ça irait bien mieux.... Dis-moi, bel esprit, avons-nous du pain ?

« Bon-Gosier : Ne fallait-il pas donner du pain à nos enfants sur la frontière ? Tu sais qu'un soldat a bon appétit. Ce n'est donc rien que douze cent mille hommes attachés au même râtelier, dont la plupart mangeaient, dans les campagnes, avant la guerre, des pommes de terre, du blé noir, des haricots, des fèves, des navets [3] ? »

Pour mieux calmer le peuple, la presse thermidorienne affectait, au milieu de la détresse publique, un

---

[1] Séance du 21 germinal (10 avril 1795). *Moniteur*, an III, numéro 204.

[2] Séance du 26 germinal (15 avril 1795). *Moniteur*, an III, numéro 208.

[3] *Journal du Bonhomme Richard*, numéro 3.

optimisme imperturbable, et le *Bonhomme Richard*
affirmait « que le gouvernement, au dehors, avait fait
d'énormes achats; que la récolte prochaine s'annonçait
comme devant être admirable; qu'il n'était pas vrai
qu'on songeât à l'accaparer tout entière, ou qu'on cou-
pât des blés en vert; que ces fausses rumeurs étaient
répandues par des ennemis de la chose publique; que
le gouvernement était là qui saurait bien, sans toucher
à la propriété, subvenir à la subsistance du peuple[1]. »

Où il faut des remèdes, c'est trop peu que des promesses vagues. L'aspect de Paris devenait sombre; il
semblait que déjà l'on entendît venir du fond des faubourgs ce bruit sourd qui annonce les orages populaires.
Dans la séance du 16 floréal (5 mai), Dubois-Crancé
développa, comme moyen de salut, un système qui
consistait à faire payer l'impôt en nature sur le pied des
estimations de 1790. « Tout le monde sait, dit-il, que
la contribution foncière de la France avait été portée,
en 1790, à 300 millions, représentatifs du cinquième
de son produit net. Le quintal de blé valait alors 10 liv.;
le seigle, 7 liv.; l'orge, 6 liv.; la paille, 1 liv.

« Supposons 1,500,000 hommes aux armées et
900,000 hommes à Paris et dans les communes environnantes, vous aurez un total de 2,400,000 âmes à
nourrir. Donnez-leur une livre de pain par jour, la
consommation montera à 15 millions de quintaux de
blé. S'il entre un tiers de seigle, le blé à consommer
sera représentatif de 9 livres par quintal et d'une somme
de 118 millions de livres.

« Si vous vendez le pain au taux modéré de 4 sous
la livre, il entrera au trésor national une somme de
98 millions. »

_____
[1] *Journal du Bonhomme Richard*, numéro 12.

Et après avoir posé ces chiffres, Dubois-Crancé présentait en ces termes les résultats de son calcul :

« Sur une somme de 300 millions, qu'on estimait être, en 1790, le cinquième du produit net de la France, le prélèvement que vous ferez en nature de 13 millions de quintaux de blé pour la nourriture des armées et de Paris, équivaudrait à . . . . . . . . .  118 millions.

Celui que vous ferez de 9 millions de foin, 9 millions de paille, etc..., pour la nourriture de 250,000 chevaux servant dans la cavalerie ou employés au service des camps, répondrait à la valeur de. . . . . . . . . . . . . .  37 millions.

Total. . . .  155 millions.

« Ainsi, ce qui vous a coûté par an 3 milliards ne vous coûtera que 155 millions. Encore rentrera-t-il au trésor 98 millions, produit de la vente de votre blé à 4 sous, dans Paris et les communes environnantes[1]. »

Bourdon (de l'Oise) combattit ce système, en se fondant sur ce que la perception en nature exigerait une armée de préposés, une armée de fermiers, une armée de collecteurs; sur ce qu'il faudrait une foule de magasins où les denrées pourriraient; sur ce que les frais seraient énormes, etc., etc.[2].. Toutefois, l'idée ne lui paraissait pas de nature à être repoussée sans examen. De fait, c'était une idée renouvelée de cet illustre Vauban, qui avait montré, unis en lui à un degré si remarquable, le génie du financier et celui du soldat.

Cependant, chaque jour ajoutait à l'horreur de cette situation à laquelle les dominateurs du moment cherchaient en vain une issue. Il eût été difficile de trouver sur la terre un peuple aussi malheureux que l'était alors

[1] *Moniteur*, an III, numéro 250.
[2] *Ibid*, an III, numéro 235.

celui de Paris [1]. Le 29 floréal (18 mai), la distribution
n'avait été que de deux onces de pain par personne ; le
lendemain, cette ration fut diminuée. Chacun sentit
qu'on était à la veille d'une catastrophe. Les rues retentissaient de plaintes. Le pauvre s'étonnait et s'irritait de
cette cupidité effrénée qui avait fait centupler le prix de
denrées qu'il savait abondantes ; il avait peine à concevoir qu'on osât étaler à ses yeux, comme pour insulter
à ses souffrances, une profusion de comestibles tels que
la sensualité la plus raffinée n'en aurait pu inventer
de plus délicats ; il se demandait comment il arrivait
qu'il n'y eût aucun moyen d'augmenter la quantité ou
d'améliorer la qualité de ce que l'on continuait à nommer
« le pain de l'égalité, » alors qu'on trouvait de la farine
pour cette quantité prodigieuse de gâteaux, de brio-
ches et de biscuits qui, dans toutes les rues, dans toutes
les promenades, sur toutes les places publiques, tour-
mentaient le regard et narguaient la faim d'une population aux abois [2].

A ces murmures sur la disette du pain s'en joignaient
d'autres, non moins violents, sur la disette du charbon.
On touchait à l'époque où, ordinairement, les chantiers
étaient remplis, et voilà qu'ils étaient tous vides. Pendant les rigueurs de l'hiver, on avait dit aux Parisiens
que la glace seule s'opposait à la descente des trains et
des bateaux dont la Seine était chargée ; or, les glaces
étaient fondues, et ni trains ni bateaux ne paraissaient.
En quoi consistaient les chantiers ambulants de l'immense ville ? En quelques charretées de bois qu'on
vendait à un prix excessif ; car des spéculateurs infâmes
n'avaient pas honte de vendre jusqu'à trois ou quatre

---

[1] Ce sont les propres termes dont se servent les *Annales patriotiques*,
numéro du 30 floréal (19 mai).

[2] Voy. le discours de l'orateur de la députation de la section de
Beauconseil. *Moniteur*, an III, numéro 244.

cents livres le bois qui avait été promis aux sections sur le
pied de quarante livres la voie, et les engagements pris
par les administrateurs envers les citoyens auxquels il
avait été délivré des bons, étaient inhumainement violés [1].

Il était difficile que d'un pareil état de choses ne
sortît pas une tempête. Rovère, membre du Comité de
sûreté générale, courut annoncer à la Convention qu'un
mouvement se préparait. Selon lui, une conspiration
avait été ourdie de longue main, dont le caractère était,
avant tout, politique. Mais, ainsi que le raconte Beaulieu,
Rovère ayant mêlé à son rapport une ridicule histoire
d'œufs rouges qui, remis aux prisonniers jacobins, à un
moment donné, devaient être le signal de l'insurrection,
l'on regarda ce prétendu complot comme chimérique, et il
fut nommé par dérision la *conspiration des œufs rouges* [2].

La vérité est qu'il n'y avait rien dans ce qui se passait
à Paris qui ressemblât à un complot, à moins que l'on
n'appelle ainsi la disposition où étaient quelques jeunes
gens hardis « de profiter des circonstances pour rétablir
la prééminence des patriotes, » et les relations par eux
entretenues avec quelques membres de la Montagne,
Goujon et Bourbotte entre autres [3]. Les royalistes poussè-
rent-ils à un mouvement? Oui, s'il faut en croire la déposition d'une fille Migelli, qui figura dans les troubles dont
nous allons présenter le tableau. Cette fille, qui fut plus
tard condamnée à mort par le tribunal criminel du département de la Seine, déclara devant les juges que c'étaient
les émigrés et les royalistes qui l'avaient portée à commettre les délits dont on l'accusait, et qu'ils lui avaient

[1] Tout ceci n'est qu'une reproduction à peu près textuelle des
plaintes que fit entendre la députation de la section de Beauconseil,
dans la séance du 1er prairial (20 mai 1795). Voy. le *Moniteur*, an III,
numéro 244.

[2] Beaulieu, *Essais historiques sur les causes et les effets de la Révolution de la France*, t. VI, p. 77.

[3] *Mémoires de Levasseur*, t. V, chap. II, p. 15.

fait prêter serment, ainsi qu'à d'autres femmes, — elle refusa de les nommer — d'assassiner les représentants du peuple[1].

L'équité exige qu'on n'admette pas légèrement une imputation d'une telle gravité. Ce qui est probable, c'est que les patriotes, d'une part, et, d'autre part, les royalistes, voyant la colère du peuple au moment d'éclater, se tinrent prêts à tirer parti de l'occasion.

Chose étrange! devant un péril que tout présageait, la Convention demeurait impassible, et le Comité de salut public inerte! Beaulieu, qui était au cœur des événements, attribue l'inaction des Thermidoriens, en ces heures tragiques, à la crainte où ils étaient de se mettre trop complétement à la merci de leurs alliés les royalistes[2], leur politique étant de s'appuyer sur ces derniers contre les Jacobins, mais sans toutefois se donner des maîtres.

Les membres qui composaient le Comité de salut public étaient alors Treilhard, Fermont, Vernier, Rabaud-Pommier, Doulcet de Pontécoulant, Cambacérès, Aubry, Tallien, Gillet, Roux (de la Haute-Marne), Sieyès, Laporte, Rewbell, Merlin (de Douai), Fourcroy, Lacombe (du Tarn).

De ces hommes, quelques-uns avaient donné à la Révolution des gages sanglants, et leur passé, qui les poursuivait de visions funèbres, leur faisait de l'avenir, si la royauté l'emportait, un sujet d'effroi. Mais inutilement auraient-ils voulu tenir longtemps encore la balance entre deux principes qui se repoussaient; et, en attendant que le progrès de la réaction leur donnât à combattre l'insurrection du royalisme, ils eurent à combattre l'insurrection de la faim.

---

[1] Fréron, *Mémoire historique sur les massacres du Midi*, p. 42.
[2] Voy. *Essais historiques sur les causes et les effets de la Révolution*, t. VI, p. 177-178.

# CHAPITRE CINQUIÈME

## INSURRECTION DE LA FAIM.

Le peuple des faubourgs en mouvement. — Attitude des Montagnards. — Invasion de l'Assemblée. — Aspect de l'Assemblée envahie. — Politique artificieuse des Comités. — Le cri des femmes. — Comment Féraud fut tué. — La tête de Féraud présentée à Boissy-d'Anglas. — Ce que réclame le peuple. — Essai pour organiser le mouvement. — Décrets votés dans le tumulte. — Répugnance des Parisiens à se *désheurer*. — La foule s'écoule insensiblement. — Les bataillons des sections occupent l'enceinte de l'Assemblée. — L'inaction des Montagnards, cause de leur perte. — Déchaînement de la majorité. — Séance du 2 prairial; les proscripteurs et les proscrits. — Décrets du 2 prairial. — Proclamation de la Convention. — Essai infructueux pour organiser la Commune. — Licenciement de la gendarmerie. — L'insurrection recommence. — Aspect de Paris le 2 prairial. — Les insurgés sur la place du Carrousel. — Négociations astucieuses. — Le peuple des faubourgs, trompé, se retire. — Paris le 3 prairial. — Delmas, Gillet et Aubry nommés directeurs de la force armée. — Joachim Murat. — Quinet arraché à l'exécuteur. — La jeunesse dorée s'engage dans le faubourg Saint-Antoine; le peuple lui fait grâce. — Invasion du faubourg Saint-Antoine par les troupes. — Barras et Tallien parlent de bombarder le faubourg. — Le général Menou. — Capitulation du faubourg Saint-Antoine. — Arrestation de Delorme.

Le 1er prairial (20 mai), une grande agitation se manifesta, de bonne heure, dans les faubourgs. Les rumeurs de la ville s'étaient changées en menaces. Des groupes se formaient çà et là: Femmes et enfants, des clochettes à la main, couraient de porte en porte, invitant les citoyens à se réunir [1]. On parlait d'aller à la

Nougaret, *Histoire abrégée*, etc., liv. XXIV, p. 462.

Convention, de lui demander du pain ; on se répandait en murmures sur ce que les ennemis de Robespierre ne l'avaient tué que pour affamer le peuple[1] ; on se passait de main en main le dernier numéro du journal de Babœuf[2] ; le tocsin, sonné dans les faubourgs Saint-Antoine et Saint-Marceau, y éveillait mille échos lugubres ; quelques hommes audacieux se rassemblaient à l'Hôtel de Ville, brusquement envahi, et y constituaient un Comité insurrectionnel[3]. Bientôt on lut sur tous les murs de la capitale un manifeste portant pour exergue ces mots :

RESPECT AUX PROPRIÉTÉS[4] !

C'était un résumé énergique de tous les griefs du peuple contre les Thermidoriens et comme le programme de l'insurrection. En voici le texte :

« INSURRECTION DU PEUPLE POUR OBTENIR DU PAIN
ET RECONQUÉRIR SES DROITS[5].

« Le Peuple, considérant que le Gouvernement le fait mourir inhumainement de faim ; que les promesses qu'il ne cesse de répéter sont trompeuses et mensongères ;

« Considérant que chaque citoyen se trouve réduit à envier le sort infortuné de ceux que la famine entasse journellement dans les tombeaux ;

« Considérant que le Peuple se rend coupable envers lui-même, envers la génération future, s'il ne se hâte d'assurer sa subsistance et de ressaisir ses droits ;

« Considérant que le Gouvernement est usurpateur,

---

[1] Compte rendu de la séance du 1er prairial. — *Moniteur*, an III, numéro 244.
[2] *Mémoires de Levasseur*, t. V, chap. v, p. 16-17.
[3] *Ibid.*
[4] Beaulieu, *Essais historiques*, etc., t. VI, p. 171.
[5] *Hist. parl.* t. XXXVI, p. 315 à 318.

injuste et tyrannique, quand il fait arrêter arbitrairement, transférer de cachots en cachots, de communes
en communes, et massacrer dans les prisons ceux qui
ont assez de courage et de vertu pour réclamer du pain
et les droits communs;

« Considérant qu'un Gouvernement usurpateur et tyrannique ne fonde ses espérances criminelles et sa force
que sur la faiblesse, l'ignorance et la misère du Peuple;

« Considérant qu'un Gouvernement aussi atroce ne
peut subsister qu'autant qu'on a la faiblesse de le craindre et de lui obéir;

« Considérant que la cavalerie que le Gouvernement a
tirée de nos armées, pour les affaiblir, n'a pas voulu
prêter serment de fidélité à la tyrannie, mais au Peuple,
qu'elle a juré de défendre;

« Considérant que les républicains des départements
et des armées ont les yeux fixés sur Paris, qui devien-
drait devant eux responsable de tout retard;

« Considérant que l'insurrection est pour tout un peuple et pour chaque portion d'un peuple opprimé *le plus
sacré des droits, le plus indispensable des devoirs*, un besoin de première nécessité;

« Considérant qu'il appartient à la portion du peuple
la plus voisine des oppresseurs de les rappeler à leurs
devoirs, en ce que par sa position elle connaît mieux la
source du mal;

« Le Peuple arrête ce qui suit :

« ARTICLE PREMIER. Aujourd'hui, sans plus tarder, les
citoyens et les citoyennes de Paris se porteront *en masse*
à la Convention nationale pour lui demander :

« 1° Du pain;

« 2° L'abolition du gouvernement révolutionnaire, dont
chaque faction abusa tour à tour pour ruiner, pour affamer et pour asservir le Peuple;

« 3° Pour demander à la Convention nationale la proclamation et l'établissement, sur-le-champ, de la Constitution démocratique de 1793;

« 4° La destitution du Gouvernement actuel, son remplacement instantané par d'autres membres pris dans le sein de la Convention nationale, et l'arrestation de chacun des membres qui composent les Comités actuels du Gouvernement, comme coupables du crime de lèse-nation et de tyrannie envers le Peuple;

« 5° La mise en liberté à l'instant des citoyens détenus pour avoir demandé du pain et émis leur opinion avec franchise;

« 6° La convocation des Assemblées primaires au 25 prairial prochain, pour le renouvellement de toutes les autorités, qui, jusqu'à cette époque, seront tenues de se comporter et d'agir constitutionnellement;

« 7° La convocation de l'Assemblée nationale législative, qui remplacera la Convention, pour le 25 messidor prochain.

« ART. 2. Pour l'exécution du précédent article et des suivants, il sera conservé, envers la représentation nationale, le respect dû à la majesté du Peuple français. Il sera pris les mesures nécessaires pour que la malveillance ne puisse enlever, outrager, ni engager dans de fausses démarches les représentants du Peuple. En conséquence, les barrières seront à l'instant fermées à cet effet.

« Les personnes et les propriétés sont mises sous la sauvegarde du Peuple.

« ART. 3. Ceux des représentants qui se trouveraient entraînés hors de leur poste, soit en costume, ou de toute autre manière, seront sur-le-champ remis au sein de l'Assemblée, et mis sous la sauvegarde du Peuple.

« ART. 4. Le Peuple s'emparera des barrières, de la rivière, du télégraphe, du canon d'alarme, des cloches destinées pour le tocsin et des tambours de la garde nationale, afin qu'il n'en puisse être fait aucun usage.

« Des citoyens chargés de l'approvisionnement de Paris auront seuls la permission de sortir de Paris et d'y entrer tant que durera l'insurrection. Les certificats leur seront délivrés par un Comité formé d'un commissaire, nommé par chaque section. Ce Comité sera responsable des certificats qu'il expédiera.

« Tout approvisionnement externe se fera reconnaître aux barrières, en entrant et en sortant.

« Les courriers entreront, mais ils ne sortiront point jusqu'à nouvel ordre.

« Art. 5. Les canonniers, la gendarmerie, les troupes à pied et à cheval qui sont dans Paris et aux environs, sont invités de se ranger sous les drapeaux du Peuple, et à s'unir avec lui par les liens de la fraternité, pour reconquérir les droits communs.

« Art. 6. Tout agent du Gouvernement, tout fonctionnaire civil ou militaire, tout particulier qui tenteraient de s'opposer aux mesures indiquées dans le présent arrêté, seront regardés comme ennemis du Peuple et punis comme tels.

« Tout pouvoir non émané du Peuple est suspendu. Tout agent ou fonctionnaire du Gouvernement qui n'abdiquera pas sur-le-champ ses fonctions sera considéré comme participant à la tyrannie, et puni comme tyran.

« Art. 7. Quiconque proposerait de marcher contre le Peuple, de l'outrager d'une manière quelconque, soit en masse, soit dans un seul de ses membres, sera regardé comme ennemi de la liberté, et traité comme tel.

« Art. 8. Les citoyens et les citoyennes de toutes les sections indistinctement partiront de tout point dans un désordre fraternel, et sans attendre le mouvement des sections voisines, qu'elles feront marcher avec elles, afin que le Gouvernement astucieux et perfide ne puisse plus emmuseler le Peuple comme à son ordinaire, et le faire conduire, comme un troupeau, par des chefs qui lui sont vendus, et qui nous trompent.

« ART. 9. Le Peuple ne se rassoira point qu'il n'ait assuré la subsistance, le bonheur, le repos et la liberté de tous les Français.

« ART. 10. Le mot de ralliement du Peuple est : *Du pain et la Constitution démocratique de 1795.*

« Quiconque, durant l'insurrection, ne portera point ce mot de ralliement écrit à la craie sur son chapeau, sera regardé comme affameur public, et comme ennemi de la liberté.

« Tout drapeau, guidon ou enseigne qui paraîtra, devra porter également le même mot de ralliement.

« Tout autre signe ou point de ralliement est absolument défendu et proscrit.

« ART. 11. Il sera fait une adresse à nos frères des départements et des armées, pour les instruire des motifs et du succès de la révolution, ainsi que des moyens pris pour assurer le bonheur national.

« NOTA. On ne doute point que le Gouvernement n'essaye d'empêcher l'effet des mesures ci-dessus; mais il ne le pourra pas. Il ne viendra point à bout d'arrêter l'indignation du Peuple et son juste châtiment, quand même il ferait sortir de ses magasins les subsistances qu'il y tient renfermées, et qu'il réserve pour ses infâmes projets. »

Il était onze heures lorsque la Convention entra en séance. Les forces destinées à la protéger n'étaient pas encore réunies, quoique le Comité de sûreté générale eût fait battre le rappel dès huit heures du matin [1]. Ysabeau, très-ému, paraît à la Tribune et y lit le plan d'insurrection.

Cette lecture est accueillie, dans les tribunes, par des applaudissements passionnés. L'Assemblée garde un profond silence. « La Convention saura mourir à son poste! » s'écrie un membre en se levant; ses collègues l'imitent, et répètent le même serment, la main étendue. Au milieu des applaudissements, contraires aux premiers, que cette scène provoque, Clauzel, découvrant sa poitrine, apostrophe en ces termes le peuple des tribunes : « Ceux qui nous remplaceront en marchant sur nos cadavres ne travailleront pas avec plus de zèle au salut du peuple ; » et, par une contradiction qui révèle le trouble de son cœur, il ajoute : « Les chefs du mouvement seront punis, et le soleil ne se couchera pas sur leurs forfaits [2]. » Les paroles incohérentes se croisent. Rovère assure que le mouvement a été organisé dans la Convention même. Bourdon (de l'Oise) l'attribue à la « rage des royalistes [3]. » André Dumont exprime le vœu que le riche secoure le pauvre, que le pauvre défende le riche ; l'union alors régnera ; et l'on applaudit [4] à ces effusions banales d'une sensibilité suspecte. Un décret par lequel

---

[1] *Moniteur*, an III, numéro 244.

Les auteurs de l'*Histoire parlementaire* font, sur le compte rendu de la séance du 1er prairial par le *Moniteur*, les remarques suivantes, qui sont fort justes : « Le *Moniteur* écrivit ce compte rendu après coup, de telle sorte que ce qui fut dit dans les séances du 2 et du 3 lui servit à rédiger celle du 1er. » Les mêmes auteurs ajoutent, et avec non moins de raison : « Quoique la vérité soit très-facile à apercevoir dans ce compte rendu, nous devons cependant avertir nos lecteurs que le journaliste s'est efforcé de donner à son bulletin une couleur thermidorienne. » (*Hist. parl.*, t. XXXVI, page 313.) Voilà ce qu'il ne faut pas perdre de vue.

[2] *Moniteur* (séance du 1er prairial), an III, numéro 244.

[3] *Ibid.*

[4] *Ibid.*

la Convention met les chefs d'attroupement hors la loi et se déclare en permanence est adopté sur la proposition de Laporte, au bruit des rires ironiques qui partent des tribunes [1].

En ce moment, une députation de la section de Bon-Conseil est admise à la barre, et présente à l'Assemblée un tableau déchirant des maux qui accablent le peuple. Pour toute réponse, Mathieu propose et la Convention adopte une proclamation où l'on recommande le calme à la souffrance et la résignation à la faim [2].

Des coups redoublés, annonçant que la porte de la salle allait être enfoncée, vinrent avertir l'Assemblée que les affamés étaient là. Les ais crient, la maçonnerie tombe, les tribunes poussent des exclamations de triomphe, et la salle retentit de cet appel lugubre des femmes : *Du pain ! du pain ! du pain !*

Au dehors, la multitude s'entassait en grondant. André Dumont, qui a remplacé Vernier au fauteuil, aperçoit à la barre un général de brigade ; il le nomme aussitôt commandant provisoire de la force armée, et lui enjoint de faire respecter la Convention. Accompagné de quatre fusiliers et de deux jeunes gens armés de fouets de poste, le général monte précipitamment dans la grande tribune de gauche, d'où il fait sortir les femmes qui la remplissent. Mais, au même instant, la porte de la salle du côté du salon de la Liberté cède au flot des envahisseurs, vole en éclats ; et, tandis que les députés se retirent sur les hauts bancs ; tandis que, pour les défendre, la gendarmerie se forme en hâte dans le bas de la salle, le parquet se couvre d'une foule d'hommes armés de mauvais fusils, de couteaux, de sabres rouillés, se ruant

---

[1] *Moniteur* (séance du 1er prairial), an III, numéro 244.
[2] Voyez dans le *Moniteur*, an III, numéro 245, cette proclamation aussi pompeuse que puérile, pleine d'emphase et de vide.

pêle-mêle dans l'enceinte avec des milliers de femmes en guenilles, au visage pâle, à l'œil hagard [1]....

Et toujours le cri fatidique, le terrible cri, le cri de germinal : *Du pain! du pain! du pain* [2] *!*

On apercevait à leur poste, calmes et silencieux, les quelques hommes qui, dans l'Assemblée, représentaient encore l'ancienne Montagne [3]. Qu'ils eussent la main dans ce mouvement populaire, c'est ce que rien ne prouve, ou même n'indique, au moins en ce qui concerne Romme, Duquesnoy, Duroy et Soubrany, qui cependant allaient périr dans la défaite du peuple soulevé. Mais que ces hommes, dont le cœur était vraiment républicain et dont la mort fut sublime, sympathisassent avec les douleurs dont le 1er prairial fut l'explosion spontanée; mais que leur âme embrassât comme une dernière espérance l'idée de voir, à la suite de ces désordres déplorables, la Révolution sortir de ses ruines, c'est ce que la logique de leur situation rend vraisemblable : situation terrible, qui ne les laissait libres de prendre aucun parti décisif, et les condamnait à une hésitation poignante, poignante surtout pour des natures aussi fortement trempées!

Des citoyens armés, appartenant à la section de la Fontaine, étaient entrés par la barre, presque immédiatement après l'invasion de la salle par la multitude : ils courent la repousser; une mêlée s'engage, très-vive quoique non sanglante; les femmes s'enfuient, les hommes se retirent, et l'avantage reste un moment aux défenseurs de la Convention. Mais leurs adversaires ne tardent pas à se faire jour de nouveau dans l'enceinte, par la porte qu'ils ont brisée; les conventionnels cèdent

---

[1] Beaulieu, *Essais historiques*, etc., t. VI, p. 179; — Levasseur, *Mémoires*, t. V, chap. II, p. 16.

[2] Voy. le *Moniteur* (séance du 1er prairial), an III, numéro 245.

[3] Levasseur, *Mémoires*, t. V, chap. I, p. 17.

à leur tour; puis, ramenés par le député Auguis, qui s'est mis à leur tête le sabre à la main, ils sont une seconde fois vainqueurs. Le président s'était couvert. Après un effroyable tumulte, il y eut un intervalle de silence presque plus émouvant que le tumulte même.

Quelques-uns des envahisseurs avaient été arrêtés. Un d'eux, qui s'était fait saisir des premiers et qui était évidemment un espion des Comités[1], fut fouillé aussitôt, et se trouva avoir à point nommé un morceau de pain dans sa poche. Et les Thermidoriens de se prévaloir de cet indigne artifice pour répandre que la disette n'était pas la cause du mouvement, puisque *le peuple* avait du pain dans ses poches, et que tout le mal venait des manœuvres de l'Angleterre[2]!

Il était deux heures, lorsqu'un homme parut, qui semblait chercher refuge dans l'Assemblée. C'était le député Féraud. Il était pâle; ses vêtements étaient en lambeaux; il tomba évanoui. On entendait le bruit de la générale et du pas de charge[3]. Pendant que l'Assemblée confiait à Delmas la direction de la force armée, et que Dussaulx signalait à la reconnaisance de la Convention l'attitude décidée des ambassadeurs étrangers, dont aucun n'avait quitté sa place, les cris : «Aux armes! aux armes!» retentirent dans la salon de la Liberté. Un fort détachement de la garde traverse la salle pour se rendre

---

[1] Voy. ce que disent sur ce point les auteurs de l'*Histoire parlementaire*, t. XXXVI, p. 311-312.

[2] D'après le compte rendu du *Moniteur*, bien qu'il ait été rédigé au point de vue thermidorien, un homme, un *seul homme*, fut arrêté ayant du pain dans sa poche. Il est curieux de voir comme ce fait s'enfle sous la plume de l'historien contre-révolutionnaire Beaulieu : « Les conventionnels, dit-il, parviennent à saisir quelques-uns de ces insurgés qui criaient le plus haut : Du pain! *Ils les fouillent, et trouvent que leurs poches en sont remplies!* » C'est ainsi que l'esprit de parti falsifie l'histoire.

[3] Beaulieu, *Essais historiques*, etc., t. VI, p. 180-181.

au lieu du tumulte. Nouvelle mêlée. Des coups de fusil sont tirés, mais n'atteignent personne. Un homme portait écrits sur son chapeau avec de la craie ces mots : « *Du pain et la Constitution de 93!* » Dubois-Crancé l'arrête, et on l'entraîne hors de la salle. Mais la foule, qui grossit de minute en minute, force l'entrée une fois encore, et passe sur le corps à Féraud, qui, revenu de son évanouissement, s'est jeté en travers de la porte, dans un élan d'intrépide désespoir. La salle est alors complétement envahie. « *Du pain et la Constitution de 1793!* » telle est l'inscription qu'on lit sur les chapeaux d'un grand nombre. Un jeune homme, nommé Mailly, pour avoir voulu arracher son chapeau à un des envahisseurs, courut risque de la vie : on lui tire un coup de fusil, et il tombe sur les marches de la Tribune. Près de lui, Féraud se frappait la tête et s'arrachait les cheveux[1].

C'est en ce moment qu'eut lieu l'affreuse tragédie qui devait déteindre à jamais sur les souvenirs de cette journée. Beaulieu, qui était présent, la raconte ainsi : « Les factieux couchent en joue le président Boissy-d'Anglas, qui reste immobile et montre la plus imperturbable fermeté. Féraud veut escalader la Tribune, et le couvrir de son corps ; un officier l'aide à monter, un des factieux le retient par son habit, est repoussé par un officier qui lui assène un coup de poing, et riposte par un coup de pistolet qui atteint le malheureux Féraud[2]. »

Cette version, conforme d'ailleurs à celle du *Moniteur*, montre assez combien fut accidentelle la circonstance qui amena la mort de Féraud. Mais ce qui n'eut rien d'accidentel et dénotait un parti pris de férocité de la part de quelques misérables, c'est que, le corps sanglant

---

[1] *Moniteur* (séance du 1er prairial), an III, numéro 245.
[2] Beaulieu, *Essais historiques*, etc., t. VI, p. 180.

ayant été traîné dans un couloir voisin, on coupa la tête, qui ne tarda pas à être promenée au bout d'une pique. Il paraît certain que l'acharnement barbare déployé contre Féraud eut sa source dans une erreur de nom : Féraud fut pris pour Fréron, l'inspirateur odieux des excès de la Jeunesse dorée, celui qui avait fait de son journal, autrefois consacré à la propagande du Terrorisme, une espèce de cor sauvage qui, chaque matin, sonnait la chasse au peuple. Cette explication, au surplus, n'ôte rien à l'horreur d'un pareil épisode. Mais autorisait-il les Thermidoriens à prétendre, comme ils le firent, que les insurgés n'étaient qu'un ramas d'*assassins?* Thibaudeau, dans son récit du 1er prairial, parle des « hommes ivres de vin, ivres de fureur, et des *femmes altérées de sang,* qui parcouraient la salle[1]. » Et lui-même, deux pages plus loin, il écrit : « C'est une chose remarquable que, dans ce tumulte du 1er prairial, qui dura douze heures, il n'y eut de sacrifié que l'infortuné Féraud[2]. »

Cependant le tocsin sonnait au pavillon de l'Unité. Au dehors, la cour et le jardin du Palais-National étaient remplis de gardes nationales, encombrés de pièces de canon. Au dedans, tout n'était que clameurs confuses, rires amers, menaces, roulements de tambour. Un canonnier, placé à la Tribune et entouré de fusiliers, avait commencé la lecture du plan d'insurrection, au milieu d'un bruit effroyable. Vainement Ruhl, monté sur son banc, essaye-t-il sur cette foule en délire le pouvoir de sa parole; vainement Duroy, vainement Romme, demandent-ils avec instance à être écoutés; le tumulte continue, dominé d'intervalle en intervalle par un seul cri, le cri perçant que poussent les femmes : *Du pain! du pain! du pain*[3]*!*

---

[1] *Mémoires de Thibaudeau,* t. I, chap. xiii, p. 164.

[2] *Ibid.,* p. 166.

[3] Voy. le *Moniteur* (séance du 1er prairial), an III, numéro 245.

Un adjudant général, nommé Fox, qui était de service à la Convention, vint annoncer à Boissy-d'Anglas que les attroupements au dehors grossissaient de la manière la plus alarmante. Il attendait des ordres. Boissy-d'Anglas les lui donne par écrit : ils portaient qu'il fallait repousser la force par la force. Un homme parut, qui tenait au bout d'une pique la tête de Féraud ; il s'avance vers le président, et lui présente cette tête livide, qu'on disait être celle de Fréron. Lui, crut qu'on venait de nommer Fox. Pensant alors qu'on allait trouver sur cet officier l'ordre d'employer la force, il se crut perdu, et, résigné à son sort, salua religieusement la sanglante image[1].

Du pain ; — la permanence des sections ; — des visites domiciliaires pour les subsistances ; — l'arrestation de tous les émigrés ; — la liberté de tous les patriotes ; — la mise en activité de la Constitution de 1793 ; — une municipalité à Paris ; — la rentrée des députés patriotes ; — l'arrestation des députés qui n'étaient pas à leur poste ; — l'arrestation des coquins et des lâches ; — voilà les propositions qui, coup sur coup, sont lancées dans le bruit, pendant qu'une femme, les bras nus, s'agite violemment à la Tribune, et que la multitude s'arrache, pour les lire, des écrits rédigés à la hâte sur le Bureau par des inconnus[2].

Il était neuf heures du soir, lorsque Boissy-d'Anglas, épuisé par tant d'épreuves cruelles, céda le fauteuil à Vernier, que son âge et la faiblesse de son caractère livraient à la merci de l'orage[3]. Le désordre, du reste, avait déjà commencé à s'organiser en quelque sorte. De

[1] Notes sur un article nécrologique de Boissy-d'Anglas, par le baron Boissy-d'Anglas, son fils. — autographe signé, 27 mai 1827, 8 p. grand in-folio.

[2] *Moniteur* (séance du 1er prairial), an III, numéro 245.

[3] *Mémoires de Thibaudeau*, t. I, chap. XIII, p. 164.

la partie supérieure de la salle, on avait fait descendre les députés sur les banquettes inférieures, pour qu'ils votassent les décrets à rendre : il fut convenu que les députés voteraient en levant leurs chapeaux, le peuple restant couvert [1].

Vinrent les motions. Romme demande que les patriotes soient mis en liberté; que les procédures commencées contre eux soient suspendues; que les sections soient déclarées en permanence; qu'il n'y ait plus qu'une seule espèce de pain; qu'il soit fait à l'instant des visites domiciliaires pour rechercher les farines. Goujon propose de faire appel aux patriotes opprimés; d'exposer à la France par une proclamation les causes du mouvement du 1ᵉʳ prairial; de nommer une commission extraordinaire qui veille à l'exécution des nouveaux décrets; de rappeler des départements où ils ont été envoyés tous les représentants du peuple, et de renouveler les comités de gouvernement. Bourbotte opine pour l'arrestation des folliculaires qui ont empoisonné l'esprit public, et Duquesnoy, pour le remplacement immédiat du Comité de sûreté générale [2].

Toutes ces mesures sont décrétées selon le mode convenu et au milieu des applaudissements. La Commission extraordinaire par laquelle Duquesnoy veut qu'on remplace le Comité de sûreté générale est sur-le-champ nommée, et on la compose de quatre membres : Duquesnoy, Prieur (de la Marne), Duroy et Bourbotte [3].

Boissy-d'Anglas a repris le fauteuil. Legendre et Delecloy essayent de se faire entendre et sont chassés de l'enceinte par les huées [4]. Soubrany, qui avait été officier

[1] *Moniteur* (séance du 1ᵉʳ prairial), an III, numéro 245.
[2] Beaulieu, *Essais historiques*, etc., t. VI, p. 185; — *Moniteur* (séance du 1ᵉʳ prairial), an III, numéro 245.
[3] *Ibid.*
[4] *Moniteur*, an III, numéro 246.

dans le régiment de Royal-Dragons, est, sur la motion de
Romme, son ami, désigné comme commandant de la
force armée[1]. Il était alors minuit.

Or, tandis que les Montagnards passaient ainsi leur
temps à rendre des décrets, les Comités de gouvernement, revenus de leur première surprise, rassemblaient
des forces. Déjà les bataillons des sections Lepelletier, la
Butte-des-Moulins, Fontaine-Grenelle, occupaient le Carrousel et les avenues de l'Assemblée nationale. D'un
autre côté, à mesure que la nuit avançait, la plupart des
insurgés répandus dans la cour et le jardin des Tuileries
s'étaient insensiblement retirés, par la raison que les
Parisiens, selon le mot du cardinal de Retz, rappelé par
Thibaudeau[2], *ne savent pas se désheurer*. Seuls, les plus
acharnés occupaient encore la salle et les tribunes. Les
sections, conduites par Auguis, Bergoeing, Kervélégan,
Legendre, chargent, aux environs de la salle, tout ce
qu'elles rencontrent, s'ouvrent un passage, pénètrent
dans l'enceinte.

C'était au moment où Duquesnoy, Prieur (de la
Marne), Duroy et Bourbotte, en sortaient pour aller
remplir les fonctions de membres de la Commission
extraordinaire. « Avez-vous ordre du président d'entrer
ici? » demande Prieur à Raffet, qui commandait le bataillon de la Butte-des-Moulins. « Je ne te dois aucun
compte, » répond celui-ci. Suivant le *Moniteur*, Prieur
(de la Marne) se serait aussitôt tourné du côté de la foule,
en criant : « A moi, sans-culottes! » Mais cette circonstance, qui figure dans le compte rendu officiel de la
séance du 1er prairial, ne fut révélée que dans celle du 2,
et l'on y puisa le texte d'une accusation terrible contre
Prieur, sans autre fondement que l'assertion du député

---

[1] Beaulieu, *Essais historiques*, etc., t. VI, p. 192.
[2] *Mémoires de Thibaudeau*, t. I, chap. XIII, p. 165.

Quénet, qui déclara n'avoir pas vu son collègue, mais avoir reconnu sa voix [1].

Quoi qu'il en soit, la partie avait cessé d'être égale. Contre des bataillons bien dirigés, compactes, s'avançant au pas de charge, la baïonnette au bout du fusil, que pouvait une cohue d'hommes mal armés ou sans armes que personne ne commandait? C'est à peine s'il y eut un simulacre de résistance. Les uns se précipitent aux portes, les autres s'échappent par les fenêtres; en un clin d'œil, la solitude se fait dans les tribunes, et la majorité de la Convention, assemblée républicaine, est triomphalement réinstallée sur ses bancs par les sections les plus royalistes de la capitale [2].

Qu'on annulât, sans plus tarder, tout ce qui venait de s'accomplir et qu'on donnât à brûler en pleine séance les minutes des décrets qui venaient d'être rendus, il était naturel de s'y attendre; mais là n'était point, pour ceux de la droite, le point important : ce qui les tourmentait, c'était une sombre impatience de disperser les derniers débris de la Montagne. Alors, en effet, se reproduisirent avec une exactitude odieuse les scènes de germinal. On entendit Defermon, Pierret, Thibaudeau, invoquer tour à tour la Némésis qui préside aux délibérations des majorités victorieuses; on entendit des législateurs en cheveux blancs proférer des imprécations d'une violence juvénile et de faibles poitrines tousser d'implacables arrêts. Une commune ardeur de vengeance rapprochant des hommes qui devaient, plus tard, s'entre-déchirer, Bourdon (de l'Oise) put, sans s'exposer à être interrompu,

---

[1] Ce même Quénet, quand l'heure des vengeances sans courage fut venue, attribua à Duquesnoy un mot qui était de Soubrany, et rapporta es paroles de ce dernier autrement qu'il ne les avait dites. Voy. l'*Hist. parl.*, t. XXXVI, p. 313.

[2] Telles étaient certainement les sections Lepelletier et de la Butte-des-Moulins, comme le mouvement de vendémiaire devait le prouver.

mettre au rang des crimes de Peyssard et de Soubrany
celui d'être nés l'un et l'autre dans la classe des nobles!
Defermon, pour mieux accabler Prieur (de la Marne) dans
le présent, l'attaqua dans son passé. « Ce n'est point assez
d'arrêter quelques hommes, s'écria Tallien, il faut d'autres mesures... » Quelles mesures? Il ajouta, de peur
sans doute que sa pensée ne fût pas bien saisie : « ...car
il ne faut pas que le soleil se lève, et que ces scélérats
existent encore [1].» C'était son mot de thermidor : la même
soif de sang lui inspirait les mêmes images.

Rien de comparable aux emportements d'une assemblée
en fureur, parce qu'elle se sent rassurée par le nombre
contre toute responsabilité matérielle, et par la commu-
nauté des opinions contre toute responsabilité morale. Il
n'est pas d'iniquité si flagrante, pas d'acte de tyrannie si
lâche, dont une assemblée ne soit capable, lorsqu'elle
s'abandonne à la force de ces passions électriques qui, à
de certains moments, s'emparent des hommes réunis.
Pour que Bourbotte, Soubrany, Romme, Duquesnoy, Duroy, Goujon, Peyssard, Ruhl, Prieur (de la Marne), fussent
frappés, il suffisait que quelqu'un les nommât! On les
nomma; et, traînés à la barre après avoir été livrés aux
gendarmes, ils eurent à y subir, pour que rien ne manquât à leur malheur, les insultes sans dignité et sans
courage de Tallien. « Malgré les proscriptions, malgré
les assassinats que vous aviez organisés, misérables, la
République vivra [2]! » Comme si des républicains de la
trempe de Romme, de Soubrany, de Goujon, avaient
conspiré la mort de la République! Et ce discours, Tallien, chose remarquable, le terminait par cette adjuration
qui dut transporter de joie les royalistes : « Mettons tous
la main à l'œuvre, et terminons promptement la Révolu-

[1] Voy. le compte rendu officiel de la séance par le *Moniteur* (an III,
numéro 246), qui était en ce moment l'organe des Thermidoriens.

[2] Voy. le *Moniteur* (séance du 1ᵉʳ prairial an III, numéro 246).

tion[1]. » Grâce à lui et à ses pareils, cette conclusion ne pouvait tarder ; et même le vœu qui la pressait se réalisa bien plus tôt qu'ils n'avaient intérêt à le vouloir !

Les vulgaires Sylla du côté droit étaient si affamés de proscriptions, que Lehardy demanda l'arrestation de Charlier, pour les opinions qu'il avait coutume d'exprimer, et celle de Robert-Lindet, parce que ce *monstre* avait fait, deux mois auparavant, l'éloge de l'ancien Comité[2]. Par bonheur, cette rage rétrospective menaçait trop de têtes pour qu'on ne la jugeât pas dangereuse : Lehardy manqua sa proie.

Une circonstance curieuse, c'est qu'au plus fort de ce débordement de haines l'Assemblée décréta, sur la proposition de Bourdon (de l'Oise), qu'il n'y aurait plus deux sortes de pain, et que les traiteurs, les pâtissiers, seraient tenus de verser dans les magasins de la République, et de céder, au prix coûtant, pour qu'on en fît du pain à distribuer sans retard au peuple, toutes les farines qu'ils possédaient[3] ! C'était précisément ce qu'avait proposé Romme, qui, à cause de cela, allait être justiciable du bourreau !

A trois heures trois quarts, Auguis étant venu annoncer que le calme paraissait régner dans la ville, la séance fut suspendue[4]. »

Mais, le 2 prairial, Paris s'éveilla, une fois encore, au bruit du tocsin. A neuf heures, la Convention était à son poste : à dix heures la séance était reprise[5], et fut consacrée par les vainqueurs à compléter leur victoire, après l'avoir exaltée. Boissy-d'Anglas, dès qu'il parut, se vit couvert d'applaudissements. Le président pressa

---

[1] Voy. le *Moniteur* (séance du 1er prairial), an III, numéro 246.
[2] *Ibid.*
[3] *Ibid.*
[4] *Ibid.*
[5] *Annales patriotiques*, citées dans l'*Hist. parl.*, t. XXXVI, p. 366.

sur son cœur le jeune Mailly, qui, en s'opposant aux envahisseurs, avait reçu deux coups de feu. Gouly ayant
raconté que Féraud avait dit aux femmes, lorsqu'elles
cherchaient à forcer la porte de la salle : « Vous ne pas-
serez que sur mon corps, » il fut décrété qu'une lettre
de consolation serait écrite, au nom de la Convention,
à la famille de Féraud [1].

Pendant ce temps, la haine se donnait carrière.
Rouyer se plaignit de ce que l'on n'exécutait pas le décret qui avait condamné à la déportation Billaud-Varenne, Barère et Collot-d'Herbois. Ce décret, d'ailleurs,
lui semblait trop doux; il s'écria, ce représentant du
parti des modérés : « Avez-vous le droit de souiller une
autre terre d'un sang aussi impur? » De son côté, Lehardy
invoqua contre eux la mort, et émit l'idée qu'en expiation des mitraillades de Lyon, l'on tuât Collot-d'Herbois
en tirant sur lui à mitraille. Thibaudeau, qui, de concert
avec Laréveillère-Lepaux, fit prévaloir l'ordre du jour sur
ces motions atroces, qualifie en ces termes, dans ses *Mémoires*, la conduite de ceux de son parti dans ces heures
horriblement mémorables : « Ainsi entraînés par la passion et aveuglés par l'esprit de parti, de vrais républicains, de très-honnêtes gens, victimes de la Terreur, se
faisaient à leur tour terroristes, et, au besoin, si on ne les
avait retenus, se seraient faits bourreaux [2]. »

Dans cette même séance, la Convention décréta :

Que tous les bons citoyens seraient appelés autour de
l'Assemblée pour la défendre;

Que les individus arrêtés la veille seraient, aussitôt
leur identité constatée, livrés au bourreau;

Qu'on démentirait une rumeur présentant comme fu-
sillées par ordre de la Convention les femmes qui avaient
paru à la barre;

[1] *Hist. parlem.*, t. XXXVI, p. 368.
[2] Thibaudeau, *Mémoires*, t. I, chap. XIII, p. 169.

Que le général Dubois prendrait le commandement de la cavalerie parisienne;

Que toutes les cloches existant dans la commune de Paris seraient fondues et changées en canons;

Que la cocarde nationale était le seul signe légal de ralliement, et que tout autre signe serait regardé comme l'enseigne du crime [1].

On vota en outre une proclamation dans laquelle le parti dominant, fidèle à son système de concentrer sur Robespierre la responsabilité de tous les maux, même de ceux qui avaient suivi sa chute, s'abritait derrière cette calomnie impudente et inepte : « Si Robespierre n'avait pas régné, vous ne seriez pas tourmentés de la disette qui vous afflige aujourd'hui [2]. » Le parti dominant ajoutait : « Braves Parisiens, c'est en vain que les factieux voudraient organiser le massacre et le pillage... vous combattez pour la République et vos familles... Les rebelles qui maintenant délibèrent à la maison commune sont mis hors la loi. Poursuivons-les dans ce vil repaire où les complices de Robespierre attendent sa destinée [3]. »

Toujours le massacre; — et la vie de ceux qui en parlaient tant avait été, la veille, pendant douze heures, entre les mains des prétendus organisateurs de massacres! Toujours le pillage; — et pas une tentative, même individuelle, de vol ne put être citée pour le déshonneur de ces journées, d'ailleurs si funestes! Toujours Robespierre; — et près d'un an s'était écoulé depuis qu'il était mort!

Ce qu'il y avait de vrai dans la proclamation, c'est qu'en effet quelques individus, le 2 prairial, avaient essayé d'établir une municipalité à l'Hôtel de Ville; mais

---

[1] Compte rendu de la séance du 2 prairial par les *Annales patriotiques*. (*Hist. parl.*, t. XXXVI, p. 369-370.)

[2] Voy. le *Courrier républicain*, numéro 566.

[3] *Ibid.*

comment créer un centre d'opérations, quand toutes les conditions pour y parvenir manquaient : entente préalable, organisation politique, chefs reconnus? L'insurrection fut donc bien vite amenée à concentrer ses forces dans les sections où le peuple l'emportait, c'est-à-dire dans celles de Popincourt, de Montreuil et des Quinze-Vingts ; et ce fut de là qu'elle partit, le 2 prairial. Elle avait, cette fois, un caractère plus formidable que la veille. Les deux grands faubourgs Saint-Antoine et Saint-Marceau s'étaient levés d'un commun élan, et ils marchaient sur la Convention, précédés d'une artillerie imposante. On envoya, pour les arrêter, la gendarmerie attachée au service des tribunaux de Paris ; mais, loin de leur disputer le passage, cette gendarmerie, en qui avait survécu dans toute son ancienne énergie le sentiment révolutionnaire, se hâta de faire cause commune avec les insurgés[1]. A cinq heures, ils se trouvaient avoir repoussé les colonnes que leur opposait la Convention, et, rangés en bataille sur la place du Carrousel, ils tenaient leurs canons pointés contre l'Assemblée. Toutefois les sections qui s'étaient repliées en désordre devant eux avaient réussi à se reformer autour de la Convention et se préparaient au combat.

Rien d'aussi émouvant que l'aspect de Paris, dans cette journée. On eût dit un vaste champ de bataille. Toutes les rues qui aboutissaient au château des Tuileries, la rue Saint-Honoré, dans toute sa longueur, celle des Bons-Enfants, celle des Petits-Champs, la place Vendôme, alors nommée *place des Piques*, regorgeaient d'hommes armés, beaucoup montrant encore écrits sur leurs chapeaux avec de la craie : *Du pain et la Constitu-*

---

[1] Voy. Beaulieu, *Essais historiques*, etc., t. VI, p. 186, et l'arrêté lu par Aubry, dans la séance du 6 prairial, sur le licenciement de la gendarmerie (*Moniteur*, an III, numéro 251).

*tion de* 1795 ! et la plupart ayant la menace sur le front, l'invective sur les lèvres. « Jamais, dit le *Courrier républicain*, pareille chose ne s'était vue dans cette grande cité, ni le 14 juillet, ni le 10 août, ni le 31 mai[1]. » Paris allait-il être inondé de sang ?

La perspective des horreurs qui naîtraient d'une guerre civile faisait hésiter les courages : deux heures se passèrent en pourparlers. Enfin, les canonniers des sections thermidoriennes prennent leur parti et passent au peuple. C'était un coup mortel pour la Convention que cette défection inattendue. En l'apprenant, Legendre se leva et dit avec une tristesse solennelle : « La nature nous a tous condamnés à la mort ; un peu plus tôt, un peu plus tard, qu'importe ? soyons calmes. La plus belle motion que nous ayons à faire, c'est de garder le silence[2]. »

Et l'Assemblée attendit en silence l'arrêt des événements.

Une demi-heure s'écoule. Nul commencement d'attaque. Les esprits se rassurent par degrés. Delmas, qui a été chargé du commandement des forces de la Convention et qui tremble d'être écrasé si la lutte s'engage, envoie dire au président qu'une tentative de conciliation est devenue nécessaire. Les Thermidoriens étaient d'autant plus disposés à y consentir, qu'ils se sentaient placés entre deux écueils. Ils ne se dissimulaient pas que la plupart des sectionnaires sur qui reposait, en ce moment, le salut de l'Assemblée, étaient royalistes, et ils craignaient presque autant la victoire des défenseurs de la Convention que celle de ses ennemis[3]. La proposition de frater-

[1] *Courrier républicain*, numéro 565.
[2] *Hist. parl.*, t. XXXVI, p. 371.
[3] C'est ce que dit formellement Beaulieu, qui figure comme témoin et acteur dans les événements dont il a retracé le souvenir. Voy. ses *Essais historiques*, t. VI, p. 187.

niser avec ceux qu'un instant auparavant on désignait sous le nom de rebelles, de scélérats, de pillards et d'assassins, fut donc décrétée, et une Commission de six membres reçut mission d'aller s'entendre avec les insurgés. « Si cette mesure réussit, s'écria ridiculement Legendre, le gouvernement anglais est perdu; » et comme il ajoutait : « Il n'appartient plus qu'au destin de régler l'ordre des choses, » Lanjuinais le reprit en ces termes : « A Dieu seul[1]. »

En attendant le résultat des conférences qui venaient de s'ouvrir et pour en faciliter le succès, la Convention décida qu'elle allait s'occuper à l'instant même des subsistances, et que, le 25 prairial, au plus tard, ses Comités lui présenteraient les *lois organiques de la Constitution de 1793*. Cette idée des *lois organiques* fut suggérée par Legendre[2]. On verra ce qui advint d'une promesse qui n'était qu'un mensonge de la peur !

A peine la proclamation dont il s'agit était-elle votée, que Delacroix, un des six commissaires, rentre, amenant avec lui une députation de six insurgés. Celui qu'ils avaient chargé de porter la parole en leur nom présenta les mêmes demandes qui, la veille, s'étaient produites au sein de l'Assemblée envahie, savoir : du pain,—la Constitution de 1793, — l'élargissement des patriotes. Il demanda que les scélérats fussent punis (vœu d'un vague effrayant) et qu'on tirât vengeance de ceux qui, par leurs distinctions entre l'assignat et l'argent, « assassinaient le peuple. » A ces conditions, le peuple regagnerait ses foyers ; sinon, il était décidé à rester là et à y mourir[3].

Ces mots excitant des murmures, l'orateur populaire s'écria : « Je ne crains rien, moi en particulier, je me

[1] *Hist. parl.*, t. XXXVI, p. 372.
[2] Beaulieu, *Essais historiques*, etc., t. VI, p. 187.
[3] *Hist. parl.*, t. XXXVI, p. 373.

nomme Saint-Ligier. Au surplus, voilà le vœu du peuple.
Vive la République ! vive la liberté ! vive la Convention....
si elle est amie des principes [1] ! »

Il était impossible de braver l'Assemblée avec plus
d'audace, et les murmures que souleva la déclaration de
Saint-Ligier prouvèrent assez qu'on en comprenait la signification menaçante. Mais la question, pour les Thermidoriens, était de mettre à profit la crédulité du peuple,
jusqu'à ce que l'heure fût venue de l'en faire repentir.
Vernier, qui occupait le fauteuil, se répandit en douce-
reuses paroles sur la nécessité de s'unir contre l'ennemi
commun, et de n'en venir à la guerre, s'il y avait lieu,
que pour l'établissement de la République. Il lut la proclamation qui faisait briller aux yeux du peuple l'espoir
de l'abondance et celui d'un retour à la Constitution de
1793. Même en ce qui concernait la punition des scélérats, l'élargissement des patriotes, la vengeance à tirer
des accapareurs et des agioteurs, Vernier eut soin de
n'exprimer rien de formel : c'étaient là des points que
« la Convention pèserait dans sa sagesse [2]. »

Pour combler la mesure des actes et des démonstrations de nature à abuser la foule, il ne restait plus qu'à
embrasser les députés de l'insurrection : c'est ce que
Gossuin proposa sans détour. On murmura, mais l'insurrection n'en reçut pas moins l'accolade fraternelle dans
la personne de ses représentants [3].

Le peuple crut avoir tout gagné, il avait tout perdu :
il reprit la route des faubourgs, satisfait d'avoir obtenu
des promesses qui ne devaient pas être tenues, et laissant dans les fers les hommes généreux qui s'étaient
compromis pour lui !

---

[1] *Hist. parl.*, t. XXXVI, p. 573.
[2] *Ibid.*
[3] *Ibid.*

Le lendemain, 3 prairial (22 mai), le premier soin
de la Convention, après avoir décrété la peine de mort
contre quiconque battrait ou ferait battre sans autorisation la générale, fut d'adjoindre à Delmas deux de ses
membres, anciens officiers d'artillerie, Gillet et Aubry[1].
Ceux-ci expédient aussitôt des courriers appelant à Paris
en toute hâte les troupes de ligne employées à protéger
les convois[2]. Le jour même, trois mille hommes de cavalerie arrivèrent[3]. Un capitaine de cavalerie légère
qu'attendaient de brillantes destinées vint se présenter
avec un détachement de son régiment à Delmas, qui le
reçut à bras ouverts. D'abord républicain farouche, cet
officier s'était à ce point montré admirateur du terrible
*Ami du peuple*, qu'il avait adopté le nom de Marat,
n'ayant eu pour cela qu'à changer une lettre de son
propre nom[4]; car il s'appelait Joachim Murat[5].

Un historien allemand observe avec raison que ce fut
à partir de prairial que le gouvernement fonda son existence sur l'armée[6]. La force organisée à Paris pour y
servir de garde prétorienne à la Convention se composa
de vétérans; elle fut connue sous la désignation de
17e division militaire, et placée sous le commandement
du général Menou, personnage qui appartenait à une
ancienne famille, avait des manières élégantes, connaissait le monde et se distingua plus comme habitué des
salons de madame de Staël que comme soldat.

La journée du 3 prairial fut assez calme; mais le soir,
vers les huit heures, l'arrestation d'un garçon serrurier,

---

[1] *Moniteur*, an III, numéro 248.
[2] Rapport d'Aubry, *Moniteur*, an III, numéro 253.
[3] *Ibid.*
[4] Schlosser, *Histoire du dix-huitième siècle* (traduction anglaise de
Davison, t. VI, p. 577).
[5] *Ibid.*
[6] *Ibid.*

nommé Quinet, agita de nouveau Paris [1]. Ce Quinet était
l'homme qui avait promené la tête du malheureux Féraud au bout d'une pique. Arrêté en face du Théâtre-
Français et livré à l'exécuteur des jugements criminels,
on le conduisait au supplice lorsque, sur le pont au
Change, la charrette funèbre fut tout à coup entourée
par un grand nombre de personnes qui se trouvaient
rassemblées là comme à point nommé. Une violente rumeur s'élève. On parle de soustraire Quinet à la mort.
A mesure que la charrette s'avançait sur le quai Pelletier,
la foule grossissait et s'animait. Sur la place de Grève,
elle écarta les gendarmes, qui n'étaient qu'une vingtaine,
et l'homme fut enlevé [2].

Le bruit courut que ce mouvement avait été excité
sous main par les Comités eux-mêmes, qui, furieux de
l'humiliation qui avait été infligée la veille à l'Assemblée, et encouragés par l'arrivée des troupes, ne cherchaient plus qu'un prétexte d'attaquer les faubourgs. Ce
fait n'a pas été prouvé [3]; mais ce qui est certain, c'est
que les Comités songèrent à tirer parti de la circonstance.
Dans la soirée, les meneurs de la *Jeunesse dorée* sont
mandés aux Tuileries; on les arme, on met à leur tête le
général Kilmaine et on les lance sur le faubourg Saint-
Antoine [4]. Ils y pénétrèrent à la pointe du jour, fouillèrent plusieurs maisons, celle du fameux Santerre entre
autres, et s'emparèrent, sans rencontrer de résistance,
des canons de sa section. Mais voilà que soudain ils s'a-
perçoivent que derrière eux les habitants barricadent
chaque rue qu'ils ont dépassée, de manière à rendre le
retour impossible, tandis que devant eux, à quelque distance, se hérissaient déjà piques et baïonnettes. Plus

[1] *Courrier républicain*, numéro 566.
[2] *Annales patriotiques*, citées dans l'*Hist. parl.*, t. XXXVI, p. 374.
[3] Voy. ce que dit à cet égard Beaulieu, *Essais historiques*, etc., t. VI,
p. 188. [4] *Ibid.*, p. 189.

hardis, ces jeunes gens pouvaient continuer leur route dans la grande rue en foudroyant tout ce qui se serait opposé à leur passage, car ils avaient de l'artillerie et étaient formés en colonnes assez nombreuses [1]. Mais ils étaient de ceux qu'un agent des princes décrivait en ces termes : « Ces royalistes à collet noir, collet vert et cadenettes, ne savent qu'étaler aux foyers des spectacles leurs fanfaronnades, et le moindre coup de fusil les fait cacher sous le lit des femmes qui les souffrent [2]. » La vue des barricades les consterna. Et puis, beaucoup d'entre eux n'avaient pas soupé, excuse que ces héros sybarites jugeaient sans doute suffisante pour couvrir leur répugnance à pousser jusqu'au bout l'entreprise [3]. Ils offrirent donc de rendre les canons dont ils s'étaient emparés si on les laissait rentrer dans l'intérieur de Paris. Le peuple eut pitié d'eux et leur permit d'opérer leur retraite. On a prétendu que, le 2 prairial, des femmes avaient été entendues criant dans les rues : « Ce soir, les cravates des muscadins seront à bon marché. Nous aurons de belles chemises. Nous verrons comment ils ont le corps fait. Leurs têtes feront un bel effet au bout des piques [4]! » Si cette ignoble menace fut en effet proférée, il faut croire qu'elle ne le fut que par deux ou trois mégères sur une population immense; car, le 3 prairial, quand l'occasion de la réaliser s'offrit, les femmes du faubourg se contentèrent de huer du haut de leurs fenêtres les « muscadins » en retraite, à mesure qu'ils passaient un à un par un trou pratiqué à ce dessein dans la barricade qui fermait la grande rue [5].

[1] Beaulieu, *Essais historiques*, etc., t. VI, p. 189.

[2] Correspondance secrète de Charette, Stofflet, Puisaye et autres, t. I, p. 6-7.

[3] C'est en effet l'excuse que le royaliste Beaulieu semble alléguer en leur faveur. Voy. ses *Essais historiques*, etc., t. VI, p. 189.

[4] *Ibid.*, p. 187.

[5] *Hist. parl.*, t. XXXVI, p. 375.

Cette expédition ridicule irrita fort les royalistes contre les Thermidoriens, leurs alliés. Ils éclatèrent en plaintes amères sur ce qu'on n'avait pas fait soutenir la *Jeunesse dorée* par de la cavalerie, et sur ce qu'on l'avait de la sorte exposée à être hachée en pièces; au fond de cette négligence, qui leur parut calculée, ils soupçonnèrent une pensée de trahison, et, de la part des dominateurs du moment, le désir de se fortifier par l'humiliation des royalistes combinée avec le désarmement des Jacobins[1].

Le fait est que rien ne venait plus à propos pour servir la politique à deux tranchants des Comités. Après avoir poussé la *Jeunesse dorée* à faire preuve d'impuissance, ils se hâtèrent de montrer ce qu'eux, Thermidoriens, ils avaient pouvoir d'accomplir. Le 4 prairial (23 mai), Laporte court présenter à la Convention, au nom des Comités, un projet de décret dont la vigueur contrastait singulièrement, et avec les promesses faites au peuple dans la journée du 2 prairial, et avec la générosité que, dans la nuit du 2 au 3, le peuple avait déployée à l'égard de ses agresseurs.

« Les habitants du faubourg Saint-Antoine seront sommés à l'instant de remettre entre les mains de la justice les assassins du représentant du peuple Féraud, et, notamment, celui qui, dans la journée d'hier, a été arraché au supplice.

« Ils seront sommés de remettre leurs armes et les canons des trois sections composant le faubourg.

« En cas de refus, le faubourg Saint-Antoine sera déclaré en état de rébellion.

« En conséquence, les sections de Paris marcheront sous les ordres des généraux pour réduire les rebelles.

[1] Voy. Beaulieu, *Essais historiques*, etc., t. VI, p. 189-190.

« Toute distribution des subsistances cessera d'avoir lieu pour ce faubourg[1]. »

Ce décret fut adopté au cri de : « Vive la Convention ! » On n'avait plus besoin maintenant de s'étudier à flatter le peuple et à le tromper : les troupes soldées étaient là, et l'accolade fraternelle du président pouvait être, avec certitude de succès, remplacée par une décharge à mitraille !

Les Thermidoriens sentaient le prix du temps : ils le mirent à profit. Quoique le faubourg Saint-Antoine fût alors tranquille[2], l'ordre de l'attaquer est donné, absolument comme s'il se fût agi d'une place de guerre appartenant à l'ennemi. Toutes les sections de l'intérieur sont sommées de prendre les armes ; trente mille hommes sont formés en bataillons ; on les fait précéder de quelques détachements de cavalerie, et l'on marche droit au faubourg. Des pièces d'artillerie destinées non-seulement à tuer les hommes, mais à incendier les maisons, sont braquées à l'entrée des principales rues. Les députés Fréron, Delmas, Laporte et Barras, nommés représentants du peuple auprès de cette armée envoyée contre le peuple, choisissent la maison de Beaumarchais pour leur quartier général, et mettent en délibération s'ils mettront le feu au faubourg[3] ! Heureusement ce projet atroce fit horreur au général Menou, qui déclara de telles choses impossibles à oser sans un décret spécial de la Convention[4].

Pendant ces tragiques débats, les propriétaires et chefs d'atelier établis dans le faubourg allaient implorer les autorités municipales des sections, et pressaient les

---

[1] *Courrier républicain*, numéro 566.
[2] Thibaudeau, *Mémoires*, t. I, chap. XIII, p. 170.
[3] Beaulieu, *Essais historiques*, etc., t. VI, p. 190-191. — Thibaudeau, *Mémoires*, t. I, chap. XIII, p. 170.
[4] Beaulieu, *Essais historiques*, etc., t. VI, p. 190-191.

ouvriers de ne pas exposer cet important quartier à une destruction certaine. La Convention n'avait-elle pas décrété, après tout, sur la motion de Bourdon (de l'Oise), deux des mesures proposées par Romme, savoir : l'interdiction de faire plus d'une qualité de pain, et la mise en réquisition des farines qui se trouvaient chez les pâtissiers? N'avait-elle pas rapporté, en outre, le décret qui déclarait l'argent marchandise? Pourquoi courir les chances d'une lutte désespérée, lorsqu'un peu de modération pouvait amener, sans effusion de sang, la réalisation des vœux du peuple? Ces discours calmant peu à peu les esprits, on se décide à parlementer; des commissaires sont désignés; Menou leur donne un sauf-conduit; ils partent. Mais, sans attendre leur retour, les partisans intéressés de la pacification, redoublant d'efforts, obtiennent de la section de Popincourt qu'elle livre, en même temps que ses canons, le capitaine des canonniers, homme d'une force prodigieuse et d'un courage égal à sa force. C'était un mulâtre, nommé Delorme, qui avait déjà figuré dans les mouvements révolutionnaires. L'impulsion une fois imprimée, tout suivit. Comme la section de Popincourt, les autres sections du faubourg se laissèrent désarmer, et, dès huit heures du soir, la Convention apprenait, de la bouche de Fréron et d'Auguis, qu'elle avait vaincu sans avoir eu à combattre[1].

Une demi-heure s'était à peine écoulée lorsque les députés du faubourg se présentèrent au seuil de l'Assemblée[2]. Le danger était passé alors. Aussi furent-ils traités avec cette lâche insolence que la victoire inspire aux

---

[1] *Hist. parl.*, t. XXXVI, p. 378 et 379.

[2] Il était huit heures du soir, lorsque Fréron et Auguis annoncèrent à l'Assemblée la soumission du faubourg Saint-Antoine, et huit heures et demie, lorsque les commissaires se présentèrent. Voy. sur ce point l'*Histoire parlementaire*, t. XXXVI, p. 377 et 379.

âmes vulgaires. André Dumont, qui présidait, défendit
aux huissiers de laisser entrer qui que ce soit. Il voulut
bien, toutefois, donner connaissance à l'Assemblée de la
pétition, qu'il s'était fait remettre; mais, comme il en
commençait la lecture, Bourdon (de l'Oise) l'ayant interrompu, il quitta le fauteuil, descendit à la tribune, et
dit : « Je suis si éloigné de vouloir que les pétitionnaires
soient admis à la barre, que non content de demander,
comme le préopinant, que les révoltés soient bombardés
demain, je propose de le faire aujourd'hui[1]. » On n'avait
pas tenu ce langage quand, le 2 prairial, ces mêmes
révoltés campaient, mèche allumée, sur la place du Carrousel! On brûlait, ce jour-là, de fraterniser avec eux, et
le président de l'Assemblée était si loin de vouloir les
bombarder, qu'il donnait à leurs députés l'accolade fraternelle!

Ainsi repoussés et même menacés d'être arrêtés, les
commissaires ne cherchèrent plus qu'à s'évader, y réussirent, et coururent se plaindre à leurs compagnons du
faubourg de l'accueil qu'ils avaient reçu. Il était trop
tard !

---

Est-il besoin de signaler ici l'analogie saisissante qui existe entre cette
insurrection de prairial que nous venons de raconter, et la trop fameuse
journée du 15 mai 1848? Il est vrai que, dans celle-ci, la faim n'eut pas
de rôle et qu'on n'y porta, grâce au ciel, aucune tête au bout d'une
pique; mais, en ce qui touche la situation respective des partis, les circonstances qui caractérisèrent le mouvement, les causes qui le firent
échouer, l'avantage qu'en retira la réaction et les vengeances auxquelles
il ouvrit carrière, que de traits de ressemblance!

[1] *Moniteur*, an III, numéro 249.

# CHAPITRE SIXIEME

## FUREURS DE LA CONTRE-RÉVOLUTION

Le lendemain des journées de prairial. — Institution d'une Commission militaire. — Condamnations à mort exécutées sur-le-champ. — Désarmement des patriotes, sous prétexte de terrorisme. — Disparition des piques. — Anéantissement de la Commune. — Les gendarmes et les muscadins. — Décret qui rend les femmes justiciables de la Commission militaire. — Mot terrible d'un ouvrier à Rovère. — La réaction déchaînée. — Suicide de Ruhl. — Suicide de Maure. — Mise en accusation de Jean-Bon Saint-André et de Carnot demandée. — Sortie furieuse de Henri Larivière contre Carnot. — Départ de Collot d'Herbois et de Billaud-Varenne pour la Guyane. — Barrère oublie pour la première fois de suivre le vent. — Détails sur l'exil et les derniers moments de Billaud-Varenne. — Les six martyrs de prairial. — Leur translation au château du Taureau. — Leur attitude devant la Commission militaire. — Leur mort héroïque. — Guerre aux noms, aux emblèmes, à tous les souvenirs révolutionnaires. — Appels farouches à l'esprit de vengeance. — Poursuites contre Joseph Le Bon ; moyens iniques employés. — Pitance du peuple à la date du 18 prairial. — Vains efforts pour arrêter la chute des assignats. — L'agiotage triomphant. — Tableau de la situation par le *Bonhomme Richard*.

Les journées de prairial étaient le dernier effort de la Révolution agonisante : l'ère des fureurs contre-révolutionnaires s'ouvrit. Dès ce moment l'esprit de persécution ne connut plus de frein, et l'esprit de vengeance fit définitivement divorce avec tout sentiment de pudeur.

Le 22 germinal (11 avril), la Convention avait rapporté deux décrets affreux : celui du 17 mars 1792, qui mettait hors la loi les ennemis de la Révolution, et celui du

13 ventôse an II, qui ordonnait de punir comme complices des conspirateurs ceux qui leur auraient donné asile ou n'auraient point dénoncé leur retraite [1]. Mais il devint bientôt manifeste que ce n'était pas aux vrais partisans de la Révolution que les Thermidoriens entendaient accorder le bénéfice de cette politique de modération et de justice dont la mesure précitée était un heureux symptôme. Le mouvement de prairial à peine étouffé, le règne de la mort commença. Organe des impatiences farouches du parti vainqueur, Gamon demanda l'établissement d'une commission de neuf membres chargée de faire un rapport sur tous les représentants dénoncés ou prévenus de complicité avec les derniers tyrans de la France, parce que, dit-il, « la présence des assassins de la patrie dans le sein de la Convention déshonorait la représentation nationale [2]. » Dès le 4 prairial, une Commission militaire avait été instituée à Paris [3] : Dubois-Crancé fit décréter qu'elle serait autorisée à condamner, selon les délits, aux fers, à la détention, à la transportation, à la mort [4]. Dès le 5, la guillotine était mise en mouvement. Ce jour-là furent condamnés à mort, non-seulement le mulâtre Delorme et le lieutenant de gendarmerie Jacques Legrand, qui n'avait pas défendu le poste de l'Arsenal contre le peuple, mais un menuisier, nommé Gentil, dont les crimes consistaient à avoir tenu des *propos séditieux* et porté, écrits avec de la craie sur son chapeau, les mots : *Du pain et la Constitution de* 1793 !

Et, comme aux plus sombres heures de la Terreur rouge, la condamnation et l'exécution, sous l'empire de

---

[1] *Hist. parl.*, t. XXXVI p. 201.

[2] *Moniteur*, an III, numéro 253.

[3] *Courrier républicain*, numéro 568. (Ce journal était un organe royaliste, et son titre un mensonge calculé.)

[4] *Ibid.*

la Terreur blanche, ne firent qu'un en quelque sorte. Du tribunal on conduisit les condamnés sur la place de la Révolution, où ils furent livrés au bourreau [1].

Avec non moins d'empressement, les vainqueurs procédèrent au désarmement des vaincus. Toutes les sections dont on n'était pas sûr, celle des Gravilliers, par exemple, celle de la Cité, celle du Panthéon, furent sommées de rendre leurs canons sans aucun retard [2].

Le 6 prairial (25 mai), on lisait sur tous les murs de Paris l'arrêté suivant du Comité de salut public : « Les citoyens munis de piques ou d'autres armes *non militaires*, les apporteront, dans l'espace de vingt-quatre heures, au Comité civil de leur section, sous peine d'une année de détention [3]. » On proscrivait la pique, arme du pauvre, mais non le fusil, arme du riche.

Nul n'osa élever la voix pour se plaindre, tant était profond l'abattement des âmes ! Il y en eut même beaucoup qui obéirent avec précipitation, aiguillonnés qu'ils étaient par la peur. C'est à cette époque qu'un des correspondants de Mallet du Pan lui écrivait : « Le 6 prairial, ordre de remettre les piques à la section, c'est-à-dire de désarmer les trois quarts des habitants, sous peine de prison ; tout cela se fait sans murmure ; on est à la queue pour attendre son tour ; moi-même j'ai attendu trois quarts d'heure pour donner ma pique. On désarmerait ainsi la France tout entière [4]. » Mais le mousquet restait au service de la réaction, et un des plus prudents organes du parti royaliste, le journal de Poncelin, la feuille hypocrite qui avait pris le titre de *Courrier républicain* pour mieux atteindre son but, s'écriait

[1] *Courrier républicain*, numéro 568.
[2] *Ibid.*
[3] *Ibid.*
[4] *Mémoires et correspondance de Mallet du Pan*, t. II, chap. VII, p. 146.

dans un transport de joie, plus fort cette fois que ses habitudes de ruse : « A la garde montante, toutes les piques
avaient disparu. On ne voit plus entre les mains de la
garde que de *beaux et bons fusils* [1]. » La Jeunesse dorée
avait, depuis que le péril était passé, repris toute son
arrogance, et ce fut ceux qu'on appelait alors « muscadins » qui se chargèrent du désarmement des gendarmes [2].

Pendant ce temps, les listes de proscription se remplissaient ; la Commission militaire poussait vivement sa
funèbre besogne, et le sang continuait de couler sur la
place de la Révolution [3].

On leva le couteau, même sur des femmes. La Révolution ne les avait pas épargnées et ce fut une de ses taches ;
mais faire juger des femmes par une commission *militaire* était chose nouvelle dans l'histoire des vengeances
de parti. Rousseau n'en fit pas moins l'objet d'une motion formelle, et cela fut décrété. Vainement Legendre
protesta-t-il contre tant de rigueur, au nom de l'indulgence due à un sexe faible et passionné, l'arrêté fut
maintenu, parce que, suivant l'expression du *Courrier
républicain*, « la Convention ne voulait plus, par des
actes de faiblesse, perdre le fruit de sa victoire [4]. »

Ainsi, ne pas agir à la manière des tyrans, c'était faire
acte de faiblesse !

Le 8 prairial (27 mai), un décret, qui fut rendu sur la
proposition de Clauzel, abandonna les représentants du
peuple Ruhl, Romme, Duroy, Goujon, Duquesnoy, Soubrany, Prieur (de la Marne) et Peyssard au tribunal de

---

[1] *Courrier républicain*, numéro 568.
[2] «Les jeunes gens *improprement appelés* muscadins ; » dit le *Courrier républicain*, un des organes du parti des muscadins. — Voy. le
numéro 569 de ce journal.
[3] *Courrier républicain*, numéro 572.
[4] *Ibid.*, numéro 569.

sang institué sous le nom de « Commission militaire. »
Il ne lui avait fallu que quatre jours, à cette commission,
pour abattre vingt et une têtes [1]! On pouvait donc compter sur son zèle, et rien n'égala l'empressement des vainqueurs à en profiter.

C'était le moment où arrivait la nouvelle du soulèvement des ouvriers toulonnais : elle donna lieu à un nouveau débordement de colères. Dans le rapport qu'il présenta des troubles du Midi, d'après des lettres reçues de
Chambon, Guérin et Chiappe, Doulcet de Pontécoulant
avait dit : « Vous n'avez pas besoin que je vous en aver-
tisse : les succès de la Révolution, l'affermissement de la
liberté tiennent aujourd'hui exclusivement à la fermeté
que vous déploierez dans la poursuite des séditieux et
des brigands [2]. » La majorité thermidorienne - royaliste
n'avait effectivement nul besoin qu'on l'avertît de la nécessité *exclusive* d'être inexorable. Doulcet n'avait pas
plus tôt fini son rapport que quatre représentants du
peuple étaient frappés. Le compte rendu officiel du *Moniteur*, en ce qui les concerne, est d'un laconisme effroyable:

« BOUDIN. — Escudier vient de sortir; je demande
son arrestation.

« L'arrestation est unanimement décrétée.

« On demande l'arrestation de Salicetti.

« LEGENDRE. — Un moment avant le rapport de Doulcet, Laignelot est venu parler à Escudier; Ricord et Salicetti sont sortis avec les deux premiers.

« L'arrestation de Ricord et de Salicetti est décrétée. »
Jamais pareille rage de dénonciations n'avait éclaté.
S'il arrivait qu'un représentant dénoncé eût un ami qui
osât le défendre, malheur à ce dernier! La proscription

---

[1] Voy. les extraits des jugements tels que les donna le *Journal de
Paris*, et tels qu'on les trouve reproduits dans l'*Hist. parl.*, t. XXXVI,
p. 384, 385.

[2] Séance du 8 prairial, *Moniteur*, an III, numéro 252.

aussitôt l'enveloppait. Panis en fit la dure expérience. Il n'avait aucunement figuré dans les derniers troubles, et nul ne pensait à lui, lorsque Laignelot, un de ses amis, ayant été mis en cause, il eut l'imprudence de s'écrier : « Point de barbarie, mes collègues ! point de barbarie ! » Dès ce moment, il fut un homme perdu. « Donnez la parole à ce conspirateur, » cria Bourdon (de l'Oise), qui avait maintenant le verbe haut, lui qu'un regard courroucé de Robespierre avait mis au lit pour un mois [1].

Alors eut lieu une scène hideusement bouffonne. Le mot *conspirateur* avait jeté Panis dans un trouble inexprimable. Il balbutia : « Moi, un conspirateur ! Ah, mon Dieu ! Ah ! mon Dieu ! c'est affreux ! » Et il se frappait le front, et il s'arrachait les cheveux, et il en appelait, d'une voix tremblante, à la compassion de « Messieurs ses collègues, » les conjurant de lui permettre de respirer un peu : « Ah ! mon Dieu ! messieurs mes collègues, messieurs, messieurs, un instant, un instant [2] ! »

Certes, si quelque chose semblait de nature à faire diversion aux idées sombres du moment, c'était cette pantomime grotesque, c'était cette éloquence de la peur. Mais on eût plutôt arraché au tigre sa proie qu'à la réaction ses victimes. Panis, qui avait voulu sauver Laignelot, ne put rien pour lui-même; il fit rire, il fit pitié; mais ni l'hilarité qu'il excita, ni le mépris que sa lâcheté méritait, ne lui furent une égide. Quelques propos vagues qu'on prétendit avoir été tenus par lui le 1er prairial, sur la nécessité de demander l'arrestation de Fréron et de Tallien, et sur l'avantage de suspendre les Comités de gouvernement, pour qu'ils ne donnassent point à la force armée des ordres contraires à ceux de la Convention, voilà tout ce qu'on put fournir comme preuve que

[1] Voy. le t. X de cet ouvrage, p. 490.
[2] *Courrier républicain*, numéro 576.

Panis était « un conspirateur et un traître. » Qu'importait d'ailleurs qu'il fût innocent aujourd'hui? N'avait-il pas été coupable, autrefois? « Depuis trois ans, les citoyens de Paris réclament ta punition, » lui cria Bergoeing, et il n'en fallut pas davantage. En entendant ces paroles et les applaudissements qu'elles provoquent, le malheureux se frappe une dernière fois le front, roule des yeux égarés, s'évanouit; et tandis que quelques personnes charitables lui donnent des sels à respirer, on décrète son arrestation [1].

Furent aussi décrétés d'arrestation, et cela le lendemain même, Voulland, Jagot, Élie Lacoste, La Vicomterie, David, Dubarran. C'était la proscription en masse de l'ancien Comité de sûreté générale. On en excepta Louis (du Bas-Rhin)[2], —le plus cruel de tous les membres de ce Comité fameux, selon Senar.

Lorsqu'ils étaient investis du pouvoir, ils l'avaient changé en tyrannie : à cela nul doute. Mais il était horrible de prendre occasion, pour les frapper, d'un mouvement auquel ils n'avaient eu aucune part. En réalité, c'était dans leur passé qu'on prétendait les poursuivre, et l'on ne prenait pas la peine de s'en cacher. Inconséquence pleine de scandale, pleine de périls! car enfin, que pouvait-on leur reprocher que la Convention n'eût, ou consacré par ses votes, ou salué de ses acclamations, ou encouragé par son silence? Et parmi leurs juges de l'heure présente, combien y en avait-il qui pussent les sommer de nommer leurs complices d'alors, sans s'exposer à cette foudroyante réponse : « Vous ! »

Après sa conversion à la Terreur blanche, Rovère, un des plus sinistres héros de la Terreur rouge à Avignon, voyant un jour, aux Tuileries, des ouvriers occupés à

---

[1] *Courrier républicain*, numéro 576.
[2] *Ibid.*

creuser la terre, leur demanda : « Que faites-vous là ? »
Un d'eux lui répondit ce mot, qui l'accabla : « une gla-
cière[1]!... »

Encore si l'on ne s'était attaqué qu'à des hommes tels
que Jagot, Élie Lacoste, Voulland! Mais Jean-Bon Saint-
André! Mais Robert Lindet! Mais Carnot! Ici, ce n'é-
tait plus des crimes qu'on poursuivait, c'était des services, et des services immortels : preuve trop claire que
les coups s'adressaient à la Révolution, à l'ensemble de
ses actes, à son principe!

Une circonstance navrante à constater, c'est qu'on vit
figurer au premier rang des proscripteurs plusieurs de
ces Girondins qui, rappelés dans leur patrie, rendus
à leurs familles, rétablis sur leurs siéges de représentants, auraient dû, ce semble, montrer par leur modération la sincérité des anathèmes dont ils n'avaient cessé
de flétrir la politique de la violence. Mais cette politique,
ils paraissaient la trouver fort de leur goût, depuis qu'au
lieu de la subir ils se sentaient en état de l'exercer.
Ceux qui avaient été l'honneur de ce parti étaient morts;
ceux qui restaient ne respiraient que vengeance, tant il
est vrai que l'infortune ne donne de la sérénité qu'aux
grandes âmes! C'était donc en s'abandonnant aux conseils
de l'iniquité que Delecloy, Bergoeing, Henri Larivière et
quelques autres se plaignaient d'avoir été traités d'une
manière inique, comme c'était en s'appuyant sur les
royalistes qu'ils s'indignaient d'avoir vu leur républicanisme soupçonné.

Le 2 prairial, Henri Larivière disait : « Dussé-je être,
comme hier, assassiné à votre porte, »— cet *assassinat*
n'était qu'une figure de rhétorique, — « je dirai que
ceux qu'on appelle royalistes sont bien moins à craindre que les Jacobins. Je vous parlerai du fond du cœur,

---

[1] Mercier, le *Nouveau Paris*, chap. cliii.

je vous parlerai pour le salut de mon pays; je vous dirai
que ces royalistes dont on a tant voulu vous effrayer sont,
peut-être, les plus grands amis des lois, les plus ardents
défenseurs de la représentation nationale; ces bons citoyens ont versé leur sang pour vous défendre le 9 thermidor[1]. »

Henri Larivière n'avait pas toujours parlé ainsi des
royalistes, et l'on aurait pu lui rappeler que, lors du
procès de Louis XVI, il avait invoqué contre eux cette
maxime d'où sortit la loi des suspects : « La haine due
aux tyrans doit s'étendre à tous ceux qui portent ombrage aux amis de la liberté[2]. »

Le parti qui portait ombrage à Henri Larivière, en
1795, c'était, non plus celui des partisans de Louis XVI,
mais celui d'hommes tels que Robert Lindet, tels que
Carnot. Aussi déploya-t-il à leur égard toute la haine
« due aux tyrans! » Non content de demander l'arrestation du premier, il lui dit en face, et en pleine Assemblée,
dans un moment où le péril n'était plus qu'à répondre à
de semblables insultes, venant du parti victorieux, qu'il
était un agent hypocrite des tyrans, qu'il était un scélérat, qu'il était un monstre[3]. Puis, le visage tourné vers
Carnot : « Comment, lui cria-t-il, as-tu pu, pendant
quinze mois entiers, ne pas t'apercevoir qu'on assassi-
nait journellement la patrie?... Comment as-tu pu être
assez indifférent ou assez imbécile pour ne pas ouvrir les
yeux sur les projets des cannibales avec lesquels tu te
trouvais chaque jour[4]? » Il voulait bien cependant ne
pas demander la tête de Carnot et se bornait à proposer
qu'on le chassât de l'Assemblée comme indigne. Parlant
ensuite de ceux des membres de l'ancien Comité de

[1] Moniteur, an III, numéro 247.
[2] Ibid., an 1792, numéro 356.
[3] Courrier républicain, numéro 571.
[4] Moniteur, an III, numéro 253.

salut public qui avaient survécu à leurs collègues, il les
montrait, pour qu'envers eux on fût implacable, « inondés du sang des victimes qu'ils avaient égorgées et des
larmes de ceux qui les pleuraient [1]. »

Ceci se passait le 9 prairial (28 mai).

Chose triste à dire! Cette fois encore, la défense de
Carnot fut au-dessous de ce qu'on devait attendre d'un
homme qui avait fait trembler l'Europe devant son génie
lorsqu'il tenait l'épée de la Révolution. Au lieu de braver ses ennemis du haut de ses services; au lieu de leur
dire : « Est-ce vous qui avez sauvé la France? Est-ce
vous qui avez dirigé le plus sublime effort patriotique et
militaire qui ait jamais étonné le monde? » il affirma
qu'il s'était opposé à Robespierre; qu'il avait été le premier, après le 9 thermidor, à proposer aux deux Comités la clôture du club des Jacobins; qu'il s'était toujours déclaré anti-maratiste; qu'au Comité de salut public,
il s'était toujours renfermé dans le département spécial
dont il était chargé; qu'il ne fallait pas le rendre responsable de ses signatures, parce qu'il les donnait « de
confiance [2]. » Comme si le système dont il s'étudiait de
la sorte à secouer la responsabilité n'avait pas été le
même aux armées, dont il avait la direction, qu'à l'intérieur! Comme s'il avait pu donner chaque jour, et plusieurs fois par jour sa signature, sans jamais savoir pour
quel usage! Il se faisait maintenant en quelque sorte un
rempart du cadavre de Robespierre; mais où et quand
l'avait-on vu s'attaquer en public à Robespierre vivant?
Voilà ce qu'aurait pu lui répondre la réaction, qu'il eût
été plus digne de lui de confondre que de fléchir. « Carnot a organisé la victoire, » cria quelqu'un [3]. Ce mot le
sauva.

[1] *Moniteur*, an III, numéro 253.
[2] *Ibid.*
[3] *Ibid.*, numéro 254.

Robert Lindet fut moins heureux. Et pourtant, les défenseurs ne lui manquèrent pas. Taveaux déclara que le département du Calvados et neuf ou dix autres départements auraient été « anéantis » si Robert Lindet ne s'y était pas rendu [1]. Doulcet de Pontécoulant, de son côté, affirma que pour ses concitoyens du Calvados, le jour de l'arrestation de Robert Lindet serait un jour de deuil [2]. Tout fut inutile. Henri Larivière, qui ne se possédait pas de rage, et dont les déclamations aussi boursouflées que furieuses avaient un écho dans le cœur de chaque royaliste déguisé en républicain, Henri Larivière s'écria « que Lindet était le plus hypocrite des hommes; qu'il était capable de gratter avec le fer la plaie d'un ami, en lui faisant les plus gracieuses grimaces; qu'il n'était point de scélérat qui ne pût citer en sa faveur quelque bonne action; que l'Assemblée devait prendre la foudre du salut public et tonner sur les coupables [3]. » Lehardy avoua que Lindet avait sauvé toute sa famille, qui était hors la loi; mais, ajouta-t-il, « je ne vois que la patrie. » Et il conclut à l'arrestation [4] du « Terroriste » à l'humanité duquel il devait la vie des siens.

Jean-Bon Saint-André, quoique membre de l'ancien Comité de salut public, n'y avait presque jamais paru, ayant été presque toujours en mission. Il n'en fut pas moins mis au nombre des proscrits. Ses *crimes*, d'après ses accusateurs, étaient ceux-ci : il avait revêtu d'une place importante un prêtre dont le frère était accusateur public près le tribunal de Brest; il avait chargé ce même tribunal de veiller à la tranquillité publique; enfin il avait tenu ce propos, — qu'il nia formellement et dont on n'apporta d'autre preuve qu'une déclaration de Bou-

---

[1] *Moniteur*, an III, numéro 253.
[2] *Ibid.*
[3] *Ibid.*
[4] *Ibid.*, numéro 254.

cher Saint-Sauveur : —« Les Comités pensent avoir la clef de Toulon et du Midi ; ils se trompent [1] ! » On ne croirait pas à tant de fureur, si la réaction elle-même n'avait pris soin d'en graver sur ses tablettes officielles l'impérissable souvenir.

Il est vrai qu'à l'égard des ennemis de la Révolution, sa mansuétude était sans bornes. Le tribunal de police correctionnelle de Valenciennes ayant condamné à six mois de détention un négociant nommé Duquesne, pour avoir crié dans un spectacle : *A bas le bonnet rouge!* la majorité thermidorienne-royaliste de la Convention annula ce jugement comme tyrannique [2]. Et quelques jours auparavant un homme avait été condamné à mort, traîné à la guillotine, exécuté, pour avoir écrit sur son chapeau : *Constitution de* 1793 [3] !

Puis, comme pour mieux enflammer cette ardeur de proscription, les contre-révolutionnaires de province grossissaient de leurs clameurs la grande clameur des contre-révolutionnaires de Paris. Les journées de prairial étaient venues fournir une arme empoisonnée à toutes les haines, à tous les ressentiments, à toutes les espérances sinistres. A lire les adresses qui, de certaines villes, étaient envoyées à la Convention, on eût pu croire vraiment qu'elle mollissait et avait besoin d'être encouragée !

Ainsi, par exemple, les autorités constituées de Lyon, où le royalisme avait son centre, écrivaient à l'Assemblée, à l'occasion de cette insurrection de la faim dont nous avons tracé le lamentable tableau : « Le pain que les assassins demandent, c'est le crime ; le pain que nous leur donnerons, c'est la mort [4]. »

[1] *Moniteur*, an III, numéro 254.
[2] Voy. le *Courrier républicain*, numéro 578, séance du 16 prairial (4 juin).
[3] Voy. plus haut, p. 179.
[4] *Moniteur*, an III, numéro 254.

Les assassins, probablement, c'était la foule blême qui manquait de pain, c'était le peuple, c'était Paris!

Le 10 prairial (29 mai), un des secrétaires donna lecture d'une lettre qu'un des représentants en mission près l'armée du Rhin et de la Moselle adressait à la Convention, pour lui offrir contre le faubourg Antoine, en cas de besoin, l'appui de l'armée : « Au moment où je vous expédiais un courrier, je reçois votre décret du 4 contenant des mesures répressives contre le faubourg Antoine. Je ne puis que vous répéter que j'attends vos ordres pour marcher avec les braves qui ne veulent pas de vie sans la République [1]. » Ces mots servaient de *post-scriptum* à une lettre qui commençait en ces termes : *Vengeance! vengeance!* Le signataire était Merlin (de Thionville) [2].

Non que Merlin (de Thionville) fût homme à se donner aux royalistes. Bien différent de Henri Larivière, qui, après avoir été un des juges de Louis XVI et un des amis de Vergniaud, finit par se faire l'agent du comte d'Artois [3], Merlin (de Thionville) resta jusqu'au bout lui-même. Mais comme sa conception de la République ne consistait qu'à repousser la domination d'un roi, et qu'il s'était mis à haïr d'une haine aveugle, implacable, insensée, les hommes qui avaient obéi à la logique d'une conception plus complète et supérieure, la réaction l'emporta dans son mouvement; elle l'emporta sans effort; elle l'emporta si loin, qu'il se trouva servir le royalisme, qu'il n'aimait pas, beaucoup mieux que tel royaliste dont le rétablissement du trône absorbait toutes les pensées. La lettre qui vient d'être citée caractérise d'une manière frappante l'esprit qui animait les Thermidoriens de la nature de Merlin (de Thionville). Dans cette

---

[1] *Moniteur* (séance du 10 prairial), an III, numéro 254.

[2] *Ibid.*

[3] Voy. l'article *Henri Larivière* dans la *Biographie universelle*, de Michaud.

missive, écrite d'un style véhément et déclamatoire à l'excès, il règne une confusion d'idées, ou, plutôt, de passions à peine croyable. L'insurrection de prairial y est maudite comme ayant eu pour but de ramener la France à l'esclavage par la guerre civile; on y dénonce dans les « vils suppôts de Robespierre » les complices de la « horde immonde de plats royalistes; » on y tonne contre le « tyran de l'Allemagne, » et l'on y jure dévouement éternel à la République, tout en parlant de faire marcher des soldats sur Paris [1]!

Au reste, dans la séance même où elle reçut communication de la lettre de Merlin (de Thionville), l'Assemblée ne prouva que trop bien qu'elle n'avait nul besoin d'être poussée dans les voies de la violence; car elle rejeta une proposition tendant à ne plus laisser juger par la Commission militaire que les délits militaires, et à renvoyer devant le tribunal criminel de Paris les représentants du peuple qu'on avait arrêtés [2].

Lesage (d'Eure-et-Loir) était l'auteur de cette proposition, qui honore d'autant plus sa mémoire qu'il avait été du nombre des Girondins mis hors la loi, et qu'on pouvait lui supposer l'âme aigrie par le malheur. « C'est le mépris pour les hommes, dit-il, qui fit inventer ces tribunaux prévôtaux et militaires..., où les accusés, sans conseils, sont traduits devant des militaires chargés de prononcer, et sur la conviction, et sur la peine; où les intentions sont toujours présumées coupables; où l'homme égaré reçoit le même châtiment que celui infligé au provocateur; où une vie entière de probité n'est comptée pour rien; où l'égarement d'un moment est puni comme une longue carrière de crimes. » Loin d'admettre que la grandeur du délit justifiât le caractère

---

[1] Voy. la séance du 10 prairial, *Moniteur*, an III, numéro 254.
[2] *Moniteur*, an III, numéro 255.

exceptionnel de la juridiction, Lesage soutenait que l'importance des garanties assurées à l'accusé doit, au contraire, être proportionnée à la gravité de l'accusation. Il n'osait pas aller jusqu'à dire que l'Assemblée avait eu tort de créer une commission militaire dans un moment d'angoisse et de péril. Mais que, le danger passé, la dictature judiciaire restât, c'est ce que l'orateur déclarait attentatoire à tous les principes de justice; et il n'hésitait pas à déclarer que le jour où cette dictature cessait d'être indispensable, elle devenait atroce [1].

Lesage n'allait pas encore assez loin; il aurait dû avoir le courage d'avouer qu'il n'est jamais nécessaire de n'être pas juste; que cette prétendue nécessité est l'éternel mensonge derrière lequel s'abritent les tyrans; que c'est l'hypocrisie banale de l'oppression. Mais peut-être craignit-il de compromettre le succès de sa motion en heurtant d'une manière trop directe les passions d'une majorité esclave de ses propres fureurs. Ce fut inutilement en effet que Lanjuinais, Legendre, Fréron, Louvet, demandèrent tour à tour qu'on mît un terme à ce scandale plein de sang, leurs efforts se brisèrent contre la résistance qui leur fut opposée par Clauzel, Rovère, Henri Larivière et Bourdon (de l'Oise). Ce dernier n'eut pas honte de dire : « Il fallait que, le lendemain du 1er prairial, on lût, au milieu d'un bataillon carré, formé sur la place du Palais-National, le procès-verbal de cette soirée de crimes, et que ceux qui les avaient commis fussent fusillés sur-le-champ [2]. » Et ce langage des Euménides fut accueilli, selon le témoignage officiel du *Moniteur*, par de vifs applaudissements [3].

« Ceux qui avaient commis ces crimes ! » Mais fusiller

---

[1] *Moniteur*, an III, numéro 255.
[2] *Ibid.*
[3] *Ibid.*

sur-le-champ les *accusés*, était-ce le moyen d'atteindre, sans risque de se tromper, les *coupables?* Voilà de quelle rage imbécile se montraient possédés des gens qui prétendaient avoir fait le 9 thermidor en haine du Terrorisme !

Lanjuinais, qui voulait, lui aussi,. que la réaction triomphât, mais non qu'elle se déshonorât, mit à appuyer la motion de Lesage une insistance vraiment noble. « Je suppose, fit-il observer, que notre respectable collègue Vernier, qui tenait le fauteuil dans cette soirée affreuse, soit accusé devant la Commission : il sera condamné, si l'on n'examine pas l'intention, pour avoir mis aux voix les propositions faites par Duroy, Romme et autres [1]. » L'argument était décisif : il ne produisit aucun effet sur des hommes qui avaient conclu un pacte, non plus cette fois avec la mort, mais avec l'assassinat.

Aussi, de quel accablement furent saisies les âmes fidèles au culte de la Révolution ! Coup sur coup, on apprit que Ruhl s'était frappé d'un poignard dans le cœur [2]; que Maure s'était tué d'un coup de pistolet [3]. Le premier avait été décrété d'arrestation d'abord, puis d'accusation, pour être monté sur un banc, dans la séance du 1er prairial, et avoir converti en motion la demande populaire : *Du pain et la Constitution de 1793*; on pouvait donc supposer que, certain d'être récompensé de la part qu'il avait prise au 9 thermidor par le bourreau, maintenant au service des vainqueurs, il avait cherché dans le suicide un refuge contre la guillotine. Mais Maure, quoique dénoncé par Gibergues [4], n'avait été ni arrêté ni mis au nombre des représentants décrétés d'accusation : il se tua, lui, de désespoir.

[1] Voy. le *Moniteur*, an III, numéro 255.
[2] *Ibid.*
[3] *Ibid.*, numéro 259.
[4] *Ibid.*, numéro 257.

XII.     13

L'Assemblée reçut ces tragiques nouvelles avec une indifférence qui avait quelque chose de plus tragique encore.

En revanche, rien ne fut négligé de ce qui pouvait faire servir le meurtre de Féraud d'excitation à l'esprit de meurtre. Le 14 prairial (2 juin) fut le jour qu'on choisit pour exaspérer la douleur, par l'artifice d'une mise en scène lugubre[1]. La salle de la Convention était ornée de guirlandes de chêne en festons. De chaque côté du bureau, devant les secrétaires, on avait placé des urnes cinéraires parsemées d'étoiles d'or sur un fond noir. Tous les représentants siégeaient en costume armé, un crêpe au bras. En avant de la Tribune, à la place même où Féraud était tombé, s'élevait un tombeau de marbre blanc, surmonté du buste de ce Brutus qui, en attaquant la tyrannie avec un poignard, ne fit que donner à Rome un nouveau tyran.

Louvet avait été chargé du panégyrique de Féraud. Mais l'oraison funèbre, sur ses lèvres, fut bien vite remplacée par l'anathème. Il sembla n'avoir accepté la tâche de louer que pour avoir une occasion de maudire; il sembla n'avoir entrepris d'exalter le courage de Féraud, ses qualités civiques et ses services militaires, que pour mieux envenimer les blessures que l'insurrection de prairial avait fait saigner. Décrit par lui, le soulèvement d'un peuple aux abois ne fut que le bond du « lion furieux réveillé par le génie de Billaud-Varenne[2]. » Dans le style virulent et enflé qui lui était propre, il parla de « visages bourgeonnés d'ivresse sur lesquels on ne découvrait que la débauche gorgée de viande et de vin[3]. » Pendant tout le temps qu'avait duré l'invasion de l'As-

---

[1] Voy. la confirmation des détails qui suivent, dans le *Moniteur*, an III, numéro 258.
[2] *Ibid.*
[3] *Ibid.*

semblée, c'est-à-dire dans l'espace de douze heures, un seul homme avait péri, un seul, à la suite d'une rixe, et frappé d'un coup de pistolet qui s'adressait à un autre que lui : eh bien, cette mort, Louvet la présenta comme le résultat d'une préméditation infernale, dont il ne tint pas à lui que la responsabilité ne pesât sur plusieurs milliers d'hommes. L'horrible fait de la tête de Féraud coupée, puis plantée au bout d'une pique, n'était évidemment que le crime de quelques misérables, tels qu'en font monter presque toujours à la surface de la société les orages qui en bouleversent le limon; mais, à résumer l'insurrection de prairial dans cet acte d'abjecte férocité, Louvet trouvait l'avantage de rendre odieux les députés montagnards sur qui la hache était alors suspendue. Inutile de dire que, contre eux, il épuisa l'invective. Parce qu'ils n'avaient pas jugé absurde, de la part d'un peuple affamé, le vœu d'avoir du pain ; parce qu'ils n'avaient pas jugé criminelle la demande de cette Constitution de 1793 qu'après tout la Convention avait votée; parce qu'ils avaient paru sanctionner le désordre en essayant de l'associer aux formes d'une délibération régulière, ce que, du reste, avait fait le président Vernier lui-même, Louvet les appela « les vils échos de quelques brigands, » et il déclara qu'il serait heureux de voir le peuple français célébrer un jour la fête de la réconciliation, pourvu qu'on commençât par les tuer : « Je le répète, la mort aux chefs coupables. » Pour porter à son comble la rage des proscripteurs, les délivrer de tout scrupule, leur ôter tout remords, il ne restait plus qu'à supposer les représentants du peuple qu'on avait proscrits, capables d'user contre leurs ennemis de la victoire s'ils l'eussent remportée, comme leurs ennemis se préparaient à en user contre eux. Ce dernier trait ne manqua pas au réquisitoire. Pourquoi les vainqueurs ne guillotineraient-ils pas, puisque vaincus, ils eussent été guillotinés ? Meurtrière

hypothèse, qu'il eût fallu du moins appuyer de quelque
preuve! La preuve, Louvet la tira de cette circonstance
que, dans le tumulte du 2 prairial, lorsqu'il s'était agi
de voter les motions populaires, l'appel nominal avait
été réclamé : « Vos têtes, dit-il, en attendant qu'ils
pussent les abattre, ils voulaient les compter [1]. »

Applaudir au discours de Louvet, ç'eût été trop peu :
on décréta qu'il serait imprimé, traduit dans toutes les
langues, et envoyé aux départements, aux armées, aux
Puissances étrangères [2].

Cela fait, l'Institut national de musique exécuta, dans
l'Assemblée même, le « chœur des tombeaux [3]. » Le
morceau était doublement approprié à la circonstance,
car on venait d'aiguiser la hache sur la Tribune.

Pendant ce temps, un vaisseau faisait voile pour la
Guyane, emportant Billaud-Varenne et Collot-d'Herbois,
loin de ce pays de France, où tout avait tremblé devant
eux et qu'ils ne devaient plus revoir. Ainsi que Barrère,
ils avaient été condamnés à la déportation dans la séance
du 12 germinal, mais c'était leur sang que voulaient ces
mêmes réactionnaires dont, le 9 thermidor, ils avaient
si follement assuré le triomphe. Il était donc survenu,
depuis, un décret qui ordonnait la mise en jugement des
trois anciens membres du Comité de salut public, afin
que, pour eux, la déportation fût remplacée par la mort.
Mais il advint qu'à Rochefort où ils avaient été conduits,
la nouvelle du décret n'arriva que le lendemain du jour
où le vaisseau s'était mis en mer. Il n'emportait, comme
il vient d'être dit, que Billaud-Varenne et Collot-d'Herbois. Barrère réussit à se faire oublier sur le rivage. Ceux
qui disposaient, en ce moment, de son sort, lui surent
gré de ce que, quelquefois, il séparait sa cause de celle

---

[1] *Moniteur*, an III, numéro 258.
[2] *Ibid.*. numéro 259.
[3] *Ibid.*

de ses collègues, jusque là qu'on l'entendit gémir sur la journée du 31 mai [1]. Un homme capable de s'humilier à ce point ne pouvait paraître bien dangereux ! On laissa partir ses deux collègues sans lui, et l'on prétendit ensuite que le navire avait mis à la voile, parce qu'il n'avait pu attendre Barrère, qui se trouvait alors malade. Lorsque, dans la séance du 14 prairial, ce fait fut porté à la connaissance de l'Assemblée, Boursault, s'écria : « Barrère, pour la première fois, a oublié de suivre le vent [2] »

Restait à savoir comment il échapperait à l'exécution du décret qui l'envoyait devant le tribunal criminel de la Charente : ici encore, il fut sauvé par la tolérance d'hommes qui pardonnèrent à ses vices ce qu'ils n'auraient point pardonné à ses vertus. Enfermé à Saintes, il s'évada par dessus les toits de sa prison, probablement par l'aide de quelques amis puissants; et ce qui prouve qu'il n'avait rien à craindre, comme l'observe un narrateur du temps, c'est qu'il se retira dans son propre département, celui des Hautes-Pyrénées, où il vécut tranquille [3], nul ne lui faisant l'honneur de le haïr de cette haine violente dont, seuls, les hommes d'une vigoureuse nature infligent le supplice à leurs ennemis.

De Collot-d'Herbois, il ne nous reste plus rien à dire, sinon qu'après un an d'exil, il mourut dans d'affreuses tortures, pour avoir avalé, au milieu d'un accès de fièvre chaude, une liqueur forte qui lui brûla les entrailles [4].

Quant à Billaud-Varenne, qui survécut longtemps à sa chute, ses dernières années eurent quelque chose de caractéristique et d'imprévu qui mérite d'arrêter un moment l'attention de l'Histoire [5].

[1] *Mémoires de Thibaudeau*, t. 1, p. 159.
[2] *Moniteur*, an III, numéro 259.
[3] Nougaret, *Histoire abrégée*, etc., liv. XXIV, p. 457.
[4] Voy. la *Biographie universelle*, art. Collot-d'Herbois.
[5] Nous avons puisé les détails qu'on va lire dans un intéressant article

Suivant l'expression des femmes noires qui lui fermèrent les yeux, Billaud-Varenne, pauvre, vieux, et comme perdu dans les savanes américaines, était aussi doux qu'une jeune fille. Dès son arrivée à Cayenne, il avait trouvé à y gérer, pour le compte d'un habitant, une exploitation agricole, qu'il fit prospérer, et que le propriétaire lui légua en mourant. Il rendit heureux les quelques nègres qui étaient sous ses ordres; et sa plantation passait pour une des mieux cultivées du pays.

La colonie, qui était tombée en 1809 sous la domination du Portugal, étant, en 1817, redevenue française, Billaud-Varenne partit pour New-York. Il avait réalisé sa petite fortune en traites de commerce de l'île sur la métropole; mais ces traites ayant été protestées, il se vit ruiné, et, sur le conseil que lui en donna le général Jackson, il se rendit à Saint-Domingue, où il fut bien accueilli. Le président de la République, informé de sa détresse, lui fit remettre quelque argent, avec lequel il acheta, non loin de la ville, une case où il s'établit avec une jeune négresse, nommée Virginie, qui s'était attachée à son sort.

Là, il vécut, pendant trois ans, de ce que lui rapportaient des consultations sur le droit civil, une petite place créée pour lui dans les bureaux d'un grand juge, et enfin un travail historique sur la Révolution de l'île, travail dont la République l'avait chargé.

Mais bientôt on s'aperçut que ses facultés et sa santé allaient s'affaiblissant avec une rapidité menaçante. Le temps avait creusé ses joues et fatigué sa forte tête; sa figure, allongée, amaigrie, pâle, n'en était que plus ex-

publié par la *Nouvelle Minerve*, sous le règne de Louis-Philippe. C'était une communication anonyme faite à ce recueil par le général Bernard, alors ministre de la guerre, et qui avait longtemps habité l Guyane.

pressive. Ses regards avaient conservé leur premier feu,
et retrouvaient quelquefois leur fixité terrible. On découvrait en lui, dès qu'on l'approchait, des traces de
cette hauteur simple et grave que donne une longue habitude du commandement. Il était, du reste, très-poli et
il savait écouter, qualités qui répandaient sur sa personne un air de bienveillance naturelle et de douceur.
M. de Barbé-Marbois, qui le vit souvent à Cayenne, sans
lui parler, a écrit que « l'aspect de Billaud-Varenne lui
avait rappelé Socrate. » Les souvenirs du proscrit étaient
pleins de netteté, et sa conversation abondait en idées
neuves, souvent bizarres, quelquefois justes et grandes.
« Il passait toutes ses journées dans un vaste fauteuil qui
venait de France. Cependant, si vous paraissiez sur le
seuil de sa cabane, composée de deux petites pièces et
d'une alcôve que tapissaient quelques morceaux de
vieux papier, mais qui étaient fort proprement tenues,
ses mains sèches et nerveuses cherchaient aussitôt les
bras du vieux fauteuil, pour soulever son corps, l'incli-
ner devant vous, et alors vous aviez de la peine à le faire
rasseoir. »

Sur deux points seulement, ses idées avaient changé.
Il ne pouvait se pardonner d'avoir fait mourir Danton et
d'avoir contribué à la chute de Robespierre. C'étaient là
les deux souvenirs qui empoisonnaient sa vieillesse, et
il donna courageusement place à ses remords dans son
histoire de la Révolution de Saint-Domingue, dont quelques fragments ont été conservés.

« Au 14 germinal, dit-il dans un de ces fragments, au
14 germinal et au 9 thermidor, les patriotes ont commis
deux fautes qui ont tout perdu. Nos divisions ont brisé,
ces jours-là, l'unité du système révolutionnaire... Oui,
la Révolution puritaine a été perdue le 9 thermidor. Depuis, combien de fois j'ai déploré d'y avoir agi de colère!
Pourquoi ne laisse-t-on pas ces intempestives passions et

toutes ces vulgaires inquiétudes aux portes du pouvoir? J'ai vu la réaction que fit naître le 9 thermidor. C'était affreux. La calommie venait de partout. Cela dégoûte bien des révolutions ! »

Il disait encore, en parlant de la mort de Danton :

« J'y ai trempé trop directement, et avec une haine affreuse. Le malheur des révolutions, c'est qu'il faut agir trop vite, en pleine fièvre, avec la peur... de ne pas agir, c'est-à-dire de voir avorter ses idées. Danton et ses amis étaient d'habiles gens, des patriotes invincibles à la tribune et dans l'action publique.... Ils n'avaient pas, comme nous, les mains pures de trafics et de rapines; ils aimaient trop le luxe, mais ils avaient le cœur noble et révolutionnaire.... Je reste avec la conviction intime qu'il n'y avait pas de 18 brumaire possible, si Danton, Robespierre et Camille Desmoulins fussent demeurés unis au pied de la tribune. »

Quand il sentit sa fin approcher, Billaud-Varenne fut pris d'un vif désir d'aller respirer l'air des hauts lieux. Le célèbre docteur Chervin, qui le soignait, lui ayant demandé s'il comptait aller habiter la maison de campagne d'un de ses amis, « non, répondit-il, je ne veux déranger personne; je suis un vieux républicain qui veut mourir libre; le vent des montagnes emportera ma vie.» Une pauvre cabane des *Mornes-Charbonnières* appartenant à la négresse qui blanchissait son linge, telle était la dernière retraite qu'il s'était choisie en ce monde. Ce fut vers cette humble demeure qu'il s'achemina le 7 juin 1819. Deux ânes avaient été amenés. On le plaça sur l'un; à l'autre, déjà chargé de linge, on attacha son fauteuil, et il partit. Quand vint pour lui le moment de dire adieu à ses voisins, son visage trahit une émotion profonde. La jeune négresse qui s'était associée aux douleurs du proscrit, suivait à pied, non moins émue. Tous deux, ils firent des signes d'amitié à ceux qu'ils quittaient, aussi longtemps qu'ils purent les apercevoir. Puis, ils disparurent dans les hautes herbes.

Huit jours après, on annonçait à la ville que M. Billaud-Varenne, de la Rochelle, ancien député à la Convention, ancien membre du Comité de salut public, venait de mourir aux Mornes-Charbonnières.

Loin de se rétracter, au moment suprême, il avait affirmé la sincérité constante de ses convictions, il s'était félicité du désintéressement de sa vie. Il sembla même, dans l'exaltation de la fièvre, se repentir de n'être pas allé jusqu'au bout, dans l'accomplissement de sa tâche, et il mourut en murmurant ces terribles paroles du dialogue d'Eucrate et de Sylla : « Mes ossements, du moins, reposeront sur une terre qui veut la liberté; mais j'entends la voix de la postérité qui m'accuse d'avoir trop ménagé le sang des tyrans de l'Europe. »

Reprenons notre récit.

La plupart des représentants du peuple, décrétés d'accusation, étaient parvenus à s'évader : six seulement furent livrés à la Commission militaire : Duroy, Duquesnoy, Bourbotte, Romme, Soubrany et Goujon.

Duroy était une nature à la fois énergique et douce. Il adorait la liberté, mais il ne la voulait pas sanglante et barbare. C'était lui qui avait pris la défense des officiers auxquels leur qualité de nobles était imputée à crime [1]; lui qui avait demandé que le Conseil exécutif ne pût suspendre, destituer ou remplacer les généraux, sans avoir d'abord donné ses motifs à la Convention [2]; lui qui avait réclamé la liberté entière des opinions sur les opérations du Comité de salut public [3]; lui qui avait proposé de mettre en arrestation les exécuteurs des ordres de l'adjudant-général Lefèvre, accusé d'avoir fait noyer les

---

[1] *Moniteur*, an II, 1793, numéro 269

[2] *Ibid.*

[3] *Ibid*, numéro 270.

femmes et les enfants des rebelles [1]; lui enfin, qui avait provoqué la révocation des lois des 17 septembre et 5 ventôse, relatives aux suspects de tous les partis [2].

De Duquesnoy, on ne pouvait pas dire qu'il n'eût jamais trempé dans les excès de la Terreur. Frère du général dont la colonne était connue dans l'armée sous le nom de *Colonne infernale* et qui s'appelait lui-même le *boucher de la Convention*, Duquesnoy avait été moine, et sa foi politique tenait du fanatisme religieux ; mais s'il aimait la Révolution d'un amour jaloux et sombre, cette passion du moins était, chez lui, de celles qu'aucun sacrifice ne glace ou ne fait hésiter.

Ainsi que Duquesnoy, Bourbotte avait voué à la Révolution un culte violent, mais d'une sincérité invincible. Dans la Vendée, il avait déployé la valeur d'un chevalier des anciens jours, et sa vive intelligence ajoutait à l'éclat de son courage.

Romme à un républicanisme ardent joignait des connaissances très-étendues. « J'ai connu M. Romme, écrit Beaulieu; j'ai même étudié avec lui et l'ai fréquenté, depuis, à Paris, lorsqu'il était instituteur du jeune comte Strogonof [3]. » Beaulieu, qui était royaliste, trouvait à Romme un esprit étroit, parce qu'il avait une âme austère.

Né à Riom en Auvergne comme Romme, auquel l'unissait une héroïque amitié, Soubrany, dans sa jeunesse, avait été officier au régiment de Royal-Dragons. Sa vie fut pendant quelque temps celle d'un homme aimable, fortuné, généreux, et rien de plus. Mais la Révolution vint, s'empara de toutes ses facultés, et, le prenant à son service, lui fit un cœur capable des résolutions sublimes.

[1] *Moniteur*, an III, numéro 24.
[2] *Ibid.*, an III, numéro 177.
[3] Beaulieu, *Essais hist.*, t. VI, p. 192

Maire de Riom en 1789, les sympathies de ses concitoyens ne tardèrent pas à l'appeler sur une scène plus haute, mais plus orageuse. Toutefois, il n'eut pas à y prendre une part active aux luttes de parti qui déchirèrent la Convention : en lui, dans le représentant du peuple et le citoyen, le guerrier avait survécu; et ce fut aux frontières, l'épée à la main, qu'il servit la République, couchant sous la tente, conduisant les colonnes au feu, frugal, brave, adoré du soldat[1]. Lorsque survint l'insurrection de prairial, il était rentré depuis peu de temps à la Convention. Beaulieu l'avait connu personnellement. Aussi ne peut-il, en parlant de lui, se défendre d'une vive émotion. « M. Soubrany, dit-il, est regretté dans son pays par ceux-là mêmes dont les principes sont le plus opposés à ceux qu'il avait adoptés. Quand je me rappelle la jeunesse de cet infortuné, je ne puis m'empêcher de donner des larmes à sa mémoire[2]. »

Comme Soubrany, Goujon était, dans le grand sens du mot, un caractère. Né avec une âme forte et un esprit singulièrement élevé, l'enfant, chez lui, avait annoncé l'homme. A douze ans, il avait assisté au combat d'Ouessant, et sa lettre sur ce combat fut la première qu'on connut à Paris. Son père la lut en plein Palais-Royal devant une foule étonnée, personne ne pouvant croire qu'une pareille lettre fût d'un enfant. Devenu membre de la Convention en remplacement de Hérault de Séchelles, dont il était le suppléant, Goujon, quoique très-jeune encore, s'attira tout d'abord le respect de ses adversaires par la douce gravité de son maintien, la noblesse de ses pensées et son calme langage. Un jour qu'il avait présenté à l'Assemblée une pétition sur les subsistances, Kersaint fut si frappé de sa manière de s'exprimer et de son attitude, qu'il dit : « J'ai

---

[1] *Biographie nouvelle des contemporains*, à l'article *Soubrany*.
[2] Beaulieu, *Essais hist.*, t. VI, p. 192.

cru entendre Caton jeune[1]. Du reste, ce fut moins à la
tribune que sur les champs de bataille que Goujon eut à
remplir son mandat de représentant du peuple; et son
rôle à la tête des soldats républicains fut, comme celui de
Soubrany, admirable. Ce rôle, un fait suffira pour le
caractériser. « Dans une retraite de l'armée de la Moselle, Goujon, resté sur les derrières de la colonne pour
être le plus près possible de l'ennemi, aperçoit un volontaire blessé, lui donne son cheval, et revient à pied,
exposé au feu de l'ennemi et à la poursuite de la cavalerie[2]. » A sa bravoure il n'y avait d'égal que son désintéressement, son humanité. « Sa mission, dit son bio-
graphe, ne coûta pas, y compris les frais de voyage,
4,500 livres à la République; et il exerça pendant quatre
mois un pouvoir illimité, sans faire couler une larme[3]. »
Le 9 thermidor avait eu lieu quand Goujon rentra dans
la Convention. Quel changement! Il ne reconnaissait
plus rien, ni les idées, ni les sentiments, ni les visages,
tant la réaction avait altéré jusqu'à la physionomie des
hommes et des choses! Il fut pris d'une grande tristesse...
si grande, que, rencontrant un chirurgien de ses amis,
il lui dit : « Montre-moi bien la place du cœur, afin que
ma main ne se trompe pas, s'il faut que l'égalité pé-
risse[4]. »

Lui et les cinq autres furent transférés au château
du Taureau, dans l'ancienne Bretagne, où l'on vint les
chercher, après une détention de vingt-trois jours, pour
les conduire devant la Commission militaire, c'est-à-dire
à la mort.

Avant de partir, ils se réunirent chez Romme et se

---

[1] Voy. l'article *Goujon* dans la *Biographie nouvelle des contemporains*, par Arnault, Jay, Jouy, etc.
[2] *Ibid.*
[3] *Ibid*
[4] *Ibid*

promirent mutuellement de disposer d'eux-mêmes, quand l'heure serait venue. Un d'eux avait réussi à soustraire un couteau à la vigilance des gardiens : il l'emporta, caché dans un pli de ses vêtements[1].

Ainsi rassurés contre la crainte humiliante de passer par les mains du bourreau, ils allèrent au-devant de leur destinée avec une indifférence stoïque. Sur la route, ils eurent souvent l'occasion de s'évader : ils dédaignèrent de la saisir[2], pour enlever à leurs persécuteurs la joie de les avoir amenés à fuir, et aussi, parce que, voyant la République abattue, ils ne tenaient plus à la vie.

Leur procès, si l'on peut appeler procès un assassinat prolongé, commença le 24 prairial (12 juin). Le décret d'accusation, motivé, qu'on avait rendu contre eux n'articulait pas un seul fait qui se rapportât à un complot; pas un seul fait qui prouvât ou tendît à prouver que l'invasion de l'Assemblée avait été leur ouvrage[3] : non, tout leur crime était d'avoir converti en motions, au sein d'un tumulte populaire, il est vrai, mais avec l'assentiment du président de l'Assemblée et sur les instances de ceux-là mêmes qui maintenant les poursuivaient, des vœux, après tout, légitimes. Car enfin, le peuple, qui souffrait des horreurs de la famine, dans une année d'abondance et par suite de manœuvres infâmes dont nul ne niait la réalité, avait bien quelque droit de demander du pain; et il n'y avait certes rien de bien factieux de sa part à désirer que l'Assemblée de ses représentants donnât vie à une constitution qu'elle-même avait votée. Insister pour la mise en liberté des patriotes détenus pouvait sans doute paraître impardonnable à la

---

[1] *Biographie nouvelle des contemporains*; par Arnoult, Jay, Jouy, etc., article *Goujon*.

[2] *Ibid.*

[3] Voy. le décret d'accusation motivé, dans le *Moniteur*, an III, numéro 265

réaction, décidée qu'elle était à ne se point laisser arracher sa proie; et cependant, quel cœur honnête ne se serait ému à l'idée de voir la Convention brûler ce qu'elle avait adoré, déclarer dignes de mort des actes dont elle avait accepté la responsabilité devant l'Histoire, mettre en cause tout le passé de la Révolution dans la personne des hommes qui en avaient dirigé le mouvement, et leur donner pour accusateurs, pour juges, pour bourreaux, ceux qui, la veille encore, étaient leurs complices?

La défense écrite de Goujon et celle de Romme, publiées en l'an VIII par Tissot, beau-frère du premier, — car la Commission militaire devant laquelle les accusés comparurent ne voulut pas écouter la lecture de leurs moyens de défense, — expliquent admirablement le rôle qui, dans la journée du 1er prairial, leur fut imposé par les circonstances. S'ils intervinrent d'abord, ce fut pour faire écouler la foule et empêcher que le sanctuaire des lois fût souillé par l'effusion du sang; mais, quand il devint manifeste que le désordre, s'il se prolongeait, risquait de conduire à une effroyable anarchie; quand la tête de Féraud, promenée dans l'enceinte au bout d'une pique, fit craindre d'autres attentats; quand l'absence de toute nouvelle et l'apparente éclipse des Comités donnèrent lieu de croire qu'il n'y avait plus de gouvernement, plus de point de ralliement, plus de centre, les derniers représentants de la Montagne vaincue durent naturellement songer à régulariser le mouvement, en lui donnant une direction conforme, et aux vœux du peuple, et à leurs propres désirs[1]. La défense de Romme constitue un document historique qui mérite de trouver place ici:

« Le crime qu'on me reproche se serait donc con-

---

[1] Voy. la défense de Goujon, publiée par Tissot, et reproduite par les auteurs de l'*Histoire parlementaire*, t. XXXVI, p. 586-588.

sommé à la tribune de la Convention, en présence de mes collègues et de la foule.

« Mais alors, je partage ce crime avec ceux de mes collègues qui m'ont longtemps pressé, sollicité au nom du bien public, de me rendre à la tribune ;

« Avec le président à qui j'ai toujours demandé, et qui m'a refusé ou accordé la parole suivant mon tour ;

« Avec ceux de mes collègues qui ont parlé avant moi et ont rouvert la séance suspendue par le mouvement ;

« Avec plusieurs de mes collègues qui ont appuyé, discuté, développé, amendé mes propositions ;

« Avec ceux qui en ont fait eux-mêmes de nouvelles ;

« Avec tous les représentants du peuple qui, rassemblés en face de la tribune, sur l'invitation plusieurs fois répétée du président, ont délibéré sur les propositions mises aux voix avec beaucoup d'ordre, et quelquefois amendées dans la rédaction par le président lui-même. »

Romme terminait ainsi :

« Plus ma conscience fouille dans les sentiments qui m'animaient le 1er prairial, plus je rapproche mes souvenirs, plus je suis frappé du tableau de notre position, plus je sens que j'ai fait mon devoir.

« Pour être resté à notre poste, nous avons été entraînés par le danger, par l'ardeur même de nos sentiments pour le bien public, à des mesures qui nous font frapper d'accusation.

« En fuyant nos devoirs, nous aurions été avec bien plus de vraisemblance soupçonnés de conspirer dans le mystère. Oublierons-nous que le 13 germinal, l'arrestation fut demandée contre ceux qui ne se trouvaient pas à la séance extraordinaire du soir ; et, le 1er prairial, on avait un motif de plus, le décret de permanence, bien connu de tous.

« Nous sommes parvenus par la confiance à dissoudre et faire écouler la foule, sans choc, sans effusion de sang. Ce succès nous vaut l'accusation.

« En laissant grossir l'orage, en le laissant éclater là où il s'était fixé, la représentation nationale était anéantie, ses membres exposés, abandonnés à la fureur des méchants.

« Nous étions donc placés entre deux abîmes; on nous a laissé le choix : nous avons pris le parti qui convenait au salut de la patrie; il ne nous reste qu'à nous couvrir la tête et nous soumettre à notre destinée.

« J'ai fait mon devoir : mon corps est à la loi, mon âme reste indépendante et ne peut être flétrie.

« Mon dernier soupir, en quelque temps, en quelque lieu, de quelque manière que je le rende, sera :

« Pour la République, une, indivisible, fondée sur la Liberté, l'Égalité;

« Pour ma patrie, si cruellement déchirée;

« Pour le malheureux et l'opprimé;

« Pour mes amis, dont la fidélité et les vertus honoreront ma mémoire;

« Pour ma vertueuse mère, dont les derniers instants se couvrent d'amertume;

« Pour mon épouse infortunée, veuve d'un brave défenseur de la République, mort dans la Vendée en combattant pour la patrie; indigente, ayant aux bienfaits de la nation des droits que j'ai cessé de solliciter. En l'attachant à ma destinée, je lui aurai donné un nouveau titre et de nouveaux malheurs[1]. »

La Commission militaire devant laquelle furent traînés Romme, Soubrany, Duroy, Duquesnoy, Bourbotte et Goujon avait été établie, non pour les juger, mais pour les tuer. Les accusés ne furent donc pas admis à se faire

---

[1] *Hist. parl.*, t. XXXVI, p. 588-590

défendre. On les condamna sur le compte rendu de la séance du 1er prairial, tel que l'avait publié l'organe officiel du parti victorieux, c'est-à-dire sur un compte rendu rédigé après coup, coloré et falsifié par la haine. Le témoignage du *Moniteur* en cette circonstance était si peu digne de foi, et sa narration si peu exacte, que Soubrany, très-noblement du reste, revendiqua la responsabilité d'une motion que le *Moniteur* avait mise dans la bouche de Duquesnoy, et qui formait la plus sérieuse des accusations intentées contre ce dernier ; savoir : la motion relative à la création d'une Commission extraordinaire en remplacement du Comité de sûreté générale[1]. Mais qu'importait tout cela ? Est-ce que les accusés n'étaient pas condamnés d'avance ? Est-ce que le Girondin Louvet ne les avait pas déjà, du haut de la tribune, qualifiés de « vils échos des brigands ? » Est-ce que le Thermidorien Bourdon (de l'Oise) n'avait pas bien haut exprimé le regret qu'on ne les eût pas fusillés sans forme de procès, *sur-le-champ ?* Et les Thermidoriens, les Girondins, les royalistes, qui, unis, constituaient alors la majorité de la Convention, n'avaient-ils pas sanctionné par de vifs applaudissements le meurtre contenu dans les anathèmes de Louvet et dans les regrets féroces de Bourdon (de l'Oise)[2] ?

Aussi les accusés ne se firent-ils aucune illusion. Mais leur attitude n'en fut pas moins digne et fière : ils avaient pris leurs mesures !

Au moment où Goujon parut, il s'éleva dans l'auditoire une sorte de rumeur d'admiration, tant chacun fut frappé de la contenance de ce noble jeune homme et de la beauté morale que révélait son visage pensif. Son

---

[1] Voy. pour la confirmation de ceci, le *Moniteur* lui-même, an III, numéro 274.

[2] Voy. le *Moniteur*, an III, numéros 255, 258, et 259.

sang-froid ne se démentit pas un seul instant. Il paraissait triste, toutefois, mais triste comme un citoyen qui porte le deuil de la chose publique.

Bourbotte, lui, était souriant et calme. Il promenait ses regards sur les femmes qui faisaient partie de l'auditoire, jouait avec sa tabatière, et mettait une sorte de grâce à affronter la mort.

Soubrany avait conservé devant les proscripteurs cette aisance du gentilhomme qui, chez lui, s'était toujours mariée à l'énergie du républicain.

La douceur de Duroy et sa fermeté modeste, l'air concentré de Romme, les traces qu'une maladie récente avait laissées sur le front dégarni de Duquesnoy, tout concourait à augmenter l'intérêt poignant d'une scène à laquelle chacun prévoyait un dénoûment terrible [1].

Trois jours avant le prononcé du jugement, Goujon avait écrit à sa mère, à sa femme, à son frère, des lettres où respire son âme tout entière. Dans celle qu'il fit remettre à son frère, on lit : « J'ai vécu pour la liberté... Ma vie est entre les mains des hommes, elle est le jouet

---

[1] Ce que nous avons dit de l'impression produite par Goujon, s'appuie sur le témoignage de l'auteur de sa biographie dans la *Biographie des contemporains*, d'Arnault, Jay, Jouy, etc.

Quant aux détails qui concernent l'attitude des divers accusés, on peut voir la notice publiée par Aimé Jourdan, et signée de lui dans le *Moniteur*, an III, numéro 274. Aimé Jourdan, outre qu'il était le scribe officiel du parti vainqueur, avait des motifs d'inimitié personnelle à l'égard des accusés, qui le dénoncèrent en public à l'indignation des honnêtes gens, pour avoir provoqué leur condamnation par un récit infidèle. Aussi faut-il lire son compte rendu comme l'œuvre d'un ennemi, et prendre les faits, en laissant de côté l'appréciation. C'est ce qu'observent avec raison les auteurs de l'*Histoire parlementaire*, t. XXXVI, p. 394. « Il est très-facile, disent-ils, de démêler (dans cette notice du rédacteur du *Moniteur*) ce qui appartient à la vérité de ce qui est l'œuvre de la passion. En général, la meilleure histoire d'un parti qui a raison est celle qui est faite par ses adversaires, pourvu qu'ils disent tout! » Du reste, le courage que les accusés montrèrent dans leur défense est attesté par un auteur dont le témoignage ne saurait être suspect de partialité. Voy. les *Mémoires de Thibaudeau*. t. I, p. 172.

de leurs passions; ma mémoire est à la postérité, elle est le patrimoine des hommes justes... Je ne porte dans mon âme, en approchant du terme, aucun des sentiments haineux qui appartiennent à la violence des passions; et si je fais un vœu ardent et sincère, c'est pour que ceux qui brûlent de m'assassiner ne prouvent pas, par une longue suite de crimes, qu'ils m'ont frappé, parce qu'ils avaient reconnu en moi un homme de bien... Puisse la patrie être heureuse, après moi!... Que le peuple français conserve la Constitution de l'Égalité qu'il a acceptée dans ses assemblées primaires! J'avais juré de la défendre et de périr pour elle : je meurs content de n'avoir pas trahi mon serment... Ami, je n'ai rien de plus à te dire, tu me remplaces : adieu. Nous nous retrouverons; la vie ne peut finir ainsi, et la justice éternelle a encore quelque chose à accomplir, alors qu'elle me laisse sous le coup de l'ignominie. Le triomphe insolent des méchants ne peut être la fin honteuse d'un si bel ouvrage. La nature si belle, si bien ordonnée, ne peut manquer en ce seul point... Mes amis, nous nous reverrons heureux et satisfaits comme nous méritons de l'être. Je désire que vous ne vous quittiez point. Vivez en paix dans l'obscurité. Ne gémissez pas sur moi : il vaut mieux que je meure que d'avoir trahi la patrie. Tant d'hommes justes sont dans les larmes! Ne vous plaignez point si j'ai partagé leur sort. Pour l'éviter, il aurait fallu que je ne leur ressemblasse pas : il vaut mieux mourir [1]. »

Ce fut le 29 prairial (17 juin) que le jugement fut rendu. Aux six accusés que nous avons nommés plus haut, on avait joint deux autres représentants du peuple, Peyssard et Forestier : Peyssard fut condamné à la

[1] Cette lettre fait partie de celles qui furent publiées en l'an VIII par M. F. P. Tissot, beau-frère de Goujon, et qu'on trouve reproduites dans le t. XXXVI de l'*Histoire parlementaire*, p. 391-393.

déportation, et Forestier placé sous la surveillance du Comité de sûreté générale, en attendant qu'on statuât sur son sort d'une manière définitive. Quant à Romme, Soubrany, Duroy, Duquesnoy, Goujon et Bourbotte, la Commission militaire, fidèle à sa mission, les condamna tous à mort[1].

Duquesnoy aussitôt s'écrie : « Je désire que mon sang soit le dernier sang innocent qui sera versé : puisse-t-il consolider la République ! » — « Les ennemis de la liberté, dit à son tour Bourbotte, ont seuls demandé mon sang. Mon dernier soupir sera pour la patrie[2]. »

Les condamnés remettent sur le bureau leurs cartes de députés, leurs portefeuilles, avec prière qu'on les fasse tenir à leurs familles[3], puis ils se retirent... Mais, comme ils descendaient l'escalier, Romme se frappe du couteau qu'ils avaient réservé pour cet usage, tombe blessé mortellement, et passe le fer à un second, qui, après se l'être plongé dans la poitrine, le tend à un troisième. Les six se frappèrent ainsi avec le même couteau[4]. « Romme, dit le compte rendu du *Moniteur*, s'était porté des coups, non-seulement au corps, mais au cou, et jusque dans le visage ; le sang dont il était couvert le rendait méconnaissable[5]. » Lui, Goujon et Duquesnoy expirèrent à temps. Moins heureux, Duroy, Soubrany et Bourbotte avaient encore un reste de vie : ils furent conduits à l'échafaud. Duroy semblait n'avoir rien perdu de sa force ; il s'écriait : « Les assassins jouissent de leur ouvrage... Que je suis malheureux de m'être manqué !... Ces mains-là étaient-elles donc faites pour être liées par le bourreau ? » La vie de Soubrany s'étant presque entiè-

---

[1] *Moniteur*, an III, numéro 274.
[2] *Ibid.*
[3] *Ibid.*
[4] *Biographie des contemporains*, de Arnault, Jouy, etc. Art. *Romme*
[5] *Moniteur*, an III, numéro 274.

rement écoulée avec son sang, il était étendu de son long dans la charrette. Bourbotte se tenait assis, dans une attitude indomptable[1].

Duroy fut exécuté le premier. Il fallut porter Soubrany sur l'échafaud. Le corps entr'ouvert, il montrait au peuple ses entrailles sanglantes : seule protestation qui lui fût possible dans le râle de l'agonie. Le dernier qu'on acheva fut Bourbotte. Étant tombé avec la planche fatale à laquelle on l'attachait, et ayant heurté de sa tête le fer qui venait de trancher celle de son ami, on le vit avec étonnement profiter du temps qu'on mit à relever le couteau de la guillotine, pour exhaler le vœu suprême d'un républicain[2].

Telle fut la fin de ces hommes, en qui s'était réveillé l'esprit des temps antiques, et qui emportèrent avec eux ce qui restait encore des mâles vertus de la Révolution. Ils furent jugés, qu'on ne l'oublie pas, sans jurés, sans défenseurs, sans formes, sans preuves, par quelques soldats, dont c'était la consigne. Et, pour comble de dérision, ceci se passait au moment même où le parti vainqueur décrétait que la Commission des travaux publics aurait à faire disparaître de dessus les portes et les portiques ces mots : la mort[3]! Car c'est ainsi que la contre-révolution pratiquait le « retour à l'ordre et à la justice. »

Les Thermidoriens sentirent bien que ce procès les déshonorait. Aussi essayèrent-ils d'échapper aux malédictions des cœurs honnêtes, en affectant de croire qu'on les aurait tués comme ils tuèrent, si la fortune se fût déclarée contre eux. C'était risquer une calomnie pour couvrir un assassinat.

[1] Tout ceci résulte du récit publié par le *Moniteur* lui-même, an III, numéro 274.
[2] Voy. le dictionnaire biographique. déjà cité.
[3] *Courrier républicain*, numéro 586. Séance du 24 prairial (12 juin).

Thibaudeau n'a pu s'empêcher d'écrire : « Par cet héroïsme, ils rachetèrent autant qu'il était en eux leur culpabilité politique; ils honorèrent leurs derniers instants, apaisèrent le parti qui les avait vaincus, et recommandèrent leur mémoire à la pitié de leurs contemporains et de la postérité. Romme avait un rang parmi les mathématiciens. Soubrany s'était fait aimer aux armées par son courage et sa frugalité. Goujon était estimé pour ses qualités personnelles et ses vertus républicaines. Enfin, si nous avions été vaincus, c'est nous qui aurions été coupables, c'est pour nous qu'aurait été dressé l'échafaud. C'était une pensée bien propre à inspirer quelques regrets et à tempérer l'orgueil de ces sortes de victoires [1]. »

Le bruit courut que Romme, blessé très-grièvement, mais non mortellement, avait été rappelé à la vie par des amis discrets et fidèles qui, après l'avoir transporté en France dans une retraite sûre, l'avaient fait passer à Saint-Pétersbourg [2]. Si cette rumeur avait eu le moindre fondement, l'existence de Romme n'aurait pas manqué d'être signalée par ses amis ou par lui-même, après les différentes amnisties qui rendaient sans danger la révélation du secret. Or, rien de semblable n'eut lieu : Romme ne reparut nulle part [3].

A partir des journées de prairial, la marche de la contre-révolution devint, pour ainsi dire, haletante. Les prisons s'encombrèrent [4]. Des hommes purs, des citoyens intègres, d'irréprochables patriotes, furent persécutés pêle-mêle avec des hommes qui s'étaient couverts de crimes. La justice et l'iniquité confondirent leurs coups. De toutes les idées qui, depuis le commencement

---

[1] *Mémoires de Thibaudeau*, t. I, p. 172.

[2] Nougaret, dans son *Histoire abrégée de la Révolution*, présente ce bruit sous forme d'assertion. Voy. liv. XXIV, p. 467.

[3] Voy. sa biographie dans le dictionnaire biographique déjà cité.

[4] Voy. le *Journal du Bonhomme Richard*, numéro 10.

de la Révolution, avaient prévalu, il ne resta bientôt plus
rien. Le principe de la fraternité humaine qui, au milieu
d'une lutte affreuse, où il fut plus que jamais violé, avait
été néanmoins posé comme le but suprême à conquérir,
comme la compensation attendue de tant d'efforts con-
vulsifs et de sang versé, ce principe fut alors chassé,
même des régions de l'idéal ; il cessa d'exister, même à
l'état d'aspiration, et l'individualisme fut le Dieu que les
Thermidoriens proposèrent à l'adoration des mortels. Les
institutions, ainsi qu'il arrive toujours, changeant avec
les idées, on partit, dans l'établissement de l'ordre politique nouveau, de cette théorie, que « la force destinée à
maintenir la sûreté des propriétés et des personnes doit
être exclusivement entre les mains de ceux qui ont à la
maintenir un intérêt inséparable de leur intérêt individuel. » La réorganisation de la garde nationale n'eut pas
d'autre base [1].

Et non contente de s'attaquer aux choses, la réaction
se mit à faire la guerre aux mots, ardente à détruire,
non-seulement ce qui était la Révolution, mais encore
ce qui pouvait servir à la rappeler. C'est ainsi que la
Convention décréta, sur la proposition de Sévestre, que
les « Comités révolutionnaires » s'appelleraient désormais
« Comités de surveillance; » et, sur celle de Hardy, que le
bonnet et autres emblèmes de la liberté seraient désormais aux trois couleurs [2]. On demanda la révocation de
la loi du 5 octobre 1793, qui avait établi un nouveau
calendrier. La pétition dans laquelle ce vœu était exprimé
venait de Rouen ; elle portait : « Il fallait des innovations
aux tyrans pour consolider leur puissance : il fallait tout
détruire ; *il faut donc aujourd'hui tout rétablir* [3]. La

---

[1] *Hist. parl.*, t. XXXVI, p. 383.
[2] *Courrier républicain*, numéro 586, séance du 24 prairial (12 juin)
et *Moniteur*, an III, numéro 267.
[3] *Courrier républicain*, numéro 584.

section de la République reprit son ancien nom de
section du Roule. L'orateur de la députation qui alla
rendre compte de cette décision à l'Assemblée, disait :
« Le nom de République ne doit appartenir qu'à la République entière, et non à une petite portion du peuple.
Il nous avait été donné par les Hébert et les Ronsin ; mais
*aujourd'hui que tout reprend sa place*, nous reprenons
le premier nom de notre section. » Et fidèle au système
d'hypocrisie adopté par les royalistes, l'orateur concluait
par le cri de : « Vive la République [1] l »

Puis, c'étaient chaque jour des têtes nouvelles que l'on
demandait. Un patriote, après avoir été injustement
frappé, était-il rendu à sa famille et à ses amis, les royalistes affectaient de pousser des cris d'effroi : leur manière de maudire le système de la loi des suspects était
de l'appliquer, au profit du royalisme ressuscité. Contre le
danger d'un retour à la Terreur, ils s'armaient de la Terreur, et on les vit, tirant des souvenirs du passé tout ce
que ces souvenirs pouvaient contenir de fiel, se servir des
morts pour tuer les vivants.

Dans l'accomplissement de cette odieuse besogne,
leurs auxiliaires furent des hommes impatients de racheter leurs fureurs passées par des fureurs contraires,
et, comme l'exprime le poëte :

« De laver dans le sang leurs bras ensanglantés. »

Avant le 9 thermidor, André Dumont avait dit : « Il y a
trois choses qui font trembler les traîtres : le tribunal
révolutionnaire, la guillotine, et le maratiste André
Dumont [2]. » Et, dès le 15 thermidor, André Dumont,
devenu tout à coup l'instrument des vengeances roya-

---

[1] Voy. cette pétition dans le journal royaliste, intitulé *Courrier républicain*, numéro 596.
[2] *Moniteur*, an II, 1793, numéro 268.

listes, dénonçait Joseph Le Bon avec un zèle farouche, demandant qu'il fût promptement puni. Or, ce qui avait constitué la *prompte punition*, dans les jours qui suivirent le 9 thermidor, c'était : la mise hors la loi, la constatation d'identité, la mort[1].

Deux adresses, qui étaient censées venir de la province, mais qui avaient été fabriquées à Paris[2], et dont chacune ne portait que deux signatures[3], voilà ce qui provoqua la dénonciation lancée par André Dumont, et suffit pour motiver le vote qui mettait Joseph Le Bon sur la route de l'échafaud... seulement sur la route; car la Convention, cette fois, n'osa pas aller jusqu'à prononcer la *condamnation sans jugement*.

Mais, pendant qu'on instruisait le procès de l'accusé, on jetait sa femme en prison; on arrêtait ses proches; on permettait à Guffroy, son ennemi personnel, de mettre la main sur ses papiers justificatifs et de les faire disparaître; on s'emparait de sept mille francs d'assignats, tout son avoir; on répandait calomnieusement le bruit que, lorsqu'il était proconsul d'Arras, il avait volé un collier de diamants dans la succession d'une comtesse guillotinée, dépeuplé trois rues de la ville, et commandé l'adultère à l'amour conjugal d'une femme dont il tenait le mari sous le glaive. Que s'il tentait, du fond de sa prison, de répondre à ces mensonges[4], on interdisait aux journaux de publier ses lettres, et, pour préparer les

---

[1] C'est ce qui est observé avec raison dans la *Préface historique* dont M. Émile Le Bon a fait précéder la publication des *Lettres de Joseph Le Bon à sa femme.* Voy. cette préface, p. 60.

[2] *Ibid.*

[3] *Ibid.* — *Moniteur*, an II, numéros 316 et 317.

[4] La fausseté des deux premières accusations fut prouvée; voy. à cet égard le rapport de Quirault, au nom de la Commission des Vingt et Un, *Moniteur*, an III, numéro 274, et la séance du 22 messidor an III, *Moniteur*, an III, numéro 297.

Quant à l'accusation d'avoir dépeuplé trois rues d'Arras, ce n'était qu'une figure... j'allais dire une calomnie, de rhétorique.

esprits à l'idée que le coup de hache qui lui était destiné délivrerait le monde d'un monstre, on le promenait en effigie, les fers au cou, les fers aux pieds, de ville en ville, de porte en porte, et jusque sous les fenêtres de la prison où, déjà, sa femme le pleurait[1].

Qu'on eût appelé Joseph Le Bon à rendre compte des abus de pouvoir où l'entraîna une exaltation fanatique, puisée dans les tendances de l'époque, et mise au service d'une politique implacable, cela n'eût été que juste; mais joindre aux imputations réellement encourues par lui des calomnies systématiques qui le dégradaient jusqu'au-dessous de la bête fauve, et parler de ses *embrassements homicides, de ses caresses à la Caligula*[2], en le privant pendant plusieurs mois de tout moyen d'établir la vérité, cela était infâme.

Quoi qu'il en soit, lorsque l'insuccès du mouvement de prairial vint rendre la réaction définitivement maîtresse du champ de bataille, les ennemis de Joseph Le Bon se trouvaient l'avoir tellement noirci dans l'opinion publique, que rien ne pouvait plus le sauver. Le 1er messidor (19 juin), la Commission des Vingt et Un fit contre lui à la Convention un rapport où le vrai et le faux se mêlaient de manière à former un tissu presque inextricable. Des actes empreints de l'exaltation du temps y étaient présentés sous des couleurs qui, non-seulement en changeaient le caractère, mais en déguisaient l'origine; des rigueurs excessives que la nature étrange des circonstances servait, sinon à justifier, du moins à expliquer, y prenaient les proportions de forfaits monstrueux en-

---

[1] Voy. le détail et la preuve de ces manœuvres dans le livre publié en 1845 par le fils de Joseph Le Bon, alors juge d'instruction de l'arrondissement de Châlons-sur-Saône, sous ce titre : *Lettres de Joseph Le Bon à sa femme*.

[2] Ce sont les expressions mêmes que Courtois emploie dans son célèbre rapport sur les papiers trouvés chez Robespierre (*Moniteur*, an III, numéro 157).

fantés par des caprices de tyran; tout y était exagéré, envenimé, et une phraséologie artificieuse y laissait subsister, à la faveur de certains mots vagues, les accusations mêmes que l'évidence forçait d'abandonner[1].

La réponse de Joseph Le Bon à ses accusateurs occupa plusieurs séances. Justifier tous ses actes, il ne le pouvait, car il n'était pas douteux que le despotisme révolution-

---

[1] Pour mettre à nu le système de calomnie qui fut le procédé ordinaire de la politique thermidorienne et royaliste, il faudrait un ouvrage à part. Voici un exemple entre mille. Nous laissons la parole à M. Émile Le Bon qui, en défendant la mémoire de son père, avec l'énergie d'une conviction manifeste, a su conserver jusqu'au bout le calme d'un logicien et l'honnêteté d'un magistrat : « Les scellés apposés sur la succession de la comtesse de R*** avaient été levés, et le collier (celui qu'on accusait Le Bon d'avoir volé) y avait été trouvé à sa place et intact. Mon père avait fait parvenir à la Commission des Vingt et Un une expédition authentique de l'inventaire. Pour personne au monde il ne pouvait plus rester matière au moindre doute, et, sur ce point encore, la calomnie était prise sur le fait et pleinement confondue. La Commission des Vingt et Un seule ne put se rendre à la justification de mon père. Pour persister dans l'accusation, elle dénature, aggrave, falsifie les faits et les actes. « Diverses pièces, dit-elle, accusent Joseph Le Bon de s'être emparé *des diamants de plusieurs comtesses* tombées sous le glaive de « la loi. Cependant, Le Bon a donné *un état du mobilier* de ces femmes, « dans lequel des *diamants* sont compris; il *prétend* que ces diamants « sont ceux qu'on l'accuse de s'être appropriés. » Comme on voit, au *collier*, objet précis et déterminé sur lequel il n'y avait pas d'équivoque possible, la Commission des Vingt et Un substitue l'expression vague *des diamants*; puis, ce n'est plus de la seule comtesse de R*** qu'il s'agit, mais de *plusieurs comtesses* qu'on ne nomme pas; puis, l'inventaire authentique constatant la présence du collier sous les scellés, n'est plus qu'un simple *état de mobilier*. Mais elle-même, la Commission des Vingt et Un trahit son imposture par ces mots : « Le Bon a « donné *un état* du mobilier de ces *femmes*; » car il est évident qu'un seul inventaire ou état de mobilier ne pouvait concerner *qu'une* seule personne et non *plusieurs comtesses*, dont, apparemment, les successions ne pouvaient être confondues ensemble. »

La Convention, il faut le dire, n'osa sanctionner ce honteux manége de ses meneurs, et fit disparaître de son bulletin (numéro 1015), le chapitre des *vols et dilapidations*. Mais le rapport resta, recueil de calomnies toutes rédigées à l'usage de ceux qui font de l'Histoire une arme de l'esprit de parti.

naire n'eût trouvé en lui un agent passionné; mais ce qu'il établit victorieusement, c'est qu'il n'y avait pas un seul reproche, parmi ceux qu'on lui adressait, qu'il ne fût en droit de renvoyer à ses juges; c'est que les Thermidoriens avaient trempé dans les excès dont maintenant ils lui faisaient un crime; c'est que la Convention avait consacré, aux yeux du monde, par ses décrets, par ses exemples, par ses exhortations, par sa politique avouée, les violences dont aujourd'hui elle concentrait injustement sur quelques têtes la responsabilité tout entière.

L'Assemblée tressaillit, à cette évocation des souvenirs d'un passé qu'il lui était impossible de renier sans s'avilir. Entre les Thermidoriens, qui avaient changé, et Le Bon, qui ne changeait point, il n'y avait de différence que leur palinodie : ils le comprirent, et Le Bon fut invité à se renfermer strictement dans les bornes de sa justification, en discutant article par article les charges qui pesaient sur lui. Il y consent, mais il réclame ses papiers justificatifs : on les lui avait dérobés, et on les disait introuvables, de sorte qu'il dut se défendre de mémoire contre des accusateurs qui lui opposaient des pièces qu'ils avaient choisies[1].

Le résultat fut un décret d'accusation, rendu à une heure avancée de la nuit. L'appel nominal, exigé par l'article 15 de la loi du 8 brumaire an III, et qui avait eu lieu, dans l'affaire de Louis XVI, dans celle de Marat, dans celle de Carrier, eut-il lieu dans celle de Joseph Le Bon? Le *Moniteur* l'assure, mais sans mentionner — omission significative — ni les noms, ni les votes, ni le nombre des voix[2]!

La loi du 12 prairial, qui supprimait le tribunal révo-

---

[1] Voy. la défense de Joseph Le Bon, par lui-même, dans l'Assemblée. — *Moniteur*, an III, numéros 288, 291, 293, 294, 295, 296 et 297.

[2] C'est ce que M. Émile Le Bon fait remarquer avec beaucoup de raison, dans l'ouvrage précité, p. 92.

lutionnaire, portait, article 4 : « Néanmoins, les accusés traduits par un décret du corps législatif pour fait de conspiration ou d'attentat à la sûreté publique, seront jugés par le tribunal auquel ils auront été renvoyés, dans la forme déterminée par la loi du 8 nivôse[1]. » Or, la loi du 8 nivôse, rendue après le 9 thermidor, maintenait, dans la reconstitution du tribunal révolutionnaire, le *jury spécial*, et interdisait le recours en cassation.

Il importait donc à Joseph Le Bon de n'être pas jugé conformément à cette dernière loi, qui dépouillait l'accusé de ses plus précieuses garanties ; et il était certain, il était clair jusqu'à l'évidence qu'aucun des actes reprochés à Joseph Le Bon ne rentrait dans la catégorie des faits de conspiration ou d'attentat à la sûreté publique. Ce fut pourtant la loi de nivôse qu'on lui appliqua[2].

Spolié comme il l'avait été lors de son arrestation, il n'était pas en état de payer un défenseur de son choix, et il demanda qu'on en désignât un d'office : cette requête resta sans réponse[3].

L'équité voulait qu'il ne fût pas jugé dans les lieux où il avait exercé ses pouvoirs : il fut renvoyé à Amiens, ce qui revenait au même que si on l'eût fait juger à Arras[4].

Au milieu du procès, une loi ayant été rendue qui destituait tout fonctionnaire, parent d'émigré, le président du tribunal d'Amiens aurait dû, aux termes de la loi, être destitué, parce qu'il avait un beau-frère émigré : eh bien, ce président fut maintenu dans ses fonctions par un décret spécial, afin que Joseph Le Bon eût « pour juge et directeur de ses juges un ennemi, *reconnu comme tel*, de la République et de la Révolution[5]. »

---

[1] *Bulletin des lois*, numéro 883.
[2] Voy. le livre de M. Émile Le Bon, déjà cité, p 93 et 94
[3] *Ibid.*, p. 94.
[4] *Ibid.*, p. 92.
[5] *Ibid.*

Abrégeons ces hideux détails, que nous aurions sup primés s'ils n'étaient pas caractéristiques des procédés de la période réactionnaire. Joseph Le Bon avait servi avec violence une politique violente : pour cela, l'Histoire peut et doit le juger sévèrement ; mais il nous est commandé de ne point taire que cette violence eut sa source dans les entraînements d'une époque exceptionnelle et les dangers d'une situation sans égale. Joseph Le Bon sauva Cambrai, une des clefs de la France envahie. Un tel ser vice valait qu'on s'en souvînt : on l'oublia. Condamné par un tribunal que présidait un royaliste, le proconsul d'Arras mourut courageusement, selon l'usage. Sa der nière lettre à sa femme se terminait ainsi : « J'avais d'a bord résolu de ne plus t'écrire ; depuis longtemps même je gardais le silence, et je m'étais borné à remettre une dernière lettre à Abraham pour t'être communiquée quand je serai endormi... C'est en t'occupant trop de moi que tu es faible ; je ne suis fort qu'en t'éloignant le plus possible de mon esprit !... Ce n'est pas comme ton époux que je dois mourir, c'est comme un véritable ci toyen, comme un des chefs de la cause populaire : cette grande mission doit être remplie grandement [1]. »

Pendant ce temps, la contre-révolution continuait de porter ses fruits dans l'ordre social. L'avidité des culti vateurs était si grande, et la campagne opprimait à ce point la ville, que Hardy alla jusqu'à proposer qu'on dé clarât propriétés nationales les blés, les seigles, les avoi nes [2]. A Paris, les scandales de l'agiotage avaient atteint leurs plus extrêmes limites. Le 18 prairial (6 juin), le louis d'or se vendait 515 liv. [3]. C'était toujours au Palais-

---

[1] *Lettres de Joseph Le Bon à sa femme pendant les quatorze mois de prison qui ont précédé sa mort.* Châlons-sur-Saône, 1845.

[2] *Courrier républicain*, numéro 384, séance du 22 prairial (10 juin) et *Moniteur*, an III, numéro 265.

[3] *Courrier républicain*, numéro 579.

Royal que les agioteurs s'assemblaient pour tenir leur sabbat. Ils rouaient de coups tout marchand qui voulait les empêcher d'obstruer sa boutique. Pour disperser cette horde impure, le gouvernement se vit obligé d'entretenir, sur la place du jardin où ils se réunissaient, une garde permanente, et d'y faire circuler des patrouilles[1]. Bientôt on eut à leur donner la chasse partout : dans les cafés, aux spectacles, sur les places publiques, le long du quai de la Ferraille, à la Halle aux Draps[2]. Le 29 messidor (4 juillet), Delaunay annonçait à la Convention que, dans l'espace d'une décade, quatre cents agioteurs avaient été arrêtés[3]. Mais on eût dit que la plaie allait s'élargissant à mesure qu'on faisait plus d'efforts pour la fermer. Il fallut en venir à défendre le commerce de l'or et de l'argent autre part qu'à la Bourse, là où une Bourse existait. Il fut décrété que le contrevenant serait condamné à figurer en place publique avec un écriteau infamant sur la poitrine, après quoi il devait être détenu pendant deux années[4].

L'Assemblée ne manquait jamais d'accueillir par de vifs applaudissements les mesures ou les menaces dirigées contre les agioteurs, et, par exemple, elle avait fort applaudi Thibault, disant, au nom du Comité des finances : « Tremblez, misérables, la Convention marche au pas de charge contre vous[5]. » Mais les agioteurs, le sourire sur les lèvres, poursuivaient leur brigandage, trop sûrs que le gouvernement ne pouvait plus rien, sinon contre son principe.

Cette impuissance absolue du gouvernement thermi-

---

[1] *Courrier républicain*, numéro 609.
[2] *Moniteur*, an III, numéro 303.
[3] *Ibid.*
[4] Décret du 13 fructidor (30 août) 1795, — *Moniteur*, an III, numéro 346.
[5] *Courrier républicain*, numéro 603.

dorien, soit à faire le bien, soit à arrêter le mal, lui-même la trahit d'une manière éclatante par le pitoyable résultat de ses efforts financiers.

Le 10 prairial (29 mai) 1795, il avait été décidé par décret rendu sur une motion de Balland, que désormais les biens nationaux se vendraient sans enchère, et que chaque citoyen, pour obtenir l'adjudication d'un bien national, n'aurait qu'à se soumettre à payer le denier 75 du revenu annuel calculé d'après les baux existant en 1790, c'est-à-dire soixante-quinze fois le revenu dudit bien [1].

Le but apparent de cette mesure était d'accélérer la vente des biens nationaux comme moyen de retirer une partie des assignats de la circulation, en offrant un appât considérable aux acheteurs ; car telle était la dépréciation du papier qui servait au payement des biens nationaux, qu'en prenant le revenu annuel d'un domaine sur les baux de 1790 et en payant ce domaine soixante-quinze fois son revenu ainsi évalué, on se trouvait conclure un marché d'or. Il est vrai qu'en revanche la perte pour l'État était énorme !

Aussi les entrepreneurs d'affaires accoururent-ils en foule, impatients de dévorer la proie qu'on mettait à leur portée. A Charenton, un bien national dont un soumissionnaire avait offert 180,000 livres, avant la loi du 10 prairial, n'avait pas été vendu parce qu'il était évalué 200,000 livres : la loi n'eut pas été plutôt rendue, que trois cents soumissionnaires se présentèrent [2]; c'était à qui offrirait les 90,000 livres qu'il suffisait maintenant de payer pour acquérir un domaine dont l'État avait refusé le double ! A Honfleur, un édifice public, servant de magasin, avait coûté 450,000 liv. à bâtir : on dut le

[1] *Courrier républicain*, numéro 572.
[2] Voy. le discours de Dubois-Crancé, dans la séance du 19 prairial (7 juin) 1795, *Moniteur*, an III, numéro 262.

vendre 225,000 liv. au denier 75[1]! Il en était partout de même. Ce fut, pendant quelques jours, une véritable curée. Ici, des spéculateurs sans surface se concertaient, achetaient tous les biens nationaux d'un district, payaient comptant le premier tiers exigible, et revendaient aussitôt à un prix très-supérieur à celui de l'achat[2]; là, des administrateurs avides s'empressaient de faire leurs soumissions avant même que les autres citoyens eussent connaissance de la loi[3], et s'enrichissaient de la sorte par l'abus des fonctions publiques. On vit s'élever, du jour au lendemain, aux dépens de l'État, des fortunes immenses, qui n'étaient ni la récompense d'aucun service, ni le résultat d'aucun travail. Ce nouveau mode d'aliénation des biens nationaux eut de tels effets, il donna naissance à tant de scandales, qu'en certaines localités les représentants du peuple qui y exerçaient une mission, se préparèrent résolûment à suspendre de leur propre autorité l'exécution de la loi[4].

Il y avait à peine neuf jours qu'elle avait été rendue, lorsque Rewbell vint, au nom du Comité de salut public, la déclarer désastreuse. « Si vous vendez tous vos domaines, dit-il, vous retirerez vos assignats; mais si vous avez encore besoin d'en créer, sur quoi les hypothéquerez-vous? » A la suite de ce discours, dont Vernier et Cambacérès appuyèrent vivement les conclusions, la loi du 10 prairial fut suspendue[5].

Ainsi, tout n'était, dans la direction des affaires publiques, qu'oscillations contradictoires et tâtonnements.

---

[1] Voy. le discours de Rewbell, dans la séance du 27 prairial (15 juin) 1795, *Moniteur*, an III, numéro 270.

[2] *Ibid.*

[3] Lettre de Butel, représentant du peuple dans les ports de la Rochelle, Rochefort, etc. *Courrier républicain*, numéro 594.

[4] *Ibid.*

[5] *Ibid.*, numéro 581 et *Moniteur*, an III, numéro 262.

La famine aussi était là, toujours là. Le 18 prairial (6 juin), dans le temps même où les Thermidoriens cherchaient à accréditer ce mensonge que, lors de l'invasion de l'Assemblée, on avait arrêté *des* hommes ayant leurs poches pleines de pain, le *Courrier républicain* écrivait : « Même ration de pain : un quarteron, et quelquefois six onces [1]. »

A Dieppe, il y eut une insurrection de femmes. Éperdues, furieuses, elles coururent par la ville en criant: *Du pain ! du pain !* On battit la générale ; la loi de grande police fut proclamée ; on fit avancer de l'artillerie. Mais la faim n'est pas facile à intimider : celles qui avaient des enfants restèrent debout devant la bouche des canons. Le calme ne fut rétabli que par un arrêté de la commune promettant qu'il serait délivré trois quarterons de pain par tête. Les femmes, durant cette émeute, n'avaient cessé de crier : *Du pain, et vive la République ! Point de pain, vive le roi [2] !*

Le passage suivant du *Bonhomme Richard*, journal du parti dominant, donnera une idée de la situation que ce parti avait faite à la France :

« ... Tout le monde est devenu marchand. Le nouveau riche est insolent, le pauvre tombe d'étisie, l'ouvrier murmure, le fermier se gonfle d'assignats et les méprise ; la campagne ruine, affame et persécute la ville. La disette est au milieu de l'abondance. Les uns dansent, le ventre plein ; les autres pleurent, couverts de haillons. Les spectacles sont toujours remplis, les prisons s'encombrent ; l'agiotage s'engraisse ; les voleurs se multiplient ; les compagnies de Jésus égorgent les compagnies de Marat [3]. Les uns désirent l'arrivée des Anglais, pour

---

[1] *Courrier révublicain*, numéro 579.
[2] *Ibid.*, numéro 584.
[3] Heureuse la France si les compagnies de Jésus n'avaient pas plus existé à cette époque que les compagnies de Marat!

rattraper ce qu'ils espèrent en vain, les autres voudraient voir les Anglais dans la plaine des Sablons, pour qu'il n'en restât pas un... Polichinelle amuse ceux-ci, les revenants font peur aux autres. Tout le monde se plaint, tout le monde se pille. La coquetterie s'organise ; nos petits maîtres se coiffent en *victimes* qui dînent bien, nos femmes en petites folles qui font rire... Pauvres humains, que je suis heureux d'être vieux, pour vous quitter bientôt [1] ! »

[1] *Journal du Bonhomme Richard,* numéro 10

# LIVRE QUINZIÈME

---

## CHAPITRE PREMIER.

### LES ÉMIGRÉS.

L'émigration ne fut point déterminée par les excès révolutionnaires. — Origines et caractère égoïste de l'émigration. — Les émigrés cherchent partout des ennemis à la France. — Leurs prétentions et leurs illusions. — Leur conduite à l'étranger. — Leur bravoure dans les combats. — Faste et vices de Versailles transportés à Coblentz. — Morgue des émigrés nobles. — Jactance des émigrés. — Les Cours étrangères se cachent d'eux. — Émeutes excitées par leurs allures. — Mirabeau jeune. — Excès commis par le prince de Condé. — Rassemblements d'émigrés. — Les émigrés en seconde ligne dans l'invasion du territoire français par le roi de Prusse. — Animosité des émigrés contre le roi de Prusse et le duc de Brunswick. — Coups de fusil tirés sur le roi de Prusse; rumeurs répandues à cet égard. — Mauvais vouloir témoigné aux émigrés par les petits princes d'Allemagne. — Ordonnance insultante publiée par Cobourg. — Les émigrés tombent dans la misère. — Tableau de leur détresse. — Effroyables contrastes. — Catherine II et les émigrés. — Situation des émigrés à Londres ; Chateaubriand y manque de pain. — Mésintelligence entre les princes français et les Puissances coalisées. — Protection dérisoire accordée aux princes français par les Cabinets de Londres et de Vienne. — Mésintelligence entre le comte d'Artois et son frère. — Louis-Stanislas-Xavier se proclame régent. — Répugnance des Puissances coalisées lui reconnaître ce titre. — Mot égoïste et cruel échappé à Louis-Stanislas-Xavier, à la nouvelle de l'exécution de Marie-Antoinette. — Cour de la régence à l'étranger. — Discrédit de ses représentants diplomatiques. — Louis-Stanislas-Xavier éloigné du théâtre de la guerre par les Puissances coalisées; leur but en cela. — Vie du soi-disant régent à Vérone. — Le comte d'Artois à la Cour de Russie. — Présent que l'impératrice de Russie lui fait d'une épée, en lui recommandant de s'en servir. — Pusillanimité de ce prince. — L'accès de Londres lui est fermé par ses dettes; il retourne à Hamm. — Appel qui lui est adressé par les chefs de l'armée vendéenne. — Étrange lettre qu'il écrit à ce sujet au duc d'Harcourt. — Une lettre de lui au duc d'Havré. — La permission des Anglais demandée toujours et toujours refusée. — Le prince de Condé. — Son caractère. — Son entourage. — Correspondance des princes avec l'intérieur. — Combien peu leurs agents connaissaient la France. — Ce qui rendit l'action contre-révolutionnaire des émigrés impuissante.

On vient de voir comment la contre-révolution était servie, au-dedans, par les Thermidoriens : voyons comment, au dehors, elle était servie par les émigrés.

Le mouvement de l'émigration n'ayant jamais été décrit jusqu'ici dans son ensemble, nous allons essayer de mettre en pleine lumière ce côté, si curieux et si important, de l'histoire de la Révolution.

L'émigration fut-elle déterminée par les excès révolutionnaires? Rien n'a été négligé pour accréditer cette idée, qui est une erreur née d'un mensonge : la date des diverses émigrations le prouve assez. Le comte d'Artois, par exemple, se prit, dès 1789, à visiter les diverses Cours de l'Europe[1], cherchant partout des défenseurs à la cause royale, dont le triomphe se confondait, dans son esprit, avec l'inviolabilité du pouvoir absolu; et c'est aussi de l'année 1789 que date la fuite du prince de Condé en Allemagne[2].

En mars 1791, la France vivait sous l'empire de principes qui avaient élevé tous les citoyens à la dignité d'hommes libres et enchaîné l'arbitraire. Il était donc

[1] *Moniteur*, an 1791, numéro 12.
[2] *Ibid.*, numéro 76.

loisible au prince de Condé de résider en France, où il se serait vu plus en sûreté, même que sous l'ancien régime, n'ayant pas à craindre, comme autrefois, qu'un ordre imprévu et despotique l'exilât tout à coup à Chantilly. Et cependant, dès 1791, on le trouve installé au château de Worms, non en voyageur, mais en *émigré*, non en simple visiteur de l'électeur de Mayence, mais en fauteur de guerres civiles. Vingt-quatre satellites de haut rang, toujours de garde, veillent sur sa vie, que nul ne menace; une cour composée de mille à douze cents gentilshommes rend cher à son orgueil un exil auquel nul ne l'a condamné; et, pendant qu'il affecte devant l'Europe l'attitude d'un proscrit, la révolte armée s'organise à sa voix, le long du Rhin[1]. C'est en vain que l'Assemblée nationale le somme de rentrer en France ou de déclarer qu'il n'entreprendra rien contre la Constitution décrétée par les élus du peuple, et solennellement acceptée par le roi[2] : il répond en traitant les représentants du peuple de factieux[3], et en portant la main à son épée.

L'émigration n'ayant pas attendu que Louis XVI jurât la Constitution et entreprît de la détruire, il était naturel qu'elle accélérât son mouvement après la tentative de Varennes et l'arrestation du roi. C'est ce qui eut lieu. A peine Louis XVI venait-il de partir pour Montmédy, que son frère Louis-Stanislas-Xavier (depuis Louis XVIII) quittait la France. Plus heureux que le monarque, ce prince, avant le mois de juillet 1791, atteignit Bruxelles, d'où il provoqua la trop fameuse déclaration de Pilnitz[4]. L'émigration alors devint torrent. De tous les points de l'intérieur, de tous les points de la frontière, il arriva des recrues au prince de Condé. Ce fut à qui, parmi les

---

[1] Voy. *Moniteur*, an 1791, numéros 82 et 102.
[2] *Ibid.*, numéro 164. Décret du 13 juin 1791.
[3] Voy. son *Mémoire en réponse au décret du 11 juin* 1791.
[4] *Moniteur*, an 1791, numéro 180.

nobles, abandonnerait Louis XVI sur son trône, de plus en plus solitaire, comme s'il était possible qu'un trône solitaire ne fût pas tôt ou tard un échafaud!

Lorsque l'Assemblée nationale rendit le 28 juin 1791, le décret qui interdisait l'émigration, de quoi s'occupaient les émigrés? On aurait pu encore leur pardonner de parader en uniforme bleu avec doublure écarlate, boutons à fleur de lis d'or et cocarde blanche[1]; mais comment amnistier leurs efforts pour armer contre leur pays l'empereur d'Allemagne[2]?

Au moins auraient-ils dû hésiter, à la nouvelle que Louis XVI avait accepté la Constitution; car, en poursuivant leurs manœuvres, ils le faisaient victime ou parjure : victime, si le succès ne couronnait pas sa complicité; parjure, dans le cas contraire. Mais leur parti était pris, ou de reconquérir leurs priviléges, ou de mettre le feu à leur pays, dût leur roi périr au milieu de l'incendie, et, avec sa vie, perdre, peut-être, son honneur. L'acceptation de la Constitution par Louis XVI était du 13 septembre 1791; et, en octobre 1791, on écrivait de Coblentz au *Moniteur*: « Notre ville regorge de Français émigrés; il en arrive tous les jours un si grand nombre, qu'ils ne trouvent plus à se loger[3]. »

En même temps, l'armée des princes continuait de s'organiser, leur théorie étant, comme ils l'expliquèrent dans leur lettre au roi, que « l'acceptation de la Constitution était nulle, parce que le monarque n'était qu'usufruitier de la couronne et ne pouvait conséquemment porter atteinte aux droits de ses successeurs[4]. » En d'autres termes, la France était un domaine possédé par

---

[1] *Moniteur*, an 1791, numéro 242.

[2] Extrait d'une lettre du 15 août 1791. *Moniteur*, an 1791, numéro 240.

[3] *Moniteur*, an 1791, numéro 302.

[4] *Ibid.*, numéro 280.

ses rois en toute propriété, et la nation française était un bétail.

Ce fut sur ce principe que les émigrés, dès l'origine, réglèrent leur conduite; et le serment que, comme soldats, ils prêtèrent entre les mains du prince de Condé n'eut pas d'autre base. Or, ce principe était si monstrueux, qu'il parut tel, même à l'empereur d'Allemagne. Pressé par les émigrés de mettre sa puissance au service de leurs colères, il leur répondait, au mois d'octobre 1791 : « Si les Français ôtent au roi des droits qui lui appartiennent d'après la Constitution acceptée, alors je pourrai essayer quelque chose; mais si la nouvelle législature conserve au roi les prérogatives que la Constitution lui donne, alors je ne puis rien[1]. »

Voilà comment se trouvait justifié d'avance par les déclarations d'un despote, le décret que l'Assemblée nationale rendit le 9 novembre 1791, et qui disait : « Seront regardés comme coupables de conjuration et punissables de mort tous les Français qui, au 1er janvier 1792, seront encore en état de rassemblement au delà des frontières[2]. »

Après avoir invité les émigrés à rentrer dans leur pays, il avait fallu en venir à le leur ordonner sous peine de mort!

Eux, après avoir ri de l'invitation, bravèrent la menace; et se préparant à envahir la France avec le secours de l'étranger, ils se partagèrent en trois corps d'armée: celui du prince de Condé, qui était destiné à entamer le territoire français par l'Alsace et à attaquer Strasbourg; celui des princes, appelé *l'armée du centre*, qui devait faire son entrée par la Lorraine, à la suite du roi de Prusse et marcher droit sur Paris, et enfin celui du prince de Bourbon, fils du prince de Condé, qui, pénétrant par les

---

[1] Extrait d'une lettre datée de Coblentz, 20 octobre 1791. *Moniteur*, an 1791, numéro 300.

[2] *Moniteur*, an 1791, numéro 214.

Pays-Bas, devait menacer Lille[1]. Plus tard, et successivement, divers régiments d'émigrés : Rohan, Béon, Damas,
Salm, Loyal-Emigrant, furent formés à la solde des différentes Puissances, et mis sous les ordres du comte de
la Châtre[2].

Croisade criminelle s'il en fut jamais, et presque plus
frivole encore que criminelle! Les prétentions individuelles que, tout d'abord, l'émigration fit naître, et les
préoccupations qu'elle alimenta ne seraient pas croya-
bles, si elles n'étaient attestées par des royalistes intéressés à jeter un voile sur les misères de leur parti. Ce
qui plaisait à la plupart des émigrés dans l'idée d'une
contre-révolution, c'était la perspective des avantages
qu'ils en pouvaient espérer. Les uns se réservaient le
commandement des armées; les autres déclaraient qu'ils
se contenteraient de la première place dans les Conseils.
« Des jeunes gens — écrit le comte Joseph de Puisaye,
— des jeunes gens dont l'éducation était à peine commencée lorsque la Révolution les avait enlevés aux caresses de leurs *bonnes*, ne repaissaient leurs petits esprits
que de chimères brillantes; ils se croyaient propres à
tout parce qu'ils n'avaient pas même eu le temps d'apprendre qu'ils n'étaient propres à rien[3]. » Dans l'armée
de Condé, on ne parlait que de *Reims*, de *sacre*, de la
*grande prévôté*[4]. Et ni les succès prodigieux de la Révolution, ni sa longue durée, ni le pacte qu'elle semblait
avoir fait avec la victoire, ne purent affaiblir ces étranges illusions. Dans une lettre écrite de Londres, aux

[1] Journal d'Olivier d'Argens, à la suite de la *Correspondance secrète de
Charette, Stofflet, Puisaye et autres*, p. 547 et 548.
  Papier trouvé sur Olivier d'Argens, mort dans un des combats qui précédèrent la prise de Charette.
[2] *Mémoires de Puisaye*, t. IV, p. 243.
[3] *Ibid.*, t. IV, p. 240, 241.
[4] *Mémoire concernant la trahison de Pichegru, par M. R. de Montgaillard*, germinal an XII.

agents du prétendant à Paris, Le Maître, Brottier et
autres, on lit : « Il faut qu'on nous trouve les papiers
relatifs à la cérémonie du sacre... avec les deux volumes
du cérémonial de Godefroy et celui de Saintot... M. de N.
vous prie de ne pas oublier le cérémonial du sacre. Ce
sera un coup de maître! »

Si telles étaient les préoccupations de certains directeurs du parti royaliste à la date de cette lettre[1], c'est-à-
dire en 1795, il est facile de deviner ce qu'elles devaient
être en 1791! Est-il surprenant que les Puissances
n'aient pas eu hâte d'embraser le monde, pour rendre
leurs priviléges à des hommes qui semblaient n'avoir
d'autre passion que celle de les ressaisir, et qui cherchaient en tous lieux des ennemis à leur pays, en vue de
la cérémonie du sacre?

Encore si leur attitude à l'étranger eût été de nature
à commander le respect!

Braves, ils l'étaient sans nul doute. Et ils ne le montrèrent que trop à Wissembourg, à Haguenau, à Bibe-
racht, à Berstheim, partout enfin où ils tirèrent l'épée.
A l'attaque du village de Berstheim, les gentilshommes
français, à la suite de Condé et de son fils le duc de
Bourbon, déployèrent une valeur vraiment héroïque.
Après l'action, le général Wurmser ayant rendu visite
au prince, et celui-ci lui ayant demandé : «Eh bien,
monsieur le maréchal, comment trouvez-vous ma petite
infanterie?» — «Monseigneur, répondit Wurmser, elle
grandit sous le feu[2].» Le mot était, non d'un courtisan,
mais d'un soldat : il était vrai.

Malheureusement, d'autres vertus que la bravoure
eussent été nécessaires, et celles-là manquaient.

A Coblentz, où fut d'abord établi le quartier général

---

[1] Elle fut lue à la Convention le 17 octobre 1795.
[2] *Biographie universelle*. Supplément, au mot *Condé*.

de l'émigration, tous les vices, tous les travers de l'ancienne Cour s'étaient en quelque sorte donné rendez-vous. Quel spectacle que celui que les émigrés y donnèrent à l'Europe, avant que la Révolution conquérante les eût dispersés, et condamnés à une misère affreuse! Ce ne furent, pendant quelque temps, que bals, concerts, repas somptueux, bruyantes orgies[1]. La légèreté avec laquelle on y envisageait les périls de Louis XVI[2], eût été cruelle si elle n'avait pas été folle. On y formait ouvertement une maison du roi[3]; on y avait transporté le luxe, l'étiquette et les puérilités pompeuses de Versailles[4]; on n'y pouvait vivre sans des équipages somptueux, un domestique considérable, des cuisiniers en renom, des maîtresses de rechange; on y faisait venir de loin à grands frais viande, gibier, poisson; on y avait des officiers de bouche, qui étaient occupés trois jours à l'avance; on jouissait de la vie, sans compter[5]. Que de fois on vit de jeunes émigrés laisser sur la table de l'aubergiste, en lui demandant s'il était satisfait, des rouleaux d'or[6]! Souvent, à l'issue d'un festin splendide, ils s'amusaient à jeter au peuple, par les croisées, les débris du repas et des corbeilles pleines de petits pains que les boulangers avaient reçu ordre de faire exprès pour eux[7]. Traiter leurs semblables comme des chiens était leur manière d'être généreux.

Plus encore qu'à Versailles, la morgue aristocratique, à Coblentz, était inexorablement ridicule. Pour être

---

[1] Prudhomme, *Voyages et aventures des émigrés français*, t. I, p. 7 et 8.

[2] *Mémoires de Puisaye*, t. IV, p. 240.

[3] *Mémoires du marquis de Ferrières*, t. III, liv. xi, p. 35.

[4] Montgaillard, *Histoire de France*, t. III, p. 249.

[5] Prudhomme, *Voyages et aventures des émigrés français*, t. I, p. 7 et 8.

[6] *Ibid.*

[7] *Ibid.*

inscrit sur la liste des croisés du royalisme, il fallait avoir un brevet et quatre répondants *gentilshommes*[1]; il fallait justifier de plusieurs quartiers pour être reçu à porter les armes contre son pays !

Et cet esprit suivit l'émigration dans le camp, sous le drapeau ; il se fit jour jusque dans cette guerre de Vendée, qui fut par essence une guerre de roturiers et de paysans : témoin la lettre suivante que Charles, officier vendéen, adressait à l'ancien garde de chasse Stofflet, en décembre 1795 : « Je me crois obligé de vous prévenir que tous vos anciens officiers sont mécontents de la manière dont on les traite, du mépris qu'on affecte à leur égard, et des préférences marquées qu'on accorde à des gens qui se disent nobles émigrés... Où sont donc les grades ? Sont-ce les officiers qui signent aujourd'hui au nom du Conseil, qui ont défait les Bleus à Chatillon, à Coron, à Vihiers, à Dol, à Pontorson, à Geste, à Chandron, à Saint-Pierre de Chemillé ? Général, si l'on éloigne de vous les officiers dont on méprise la naissance, malgré leur bravoure et l'élévation de leurs sentiments, prenez garde au sort qui vous est réservé[2] ! »

En Belgique, ceux des émigrés qui avaient monté dans les voitures du roi, prétendaient avoir seuls le droit d'être présentés à la Cour de Marie-Christine, sœur de Marie-Antoinette[3].

Ainsi du reste.

A tant de morgue les émigrés joignaient, en général, une étourderie qui força les Puissances à user à leur égard d'une discrétion qui toucha quelquefois à l'insulte.

---

[1] Mémoire adressé à l'Assemblée nationale et lu dans la séance du 2 novembre 1791. *Moniteur*, an 1791, numéro 307. — *Mémoires du marquis de Ferrières*, t. III, l. xi, p. 35.

[2] *Correspondance secrète de Charette, Stofflet, Puisaye et autres*, t. I, p. 72-75.

[3] Prudhomme, *Voyages et aventures des émigrés français*, t. I, p. 25.

Les plans qui les concernaient et qu'ils avaient le plus d'intérêt à connaître demeurèrent presque toujours pour eux un secret. «Il n'est pas nécessaire, disaient les diplomates étrangers, que nos projets soient confiés à toutes les filles d'auberge d'Allemagne[1].»

Ajoutez à cela mille excès; il s'en commit de tels à Trèves, que le peuple s'ameuta, et menaça de mettre le feu aux auberges, si les émigrés ne quittaient pas la ville : il fallut que, pour apaiser le tumulte, l'Électeur intervînt en personne[2].

Un des hommes qui, dans ce sens, contribuèrent le plus à compromettre l'émigration, fut le vicomte de Mirabeau, frère du célèbre révolutionnaire, le même qui, comme indice de ses intentions, avait fait prendre à ses soldats un uniforme noir, décoré de têtes de mort[3]. Son insubordination fut poussée jusque-là, qu'on dut en venir à chasser son corps de l'armée autrichienne[4].

Condé lui-même, dans le cours de ses aventures militaires, descendit à des actes peu propres à justifier ce titre de *Condé le grand* qu'on lisait sur la porte d'une hôtellerie de Carlsruhe; et, par exemple, on put lui reprocher d'avoir, en certaines occasions, envoyé ses soldats, revêtus de l'uniforme républicain, lever des contributions énormes : moyen plus ingénieux qu'honnête de se procurer de l'argent, tout en rendant les troupes républicaines odieuses en Allemagne[5]!

La vérité est que les émigrés, dès leur sortie de France,

[1] Lettre de Coblentz, en date du 10 avril. *Moniteur*, an 1792, numéro 116.

[2] *Moniteur*, an 1792, numéro 17.

[3] *Biographie nouvelle des contemporains*, par Arnault, Jay, Jouy et autres, art. *Mirabeau, jeune*.

[4] *Moniteur*, an 1792, numéro 245.

[5] Prudhomme, *Voyages et aventures des émigrés français*, t. I, p. 11 et 12.

se conduisirent de façon à glacer les sympathies des Puissances dont ils invoquaient l'appui.

Aussi, combien fut hésitante, combien craintive, en ce qui les concernait, la politique de l'empereur d'Autriche, Léopold II! Quelle prudence il mit à écarter de lui les périls où ils brûlaient de l'entraîner et la tempête qu'ils appelaient sur le monde, leur défendant de faire servir à des préparatifs de guerre l'hospitalité offerte; leur refusant le droit d'enrôler, dans la partie de ses États qui touchait à la France; se montrant décidé à ne souffrir leurs rassemblements armés, ni sur le territoire de l'Empire, ni sur celui des Pays-Bas, et ne laissant échapper aucune occasion de s'abriter sous les dehors d'une neutralité parfaite[1]!

Chose singulière! Les propos des émigrés étaient si imprudents, leurs jactances si folles, que Louis XVI lui-même, effrayé d'être défendu ainsi, se vit forcé de répudier officiellement leur concours, et d'envoyer M. de Sainte-Croix à l'électeur de Trèves, pour le prier d'interdire les rassemblements qu'ils formaient dans son électorat[2]. D'où l'engagement pris par l'électeur de Trèves de leur interdire toute réunion, tout exercice militaire, et même de condamner à deux ans de travaux forcés quiconque, parmi eux, jouerait le rôle de recruteur[3].

Ce fut seulement après la mort de Léopold II, et sous le règne de François Ier, son successeur, que les émigrés purent enfin compter sur l'Autriche; ce fut alors que les trois électeurs ecclésiastiques, d'accord avec l'Autriche, favorisèrent ouvertement les levées d'hommes faites au nom des princes français et contribuèrent à leur entretien; ce fut alors que la restitution des biens du clergé aux anciens titulaires, la remise d'Avignon au pape, et la

---

[1] *Moniteur*, an 1791, numéros 298, 310, 323, 253, 354.

[2] *Mémoires du marquis de Ferrières*, t. III, liv. XI, p. 36.

[3] Note lue à l'Assemblée législative, dans la séance du 6 janvier 1792

reconnaissance des droits féodaux attachés aux terres d'Alsace et de Lorraine, en faveur des princes allemands possessionnés, furent posées par l'Autriche comme les conditions du maintien de la paix : conditions inacceptables, dont le seul énoncé alluma la guerre. Le 1er mars 1792, la France s'armait contre l'Autriche, et, deux mois après, la Prusse, coalisée avec l'Autriche, s'armait contre la France. Mais en cela les deux Puissances n'obéissaient qu'à des vues d'agrandissement, ne consultaient que leurs intérêts propres. L'erreur des émigrés fut de croire qu'on s'intéressait à leur cause, quand on songeait à peine, soit à les servir, soit même à se servir d'eux ; et la campagne de 1792 le prouva de reste. Loin de présider aux Conseils, leurs princes furent systématiquement tenus dans l'ignorance des résolutions prises ; l'honneur de marcher à leur tête fut enlevé au frère de leur roi, et eux, on les condamna, non-seulement à l'humiliation de combattre un à un sous les ordres de généraux étrangers, mais à celle, plus grande encore, de combattre en seconde ligne[1].

Ils se soumirent, cependant, sans trop murmurer cette fois, leur présomption les aidant à dévorer l'outrage. Car le triomphe, à les entendre, était assuré ; et dans cette campagne de France, ils ne voyaient guère qu'une partie de plaisir. Tout devait fuir à leur approche. Ils ne s'étaient pas encore mis en marche, que déjà le jour et l'heure de leur entrée à Paris étaient fixés[2]. Mais autant le départ avait été joyeux, autant le retour fut triste et lamentable. Parmi les émigrés en retraite, ce n'étaient plus qu'invectives sanglantes, et contre l'Agamemnon manqué de la Coalition, et contre le prince de Brunswick son général[3].

[1] *Nouvelle Biographie universelle*, au mot Charles X.
[2] Voy. le Journal d'Olivier d'Argens, à la suite de la *Correspondance secrète de Charette, Stofflet, Puisaye et autres*, p. 549.
[3] *Ibid.*

Le roi de Prusse, de son côté, ne se crut obligé à aucun ménagement envers ces soldats incommodes et frondeurs. Il les licencia, sans laisser à un seul d'entre eux la liberté de conserver ses armes ou son cheval. Il y eut même quelque chose de si brusque dans l'ordre du licenciement, que, forcés de vendre du jour au lendemain leurs armes et leurs chevaux, alors qu'ils ne trouvaient que des Prussiens pour acquéreurs, les émigrés furent réduits à conclure des marchés presque incroyables. Tel qui avait acheté son cheval cent louis, le vendit quatre louis, ou moins encore[1]. Les plus heureux furent ceux dont les soldats prussiens ne fouillèrent pas les voitures et ne pillèrent pas les effets[2]. Les neuf coups de fusil qui furent tirés sur le roi de Prusse, pendant la retraite, le furent-ils par des émigrés? C'est ce dont on n'a jamais apporté de preuve; mais il est certain que le bruit en courut, et ne parut point invraisemblable, tant les âmes étaient aigries[3]!

Ainsi s'alluma cette haine des émigrés français pour leurs faux protecteurs, qui ne devait plus s'éteindre[4].

Mais à quoi pouvaient aboutir leurs continuelles récriminations, sinon à indisposer de plus en plus contre eux les Puissances dont ils mendiaient les secours ou l'hospitalité, l'insulte dans les yeux, et quelquefois sur les lèvres? Successivement, ils se virent expulsés de Bruxelles, de Florence, du Hainaut autrichien, de Turin, de Berlin, du territoire des cantons helvétiques[5], sans que la sympa-

---

[1] Voy. le Journal d'Olivier d'Argens, à la suite de la *Correspondance secrète de Charette, Stofflet, Puisaye, et autres*, p. 549.

[2] *Ibid.*

[3] *Ibid.*, et aussi Montgaillard, *Histoire de France*, t. III, p. 251.

[4] Entre autres documents qui la constatent, voy. la lettre de Hoche au Comité de salut public, en date du 23 nivôse (12 janvier) 1795.

[5] *Moniteur*, an II (1794), numéros 213, 216, 223, 251, et an III, numéros 84, 86 et 144.

thie due au malheur leur fût une suffisante égide contre
l'ascendant des armes républicaines.

Rien d'égal à la dureté que leur montrèrent certaine
petits États d'Allemagne. Dans l'évêché de Munster, dont
un archiduc d'Autriche était prince-évêque, il y avait
ordre de repousser tout émigré qui avait fait la campagne
des princes[1]. Une lettre écrite par un souverain d'Allemagne aux ministres plénipotentiaires de Rastadt porte :
« Je n'ai pas à me reprocher d'avoir jamais donné un
verre d'eau à un émigré[2]. » Dans les États d'un autre
prince allemand, on lisait, à l'embranchement de deux
chemins : « Il est défendu aux juifs, aux vagabonds, et
aux émigrés de suivre cette route[3]. » En juin 1793,
lors des travaux préparatoires du siége de Valenciennes,
cette ville qui, comme nous l'avons raconté, fut occupée
par les Autrichiens *au nom de l'Empereur*, le prince de
Cobourg publia une ordonnance dans laquelle il enjoi-
gnait aux émigrés français, dont quelques-uns, disait-il,
avaient eu *l'impudence de se présenter à son quartier
général*, d'évacuer sans délai les Pays-Bas et de se retirer
dans les lieux où ils avaient été domiciliés jusqu'alors,
*pour y attendre le sort des événements*[4].

Mais la patience, qui n'avait jamais été la vertu des
émigrés, devint, pour eux, d'une pratique singulièrement difficile, lorsque la Révolution, poursuivant son
cours indomptable, eût frappé leurs biens de confiscation, et fait de leur ruine le châtiment de leur révolte.
Il fallut dire adieu alors à ce faste et à ces plaisirs de

Montgaillard, t. IV, p. 525-526. Le livre qui a paru sous le nom de
abbé de Montgaillard fut en grande partie l'ouvrage de son frère, c'est
à-dire de l'homme qui connaissait le mieux l'histoire et possédait le
mieux les secrets, soit des Cours, soit de l'émigration.

[2] *Ibid.*

[3] *Ibid.*

[4] *Moniteur*, an 1793, numéro 112.

Coblentz qui avaient scandalisé l'Europe. Le spectre de la misère marcha côte à côte avec l'émigration.

Il existe une peinture, à la fois bien curieuse et bien triste, de la détresse des émigrés français à Bamberg, où plusieurs d'entre eux s'étaient rendus, dès leur sortie de France, et où allèrent les rejoindre ceux qu'on chassa de Belgique. Là on vit des chevaliers de Saint-Louis demander l'aumône sur la voie publique, et des duchesses, des comtesses, des marquises, s'établir au coin des rues comme marchandes mercières, modistes ou parfumeuses. La marquise de Guillaume tenait un petit café où sa fille, fort jolie, attirait beaucoup de monde. Mademoiselle de Spada, mademoiselle de Torcy et mademoiselle de Zerlam vivaient ensemble d'un humble commerce de lingerie. La marquise de l'Ostange vendait des rafraîchissements; elle devait son établissement à la générosité d'un de ses anciens domestiques que son intelligence avait placé chez un baron du pays. Ce brave homme, craignant qu'un bienfait de lui n'humiliât sa maîtresse, lui avait fait tenir par un ami la somme d'argent dont il pouvait disposer. Une foule de moines de différents ordres inondaient la ville et les environs, étalant leur froc, parcourant les rues, et poursuivant les passants de leurs demandes. Il fallut que, pour couper court à cette mendicité, le gouvernement de Bamberg les distribuât par quartiers et cantons, avec invitation aux citoyens riches de les nourrir à tour de rôle[1].

A Erlang, petite ville de Franconie, appartenant au roi de Prusse depuis 1782, les émigrés furent encore plus malheureux qu'à Bamberg. Beaucoup y vécurent littéralement d'aumônes; d'autres y furent condamnés à remplir des emplois qu'on les avait élevés à regarder comme avilissants. Le comte de Vieuville faisait des

[1] Prudhomme, *Voyages et aventures des émigrés*, t. I, p. 25-28.

commissions et se tenait au coin d'une rue. Le chevalier de Lanty, fatigué de tendre la main, avait pris le parti de se mettre en service. M. de Saint-Seine, ex-président au parlement de Dijon, ne vivait que des secours de son ancien tailleur. Le marquis de Coigneux recevait l'hospitalité chez un cordonnier français. La comtesse de Virieu qui, à Paris, n'avait jamais su que briller dans les bals, dut se mettre en apprentissage chez une ravaudeuse. Après avoir longtemps couché sur un mauvais grabat, partagé avec sa maîtresse une nourriture grossière, et essuyé mille reproches sur sa maladresse, elle parvint, à force d'assiduité, à se procurer quelques pratiques particulières et à s'établir sous un auvent délabré, où elle vécut de son travail, entourée du respect que lui valurent sa résignation et sa douce gravité. La marquise de la Londe tenait le comptoir d'un restaurateur. Mademoiselle de Saint-Marceau était fille de boutique chez un marchand de toiles. Madame de la Martinière faisait le commerce de vieilles hardes pour femmes. Il y avait, dans cette petite ville d'Erlang, beaucoup de prêtres qui recevaient la charité de ces mêmes protestants que leurs prédécesseurs avaient chassés de France[1]!

Le nombre des émigrés français qui cherchèrent refuge à Hambourg fut très-considérable. Beaumarchais, qui y demeura dix-huit mois, eut à y tendre une main secourable à ceux qu'il avait si bien ridiculisés dans *Figaro*. Il a raconté qu'il n'eut jamais sous les yeux un plus affligeant spectacle. Ceux qui échappèrent à la misère n'y réussirent qu'en se déshonorant par l'agio[2].

L'agio fut aussi la ressource et la tache de plusieurs des émigrés français auxquels la Suisse offrit un asile[3].

---

[1] Prudhomme, *Voyages et aventures des émigrés*, t. I, p. 29-39.
[2] *Ibid.*, p. 51-55.
[3] *Ibid.*, p. 56.

Où l'émigration française parut éveiller des sympathies véritables, ce fut à la Cour de Russie. Apprenant que le prince de Condé n'avait pas reçu cent mille écus promis par l'empereur d'Allemagne, l'impératrice de Russie les envoya aussitôt au prince, en disant : « *Tant qu'ils emploieront bien l'argent, je les secourrai* [1]. » Au mois de janvier 1793, elle lui mandait par le duc de Richelieu qu'elle était décidée à soutenir vivement la cause des émigrés, et qu'elle leur offrait, pour le cas où la République française viendrait à se consolider, un établissement sur la mer d'Azof, au 46ᵉ degré de latitude. La colonie se serait composée de six mille nobles, à la disposition desquels on aurait mis, pour qu'ils pussent s'y rendre, une somme de six mille ducats. Chacun d'eux aurait eu deux chevaux et deux vaches. Ils auraient conservé leur culte, obéi à leurs propres lois, et reconnu pour chef le prince de Condé. Le pays qu'on leur donnait avait autrefois fait partie de ce royaume de Pont qu'illustra le génie de Mithridate [2].

Mais cette bienveillance de l'impératrice de Russie s'expliquait par le caractère incertain et obscur de ses rapports avec les émigrés. D'ailleurs, comme cette princesse avait eu soin de se tenir à l'écart, dans la lutte terrible engagée entre la France et l'Europe, sa générosité lui coûtait peu : celle que les émigrés réclamaient de la Prusse et de l'Autriche se mesurait, au contraire, par des millions d'écus jetés au vent et des millions d'hommes tués !

Comment les émigrés français furent-ils traités en Angleterre ? Puisaye assure dans ses Mémoires qu'ils y reçurent une hospitalité royale ; que devant le respect com-

---

[1] Vauban, *Mémoires pour servir à l'histoire de la guerre de Vendée*, p. 27

[2] Extrait des bulletins manuscrits de Vienne. *Moniteur*, an 1ᵉʳ, 1793, numéro 44.

mandé par leur infortune, les préjugés nationaux disparurent; que le devoir de les secourir fut prêché du haut de la chaire; que les contributions volontaires vinrent grossir de toutes parts les sommes que le gouvernement distribuait aux exilés d'une main libérale [1]. Il y a du vrai dans ce tableau [2]; mais que la munificence du gouvernement anglais y soit exagérée, c'est ce qui résulte des manuscrits de Puisaye lui-même, qui sont si peu d'accord, sur beaucoup de points essentiels, avec ses Mémoires imprimés. Nous avons sous les yeux une note de lui dans laquelle il sollicite du ministère une légère augmentation de secours pour madame de Pierreville, sa proche parente, fille du gouverneur de Vincennes, laquelle ne touchait que deux shellings par jour, et pour le comte de Lantivy, lequel n'en touchait que trois, bien qu'il fût infirme, que sa famille exerçât une grande influence en Anjou, et que trois de ses parents eussent été tués dans les rangs royalistes [3]. La note dont il s'agit constate que les secours alloués à Daguin, Legros, Destulays, tous officiers de distinction, n'excédaient pas un shelling par jour [4]. C'était le taux ordinaire [5]; et la comtesse de Gouyon, qui avait, néanmoins, plusieurs enfants à sa charge, ne recevait pas davantage [6]. Encore tous n'étaient-ils pas aussi favorisés. M. de Précorbin, par exemple, fut longtemps sans rien recevoir [7]; sa misère était affreuse, et il serait mort de faim, peut-être, sans l'intercession de Puisaye.

Ce qui n'est pas douteux, c'est que le dénûment des

---

[1] *Mémoires de Puisaye*, t. III, p. 42-43.
[2] Voy. le Journal d'Olivier d'Argens, *Correspondance secrète de Charette, Stofflet, Puisaye et autres*, p. 562.
[3] Papiers de Puisaye, vol. CIII. Manuscrits du British Muséum.
[4] *Ibid.*
[5] Journal d'Olivier d'Argens, *ubi supra.*
[6] Note manuscrite de Puisaye, *ubi supra.*
[7] *Ibid.*

émigrés français dans l'immense ville de Londres enfanta les mêmes contrastes que dans les petites villes d'Allemagne. On y vit le marquis de la Roche-Lambert parader sur un théâtre, et M. de Bourblanc, ex-procureur général du parlement de Bretagne, vendre des violons. Le chevalier Doria y était tourneur, le chevalier d'Anselme garçon limonadier, et le marquis de Montbazet allumeur de réverbères.[1]

« Les uns, raconte Chateaubriand, dans ses *Mémoires d'outre-tombe*, s'étaient mis dans le commerce du charbon; les autres faisaient, avec leurs femmes, des chapeaux de paille; d'autres enseignaient le français, qu'ils ne savaient pas..... Des domestiques que leurs maîtres ne pouvaient plus nourrir, s'étaient transformés en restaurateurs pour nourrir leurs maîtres[2]. »

Chateaubriand, dans cette ville de Londres où il devait, plus tard, déployer la magnificence d'un ambassadeur, occupait en 1793 un misérable grenier d'Holborn. Il a tracé de sa propre main les détails de l'effroyable détresse à laquelle il se trouva réduit : « La faim me dévorait... je suçais des morceaux de linge que je trempais dans l'eau; je mâchais de l'herbe et du papier. Quand je passais devant des boutiques de boulangers, mon supplice était horrible. Par une rude soirée d'hiver, je restai deux heures planté devant un magasin de fruits secs et de viandes fumées, avalant des yeux tout ce que je voyais : j'aurais mangé non-seulement les comestibles, mais leurs boîtes, paniers et corbeilles[3]. »

Dès le commencement de 1793, la cause des émigrés paraissait à ce point désespérée, et le gouvernement anglais agissait si peu en vue de leur rentrée en France, qu'il était question de les expédier au Canada; et déjà

---

[1] Prudhomme, *Voyages et aventures des émigrés*, t. I, p. 68-69.
[2] *Mémoires d'outre-tombe*, t. III, p. 154, 177.
[3] *Ibid.*, p. 170.

l'on parlait des dispositions à prendre pour leur fournir les moyens de s'y établir[1].

C'est qu'en effet, la Cour de Londres était, au fond, très-indifférente au triomphe des princes du sang royal, et elle nourrissait même à l'égard de l'aîné de ces princes, Louis-Stanislas-Xavier (depuis Louis XVIII) un sentiment d'hostilité sourde, que l'esprit d'indépendance affiché par ce dernier n'avait fait qu'aigrir. Pitt ne lui pardonnait pas d'avoir essayé de gagner Toulon, lorsque cette ville était au pouvoir des Anglais. Pour qu'il eût trouvé grâce auprès de ce ministre hautain et de ses collègues, il aurait fallu qu'il consentît à subordonner ses intérêts aux vues du Cabinet britannique, et on lui fit durement expier sa répugnance à y consentir[2].

Cet esprit de protection dérisoire, ce n'était pas à la Cour de Londres seulement qu'il prévalait : les Cabinets de Vienne et de Berlin n'avaient pas, sur ce point, d'autres façons de penser ou d'agir que le Cabinet de Saint-James. En réalité, l'objet véritable de la Coalition ne fut jamais celui qu'elle annonçait avec tant de faste. Le but réel des Puissances coalisées était d'éloigner de leurs États la contagion des idées révolutionnaires; d'en finir avec le prestige, avec la force qu'elles donnaient au peuple français, et de faire tourner les déchirements de l'Europe au profit de leurs ambitions ou convoitises particulières. Ce but atteint, le reste leur importait peu. Et c'est pourquoi elles refusèrent si longtemps aux princes

---

[1] Journal d'Olivier d'Argens, *Correspondance secrète de Charette, Stofflet, Puisaye et autres*, p. 565.

[2] " The conduct of that prince, in attempting to go to Toulon, when in our possession, gave great offence to the ministry, who never meant that he should go there, and were not a little surprised that he should act for himself, without receiving his instructions. " *Annual Register*, vol. XXXVII, p. 67-68.

français un commandement qui leur fournît, avec l'occasion de se signaler, le moyen de se créer une situation indépendante.

Il est à remarquer que l'acte par lequel Louis-Stanislas-Xavier se déclara régent de France, après la mort de Louis XVI, porte la date du 28 janvier 1793. Or, à la date du 10 octobre 1793, la Russie était encore la seule Puissance qui eût bien voulu reconnaître à l'oncle de Louis XVII le titre de régent[1]; et lorsqu'il arriva aux autres Cours de lui accorder ce titre, ce ne fut jamais que par politesse, c'est-à-dire sans y attacher la moindre importance diplomatique. La Cour de Vienne fit plus : elle déclara d'abord que la régence appartenait de droit à Marie-Antoinette. De là le mot égoïste et cruel que laissa échapper Louis-Stanislas-Xavier, à la nouvelle de l'exécution de la reine. A cette époque, il habitait la ville de Hamm, dans les États du roi de Prusse. Lorsqu'on lui annonça ce tragique événement, il était debout devant la cheminée de sa chambre : il en frappa du poing le manteau, et se retournant vers les personnes qui étaient là : « Me voilà, maintenant, s'écria-t-il, dans une belle position : nous verrons si la Cour de Vienne me refusera encore la régence[2]! »

Il n'avait pas, du reste, attendu jusque-là pour constituer une Cour et un ministère selon les usages de la monarchie. Mais il eut beau les composer de tout ce qu'il y avait de plus remarquable dans l'émigration; il eut beau appeler à lui les noms illustres des Broglie, des

---

[1] C'est ce que constate, rapprochée du *Moniteur*, an Ier, 1793, numéro 131, une lettre écrite, de Hamm, au duc d'Harcourt par le comte d'Artois. — Papiers de Puisaye, vol. 1. Manuscrits du British Museum.

[2] Montgaillard, qui est le véritable auteur de l'*Histoire de France* publiée sous le nom de l'abbé, son frère, et qui était si bien au courant de ce qui concernait les princes, rapporte le fait qui précède comme ayant été d'abord raconté par le baron de Breteuil, puis confirmé par le duc d'Avaray. Voy. le tome III de son livre, p. 460.

Castries, des Saint-Priest, des Barentin ; il eut beau se faire représenter : à Madrid, par le duc d'Havré ; à Vienne, par le duc de Polignac ; à Londres, par le duc d'Harcourt, tous ses efforts échouèrent contre le mauvais vouloir systématique des principales Cours de l'Europe. Non contentes de méconnaître et le titre, et la mission, de ses chargés d'affaires, elles semblèrent prendre à tâche de ne les consulter en aucune circonstance, et de leur faire un secret, même des déterminations dans lesquelles ils se trouvaient exclusivement intéressés[1]. « L'Angleterre paraît toujours mettre Monsieur à l'écart », écrivait amèrement le maréchal de Castries au duc d'Harcourt, dans une lettre datée de Hamm, 29 novembre 1794[2]. Et cela était si vrai, que, quoique le duc d'Harcourt tînt de près à l'Angleterre par ses relations de famille, il n'y acquit jamais aucun crédit réel. L'éclat de sa naissance, l'étendue de ses connaissances, sa longue habitude des Cours, lui valurent quelque considération personnelle, mais ne suffirent point pour lui créer une importance politique[3]. Si, comme on le verra plus loin, le comte Joseph de Puisaye obtint à Londres une position et une influence bien supérieures, ce fut parce qu'au lieu de représenter les princes français auprès de l'Angleterre, il représenta l'Angleterre auprès des princes français, parce qu'il voulut être et devint *l'homme de Pitt.*

Les princes crurent aussi avoir à se plaindre des Puissances, sous le rapport des secours d'argent.

Au mois de mars 1793, Louis-Stanislas-Xavier fit savoir aux émigrés de Londres, par l'entremise des comtes de la Châtre et de Botherel, qu'il ne pouvait rien pour eux,

---

[1] Voy. les *Mémoires de Puisaye*, t. III, p. 89, et t. IV, p. 8.

[2] Elle est citée dans les *Mémoires de Puisaye*, t. IV, p. 6-15.

[3] Puisaye avoue que sa mission auprès du gouvernement anglais était un secret, même pour le duc d'Harcourt. Voy. les *Mémoires de Puisaye*, t. III, p. 261.

attendu que « les fonds bornés qu'il tenait de la générosité des Puissances » lui permettaient à peine de subvenir aux besoins de ceux des émigrés auxquels l'Allemagne servait d'asile[1].

Son frère, le comte d'Artois, ayant reçu de l'impératrice de Russie des médailles et diamants d'un grand prix, les envoya au maréchal de Broglie, avec injonction de les vendre au profit des émigrés les plus nécessiteux, ainsi qu'une épée donnée à ses enfants par Louis XVI[2]. La pénurie du comte d'Artois, en octobre 1794, était telle, qu'il fit dire à Puisaye qu'une somme quelconque lui serait fort utile, *si modique qu'elle fût* : sur quoi Puisaye lu envoya mille louis tirés des fonds destinés au parti royaliste par le gouvernement anglais[3].

Quant au prince de Condé, ce n'était plus ce fastueux propriétaire de Chantilly, dont le luxe presque royal avait fait l'admiration des étrangers. Dans son quartier général de Rastadt, une espèce de calèche ouverte, suivie d'un fourgon et de quelques domestiques, tel était son équipage. Son vêtement consistait en un surtout militaire sans autre ornement qu'une étoile brodée. Tout en lui indiquait le chef d'une armée mal payée, mal nourrie. Les soldats de cette armée n'avaient point d'uniforme. On les distinguait par une cocarde blanche et une espèce de bande de même couleur, empreinte de fleurs de lis noires, qu'ils portaient au bras droit. Ils étaient presque tous à pied et n'avaient pour arme qu'une épée[4]. Leur condition ne s'améliora un peu que, lorsqu'au mois de no-

---

[1] Journal d'Olivier d'Argens, *Correspondance secrète de Charette, Stofflet*, etc..., p. 567-568.

[2] *Ibid.*, p. 573, et numéro 3 des pièces justificatives du Journal d'Olivier d'Argens.

[3] *Mémoires de Puisaye*, t. III, p. 254.

[4] Prudhomme, *Voyages et aventures des émigrés français*, t. Iᵉʳ, p. 11.

vembre 1794, l'Angleterre les prit à sa solde [1]. Jusqu'a-
lors ils avaient dû vivre de la paye autrichienne, dont la
modicité les condamna longtemps à une existence de
mendiants enrégimentés.

Mais si la sympathie des Cours de l'Europe pour les
princes français fut très-équivoque, il faut convenir que,
de leur côté, les princes français ne se conduisirent
guère de façon à la mériter.

Lors de l'arrestation de Louis XVI à Varennes, le
comte de Provence, qui était alors à Namur, avait mandé
au comte d'Artois de venir le rejoindre à Bruxelles; et la
première entrevue des deux frères n'était pas encore terminée, que déjà leur antagonisme avait fait éclat. Réunis au château de Hamm, près Dusseldorf, après l'in-
fructueuse expédition du duc de Brunswick sur le territoire français, ils s'étaient promis, en y apprenant la
mort de Louis XVI, de ne rien entreprendre que d'un
commun accord. Vaine promesse! l'inimitié profonde
qui existait entre le baron de Breteuil, agent confidentiel de l'aîné des deux frères, et le comte de Calonne,
conseiller intime du plus jeune, fut un des scandales de
l'émigration; et ce sont des royalistes qui se sont chargés
d'apprendre à la postérité comment le Conseil du comte
d'Artois (depuis Charles X) devint, en ce temps-là, le
refuge de tous ceux qu'il plaisait à Louis-Stanislas-Xavier
d'éloigner de son service [2].

Cette mésintelligence, connue de l'Europe, ne pouvait que nuire à la cause des princes; mais une chose lui
fut bien plus funeste encore : c'est qu'on ne les vit jamais combattre là où l'on mourait pour eux.

Il est vrai que, pour ce qui concerne le comte de Provence, ce fait s'explique, en partie du moins, par les obs-

---

[1] Lettre du maréchal de Castries au duc d'Harcourt, Hamm, 29 novembre 1794. - *Mémoires de Puisaye*, t. IV, p. 4.

[2] *Mémoires de Puisaye*, t. V, p. 243.

tacles que les Puissances accumulèrent sur sa route. Il
est certain qu'elles ne cachèrent pas leur répugnance à
le voir à la tête d'une armée royaliste ; qu'elles s'abstinrent soigneusement de lui frayer le chemin de la Vendée ;
qu'elles s'étudièrent à le tenir confiné dans ce château
de Hamm, où son action, pendant près d'une année, descendit forcément aux proportions d'une intrigue, et que,
lorsqu'il essaya d'échapper à cette espèce de captivité
pour se rendre à l'appel des royalistes de Toulon, il fut
arrêté à Turin par le mécontentement bien prononcé du
gouvernement britannique ; mais il est des situations où
il faut savoir résister, même à ceux dont on a le plus
besoin. Dès la fin de 1794, alors que la Vendée avait été
noyée dans son sang, Louis-Stanislas-Xavier, comte de
Provence, proclamé régent de France... par lui-même,
était tranquillement établi à Vérone, sur le territoire
vénitien, où il vivait de 10,000 livres par mois que lui
faisait passer la Cour d'Espagne [1]. Et de quelle manière
employait-il son exil ? Dès huit heures du matin, il se
montrait paré selon l'ancienne étiquette, décoré de ses
rubans et ceint de son épée, qu'il ne quittait qu'au moment de se mettre au lit. Chargé d'embonpoint, il ne
cherchait un remède à cette infirmité dans aucun effort
d'activité personnelle, ne sortait jamais, ne rendait aucune visite, ni à Vérone, ni aux environs. En revanche,
il écrivait beaucoup. Après son dîner, généralement frugal, il donnait quelques audiences, et ensuite il s'enfer-
mait chez lui, où on l'entendait se promener en long et
en large avec agitation. Le soir, entouré de ses courtisans, il prenait plaisir à écouter des lectures. Sa résidence, selon l'expression de Desjardins, était le palais de
l'ennui [2]. Autre était la vie de Charette dans ses repaires !

[1] Desjardins, *Campagnes des Français en Italie*, t. III, p. 92.
[2] *Ibid.*, p. 90-92.

Pendant ce temps, le comte d'Artois était à Arnheim.

Pour savoir ce que la cause royaliste pouvait gagner à se personnifier en ce prince, il faut le suivre dans le voyage qu'il fit à Saint-Pétersbourg, au mois de février 1793.

L'impératrice lui avait destiné une maison choisie parmi celles des plus grands seigneurs de Saint-Pétersbourg. Elle attacha gracieusement au service de son hôte les pages, les maîtres d'hôtel, les valets de pied du service de la Cour; elle voulut que ses propres voitures fussent celles du prince, et qu'un bataillon du régiment des grenadiers des gardes-du-corps fût chaque jour de garde chez lui; elle lui donna 60,000 liv. par semaine; elle eut soin que la table du comte d'Artois, qu'elle payait, fût la plus recherchée possible; elle lui offrit, en un mot, une hospitalité splendide [1]. Mais elle ne lui laissa point ignorer ce qu'elle entendait honorer de la sorte en lui. « Vous êtes, lui disait-elle sans cesse, un des plus grands princes de l'Europe, mais il faut oublier cela, et être un bon et valeureux partisan [2]. » Catherine II en effet n'avait pas le même intérêt que les souverains d'Angleterre et d'Allemagne à éloigner les princes français du théâtre d'une guerre où elle n'était pas engagée. Elle haïssait, d'ailleurs, la Révolution d'une haine profonde; et ce que l'égoïsme de sa politique lui avait interdit de tenter, elle brûlait de le faire faire à d'autres. De là le billet qu'elle adressa au comte d'Esterhazy, à la nouvelle de la défection de Dumouriez : « Je vois le roi de France sur son trône. Les Autrichiens n'oseront pas se mal conduire. Ils sont sûrs de me voir avec

---

[1] Le comte de Vauban, *Mémoires pour servir à l'histoire de la guerre de la Vendée*, p. 11 et 12.

[2] *Ibid.*, p. 11.

deux cent mille hommes sur leurs frontières, si leurs
intentions n'étaient pas pures.

« Signé : Réveil de la Sibylle. »

Ce billet, que le comte d'Esterhazy reçut en présence
du comte Vauban, auquel il le montra[1], prouve que
Catherine II avait l'œil ouvert sur les motifs intéressés
des grands auteurs de la croisade européenne d'alors;
et c'était probablement pour déjouer leurs desseins secrets, qu'elle tenait à mettre en avant les princes.

Quoi qu'il en soit, elle pressa si vivement le comte
d'Artois d'embrasser le rôle de *chef de parti*, que ce
prince y consentit, ou parut y consentir. Il fut décidé
qu'il partirait sur une frégate russe; qu'il prendrait
la route d'Angleterre, s'y mettrait en communication
avec les royalistes en armes sur la côte de France, et
irait les commander[2]. Un million lui fut donné dès lors,
et l'on convint qu'une fois l'entreprise commencée, on
lui fournirait jusqu'à la somme de quatre millions, par
l'ambassadeur de Russie à Londres[3].

Le jour du départ venu, l'impératrice, entourée de sa
Cour, s'avança vers le comte d'Artois, et lui offrit, pour
dernier présent, une épée magnifique dont la lame portait cette inscription : *Donnée par Dieu, pour le roi.* « Je
ne vous donnerais pas cette épée, dit Catherine, si je
n'étais sûre que vous péririez plutôt que de différer
à vous en servir. » Le comte d'Artois répondit : « Je
prie votre Majesté de n'en pas douter. » Vauban, qui
était présent, dit le soir au comte d'Esterhazy : « *Il a reçu
cette épée comme un homme qui ne s'en servira pas*[4]. »

Et en effet, Vauban, que l'impératrice avait chargé

[1] Vauban, *Mémoires*, etc., p. 16.
[2] *Ibid.*
[3] *Ibid.*
[4] *Ibid.*, p. 20 et 21.

d'accompagner le prince, de le solliciter à l'action, fut informé, avant même leur arrivée en Angleterre, qu'il se proposait de retourner à Hamm[1].

De Hull, qu'il atteignit après une traversée de quatorze jours, et où il se présenta comme un simple officier russe, le comte d'Artois expédia un courrier à Londres, pour savoir du comte de Voronzow, ambassadeur de Russie, et du duc d'Harcourt, s'il pouvait se rendre à Londres. La réponse fut que les quelques millions de dettes contractées par lui dans cette ville lui en fermaient l'accès, et qu'il y serait arrêté, à l'instant où il y mettrait le pied, parce que la rigueur des lois anglaises ne tenait nul compte du rang ou de la qualité des débiteurs. Là-dessus, que devait-il faire? Aller débarquer, soit à Ostende, soit en Hollande, et retourner à Hamm? Ou bien, pousser droit en Vendée? De ces deux partis, le premier lui fut vivement conseillé par ses alentours, et le second, plus vivement encore, par Vauban. « N'avez-vous pas, lui disait ce dernier, un million, deux vaisseaux, une épée? » Il aurait pu rappeler que, souvent, le prince lui avait dit à lui-même : « Mon cher comte, tu verras que tout ira bien : c'est le moment d'enfoncer son chapeau[2]. » Il fut navré, lorsqu'il entendit un homme dont la cause faisait couler des flots de sang, déclarer qu'il n'était plus comme autrefois; qu'il n'aspirait qu'à trouver quelque retraite où il pût vivre tranquille et ignoré. Ce fut en vain que, secondé par Roger de Damas, Vauban insista; en vain qu'il lui dit : « *Votre retraite, monseigneur ! c'est de vous mettre vingt pieds de terre sur la tête*, » tout fut inutile : le comte d'Artois congédia les vaisseaux qui l'avaient apporté, et reprit le chemin de Hamm[3].

[1] Vauban, *Mémoires*, etc., p. 30.
[2] *Ibid.*, p. 31.
[3] *Ibid.*, p. 35.

A quelque temps de là, le 18 août 1793, il recevait, de Châtillon-sur-Sèvres en Poitou, une lettre que résumaient ces mots : « *Venez, monseigneur! Venez!* » Suivaient de nombreuses signatures. Et quelles signatures! La Rochejaquelein, Donissan, la Trémoille, le prince de Talmont, d'Elbée, Lescure[1].

La lettre qu'à cette occasion le comte d'Artois écrivit, de Hamm, au duc d'Harcourt, demande à être connue. Parmi les documents manuscrits que nous avons découverts au British-Museum, nul n'est plus caractéristique :

« Vous savez mieux qu'un autre, écrivait le comte d'Artois au duc d'Harcourt, à la date du 10 octobre 1793, et je désire que le ministère britannique connaisse, que, depuis mon retour de Russie, je n'ai rien négligé pour trouver une occasion de pénétrer en Poitou, et me réunir à l'armée catholique et royale. Le Cabinet de Saint-James ne pouvant et ne voulant pas appuyer et protéger ma démarche, j'ai cherché à agir à son insu, mais vos avis et vos sages réflexions m'ayant prouvé que mes efforts étaient inutiles, j'avais tourné mes vues sur le Midi... Tels étaient mes projets, lorsque le chevalier de Tinténiac m'a apporté la lettre des chefs de l'armée catholique et royale..... C'est la voix du véritable honneur qui m'appelle, et je serais indigne de l'estime publique, si mon vœu le plus ardent et mon désir le plus prononcé n'étaient pas de tout braver pour me rendre au poste qui m'est indiqué par tous les sentiments, tous les devoirs et tous les intérêts réunis. »

D'après cela, on aurait pu s'attendre à une conclusion héroïque : loin de là; pour toute conclusion, le prince disait, en terminant :

[1] Nous avons trouvé cette lettre dans les « Papiers de Puisaye, » volume LVII. Manuscrits du British Museum.

« Je vous charge, au nom du régent comme au mien, en présentant au roi d'Angleterre et à ses ministres mon vœu, bien exprimé, de me rendre promptement aux honorables invitations des Français fidèles du Poitou, de n'insister vivement sur cette demande qu'autant qu'elle entrera dans les vues du Cabinet de Saint-James [1]. »

Or, il les connaissait parfaitement, ces vues du Cabinet de Saint-James ; il savait très-bien — le commencement de sa lettre le prouve — que le ministère anglais ne le voulait pas à la tête de l'armée vendéenne !

Quelques jours après, il écrivait au duc d'Havré :

« Mon inaction et, par conséquent, mon inutilité me devenant chaque jour plus insoutenable, si, contre mon attente, le roi mon cousin pensait que mon arrivée en Poitou dût encore être retardée, j'oserais du moins le supplier de me permettre de servir comme volontaire et simple gentilhomme avec l'armée espagnole qui est dans Toulon [2]. »

Ainsi, la vie du comte d'Artois dans l'exil se passait à demander aux Puissances belligérantes une permission qu'il savait devoir lui être refusée, et à subir un joug dont son premier devoir était de s'affranchir.

Le rôle du prince de Condé fut plus brillant ; mais lui-même n'avait qu'une partie des qualités que ce rôle exigeait. Héros sur le champ de bataille, esprit sans ressort dans le Cabinet, audacieux par le cœur et timide par l'intelligence, il ne sut jamais être, selon le jugement d'un homme qui le connut bien, ni courageux, ni prudent à propos. L'échafaud lui faisait peur, quoiqu'il ne craignît pas la mort. « Il eut quelques instants d'éclat, écrit R. de Montgaillard, et pas un seul moment de

[1] *Papiers de Puisaye*, vol. I. Manuscrits du British Museum.

[2] Lettre du comte d'Artois au duc d'Havré, en date de Hamm, 22 octobre 1795, dans les : *Papiers de Puisaye*, vol. I. Manuscrits du British Museum.

grandeur [1]. » Il était mal entouré, d'ailleurs, ayant pour principaux conseillers le marquis de Montesson, « petit bossu de corps et d'esprit » et le chevalier de Contye, lieutenant de ses chasses, dont l'éducation politique s'était faite parmi les piqueurs de Chantilly [2].

Ainsi que les comtes de Provence et d'Artois, le prince de Condé entretenait des intelligences suivies avec nombre d'agents répandus dans Paris et dans les provinces. Mais ces agents, pas plus que les émigrés, ne connaissaient la France, quoiqu'ils vécussent, eux, au foyer de la Révolution, tant ils avaient peu changé, lorsque tout changeait autour d'eux !

Telle se présente à l'Histoire l'émigration française durant le cours de la Révolution. Aux causes qui, pendant si longtemps, et même après le 9 thermidor, rendirent son action impuissante, il en faut joindre une dont l'influence se lie à la grande catastrophe de Quiberon, qu'il nous reste à raconter. Deux factions divisaient le parti royaliste, celle d'Angleterre, celle d'Espagne. L'exposé de leurs intrigues rivales formera le sujet du chapitre suivant.

---

[1] *Mémoire concernant la trahison de Pichegru*, par M. R. de Montgaillard, p. 18. Germinal an XII.

[2] *Ibid.*, p. 19.

# CHAPITRE DEUXIÈME.

## LES « AGENTS DE PARIS. »

Concert entre Pitt et le comte de Puisaye. — Pouvoirs donnés à Puisaye par le comte d'Artois. — Puisaye prépare la guerre civile en Bretagne. — Régiments d'émigrés à la solde de l'Angleterre; contrat passé à ce sujet avec le gouvernement britannique. — Formation des régiments d'émigrés; difficulté de les compléter. — Faction d'Espagne, dans le parti royaliste, opposée à la faction d'Angleterre. — Document curieux sur les tendances et l'origine de la faction d'Espagne. — L'Espagne, Tallien et la fille de Cabarrus. — Politique de la faction d'Espagne. — Les agents de Paris. — L'abbé Brotier. — Duverne de Praile. — Le chevalier Despomelles. — Exigences des conspirateurs. — Pouvoirs donnés aux agents de Paris par Louis Stanislas-Xavier. — Lemaître. — Machiavélisme des partis. — De la Villeheurnoy. — Le comte d'Entraigues et le duc de la Vauguyon à la tête de la faction d'Espagne. — Le duc d'Avaray et les agents de Paris. — Autre agence dirigée par Précy. — Plan des agents. — Leur opinion sur Tallien et Cambacérès. — Dangers courus par les agents. — Haine secrète que les agents et leur parti nourrissent contre l'Angleterre. — Leur ardeur à la décrier, tout en profitant de ses secours. — Efforts des agents pour perdre Puisaye. — Leur mauvaise foi. — Noires pratiques. — Ce que Puisaye pensait d'eux et de leur faction. — Conclusion.

Le comte Joseph de Puisaye fut, dans le parti royaliste, l'âme de la faction qui s'appuyait sur l'Angleterre. Actif, habile, spirituel et léger de scrupules, Puisaye était parvenu à inspirer au ministre anglais Windham une confiance presque absolue, et convint tout d'abord à Pitt.

Le chef du ministère britannique et le conspirateur français s'entendirent dès la première entrevue. Il y fut décidé :

Que le séjour de Puisaye en Angleterre serait tenu sous le plus grand secret;

Qu'on lui fournirait les moyens de faire passer aux Bretons soulevés tous les secours nécessaires, soit en armes, soit en argent;

Que le prince de Bouillon, connu en Angleterre sous le nom de *capitaine d'Auvergne*, serait spécialement chargé de la correspondance avec l'armée catholique et royale de Bretagne, et qu'à cet effet, un commandement particulier lui serait assigné à la pointe de l'île de Jersey;

Que, quant à l'ensemble des mesures à prendre pour assurer le triomphe des royalistes de l'Ouest par l'appui des Anglais, Puisaye aurait à présenter ses vues à cet égard dans un mémoire qui pût servir de point de départ aux résolutions du Conseil [1].

Toutes les facilités que pouvait désirer Puisaye, on les lui donna, jusque-là que l'arsenal et la Tour de Londres, toujours fermés à l'étranger en temps de guerre, lui furent ouverts, afin qu'il y choisît les armes à envoyer aux royalistes [2].

Dans une première lettre, datée du 15 octobre 1795, le comte d'Artois, en qualité de lieutenant général du royaume, et en vertu des pouvoirs à lui confiés par celui qu'il nommait le régent, avait écrit à Puisaye : « Vous pouvez compter fermement, monsieur, que je confirmerai avec plaisir, lorsque je vous aurai rejoint, tout ce que le conseil militaire et vous aurez jugé utile au bien du service du roi [3]. »

Dans une seconde lettre du 6 novembre, datée du châ-

[1] *Mémoires de Puisaye*, t. III, p. 51, 52.

[2] *Ibid.* p. 54.

[3] *Correspondance secrète de Charette, Stofflet, Puisaye et autres*, t. I, p. 100 et 101.

Nous avons déjà eu occasion d'établir l'authenticité parfaite de cette correspondance.

teau de Zipendal, près Arnheim, il lui écrivait, en termes plus explicites encore :

« Je vous autorise à vous considérer comme lieute- nant général au service du roi de France, et à vous faire obéir en cette qualité par l'armée de Sa Majesté très- chrétienne [1]. »

Puisaye se mit à l'œuvre sans autres pouvoirs que ceux qu'il tenait du comte d'Artois. Or il semble qu'ils au- raient dû plutôt lui venir de Louis-Stanislas Xavier, ce dernier étant, aux yeux des royalistes, régent de France. D'où vient qu'il n'en fut pas ainsi ? La raison en est dans les jalousies et les dissensions qui rongeaient le parti des émigrés. Puisaye dit dans ses Mémoires : « Je ne sais par quelle fatalité le régent n'avait pas encore reçu, au commencement de 1797, une seule des lettres que j'ai eu l'honneur de lui adresser dans toutes les occasions qui se sont offertes à moi depuis le mois d'octobre 1794[2]. » Cette fatalité, c'était, on le verra plus loin, la haine pro- fonde que nourrissaient contre Puisaye les correspon- dants du soi-disant régent et les hommes de son entou- rage.

Quoi qu'il en soit, il se crut ou affecta de se croire suffisamment autorisé, et fut obéi. Les missives qu'on va lire donneront une idée de la nature de ses commu- nications avec le « Comité central, catholique-royal, » établi en Bretagne, et des intrigues qui ranimèrent dans ce pays la guerre civile.

« Ne discontinuez pas d'agir. Étendez-vous le plus que vous pourrez. Multipliez les cantons où vous envoyez des jeunes gens, dont vous ferez des chefs. Je vais faire partir trois prêtres du diocèse d'Avranches, qui vous ai-

[1] *Correspondance secrète de Charette, Stofflet, Puisaye et autres*, t. I, p. 101.
[2] *Mémoires de Puisaye*, t. III, p. 215, 218.

deront à donner la main à la Normandie. Ayez surtout
les yeux sur le Morbihan. Il peut se faire qu'il devienne
le point le plus important... Qu'on s'assure de toute
cette côte, et qu'on m'envoie un détail du pays, en em-
bouchant la Villaine et la Loire. Qu'on y répande les assignats, et que l'intérieur de toute cette baie soit travaillé
avec le plus grand soin [1]. »

« — Vous recevrez par cet envoi à peu près dix millions, des vestes, des habits, pantalons, écharpes blanches, culottes de peau, ceintures de cuir, deux lettre
imprimées de monseigneur le comte d'Artois, dont une
vous est adressée et dont je vous porterai l'original (les
redingotes ne sont pas encore faites); l'habit rouge,
boutonné sur la poitrine, avec l'écharpe blanche en ban-
doulière; la veste vert-pâle, la culotte de peau; le pantalon vert, garni de basane; la redingote verte; le
chapeau rond, surmonté d'une queue de renard blanc,
avec un panache blanc. Je joins à cela soixante paires
de bottes, et, successivement, vous aurez tout ce qu'il
vous faudra [2]. »

Dans une autre lettre, il annonçait l'envoi de trente
mille paires de souliers, de deux cents espingoles, de
deux mille havresacs, et mandait à ses complices, sur
un ton triomphal, qu'il venait de conclure un marché
pour cinquante mille fusils [3].

Les agents de Puisaye et du gouvernement anglais,
dans ce commerce de trahisons, étaient Houard, Bertin,
Tarillon, Maincent, Gouin, Macé, Dufour [4], et surtout Prigent, officier distingué, que Pitt estimait fort et par qui

[1] *Correspondance secrète de Charette, Stofflet, Puisaye et autres*, t. I,
p. 115.
[2] *Ibid.*, p. 118.
[3] *Ibid.*, p. 111, 112.
[4] Leur correspondance forme le XIXᵉ volume des *Papiers de Puisaye*.
— Manuscrits du British Museum.

Puisaye lui avait été présenté[1]. Leur chef direct était, comme nous l'avons dit, Philippe d'Auvergne, prince de Bouillon.

Ces intrigues étaient puissamment secondées par quelques dames royalistes, par une comtesse de Gouyon notamment, dont la famille était très-répandue en Bretagne[2].

Dès 1793, du Dresnay avait été autorisé à lever en Angleterre un corps d'émigrés[3] : le 22 janvier 1795, le ministre Windham obtint, pour leur solde, de la Chambre des Communes, quatre cent vingt-sept mille livres sterling[4]. De tous les membres du gouvernement britannique, Windham était le plus ardent à soutenir la cause des royalistes français. Pitt, Dundas, Grenville, hésitèrent quelquefois : Windham jamais[5] !

Les régiments d'émigrés à la solde de l'Angleterre devaient être composés de quinze cent cinquante hommes. Ils furent fixés tout d'abord au nombre de sept, et mis sous les ordres du marquis d'Autichamp, du comte de Viomesnil, du marquis de Béthizy, du duc de Mortemart, du duc de Castries, de du Dresnay et du comte d'Hervilly[6].

Voici quelles furent les principales dispositions du contrat passé, à ce sujet, avec le gouvernement britannique :

« Les corps français qui sont à former le seront sous l'autorité dont Sa Majesté le roi d'Angleterre a été investie par acte de la présente session du Parlement, intitulé : « Acte pour mettre les sujets de France en état

[1] *Mémoires de Puisaye*, t. V, p. 460.
[2] *Papiers de Puisaye*, vol. CIII. — Manuscrits du British Museum.
[3] Journal d'Olivier d'Argens, *Corresp. secrète de Charette*, etc., p. 571.
[4] *Annual Register*, vol. XXXVII, p. 173.
[5] *Papiers de Puisaye*, vol. VIII. — Manuscrits du British Museum.
[6] *Articles of agreement for raising French corps for the service of great Britain*, 9ᵗʰ of march 1795, STATE PAPERS, *Annual Register*, vol. XXXV, p. 163, 167.

« de s'enrôler dans des régiments destinés à servir sur « le continent de l'Europe » (on n'avait pas ajouté, par pudeur sans doute : contre la France).

« Chaque régiment se composera de deux bataillons.

« On recrutera parmi les paysans, les déserteurs et les troupes de ligne.

« Les fonds nécessaires pour la levée des quinze cent cinquante hommes dont chaque régiment doit être composé, sans compter les officiers d'état-major, seront fournis au taux de trois livres dix shellings par homme, et seront payés entre les mains des colonels.

« Les colonels nommeront leurs officiers, sauf approbation de Sa Majesté; mais, pour être élevé à un rang quelconque, tout officier devra posséder, au service de France, le rang immédiatement supérieur. Ainsi, les lieutenants-colonels seront choisis parmi les colonels, les capitaines parmi les lieutenants-colonels, etc.....

« Les colonels s'engagent à compléter leurs régiments dans l'espace de trois mois, à partir du jour où ils auront reçu leurs lettres de service, sous peine de perdre leur position.

« L'uniforme sera rouge, doublé de blanc, avec gilet et culottes de même couleur que la doublure, sans autre ornement que les signes employés pour différencier les rangs. La cocarde sera blanche. Les drapeaux seront blancs et ornés de trois fleurs de lis. Les couleurs distinctives des régiments seront : pour d'Autichamp, le bleu clair; pour Viomesnil, le blanc; pour Béthizy, le jaune; pour Mortemart, le noir; pour de Castries, le vert gai; pour du Dresnay, le vert foncé; pour d'Hervilly, la couleur peau de buffle.

« Les corps dont il s'agit devront servir pendant toute la durée de la guerre et un an après la cessation des hostilités, à moins que Sa Majesté ne puisse se passer plus tôt de leurs services.

« Pour les cas non prévus et en tout ce qui n'aura point
été spécifié dans le présent règlement, les corps à la
solde de l'Angleterre auront à se conformer aux ordres
de Sa Majesté Britannique, relatifs à ses propres troupes,
et seront sur le même pied que les troupes anglaises.

« Approuvé, le duc d'HARCOURT,

« GRENVILLE,

« W. WINDHAM [1]. »

Les émigrés craignaient, plus que toute chose, qu'on
ne les confondît avec les troupes de la Coalition : ce fut
à cause de cela qu'on leur donna le drapeau blanc et la
cocarde blanche [2].

L'article du règlement qui autorisait les colonels à enrôler des déserteurs et des paysans témoigne des difficultés qu'avait, tout d'abord, présenté le recrutement.

Et en effet, l'idée de périr avec une épaulette ne
répugnait pas trop à l'orgueil des émigrés; mais descendre au métier de simples soldats, eux bercés dans le
luxe, et sacrifier à la cause du roi jusqu'aux souvenirs
de leur éducation, jusqu'aux fiers préjugés de leur naissance, ils n'y pouvaient consentir. En s'adressant à eux,
les colonels n'auraient réussi à lever que des régiments...
d'officiers [3].

Le gouvernement anglais, pour obvier à cet inconvénient, fournit aux recruteurs des différents corps toutes
les facilités nécessaires pour enrôler, en Brabant, dans
le Palatinat, dans l'électorat de Trèves et le long des
frontières de France, déserteurs et paysans. Mais, ainsi
que le remarque Puisaye lui-même, les armées de la
Coalition fuyaient devant les armées de la République,

---

[1] *Articles of agreement for raising French corps*, etc... ubi supra.
[2] *Mémoires de Puisaye*, t. V, p. 39.
[3] *Ibid.*, p. 38.

et les vainqueurs ne désertent pas aux vaincus[1]. Quant aux paysans — et c'est encore Puisaye qui l'avoue — il ne s'était manifesté dans ces pays aucune disposition à la révolte : si les plus braves y avaient pris les armes, c'était uniquement contre les maraudeurs des armées combinées ; et, si l'on n'y aimait pas les républicains, on n'y aimait pas davantage les alliés, ennemis de la France[2].

Faute de déserteurs et de paysans, il fallut enrôler des prisonniers de guerre : dangereuse ressource qui risquait d'appeler des républicains sous les drapeaux du royalisme ! Le régiment de du Dresnay ne se composa guère que de soldats de cette catégorie ; ils y figurèrent au nombre de six cents environ[3].

Lors de l'évacuation de Toulon, un régiment d'émigrés toulonnais, le *Royal Louis*, s'était réfugié en Angleterre : d'Hervilly, même au moyen d'un arrangement avec ce corps, ne put porter son régiment qu'aux deux tiers du complet[4].

Les efforts de Mortemart, de Castries, de Viomesnil, de Béthizy, n'eurent presque pas de succès[5].

De cinq ou six cents marins, parmi lesquels beaucoup d'officiers de la marine royale, on parvint à composer un nouveau régiment, celui d'Hector[6].

Enfin, quatre cents canonniers toulonnais commandés par le lieutenant-colonel Rothalier, et une petite brigade d'ingénieurs émigrés, formée par les soins et sous la protection de lord Moira, firent le complément des forces qu'il fut possible de rassembler[7].

---

[1] *Mémoires de Puisaye*, t. V, p. 40, 41.
[2] *Ibid.*
[3] *Ibid.*, p. 42, 43.
[4] *Ibid.*
[5] Voy. le *Moniteur*, an III, n° 206.
[6] *Mémoires de Puisaye*, t. V, p. 42, 43.
[7] *Ibid.*

On avait compté sur quatorze mille hommes, et le dixième de ce nombre n'était pas atteint[1].

C'était peu pour l'invasion projetée du territoire français ! Aussi Puisaye sollicitait-il avec instance l'appui d'une armée anglaise. Il écrit à ce sujet :

« Quoique M. Windham ne s'ouvrit pas à moi sur ce qui s'agitait au Conseil, il ne me fut pas difficile d'entrevoir que, s'il pensait qu'il fallait profiter de l'occasion pour porter un coup décisif, cette opinion n'était pas celle de tous ses collègues[2]. »

Pitt aimait mieux donner la France à déchirer à ses propres enfants.

La demande de Puisaye fut donc repoussée.

Restait à savoir si, avec les émigrés seuls, il pourrait débarquer en Bretagne et s'y maintenir. Interrogé à cet égard, il n'hésita point à répondre affirmativement, de peur de tout compromettre en paraissant douter du succès[3].

Mais pendant que Puisaye et ceux de son parti cherchaient à opérer la contre-révolution, à l'aide de l'Angleterre, le parti qui entourait Louis-Stanislas-Xavier ne songeait qu'à s'assurer l'appui de l'Espagne.

Sur l'origine et les tendances supposées de ce dernier parti, il existe, parmi les manuscrits du *British Museum*, un document très-curieux, et qui mérite d'être mis au jour : c'est une lettre que le comte de Puisaye écrivit, de Londres, au prétendant Louis-Stanislas Xavier, le 3 avril 1797.

En voici les passages les plus saillants :

« Il est une faction qui est la plus ancienne de toutes comme elle en est la plus perfide et la plus adroite....

---

[1] *Mémoires de Puisaye*, t. V, p. 42, 4
[2] *Ibid.*, p. 184.
[3] *Ibid.*, p. 187, 189.

Elle a suivi tous les mouvements de la Révolution et s'est
pliée à toutes les circonstances... Elle a sacrifié ses agents
quand cela lui a semblé utile, et elle a profité des fureurs
des partis opposés, dans lesquels elle n'a cessé d'entretenir des espions et des émissaires. L'objet de cette faction est de placer un des infants d'Espagne sur le trône
de France. Dès 1791, la maison d'Espagne profita de
la nouvelle constitution pour s'y faire un titre particulier et prochain à la succession à la couronne. Il était
difficile d'obtenir un acte positif qui rendît nulle dans
ses effets la renonciation de Philippe V, mais la circonstance résultant de la haine qu'on portait au duc d'Orléans était favorable pour se faire un titre négatif, qui,
dans les vues de la faction, devait produire le même
effet. Par suite de cette tactique qui a si souvent maîtrisé
les assemblées délibérantes, on chargea Rewbell de demander à celle-ci une chose qu'on prit en même temps
des mesures pour faire rejeter; et, sur la proposition
qu'il fit à l'Assemblée constituante de prononcer par un
décret l'exclusion formelle et irrévocable de la branche
d'Espagne, en confirmation de la renonciation de Philippe V, il fut déclaré *qu'il n'y avait pas lieu à délibérer.*
Dès ce moment on put prévoir le parti que tiendrait le
Cabinet de Madrid durant le cours de la Révolution, si l'on
compare avec cette délibération l'article de l'acte constitutionnel qui déclare abdication de fait ou renonciation à la couronne le refus de rentrer en France de la
part des princes auxquels sommation en aura été faite...
Les entretiens de Tallien avec les émissaires secrets de
l'Espagne à Bordeaux et à Paris; son mariage avec la
fille de Cabarrus, dont on connaît l'influence et l'a-
dresse; cette paix partielle, dont une ambition démesurée a pu seule faire surmonter la honte (il s'agit ici de
la paix entre l'Espagne et la France, dont il sera fait
mention plus loin), ne laisse pas douter de l'assurance

avec laquelle ce ministre n'a cessé de compter sur le parti constitutionnel[1]. »

Le but de cette lettre est manifeste. Animé contre ce qu'il appelait la faction d'Espagne d'une haine qu'elle lui rendait avec usure, Puisaye cherchait à noircir ses ennemis dans l'esprit du prince qui leur avait accordé sa confiance. Ce qu'il disait, toutefois, n'était pas sans quelque fondement à l'égard d'un petit noyau d'hommes politiques qui, voulant une monarchie constitutionnelle, avaient peine à la croire possible ou désirable, avec un héritier direct de Louis XVI sur ce trône que Louis XVI avait taché de son sang. Et même, rien ne prouve qu'aux yeux de ceux-là, l'offre de la couronne de France à un infant d'Espagne ait jamais été autre chose qu'un *en cas*.

La vérité est qu'il existait parmi les royalistes un parti qu'on pouvait en effet désigner sous le nom de faction d'Espagne, en ce sens que c'était de l'Espagne seule qu'il attendait le rétablissement de la monarchie. Les hommes qui conduisaient ce parti comptaient sur l'appui de Charles IV. Toutes les sympathies du marquis de Las Casas leur étaient acquises[2]. Ils avaient en horreur et l'Angleterre et Puisaye. Ils entouraient Louis-Stanislas-Xavier, travaillaient sourdement à l'irriter contre son frère le comte d'Artois, et se partageaient en espoir les avantages que les personnes plus particulièrement attachées à ce dernier prince auraient pu se promettre d'un succès dû à ses efforts et au concours des Anglais[3]. Loin de pousser aux révoltes à main armée, ils les jugeaient désastreuses et les condamnaient comme étant de nature à jeter sur la cause du roi un jour odieux. Ils croyaient et

---

[1] *Papiers de Puisaye*, vol. I. — Manuscrits du British Museum.

[2] Première déclaration de Duverne de Praile, dit Dunan, *Moniteur*, an V, n° 353.

[3] *Mémoires de Puisaye*, t. IV, p. 42, 43.

s'étudiaient à faire croire que l'unique but de Pitt, en fomentant les désordres de l'Ouest, était de détruire la France au moyen de la France elle-même. Aussi leur plan, à eux, consistait-il à épier les progrès de la réaction thermidorienne et à en activer la marche, à se servir de l'or de l'Espagne pour semer la corruption; à flatter les ressentiments, à encourager les espérances, à préparer enfin la contre-révolution par l'intrigue.

Les principaux acteurs de ce drame ténébreux étaient, à Paris, l'abbé Brotier, le chevalier Duverne de Praile [1] et le chevalier Despomelles.

Ces trois hommes et les complices principaux qui successivement leur furent adjoints, furent désignés, dans les correspondances royalistes, sous le nom d'*Agents de Paris*.

L'abbé Brotier, neveu du savant Gabriel Brotier, avec lequel il avait travaillé, et dont il publia plusieurs ouvrages manuscrits [2], était un caractère violent et difficile. L'abbé Maury, dont il avait élevé les neveux [3], et qui le connaissait bien, écrivait aux princes en parlant de lui : « S'il ne s'agissait que de tout brouiller, on ne pouvait faire mieux que d'employer l'abbé Brotier : il désunirait les légions célestes [4]. » On lui imputait d'être l'auteur de certains libelles contre la reine [5] : ce qui est sûr, c'est qu'il y avait peu de fonds à faire sur le désintéressement et la sincérité des opinions qu'il professait Il aimait à s'intituler ex-prêtre, cet homme choisi pour ai-

---

[1] On lit partout de *Presle*, mais la véritable orthographe est celle que nous donnons ici, d'après des lettres autographes de ce conspirateur, qui sont sous nos yeux.

[2] Exposé de la conduite et des principes de A. C. Brotier, lu à la séance du conseil de guerre permanent, de la 17ᵉ division militaire, le 12 germinal, an V.

[3] Discours de Lebon, défenseur de Brotier, *Moniteur* an V, n° 193.

[4] Journal de l'adjudant-général Ramel. Londres, 1799.

[5] *Mémoires de Puisaye*, t. VI, p. 466.

der au rétablissement de l'autorité du monarque très-chrétien, et, dans une lettre de lui, du 25 mai 1795, on lit : « Je suis prêtre du Seigneur, je le dis à ma confusion, car je ne suis guère chrétien, quoique bon catholique[1]. »

Quant à son associé, Duverne de Praile, il était entré dans la vie active en passant par l'École militaire, où il se trouvait encore lorsque, en 1778, la guerre éclata entre la France et l'Angleterre. Cette circonstance le conduisit à s'engager dans la marine[2]. Mais il n'y fit pas un long séjour, et il courut, après l'avoir quittée, la carrière des aventures. Puisaye assure que « tandis que nos provinces étaient arrosées du sang de leurs habitants, Duverne de Praile gagnait sa vie à vendre du poivre et des vieux livres[3]. » Ses rapports avec l'abbé Brotier commencèrent en 1795, et il a lui-même raconté en ces termes comment il fut chargé d'une mission dans l'Ouest, lors de la première pacification : «Les troubles de l'Ouest subsistaient toujours, j'y avais été totalement étranger. Un de mes anciens amis me rencontre au Palais-Royal; il me propose de porter en Bretagne une lettre du frère aîné de Louis XVI; je me laisse aller à ses sollicitations, et je pars. Il était alors question d'un accommodement entre les commissaires de la Convention et les insurgés. Consulté par les chefs sur ce que je pensais qu'ils devaient faire, je les engageai à accepter les conditions qu'on leur offrait... Je revins à Paris, et je rendis compte par écrit à mon ami, qui n'y était plus, du message dont j'avais été chargé. Mon ami crut devoir envoyer mon compte rendu au régent... Ce dernier y trouvant

---

[1] *Moniteur* an V, n° 354.

[2] Compte-rendu de la vie de Duverne de Praile, par lui-même. — Débats du procès instruit par le conseil permanent de la 17e division militaire, contre Brotier, de la Villeheurnoy, Dunan, etc., n° 16, p. 255.

[3] *Mémoires de Puisaye*, t. VI, p. 394.

apparemment des principes de modération qui lui con-
venaient, me fit écrire pour m'engager à ne pas m'en
tenir au service que je venais de rendre, et m'envoya de
nouvelles lettres que je transmis aux royalistes[1]. » Duverne de Praile faisait de fréquents voyages à Vérone;
et la preuve de l'empressement avec lequel ses visites y
étaient accueillies, résulte d'une lettre que Louis-Stanislas-
Xavier adressait au chevalier d'Andigné le 25 mai 1795 :
« J'attends avec impatience M. Duverne de Praile[2]. » Ce
fut pourtant cet homme qui, lorsque la conspiration eut
été découverte, en révéla, soit crainte de la mort, soit
cynisme de la trahison, les détails principaux[3].

Despomelles avait été maréchal de camp avant la
Révolution[4]. Son portrait a été tracé par l'abbé Brotier
lui-même dans le passage suivant d'un *Mémoire sur
l'agence de Paris*, écrit de la main de ce dernier et que
nous avons sous les yeux : « Parlerai-je d'Antonelle (de
Despomelles[5])? Il est en vérité dérisoire de voir encore
nommer dans la manufacture (dans l'agence) un homme
qui ne prend part à rien que de loin en loin, et qui se tient
constamment à une distance de plus de quatre lieues du
centre des observations. Il peut, du reste, conserver son
titre, sans préjudice, dans la manufacture (dans l'agence);
car il craindrait de se compromettre, même en voulant
nuire. Il est donc nul, à moins qu'on ne regarde comme
un inconvénient très-grave l'objection qu'on pourrait
nous faire à chaque instant lorsqu'on ne voit que deux
directeurs se mettre en avant, quoique le titre soit con-

[1] Compte-rendu de la vie de Duverne de Praile, par lui-même, *ubi
supra*.

[2] *Papiers de Puisaye*, vol. I. Manuscrits du British Museum.

[3] Voy. ses deux déclarations dans le *Moniteur*, an V, n° 353.

[4] *Moniteur*, an V, n° 353.

[5] L'abbé Brotier emploie dans son manuscrit des noms supposés, mais
les noms vrais auxquels ceux-là correspondent se trouvent écrits en in-
terligne par Duverne de Praile. Nous les donnons entre parenthèses.

féré à trois [1]. » De son côté, dans les révélations qu'il fit plus tard, Duverne de Praile décrivit Despomelles comme un homme prompt à vanter ses relations avec MM. de Ségur, dont il promettait l'appui, mais d'une prudence qui rendait sa bonne volonté à peu près stérile. « Il habitait une campagne dans le bourg de l'Égalité, et venait très-rarement en ville [2]. »

C'était donc sur Brotier et Duverne de Praile que pesait tout le poids du travail, ainsi qu'ils le mandaient à Louis-Stanislas-Xavier, dans un *Mémoire sur l'agence de Paris* [3].

Ce Mémoire est devant nous. Il fut écrit après la mort du fils de Louis XVI, c'est-à-dire à l'époque où Louis-Stanislas-Xavier se parait du titre de roi. Les extraits qui suivent présentent sous un jour curieux les rapports des « agents de Paris » avec le prétendant. Jamais valets ne parlèrent à leur maître avec cette froide insolence :

« Nous avons à nous plaindre essentiellement des lenteurs avec lesquelles on a expédié plusieurs demandes faites par nous, et même du silence absolu qu'on a gardé sur quelques-unes... Une chose nécessaire est le secret. Et cet article est tellement essentiel, que nous ne croyons pas manquer à l'Institut (au roi), en *exigeant* qu'il se fasse un devoir de ne dire jamais notre position à personne, de ne jamais parler de nous, et de ne jamais produire les originaux de nos lettres en entier. L'Institut (le roi) pourra y produire les faits ou plans qui en seront l'objet comme de lui-même, d'après ses notions particulières, mais jamais d'après nous, nommément. Le même ordre exige que nos lettres ne tombent jamais entre les mains des femmes (des ministres ou secrétaires

[1] *Papiers de Puisaye*, vol. LXXXIV. Manuscrits du British Museum.
[2] Deuxième déclaration de Duverne de Praile, *Moniteur*, an V, n° 353.
[3] *Papiers de Puisaye*, vol. LXXXIV, Manuscrits du British Museum.

du Conseil). Leurs places sont de faveur, et les faveurs, souvent, passent aussi vite que les qualités éphémères qui les font mériter[1]. »

Le même document montre à quel prix l'abbé Brotier et Duverne de Praile mettaient leurs services occultes, et de quelle énorme autorité ils entendaient être investis.

« Il y a un an, on demanda un conseil revêtu de toute la plénitude des pouvoirs de l'Institut (du roi). Jamais il ne fut plus nécessaire que dans ce moment, où Cadet (le comte d'Artois) n'a pu opérer son plan. L'anarchie des pouvoirs délégués par l'Institut (le roi) et par Cadet (le comte d'Artois) peut occasionner, sinon des chocs fréquents, du moins des incertitudes sur la volonté directrice, et une apathie plus préjudiciable que l'opposition la plus formelle... Si les regards de l'Institut (du roi) s'arrêtent sur nous, il faut que dans les pouvoirs qu'il nous enverra, il nous désigne nommément l'un et l'autre, Baudin (Duverne) et moi, comme ses deux seuls directeurs (agents) de Paris. Nous regarderions nos services comme inutiles à l'Institut (au roi), dès là même qu'il nous associerait, sans notre avis préalable, d'autres directeurs (agents), ou qu'il donnerait ses pouvoirs à d'autres, pour agir séparément de nous... Nous supplions l'Institut (le roi) de donner assez d'extension à nos pouvoirs pour que nous soyons autorisés, non-seulement à transmettre les ordres de l'Institut (du roi) partout où besoin sera, mais encore à faire ou sanctionner des comptes (des proclamations), même des emprunts, et à hypothéquer au nom de l'Institut (du roi) portion de ses biens présents et à venir, en faveur des personnes disposées à verser des fonds[2]. »

C'était beaucoup demander. Tout fut accordé cepen-

---

[1] Mémoire sur l'agence de Paris, *Papiers de Puisaye*, vol. LXXXIV. Manuscrits du British Museum.

[2] *Ibid.*

dant. Le Mémoire d'où sont tirés les extraits qui précèdent, et dont nous avons parlé ici par anticipation, fut rédigé le 17 décembre 1795; et, le 25 février 1796, Louis-Stanislas-Xavier signait la pièce suivante, qui fut aussitôt expédiée aux agents :

« Le roi donne pouvoir aux sieurs Brotier et Duverne de Praile, ses agents à Paris, d'agir et parler en son nom en tout ce qui concerne le rétablissement de la monarchie; ils pourront se donner un adjoint à leur choix, qui partagera leurs fonctions et leurs pouvoirs.

« Fait à Vérone, le vingt-cinquième jour du mois de février, l'an de grâce mil sept cent quatre-vingt-seize, et de notre règne le premier.      « *Signé* Louis[1]. »

Pour rassembler dans un seul tableau les divers traits qui se rattachent à l'agence de Paris, nous avons dû anticiper un peu sur les événements; revenons sur nos pas. Aussi bien les agents entrèrent en action, au nom et pour le compte de Louis-Stanislas-Xavier, bien antérieurement à l'envoi des pouvoirs qui viennent d'être transcrits; témoin la pièce suivante, que nous trouvons parmi les *Papiers de Puisaye*, écrite de la propre main de Louis-Stanislas-Xavier, et qui porte la date du 9 juillet 1794 :

« Louis-Stanislas-Xavier, fils de France, oncle du roi (le fils de Louis XVI vivait encore à cette époque), régent du royaume;

« Les sieurs chevalier Despomelles, l'abbé Brotier et Lemaître étant restés en France par les ordres et pour le service du feu roi notre frère, auxquels ils n'ont cessé

---

[1] Procès-verbal de l'arrestation de Brotier, Duverne, etc... Pièces trouvées sur les prévenus, n° 4.

de donner des marques de l'attachement le plus pur et du zèle le plus ardent, et n'étant demeurés, depuis la mort funeste du roi, sur une terre coupable que par nos ordres exprès et pour le service du roi, notre seigneur et neveu;

« Nous rendons par ces présentes témoignage authentique au courage, à la fidélité et au dévouement dont les sieurs Despomelles, l'abbé Brotier et Lemaître ont donné et donnent encore des preuves constantes et dangereuses pour leur sûreté.

« LOUIS-STANISLAS-XAVIER,

« Par Monsieur, régent,

« Le baron de FLACHSLANDEN. »

Le Lemaître dont le nom se trouve ici rapproché de ceux de Brotier et Despomelles était effectivement, comme eux, un des « agents de Paris; » mais ce n'était pas de concert avec eux qu'il agissait : il avait sa sphère à lui d'influence et d'activité. Ni Brotier ni Duverne de Praile ne se fussent accommodés de son voisinage; les lignes qu'on va lire, tracées par Brotier lui-même, en fournissent la raison :

« Boissy (Lemaître) avait une imagination brillante, l'art de peindre à l'esprit, et une âcre causticité. Avec les deux premiers avantages, il a su captiver les sots, les intrigants, les gens du monde, qui n'ont d'autre mérite que celui de se donner la teinte de l'esprit d'autrui. Sa causticité mettait sous sa dépendance tout ce qui n'avait pas assez de caractère pour ne pas craindre les traits envenimés d'une mauvaise langue ou la malignité d'un sourire sardonique... Nous n'avions jamais voulu communiquer avec lui. Nous avions même prédit que les communications qu'on aurait du dedans avec

lui finiraient par nous compromettre, malgré l'éloignement où nous nous tenions de lui et de ses alentours.
L'initiation de Boissy (de Lemaître) dans la manufacture
(dans l'agence) a amené la révélation de mille turpi-
tudes. [1] »

La vérité est que Lemaître, âme inquiète et ardente,
caractère frondeur, réunissait en lui, sinon toutes les
qualités qui constituent le génie des conspirations, du
moins la plupart des défauts qui en donnent le goût. Il
remplissait, avant la Révolution, les fonctions de secrétaire général du conseil des finances. Ayant perdu cet
emploi, il était allé rejoindre les princes émigrés en
Allemagne, avait été chargé de leurs correspondances
avec l'intérieur, s'était établi à Bâle, vers 1794, et n'a-
vait cessé, depuis lors, d'entretenir des relations d'intrigue avec les royalistes restés en France. A l'époque où
nous sommes arrivés, il se trouvait avoir fixé à Paris le
centre de ses manœuvres. Un fait curieux, c'est que cet
infatigable royaliste avait été autrefois mis à la Bastille
comme auteur d'un écrit contre la reine; et, chose plus
étrange encore, cet agent de Louis-Stanislas-Xavier passait
pour avoir dirigé contre lui un pamphlet intitulé *Seconde
lanterne magique.* « Je n'ai pas la preuve, dit le marquis
Beaupoil de Saint-Aulaire, dans une note par lui remise à
Puisaye, que Lemaître fut l'auteur de ce pamphlet, mais
j'en ai la conviction. Ce qui est à ma pleine connaissance, c'est qu'il le lisait à ses amis avec sensualité, et
surtout avec le ton burlesque du genre [2]. »

Toujours est-il que sa correspondance secrète abonde
en observations sarcastiques et en plaintes amères; les
Puissances étrangères y sont couvertes de mépris; les

[1] Mémoire sur l'agence de Paris, *Papiers de Puisaye,* vol. LXXXIV.
Manuscrits du British Museum.
[2] *Mémoires de Puisaye,* t. III, p. 462, 463.

Anglais, les Autrichiens, les Espagnols même, c'est-à-dire, dans le langage de Brotier, les *épiciers*, les *chandeliers* et les *visirs*, sont partout dénoncés par Lemaître comme des vampires que les royalistes français sont condamnés à nourrir de leur substance[1].

Bien que l'ordre des dates ne nous amène point à placer ici le récit de la mort tragique de Lemaître, laquelle n'eut lieu que plus tard, lorsque déjà la Convention avait cessé d'exister, indiquons-en dès à présent les causes : elle font ressortir d'une manière terrible le machiavélisme des partis.

Lemaître s'était mis en rapport, dans la Convention, avec un certain nombre de députés qu'il avait cru pouvoir gagner à la cause royaliste en les flattant de l'espoir d'une monarchie mixte. Voici quelles furent, pour Lemaître, selon l'abbé Brotier[2], les conséquences de ces dangereuses tentatives d'embauchage :

« Ceux qui votent au fond de leur âme pour ce demi-parti (la monarchie mixte) feraient immoler demain l'homme qu'ils pourraient croire avoir pénétré leur secret. Et voilà précisément ce qui a conduit Boissy (Lemaître) au pied du mur. Cet infortuné, pressé par son imagination exaltée autant que par les insinuations de quelques dégraisseurs (émigrés) qui ont toujours pensé qu'on pouvait gagner à l'ouvrage (au royalisme) des députés de la Convention, avait dressé des articles qui devaient être signés, peu avant le 12 germinal, par cent et quelques gens d'esprit (députés), dont Lakanal

[1] Mémoire sur l'agence de Paris, *Papiers de Puisaye*, vol. LXXXIV. Manuscrits du British Museum.

[2] Il est à remarquer que le mémoire dont nous donnons dans ce chapitre de si curieux extraits, n'était pas destiné à voir le jour. C'était un travail adressé à Louis-Stanislas-Xavier, et à lui seul. On ne peut donc pas dire que les faits y soient falsifiés ou arrangés en vue de l'effet à produire sur le public.

(Saladin) et François (Rovère). Mais tous ne pouvaient être portés à la signature de ces articles par une nécessité aussi impérieuse pour eux que pour les deux que je viens de nommer en dernier lieu. Ceux-ci s'aperçurent, chez leurs collègues, de certaines oscillations qui les déterminèrent, l'un et l'autre, à reculer d'abord, puis à rejeter tout à fait la signature. Sur ces entrefaites, Lemaître est examiné, et sa tête est le prix d'une confidence indiscrète. Chacun veut le voir mourir, pour qu'il n'ait personne à faire rougir ou périr[1]. »

Et cette involontaire révélation de Brotier se trouve confirmée en ces termes dans une lettre d'un autre agent de Paris à un agent de Londres : « Ce fut Tallien qui dénonça Lemaître. Il est mort renversé, à la Convention, par ceux-là mêmes qui craignaient qu'il ne parlât. Nos amis l'ont tué![2] »

Aux conspirateurs royalistes dont la physionomie vient d'être esquissée, il faut joindre de la Villeheurnoy, homme de mœurs douces et dont la nature avait été façonnée par l'habitude du monde. Ancien maître des requêtes, il avait suivi le torrent de l'émigration à Coblentz, où Puisaye l'a peint jouant dans les antichambres le même rôle qu'il avait joué à Versailles, ne se montrant jamais que les mains et les poches pleines de papiers, traversant les appartements à toute heure du jour d'un air mystérieux, et donnant de la sorte une haute idée de sa capacité, jusqu'au jour où l'on apprit

---

[1] Mémoire sur l'agence de Paris, *Papiers de Puisaye*, vol. LXXXIV. Manuscrits du British Museum.

[2] En citant cette lettre, extraite de la *Correspondance secrète de Stofflet, Charette, Puisaye et autres*, Puisaye fait observer avec raison que sa date, 23 novembre 1794, est erronée. C'est 1795 qu'il faut lire, soit que l'erreur soit une faute d'impression ou une distraction de l'auteur de la lettre.

que l'emploi de son génie se bornait à faire quelques
extraits pour l'usage du Conseil[1].

Les correspondants des agents de Paris étaient : Cormatin, en Bretagne, et à Londres, un certain Dutheil,
que Brotier regardait comme un intrigant de bas étage
et un imposteur[2].

Quant à la petite Cour de Vérone, les agents commu-
niquaient habituellement avec elle par l'intermédiaire
du comte d'Entraigues. C'était ce grand artisan de complots qui avait recommandé Lemaître à Louis-Stanislas-
Xavier; c'était lui qui tenait tous les fils de la correspondance royaliste. Établi à Venise dans les derniers mois
de 1795, il y recevait de Duverne de Praile, de Lemaître,
de Despomelles, de Brotier, des renseignements qu'on
lui adressait sous des noms supposés[3], et qu'il transmet-
tait au baron de Flachslanden, lequel, à son tour, les
mettait sous les yeux du Conseil de Louis-Stanislas-
Xavier[4].

Lorsque le duc de Lavauguyon fut appelé à faire
partie de ce Conseil, ce fut à lui que les communications
aboutirent, et sa présence à Vérone imprima une nouvelle activité à la faction d'Espagne. En réalité, il en
devint, avec le comte d'Entraigues, le directeur suprême.
Et cela devait être. Il y avait longtemps, en effet, que le
duc de Lavauguyon s'était prononcé, dans le monde diplomatique, en faveur de l'Espagne et contre l'Angleterre. Nommé ministre près des états généraux des
Provinces-Unies en 1776, il n'avait rien négligé pour
miner dans ce pays la prépondérance des Anglais, qu'y

---

[1] Mémoires de Puisaye, t. III, p. 467.

[2] Mémoire sur l'agence de Paris, Papiers de Puisaye, vol. LXXXIV.
Manuscrits du British Museum.

[3] Voy. la deuxième déclaration de Duverne de Praile, dans le Moniteur,
an V, n° 353.

[4] Béziade d'Avaray, Réponse à M. le comte Joseph de Puisaye, p. 1.

servait le stathouder. Plus tard, en 1784, nommé à l'ambassade d'Espagne, il avait gagné l'affection du duc de Florida-Blanca, qui dirigeait alors le Cabinet de Madrid, et s'était vu élever par Charles IV, en 1788, à la dignité de chevalier de la Toison d'or[1]. Rien, conséquemment, de plus explicable que cette déclaration de Duverne de Praile dans le procès où il se trouva enveloppé au mois d'avril 1797, en compagnie de Brotier et de la Villeheurnoy : « Il existe un parti extérieur qui compte sur l'appui de l'Espagne. A la tête de ce parti sont MM. de Lavauguyon et d'Entraigues[2]. »

Une chose à noter, c'est que l'intime ami de Louis-Stanislas-Xavier, le duc d'Avaray, n'inspirait aux agents de Paris aucune confiance[3]. Il ne correspondait point avec eux, bien que Puisaye, dans ses Mémoires, les appelle *son conseil exécutif*[4], et il ne leur transmit jamais ni aucune instruction, ni aucun ordre[5].

L'agence de Paris, dont l'action s'étendait sur une grande partie de la France, n'était pas la seule qu'on eût organisée dans le parti royaliste; il y en avait une autre qui comprenait dans son ressort la Franche-Comté, le Lyonnais, le Forez, l'Auvergne et tout le Midi. Celle-ci agissait de concert avec la première. Le comte de Précy la dirigeait[6].

La mission des agents était :

De ne rien négliger pour gagner au parti du roi les autorités constituées;

---

[1] Durozoir, *Biographie universelle* (supplément), art. *Lavauguyon*.

[2] Déclaration de Duverne de Praile, *Moniteur*, an V, n° 353.

[3] Cela résulte clairement d'une note de Duverne de Praile, écrite en marge du Mémoire sur l'agence de Paris par l'abbé Brotier. Voyez ce mémoire, vol. LXXXIV des *Papiers de Puisaye*. Manuscrits du British Museum.

[4] *Mémoires de Puisaye*, t. VI, p. 351.

[5] Béziade, duc d'Avaray, *Réponse à M. le comte Joseph de Puisaye*, p. 1.

[6] Première déclaration de Duverne de Praile, *Moniteur*, an V, n° 353.

De tenter, par l'appât des promesses, les représentants du peuple;

De lier à l'idée du rétablissement de la monarchie celle de la réforme des abus qui s'étaient introduits dans l'ancien régime;

De pousser les royalistes aux assemblées primaires;

De les classer en deux catégories composées, l'une de fervents, l'autre de tièdes;

De former les plus courageux en compagnies et de leur fournir, jusqu'à concurrence de l'argent dont on pourrait disposer, armes et munitions;

De repousser, au moyen de ces compagnies, tout parti, armé ou non, qui s'opposerait à la liberté des élections;

De forcer les royalistes à se rendre aux élections, soit par voie de menace ou autrement;

De recourir enfin aux procédés militaires, quand il y aurait chance raisonnable de succès[1].

Amnistier d'avance, et d'une manière générale, ceux des régicides qui se laisseraient ramener à la royauté, on ne l'aurait pu sans faire naître, dans le camp royaliste, un effroyable scandale. D'un autre côté, il y avait dans l'Assemblée certains régicides dont l'immoralité faisait signe à la corruption d'approcher, et dont il eût été impolitique de mépriser l'influence. Pour tout concilier, il fut convenu que les juges qui avaient voté la mort du roi pourraient exceptionnellement être pardonnés, dans le cas où le rétablissement de la monarchie serait dû à la grandeur de leurs services; et les agents eurent ordre de prendre ce point de départ dans leurs tentatives d'embauchage[2].

----

[1] Première déclaration de Duverne de Praile, *ubi supra*.
[2] *Ibid.*

Aussi ne craignirent-ils pas de s'adresser à des hommes tels que Tallien et Cambacérès.

Il existe une lettre d'eux, datée du 1er janvier 1795, dans laquelle ils promettent au Conseil de Louis-Stanislas-Xavier *de le mettre en correspondance avec le nouveau mari de la Cabarrus, aujourd'hui femme avouée de Tallien.* « Tallien, est-il dit dans cette lettre, est au pinacle. Il est maître du champ de bataille. Lui seul et son parti ont une véritable influence. Il accaparent tous les écrivains, entre autres Montjoie, auteur de l'*Ami du Roi*. Brotier ne tardera pas à voir madame Tallien et en rendra bon compte[1]. »

Pour ce qui est de Cambacérès, le comte d'Entraigues écrivait, en parlant de lui à Lemaître : « Je ne suis nullement étonné que Cambacérès soit du nombre de ceux qui voudraient le retour de la royauté[2]. »

Mais les agents royalistes ne pouvaient entrer en rapport avec les membres de l'Assemblée, lorsqu'ils en connaissaient de corruptibles, qu'à la condition de s'exposer à d'immenses périls, parce que ceux-ci, dès qu'ils se croyaient soupçonnés, avaient hâte, pour se sauver eux-mêmes, de dénoncer et de sacrifier les corrupteurs. Nous avons dit quel fut le sort de Lemaître. Selon l'énergique expression de Brotier, les représentants dont l'opinion chancelait « se présentaient aux agents avec la patte de l'agneau et les saisissaient ensuite avec les griffes du tigre[3]. »

Quoi qu'il en soit, pour jouer son rôle, l'agence de Paris avait besoin d'argent, et, sous ce rapport, l'appui du dehors lui était indispensable. Mais, si elle acceptait

---

[1] Lettre citée par Puisaye, qui avait l'original dans les mains. Voy. ses Mémoires, t. VI, p. 361.

[2] Lettre saisie chez Lemaître, et lue à la Convention par Ysabeau, séance du 2 brumaire, an IV. Voy. le *Moniteur*, an IV, n° 38.

[3] Mémoire sur l'agence de Paris, *Papiers de Puisaye*, vol. LXXXIV. Manuscrits du British Museum.

les secours de l'Angleterre comme ceux de l'Espagne, ce n'était ni avec les mêmes sentiments de gratitude, ni avec le même esprit. Les agents ne mettaient pas en doute la bonne foi de l'Espagne et la sincérité de ses efforts[1], tandis qu'ils regardaient les services du gouvernement anglais comme des services perfides, dont l'unique but était l'entière ruine de la France[2]. La volumineuse correspondance du baron de Nantiat avec le comte de Blangy met vivement en relief la haine profonde qui animait contre le gouvernement anglais une fraction notable du parti royaliste : « Vienne et Londres n'ont que des vues perfides pour la France, c'est affiché... Je crois lord Moira bien intentionné, mais il est Anglais... Vous pouvez regarder Pitt comme l'homme le plus immoral des Trois-Royaumes, ennemi de la maison de Bourbon et de nos princes en particulier... » Voilà comment parlait de l'Angleterre un homme qui était le protégé du comte de Blangy, qui avait acquis la confiance du maréchal de Castries, un des principaux membres du Conseil des princes, et qui avait charge d'informer ce dernier de tout ce qui se passait à Londres[3].

Aussi les agents traitaient-ils l'Angleterre, tout en la ménageant, comme une Puissance ennemie. S'ils avaient des renseignements à lui faire parvenir, ils s'étudiaient à ne lui donner que ceux qui pouvaient profiter à la cause royaliste, en lui dérobant avec soin la connaissance de tout ce qui eût été de nature à faciliter aux Anglais la prise d'une de nos villes maritimes[4]. S'ils écrivaient à Charette, c'était pour lui recommander de se défier de la politique de Pitt[5]. Les princes avaient-ils à

---

[1] Voy. la lettre du 24 avril 1795, citée dans le t. VI des *Mémoires de Puisaye*, p. 363.

[2] Première déclaration de Duverne de Praile, *Moniteur*, an V, n° 353.

[3] Voy. les *Mémoires de Puisaye*, t. V, p. 230, 344, 370.

[4] Première déclaration de Duverne de Praile, *Moniteur*, an V, n° 353.

[5] *Mémoires de Puisaye*, t. VI, p. 367.

se plaindre des hésitations ou de la froideur de la Cour de Vienne, nul doute, selon les agents, que cela ne tînt aux sourdes manœuvres du Cabinet de Saint-James[1], auquel, par une conséquence naturelle de ces défiances, ils s'étudiaient à faire un secret de leurs négociations avec le gouvernement espagnol[2].

Toutefois, ils se gardaient bien de maudire l'Angleterre à haute voix, parce que son or leur était nécessaire. Car, pendant qu'ils la vilipendaient sous main, ils ne rougissaient pas de lui demander l'aumône. Le 8 août 1795, Brotier recevait mille louis du ministre anglais[3]. Duverne de Praile avait obtenu l'assurance d'une somme de 60,000 liv. st. pour dépenses préparatoires, et d'une autre somme de 30,000 liv. st., qui devait lui être payée dans le mois de la proclamation du roi[4]. Précy était autorisé à tirer sur Wickham, ministre d'Angleterre en Suisse, pour les fonds dont il aurait besoin, sauf approbation de celui-ci[5]. En un mot, la conduite des agents à l'égard de l'Angleterre consistait à la décrier secrètement, à ruiner ses desseins par de ténébreuses menées, et à se servir de son argent contre elle-même.

On devine d'après cela sous quel jour leur apparaissait Puisaye. Ce qu'ils abhorraient en lui, c'était *l'homme de Pitt*[6]. Ils s'attachèrent à le noircir dans l'esprit de Louis-Stanislas-Xavier, empêchèrent ses proclamations d'être imprimées, combattirent ses plans, détournèrent l'argent qui lui était destiné, et contribuèrent, ainsi qu'on

[1] Correspondance des agents citée par Puisaye, t. VI de ses Mémoires, p. 367.

[2] Voy. une lettre de Brotier à Cormatin, du 20 mai 1795, citée par Puisaye, t. VI de ses Mémoires, p. 363.

[3] Correspondance des agents. *Ibid.* p. 377.

[4] Première déclaration de Duverne de Praile, *Moniteur*, an V, n° 353.

[5] *Ibid.*

[6] *Correspondance secrète de Puisaye, Charette, Stofflet et autres*, t. I, p. 5.

le verra plus loin, à faire sortir de sa plus importante entreprise un épouvantable désastre[1].

De fait, ils n'étaient gens à s'arrêter devant aucun scrupule.

L'art de tuer moralement ses rivaux et de compromettre les instruments, voilà comment ils définissaient la politique[2]. En parlant d'eux, Puisaye écrit : « Ce qui a perdu le parti royaliste, c'est le manque de bonne foi depuis que les agents de Paris et de Londres s'y sont introduits[3]. » Le faux leur était une arme familière[4]. Ils excellaient dans l'arrangement des signes de reconnaissance, dans la composition des encres sympathiques[5], et leur vanité transformait en occupations d'hommes d'État ces noires pratiques. Ils aimaient aussi à se cacher sous toutes sortes de noms d'emprunt. Brotier s'était donné le nom de *Bouillé;* la Villeheurnoy, celui d'*Étienne;* Despomelles, celui de *Thébault.* Brotier était quelquefois désigné dans la correspondance par les initiales *QQ.* Lemaître s'appelait tantôt *Le Juif,* tantôt *Castel Bianco.* Duverne de Praile avait été tour à tour M. Duval, M. Bertrand, M. Mallet, M. Adrien, M. Bonneval, M. Dunan. Dans les lettres de l'abbé Brotier, Louis-Stanislas-Xavier était nommé l'*Institut,* et dans celles du comte d'Entraigues, 49[6].

---

[1] Voy. les *Mémoires de Puisaye, passim;* le procès de Brotier dans le *Moniteur,* an V, n° 188, et, dans le présent volume, le chapitre relatif à l'affaire de Quiberon.

[2] Voy. la *Correspondance secrète de Puisaye, Charette, Stofflet,* etc. t. 1, p. 2.

[3] *Mémoires de Puisaye,* t. IV, p. 249, 250.

[4] Puisaye cite une lettre supposée de lui, qu'ils adressèrent au ministre anglais, Windham, et que ce dernier lui remit, apostillée de sa main. *Ibid.,* p. 64.

[5] *Ibid.,* p. 66.

[6] Voy. les *Mémoires de Puisaye,* t. VI, p. 352, et t. V, p. 206. — Les *Débats du procès de Brotier, la Villeheurnoy,* etc., n° 17. — Le rapport d'Ysabeau sur les pièces trouvées chez Lemaître, *Moniteur,*

Ils ne manquaient pas, du reste, d'une certaine aptitude à varier leur langage, suivant les hommes et suivant les circonstances. Devant les partisans de l'ancienne monarchie, ils affectaient beaucoup de dédain pour les monarchiens constitutionnels. Devant les modérés, ils dénonçaient la folie des procédés insurrectionnels, ne voulaient ni armées ni combats, et montraient une confiance absolue dans le mouvement pacifique de l'opinion. Aux révolutionnaires repentants, ils promettaient l'oubli du passé. Aux royalistes exaltés, ils disaient : « Le roi pardonnera, mais les parlements feront justice[1]. »

Malheureusement, là se réduisait toute leur science; et, quant au parti sur lequel ils s'appuyaient, on peut juger de la force qu'il leur communiquait par les lignes suivantes, tombées de la plume d'un royaliste :

« Les royalistes de l'intérieur, modérés ou à double face, n'osaient se montrer et même communiquer entre eux qu'à de rares intervalles, lorsque le régime de la Terreur, momentanément suspendu, semblait donner quelque répit à la frayeur. Alors ils couvraient les pavés des rues et remplissaient les cafés de Paris; mais à la moindre apparence de danger, ils disparaissaient comme de concert et rentraient dans leurs caves. Rien ne ressemble plus à cette espèce d'hommes durant la Révolution qu'une troupe d'enfants que l'on voit s'agiter tumultueusement et se livrer à toutes les espiègleries de leur âge aussitôt que le régent vient à quitter la salle, mais qui ne manquent pas de courir précipitamment se remettre à leurs places dès qu'ils croient entendre sa voix ou apercevoir le pan de sa robe[2]. »

Dans un autre passage de son livre, Puisaye donne

an IV, n° 38. — La correspondance des agents dans les *Papiers de Puisaye*, passim.

[1] *Mémoires de Puisaye*, t. IV, p. 59, 60.

[2] *Ibid.*, t. III, p. 472.

pour collaborateurs au duc d'Avaray, lequel exerçait sur
l'esprit de Louis-Stanislas-Xavier une influence souveraine : « des prêtres apostats et sans mœurs : Brotier;
des empoisonneurs : Verteuil; des assassins : Fournier
et la Haye. »

En ce qui touche le duc d'Avaray, Puisaye se trompe
en lui supposant des relations intimes avec les agents
de Paris, dont l'action relevait plutôt du duc de Lavauguyon, du comte d'Entraigues, du baron de Flachslanden. Et, d'autre part, il ne serait pas juste de donner
comme un arrêt sans appel les invectives d'un homme
parlant de ses ennemis. Mais si telle était l'opinion de
Puisaye sur les « agents, » que penser de lui-même qui,
pour exposer la France à tomber en de pareilles mains,
se mettait à la solde de l'Angleterre et se préparait froidement à porter la guerre civile dans son pays?

# CHAPITRE TROISIÈME

## CRIMES DES CHOUANS.

Protestation de Stofflet contre la paix conclue par Charette. — L'armée des côtes de l'ouest confiée à Canclaux. — Jugement de Mallet du Pan sur Canclaux. — Charette appuie les républicains contre Stofflet. — Succès des républicains. — Stofflet abandonné par ses principaux officiers. — Attaques de grand chemin. — La révolte attisée par les prêtres. — Charette se prépare à la trahison. — Horrible situation de Nantes. — Soumission de Stofflet. — Paix mendiée et achetée, pacte entre la bassesse et le mensonge. — Résultats de la *pacification* de Saint-Florent : pillages, incendies, assassinats. — État des choses en Bretagne. — Effroyables déprédations. — Vil caractère de la politique thermidorienne. — Plan de Hoche. — Ses instructions. — En quoi elles étaient blâmables. — Son système de concentrer ses forces. — Plaintes que ce système provoque. — Hoche dénoncé par Baudran et Dubois-Dubais. — Insolence de Coquereau, un des chefs des Chouans. — Traité de la Mabilaye; conditions avilissantes subies par le gouvernement thermidorien. — Le commandement de l'armée des côtes de Cherbourg retiré à Hoche et confié à Aubert-Dubayet. — Manière de combattre des Chouans décrite par Hoche. — Abominable hypocrisie de Cormatin et des chefs chouans. — La révolte organisée à l'ombre de la pacification. — Crimes de toutes sortes commis par les Chouans : vols, massacres, contributions forcées, dévastation des campagnes, mesures pour affamer les villes. — Règlement de police rédigé par Cormatin. — Les prêtres réfractaires, fauteurs de la guerre civile. — Progrès de la Chouannerie. — Le général républicain Humbert sous l'uniforme de Chouan. — Plan de la faction espagnole. — Offres faites aux royalistes par l'Espagne; ses menées. — Impudence de Cormatin; ses menées. — Il est découvert et arrêté. — Soulèvements des Chouans réprimés. — La tête de Boishardy promenée au bout d'une pique; généreuse indignation de Hoche.

Pendant que les « agents de Paris » nouaient leurs intrigues, tout n'était que trahison dans les provinces de l'Ouest, où le royalisme était en force.

On a vu avec quelle fougue Stofflet s'était séparé de Charette, lors des conférences de la Jaunaye[1] : le 12 ventôse an III (2 mars 1795), il convoqua ses officiers à Jallais; et tous, réunis en conseil, ils signèrent contre la pacification une protestation véhémente. Elle portait que « vivement affectés du *lâche abandon* qu'avaient fait de leur poste MM. de Charette, de Couetus, Sapinaud, Fleuriot, Debruc, Béjary et Prudhome, ils invitaient à se joindre à eux dans le plus court délai les officiers fidèles à Dieu et au roi[2]. »

Cette protestation était l'ouvrage de Bernier, curé de Saint-Laud, de ce même Bernier qui, selon la remarque de Savary, « vendit ensuite son parti pour avoir un évêché[3]. »

Un décret du 13 ventôse (3 mars) avait mis le général Hoche à la tête des armées réunies des côtes de Brest et des côtes de Cherbourg : le même décret confia le commandement en chef de l'armée des côtes de l'Ouest au général Canclaux[4].

Ainsi, c'était sur le plus tiède des généraux républicains que le parti dominant se reposait du soin de dompter le plus opiniâtre des généraux royalistes. Ce choix fut-il désagréable aux rebelles? On en jugera par ce mot d'une lettre que Mallet du Pan écrivait, un mois après, au comte de Sainte-Aldegonde : « On dit le général Canclaux destitué; *c'est un malheur[5]!* » Mallet du Pan n'aurait sans doute pas déploré aussi amèrement la destitution de Hoche, qui disait avec raison en parlant

---

[1] Voy. dans le volume précédent, le chapitre intitulé *La contre-révolution en Vendée,* p. 370.

[2] Savary, *Histoire des guerres de la Vendée,* t. IV, p. 386 et 387.

[3] *Ibid.,* p. 392.

[4] *Moniteur,* an III, numéro 165.

[5] *Mémoires et correspondance de Mallet du Pan,* t. II, chap. VIII, p. 172.

de lui-même : « Ma figure peut paraître de glace lorsqu'on ne me connaît pas ; mais en matière de liberté, mon âme est de feu[1]. »

Cependant, Canclaux se disposait à marcher contre Stofflet. Le 24 ventôse (14 mars) le représentant du peuple Delaunay en informa la Convention, ajoutant que Charette agirait de concert avec les républicains[2]. Et en effet le bruit courut que, pour favoriser l'expédition dirigée contre Stofflet, Charette avait établi un cordon de troupes sur les lignes qui séparaient son territoire de celui de son rival[3]. Ce qui est certain, c'est qu'il donna ordre à ses lieutenants Fleuriot et Sapinaud d'escorter avec cinq cents hommes un convoi considérable de subsistances destiné par Canclaux aux troupes qui devaient se réunir près de Chollet. Le convoi parvint à sa destination, et seize mille rations de pain s'étant trouvées de trop, ce fut grâce à la même protection qu'elles purent sans danger rétrograder sur les Sables-d'Olonne, où elles furent distibuées aux soldats de Charette[4].

Le 5 germinal (25 mars), les colonnes républicaines se mettaient en mouvement et s'emparaient, sans rencontrer aucune résistance, de Cérisais, de Bressuire, de Châtillon, de Maulevrier, de Chollet[5]. Le général Caffin, qui commandait la division Dubreuil, entra, de son côté, à Chemillé, le 11 germinal (31 mars), mais non sans avoir perdu, au passage de Layon, deux braves officiers

---

[1] *Correspondance de Hoche,*. Lettre au représentant du peuple Boursault, 9 fructidor, an III.

[2] Savary, *Histoire des guerres de la Vendée,* t. IV, p. 397.

[3] *Mémoires sur la Vendée, par un ancien administrateur militaire,* p. 189.

[4] « Par mes soins, » dit l'administrateur militaire aux Mémoires duquel nous empruntons ce détail caractéristique.

[5] Lettre des représentants Dornier et Morisson au Comité de salut public, *Moniteur,* an III, numéro 198.

que l'armée regretta fort : l'adjudant général Bardon, et Rateau, chef d'escadron du 11e régiment de hussards[1].

Ces premiers et rapides succès accusaient vivement la faiblesse de Stofflet. La vérité est qu'il n'avait pu parvenir à former un rassemblement; jusque-là que Caffin écrivait au représentant du peuple Bézard, dès le lendemain de l'occupation de Chemillé : « Nos patrouilles vont jusqu'aux Gardes, Trémentine et Jallais. On ne rencontre personne, si ce n'est quelques hommes épars[2]. »

Quelques jours après, le représentant du peuple Dornier se rendait seul à Saint-Macaire, où il avait invité les principaux officiers de Stofflet à se réunir pour y traiter de la paix.

Là fut signée par Bérard, Rostain, Mounier, Lhuilier, Lejeay, Germain Bez, Desormaux, tous officiers de Stofflet, une déclaration dans laquelle ils prenaient l'engagement de ne jamais porter les armes contre la République.

Mais, chose honteuse! A cette poignée de rebelles qui ne posaient les armes que faute de pouvoir les garder plus longtemps, le gouvernement permit d'écrire en tête de leur déclaration : « Des attentats inouïs contre notre liberté, l'intolérance la plus cruelle, les injustices et les vexations les plus odieuses nous ont mis les armes à la main[3]. »

En d'autres termes, les signataires ne juraient fidélité à la République qu'à la condition de l'insulter. Et voilà ce que les Thermidoriens étaient condamnés à souffrir!

Encore si cette défection des principaux officiers de Stofflet eût réellement mis un terme aux maux qui désolaient ces contrées! Mais non : à une guerre régulière

---

[1] *Moniteur*, an III, numéro 198.
[2] *Moniteur*, an III, n° 204.
[3] Voy. cette déclaration dans Savary, *Histoire des guerres de la Vendée*, t. IV, p. 450 et 451.

qui, de la part des royalistes, était devenue impossible, avait succédé une guerre de brigandage, et celle-là n'était pas près de finir. Il n'y avait plus de vrais combats, mais il y avait toujours des attaques de grand chemin. Le transport des subsistances ne pouvait avoir lieu qu'au prix d'une vigilance de tous les instants; le meurtre secondait la rapine, et, presque toujours, la religion venait jouer un rôle dans ces fureurs. Le 20 germinal (9 avril), le bataillon d'Ille-et-Vilaine ayant eu à protéger contre une attaque soudaine et violente un convoi qu'il escortait, les rebelles perdirent un drapeau orné d'un écusson qui représentait saint Jean-Baptiste, avec cette légende : *Ecce agnus Dei qui tollit peccata mundi*[1]. Ainsi se révélait l'influence des prêtres.

D'un autre côté, l'attitude de Charette commençait à donner de sérieuses inquiétudes. Le traité conclu avec lui n'empêchait pas que la côte ne fût encore au pouvoir des rebelles, depuis l'île de Bouin jusqu'aux environs de Saint-Gilles. Savin commandait à Palluau. Dabbayes, dans le Marais, avait son quartier général à Saint-Jean-de-Mont. Pajot était du côté de Beauvoir. Dans les communes qu'on avait si follement placées sous l'autorité de Charette, il se formait des comités qui ne se cachaient pas pour agir au nom du roi. On faisait circuler des listes de proscription sur lesquelles se trouvaient inscrits les noms des hommes qui avaient le mieux servi la République[2]. Vainement les administrations adressaient-elles à Charette plaintes sur plaintes : à peine eût-il daigné y répondre,

[1] Lettre du général Caffin au général Canclaux, en date du 21 germinal (10 avril) 1795.

[2] Rapport de l'administration du district de Challans au Comité de salut public, en date du 21 germinal (10 avril) 1795.

Ce rapport, ainsi que plusieurs des rapports et lettres que nous citons dans ce chapitre, se trouvent reproduits par ordre de date dans le tome IV du livre de Savary. Leur ensemble constitue une sorte d'histoire officielle de la Vendée.

si la nécessité de préparer le succès de la trahison qu'il méditait ne lui eût fait une loi de la dissimulation. Encore ne croyait-il pas indispensables les précautions de ce genre de prudence qu'enfante la peur; car les administrateurs de Challans eurent avis qu'il avait osé dire à ses soldats, cantonnés à Belleville : « Mes sentiments n'ont point varié. Je ne suis nullement pour la République. La disette des blés m'empêche seule de rassembler mes forces. Prenez patience[1] ! »

Il fit savoir au chevalier de Tinténiac, par un officier de confiance, qu'il était prêt à reprendre les armes; qu'il avait des soldats aguerris et brûlant d'en venir aux mains; que ce qu'il lui fallait, c'était de la poudre. Il demandait aussi qu'on lui envoyât deux mille Français enrégimentés, et qu'on l'avertît quinze jours d'avance[2].

Du reste, la situation de Nantes à cette époque disait assez en quoi consistait la *pacification* de la Vendée. Cette situation était effroyable. Chaque jour, les Vendéens venaient acheter à Nantes des subsistances, des armes, des munitions, sans qu'il leur fût permis d'y apporter un œuf. Ainsi l'avaient décidé les meneurs royalistes, dont on souffrait lâchement qu'ils prissent les ordres. Affamer la ville, telle était la consigne donnée aux avant-postes des rebelles. Aussi la livre de beurre se payait-elle vingt livres, et le prix des autres denrées était en proportion[3].

Or, pendant que les Nantais étaient condamnés au tourment de cette disette organisée, les Chouans travaillaient avec une ardeur farouche à soulever les campagnes; ils

---

[1] Rapport de l'administration du district de Challans, ubi supra.

[2] Lettre du chevalier de Tinténiac à M. Windham, mentionnée dans les *Mémoires de Puisaye*, t. V, p. 177.

[3] Rapport de l'agent national de Nantes au Comité de salut public, en date du 24 germinal (13 avril) 1795. — Lettre de Darbefeuille au représentant du peuple Lesage (d'Eure-et-Loir), en date du 26 germinal (15 avril) 1795.

faisaient de grands achats de poudre; ils appelaient sous le drapeau de la guerre civile quiconque avait de seize à quarante ans; ils tenaient dans chaque arrondissement de cinq communes des assemblées factieuses où leurs prêtres venaient bénir les instruments des meurtres commis ou à commettre; ils se livraient à toutes sortes d'horreurs. Des hommes, des femmes, des enfants, appartenant à la classe des patriotes, étaient retournés à Clisson, parce qu'ils mouraient de faim à Nantes : ils furent noyés dans la Sèvre. Des volontaires qui escortaient la diligence entre Varades et Ancenis, ayant été attaqués, vingt-huit d'entre eux furent pris, conduits à quelque distance de la route, forcés de creuser eux-mêmes leurs fosses et fusillés[1]. Voilà de quelle espèce de pacification la Vendée était redevable aux Thermidoriens!

Sur ces entrefaites, la nouvelle se répand que Stofflet est décidé à entrer en négociation avec le gouvernement républicain. Le 11 germinal (31 mars), il avait adressé à Canclaux, pour lui faire part de ses bonnes dispositions, une lettre[2] à laquelle la défection de ses principaux officiers était venue, depuis, donner beaucoup de poids. Sa soumission, d'ailleurs, paraissait inévitable. On y croyait si bien, que, à partir du 22 germinal (11 avril), les mouvements de troupes furent suspendus, et que le représentant du peuple Dornier se crut autorisé à réunir à dîner, dans la ville de Chollet, plusieurs chefs royalistes au nombre desquels figurait l'abbé Bernier[3]. Mais les républicains ne tardèrent pas à comprendre qu'on les trompait.

---

[1] Voy. pour la confirmation de tous ces faits le Rapport de l'agent national de Nantes au Comité de salut public, en date du 24 germinal, an III. — La lettre de Darbefeuille à Lesage (d'Eure-et-Loire), en date du 26 germinal an III. — La lettre du représentant du peuple Laréveillère Lepaux au citoyen Creuzé Latouche, membre du Comité de salut public, en date du 3 floréal, an III.

[2] Voy. Savary, *Histoire des guerres de la Vendée*, t. IV, p. 418.

[3] *Ibid.*, p. 458, 459.

Dornier lui-même, tout confiant qu'il était, s'aperçut que les rebelles n'avaient d'autre but que de profiter de l'inaction des troupes pour se concerter et former de nouveaux rassemblements[1]. Il fallut en revenir à une surveillance active.

Bientôt Stofflet, pour dernière ressource, dut s'enfoncer dans la forêt de Vezin; mais les colonnes républicaines la fouillèrent; et lui, poursuivi, traqué comme une bête fauve, fut enfin réduit à se sauver seul à pied. Son homme de confiance, son chirurgien, son tonnelier, furent faits prisonniers[2], et lui-même se voyait au moment de partager leur sort, lorsqu'une entrevue que l'état désespéré de ses affaires le contraignit de demander[3] lui fut accordée.

Elle eut lieu dans un champ, près de Saint-Florent, le 13 floréal (2 mai).

« Stofflet est un scélérat, » écrivait le général Hoche au Comité de salut public[4] : appréciation violente que ne saurait admettre la justice de l'histoire! Ce qui est vrai, c'est que Stofflet était un homme grossier, brutal, insolent et sans lumières. Mais à un courage indomptable il joignait des qualités qu'on eût en vain cherchées dans la plupart de ses compagnons d'armes : il avait un grand fonds de loyauté; il n'était ni intrigant comme Puisaye, ni ambitieux, dissimulé et froidement sanguinaire comme Charette. Malheureusement, l'infériorité de son esprit l'avait soumis tout d'abord à l'ascendant de l'abbé Bernier, qui, en l'enveloppant de ses conseils, lui communiqua la lèpre de ses vices. L'astucieux curé de Saint-Laud fut en réalité

---

[1] Voy. Savary, *Histoire des guerres de la Vendée*, t. IV, p. 458, 459.

[2] Lettre du général Canclaux au Comité de salut public, en date du 4 floréal (23 avril) 1795.

[3] Lettre du représentant du peuple Delaunay au Comité de salut public, en date du 29 floréal (18 mai) 1795.

[4] Lettre datée de Rennes, 12 germinal (1er avril) 1795.

le chef de l'armée d'Anjou, après la mort de Marigny.
C'était lui qui correspondait avec les émigrés; lui qui
traçait la ligne de conduite à suivre; lui qui rédigeait
les proclamations à publier, et ce fut avec lui que la
République traita lorsque Stofflet se vit dans l'impossibilité de tenir plus longtemps[1].

Le même caractère d'imprévoyance et de bassesse qui,
de la part du gouvernement thermidorien ou de ceux qui
le représentaient dans l'Ouest, avait marqué la pacification de la Jaunaye, marqua celle qui fut signée à Saint-
Florent. Stofflet, après avoir soufflé tout autour de lui la
révolte, déchaîné dans son pays la guerre civile, et
plongé ses bras jusqu'aux coudes dans le sang des républicains, reçut de la République, pour prix d'une soumission, non pas même volontaire, mais forcée, deux mille
gardes territoriaux, que le trésor s'engageait à solder, et
une indemnité de deux millions[2]!

Le représentant Ruelle, dans la séance du 20 floréal
(9 mai), disait, en parlant de Stofflet : « Ce chef n'a voulu
entendre à aucune proposition, tant qu'il ne lui a pas été
prouvé que sa résistance serait inutile[3]. » Et c'était pour
que Stofflet voulût bien cesser cette résistance *inutile*,
qu'on lui donnait deux millions et une garde prétorienne!

Les négociateurs, du côté des républicains, étaient
Ruelle, Dornier, Jarry, Challiou et Bollet[4]. Leur collègue
Delaunay, qui était aussi sur les lieux, refusa son adhé-
sion au traité, le jugeant impolitique et dangereux[5].

[1] Voy. la *Biographie universelle* de Michaud, art. *Bernier*.
[2] *Ibid.*
[3] *Moniteur*, an III, numéro 233.
[4] Lettre des représentants du peuple près les armées des côtes de
Brest, de Cherbourg et de l'Ouest à la Convention nationale. *Moniteur*,
an III, numéro 233.
[5] Lettre du représentant du peuple Delaunay au Comité de salut public,
datée de Saumur, 29 floréal, an III.

Quoi qu'il en soit, les conférences ne furent pas plutôt terminées, que les chefs des rebelles passèrent la Loire et allèrent dîner à Varades avec les représentants du peuple. Comme gage des sentiments nouveaux qui étaient censés les animer, ils avaient arboré la cocarde républicaine et se montraient parés de panaches tricolores[1]. L'air retentissait des cris de *Vive la République! Vive la Fraternité*[2]*!* Pour mieux démontrer la sincérité de leur soudaine conversion, les Chouans remirent aux commissaires pacificateurs un paquet récemment envoyé d'Angleterre, qui contenait un million en faux assignats très-bien imités[3]. Il est vrai que cette démonstration de patriotisme ne resta pas tout à fait sans récompense; car tandis que les chefs royalistes consentaient au sacrifice de leurs *faux assignats*, on leur offrait en échange non-seulement des assignats vrais, mais du numéraire. C'était, par exemple, en espèces sonnantes que Trotouin, major général de Stofflet, avait fait stipuler, avant la conclusion du traité, le payement des cinquante mille livres, prix de sa soumission[4]!

La pacification de Saint-Florent n'était, comme celle de la Jaunaye, qu'un pacte entre la bassesse et le mensonge: les plus aveugles furent bien vite amenés à le comprendre. Ruelle, toujours prêt à afficher un optimisme qui lui donnait de l'importance, s'était hâté de dire à la Convention: «Si l'on en croit quelques *terroristes*, il n'y a point de paix conclue avec les Vendéens et les Chouans; ce n'est qu'un simulacre de paix[5].» Il n'était certes pas besoin d'être *terroriste* pour croire cela!

---

[1] Compte rendu de Ruelle, *Moniteur*, an III, numéro 233.

[2] *Ibid.*

[3] *Ibid.*

[4] Lettre des représentants Delaunay, Ruelle et Bollet, au Comité de salut public, datée de Paris, 10 ventôse (20 mars) 1795.

[5] *Moniteur*, an III, n° 233.

Et en effet, douze jours ne s'étaient pas écoulés depuis la signature du traité, que déjà un des commissaires pacificateurs, Jarry, en décrivait les résultats dans les termes suivants :

« Les chefs chouans, sous prétexte de ramener les campagnes à la paix, parcourent les paroisses, mettent les hommes en réquisition depuis seize jusqu'à quarante ans, les rassemblent à des jours indiqués, et principalement le dimanche. La messe sert de prétexte pour passer des revues; on s'y rend en armes; on y porte des cocardes et des panaches blancs; on y pousse le cri de *vive le Roi!* Les Chouans ont établi des quartiers généraux autour de Nantes. Dans un instant, ils pourraient interdire l'arrivage des subsistances[1]. »

A la même date, le représentant du peuple Delaunay écrivait d'Angers :

« Les Chouans ne veulent laisser sortir aucuns grains... Il faut mourir de faim, ou chercher du pain à la baïonnette... La pacification de Rennes nous tue ici[2]. »

De tous côtés partaient des plaintes analogues. La formation des gardes territoriales fournissait aux meneurs royalistes un admirable prétexte d'enrôlement : ils enrôlèrent... pour le renouvellement de la guerre civile. Après avoir désarmé la campagne, ils eurent l'insolence de venir désarmer, dans les villes, les citoyens des faubourgs. Encouragés par une basse tolérance, l'orgueil et la tyrannie des chasseurs de Stofflet ne connurent plus ni frein ni limites. Les bestiaux enlevés; les maisons mises au pillage; des républicains bâtonnés en plein jour sous prétexte de *terrorisme;* les autorités au désespoir; la désertion parmi les troupes devenue effrayante; les patriotes n'osant ren-

---

[1] Lettre du représentant du peuple Jarry au Comité de salut public, datée de Nantes, 24 floréal (13 mai) 1795.

[2] Lettre de Delaunay au Comité de salut public, datée d'Angers, 24 floréal (13 mai) 1795.

trer dans leurs foyers, ou assassinés s'ils l'osaient, tels
furent les effets de l'acte par lequel Stofflet et ses officiers
avaient déclaré « se soumettre aux lois de la République
une et indivisible[1]. »

Dans la séance du 20 floréal (9 mai), Ruelle n'avait pas
craint d'assurer à la Convention que le pain, dans la Vendée, coûtait seulement huit sous la livre en assignats;
que les autres denrées s'y vendaient à proportion; qu'on
n'y faisait aucune différence entre l'assignat et l'argent;
que les troupes y recevaient des rations de trente-deux
onces de pain; en un mot, que les subsistances abon-
daient dans le pays[2].

Mensonge ou erreur, ces assertions provoquèrent des
démentis terribles. Bientôt on sut, à n'en point douter,
que c'était précisément le contraire de ce qu'avait dit
Ruelle qui était la vérité. Les campagnes refusaient absolument les assignats; le grain était hors de prix; et l'on
souffrait tellement à Nantes de la pénurie des subsistances, que la livre de pain s'y vendait de six à sept francs[3].

Quant aux subordonnés de Charette, leurs jeux étaient
de piller, de voler, d'assassiner; et lorsqu'on s'en plaignait à lui, il se contentait de répondre qu'il ne pouvait
avoir l'œil à tout, qu'il redoublerait de surveillance et
punirait les coupables : promesses dérisoires dont on ne
voyait jamais l'accomplissement[4].

---

[1] Voy. Lettre de Delaunay au Comité de salut public, datée de Saumur,
29 floréal (18 mai) 1795. — Rapport de l'administration du district de
Nantes au Comité de salut public, même date. — Rapport de l'administration d'Angers au Comité de salut public, daté d'Angers, 3 prairial (22 mai)
1795. — Lettre de l'adjudant-général Savary au général Grouchy, datée
de Chollet, 11 prairial (30 mai) 1795.

[2] *Moniteur*, an III, numéro 253.

[3] Lettre de Jarry au Comité de salut public, datée du 24 floréal
(13 mai) 1795. — Rapport de l'administration du district de Nantes,
datée du 29 floréal (18 mai) 1795.

[4] *Mémoires sur la Vendée, par un ancien administrateur militaire*

Le fait suivant, emprunté des Mémoires d'un homme qui était sur les lieux et qui écrit sans passion, donnera une idée de la manière dont les gens de Charette comprenaient l'observation de la paix.

Deux jeunes gens, attachés à l'administration des fourrages, avaient reçu ordre de porter des fonds au préposé de ce service à la résidence de Machecoul. Le lendemain de leur arrivée, grand dîner au quartier général de cette place. Charette et les deux voyageurs en étaient. Un de ces derniers ayant consulté sa montre, la Roberie, capitaine général de la cavalerie de Charette, jette un œil d'envie sur le bijou, qui était garni de diamants. Le lendemain, comme les deux voyageurs retournaient à Nantes, des cavaliers vendéens, placés en embuscade, fondent tout à coup sur eux et les arrêtent. On les conduit à la Roberie, qui s'empare de la montre, et en étend le possesseur à ses pieds d'un coup de pistolet. Puis se tournant vers ses cavaliers : « Quant à l'autre, sa dépouille vous appartient. » Le malheureux fut sur-le-champ égorgé. Son compagnon avait été blessé grièvement. On le crut mort; et cette circonstance, en lui sauvant la vie, préserva le souvenir de cet odieux épisode[1], dont le héros est qualifié par Puisaye de « jeune homme plein d'intelligence, de *loyauté*, d'intrépidité et de zèle[2]. »

Voyons ce qui, pendant ce temps, avait lieu en Bretagne.

Le surlendemain du jour où la paix de la Jaunaye fut signée, Hoche écrivait aux chefs chouans Boishardy, Chantreau, Colmnaret, de la Roche : « Venez, messieurs, venez voir ce que sont les Français républicains, ils vous

---

p. 199, 200. — Collection des Mémoires relatifs à la Révolution française.

[1] *Ibid.*, p. 200-202.

[2] *Mémoires de Puisaye*, t. III, p. 271.

tendent les bras. Consultez vos envoyés et M. Thomas lui-même. Ils vous indiqueront le degré de confiance que vous devez avoir en des hommes qui brûlent de vous embrasser comme des frères et des amis[1]. »

Or, sept jours, seulement sept jours après l'envoi de cette invitation touchante, l'adjudant général Champeaux mandait, de Vannes, au Comité de salut public :

« La position de ce département devient plus embarrassante de jour en jour. A chaque instant on apprend de nouveaux assassinats. On annonce que les rassemblements généraux vont s'effectuer; on est à la veille d'une insurrection complète. Des patrouilles de vingt-cinq hommes, allant porter des ordres dans les cantonnements, ont été attaquées. Les courriers sont assassinés. Il faut une escorte nombreuse pour voyager, et des forces imposantes pour approvisionner les magasins militaires[2]. »

Ce tableau n'était que trop fidèle : loin de mettre un terme aux fureurs de la Chouannerie, la nouvelle de la soumission de Charette, portée en Bretagne, semblait n'avoir fait qu'imprimer au désordre une activité dévorante[3]. Les volontaires étaient massacrés, les archives des municipalités pillées et brûlées, les officiers municipaux mis en fuite, les arbres de liberté abattus[4]. Le bourg de Louvigné fut livré aux flammes[5]. Malheur à quiconque avait montré quelque attachement à la République! Plus de sûreté pour les acquéreurs de biens na-

---

[1] Correspondance de Hoche, lettre du 1er ventôse, an III (19 février) 1795.

[2] Rapport de l'adjudant général Champeaux au Comité de salut public, 8 ventôse, an III (26 février 1795).

[3] Rapport de l'agent national au Comité de salut public, Domfront, 11 ventôse, an III (1er mars 1795).

[4] Ibid.

[5] Rapport de l'agent national au Comité de salut public, Vitré, 2 germinal, an III.

tionaux. La terreur planait sur les campagnes[1]. Excités, conduits par les prêtres réfractaires[2], les Chouans n'avaient pas honte de présenter Dieu comme le complice de leurs vols à main armée et de leurs meurtres. La pièce que voici est caractéristique :

« De par la loi de Jésus-Christ, crucifié pour toi comme pour moi, nous, chef des armées catholiques et royales, nous demandons à Ambroise Claime, de la commune d'Argentré, pour ses fermages de la closerie et deux maisons de la Courbe appartenant à M. de la Touche Rondeloup, ci-devant curé de Genais, la somme de huit cents livres pour l'année 1794, faute de quoi nous ferons arrêt sur les biens et revenus. A faute de contribuer, nous entrerons en jouissance, et on vous regardera comme rebelle aux lois du roi.

« *Signé* : MÉAULE, premier chef de Chouans[3]. »

Une chose aidait au succès de ces déprédations effroyables et assurait l'impunité de ces crimes : c'était le mouvement de réaction auquel les Thermidoriens s'étaient abandonnés sans réserve. « On avait soin, écrit Savary, de désarmer les *terroristes*, — nous avons dit quelle extension absurde, cruelle, avait été donnée à ce mot, — et l'on se plaignait que les patriotes restassent sans défense, livrés aux poignards des Chouans[4]. »

Hoche était au désespoir[5]. A quels remèdes recourir

---

[1] L'administration de Vire au représentant du peuple Lozeau, 24 germinal, an III (13 avril 1795). — L'administration de Domfront au Comité de salut public, 21 germinal, an III (10 avril 1795).

[2] *Ibid.*

[3] Savary, *Histoire des guerres de la Vendée*, t. IV, p. 492.

[4] *Ibid.*, p. 494.

[5] Voy. dans sa correspondance, la lettre qu'il écrivit au Comité de salut public sur les crimes des Chouans, le 30 ventôse, an III (20 mars 1795).

contre tant de maux? Ceux qu'il jugeait pouvoir être efficaces furent ainsi présentés par lui-même:

« Hâter le moment de la pacification avec les Chouans, les traiter avec douceur et fermeté, leur inspirer la confiance, qu'ils paraissaient ne pas avoir; agir avec eux de bonne foi.

« Quant aux avantages à leur accorder:

« Mettre en liberté les prêtres réfractaires, leur laisser dire messe et complies, les acheter, s'en servir contre les chefs du parti;

« Diviser ces derniers en achetant les uns et en flattant l'amour-propre des autres;

« Confier à ceux-ci la partie de la police de l'intérieur du pays qu'ils pourraient faire avec les gardes territoriales qu'on voulait créer, en les faisant surveiller par des républicains de bonne trempe, et placer ceux-là dans des corps aux frontières;

« Répandre habilement de l'argent parmi la classe indigente;

« Faire circuler des écrits sagement rédigés, calmants, religieux et patriotiques;

« Entretenir dans le pays un corps de vingt-cinq mille hommes campés sur différents points;

« Environner les côtes de Bretagne de chaloupes canonnières, qui changeraient de postes tous les dix jours;

« Conserver de l'infanterie sur les côtes pour s'opposer aux petits débarquements;

« Faire rentrer les munitions des arsenaux des villes et les porter dans ceux des places fortes;

« Tirer peu du pays, parce qu'il n'y avait presque rien;

« S'emparer de Jersey et de Guernesey;

« Établir une Chouannerie en Angleterre;

« Réorganiser d'une manière conforme aux principes de justice les administrations, et enfin imposer publique-

ment silence aux malveillants qui attaquaient la confiance due par le peuple à des républicains qui, journellement, se dévouaient à la mort pour servir la patrie [1]. »

Ce plan était fort sage. Toutefois, il impliquait l'adoption d'une mesure très-impolitique, et que Hoche lui-
même avait précédemment déclarée telle [2]. Rien de plus
dangereux en effet que de placer sous l'influence des
chefs vendéens, si l'on traitait avec eux, des gardes territoriales; car, d'une part, c'était leur fournir un prétexte
à l'abri duquel on pouvait prévoir qu'ils formeraient de
nouveau des rassemblements; et, d'autre part, c'était
mettre à leur disposition un noyau d'armée.

Hoche fut-il conduit à fermer les yeux sur un aussi
grand péril par son impatience d'arriver à une solution
pacifique? C'est probable, et c'est aussi par là que s'explique sans doute un triste passage de ses instructions
aux officiers généraux :

« Avec un peu d'adresse, vous parviendrez bientôt,
par le canal des prêtres, à vous faire obéir de tous...
Engagez sous main quelques officiers et soldats à assister
à leurs cérémonies religieuses, messes, etc... Faites
attention, surtout, qu'elles ne soient pas troublées. La
patrie attend de vous le plus entier dévouement. Tous les
moyens de la servir sont donc bons, lorsqu'ils s'accordent
avec les lois, l'honneur et la dignité républicaine [3]. »

Il écrivait aussi au général Lebley: « Que la religion
ne t'arrête pas. Fais dire la messe, et assistes-y, s'il est
nécessaire [4]. »

Il est douloureux de voir un homme du caractère de

---

[1] Lettre de Hoche au Comité de Salut public en date du 30 ventôse,
an III (20 mars 1795), *ubi supra*.

[2] Lettre de Hoche au représentant du peuple Bollet, en date du 6 ventôse, an III (24 février 1795).

[3] Savary, *Histoire des guerres de la Vendée*, t. IV, p. 429.

[4] *Ibid.*

Hoche ranger l'hypocrisie au nombre de ces moyens de servir la patrie qu'avouent la dignité républicaine et l'honneur. Qu'on laissât les prêtres dire la messe et qu'on ne les troublât point dans l'exercice de leurs cérémonies religieuses, rien de mieux : à cela, le respect dû à la liberté de conscience ne trouvait pas moins son compte que la politique; mais recommander à des soldats de fléchir les prêtres en *simulant* la dévotion, cela n'était pas républicain.

Une mesure de Hoche qui lui attira de vifs reproches, ce fut celle qui tendait à masser les troupes autour de lui. En cela il avait un double but, qui était : d'abord, de se mettre en état de repousser victorieusement la descente qui se préparait; et ensuite, d'étaler un appareil de force assez imposant pour amener les Chouans à se soumettre. Mais il ne pouvait remplir son objet qu'à la condition de dégarnir les départements circonvoisins, et c'est ce qu'il fit. Il retira, bataillon par bataillon, des départements d'Eure-et-Loir, de l'Orne et de la Sarthe, les troupes qui les protégeaient contre les ravages de la Chouanerie; et de ces pays, abandonnés de la sorte aux brigands, de grandes clameurs s'élevèrent. On entendit des patriotes s'écrier : « On nous avait vendus, on nous livre aujourd'hui. » Les représentants du peuple Baudran et Dubois-Dubais écrivirent au Comité de salut public, le premier de Laval, le second de Chartres, qu'on réduisait aux abois les départements confiés à leur surveillance. « Hoche s'efforce d'organiser une nouvelle Vendée, » disait amèrement Dubois-Dubais; et Baudran demandait avec véhémence si l'on avait résolu de perdre cet infortuné pays, pour le reconquérir ensuite [1].

Tandis que ces dénonciations injustes ébranlaient le crédit dont Hoche jouissait auprès des membres du Comité

---

[1] Voy. Savary, *Histoire des guerres de la Vendée*, t. IV, p. 487 et 488.

de salut public, le résultat auquel tendait la mesure dénoncée était à la veille d'être obtenu ; et l'œuvre de la pacification, facilitée par une suspension d'armes, avançait.

Malheureusement, il n'était que trop aisé de juger
à l'attitude des Chouans et à leur langage que cette pacification serait chose dérisoire. Le général Lebley ayant
demandé à Coquereau, un des chefs des Chouans, de lui
envoyer des grains, celui-ci, dans la lettre qui expliquait
son refus, eut l'audace de dire au général républicain :
« Vous devez être persuadé que je ne suis point ennemi
de la paix ; je la désire, mais je n'y croirai que lorsque
je verrai un roi. Mort aux patauds [1] ! »

Ainsi que nous l'avons constaté par anticipation[2], Cormatin eut l'insolence d'exiger, et les commissaires pacificateurs eurent la bassesse d'ordonner, que Hoche
s'abstînt de paraître aux conférences, lesquelles s'étaient
ouvertes à la Prévalaye, près Rennes. Cet encouragement
donné à la rébellion porta ses fruits. On brava ouvertement un pouvoir auquel ses propres serviteurs manquaient de respect. Ce fut la rougeur au front et l'indignation dans le cœur que Hoche se plaignit du nombre
des personnes « qui se rendaient à la Prévalaye pour faire
la cour aux Chouans, et qui étaient assez déhontées pour
ôter la cocarde nationale [3]. »

Des agents de Puisaye et du Cabinet britannique, Vas-
selot, Boisbaudron, Bellay, Prigent, avaient été arrêtés
porteurs de dépêches qui les constituaient coupables du
crime de haute trahison. On ne croirait jamais, si le fait
n'était établi par la déclaration officielle de ceux qu'il
accuse, que la mise en liberté de Prigent et de ses com-

---

[1] Cette lettre de Coquereau au général Lebley, qui fut écrite le 21 germinal, an III (10 avril 1795), était datée du *camp de l'honneur*.

[2] T. XI, p. 380.

[3] Correspondance de Hoche. — Lettre aux représentants du peuple,
en date du 12 germinal, an III (1er avril 1795).

plices fut réclamée par Cormatin comme condition *sine quâ non* de la paix, « la vérité, l'honneur et le devoir lui faisant une loi irrésistible de ne pas consentir à une pacification où ils ne seraient pas compris [1]. »

Les représentants pacificateurs qui subirent des conditions à ce point humiliantes étaient Guezno, Chaillou, Bollet, Jarry, Grenot, Corbel, Guermeur, Ruelle, Lanjuinais et Defermon [2].

A l'exemple de Charette, Cormatin se fit payer cher des engagements qu'il comptait bien ne pas tenir ; et, à la suite de négociations où l'on peut dire que l'honneur de la République coula par tous les pores, Lanjuinais, Defermon et leurs collègues écrivirent au Comité de salut public, le 1er floréal (20 avril): « Nous vous annonçons, citoyens collègues, l'heureuse issue de nos conférences. La pacification a été signée ce soir à six heures par les chefs des Chouans [3]. »

C'est cette pacification qui est restée connue sous le nom de traité de la Mabilaye.

Elle fut signée le jour même où les plaintes de Baudran et de Dubois-Dubais amenaient la Convention à retirer au général Hoche le commandement d'une des deux armées qui lui avaient été confiées [4]. On laissa sous ses ordres celle des côtes de Brest, et l'on mit sous les ordres d'Aubert Dubayet celle des côtes de Cherbourg [5].

Or, une semaine après la signature du traité, Hoche écrivait au général qu'on venait de lui donner pour coopérateur :

[1] Arrêté des représentants pacificateurs. Rennes, 1er floréal, an III (20 avril 1795).

[2] *Ibid.*

[3] Lettre des représentants près les armées des départements de l'Ouest au Comité de salut public. Rennes, 1er floréal, an III (20 avril 1795).

[4] Correspondance de Hoche. Lettre au citoyen Laugier, 6 floréal, an III (25 avril 1795).

[5] *Moniteur*, an III, numéro 214.

« Je vais vous esquisser le genre de guerre que nous ont faite et *que nous font encore* des bandes composées de voleurs, de prêtres, de contrebandiers, d'émigrés, d'échappés des galères et de déserteurs. Réunis sous des chefs qui sont ordinairement du pays, les Chouans se répandent imperceptiblement partout, avec d'autant plus de facilité qu'ils ont partout des agents, des amis, et qu'ils trouvent partout des vivres et des munitions, soit de gré, soit de force. Leur principal objet est de détruire les autorités civiles; leur manœuvre, d'intercepter les convois, d'assassiner les patriotes des campagnes, de désarmer nos soldats lorsqu'ils ne peuvent les embaucher, d'attaquer nos cantonnements, postes ou détachements lorsqu'ils sont faibles, et enfin de soulever les habitants des villes même en les affamant; leur tactique est de combattre derrière les haies... Vainqueurs, ils égorgent et pillent. Vaincus, ils se dispersent, et assassinent les bons habitants des campagnes que la terreur et le fanatisme divisent[1]. »

Si l'effet de la pacification eût été de couper court à ces horreurs, il en faudrait bénir la mémoire; mais, et c'est le royaliste Puisaye lui-même qui en fait la remarque : « Loin de nuire matériellement aux forces et à l'ensemble des royalistes, l'acte de pacification ne servit qu'à leur fournir de nouveaux moyens d'ajouter aux unes et de consolider l'autre, en leur donnant la facilité d'agir publiquement, et en levant les entraves qui avaient gêné jusqu'alors la liberté des communications[2]. »

En réalité, c'était là le but que s'étaient proposé les chefs royalistes, dont la conduite, en cette circonstance, fut marquée au sceau de la plus noire hypocrisie, comme l'ont prouvé, depuis, leurs propres aveux.

[1] Correspondance de Hoche. — Lettre de Hoche au général Aubert-Dubayet, 9 floréal, an III (28 avril 1795).
[2] *Mémoires de Puisaye*, t. V, p. 176.

Le 22 ventôse (12 mars), durant le cours des négociations, Cormatin avait écrit au général Hoche : « Tant qu'il me restera une goutte de sang dans les veines, je serai le même. Vous avez ma parole, la Convention a ma signature, je ne puis vous en dire plus. Il serait indigne, infâme d'un homme d'honneur (*sic*) de chercher à tromper celui qu'il estime[1]. » Eh bien, le soir du jour où la paix fut conclue, Cormatin recevait des canonniers qu'il avait poussés à la désertion, les faisait conduire en cachette dans une chambre haute du château de la Prévalaye, ordonnait qu'on leur apportât du vin, et buvait avec eux, dans le même verre, à la santé du roi[2]. »

Et cette détestable hypocrisie ne fut pas le crime de Cormatin seulement ; car, avant de se séparer, tous les autres signataires royalistes du traité dirent au chevalier de Tinténiac : « Soyez témoin du serment que nous faisons de poignarder le premier qui abandonnerait la cause de Dieu et des Bourbons. » Et, après avoir mandé cette circonstance à M. Windham, Tinténiac ajoutait : « Je vous assure, monsieur, que jamais serment ne fut fait plus sincèrement[3]. »

Celui-là, oui ; mais l'autre !

Comment s'étonner, après cela, des désastres que la pacification engendra, à partir du jour même où elle fut conclue ? Tinténiac, au sortir de la Prévalaye, avait parcouru tous les arrondissements « *pour les maintenir dans leurs bonnes dispositions*[4]. » Le comte de Silz et les chefs du Morbihan se tenaient à leurs postes, prêts à seconder

[1] Voy. Savary, *Histoire des guerres de la Vendée*, t. IV, p. 425.

[2] Mémoires du général (vendéen) Beauvais, cités par Puisaye, t. V, p. 175 de ses *Mémoires*.
Beauvais était présent.

[3] Puisaye déclare avoir entendu de la propre bouche de Tinténiac, à Londres, la confirmation du fait raconté dans cette lettre du chevalier de Tinténiac à M. Windham.

[4] *Mémoires de Puisaye*, t. V, p. 176.

le débarquement des Anglais[1]. D'autres chefs de Chouans, tels que Chantereau, Caqueray, Busnel, faisaient dire à Puisaye que « jamais cette partie (l'arrondissement des Côtes-du-Nord) n'avait été mieux disposée[2]. » Et en effet, plus de cent compagnies furent organisées dans l'espace de quinze jours. La seule division du chevalier de Boisguy comptait trois mille hommes exercés[3]. Ce chevalier de Boisguy, chef renommé parmi les royalistes, était un enfant de quinze ans[4].

Inutile de dire que ce mouvement s'appuyait sur l'Angleterre. Des communications actives, incessantes, existaient entre Londres et Guernesey, Guernesey et les côtes de France[5]. Le ministre anglais Windham correspondait avec les royalistes d'une manière suivie. Les secours fournis à ceux-ci consistèrent, d'abord en faux assignats, puis en louis d'or, puis en billets de la banque d'Angleterre[6]. L'incendie, on le voit, ne manquait pas d'aliments!

Aussi, dès le lendemain de la conclusion du traité, le Comité de salut public fut-il assiégé de rapports qui, tous, en dénonçaient la violation. Laissons la parole aux documents officiels :

Le représentant Bouvet, au Comité de salut public :

« Si la paix doit produire les mêmes effets que la suspension d'armes qui l'a précédée, au lieu d'être un bien,

---

[1] *Mémoires de Puisaye*, t. V, p. 179.
[2] *Ibid.*
[3] *Ibid.*
[4] *Ibid*, p. 180.
[5] *Annual Register*, vol. XXXVII, p. 68.
[6] « A constant correspondence was kept up between the royalists and Mr. Windham. The money with which they were supplied consisted, at first, in false assignats, afterwards in louis d'ors and guineas, and, lastly, in English bank-notes. » *Ibid.*, p. 67.

c'est un véritable désastre. Vous frémiriez, si j'énumérais tous les crimes qu'ils ont commis[1]. »

Le commissaire du tribunal de Dol au Comité de législation :

« Les Chouans continuent de désarmer, d'assassiner les patriotes, ceux qui vont à la messe des prêtres assermentés, les fonctionnaires publics... Le pillage est à l'ordre du jour[2]. »

Le chef de l'état-major, Chérin, au Comité de salut public :

« Les chefs chouans sont des parjures... L'insurrection se propage..[3]. »

L'administration de Rennes, au représentant Defermon :

« Les Chouans, malgré leur serment, organisent une armée, exercent leurs troupes, enlèvent les armes dans les campagnes, défendent de vendre et de porter des vivres aux républicains. Les assignats n'ont point de valeur[4]. »

Hoche, aux représentants du peuple :

« Partout les Chouans organisent la guerre; partout ils manquent de parole[5]. »

Chartier, juge au tribunal du district de Craon, au Comité de salut public :

« La soumission de Rennes n'est pas de bonne foi. Aucun Chouan n'est rentré dans ses foyers. Ils restent en

---

[1] Rapport daté d'Avranches, 12 floréal, an III (1er mai 1795).
[2] Lettre en date du 14 floréal an III (3 mai 1795).
[3] Lettre datée de Rennes, 15 floréal, an III (4 mai 1795).
[4] Rapport daté de Rennes, 15 floréal an III (4 mai 1795).
[5] Correspondance de Hoche. Lettre du 17 floréal, an III (6 mai 1795).

armes avec la cocarde blanche; ils orcent les gens de la campagne à marcher avec eux. Les charrettes rompues, les essieux brisés, le transport des denrées défendu sous peine de mort, les bestiaux et les meubles des patriotes enlevés, leurs propriétés saisies, des contributions levées au nom de Louis XVII, la défense ce moudre pour les villes, les patriotes traités de terroristes et de buveurs de sang, les armes et les munitions enlevées à tout prix, tel est l'affligeant tableau de nos malheureuses contrées[1]. »

L'Administration de Vitré, au Comité de salut public :

Dans ce district, et bien au loin, les Chouans ont plus volé, plus incendié et plus massacré de républicains qu'ils n'avaient fait auparavant. Juste ciel, quelle paix[2]! »

La justice défend de taire que, du côté des républicains, deux meurtres furent commis, au mépris de la foi jurée. Après la signature du traité, deux royalistes, nommés Geslin et Lhermite, furent rencontrés, comme ils revenaient du congrès de Rennes, par un détachement de soldats, et fusillés, quoiqu'ils eussent répondu au cri de *qui vive?* par celui de *vive la paix! vive l'union*[3]! Mais ce que la justice défend aussi de passer sous silence, c'est que le Comité de salut public, instruit de ce crime, donna aussitôt l'ordre d'arrêter les coupables et de les juger[4].

A son tour, Cormatin fit, à l'usage des Chouans, un règlement de police qui déclarait infâmes et punissables

[1] Rapport en date du 18 floréal an III (7 mai 1795).
[2] Rapport en date du 23 floréal an III (12 mai 1795).
[3] Rapport de l'administration de la Flèche au Comité de salut public, en date du 14 floréal an III (3 mai 1795).
[4] Note de Treilhard. Voy. Savary, *Histoire des guerres de la Vendée*, t. V, p. 53.

selon les lois de la guerre, les habitants et soldats qui se porteraient aux vols, pillages et contributions forcées[1]. Un autre article de ce règlement invitait les habitants du pays, enrôlés dans les compagnies royalistes, à rentrer au sein de leurs familles, pour les aider dans leurs travaux champêtres et faire refleurir l'agriculture[2].

Si Cormatin n'avait employé que pour des fins semblables le pouvoir qui lui avait été laissé, l'Histoire ne devrait que des éloges à sa mémoire. Malheureusement, le règlement de police dont il s'agit contenait, à côté de dispositions calmantes et sages, des prescriptions qui semblaient calculées de manière à en détruire l'effet, celle-ci, par exemple : « Jusqu'à ce que chacun retrouve sa famille, son existence et le bien-être dont il jouissait avant ces années de malheur et de proscription, les bandes royalistes ne doivent pas se dissoudre[3]. » L'importance du règlement de police, signé Cormatin, Tranche-Montagne, Jambe-d'Argent, Sans-Regret, etc...[4], était tout entière dans cette recommandation, dont le reste paraissait n'avoir pour objet que de couvrir l'audace sinistre : *Les bandes royalistes ne doivent pas se dissoudre.*

Ce qui est certain, c'est que de toutes les clauses du règlement, celle-là fut la seule que les Chouans observèrent. Les brigandages continuèrent de plus belle, et, loin de songer à se dissoudre, les bandes royalistes ne songèrent qu'à se recruter. Les jeunes gens des campagnes furent enrôlés, publiquement exercés au maniement des armes, et obligés, sous peine de mort, de se

[1] Voy. ce règlement de police dans la *Correspondance secrète de Charette, Stofflet, Puisaye et autres*, t. I, p. 223-227.

[2] *Ibid.*

[3] *Ibid.*

[4] *Ibid.*

rendre aux rassemblements[1]. Une espèce de conseil royaliste s'établit au bourg de Grandchamp, à deux lieues de
Vannes[2]. Les prêtres réfractaires n'avaient jamais déployé
plus de hardiesse. Dans le district de Sillé-le-Guillaume,
un d'eux, nommé Lamarre, se mit à prêcher ouvertement le mépris de la Convention et du gouvernement
républicain. « Pendant qu'il chantait la messe, un
Chouan, le mousquet sur l'épaule et un panier sous le
bras, criait aux assistants : *N'oubliez pas les soldats du
roi*[3]. »

L'impunité que la pacification assurait aux rebelles
les encouragea au point que, bientôt, leur cri favori fut :
*Vive le Roi, l'Angleterre et Bonchamp*[4] ! A Beaumont,
ils allèrent jusqu'à proclamer le rétablissement de la
royauté[5].

L'audace attire les hommages lorsqu'elle revêt les apparences de la force. Placés entre la révolte qui marchait
tête levée, et un gouvernement qui semblait déserter
son principe, beaucoup d'hommes à convictions peu
fortes commencèrent à se demander de quel côté il était
prudent de pencher. Hoche eut à réprimander sévèrement le général républicain Humbert, pour n'avoir pas
rougi de se montrer sous l'uniforme de Chouan[6]. Ce
trait est caractéristique.

Cependant, Puisaye, à Londres, préparait tout pour
une descente en Bretagne ; et la réalisation prévue de ce
projet inspirait à ses rivaux, les hommes de la « faction

---

[1] Le procureur général syndic de Vannes, au Comité de salut public,
30 floréal, an III (19 mai 1795).

[2] *Ibid.*

[3] Rapport du général Aubert-Dubayet au Comité de salut public.

[4] Correspondance de Hoche. — Lettre aux représentants du peuple, en
date du 23 floréal an III (22 mai 1795).

[5] L'administration de Caen, au Comité de sûreté générale (18 mai
1795).

[6] Voy. Savary, *Histoire des guerres de la Vendée*, t. V, p. 70.

espagnole, » une inquiétude jalouse. Ils voulaient bien
la victoire du parti royaliste, mais seulement à condition
qu'eux seuls seraient les vainqueurs. Pour faire avorter
les desseins de Puisaye et ruiner ses espérances, ils
imaginèrent le plan qu'on va lire, et que nous donnons
tel que nous l'avons trouvé dans les *Papiers de Puisaye*
lui-même, déposés au British Muséum.

Il fut posé en principe par les royalistes appartenant
à la faction espagnole, unis à certains membres du parti
thermidorien, à demi gagnés, que le gouvernement anglais trompait les princes et les émigrés ; que la Cour
d'Espagne seule avait l'intention de placer le roi prétendu légitime sur le trône de France, et qu'elle en fournirait les moyens. Chose curieuse, et qui montre assez
combien peu les auteurs du plan connaissaient les vrais
sentiments de Hoche ! Ce fut en partie sur lui qu'ils comp-
tèrent pour seconder les dispositions favorables de l'Espagne, et ils ne désespérèrent pas de l'amener à réunir
aux forces royalistes celles qui avaient été placées sous
ses ordres. A cet effet, les premières, organisées en bataillons sous le nom de gardes territoriales, devaient
continuer de porter l'uniforme gris, que les chefs
avaient adopté. Cormatin était désigné pour commander
en chef toutes les gardes territoriales de la Bretagne, du
Maine et du Haut-Anjou. Les autres chefs de ces provinces
devaient conserver leur commandement dans cette nouvelle forme et sous les ordres de Cormatin. On se flattait
de l'espoir de faire prévaloir le même arrangement dans
les pays soumis à Charette et à Stofflet, en offrant à ces
deux chefs les mêmes avantages, la direction suprême
des deux armées étant, d'ailleurs, réservée à Hoche.
Pour dégarnir l'intérieur, on devait travailler, par le
moyen de ceux des thermidoriens influents qu'on croyait
acquis ou qu'on espérait acquérir, à faire pénétrer l'armée de Rhin et Moselle et celle de Sambre-et-Meuse

aussi avant que possible en Allemagne, tandis que les
armées du Sud s'enfonceraient en Italie. L'Espagne aurait fait tous les fonds nécessaires et tenté une descente
dans la baie de Quiberon. Alors Louis XVII devait être
proclamé, et l'armée royaliste, réunie à l'armée espagnole d'une part, et d'autre part aux soldats républicains défectionnaires, marchait sur Paris, hors d'état de
recevoir des renforts, vu l'éloignement des troupes républicaines employées au Nord et au Midi. En même temps,
une armée commandée par les officiers dont Hoche et
ceux qui lui étaient dévoués redoutaient la surveillance,
et composée de l'écume des partis, devait, sous le nom
d'*armée noire,* tenter une descente en Angleterre, pour
y donner de l'occupation au gouvernement et porter
coup à ses finances en ébranlant son crédit [1].

Ce qu'un tel plan présente de chimérique, loin d'affaiblir l'autorité des affirmations de Puisaye, semble presque les confirmer, tant il était conforme aux habitudes
du parti royaliste, à cette époque, de se nourrir de chimères !

Quoiqu'il en soit, le 1er prairial (20 mai), une assemblée de royalistes, convoquée à Grandchamp, était en
train de délibérer sur les moyens de remplir les engagements pris par Puisaye avec l'Angleterre, lorsque parut
un courrier dépêché de Paris par les « agents. » L'objet
de ce message était d'offrir aux royalistes de la Bretagne
l'appui du gouvernement espagnol, dans le cas où ils
consentiraient à se soumettre à sa direction. Le commissaire d'Espagne prenait, au nom de son maître, l'engagement de fournir au parti royaliste une somme de
quinze cent mille livres [2]. « Heureusement, raconte Pui-

---

[1] *Papiers de Puisaye*, vol. I. Lettre de Puisaye au prétendant, en date
du 3 avril 1797. Manuscrits du British Museum.

[2] *Mémoires de Puisaye*, t. V, p. 204 et suiv.

saye, d'Allègre était là. Il entrevit le piége, en préserva
ses amis, sans articuler un refus, et l'on s'en remit à
moi pour la réponse à faire[1]. »

Mais, mieux que l'habileté de Puisaye, un événement
imprévu déjoua les projets de ses rivaux.

A partir du jour où la pacification avait été signée,
Cormatin s'était cru un personnage important. Bientôt
il trancha du petit souverain. Établi à Rennes où quelques royalistes lui composèrent une sorte de cour;
« cajolé par les belles dames qui avaient mis l'uniforme
chouan à la mode en le portant;[2] » applaudi au spectacle, applaudi dans les rues; flatté et fêté par les siens outre
mesure, l'orgueil lui monta tout d'un coup à la tête et
le poussa aux imprudences les plus fatales. Dans une
lettre à Aubert-Dubayet, il osa prendre le titre de
*général des Chouans*[3]. Il se répandait en vanteries factieuses. Il ne se cachait pas pour dire que, s'il recom-
mençait la guerre, il couperait toutes les communications et empêcherait les provisions d'arriver en ville.
A l'entendre, il n'avait qu'à lever le doigt, et la Bretagne
était à lui[4].

Hoche avait l'œil sur les menées de Cormatin, dont
l'attitude et le langage l'irritaient profondément. Le 17
floréal (6 mai), il écrivit aux représentants du peuple :

« Cet homme n'a-t-il pas l'impudence de publier que,
dans trois mois, le pays sera tranquille? Mais comment
l'entend-il? Entend-il que les lois de la République seront
mises en vigueur? Ou n'entend-il pas plutôt que la
descente que vont faire les Anglais procurera la tranquillité

[1] *Mémoires de Puisaye*, t. V, p. 204 et suiv.
[2] *Ibid.*, t. VI, p. 108.
[3] Rapport d'Aubert-Dubayet au Comité de salut public. Voy. Savary,
*Histoire des guerres de la Vendée*, t. V, p. 56.
[4] *Correspondance secrète de Puisaye, Charette, Stofflet et autres*, t. I,
p. 235-236.

au pays, en nous chassant? Et en effet, à qui sont destinés ces approvisionnements considérables faits par les
Chouans et payés en numéraire? Pourquoi ces achats
de chevaux et d'étoffes noires, ces confections d'habits
uniformes antinationaux? Pourquoi ces embauchages?
Pourquoi ces rassemblements de Chouans, dans lesquels ils se nomment des chefs qui les exercent au
maniement des armes et à la marche? Pourquoi, sous
ce prétexte de pacifier, Cormatin envoie-t-il des agents
dans les chefs-lieux de district, à Dinan, Lamballe, Saint-
Malo? Que signifie le « quartier général » de cet homme?
Quelle est son autorité, pour commander ainsi qu'il fait[1]?»

Quelques jours après, Hoche renouvelait ses plaintes:

« La conduite de Cormatin est abominable. Les propos qu'il tient sont d'un forcené. Il a, en vérité, perdu
la tête et se croit le dictateur de la Bretagne[2]. »

L'impudence de Cormatin était grande effectivement,
mais moins grande encore que son hypocrisie; car, voici
ce qu'il écrivait à la Convention, le 26 floréal (15 mai),
à propos des dispositions que Hoche prenait pour la défense des côtes:

« Nous avons fait la paix, nous y avons donné l'adhésion la plus formelle; elle a été suivie de notre part des
preuves les plus convaincantes, et l'on ne cesse de nous
traiter en ennemis. Des troupes considérables s'avancent
dans une province qui reconnaît la République, et qui
lui a fait, par notre bouche, le serment de ne jamais
porter les armes contre elle[3]. »

Et, dans le même temps, de la même plume, ce misérable imposteur mandait au comte de Silz : « Envoyez-

---

[1] Correspondance de Hoche. Lettre du 17 floréal, an III (6 mai 1795).
[2] *Ibid.* Lettre du 21 floréal, an III (10 mai 1795).
[3] Savary, *Histoire des guerres de la Vendée*, t. V, p. 79.

moi votre signature en blanc pour former un emprunt que j'autorise. Il y a quatre signatures : Boishardy, vous, Chantreau et moi... Nous avons besoin de fonds[1]. »

Il mandait aussi aux membres du conseil du Morbihan, conjointement avec Boishardy et Chantreau, de prendre bien garde qu'ils n'étaient plus un parti isolé, mais qu'ils *tenaient à tous les royalistes de France*[2]. Du reste, il leur conseillait d'empêcher les rassemblements, sur ce que le moment n'était pas encore venu de se battre ; sur ce que leurs ressources n'étaient pas encore suffisantes ; sur ce qu'il importait d'ôter, en attendant, tout motif de méfiance aux républicains ; et il ajoutait : « Quelque douloureux qu'il soit de dissimuler, nous y sommes contraints, et la nécessité est partout une loi irrévocable[3]. »

Mais cet art ignoble dont Cormatin recommandait si souvent la pratique, son extrême vanité l'empêcha de le pratiquer lui-même jusqu'au bout avec succès. Ses continuelles vanteries avaient fixé sur lui l'attention : sa manie de « dépêcher autant de courriers qu'un ministre[4] » le perdit. Un de ces courriers ayant été arrêté, chargé de lettres secrètes de Cormatin pour le conseil du Morbihan, tout fut enfin découvert.

Rien ne donne une idée plus saisissante de la politique de lâcheté à laquelle le gouvernement thermidorien s'était condamné à l'égard des royalistes, en acceptant leur appui contre les Jacobins, que l'attitude du Comité de salut public en cette circonstance. Informé de ce qui venait d'avoir lieu par les représentants de Brue, Guezno et Guermeur, qui s'exprimaient nettement sur

---

[1] *Correspondance secrète de Charette, Stofflet, Puisaye et autres*, t. I, p. 231. Lettre de Cormatin au comte de Silz, en date du 21 mai 1795.
[2] *Ibid.*, p. 233-235.
[3] *Ibid.*
[4] *Mémoires de Puisaye*, t. VI, p. 107-108.

la nécessité d'arrêter les chefs[1], le Comité de salut public répondit:

« Nous sentons la nécessité de prendre de fortes mesures pour arrêter les désordres qui se perpétuent. Le Comité n'ayant reçu que des copies de lettres, doit vous faire observer qu'il faut bien s'assurer si ces lettres sont en effet écrites et signées par les chefs. Au reste, il faut être en force avant de faire un éclat[2]. »

Dans une lettre subséquente du Comité de salut public à Aubert Dubayet, le même esprit d'hésitation et d'incertitude se révèle: « Nous croyons qu'il est prudent de temporiser encore sur les mesures que nous devons prendre à l'égard de cet homme (Cormatin) et des autres chefs[3]. »

Mais les représentants du peuple qui étaient sur les lieux n'attendirent pas pour agir l'autorisation du Comité. Parmi les chefs des Chouans, huit furent arrêtés, savoir: Cormatin, Jarry (il y avait, on l'a vu, en Vendée, un autre Jarry, représentant du peuple), Gazey, Lanouraye, Solilhac, Dufour, Boisgontier, Delahaye[4]; et le 6 prairial (25 mai), les représentants en mission près les armées des côtes de Brest et de Cherbourg annoncèrent la saisie des pièces trouvées sur le courrier de Cormatin, dans une proclamation qui commençait en ces termes:

« Français républicains,

« Lisez! lisez! Voyez la bonne foi trompée, trahie, les serments violés, et la plus épouvantable hypocrisie, à

---

[1] Lettre des représentants de Brue, Guezno et Guermeur au Comité de salut public, Vannes, 4 prairial, an III (23 mai 1795).

[2] Voy. Savary, *Histoire des guerres de la Vendée*, t. V, p. 95.

[3] *Ibid.*, p. 105 et 106.

[4] *Ibid.*, p. 104.

l'ombre des douces paroles de paix, méditant la révolte et le massacre [1]. »

C'en était fait: le voile était déchiré! Le camp de la Prévalaye fut investi et dispersé [2]. Les brigands, réunis en grand nombre dans le Morbihan, furent battus trois fois par le général Josnet [3]. Telle était l'indignation des républicains, qu'un détachement de grenadiers ayant envahi la maison de campagne de Boishardy, les soldats ne se contentèrent pas de le massacrer, mais promenèrent sa tête au bout d'une pique. Hoche, instruit de cet acte d'ignoble férocité, fit aussitôt arrêter les officiers du détachement qui s'en était rendu coupable, et marqua d'une flétrissure publique ce qu'il définissait avec raison « un crime envers l'honneur, l'humanité et la générosité française [4]. »

Tel était l'état des choses en Bretagne, lorsque l'invasion de la France fut tentée par les royalistes émigrés, à la solde des Anglais. Mais, avant d'aborder le récit de cette expédition criminelle, voyons ce qui se passait au Temple.

[1] *Correspondance secrète de Charette, Stofflet, Puisaye et autres.* T. I, p. 229-231.

[2] Puisaye, dans ses *Mémoires*, t. VI, p. 110, 111, ose parler du « camp paisible de la Prévalaye, et des *malheureux qui dormaient sur la foi des traités.* » Et cela dans le même livre où il raconte tout au long comment il se concertait, de Londres, pour préparer le succès de la descente des Anglais, avec ces *malheureux qui dormaient sur la foi des traités!*

[3] *Correspondance* de Hoche. Lettre au Comité de salut public; Rennes, 20 prairial, an III (8 juin 1795).

[4] *Correspondance* de Hoche. — Lettre de Hoche à l'adjudant général Crublier, en date du 30 prairial, an III (18 juin 1795).

# CHAPITRE QUATRIÈME.

## MYSTÈRES DU TEMPLE.

L'enfant qui mourut dans la tour du Temple, le 20 prairial, an III (8 juin 1795) était-il le Dauphin, fils de Louis XVI, ou bien un enfant substitué?

S'il en faut croire une brochure de M. Labreli de Fontaine, ancien bibliothécaire de feu la duchesse douairière
d'Orléans, les souverains alliés, en 1814, avaient de tels
doutes sur la mort du fils de Louis XVI, qu'ils les auraient
consignés dans le traité secret de Paris. Suivant l'auteur,
il était dit, dans l'article Ier de ce traité, que les « Hautes
parties contractantes » donnaient ostensiblement le titre
de roi à Louis-Stanislas-Xavier, comte de Provence, parce
qu'ainsi le voulait l'état de l'Europe, mais que, pendant
deux années, ils le considéreraient seulement comme régent du royaume dans leurs transactions secrètes, se ré-
servant de faire, durant l'intervalle, toutes les recherches
de nature à amener la découverte de la vérité[1]. »

Une chose est, en tout cas, certaine : c'est que la mort
du fils de Louis XVI au Temple a été, pendant longtemps,
regardée en Europe comme un point à éclaircir. Bré-
mond, ancien secrétaire intime de Louis XVI, lorsqu'il
fut interrogé à cet égard par le tribunal de Vevey, s'ex-
prima en ces termes :

« Nos travaux (pour le rétablissement de l'orphelin du
Temple sur le trône) avaient cessé depuis quelques mois,
à cause de la prétendue mort du Dauphin au Temple,
quand un jour Son Excellence M. l'avoyer de Steiger me
fit appeler pour me dire qu'il avait été informé par des
courriers expédiés à Vérone par des généraux vendéens,
que le jeune prince n'était pas mort au Temple, mais
qu'on l'avait, au contraire, sauvé de prison. Environ
trois mois après cette nouvelle, M. de Steiger me la con-
firma, en m'assurant qu'il venait de recevoir des rensei-

---

[1] Sur quoi, John Hanson, l'auteur du livre publié à New-York, en
1854, sous ce titre, The lost prince, fait observer avec raison que, selon
toute probabilité, un homme dans la position de M. Labreli de Fontaine n'aurait pas avancé légèrement un fait de cette importance : « A
person of his position would scarcely make such a statement without
good authority. »

gnements très-certains sur l'évasion du royal orphelin [1]. »

Que cette évasion ait été, pour un grand nombre de
royalistes, une espèce d'article de foi, rien ne le prouve
mieux que le succès prodigieux qui, au commencement
de ce siècle, couronna les efforts de Jean-Marie Hervagault. Cet homme, fils d'un tailleur de Saint-Lô, ne se
fut pas plus tôt donné pour le fils de Louis XVI, qu'il vit
se grouper autour de lui des milliers de partisans. Kotzebue nous a conservé le souvenir de la sensation que produisit à Vitry-le-Français la présence d'Hervagault : ce
fut du délire. Logé splendidement dans la maison de
madame de Rambecour, dont le mari se fit gloire de lui
servir de valet, l'audacieux aventurier eut bientôt à ses
pieds une cour idolâtre. Ce n'étaient que bals, concerts et
fêtes en son honneur. Quiconque lui parlait était tenu de
l'appeler « *mon prince.* » Son portrait était dans toutes
les mains, son éloge dans toutes les bouches. Les personnages les plus considérables par leur richesse ou leur
naissance s'estimaient heureux de pouvoir remplir auprès de lui les plus vils emplois. On assurait que, pour
être certain de le reconnaître, le pape avait imprimé sur la
jambe de ce Dauphin retrouvé une marque particulière
et distinctive. Fouché, apprenant qu'Hervagault poussait
les choses jusqu'à distribuer des dignités, nommer à des
fonctions, en un mot composer une cour, le fit arrêter ;
mais cela même redoubla l'enthousiasme qu'il inspirait.
Le premier soir de son emprisonnement, une fête magnifique lui fut donnée dans sa prison. Pour ses fidèles,
il était resté *Monseigneur*. Sa signature, qu'il traçait par
la main d'un secrétaire, était « Louis-Charles : » la signature de l'enfant royal ! Quand il allait à la messe, un

---

[1] Voy. la plaidoirie de M. Jules Favre en faveur des héritiers de
Naündorff, dans la *Gazette des Tribunaux* du 31 mai 1851.

laquais portait respectueusement derrière lui son livre de prières et un coussin. Que dire encore? L'empressement de la foule à lui rendre hommage fut tel, que le maire de la ville dut interdire l'accès de la prison[1].

Non moins surprenant que le succès d'Hervagault, fut le nombre de ses successeurs : Mathurin Bruneau, Naündorff, Richemont, Eléazar Williams — ce dernier, missionnaire chez les Indiens du Nord de l'Amérique. Et, ce qu'il y a de remarquable, c'est que chacun de ces prétendants, poussés à diverses périodes sur le devant de la scène, y a paru avec son cortége de fidèles. Mathurin Bruneau n'eut-il pas l'honneur de fournir le sujet d'une grande mise en scène, sous la Restauration? Et l'honneur, plus grand encore, d'être l'objet de tentatives réitérées d'assassinat, ne fut-il pas le lot de Naündorff, reconnu pour être bien le fils de Louis XVI, par M. Marco de Saint-Hilaire, huissier de la chambre de ce monarque, et par madame de Rambaud, nourrice du Dauphin depuis sa naissance jusqu'à son emprisonnement au Temple[2]. ?

Le nombre des faux Dauphins, leur assurance, leur audace, et le succès momentané que les tentatives de quelques-uns d'entre eux eurent auprès de personnes graves et marquantes, loin de ruiner l'hypothèse d'une substitution, semblent, au contraire, attester la force des apparences qui l'étayent. Il n'y aurait pas eu tant de faux Dauphins, si l'impossibilité de rencontrer le véritable eût été démontrée d'avance.

La vérité est que les circonstances mystérieuses qui précédèrent la mort du fils de Louis XVI, les souvenirs étranges qu'elle réveille, le caractère contradictoire des

[1] *Travels from Berlin through Switzerland to Paris in the year 1804, by Augustus von Kotzebue, translated from the German*, vol. III, p. 50. London, Phillips, 1804.

[2] Voy. la *Gazette des Tribunaux* du 51 mai 1851.

témoignages qui s'y rapportent, les doutes qu'elle fit naître à l'époque même où elle arriva, les mensonges officiels et publics auxquels elle donna lieu, l'obscurité qui couvre le fait de l'enterrement, et enfin l'indifférence extraordinaire que montrèrent pour la mémoire d'un jeune prince, mort roi selon les principes monarchiques, ses parents et successeurs, tout contribue à mettre l'événement dont il s'agit au rang des problèmes historiques[1].

Le récit qu'on va lire ne résout certes pas la question, mais il en exposera du moins les divers éléments.

Nous avons raconté déjà, dans un des précédents volumes de cet ouvrage, comment le fils de Louis XVI fut enfermé au Temple avec sa famille; comment on le sépara de sa mère, et ce qu'il eut à souffrir de la part de

---

[1] Ce problème, M. A. de Beauchesne prétend l'avoir résolu dans le livre qu'il a publié sur *Louis XVII, sa vie, son agonie, sa mort*, livre auquel les royalistes ont fait un grand succès. Ce chapitre montrera d'une manière péremptoire, nous l'espérons, combien peu la prétention de M. de Beauchesne est justifiée, et sur quelles bases fragiles son succès repose. Tout ce qu'il apporte de nouveau dans la question résulte des dires de deux hommes que leurs propres déclarations, faites à diverses époques, et rapprochées, prouvent avoir été tous les deux de faux témoins!

En attendant, nous citerons le jugement que porte de l'ouvrage de M. de Beauchesne un critique célèbre, dont toutes les sympathies politiques, qu'on le remarque bien, sont celles de M. de Beauchesne lui-même :

« M. de Beauchesne, en fait de choses essentielles, a ajouté peu, nous pouvons presque dire rien, à ce qui a été si abondamment détaillé dans les *Mémoires* de MM. Hue, Cléry, Turgy, et dans ceux de la duchesse d'Angoulême, qui habitaient le Temple, et aussi dans les *Mémoires historiques* de M. Eckard : judicieux et intéressant résumé des autorités sus-mentionnées. De ces ouvrages, bien connus, M. de Beauchesne emprunte les trois quarts de son livre au moins, et quoiqu'il les cite occasionnellement, il n'avoue pas l'étendue de ses obligations, particulièrement envers M. Eckard, aussi largement que, selon nous, il aurait dû le faire, » etc., etc.

*Essays on the early period of the French Revolution by the late right hon.* John Wilson Croker, Essay V, p. 242, London, 1857.

l'homme brutal et barbare qu'on lui donna pour gardien.

En 1794, Simon se trouvait âgé de cinquante-huit ans. La dureté de son visage répondait à celle de son cœur. Établi comme cordonnier dans la rue qui est aujourd'hui celle de l'École-de-Médecine, il s'était fait remarquer par son assiduité aux séances du club des Cordeliers, qui touchait à sa boutique, et son exaltation révolutionnaire l'avait signalé au choix de la Commune. C'est une grande honte pour la Révolution, d'avoir souffert que le sort d'un enfant — qu'elle n'avait d'ailleurs nul droit de retenir prisonnier — ait été confié à de pareilles mains. Ou la *raison d'État* est un mot vide de sens, ou ce mot est employé pour couvrir une injustice. Il ne faut pas se lasser de le dire : Raison d'État, crime d'État !

Marie-Jeanne Aladame, femme de Simon, avait, comme son mari, un extérieur repoussant et des façons grossières ; mais elle appartenait, après tout, à un sexe qu'il est facile d'émouvoir : une femme est bien vite désarmée par un enfant.

Les fonctions de Simon finirent, au commencement de 1794. A cette époque, forcé d'opter entre la charge de gardien et celle de municipal, il préféra la seconde [1].

Ici commence le mystère.

« Le 19 janvier, écrit la fille de Louis XVI, nous entendîmes chez mon frère un grand bruit qui nous fit conjecturer qu'il s'en allait du Temple, et nous en fûmes convaincues quand, regardant par le trou de la serrure, nous vîmes emporter les paquets. Les jours d'après, nous entendîmes ouvrir la porte et marcher dans la chambre, et nous restâmes toujours persuadées qu'il était parti [2]. »

---

[1] *Récit des événements arrivés au Temple, par Madame Royale, fille du roi*, p. 242. Collection Berville et Barrière.

[2] *Ibid.*

Que s'était-il passé?

Quelques-uns ont prétendu :

Que le 19 janvier 1794, jour du déménagement de Simon et de sa femme, un enfant muet fut substitué, dans la tour du Temple, au fils de Louis XVI ;

Que cet enlèvement eut lieu par les soins de MM. de Frotté et Ojardias, émissaires du prince de Condé, qui avaient gagné Simon ;

Que, quant au fils de Louis XVI, il fut conduit en Vendée, y séjourna *incognito*, se rendit à l'armée de Condé, après la publication officielle de sa prétendue mort, et fut, dans les dernières années de 1796, confié par le prince de Condé à Kléber, qui le fit passer pour un orphelin, fils d'une de ses parentes, et le garda auprès de lui comme aide de camp[1].

Telle est la version que les partisans de Richemont, un des soi-disant Dauphins, ont présentée, en l'appuyant de nombreux certificats dont ils affirment l'authenticité[2].

Mais des certificats peuvent être parfaitement authentiques, sans être pour cela bien concluants. Or, parmi les témoignages dont il s'agit ici, il en est qui ont pour objet de prouver l'évasion et la substitution : ceux-là nous ont paru valoir qu'on ne les écartât pas avec dédain; et il en est d'autres par lesquels on prétend établir que Richemont était bien réellement le fils de Louis XVI, en-

---

[1] *Preuves de l'existence du fils de Louis XVI, réunies et discutées*, par J. Suvigny, avocat, p. 1-40. Paris, 1851.

[2] Le livre de M. J. Suvigny s'ouvre par la déclaration suivante :

« Les soussignés, prenant Dieu à témoin de leur sincérité, déclarent que tous les certificats sans exception, cités dans cet ouvrage, émanent réellement des signataires auxquels ils sont attribués, désignés par les initiales ou par les noms; qu'ils les ont vus, lus, tenus entre leurs mains; qu'ils en connaissent ou en ont connu les auteurs, vivants ou morts, soit personnellement, soit par des intermédiaires dignes de foi.

« Paris, le 1er octobre 1851.

« J. Suvigny, avocat; Foyatier, sculpteur, membre de l'Institut historique; Noyer et Pascal, médecins. »

levé de la prison du Temple : ceux-là nous ont paru constituer un pur roman [1].

Nous n'avons donc à tenir compte que des premiers, les seuls, du reste, qui se puissent rattacher à la nature et au cadre de cet ouvrage.

La veuve de Simon passa les derniers temps de sa vie aux Incurables (femmes), rue de Sèvres, à Paris, où elle mourut le 10 juin 1819 [2]. Or, les sœurs de l'hospice ont déclaré avoir toujours entendu dire à la veuve Simon que le Dauphin n'était pas mort au Temple ; qu'il en avait été enlevé ; qu'elle et son mari avaient contribué à l'évasion, et que le moment choisi pour cette évasion avait été celui de leur déménagement. D'après le dire de la veuve Simon, l'on aurait amené dans une voiture plusieurs meubles, une manne d'osier à double fond, et, dans cette manne, entre autres joujoux destinés au jeune prince, un cheval de carton. De ce cheval de carton, l'on aurait tiré l'enfant qui devait être substitué au prisonnier, et l'on aurait mis celui-ci dans la voiture sous un tas de linge appartenant à la femme de Simon. A la sortie du Temple, les gardiens auraient fait mine de visiter la voiture, mais la femme de Simon, qu'on avait alors toutes sortes de motifs pour ne point soupçonner, aurait feint beaucoup d'emportement, se serait écriée que c'était son linge sale, et on l'aurait laissé passer [3].

A l'époque où elle racontait ces choses, la veuve Simon était en pleine possession de toutes ses facultés [4]. De

---

[1] Voici une objection entre mille : Dans l'hypothèse de l'évasion due aux efforts d'émissaires du prince de Condé, comment expliquer la proclamation de ce prince, qui se termine par ces mots : « *Messieurs, le roi Louis XVII est mort; vive Louis XVIII !* »

[2] Ceci constaté par M. A. de Beauchesne lui-même, *Louis XVII, sa vie, son agonie*, etc., t. II, p. 193.

[3] Voy. les témoignages indiqués dans le livre de M. J. Suvigny, *ubi supra*, p. 1-40.

[4] Dans sa réplique à M. Jules Favre, lors du procès des héritiers de Naündorff, M. Dupré-Lasale, substitut du procureur de la République,

plus, elle avait intérêt à ne pas encourir par des mensonges de ce genre l'animadversion de la famille royale.
Toutefois, l'on doit reconnaître que le langage de la
femme de Simon, aux Incurables, serait loin d'être, à lui
seul, une preuve, parce qu'en parlant de la sorte, elle
pouvait céder au désir de se disculper du reproche d'a-
voir maltraité un enfant, à l'envie de se donner de l'importance, et à la tentation d'étonner autrui par un récit
merveilleux, par la révélation d'un secret d'État. Il est
donc nécessaire de chercher quel lien existe entre son témoignage et l'enchaînement des faits; d'autant qu'il est
naturel de se demander pourquoi, dans l'hypothèse d'un
enlèvement favorisé par Simon, ce dernier, gagné à prix
d'or, ne chercha pas à fuir, au lieu d'attendre à Paris un
dénoûment redoutable.

, La première singularité qui se présente est celle-ci :
jusqu'au jour du déménagement de Simon, l'enfant avait
eu un gardien spécial : tout à coup, et sans que rien semblât nécessiter ce changement, le gardien spécial fut sup-
primé, et l'enfant abandonné, pendant six mois, à la
surveillance mobile de commissaires qu'on renouvelait
tous les jours, comme si l'on eût voulu empêcher l'attention de se fixer sur le prisonnier [1].

On fit mieux : on le relégua seul au fond d'une pièce
« obscure [2], » et il dut recevoir ses aliments au moyen
d'une espèce de tour, sans être vu et sans voir [3]. M. de
Beauchesne lui-même raconte, sans paraître se douter de

déclara rondement, et sans en donner la moindre preuve, que la femme
Simon, aux Incurables, était folle; mais c'est précisément le contraire qui
résulte des déclarations des sœurs de l'hospice. Voy. J. Suvigny, *Preuves de l'existence du fils de Louis XVI*, etc., p. 24, 28, 33.

[1] Laurent ne fut nommé gardien du Temple que le 11 thermidor,
an II (29 juillet 1794). Registre des arrêtés des Comités de salut public et de sureté générale.

[2] Eckard, *Mémoires historiques sur Louis XVII*, p. 210. Paris, 1817.

[3] *Ibid.*, p. 211.

la conclusion qu'on pourrait tirer de circonstances aussi étranges, qu'après le départ de Simon, le logement du prisonnier fut restreint à une pièce; que l'enfant fut relégué dans la chambre du fond; que la porte de communication entre l'antichambre et cette pièce était coupée à hauteur d'appui, scellée à clous et à vis, et grillée du haut en bas avec des barreaux de fer; que la lumière fut écartée; que la chambre était chauffée seulement par le tuyau d'un poêle placé dans la première pièce, et éclairée seulement par la lueur d'un réverbère suspendu vis-à-vis des barreaux; enfin, que les grilles et abat-jour étaient devenus, de la part du Conseil, l'objet d'une sollicitude incessante [1].

Précautions incompréhensibles, à moins que leur but n'ait été d'empêcher l'enfant *d'être vu!*

Ajoutez à cela qu'après le départ de Simon, le prisonnier fut condamné à la solitude [2]. Il y eut défense de le laisser se promener au jardin ou sur la plate-forme de la tour; défense de le laisser communiquer avec sa sœur Marie-Thérèse; défense de permettre même qu'ils se rencontrassent [3]. Mathieu signifia cette prohibition de la manière la plus formelle [4]. Tout semblait dénoncer, de la part du gouvernement, la résolution bien arrêtée de soustraire l'enfant à la vue de ceux qui connaissaient le Dauphin!

Le 11 thermidor an II (29 juillet 1794) [5], un nommé

---

[1] M. A. de Beauchesne, *Louis XVII, sa vie, son agonie,* etc., t. II, p. 190-191. — M. de Beauchesne cite un extrait du registre des délibérations du Temple, qui prouve en effet combien était vive la sollicitude du Conseil, relativement aux *abat-jour!*

[2] *Récit des événements arrivés au Temple,* par Madame Royale, fille du roi, p. 242. — M. A. de Beauchesne, *Louis XVII, sa vie,* etc., t. II, p. 257.

[3] *Ibid.*

[4] *Ibid.*

[5] Date indiquée d'une manière précise par M. Jules Favre, dans sa plaidoirie en faveur des héritiers de Naündorff, comme étant celle

Laurent fut nommé seul gardien du Temple. La grande crise politique, dont le souvenir se rattache à cette date, venait de s'accomplir; Barras figurait au premier rang des vainqueurs : ce fut lui qui désigna Laurent — une de ses créatures [1].

Dans le procès auquel donna lieu, en 1851, la réclamation des héritiers de Naündorff, leur avocat, M. Jules Favre, produisit trois lettres de Laurent à Barras, constatant toutes les trois le fait de la substitution d'un enfant muet au fils de Louis XVI [2]. Ces lettres, assurait-on, avaient été déposées, en 1810, entre les mains de M. Lecoq, conseiller de justice à Berlin. Si les originaux avaient été montrés, cela suffirait pour trancher la question; mais, comme on ne montra que des copies, dont l'authenticité pouvait être mise en doute, cette circonstance doit être écartée [3].

Toutefois, il est à remarquer que Laurent, qui, selon le témoignage de la fille de Louis XVI, la traita toujours avec respect [4], n'eut pas, à beaucoup près, les mêmes égards pour le prisonnier. Il est bien vrai qu'elle dit, en parlant de son frère ou de celui qu'elle croyait tel : « Laurent lui fit prendre des bains et lui ôta la vermine dont il était couvert. » Mais la fille de Louis XVI rend compte, ici, de choses qu'elle ne vit pas et qu'elle n'a pu savoir que par ouï-dire.

qu'il a lui-même vérifiée dans les archives. V. la *Gazette des Tribunaux* du 31 mai 1851.

[1] M. Wilson Croker pense que l'influence de Joséphine Beauharnais, liée dès cette époque avec Tallien et Barras, ne fut peut-être pas étrangère à la nomination de Laurent, qui, comme elle, était créole. *Essays on the early period of the French Revolution.* Essay. V. p. 280.

[2] Voy. la *Gazette des Tribunaux* du 31 mai 1851.

[3] C'est ce que fit observer avec raison, dans sa réplique à M. Jules Favre, M. Dupré-Lasale, substitut du procureur de la République. Voy. la *Gazette des Tribunaux* du 31 mai 1851.

[4] *Récit des événements arrivés au Temple*, par Madame Royale, fille du roi, p. 252, Collection Berville et Barrière.

Or, ce qui lui fut dit à cet égard est réfuté de la manière suivante dans l'interrogatoire que subit, en 1834, devant les tribunaux, Lasne, un des successeurs de Laurent :

« LE PRÉSIDENT : A quelle époque avez-vous été préposé à la garde du Dauphin?

« LASNE : En fructidor, an III.

« LE PRÉSIDENT : Était-il malade quand vous êtes arrivé?

« LASNE : Depuis deux mois. Un nommé Laurent avait gardé le prince, et, sans pourtant le frapper, il le négligeait, le laissait sans soins et dans un état de saleté extraordinaire [1]. »

Quoi qu'il en soit, le 13 thermidor an II (31 juillet 1794), plusieurs membres du Comité de sûreté générale ayant visité l'enfant, le trouvèrent immobile, le dos voûté, les bras, les jambes et les cuisses singulièrement allongés aux dépens du buste. Les souffrances de la prison avaient-elles changé à ce point le prisonnier, qu'il en fût venu à différer de ce qu'avait été le Dauphin, même sous le rapport de la conformation physique? Sous d'autres rapports, le changement était plus extraordinaire encore : l'enfant que les députés du Comité de sûreté générale visitèrent, le 13 thermidor, ne parlait pas. M. de Beauchesne s'exprime en ces termes, touchant la visite dont il s'agit : « Ils l'appelèrent, il ne répondit pas; ils ordonnèrent d'ouvrir la chambre : un des ouvriers attaqua si vigoureusement les barreaux du guichet, qu'il put bientôt y introduire la tête, et, apercevant le malheureux enfant, il lui demanda pourquoi il n'avait pas répondu, l'enfant garda le silence... Cent questions lui furent faites, il ne répondit à aucune [2]. »

---

[1] *Gazette des Tribunaux* du 31 octobre 1834, procès de Richemont.
[2] *Louis XVII, sa vie, son agonie*, etc., t. II, p. 251 et 252.

A la vérité, l'auteur finit par lui mettre dans la bouche ce mot touchant : « Je veux mourir [1]. » Mais quelles sont ses autorités pour affirmer que cette parole fut prononcée? Il ne les cite pas, et c'eût été nécessaire. On verra plus loin combien peu dignes de foi, ou, plutôt, combien misérables sont les témoignages sur lesquels M. de Beauchesne s'appuie, en attribuant au prisonnier certains mots semblables à celui qui vient d'être cité; mais ces témoignages, quelque vains qu'ils soient, il ne peut pas même les invoquer ici, puisque Gomin et Lasne, ses deux grandes autorités, n'étaient pas encore au Temple, à cette époque.

Il existe, toutefois, un récit que M. de Beauchesne semble avoir ignoré, et qui dément, s'il est exact, l'hypothèse du mutisme : c'est celui de la visite de Barras au Temple, après le 9 thermidor. S'il faut ajouter foi aux *Mémoires de Lombard*, Barras ayant trouvé l'enfant sur une espèce de berceau où il avait de la peine à s'étendre, lui aurait demandé pourquoi il ne préférait pas son lit, à quoi l'enfant aurait répondu qu'il souffrait moins sur cette couchette. L'auteur ajoute que le petit prisonnier avait pour vêtement un gilet et un pantalon de drap gris. Le pantalon paraissant être trop étroit, Barras le fit fendre des deux côtés, et s'aperçut que les jambes étaient prodigieusement gonflées. Il recommanda qu'on fît venir un médecin, gronda le commissaire et le garçon de service sur la malpropreté où ils laissaient l'enfant, et se retira [2].

Le 19 brumaire (9 novembre 1794), un assistant fut donné à Laurent dans la personne d'un tapissier nommé Gomin [3].

---

[1] M. de Beauchesne, *Louis XVII, sa vie*, etc., t. II, p. 251-252.
[2] *Mémoires de Lombard*, t. I, chap. XVI, p. 128-130. — Paris, 1823.
[3] M. Jules Favre, dans sa plaidoirie en faveur des héritiers de Naündorff, dit : « Nous avons été aux Archives. Nous y avons trouvé la date des nominations et les états de payement des gardiens du Tem-

Selon M. de Beauchesne, écrivant cette fois d'après les communications personnellement à lui faites par Gomin lui-même, le nouveau gardien ne fut pas plus tôt entré au Temple, que Laurent lui demanda s'il avait vu autrefois le prince. « *Je ne l'ai jamais vu,* » répondit Gomin; sur quoi, Laurent dit : « En ce cas, il se passera du temps, avant qu'il vous dise une parole[1]. »

A qui croire de Gomin racontant cela à M. de Beauchesne, ou de Gomin faisant devant la justice la déclaration suivante :

« Antérieurement à la détention, *je l'avais vu plusieurs fois* (le Dauphin) et de très-près, étant, à cette époque, commandant d'un bataillon de la garde nationale de Paris, dans le jardin dit du Prince, aux Tuileries, où il avait l'habitude de jouer, accompagné de sa gouvernante, madame de Tourzel[2] ? »

---

ple... Gomin a été nommé gardien le 9 novembre 1794. » Voy. la *Gazette des Tribunaux* du 7 juin 1851.

Suivant M. de Beauchesne, cette nomination aurait eu lieu le 8 novembre.

Mais qu'elle ait eu lieu le 9 ou le 8, toujours est-il que la date vraie n'est pas celle que donna Gomin lui-même. Interrogé par la justice, il indiqua comme date de son entrée au Temple, *vers le 9 thermidor an II* (26 août 1794). Voy. la *Gazette des Tribunaux* du 7 juin 1851.

Or, en premier lieu, le 9 thermidor ne correspond aucunement au 26 août; et, en second lieu, le gardien qui fut nommé immédiatement après le 9 thermidor fut Laurent, comme on l'a vu, et non pas Gomin.

Maintenant, voyons ce que dit de la *mémoire* de ce Gomin, M. A. de Beauchesne, *Louis XVII, sa vie, son agonie,* etc., t. II, p. 268.

« Je l'ai beaucoup connu dans les dernières années de sa vie. Cet homme, qui avait vieilli au souffle des orages, avait, à quatre-vingts ans, une mémoire et une activité de trente ans. »

Et c'est un homme doué d'une mémoire aussi prodigieuse qui, interrogé sur une date de nature à se graver profondément dans son esprit, répondit : *Vers le 9 thermidor an II* (26 août 1794)!

Encore si on n'avait à lui reprocher que d'avoir manqué de mémoire !

[1] M. A. de Beauchesne, *Louis XVII, sa vie,* etc., t. II, p. 270 et 271.

[2] Voy. la *Gazette des Tribunaux* du 7 juin 1851.

Il importe de remarquer que, de ces deux affirmations contradictoires, la seconde est la seule que Gomin fût intéressé à faire, attendu qu'il était attaché au service de la duchesse d'Angoulême, qui l'avait fait nommer concierge du château de Meudon en 1814, et de laquelle il recevait une pension[1] ; or, que la duchesse d'Angoulême ait toujours montré une répugnance extrême, soit à admettre, soit à permettre qu'on accréditât, l'idée que son frère n'était pas mort au Temple, c'est là un fait certain, de quelque manière qu'on l'explique[2].

Mais si, comme il l'affirma en présence de Laurent, Gomin n'avait jamais vu le Dauphin, quelle valeur attacher à tout ce qu'il a pu dire, depuis, sur l'identité du Dauphin et de l'enfant qui mourut au Temple?

Quant à la réplique de Laurent, telle que les communications de Gomin à M. de Beauchesne la constatent, elle serait incompréhensible, s'il ne fallait pas l'interpréter comme l'attestation par Laurent lui-même de cette circonstance singulière que l'enfant ne parlait pas. Car le fait que Gomin n'avait jamais vu le Dauphin ne pouvait être une raison pour que le prisonnier s'abstînt pendant longtemps de lui parler. Le dialogue rappelé doit donc, pour avoir un sens, être complété et traduit de cette manière : « Laurent : avez-vous vu autrefois le prince royal ? — Gomin : Je ne l'ai jamais vu — Laurent, d'un ton ironique : En ce cas, ce n'est pas de lui que vous apprendrez qui il est : il se passera du temps avant qu'il vous dise une parole ! »

---

[1] Voy. la plaidoirie de M. Jules Favre, en faveur des héritiers de Naündorff, dans la *Gazette des Tribunaux* du 31 mai 1851, et le livre de M. A. de Beauchesne lui-même, t. II, p 320.

[2] Sur la façon singulière dont elle accueillit les communications de M. Morel de Saint-Didier, et sur son refus obstiné de voir madame de Rambaud, le procès des héritiers de Naündorff renferme des détails curieux auxquels nous renvoyons le lecteur.

Cependant, à mesure que la réaction se développait, les royalistes cherchaient de plus en plus à diriger vers le Temple les préoccupations du public. Peu de temps après la nomination de Gomin, le *Courrier universel*, journal rédigé par Nicolle et Poujade, publia un article où il était dit que « le Comité de sûreté générale, persuadé que, pour être fils de roi, on ne devait pas être dégradé au-dessous de l'humanité, venait de nommer trois commissaires, hommes probes et éclairés, pour remplacer le défunt Simon. » De ces trois commissaires, suivant le même article, « deux étaient chargés de l'éducation de l'orphelin, et le troisième avait mission de veiller à ce qu'il ne manquât point du nécessaire comme par le passé[1]. »

Ces éloges de la feuille royaliste émurent le Comité de sûreté générale d'un vif sentiment de colère. Qu'il sût ou non la vérité sur l'identité de l'enfant du Temple, il regarda comme une insulte l'hommage rendu à ses sentiments supposés d'humanité, et Mathieu s'empressa d'aller démentir, du haut de la tribune, le récit « calomnieux[2] » du *Courrier universel*. Il exposa qu'un gardien ayant paru insuffisant, le Comité en avait nommé deux, et que si chaque jour un des comités civils des quarante-huit sections de Paris avait à fournir un de ses membres pour remplir pendant vingt-quatre heures les fonctions de gardien concurremment avec les deux nommés d'office, c'était dans le but de « compléter et d'assurer d'autant mieux la détention des enfants du tyran. » Et Mathieu ajoutait : « Par cet exposé, l'on voit que le Comité de sûreté générale n'a eu en vue que le matériel d'un service confié à sa surveillance, *qu'il a été*

[1] Voy. le *Moniteur*, an III, numéro 74, séance du 12 frimaire (2 décembre 1794).
[2] *Ibid.*

*étranger à toute idée d'améliorer la captivité des enfants de Capet* ou de leur donner des instituteurs. Les Comités et la Convention savent comment on fait tomber la tête des rois, mais ils ignorent comment on élève leurs enfants[1]. »

Parmi les membres du Comité de sûreté générale, au nom de qui Mathieu s'exprimait en ces termes, on voyait figurer Barras, Harmand (de la Meuse), Clauzel, Bourdon (de l'Oise)[2].

C'étaient là les hommes qui prétendirent, plus tard, avoir renversé Robespierre, par humanité ! Les supposer humains à l'égard d'un pauvre enfant sans défense, c'était, de leur propre aveu, les calomnier !

Ce n'est pas qu'il faille ajouter foi à toutes les horreurs dont le Temple aurait été le théâtre, à en croire certains écrivains, très-habiles à cacher sous des dehors élégiaques, les haines implacables de l'esprit de parti. Pour ces écrivains, c'était une bonne fortune que de pouvoir peindre la Révolution s'acharnant à martyriser l'enfance. Malheureusement, ils ont tous oublié d'apprendre à la postérité par quel merveilleux moyen ils étaient parvenus à connaître jour par jour, heure par heure, presque minute par minute, ce qui se passait dans une chambre bien fermée, bien verrouillée, bien obscure, et où était laissé *seul* cet enfant dont pas un mouvement, pas un geste, n'a été perdu pour eux ! Qui croirait, par exemple, qu'après une description minutieuse à l'excès des souffrances du prisonnier, description qui va jusqu'à nous montrer ce prisonnier, qu'on laissait seul, se levant dans les ténèbres, abandonnant son lit aux rats et aux araignées, se plaçant sur une chaise, et passant le reste de la nuit, les deux coudes appuyés sur

---

[1] *Moniteur*, an III, numéro 74.

[2] Voy. le t. XXXVII de l'*Histoire parlementaire*, p. 97.

la table [1]..... M. de Beauchesne s'écrie : « Voilà, autant qu'on peut lire dans une *histoire fermée*, quels furent les jours et les nuits du jeune roi pendant cette *séquestration* [2]? » Il n'est pas effectivement facile de comprendre comment l'*histoire fermée* d'un prisonnier, qui n'a jamais ni rien raconté ni pu rien raconter à personne des faits relatifs à sa *séquestration*, ait été cependant connue à ce point, qu'on nous puisse donner le compte rendu détaillé de ses jours et de ses nuits [3] !

En ce qui touche l'intérieur du *Temple* pendant la période qui suivit la mise en liberté de Cléry, l'unique récit qui ait quelque autorité est celui de la fille de Louis XVI, depuis duchesse d'Angoulême [4]; et encore ne doit-on pas perdre de vue qu'à partir du jour où elle fut séparée de son frère, elle ne put elle-même connaître ce qui regardait l'enfant que d'une manière

[1] M. A. de Beauchesne, *Louis XVII, sa vie*, etc., t. II, p. 234.
[2] *Ibid.*, p. 230.
[3] Il est à noter que, pour les détails auxquels nous faisons allusion ici, M. A. de Beauchesne n'a pas même la ressource de dire qu'il les tient des deux gardiens Gomin et Lasne, puisque ces détails se rapportent à une époque antérieure à l'entrée au Temple de ces deux hommes. Il est vrai que, pour prouver comme quoi l'enfant se levait pendant la nuit, se plaçait sur une chaise, appuyait ses deux coudes sur la table, etc., etc..., M. A. de Beauchesne, qui en général ne cite pas ses autorités, cite, chose assez plaisante, M. Simien-Despréaux, auteur d'une rapsodie publiée en 1817, sous le titre de *Louis XVII*. Il est surprenant que M. Simien-Despréaux lui-même, que M. de Beauchesne appelle par erreur *Desparaux*, et qui n'était pas au Temple, lui non plus, encore moins dans la chambre de l'enfant, pendant la nuit, ait si bien pu savoir ce qui s'y passait!
[4] L'ouvrage de M. Hue ne peut faire foi que pour ce qui s'est passé au Temple avant le 2 septembre. Cléry n'a pas poussé son journal au delà de la mort de Louis XVI. Les *Mémoires* de l'abbé Edgeworth de Firmont ne se rapportent qu'aux derniers moments de ce monarque. Les *Quelques souvenirs* de M. Lepitre remontent à une époque antérieure à celle dont nous nous occupons. Il en est de même des notes communiquées à M. Eckard par M. Turgy, qui quitta le Temple le 14 octobre 1793. Voilà pour les sources.

indirecte, très-accidentellement et très-confusément. « Nous savions quelquefois des nouvelles de mon frère par les municipaux, mais cela ne dura point[1]. »

Ainsi donc, tout ce qu'il est permis d'affirmer historiquement sur le traitement que l'enfant du Temple eut à subir dans la période qui nous occupe, c'est qu'on le réduisit à une solitude absolue; c'est qu'on parut s'étudier à le dérober à tous les regards, c'est enfin qu'il végéta dans l'abandon. Et certes, sa destinée, ainsi décrite, se présente sous des couleurs assez sombres, pour que l'histoire flétrisse l'iniquité et la cruauté des passions ou des calculs politiques qui la lui infligèrent !

Un instant, les âmes sensibles et justes purent se flatter de l'espoir qu'un terme serait mis à cette captivité, que rien ne justifiait. Le 8 nivôse an III (28 décembre 1794), Lequinio demanda que, par « l'expulsion » de l'enfant du Temple, « on purgeât le sol de la Liberté du seul vestige de royalisme qui y restât encore; » et cette motion ayant été renvoyée aux Comités, l'homme qu'ils chargèrent du rapport fut Cambacérès[2].

Dans les *Souvenirs sur Marie-Antoinette*, de la comtesse d'Adhémar, qui avait été dame du palais de la reine, on lit[3] :

« Malheureux enfant, dont le règne s'est écoulé dans un cachot, où toutefois il n'a pas trouvé la mort! Certes, je ne veux en aucune manière multiplier les chances qui s'offriront à des imposteurs; mais, en écrivant ceci au mois de mai 1799, je certifie, sur mon âme et conscience, être particulièrement sûre que Sa Majesté Louis XVII n'a point péri dans la prison du Temple... Mais, je le répète, je ne m'engage pas à dire ce que le prince est devenu, je l'ignore : le seul Cambacérès, homme de la Ré-

---

[1] *Récit des événements arrivés au Temple* par Madame Royale, p. 226.
[2] Voy. le *Moniteur*, an III, numéro 125.
[3] *Souvenirs sur Marie-Antoinette*, t. III. Liv. xix, p. 142.

volution, pourrait compléter mon récit ; car, là-dessus,
il en sait beaucoup plus que moi [1]. »

On lit encore dans un compte rendu de l'ouvrage intitulé *Histoire secrète du Directoire* [2] :

« Il paraît certain qu'on a trompé le public sur la véritable époque et sur le lieu de la mort de Louis XVII.
Cambacérès en convenait, mais il ne voulut jamais révé-
ler ce qu'il savait sur ce point [3]. »

Quoi qu'il en soit du degré d'importance qu'il faille
attacher à ces assertions, qui, sans avoir un véritable
caractère historique, tirent quelque valeur des ménagements dont les Bourbons, à l'époque de leur retour en France, usèrent envers Cambacérès, et de l'empressement avec lequel ils firent séquestrer ses papiers
après sa mort [4], il est certain que le rapport de Cambacérès sur la motion de Lequinio fut précisément tel qu'on
aurait dû l'attendre d'un homme initié au secret de l'é-
vasion ; car non-seulement le rapporteur conclut contre
la mise en liberté de l'enfant du Temple, mais il prononça ces paroles singulières, où la réapparition éven-
tuelle du fils de Louis XVI est si clairement prévue, et
qui semblent avoir été calculées de manière à en détourner d'avance l'effet : « Lors même qu'il aura cessé

---

[1] Ce passage est remarquable, mais l'ouvrage dont il est tiré ne doit
être lu qu'avec défiance, étant une des nombreuses compilations pseudo-
historiques du baron Lamothe-Langon. Néanmoins, comme Lamothe-
Langon, auditeur au Conseil d'État sous l'Empire, était un des habitués
du salon de Cambacérès, il a été en position d'apprendre là beaucoup
de choses, et il y a des renseignements à puiser dans les anecdotes dont
il a fait son profit.

[2] Cette *Histoire secrète du Directoire* a été attribuée au comte Fabre
(de l'Aude), mais le savant M. Quérard incline à croire que c'est une
œuvre supposée.

[3] *Journal du Commerce* du 3 décembre 1832 et *Histoire secrète du
Directoire*, t. I, chap. XI, p. 186-189. — Paris, 1832.

[4] Ainsi que M. Gruau de la Barre en fit avec raison la remarque dans un
mémoire par lui adressé, en décembre 1840, au tribunal de police correctionnelle. Voy. ce Mémoire, p. 15.

d'exister (le fils de Louis XVI), on le retrouvera partout, et cette chimère servira longtemps à nourrir de coupables espérances[1] ! »

Ce fut dans cette séance et à cette occasion, que Brival laissa échapper un des mots les plus horribles qui aient jamais souillé la tribune parlementaire : « Je m'étonne, dit-il, qu'au milieu de tant de crimes inutiles, commis avant le 9 thermidor, on ait épargné les restes d'une race impure[2]. » — « Il n'y a pas de crimes utiles, » répondit Bourdon (de l'Oise) : cri admirable, mais dans quelle bouche! Brival avait excité de violents murmures : Bourdon (de l'Oise) fut, au contraire, vivement applaudi; et comme on demandait que le premier fût rappelé à l'ordre, il dit : « Je m'y rappelle moi-même[3]. »

Le mot de Brival n'était pas de ceux qu'il est facile d'oublier : on verra plus loin quelle signification tragique lui donnèrent certains soupçons nés de circonstances inexplicables et inexpliquées.

L'enfant du Temple dépérissait : au mois de février 1795, le chirurgien du district fut appelé; une députation de la Commune se rendit au Temple pour constater l'état du prisonnier, et fit un rapport duquel il résultait « que le petit Capet avait des tumeurs à toutes les jointures, et particulièrement aux genoux : *qu'il était impossible de tirer un mot de lui;* qu'il ne se levait jamais de sa chaise ou de son lit, et qu'il refusait de prendre toute espèce d'exercice[4]. »

----

[1] Rapport de Cambacérès, dans la séance du 3 pluviôse (22 janvier) 1795. *Moniteur*, an III, numéro 125.

[2] *Moniteur*, an III, numéro 125.

[3] *Ibid.*

[4] Wilson Croker, *Essays on the early period of the French Revolution*, Essay V, p. 287.

Nous avons déjà eu l'occasion de dire que M. Wilson Croker possédait une magnifique collection de documents relatifs à la Révolution française, collection qu'il avait passé plusieurs années de sa vie à recueil-

Sur ce rapport, le Comité de sûreté générale envoya au Temple trois députés, Harmand (de la Meuse), Mathieu et Reverchon. C'était le 9 ventôse an III (27 février 1795).

Ils trouvèrent l'enfant assis auprès d'une petite table sur laquelle étaient éparses beaucoup de cartes à jouer, quelques-unes pliées en forme de boîtes et de caisses, d'autres élevées en château. Il était occupé de ces cartes, lorsque les députés parurent, et ne quitta pas son jeu. Harmand (de la Meuse), après lui avoir expliqué le but de cette visite, lui dit que les commissaires étaient autorisés à lui offrir les objets de distraction et de délassement qu'il pouvait désirer. Pendant ce temps, l'enfant regardait d'un œil fixe, dans un état d'immobilité complète, l'homme qui lui parlait. Il semblait écouter avec la plus grande attention, mais pas un mot ne tomba de ses lèvres [1]. Harmand (de la Meuse) lui dit : « J'ai l'honneur de vous demander, monsieur, si vous désirez un cheval, un chien, des oiseaux, des joujoux de quelque espèce que ce soit, un ou plusieurs compagnons de votre âge que nous vous présenterons avant que de les installer près de vous ; voulez-vous, dans ce moment, descendre dans le jardin ou monter sur les tours? Désirez-vous des bonbons? des gâteaux? » Pas de réponse. Harmand imagina de passer d'un ton caressant à un ton impérieux. Inutile [2]. Il essaya de le toucher en lui disant que son obstination à ne pas répondre compromettait les députés chargés de le visiter, parce qu'ils ne pourraient rien rapporter au gouvernement qui les avait envoyés. Toujours même silence [3]. Mais, chose remarquable, l'enfant

---

lir, qu'il vendit au British Museum, lorsqu'il fut nommé à l'amirauté, et où nous avons beaucoup puisé.

[1] Récit d'Harmand (de la Meuse). Voy. les *Éclaircissements historiques* placés à la suite du *Journal de Cléry*, p. 332. — Collection des Mémoires relatifs à la Révolution française.

[2] *Ibid.*

[3] *Ibid.*

mit beaucoup de bonne grâce à faire tout ce qu'on lui demanda, à l'exception de ceci : *parler!* Harmand lui demanda de tendre la main, et il la tendit aussitôt; de se lever, et il se leva ; de marcher, et il marcha [1] : preuve évidente que, s'il ne parlait pas, c'était impuissance et non mauvaise volonté.

Toutefois, interrogés par Harmand sur la cause à laquelle ils attribuaient un silence aussi extraordinaire, les commissaires, c'est-à-dire Laurent et Gomin [2], répondirent que ce silence datait du jour où l'on avait si odieusement forcé le Dauphin à faire et à signer une déposition contre sa mère. « *Ils nous protestèrent*, écrit Harmand (de la Meuse), *que, depuis le soir de ce jour-là, le prince n'avait point parlé* [3]. »

Comme Laurent et Gomin n'étaient pas au Temple pendant les jours qui suivirent la déposition contre la reine, leur réponse, en ce qui touche le moment précis où l'enfant cessa de parler, est absolument sans autorité; mais ce qu'elle prouve sans réplique, c'est qu'eux, du moins, depuis leur entrée au Temple, — et ils étaient entrés l'un et l'autre postérieurement au départ de Simon, — ils n'avaient jamais entendu parler l'enfant.

C'est à peine s'il est nécessaire de réfuter, tant elle est absurde, l'hypothèse qui montre un enfant de neuf ans, faible, infirme, malade, prenant tout à coup la résolution de ne plus prononcer un mot de sa vie et y persévérant jusqu'à la fin : hypothèse difficile à admet-

---

[1] Récit d'Harmand (de la Meuse) etc., *ubi supra*.

[2] Impossible en effet de supposer qu'Harmand ait voulu parler de commissaires autres que les gardiens, qui étaient présents et pouvaient seuls expliquer ce que les députés désiraient connaître.

[3] Chose qui ne saurait être trop remarquée! ces mots : *Ils nous protestèrent*, etc..., sont omis par Eckard, dans la citation qu'il donne du récit d'Harmand, sans que l'omission soit même indiquée par des points! Voy. *Mémoires historiques sur Louis XVII*, p. 245.

tre, même s'il s'était agi d'un homme plein de santé, plein de force, doué d'une volonté de fer. Et il n'est pas moins ridicule de donner pour motif à cette prétendue résolution le remords d'avoir signé la trop fameuse déposition dont Hébert eut l'infamie de s'armer contre Marie-Antoinette : tout concourt en effet à démontrer que, lorsqu'il signa cette déposition, le Dauphin en comprenait à peine le sens et ignorait complétement l'usage qu'on en voulait faire, usage dont rien ne vint l'instruire depuis, attendu qu'on lui cacha soigneusement la mort de sa mère. Reste donc ce fait, qu'il faut absolument expliquer, si l'on nie celui de l'évasion suivie d'une substitution : à l'époque de la visite d'Harmand (de la Meuse), l'enfant se trouva être... muet.

M. de Beauchesne, dont l'ouvrage repose tout entier sur la méconnaissance de ce fait, et à tel point que, si le mutisme est établi, cet ouvrage est un livre à refaire, M. de Beauchesne met sur les lèvres de l'enfant, dans diverses circonstances, des paroles, tantôt très-touchantes, tantôt très-philosophiques, quelquefois même d'une profondeur étonnante [1]; et cela, sur la foi de ce que lui auraient raconté en tête-à-tête, Gomin d'abord, et ensuite Lasne, autre gardien donné à l'enfant par le Comité de sûreté générale le 14 germinal an III (3 avril 1795) [2].

Malheureusement, M. de Beauchesne — et l'on a lieu d'en être surpris — a ignoré que Gomin et Lasne ont fait en public, à l'occasion de procès fameux, des déclarations inconciliables avec celles qu'ils lui ont faites à lui en particulier, et, ce qui est pire, inconciliables entre elles.

Un simple rapprochement donnera une idée de la

---

[1] Nous les citerons plus loin.
[2] Voy. la *Gazette des Tribunaux* du 7 juin 1851.

confiance que méritent les rapports faits en particulier à
M. de Beauchesne par les deux hommes qui lui ont
fourni les seules choses neuves qu'il y ait dans son livre.

### DÉPOSITION DE LASNE EN 1834.

« D. Avez-vous causé avec l'enfant? — R. Tous les
jours. — D. Sur quels objets? — R. Jamais que sur des
objets sérieux et graves. Ces conversations ont laissé des
souvenirs profonds chez moi... Je surprendrais l'auditoire, si je voulais dire ce qu'il me disait [1]. »

### DÉPOSITION DE LASNE EN 1837.

« Au milieu des souffrances les plus aiguës, le prince
montrait une impassibilité extraordinaire; aucune plainte
ne sortait de sa bouche, et jamais il ne rompait le
silence. » Ici, Lasne raconte qu'un jour, ayant présenté
à l'enfant une potion stomachique que ce dernier hésitait
à prendre, comme s'il eût craint qu'elle ne fût empoisonnée, lui, Lasne, pour le rassurer, porta le verre à
ses lèvres; sur quoi, l'enfant se serait écrié : « Tu as
donc juré que je boirai ce verre? Eh bien, donne, je
vais le boire. » Et il ajoute : « Ce sont les seules paroles
que je lui ai entendu proférer pendant tout le temps que
j'ai passé près de lui [2]. »

Ainsi, le Lasne de 1834 *avait causé tous les jours* avec
l'enfant, au Temple, et le Lasne de 1837 ne l'avait entendu parler *qu'une fois!*

Ce n'est pas tout : dans cette anecdote où, en 1837,
Lasne se met lui-même en scène, il avait fait figurer, en

---

[1] Voy. la *Gazette des Tribunaux* du 31 octobre 1834. Procès de M. de
Richemont.
[2] Voy. la *Gazette des Tribunaux* du 7 juin 1851.

1834, un autre que lui. Voici sa version de 1834 : « Le médecin lui dit : « Vous croyez donc cette potion empoisonnée? Eh bien, je vais la boire, et il la but. L'enfant lui dit : « On a donc juré que je la boirai aussi? » Ce qu'il fit [1]. »

Poursuivons.

### DÉPOSITION DE GOMIN EN 1837.

« Pendant sa maladie, le prince, que je voyais, causait sans effort; il a même parlé une heure avant de mourir... J'ajouterai que plusieurs membres de la Convention sont venus visiter cet enfant, à l'époque où il était confié à ma garde, et que jamais il n'a fait de réponse aux questions qu'ils lui adressaient, ce qui a pu accréditer la version qu'il était muet. Il répondait volontiers aux sieurs Laurent et Lasne, ainsi qu'à moi [2]. »

Qui croire de Gomin, affirmant que l'enfant du Temple *causait sans effort*, parlait *volontiers* à Lasne, ou de Lasne affirmant, en 1837, que l'enfant *ne rompait jamais le silence* et que ces mots : « Tu as donc juré que je boirai ce verre? Eh bien, donne, je vais le boire, » sont *les seules paroles* qu'il lui ait jamais entendu prononcer?

Rien de plus frappant que l'empressement de Gomin à prévenir l'objection qu'on pourrait tirer de la visite du 31 juillet 1794, du rapport ultérieur de la Commune et de la nouvelle visite que ce rapport provoqua. Appelé par le gouvernement d'alors à opposer son témoignage à des prétentions dont la dynastie régnante n'est pas sans prendre souci, Gomin répète la leçon qui lui a été faite, et il a soin d'aller au-devant d'une objection trop facile à prévoir, en avouant, ce qu'il eût

[1] Voy. la *Gazette des Tribunaux* du 31 octobre 1834.
[2] Voy. la *Gazette des Tribunaux* du 7 juin 1851.

été téméraire de nier, que l'enfant, visité par plusieurs
conventionnels, ne répondit jamais aux questions qu'ils
lui adressaient. Mais avouer le fait n'est pas l'expliquer.
Si, devant Gomin, Lasne et Laurent, l'enfant *causait sans
effort, volontiers*, d'où vient qu'Harmand, après tant
d'autres, ne put lui arracher une parole, même en l'in-
terrogeant avec bonté, même en lui témoignant un vif
intérêt, plus que cela : en lui adressant des questions
qui touchaient de si près à son bien-être? Or, à cet égard,
l'affirmation d'Harmand est formelle, sans compter qu'il
prend à témoin de sa véracité ses deux collègues, Mathieu et Reverchon, qui vivaient encore : « Est-il possible, dit-il, qu'à l'âge de neuf ans, un enfant puisse
former une telle détermination (celle de ne jamais parler) et y persévérer? C'est ce qui n'est pas vraisemblable
sans doute; mais je réponds à ceux qui douteraient ou
qui nieraient, par un fait et par des témoignages que
j'indique et auxquels on peut recourir [1]. »

Reprenons le fil de la narration.

On a vu qu'après le départ de Simon, l'enfant avait été
relégué dans une pièce obscure : ce ne fut point dans
celle-là qu'eut lieu la visite d'Harmand et de ses deux collègues [2]. La pièce où ils trouvèrent l'enfant, était propre
et bien éclairée. Elle renfermait, non loin d'un bois de
lit sans coucher, un lit dont le coucher et le linge leur
parurent beaux [3], mais qui ne pouvait être celui du petit
prisonnier, puisqu'il n'occupait plus alors la chambre où

---

[1] Récit d'Harmand (de la Meuse), *Éclaircissements historiques*, à la
suite du *Journal de Cléry*, p. 337.

[2] Ce qui le prouve, c'est que la chambre, où Harmand vit l'enfant, est,
d'après sa propre description, celle où Simon avait eu son lit, *ubi supra*,
p. 331. Or, celle dans laquelle on avait depuis relégué le prisonnier
était, comme le dit M. A. de Beauchesne, *Louis XVII, sa vie*, etc., t. II,
p. 190 et 191, celle qu'avaient occupé Cléry d'abord, et ensuite la femme
de Simon, pendant sa maladie.

[3] Récit d'Harmand (de la Meuse), *ubi supra*, p. 331.

était ce lit. On apporta son dîner. Il consistait dans un
potage noir couvert de quelques lentilles, un petit morceau de bouilli, noir aussi, un plat de lentilles et six
châtaignes, plutôt brûlées que rôties. Point de couteau.
Pas de vin [1].

Harmand, dans son livre, qu'il publia sous la Restauration, et qui porte la trace du changement qu'avaient subies ses opinions politiques, s'écrie : « Tel était le dîner du
fils de Louis XVI, de l'héritier de *soixante-six rois* : tel
était le traitement fait à l'innocence [2] ! » Mais, à supposer
qu'il eût pris l'enfant pour l'héritier de *soixante-six rois*,
à l'époque où il le visita, malgré les circonstances ra-
contées par lui-même et qui auraient dû, tout au moins,
éveiller ses doutes, il fallait que ses sentiments d'alors
fussent bien différents de ceux qu'il manifesta depuis ;
car, au lieu de dénoncer bien haut, comme la justice et
l'humanité le lui commandaient, l'indigne « traitement
fait à l'innocence, » il convint avec ses collègues de tenir secrets les résultats de leur visite au Temple, et de
n'en rendre compte qu'au Comité, à huis clos, sous le
prétexte, vraiment misérable, de sauvegarder l'honneur de la nation, qui, selon lui, ignorait ces choses ;
l'honneur de la Convention, qui, à ce qu'il prétend, les
ignorait aussi, quoique son devoir fût d'en être instruite ;
et enfin l'honneur de la coupable municipalité, qui,
ajoute-t-il, savait tout et causait tous ces maux [3] !

Ce qui est certain, c'est que ce gouvernement thermidorien qui se vantait sans cesse d'avoir coupé court à
la Terreur, ne donna aucune suite au rapport *secret*
d'Harmand, Mathieu et Reverchon. Non-seulement la liberté ne fut point rendue à un enfant qui, quel qu'il fût,
— héritier vrai ou supposé de *soixante-six rois*, — n'a-

---

[1] Récit d'Harmand (de la Meuse), *ubi supra*, p. 335.
[2] *Ibid.*
[3] *Ibid.*, p. 337.

vait point mérité de la perdre, mais rien ne fut tenté de
ce qui aurait pu adoucir ses souffrances ou prolonger sa
vie. Pour ce qui est d'Harmand, il n'est pas inutile de
faire observer qu'on se hâta de l'écarter de la scène : selon son propre récit, une intrigue, sur laquelle il ne
s'explique pas, lui valut la faveur d'être envoyé commissaire aux Grandes-Indes, peu de jours après sa visite au
Temple[1]! Craignait-on qu'il ne se laissât aller tôt ou
tard à une indiscrétion ?

Les jours s'écoulaient; la santé de l'enfant déclinait de
plus en plus : enfin, le 17 floréal (6 mai), un médecin
lui fut donné. C'était le célèbre Desault. L'arrêté qui le
nommait était signé Mathieu, Pémartin, Auguis, Sevestre,
Kervelegan, Pierre Guyomard, Perrin, Calès, membres du
Comité de sûreté générale, et il portait — précaution caractéristique — que Desault ne serait admis à visiter
l'enfant qu'en présence des gardiens[2].

Une circonstance à noter, c'est que Hue sollicita la
faveur de soigner celui qu'il croyait être le fils de son
ancien maître, et vit sa demande rejetée[3], comme si l'on
eût craint qu'il ne reconnût pas le Dauphin dans le malade qu'on lui eût donné à soigner !

Desault questionna l'enfant sans pouvoir obtenir de
lui une réponse[4]. Il lui prodigua les soins de son art, et

---

[1] Récit d'Harmand (de la Meuse), *ubi supra*, p. 337.

[2] J. Suvigny, *Preuves de l'existence du fils de Louis XVI*, p. 41.

[3] Eckard, *Mémoires historiques*, etc., p. 254.

[4] C'est ce que dit M. A. de Beauchesne lui-même, *Louis XVII, sa vie*, etc.,
t. II, p. 241. Il est vrai qu'il ajoute : « Les bons traitements lui rendirent
la parole. Il n'avait point eu de voix pour maudire, il en eut une pour remercier. » Selon son usage, M. de Beauchesne oublie d'apprendre au lecteur sur quelle autorité il s'appuie, quand il assure que « n'ayant point eu
de voix pour maudire, l'enfant en eut une pour remercier. » Si c'est de
Gomin ou de Lasne qu'il tient cela, on sait maintenant ce que pèsent de
tels témoignages. Et ce n'est certes pas le témoignage de Desault qui pourrait être invoqué ici, puisque, dans les papiers de Desault, on n'a trouvé
aucune note relative à ses visites au Temple. Il n'est pas, d'un autre

— nouveau mystère en cette histoire pleine de mystères — on ne tarda pas à apprendre la mort... non du malade, mais du médecin. En effet, dans la nuit du 10 au 11 prairial (29-30 mai), Desault fut saisi tout à coup d'une fièvre qui débuta par un délire violent[1]. Le 13 prairial (1er juin), il n'était plus.

Profonde et sinistre fut l'impression que produisit dans Paris la nouvelle de cette mort si soudaine et si prématurée. Les uns, se rappelant le mot de Brival et la théorie des *crimes utiles*, crurent que Desault avait été empoisonné, pour avoir refusé de se prêter à des desseins criminels sur la vie du malade qu'il soignait[2] : hypothèse absolument gratuite ; les autres, avec beaucoup plus de fondement, pensèrent qu'on avait voulu se défaire de lui, parce qu'il n'avait pas reconnu le Dauphin dans l'enfant rachitique et muet de la tour du Temple.

Il convient d'observer, à ce sujet, que Desault ayant été autrefois appelé à soigner le Dauphin aîné, mort à Meudon en 1790, il avait eu plusieurs fois occasion de voir le second fils de Louis XVI, dont nul conséquemment n'était mieux en état que lui de constater l'identité.

Le document qui suit montrera quelle était, dans la famille de Desault lui-même, l'opinion qu'on avait de la nature et des causes de sa mort :

« Je soussignée, Agathe Calmet, veuve de Pierre-Alexis Thouvenin, demeurant à Paris, place de l'Estrapade, 34,

« Déclare que, du vivant de M. Thouvenin, mon mari, neveu de M. le docteur Desault, j'ai souvent entendu ma-

---

côté, fort aisé de comprendre pourquoi l'enfant aurait d'abord été tenté de *maudire* le médecin qui venait le soigner. Pure question d'antithèse !

[1] Voy. la *Biographie médicale*, art. Desault, t. III, p. 443.

[2] *Ibid.*

dame Desault, ma tante, me raconter que, le 17 floréal an III de la République, le docteur Desault, chirurgien en chef de l'Hôtel-Dieu, fut appelé pour visiter l'enfant « Capet, » qui était à cette époque enfermé au Temple, — ce sont les expressions dont se servent les membres du Comité de sûreté générale de la Convention dans l'ordre écrit qui fut transmis à M. Desault. — Lorsqu'il fit sa visite au malade qui était au Temple, on lui présenta un enfant *qu'il ne reconnut pas pour être le Dauphin*, qu'il avait vu quelquefois avant l'arrestation de la famille royale. Le jour où M. Desault déposa son rapport, après avoir fait quelques recherches pour tâcher de découvrir ce que pouvait être devenu le fils de Louis XVI, puisqu'on lui avait présenté un autre enfant à sa place, un dîner lui fut offert par les conventionnels. Au sortir de ce repas, en rentrant chez lui, le docteur Desault fut pris de violents vomissements, à la suite desquels il cessa de vivre, ce qui laissa croire qu'il avait été empoisonné.

« Paris, le 5 mai 1845.

« Signé : A. THOUVENIN [1]. »

A côté de cet important témoignage, se place celui de M. Abeillé, élève de Desault, qui affirma toujours et invariablement, soit en France, soit aux États-Unis, où il avait, depuis, cherché refuge, que le docteur avait été empoisonné, à la suite d'un rapport où il attestait n'avoir pas reconnu le Dauphin dans l'enfant qu'il avait visité au Temple [2].

---

[1] Extrait du livre de M. J. Suvigny, p. 42 et 43.

[2] Ce fait se trouve mentionné dans un article publié en 1817, par l'*American bee*. Voyez le *Mémoire* de M. Gruau de la Barre, p. 13, et l'ouvrage publié, en anglais, par M. Hanson sous ce titre : *The lost prince*, p. 160.

Dans sa plaidoirie en faveur des héritiers de Naündorff, M. Jules Favre dit :

« S'il m'est permis de me citer, je dirai que, lorsque je suis allé plai-

Une circonstance remarquable, c'est que le rapport de
Desault sur l'état du malade confié à ses soins ne fut jamais produit. Le texte de sa déclaration est indiqué
dans la table du *Moniteur* comme devant se trouver au
numéro 263 du journal officiel, et, chose singulière, le
numéro 263 ne contient rien de tel[1]!

Autre fait non moins étrange : Sevestre, dans la séance
du 21 prairial (9 juin), vint annoncer à la Convention,
et cela au nom du Comité de sûreté générale dont il était
membre, que Desault était mort le 16 prairial (4 juin)[2].
Or, cela était faux : la date vraie était celle-ci : 13 prairial (1er juin)[3].

Il est difficile de comprendre que le Comité de sûreté
générale, qui avait à sa disposition l'acte de décès de
Desault, ait pu se tromper à ce point sur une date qu'il
avait à préciser officiellement; et si l'on suppose que
l'erreur ait été volontaire, quelle autre cause lui assi-

der à Périgueux, là, un homme, ancien oculiste de la duchesse de
Berry, ami intime de Desault, m'a fait appeler. Cet homme, très-âgé, ne
conserve pas le moindre doute sur la cause de la mort de Desault. Il
est mort empoisonné. » Voy. la *Gazette des Tribunaux* du 31 mai 1851.

[1] C'est ce que nous engageons le lecteur à vérifier.

[2] *Moniteur*, an III, numéro 263.

[3] Voici le texte de l'acte de décès de Desault :

« Ville de Paris, rég. 51, n° 548.

« Extrait du registre des actes de décès de la municipalité de Paris,
pour l'an III.

« Du *quatorze* prairial de l'an III, acte de décès de Pierre-Joseph
Desault, du jour *d'hier*, dix heures du soir, chirurgien, âgé de cinquante ans, natif de Lure, département de la Haute-Saône, demeurant
à Paris, enclos de la Raison, 18, marié à Marguerite Thouvenin.

« Sur la déclaration faite à la maison commune par Xavier Bichat,
âgé de vingt-deux ans, officier de santé, demeurant à l'hospice de l'Humanité : le déclarant a dit être l'ami du défunt; et par Antoine Fontaine,
âgé de trente-sept ans, demeurant à Paris, même enclos, 18 : le déclarant a dit être aussi ami.

« Signé : X. Bichat, Fontaine, Bois. »

gner que le désir de détourner l'opinion publique de certains rapprochements estimés dangereux ?

L'empressement de la feuille officielle à donner le change au public sur les circonstances liées à la mort de Desault mérite aussi d'être signalé. Dans l'article nécrologique que le *Moniteur* consacra au célèbre médecin, on lisait : « Les derniers complices de nos tyrans ont *causé* sa mort : la journée du 1er prairial a *causé* la crise désespérée qui l'a précipité, à l'âge de quarante-neuf ans, au tombeau[1]. »

Madame Desault, on l'a vu, non contente de croire à l'empoisonnement de son mari, s'en expliquait assez librement devant témoins : le décret qui, le 1er messidor (19 juin), lui accorda 2,000 liv. de pension[2], eut-il pour objet de lui fermer la bouche, ou seulement de reconnaître les services rendus par le défunt à l'humanité[3] ?

Six jours après la mort subite de Desault eut lieu la mort subite du pharmacien Choppart, qui fournissait les remèdes[4], et qui avait commencé avec Desault, son ami, le traitement du jeune malade[5]. Desault et Choppart

---

[1] *Moniteur*, an III, numéro 256.

[2] *Courrier républicain*, numéro 593.

[3] A tant de frappants indices, M. A. de Beauchesne, qui ne parait pas même en avoir soupçonné l'existence, n'avait rien à opposer. Il se borne à dire : « M. Desault, qui avait été médecin des enfants de France, n'a jamais douté que son jeune malade ne fût le Dauphin. » Voilà, certes, une manière tranchante et commode de résoudre les questions. Mais les preuves ? M. A. de Beauchesne n'en donne aucune, et ne cite aucune autorité à l'appui. Il ajoute : « Non-seulement il le reconnut à ses traits (et la preuve ? la preuve ?), mais il lui eût été impossible de lui donner des soins pendant huit jours sans acquérir la plus intime conviction de son identité » (ou de sa non-identité). M. A. de Beauchesne suppose ici précisément ce qui est à démontrer. Une pétition de principes, voilà sa manière d'en finir avec les problèmes historiques.

[4] Beaulieu, *Essais historiques sur les causes et les effets de la Révolution*, t. VI, p. 196.

[5] Eckard, *Mémoires historiques sur Louis XVII*, p. 268.

M. A. de Beauchesne, *Louis XVII, sa vie, etc.*, t. II, p. 353, dit : « M. Chop-

étant liés d'amitié, indépendamment des rapports que nouaient entre eux les habitudes et les devoirs de leurs professions respectives, on supposa naturellement que le secret découvert par le premier avait été révélé au second, et que de ce dernier aussi on avait cru important de se défaire [1].

Quoi qu'il en soit, le 17 prairial (5 juin), le Comité de sûreté générale nomma, pour remplacer Desault auprès de l'enfant malade, le docteur Pelletan, chirurgien en chef du grand hospice de l'Humanité. C'était remplacer

part n'a jamais paru à la tour du Temple, et ce n'est pas chez lui que les médicaments fournis au prisonnier étaient préparés, mais bien chez M. Robert, et plus tard, chez M. Bacoffe, pharmacien, demeurant presque en face du Temple. » Ici, selon son habitude, M. A. de Beauchesne oublie de citer ses autorités et de mettre la source du renseignement à côté du renseignement. Si ses autorités, sur ce point, sont Gomin et Lasne, le lecteur aura à se décider entre le témoignage de ces deux faux témoins, et celui de Beaulieu, qui était contemporain de Desault, qui le connaissait personnellement, et qui dit en propres termes : « M. Desault étant mort lui-même peu de temps après, *ainsi que le pharmacien qui fournissait les remèdes*, on n'a pas manqué de dire qu'on les avait sacrifiés à un secret qu'il importait de garder. » De son côté, Eckard assure non-seulement que le pharmacien Choppart était l'*ami* de Desault, mais qu'il *avait commencé avec lui le traitement du jeune malade.*

Ce qui est vrai, c'est que ceux-là se sont trompés, qui ont présenté Choppart comme ayant *succédé* à Desault dans le traitement du prisonnier du Temple. Mais la question n'est pas là ; elle n'est pas même dans le point de savoir qui fournissait les remèdes. Il suffisait que le médecin et le pharmacien fussent amis, pour que Desault ait pu et dû naturellement lui confier ses impressions relativement au malade.

[1] L'auteur de l'article Desault, dans la *Biographie médicale*, t. III, p. 443, oppose aux bruits d'empoisonnement, qu'il constate, l'opinion de certains hommes de l'art qui, dit-il, après l'ouverture du corps de Desault, certifièrent que le poison n'avait eu aucune part à sa mort. Mais il aurait fallu donner les certificats de ces hommes de l'art, et on ne les donne pas ; il aurait fallu au moins les nommer, ces hommes de l'art, et on ne les nomme pas ! Comment, du reste, s'arrêter aux assertions vagues contenues dans un article dont l'auteur a été si mal renseigné, qu'il fait succéder Choppart à Desault, dans le traitement du prisonnier du Temple ?

par un médecin *qui ne connaissait pas le Dauphin* [1], un autre médecin qu'on soupçonnait d'être mort empoisonné, *pour l'avoir trop bien connu !* Choix fort étrange assurément, puisque le meilleur moyen de combattre et de faire tomber les soupçons si généralement répandus si on les savait mal fondés, eût été d'envoyer au malade un médecin qui, l'ayant vu autrefois, eût qualité pour constater son identité et la constatât.

Le délai de cinq jours mis entre ce qu'on pourrait appeler la disparition du docteur Desault et la nomination du docteur Pelletan, était une autre particularité bien propre à fournir aliment aux conjectures.

Le docteur Pelletan s'adjoignit d'abord, le docteur Dumangin, lequel, pas plus que lui, ne connaissait le Dauphin, puis MM. Lassus et Jeanroy, sur l'observation de Dumangin, que les rapports de M. Lassus avec mesdames de France, et ceux de M. Jeanroy avec la maison de Lorraine, donneraient plus de poids aux signatures de ces deux derniers [2]. Mais ce qui eût véritablement donné du poids à leurs signatures, c'est qu'ils eussent été choisis par le Comité de sûreté générale lui-même comme ayant connu personnellement le Dauphin, et qu'ils eussent reçu du gouvernement mission expresse de constater l'identité.

Suivant M. J. Suvigny, les nouveaux médecins auraient questionné l'enfant, mais sans succès : avertis par les gardiens et les municipaux *qu'il ne disait mot*, ils auraient cessé de l'interroger plus longtemps [3].

Suivant M. de Beauchesne, au contraire, le docteur Pelletan n'aurait pas plus tôt paru et ouvert la bouche,

[1] On en trouvera plus loin la preuve irrécusable dans un procès-verbal signé du docteur Pelletan lui-même.

[2] Lettre de M. Dumangin à M. Pelletan, dans la polémique qui eut lieu entre eux en 1817.

[3] J. Suvigny, *Preuves de l'existence du fils de Louis XVI, etc.*, p. 50.

que l'enfant, sans qu'on se fût adressé à lui, et de son propre mouvement, aurait dit : « Parlez plus bas, je vous en prie ; j'ai peur qu'elles vous entendent, et je serais bien fâché qu'elles apprissent que je suis malade, car cela leur ferait beaucoup de peine [1]. »

Il est dommage que ni M. de Beauchesne, ni Eckard, qui, avant lui, avait enregistré cette anecdote, avec quelques légères variantes et sans indication de source [2], n'aient pris la peine, ni d'établir qu'elle était vraie, ni même d'examiner si elle était vraisemblable.

L'appartement que Marie-Antoinette et madame Élisabeth avaient occupé et que la fille de Louis XVI occupait encore ne communiquait pas avec celui de l'enfant; il en était éloigné, trop éloigné pour qu'il fût matériellement possible d'entendre dans l'un ce qui se disait à haute voix dans l'autre ; et cela, l'enfant ne pouvait l'ignorer, si c'était le fils de Louis XVI : comment donc se serait-il préoccupé d'une crainte qu'il savait tout à fait chimérique ? D'autre part, ce n'était pas la première fois qu'on s'entretenait à haute voix devant lui de sa maladie : d'où vient qu'il avait attendu si tard pour exprimer la crainte dont il est ici question? Enfin, circonstance non moins singulière, — il aurait parlé spontanément, sans être interrogé, à un homme qu'il n'avait jamais vu, qu'il ne connaissait pas, lui à qui les sollicitations amies, et cent fois répétées, d'Harmand n'avaient pu arracher une seule parole! Ce qu'on donne comme un fait est donc une invention pure, et une invention absurde.

Pour ce qui est de beaucoup d'autres paroles que, sur la foi de Gomin et de Lasne, M. de Beauchesne prête au prisonnier, il suffira de les citer pour montrer que ce sont des paroles imaginées à plaisir et arrangées.

[1] *Louis XVII, sa vie, son agonie, sa mort,* t. II, p. 356.
[2] *Mémoires historiques sur Louis XVII,* p. 258.

« Vous êtes seul, aurait dit un jour Gomin au prisonnier, et c'est bien triste ; mais vous n'avez pas ici, comme on a ailleurs, le spectacle de tant de méchants hommes et l'exemple de tant de mauvaises actions, » à quoi l'enfant aurait répondu : « Oh, j'en vois assez, mais je vois aussi de braves gens, et ils m'empêchent d'en vouloir à ceux qui ne le sont pas. » Gomin lui aurait dit alors : « N..., que vous avez vu souvent ici comme commissaire, a été arrêté et il est maintenant en prison. » Le prince : « J'en suis fâché. Est-ce ici ? — Non, ailleurs, à la Force, dans le faubourg Saint-Antoine. » — L'enfant, après une longue pause : « J'en suis fâché, car voyez-vous, il est plus malheureux que moi ; il mérite son malheur [1]. »

Socrate n'aurait pas dit mieux. Cela rappelle Lasne mentionnant en 1834 les discours surprenants que l'enfant lui tenait tous les jours sur des objets graves, et finissant par déclarer, en 1837, qu'il ne rompait jamais le silence !

Et ce langage si profond, si élevé, si philosophique, à qui s'avise-t-on de le prêter ? A un enfant de dix ans dont une captivité dure et barbare avait dû anéantir les facultés, qui se mourait ; à un enfant que la fille de Louis XVI peint de la manière qui suit : «..... Il est vrai que mon frère se négligeait ; il aurait pu avoir un peu plus de soin de sa personne, et se laver au moins, puisqu'on lui mettait une cruche d'eau ; mais ce malheureux enfant mourait de peur ; il ne demandait jamais rien,

---

[1] *Louis XVII, sa vie, son agonie, sa mort*, t. II, p. 361 et 362.
Nous lisons en note, p. 361, à propos du municipal désigné seulement par la lettre N*** : « Malgré tous ses efforts, Gomin, qui se rappelait parfaitement le fait, n'a pu se souvenir du nom du municipal. » Il est vraiment regrettable que Gomin, dont M. A. de Beauchesne ailleurs vante tant la mémoire, ait juste oublié ce qui aurait pu fournir un moyen de vérification !

tant Simon et les autres gardiens le faisaient trembler. Il passait la journée à ne rien faire; on ne lui donnait pas de lumière; cet état faisait beaucoup de mal à son moral et à son physique. Il n'est pas étonnant qu'il soit tombé dans un marasme effrayant[1]... Il avait eu beaucoup d'esprit; mais la prison et les horreurs dont il a été la victime l'avaient bien changé; et même, s'il eût vécu, il est à craindre que son moral n'en eût été affecté[2]. »

Inutile d'insister, et de donner place dans un livre sérieux aux détails fantastiques dont Gomin et Lasne ont composé leur roman de la mort du prisonnier du Temple. Il n'était certes pas besoin de ces efforts d'imagination pour intéresser les cœurs amis de la justice et de l'humanité au sort d'un pauvre enfant, livré de si bonne heure aux tourments d'une captivité non moins imméritée que cruelle; et nous trouvons, pour notre compte, une bien plus grande puissance d'émotion dans le récit simple et sobre de la fille de Louis XVI que dans les élégies en prose que certains écrivains royalistes ont essayé de substituer, et à ce récit, et à l'histoire.

L'enfant du Temple mourut le 20 prairial (8 juin)[3].

Les circonstances étaient telles, que le gouvernement aurait dû, ce semble, prendre les précautions les plus minutieuses pour que l'identité fût bien constatée : au lieu de cela, le soin de constater, non l'identité, mais simplement la mort de l'enfant, fut abandonné aux « officiers et sous-officiers de la garde montante et descendante[4], » c'est-à-dire à ceux qui se trouvaient là !

La chambre dans laquelle ils furent admis à voir le corps était si obscure, que lorsque les docteurs Pelletan,

[1] *Récit des événements arrivés au Temple*, par Madame Royale, p. 243. — Collection des Mémoires relatifs à la Révolution.

[2] *Ibid.*, p. 256.

[3] Voy. ci-après l'acte de décès.

[4] M. A. de Beauchesne lui-même le dit ainsi, *Louis XVII, sa vie, etc*, II, p. 370 et 371.

Dumangin, Lassus et Jeanroy furent appelés à faire l'autopsie, le demi-jour de cette chambre fut jugé incompatible avec l'accomplissement de leur mission. M. Jeanroy en fit la remarque, et les commissaires durent dresser dans la première chambre, près de la fenêtre, une table sur laquelle le cadavre fut apporté; de sorte qu'on eut, pour tout moyen de constater l'identité, l'inspection du corps dans le *demi-jour* par les *officiers et sous-officiers de la garde montante et descendante*[1] !

Les quatre médecins craignirent à ce point de se compromettre en affirmant l'identité, qu'ils rédigèrent le procès-verbal de l'ouverture du corps dans les termes caractéristiques que voici :

« Arrivés tous les quatre, à onze heures du matin, à la porte extérieure du Temple, nous y avons été reçus par les commissaires, qui nous ont introduits dans la tour. Parvenus au deuxième étage, dans un appartement, dans la seconde pièce duquel nous avons trouvé dans un lit le corps mort *d'un enfant qui nous a paru âgé d'environ dix ans, que les commissaires nous ont dit être celui du fils du défunt Louis Capet, et que deux d'entre nous ont reconnu pour être l'enfant auquel ils donnaient des soins depuis plusieurs jours*, etc[2].

A cette époque, comme aujourd'hui, en cas de décès dans une prison, il en devait être donné avis sur-le-champ à la municipalité, qui se transportait immédiatement sur les lieux, vérifiait le décès et signait l'acte. qu'arriva-t-il, cependant? l'enfant était mort le 8 juin, et l'acte de décès fut dressé le 12 seulement! Pourquoi ce délai inusité? Y eut-il hésitation sur la question

---

[1] Cette conclusion n'est pas celle de M. A. de Beauchesne, mais elle résulte invinciblement de son *propre récit,* auquel nous renvoyons le lecteur. Voy. *Louis XVII, sa vie, etc.*, t. II, p. 370, 371 et 372.

[2] *Moniteur,* an III, numéro 266.

de savoir s'il valait mieux avouer l'évasion ou faire un faux [1] ?

Quant à l'acte de décès lui-même, — cet acte, qui devait attester la mort d'un enfant pour les prétendus droits duquel des flots de sang avaient coulé et coulaient encore, — au lieu d'être dressé de manière à écarter tous les doutes, il fut fait en dehors des prescriptions légales, en l'absence du *commissaire de section* préposé par la loi spéciale du temps à la garde du prince, et fut signé par deux témoins obscurs, lorsque deux jours déjà s'étaient écoulés depuis l'enterrement du corps [2].

---

[1] Nous empruntons cette remarque au livre de M. J. Suvigny, p. 50 et 51.

[2] Extrait du registre des actes de décès du 24 prairial de l'an III de la République (12 juin 1795) :

« Acte de décès de Louis-Charles Capet, du 20 de ce mois (8 juin), trois heures après midi, âgé de dix ans deux mois, natif de Versailles, département de Seine-et-Oise, domicilié aux tours du Temple, section du Temple.

« Fils de Louis Capet, dernier roi des Français, et de Marie-Antoinette-Joséphine-Jeanne d'Autriche;

« Sur la déclaration faite à la Maison commune;

« Par :

« Étienne Lasne, âgé de trente-neuf ans, gardien du Temple, domicilié à Paris, rue et section des Droits de l'Homme, 48;

« Le déclarant a dit être voisin;

« Et par :

« Remi Bigot, employé, domicilié à Paris, vieille rue du Temple, n° 61;

« Le déclarant a dit être ami;

« Vu le certificat de Dusser, commissaire de police de ladite section, du 22 de ce mois (10 juin);

« *Signé :* Lasne, Bigot, et Robin, *officier public.*

« Pour copie conforme. »

Cet acte, dressé *quatre jours après le décès*, est, dit avec raison M. Gruau de la Barre, avocat, dans le mémoire publié par lui au mois de décembre 1840, « la seule pièce authentique qu'on ait représentée « pour attester la mort d'un roi, dans des circonstances où il importait « qu'un événement aussi grave ne laissât pas le moindre doute dans l'es-

Cet enterrement eut lieu, en effet, le 22 prairial (10 juin), à huit heures et demie du soir[1]. Ceux qui se sont autorisés de cette circonstance pour prétendre que l'inhumation fut faite clandestinement, pendant la nuit, n'ont pas pris garde qu'on était alors aux plus longs jours de l'année[2]. Ce qui est vrai, c'est que le corps, mis dans un cercueil de bois, fut transporté, sans aucune cérémonie, au cimetière de la paroisse de Sainte-Marguerite[3].

Le 21 prairial (9 juin), c'est-à-dire la veille, Sevestre avait présenté, au nom du Comité de sûreté générale, le rapport qui contenait, sur la date de la mort de Desault, la déclaration inexacte — erreur ou mensonge — qui a déjà été signalée. Pour ce qui est de la mort du prisonnier du Temple, elle était annoncée dans le rapport, brièvement et séchement[4].

Beaucoup crurent que l'enfant avait été empoisonné, et quelques-uns le croient encore aujourd'hui ; mais cette supposition est sans fondement. Beaulieu écrit, à ce sujet : « Le fameux chirurgien Desault, avec qui j'avais fait connaissance en prison, m'a dit, après l'avoir visité, qu'il ne le croyait pas[5]. » De son côté, Mercier affirme en ces termes que l'enfant ne fut pas empoisonné : « Lié d'amitié depuis trente-cinq ans avec le chirurgien qui fit l'ouverture du corps et dressa procès-verbal, j'atteste que c'est l'homme du monde le plus incapable de signer

« prit de qui que ce soit... Il suffit de le lire pour se convaincre qu'il
« ne mérite aucune foi. »

[1] Eckard, *Mémoires historiques sur Louis XVII*, p. 261.

[2] Cette observation est de M. A. de Beauchesne, qui, en ceci, a complétement raison.

[3] Eckard, *Mémoires historiques, ubi supra*, p. 261.

[4] Voy. le texte du rapport dans le *Moniteur* an III, n° 263, séance du 21 prairial (9 juin 1795).

[5] *Essais historiques sur la révolution de France*, t. VI, p. 196.

autre chose que la vérité[1]. » Or, la conclusion du procès-verbal de l'ouverture du corps est celle-ci : « Tous les désordres dont nous venons de donner le détail sont évidemment l'effet d'un vice scrofuleux existant depuis longtemps, et auquel on doit attribuer la mort de l'enfant[2]. »

Reste la question de l'enlèvement et de la substitution.

Les bruits qui coururent à cet égard se répandirent, tout d'abord, avec tant de rapidité et prirent une telle consistance[3], qu'ils provoquèrent, au mois de juillet 1795, dans la petite ville de Thiers, l'arrestation d'un enfant de dix ans, nommé Morin de la Guérivière. Des propos mal interprétés ayant fait croire à l'autorité locale que cet enfant était le Dauphin évadé, il fut mis sous bonne garde, et on ne le relâcha, informations prises, que sur un ordre exprès de Chazal, représentant du peuple en mission[4].

Cette arrestation eut-elle lieu en exécution d'un arrêté du Comité de sûreté générale prescrivant la recherche du Dauphin? Plusieurs l'ont dit[5], mais ne l'ont pas démontré; et le fait en lui-même ne prouve pas autre chose que le zèle, trop prompt à s'alarmer, de l'autorité locale de Thiers. Rien, d'ailleurs, de moins vraisemblable que l'existence de l'arrêté dont il s'agit, dont on a beaucoup

---

[1] Le *Nouveau Paris*, t. III, chap. LXXXII.

[2] *Moniteur*, an III, numéro 266.

[3] La presse d'alors les constate. Voy. notamment le *Courrier républicain*, numéro 585.

[4] Ces faits, ainsi que cela résulte d'un article de la *Quotidienne* du 6 novembre 1823, furent portés, dans ce temps-là, à la connaissance de la duchesse d'Angoulême, par M. Morin de la Guérivière, lequel avait gardé et possédait l'original de l'ordre signé Chazal. Voy. pour plus amples détails, le mémoire publié en 1840 par M. Gruau de la Barre.

[5] M. Jules Favre, par exemple, dans sa plaidoirie en faveur des héritiers de Naündorff. Voy. la *Gazette des Tribunaux* du 7 juin 1851.

parlé sans jamais le produire. On conçoit, en effet, que, si les membres du gouvernement d'alors ou quelques-uns d'entre eux, les plus influents, étaient dans le secret d'un enlèvement et d'une substitution, ils se soient étu-diés soigneusement à couvrir leur responsabilité vis-à-vis des républicains, en faisant passer pour la mort du Dauphin celle de l'enfant substitué; mais on ne concevrait pas que, dans cette hypothèse, ils eussent ordonné des poursuites, et si tardives, et si propres à accréditer l'idée d'une évasion qu'ils s'étaient jusqu'alors efforcés de tenir secrète.

On demandera sans doute comment il se peut, s'il est vrai que le fils de Louis XVI ne soit pas mort au Temple, que son existence n'ait pas été reconnue, depuis, d'une manière certaine et son identité solennellement constatée. Il y a effectivement lieu de s'en étonner. Et toutefois, l'étonnement diminuera, peut-être, si l'on considère :

Qu'à l'époque indiquée comme celle de l'évasion, le Dauphin n'avait pas encore neuf ans;

Qu'il était conséquemment livré sans défense à toutes sortes d'embûches;

Que, dans ce temps-là, l'Europe entière vivait dans un état d'effroyable confusion;

Que le parti royaliste était un foyer d'intrigues;

Que ses principaux meneurs ne voyaient dans le rétablissement de la monarchie qu'une proie à dévorer, et, entre des prétentions rivales, se tenaient prêts à soutenir celles qui leur promettaient une plus large part dans la curée des emplois [1];

Que le comte de Provence, appelé à ceindre la couronne, faute d'héritier direct, joignait à une astuce profonde le plus violent désir de régner;

[1] Voy. ce que dit à ce sujet Puisaye lui-même, t. IV de ses *Mémoires*, p. 240 et 241.

Qu'il avait un intérêt puissant à laisser dans l'ombre dont les événements l'avaient enveloppée, la destinée de son neveu;

Qu'après la Restauration, qui mit sur le trône Louis XVIII, le fait de Louis XVII retrouvé, reconnu, aurait tout remis en question et créé des embarras incalculables;

Que, dans cette situation, un gouvernement peu scrupuleux a pu faire fléchir les considérations de famille devant les exigences de ce qu'on nomme la raison d'État, ou, s'il ignorait la vérité, s'étudier à ne pas la connaître!

Il est, certes, possible que, parmi les faux Dauphins qui, à diverses époques, mirent en éveil la curiosité publique, certains, tels que Mathurin Bruneau, aient été suscités par le gouvernement lui-même pour étouffer toute prétention de ce genre sous le ridicule, et il n'est pas douteux que d'autres aient été d'audacieux imposteurs : reste la question de savoir pourquoi les successeurs de Louis XVII ont fait plus d'efforts pour épaissir les ténèbres qu'il ne leur en eût peut-être fallu pour les dissiper; et, ce qui est plus inexplicable encore, pourquoi ils ont toujours montré une répugnance invincible à attester par un acte public que, dans leur conviction, l'enfant mort au Temple était bien le fils de Louis XVI!

Le cœur, à la suite de l'autopsie, avait été dérobé par le docteur Pelletan, conservé par lui : il fut offert à la famille royale, et refusé, sans autre motif que le prétendu doute que jetaient sur cette circonstance les dénégations de Lasne [1].

Quant à la dépouille mortelle de l'enfant, portée,

---

[1] Il y eut, à cette occasion, entre le docteur Pelletan et le docteur Dumangin, une polémique que M. Wilson Croker a quelque raison de trouver scandaleuse.

comme nous l'avons dit, dans le cimetière de Sainte-Marguerite, elle avait été déposée dans la fosse commune. Mais, dans une des nuits qui suivirent, le cercueil où étaient renfermés ces restes fut retiré de la fosse commune par deux fossoyeurs qui, avant de le confier à la terre, l'avaient marqué d'un signe particulier avec de la craie blanche; ils le placèrent dans un lieu à part, près de la porte d'entrée du cimetière dans l'église [1]. Lors de la Restauration, le curé de Sainte-Marguerite, M. Lemercier, fit une démarche formelle auprès de la duchesse d'Angoulême, pour qu'on recherchât ces restes et qu'on les mît en un endroit plus convenable, offrant de les placer dans une chapelle de son église, qu'on aurait disposée à cet effet. La duchesse d'Angoulême pleura beaucoup, mais refusa d'ordonner aucune recherche, sous prétexte qu'il « fallait bien se garder de réveiller le souvenir de nos discordes civiles; que la position des rois était terrible, et qu'ils ne pouvaient pas faire tout ce qu'ils voulaient [2]. »

Les 17 et 18 janvier 1816, la Chambre des pairs et la Chambre des députés votèrent une loi statuant, entre autres choses, qu'un monument serait élevé, au nom et aux frais de la nation, à la mémoire de Louis XVII [3]. Rien de semblable n'eut lieu : pourquoi?

Le 4 mars 1820, un nommé Caron, qui avait été employé au service de la bouche de Louis XVI, qui était parvenu à s'introduire au Temple, après le transfert de la famille royale dans cette prison, et qui possédait ou prétendait posséder, sur l'enlèvement du fils de Louis XVI, des détails secrets et importants, disparut tout à coup, à la suite de plusieurs visites d'un grand personnage de la

---

[1] Eckard, *Mémoires historiques sur Louis XVII*, p. 279, 280.
[2] Voy. la pièce n° 30, dans le livre de M. J. Suvigny, p. 63, 64.
[3] Eckard, *Mémoires historiques, etc.*, p. 282.

Cour, sans que sa famille ait jamais pu retrouver sa trace[1] : comment expliquer cette disparition ?

Arrêtons-nous. On vient de voir à quelles machinations ténébreuses peut donner lieu le principe de la monarchie de droit divin, de la part de ceux qui le redoutent ou réussissent à le faire tourner à leur profit : on va voir maintenant à quels attentats il peut donner lieu, de la part de ceux qui le servent.

[1] Voy. à ce sujet la déclaration du fils même de M. Caron, p. 149 du livre de M. J. Suvigny.

# CHAPITRE CINQUIÈME

## LES ÉMIGRÉS A QUIBERON.

L'expédition de Quiberon met à la voile. — En quoi elle consistait. — Cri des Thermidoriens : « Haine aux Anglais ! » — Rencontre navale du 29 prairial. — Combat naval du 5 messidor. — Deux généraux en chef; mésintelligence entre Puisaye et d'Hervilly. — Débarquement des émigrés à Quiberon. — Accueil fait aux émigrés par les Chouans. — Lettre de Puisaye à Pitt. — Les Chouans sur la plage. — Mécontentement de d'Hervilly. — Jugement porté par Puisaye sur les émigrés à la solde de l'Angleterre. — D'Hervilly peint par Puisaye. — Divisions intestines. — Impression produite à Paris par la nouvelle du débarquement; calme attitude de Hoche. — Frayeur des agents de Paris. — Le comte d'Entraigues. — Brochures menaçantes des royalistes; cri de ralliement des républicains. — Proclamation de Puisaye corrigée par Pitt. — Secours demandés par Puisaye à M. Windham. — Contraste entre les émigrés et les soldats républicains. — Plaintes des émigrés à la solde de l'Angleterre. — Dispositions militaires prises par les royalistes. — Plan de Puisaye; opposition de d'Hervilly. — Le ministère anglais appelé à décider entre les deux rivaux. — Les royalistes s'emparent de la presqu'île de Quiberon. — Le pavillon du roi d'Angleterre sur le fort Penthièvre. — Les émigrés et les Chouans se disputent les vivres. — Nouveaux secours demandés. — Défaite de Tinténiac et de Dubois-Berthelot; succès partiel de Vauban. — Vauban désobéit aux ordres de d'Hervilly. — Retraite en bon ordre effectuée par les soldats de Vauban et de Georges Cadoudal. — Scène de confusion sous les forts. — Mot terrible de Vauban à d'Hervilly. — Les émigrés enfermés dans Quiberon. — Humanité et fermeté de Hoche. — Dispute parmi les royalistes sur la solde et sur la ration. — Les Chouans renvoyés de Quiberon. — Jean-Jean et Lantivy envoyés du côté de Quimper, et Tinténiac en Bretagne. — Arrivée d'un convoi aux ordres du comte de Sombreuil. — Les troupes soldées, mises par le ministère anglais sous le commandement de Puisaye. — D'Hervilly

Pendant ce temps, l'Angleterre se tenait prête à seconder l'invasion de la France par les royalistes en armes.

« Le soir du 6 juin, raconte Puisaye, j'allai avec M. Windham à l'amirauté, où M. Nepeau me remit un paquet cacheté qu'on me dit contenir les dernières instructions du gouvernement et que je ne devais ouvrir qu'en pleine mer [1]. »

Les préparatifs terminés, le jour venu, l'expédition mit à la voile. Elle se composait de cinquante bâtiments de transport, protégés par une escadre anglaise de neuf vaisseaux : le *Robuste*, le *Tonnant*, l'*Étendard*, la *Po-*

[1] *Mémoires de Puisaye*, t. VI, p. 58.

*mone*, l'*Anson*, l'*Artois*, l'*Aréthuse*, la *Concorde*, la *Galathée* [1].

Sur cette escadre, aux ordres de sir John Borlase Warren, on embarqua le régiment d'Hervilly, celui de du Dresnay, celui d'Hector ou de la Marine, le régiment connu sous le nom de Royal-Émigrant, et un corps d'artillerie sous le commandement de Rotalier, le tout s'élevant à environ trois mille hommes, — plus une brigade de dix-huit ingénieurs, un petit nombre de gentilshommes officiers, l'évêque de Dol et cinquante prêtres [2].

Puisaye, qui fut bien réellement « l'homme de Pitt » dans les rapports de ce ministre avec les royalistes, et qui est intéressé à vanter la bonne foi du gouvernement anglais, pour échapper à l'accusation d'avoir été « dupe ou traître, » assure dans un endroit de ses Mémoires qu'on embarqua des vivres pour une armée de six mille hommes pendant trois mois, et une quantité considérable d'uniformes, de fusils, de baïonnettes, de cartouches, de selles, sabres, pistolets, bottes, souliers, etc. [3]... Et lui-même, dans un autre endroit du même livre, il écrit : « A mesure que le débarquement des effets s'avançait, on s'aperçut qu'il nous manquait beaucoup d'objets nécessaires à une guerre régulière, et même une partie de ceux qui étaient portés sur les états remis par le gouvernement à sir John Warren [4] ! »

Quant aux fonds mis à la disposition des royalistes par le gouvernement anglais, ils ne consistaient que dans une misérable somme de dix mille louis, à laquelle Pui-

---

[1] *Naval chronicle*, vol. III. *Biographical Memoir of sir John Borlase Warren*.

[2] Voy. les *Mémoires de Puisaye*, t. VI, p. 60, et les *Mémoires pour servir à l'histoire de la guerre de la Vendée*, par le comte de *** (Vauban), p. 50 et 51.

[3] *Mémoires de Puisaye*, t. VI, p. 59-60.

[4] *Ibid.*, t. VI, p. 304.

saye avait ajouté une « ample quantité de *Bons* à l'effigie de Louis XVIII, remboursables au trésor royal, et faits sur un papier de couleur transparente, dans la confection duquel on avait introduit des signes secrets de reconnaissance[1]. »

Ainsi, ce fut sur la foi d'états menteurs, et avec un trésor dû à l'art des faussaires, que les émigrés, au nombre de trois mille, partirent, en compagnie des Anglais, pour la conquête de leur pays !

Le moment étant venu où Puisaye était autorisé à prendre connaissance du paquet reçu par lui au départ, il l'ouvrit et y lut qu'il aurait le commandement des troupes, aussitôt après leur débarquement sur les côtes de Bretagne[2]. Il va trouver d'Hervilly et lui communique le contenu du paquet. « J'ai aussi mes instructions, » répond ce dernier froidement. — « Mais elles ne peuvent être que pour le cas où vous ne débarqueriez pas en Bretagne? — Elles sont pour tous les cas, car aucun n'y est spécifié. » Et d'Hervilly produisit la commission qui lui donnait, sans mentionner aucune restriction, le commandement des troupes à la solde de l'Angleterre[3].

Il y avait donc deux chefs suprêmes. Lequel des deux était le véritable? Qui commanderait? A qui allait-on obéir?

Nul doute que l'ambiguïté des ordres du gouvernement britannique ne fût de nature à tout perdre, en donnant naissance à de funestes rivalités : cette ambiguïté cachait-elle quelque noir dessein?

Un autre fait bien étrange, c'est que Puisaye seul avait été mis dans le secret de la direction que le convoi devait prendre. Seul, parmi les émigrés, si l'on en excepte

---

[1] Puisaye, *Mémoires*, t. VI, p. 25.
[2] Lettre de service en date du 6 juillet 1795, et signée W. Windham.
[3] *Mémoires de Puisaye*, t. VI, p. 64.

d'Allègre, Tinténiac et Dubois-Berthelot, il savait qu'on allait droit en Bretagne[1]. D'Hervilly, quoique chargé du commandement des troupes pendant la traversée, croyait qu'on allait en Vendée. On devine combien la préférence donnée à Puisaye sur lui à cet égard dut, quand il en fut instruit, entrer avant dans son cœur !

D'un autre côté, si l'intention du gouvernement anglais était réellement de servir la cause des Bourbons, de les replacer sur le trône, d'où vient qu'au lieu de débarquer sur les côtes de France une poignée d'émigrés, ivres d'espérances folles, il ne prépara pas une expédition imposante, conduite par un prince de la Maison qui était à la poursuite de la couronne, et appuyée par une armée anglaise ?

Tout cela frappa les esprits soupçonneux. Parlant de cette descente des royalistes depuis longtemps annoncée, le *Bonhomme Richard*, journal qui représentait, dans la presse de Paris, l'alliance des Thermidoriens avec l'ancienne Gironde, publia l'article suivant, expression fidèle des sentiments de la Convention :

« Ne croyez pas que l'Angleterre veuille replacer *le roi* sur le trône : elle hait les Bourbons. Ce qu'elle veut, c'est nous voir déchirer les uns les autres...; elle veut s'agrandir par nos discordes. Non, ce n'est point pour venger Louis XVI qu'elle a pris les armes... C'était bien à elle, qui avait laissé Cromwell monter sur le trône de Charles Ier, jugé par le parlement d'alors, de reprocher aux Français la chute d'un roi qu'ils avaient voulu rendre plus puissant que jamais, puisqu'il n'aurait eu à redouter, ni la rivalité de la noblesse, ni l'orgueil dominateur du clergé, s'il eût été de bonne foi roi constitutionnel ! Non, ce n'est point Louis XVI que l'Angleterre a voulu venger[2]. »

---

[1] *Mémoires de Puisaye*, t. VI, p. 62.
[2] *Journal du Bonhomme Richard*, numéro 6.

Telle était aussi, on l'a vu, l'opinion sourdement mais activement propagée par les « agents de Paris. »

Mais ce qu'il y a de remarquable, c'est qu'il n'était pas un pays en Europe, pas même l'Angleterre, où l'on ne dénonçât, à propos des secours, à la fois trop et trop peu effectifs, fournis aux royalistes, ce qu'on appelait le machiavélisme de Pitt. On lit dans l'*Annual Register* :

« Beaucoup pensèrent que le plan du ministère anglais était, non de mettre au service de Louis XVIII une expédition de quelque importance, mais de porter sur un point de la France la ruine et la mort : conviction qui rendit le ministère anglais odieux, non-seulement à un grand nombre de royalistes, mais aux autres partis en France, et à beaucoup d'amis de l'humanité partout[1]. »

L'Histoire se doit d'enregistrer jusqu'aux impressions des temps écoulés; mais elle se doit aussi de ne pas accepter à la légère des jugements prononcés, au plus fort de luttes sans exemple, loin, bien loin des régions sereines qu'elle habite.

En tout cas, ce qui fut imputé au gouvernement de Pitt ne pouvait en aucune façon être imputable à la patrie de Fox, de Stanhope et de Priestley.

Avant que l'escadre de sir John Warren fût arrivée à sa destination, on jugea nécessaire d'en détacher deux frégates, chargées de porter à Charette des armes, des munitions, de l'argent[2]. En même temps, sur dix pièces de campagne, deux étaient envoyées au général vendéen[3]. Non-seulement le signal des frégates n'obtint pas

---

[1] " To many it appeared, that it was not the plan of the English ministry to trust any important expedition into the hands of Lewis XVIII, but only to waste and destroy a part of France : a conviction which rendered the English administration odious, not only to the royalists, but to the other parties in France, and not a few of the friends of humanity in all nations. " *Annual Register*, vol. XXXVII, p. 68.

[2] *Mémoires de Puisaye*, t. VI, p. 189.

[3] *Ibid.*, p. 60.

de réponse, mais il fut impossible de mettre un homme à terre. Charette avait reçu l'ordre, au nom du roi de France — selon le titre que se donnait le prétendant — de ne pas reprendre les armes avant que l'expédition, repoussée des côtes de la Bretagne, se portât sur celles de la Vendée [1]. Tant le parti royaliste était ardent à se déchirer de ses propres mains les entrailles !

Le gouvernement conventionnel avait été informé à point nommé du projet du Cabinet britannique, l'indiscrétion et la jactance des « agents de Paris » étant, pour le Comité de salut public, une source de renseignements plus que suffisante [2]. Dix jours avant le débarquement de Quiberon, Boudin, député de l'Indre, se trouvant à dîner avec Rivery (de la Somme), dit : « Nous savons que les émigrés vont mettre en mer et aborder sur la côte de Bretagne. Je plains ces malheureux, ils nous sont livrés d'avance [3]. »

En attendant, le parti qui, alors, dominait la Convention, ne négligeait rien pour enflammer, contre l'Angleterre, les haines nationales. Par un de ses organes, le *Bonhomme Richard*, il criait de manière à être entendu de tous :

« C'est l'Angleterre qui a fait naître le cancer rongeur de la Vendée et le nourrit... Ces misérables brigands s'intitulent l'*Armée catholique*, et l'Anglais qui les soutient abhorre les *papistes!*

« C'est l'Angleterre qui, d'accord avec D'Orléans, souffla dans son âme vile le désir d'être roi, pour n'avoir pas elle-même à payer les révoltes dont elle avait besoin.

« C'est l'Angleterre qui a fait incarcérer les soixante-

[1] *Mémoires de Puisaye*, t. VI, p. 189.
[2] *Ibid.*, t. VI, p. 58 et 63.
[3] L'abbé Montgaillard, t. IV, p. 339, cite, à l'appui de ce fait, le témoignage recueilli par lui-même, de l'hôte de Boudin.

treize et massacrer les vingt-deux, parce qu'elle craignait la foudre de leur éloquence et le flambeau de leurs lumières.

« C'est elle qui s'est réjouie des fusillades à Lyon, rivale de ses manufactures.

« C'est elle qui se fit livrer Toulon et qui voudrait y voir son commerce consolidé sur les ruines de Carcassonne, Lodève, Nîmes et Avignon...

« C'est elle qui paraît avoir dicté le traité que nous avons fait avec la Toscane, pour se ménager le droit d'aller déposer à Livourne, devenu port neutre, toutes les marchandises qui garnissent les comptoirs d'Italie.

« C'est elle qui a fait révolter les Corses, pour avoir dans la Méditerranée un point d'appui d'où elle pût porter le feu de la discorde dans nos ports de Provence et tarir notre commerce du Levant...

« Oui, la même main qui a mis le feu à Copenhague, payé une vaste conspiration en Suède, fomenté l'insurrection qui vient d'éclater à Berlin, est celle qui tient la torche qui consumera le reste de nos trésors, si l'on n'y apporte un prompt remède[1]. »

Et le journal girondin donnait pour conclusion à ces déclamations furieuses, cette adjuration, plus furieuse encore :

« Femmes, vieillards, citoyens de tous les rangs, de tous les âges, de tous les sexes, criez tous d'un commun accord : « Guerre à l'Angleterre, guerre à mort ! » Qu'au berceau, vos enfants balbutient : « Guerre à l'Angleterre ! » Que, lorsque vous vous rencontrerez l'un l'autre dans les rues ou que vous vous visiterez l'un l'autre, votre bonjour et vos adieux soient : « Guerre à l'Angleterre ! » Que ce soit l'hymne unique de tous les amis de l'huma-

---

[1] *Journal du Bonhomme Richard*, numéro 6.

nité ! Que le mourant expire satisfait, s'il peut encore prononcer ces mots : « Guerre à l'Angleterre [1] ! »

Cependant, puisqu'on savait qu'une escadre portant les émigrés menaçait nos côtes, la question était de prévenir le débarquement en faisant face sur mer à l'ennemi.

Dès le 21 prairial (9 juin)[2], Villaret-Joyeuse était sorti du port de Brest, pour aller dégager le contre-amiral Vence qu'on croyait bloqué, à Belle-Isle, par le vice-amiral anglais Cornwallis. C'était une erreur. Vence se trouvait avoir quitté sans encombre le mouillage de Belle-Isle, et retournait à Brest, lorsque Villaret-Joyeuse le rencontra à quelques lieues de l'île Groix[3]. Les deux flottes réunies formaient un ensemble de douze vaisseaux de ligne et onze frégates[4].

Le 29 prairial (17 juin), au point du jour, l'escadre anglaise que commandait Lord Cornwallis est aperçue. Elle ne se composait que de cinq vaisseaux de ligne et de deux frégates. L'amiral français se mit aussitôt en devoir de lui donner la chasse. On s'en était déjà beaucoup rapproché, quand Villaret-Joyeuse et le représentant Topsent quittèrent le vaisseau le *Peuple*, et montèrent une frégate, pour diriger les forces de l'avant-garde[5]. La variété dans les vents ayant été très-favorable, les vaisseaux français le *Zélé* et les *Droits de l'homme* furent, dès quatre heures du matin, en position de combattre, et, à neuf heures, le *Zélé* ouvrit son feu sur le *Mars*, qui formait l'extrême arrière-garde de l'ennemi, et qui était en même temps assailli avec beau-

---

[1] *Journal du Bonhomme Richard,* numéro 9.
[2] *Courrier républicain,* numéro 617.
[3] *James' Naval History of Great Britain,* p. 264. London, 1859.
[4] *Ibid.*
[5] Rapport d'un officier présent à l'action, *Courrier républicain,* numéro 617.

coup de hardiesse et de vigueur par la *Virginie*, simple frégate que commandait Bergeret, un de nos plus intrépides capitaines. Tout à coup, au grand étonnement de l'armée[1], le *Zélé* cesse le feu et abandonne le combat, quoique rien n'annonçât qu'il eût subi des avaries majeures, et qu'il n'eût encore eu personne de tué à son bord[2]. Il est, à l'instant même, remplacé par le *Tigre*, capitaine Jacques Bedout; et le *Mars* allait succomber, lorsque l'amiral anglais envoya à son secours, en compagnie du *Triomphe*, le *Royal-Souverain*, vaisseau à trois ponts, qui, lâchant sa puissante bordée, sauva le navire en péril. Le feu continua partiellement, jusqu'à six heures du soir, après quoi la chasse fut abandonnée.

Quels motifs poussèrent l'amiral français à laisser ainsi échapper une proie que la fortune lui mettait sous la main? Les explications diffèrent.

L'historien de la marine anglaise, William James, prétend que Villaret-Joyeuse se laissa prendre à une ruse de guerre; que des signaux menteurs, habilement employés, lui firent craindre l'approche d'une force ennemie prête à se joindre à celle qui était engagée : crainte que, par un pur effet du hasard, aurait confirmée l'apparition de quelques petits vaisseaux dans le lointain[3].

Selon les rapports français au contraire, le mal serait venu de l'insubordination de quelques équipages et de la désobéissance aux signaux[4].

---

[1] Rapport d'un officier présent à l'action, *Courrier républicain*, numéro 17.

[2] *Ibid.* William James, dans son *Histoire navale d'Angleterre*, dit, volume I, p. 265, que le *Zélé* avait perdu le perroquet du grand mât et avait souffert dans son engagement avec le *Mars*.

[3] *James' Naval History of Great Britain*, vol. I, p. 268.

[4] Rapport de Doulcet de Pontécoulant, au nom du Comité de salut public, *Moniteur*, an III, numéro 286. Voy. aussi le compte rendu déjà cité d'un officier présent à l'action, *Courrier républicain*, numéro 617.

Ce qui est certain, c'est que nulle part le royalisme ne trouvait plus d'appui que dans les rangs de la marine; au point que parmi ces émigrés que la flotte française avait à repousser de nos côtes, près de sept cents appartenaient à l'armée navale, et avaient été les compagnons d'armes de ceux qu'on chargeait maintenant de les combattre. Des deux côtés, il y avait beaucoup de nobles. Villaret-Joyeuse lui-même appartenait à l'ordre de la noblesse; son frère, le marquis de Villaret, servait dans l'armée de Condé [1], et, lui, comme Puisaye le fait observer, « était loin d'être républicain [2]. » Seulement, on le savait homme d'honneur, et aucun soupçon de trahison ne pouvait l'atteindre. Mais qu'il eût été mal secondé par quelques-uns des marins qui servaient sous lui, et cela de parti pris, c'est ce que l'événement semblait prouver, et ce que la suite tendit à prouver bien mieux encore !

L'escadre française avait repris sa route. Au moment où elle allait entrer dans la baie d'Audierne, un coup de vent de nord-est, tel qu'on n'en avait pas essuyé de semblable de tout l'hiver, l'éloigna des côtes d'environ vingt lieues. Elle s'en rapprochait, quand elle rencontre le convoi que sir John Warren escortait. Encore une faveur de la fortune! Car la supériorité des forces était du côté de la flotte républicaine. Y eut-il méprise dans l'estimation qui fut faite du nombre des vaisseaux de ligne dont le commodore pouvait disposer? Toujours est-il que, suivant l'expression de William James, Villaret-Joyeuse perdit une belle occasion de rendre un grand service à son pays [3], en laissant à sir John Warren le temps de l'éviter et d'envoyer un lougre à la recherche de lord

[1] Voy. l'article Villaret-Joyeuse dans la *Biographie universelle*.
[2] *Mémoires de Puisaye*, t. VI, p. 84.
[3] "...Missed a fine opportunity to benefit his country." *James' Naval history of Great Britain*, vol I, p. 271

Bridport, qui avait fait voile de Spithead avec quatorze vaisseaux de ligne et cinq frégates, et tenait le large pour s'opposer, au besoin, à la flotte de Brest[1]. Lord Bridport arriva.

La grande escadre qui était sous son commandement, comprenait deux vaisseaux de ligne de cent canons, le *Royal-George* et la *Reine-Charlotte;* six vaisseaux de quatre-vingt-dix-huit, la *Reine*, le *Londres*, le *Prince de Galles*, le *Prince*, le *Barfleur*, et le *Prince-George;* un vaisseau de quatre-vingts, le *Sans-pareil;* cinq vaisseaux de soixante-quatorze, le *Vaillant*, l'*Orion*, l'*Irrésistible*, le *Russell*, le *Colosse*, et enfin cinq frégates[2].

En outre, lord Bridport, croyant les forces qu'il avait en tête plus considérables qu'elles n'étaient, envoya demander à sir John Warren, dont l'escadre se trouvait maintenant séparée par la sienne de celle de l'amiral français, de lui envoyer trois vaisseaux de ligne, le *Robuste*, le *Tonnant* et l'*Étendard*[3].

Villaret-Joyeuse avait sous ses ordres, outre quinze frégates, les vaisseaux dont voici la liste : le *Peuple*, de cent vingt canons; et l'*Alexandre*, les *Droits de l'homme*, le *Formidable*, le *Fougueux*, le *Jean-Bart*, le *Mucius*, le *Nestor*, le *Redoutable*, le *Tigre*, *Wattignies*, le *Zélé*, tous de soixante-quatorze canons seulement[4].

Ainsi, sans compter les trois vaisseaux demandés par lui à sir John Warren et qui s'efforçaient de le joindre, lord Bridport avait à opposer à douze vaisseaux français, dont un seul à trois ponts, quatorze vaisseaux, dont huit à trois ponts : disproportion considérable, et qui, de l'aveu même de l'historien anglais, autorisait Villaret-Joyeuse à décliner le combat[5].

[1] *Naval Chronicle*, vol. III. numéro 18.
[2] *James'Naval History of Great Britain*, vol. I, p. 270-271.
[3] *Ibid.*, p. 274.
[4] *Ibid.*, p. 264.
[5] *Ibid.*, p. 276.

L'*Alexandre* qui, ayant été fort endommagé par le coup de vent, était remorqué par une frégate et ne pouvait marcher aussi vite que le reste de l'escadre, fut cause que Villaret-Joyeuse ne put effectuer sa retraite et que le combat s'engagea [1].

A six heures du matin, le 5 messidor (23 juin), l'*Irrésistible* ouvrit son feu sur l'*Alexandre*, que, pour sa sûreté, la frégate qui le remorquait avait dû abandonner; et, quelques instants après, l'*Orion* étant survenu [2], l'*Alexandre*, vaisseau de soixante-quatorze, eut à lutter contre deux vaisseaux de même force.

Vers six heures et quart, le *Formidable*, qui précédait l'*Alexandre*, essuya la bordée de tribord de la *Reine-Charlotte*, à laquelle il riposta sur-le-champ par sa bordée de bâbord, et un quart d'heure après, le *Sans-pareil* commença à le canonner. Cette lutte, si inégale, entre un vaisseau de soixante-quatorze, et deux, dont l'un était de cent, et l'autre de quatre-vingts, fut bientôt rendue tout à fait impossible par un accident étranger au combat. Une fatalité cruelle, « une de ces fatalités, dit Doulcet de Pontécoulant à la Convention, *qui ne se peuvent concevoir*, » fit que le feu prit à bord du *Formidable*. Le brave et malheureux capitaine qui le commandait, Durand-Linois, voyant le feu se propager avec violence, se jette aussitôt au milieu des ennemis, pour sauver son équipage [3].

Cette manœuvre dérangeant l'ordre de la retraite, le vide laissé dans la ligne est à l'instant rempli par un

---

[1] Compte rendu d'un officier présent à l'action, *Courrier républicain*, numéro 617. Voy. aussi le rapport de Doulcet, *Moniteur*, an III, numéro 286.

[2] Voy. le récit de William James, *Naval History of Great Britain*, t. 1, p. 273.

[3] *Courrier républicain*, numéro 617. — *Moniteur*, an III, numéro 286. — William James dit bien que le feu prit à bord du *Formidable*, mais il ne dit pas que ce fut par un accident étranger au combat.

vaisseau anglais, qui coupe le *Tigre*, déjà engagé contre trois autres vaisseaux à trois ponts. Pressé à la fois par la *Reine-Charlotte*, le *Sans-pareil*, le *Londres* et la *Reine*, le *Tigre*, que commandait le capitaine Jacques Bedout, se défendait d'une manière héroïque, et eût été sauvé probablement puisqu'il n'était qu'à une lieue de la pointe de Groix, si le signal d'arriver fait au vaisseau de vent eût été exécuté. Mais, ô honte! cette fois encore, les signaux ne furent pas obéis [1], et le *Tigre*, abandonné, tomba au pouvoir des Anglais.

Tel fut aussi le sort de l'*Alexandre*, qui, attaqué par la *Reine-Charlotte*, ne put résister aux bordées d'un aussi puissant adversaire, surtout dans l'état de délabrement où l'avait mis une résistance vaillante et prolongée [2].

Le désastre était dû, en partie du moins, à une insubordination dont il importait d'approfondir le mystère; et, en d'autres temps, une enquête sévère eût déchiré le voile. Le gouvernement thermidorien, qui n'avait plus de force que contre lui-même, craignit d'en trop savoir. On laissa les soupçons se dissiper en rumeurs. Et ce qui montre assez qu'il y avait lieu de porter la lampe dans ce triste drame, c'est que, l'escadre étant rentrée à Lorient, il y eut des équipages qui désertèrent et coururent se joindre aux royalistes [3].

Eux, ne se possédaient pas de joie. Ce fut leur crime et leur châtiment d'avoir à s'enorgueillir des humiliations de leur pays, d'avoir à les désirer. « J'espère — écrivait plus tard Puisaye, faisant allusion au combat

---

[1] Rapport de Doulcet, au nom du Comité de salut public, *Moniteur*, an III, numéro 286. Voy. aussi le compte rendu déjà cité, numéro 617 du *Courrier républicain*.

[2] " In a very crippled state from the gallant resistance she had previously made. " William James, *Naval History of Great Britain*, vol. 1, p. 273.

[3] *Mémoires de Vauban*, p. 52.

naval du 5 messidor — j'espère que la flotte républicaine
va être encore plus complétement battue que la dernière
fois. *Si nous sommes assez heureux pour cela,* alors nos
espérances redoubleront et nous serons assurés de réussir
en grand [1]! »

Ce fut le 7 messidor (25 juin), que les émigrés jetèrent l'ancre dans la baie de Quiberon. Deux généraux
royalistes, le chevalier de Tinténiac et le comte Dubois-
Berthelot, sont débarqués sur-le-champ et chargés de
s'enquérir de l'état des choses dans l'intérieur. Ils re-
vinrent dire que tout était prêt [2]. Puisaye, impatient,
demande aussitôt à débarquer. D'Hervilly s'y oppose ; il
voulait juger par lui-même de l'état des choses. A bord
d'un lougre, il fit le tour de la baie, une lunette d'approche à la main, au grand désespoir de Puisaye, qui
écrit amèrement : « Cette puérilité nous fit perdre vingt-
quatre heures [3]. »

Quoique d'Hervilly « n'eût rien vu, » il n'en persista
pas moins à s'opposer à la descente, soit exagération de
l'esprit de méthode, soit secret dessein de faire échouer
l'expédition en Bretagne, pour que, conformément aux
vues des « agents de Paris, » on la dirigeât sur la Vendée.
Il fallut tenir un conseil de guerre. Puisaye, placé au
point d'intersection du royalisme et de l'Angleterre, n'eut
pas de peine à ranger sir John Warren à son avis ;
d'Hervilly dut retirer son opposition ; Tinténiac et Dubois-
Berthelot retournèrent vers les royalistes de l'intérieur,
et, le 9 messidor (27 juin), les émigrés débarquèrent sur
la plage de Carnac, entre le golfe du Morbihan et la

---

[1] Lettre de Puisaye au Comité central catholique-royal, en date du
26 décembre 1795. Voy. la *Correspondance secrète de Charette, Stofflet,
Puisaye,* etc., t. I, p. 121-122.

[2] *Mémoires de Vauban,* p. 52. — Puisaye, *Mémoires,* t. VI, p. 92-96.

[3] Puisaye, *Mémoires,* t. VI, p. 96.

presqu'île de Quiberon, sans rencontrer de résistance, au milieu des cris de : Vive le roi [1] !

Ce jour-là même, Tinténiac qui, à la tête de sept cents Chouans, attendait l'expédition, débusqua un détachement de deux cents républicains d'un poste qu'ils occupaient sur un monticule appelé le Mont-Saint-Michel. Au pavillon républicain, Tinténiac, à défaut de pavillon blanc, substitua sa chemise. Les républicains, qui avaient les Chouans en dos et les émigrés en tête, se dispersèrent, laissant quelques-uns des leurs sur le carreau [2].

Les choses semblaient s'annoncer aux royalistes sous un jour favorable. Les Chouans accouraient en foule, appelant les nouveaux débarqués leurs libérateurs, leur amenant des voitures remplies de provisions, chassant devant eux leurs bestiaux, et faisant offre de leurs denrées. Un instant Puisaye crut tenir dans sa main les destinées de la monarchie et la France. Il disait à d'Allègre : « Après demain nous coucherons à Vannes [3]. » Il mandait au gouvernement britannique que sir John Warren « s'était conduit comme un ange [4]. » Il écrivait à M. Windham : « Si vous aviez vu comme moi cette foule d'hommes simples et vertueux, leur dévouement, leurs transports ! L'hiver prochain, j'irai vous dire tout cela [5] ; » et, après avoir pressé le ministre anglais d'envoyer un renfort d'un vaisseau de ligne et de deux frégates, il ajoutait : « Avec cela, je réponds de la Bretagne entière

---

[1] Vauban, *Mémoires*, p. 53. — Puisaye, *Mémoires*, t. VI. p. 141.

[2] Puisaye ne dit pas que les républicains, au nombre de deux cents seulement, eurent affaire à sept cents Chouans. Je tire ces chiffres d'un récit inséré dans le *Naval Chronicle*, vol. III, numéro 18, récit déclaré très-exact par Puisaye lui-même.

[3] *Mémoires de Puisaye*, t. VI, p. 151.

[4] *Correspondance de Puisaye avec le gouvernement britannique. Papiers de Puisaye*, vol. IX. Manuscrits du British Museum.

[5] Lettre de Puisaye à Windham, datée de Carnac, 28 juin 1795, dans les *Papiers de Puisaye*, vol. IX, Manuscrits du British Museum.

avant deux mois [1]. » Un seule chose l'inquiétait : toute la France devant nécessairement accourir au-devant de lui, aurait-il des vivres en quantité suffisante? Il suppliait donc M. Windham de lui faire passer sans retard 40,000 liv. st. en or, « parce que, disait-il, il aurait bientôt 80,000 hommes à nourrir, et que, pour inspirer confiance, il fallait tout payer [2]. » Quant à l'active coopération de Charette et de Stofflet, il n'en doutait pas ou affectait de n'en pas douter; car il écrivait à ses patrons de Londres : « J'ai reçu de Charette, Stofflet, etc..., l'assurance positive qu'ils vont nous seconder par des diversions utiles [3]. »

Du reste, à côté de Puisaye triomphant, d'Hervilly se faisait remarquer par son air soucieux et le mécontentement de son attitude. C'était avec un mépris à peine dissimulé, et d'un air sombre, qu'il regardait défiler sur la plage, mêlés à de gauches villageois, ces Chouans aux souliers percés, aux vêtements en lambeaux, au visage farouche, ces Chouans pour la plupart desquels le royalisme n'avait été qu'un prétexte de brigandage et comme un passe-port de l'assassinat [4].

Et puis, il y avait parmi eux une foule de femmes et d'enfants hors d'état de porter les armes. La confusion était si grande, qu'on eût pu aisément en profiter pour armer des gens malintentionnés : ce danger frappa Puisaye lui-même, qui s'en ouvrit au marquis de la Jaille, non sans un air d'inquiétude [5].

---

[1] Lettre de Puisaye à Windham. — *Papiers de Puisaye*, vol. IX. Manuscrits du British Museum.

[2] *Ibid.*

[3] *Ibid.*

[4] Dans la correspondance de Hoche et d'Aubert Dubayet, hommes d'honneur l'un et l'autre, et ennemis loyaux de ceux qu'ils avaien à combattre, les Chouans sont sans cesse qualifiés d'*assassins*.

[5] Récit manuscrit du marquis de la Jaille, dans les *Papiers de Puisaye*, vol. CVIII. Manuscrits du British Museum.

De leur côté, quelques-uns des officiers nobles ne purent se défendre d'un étonnement railleur en voyant quels étranges auxiliaires Puisaye leur avait ménagés. Les uns s'échappèrent en plaisanteries; les autres s'étudièrent à accréditer parmi les troupes à la solde de l'Angleterre l'idée qu'elles n'avaient rien de commun avec les Chouans et ne devaient aucune obéissance aux officiers qui ne portaient pas l'uniforme anglais [1].

Ajoutez à cela que certains corps à la solde de l'Angleterre avaient la cocarde noire, et les Chouans la cocarde blanche [2] : frappante image de la discorde qui allait régner dans le camp!

La correspondance manuscrite et privée de Puisaye avec le ministre anglais Windham nous a livré le secret du jugement que Puisaye portait sur les émigrés à la solde de l'Angleterre. Ce secret vaut la peine qu'on le révèle :

« Le plus grand nombre, et surtout de ceux payés trop chèrement par vous, n'ont pas apporté parmi nous l'esprit qu'on aurait dû leur supposer après six années d'exil et de malheurs : même légèreté, mêmes intrigues qu'autrefois, mais plus de perfidie ou d'insouciance pour leur pays et pour la cause de leur roi, un égoïsme affreux et un attachement à la paye, qu'ils craignent de ne plus recevoir [3]. »

Dans la même lettre, Puisaye décrivait d'Hervilly comme « un homme ambitieux, vain, et aussi dénué de vrais talents que plein d'orgueil et de dureté [4]. »

La mésintelligence des chefs éclata tout d'abord. Comme on procédait à la distribution des armes, un ser-

---

[1] *Mémoires de Puisaye*, t. VI, p. 150 et 166.

[2] *Ibid,*, p. 200.

[3] Lettre de Puisaye à Windham, datée de l'Ile-d'Houat, 29 juillet 1795. *Papiers de Puisaye*, vol. IX. — Manuscrits du British Museum.

[4] *Ibid.*

gent de Port-Louis, dont les Chouans ne comprenaient pas le langage et dont les manières rudes les irritèrent, réclame une caisse qui leur avait été livrée par mégarde et qui appartenait au régiment d'Hervilly; une rixe s'élève. D'Hervilly survient, s'emporte, veut faire, sans plus tarder, rembarquer les troupes. Déjà l'ordre de battre la générale était donné, quand Puisaye, paraissant à son tour, parvint à calmer le tumulte [1]. Une explication s'ensuivit entre les deux chefs, explication dans laquelle, selon le comte de Vauban, ami de Puisaye, celui-ci fut très-poli, très-froid, très-digne ; d'Hervilly, au contraire, très-âcre et très-véhément [2]. Il s'agissait de savoir qui commanderait; mais c'est ce que le gouvernement anglais seul pouvait décider, et l'ambiguïté de ses instructions sur ce point, qu'elle eût été calculée ou volontaire, commençait à porter ses fruits. La question resta indécise. Puisaye eut son quartier général au petit hameau de la Genèse; d'Hervilly, au bourg de Carnac, au milieu de son régiment [3].

Cependant, l'agitation était extrême en Bretagne et au delà. L'apparition des royalistes en armes, le nom de l'Angleterre associé à la nouvelle de leur débarquement, la retraite précipitée des petits détachements épars le long des côtes, l'affluence des Chouans sur les routes qui menaient à Quiberon, le bruit répandu que les autorités constituées de la province, districts et municipalités, ne songeaient plus qu'à se réfugier à Rennes, avec leurs papiers et leurs archives, tout contribuait à grandir,

---

[1] *Mémoires de Puisaye*, t. VI, p. 147-150.
[2] *Mémoires du comte de Vauban*, p. 53. — Ce fait est rapporté en termes absolument identiques dans le journal manuscrit de Beaupoil de Saint-Aulaire, *Papiers de Puisaye*, vol. CVIII. Manuscrits du British Museum.
[3] Puisaye dans ses *Mémoires*, se plaint fort de cet arrangement, qu'il n'eut pas pouvoir d'empêcher.

dans les imaginations émues, le spectre de la guerre civile. La Convention, que ne dirigeaient plus des hommes au cœur indomptable, se sentit inquiète. Le Comité de salut public se troubla [1].

Hoche, seul, mesurait le péril d'un œil dédaigneux. Il fit demander du renfort à Dubayet et à Canclaux, se bornant à recommander « du secret et du calme [2]. » Son dessein était d'éviter les affaires particulières, qui auraient aguerri les Chouans, et de les amener à une action générale, comptant pour les écraser d'un coup sur la discipline et la valeur des soldats républicains [3].

Chose remarquable! Le parti que la nouvelle du débarquement alarma le plus, fut celui des « agents de Paris. » Ils écrivirent : « Puisaye est descendu auprès d'Auray, avec les régiments d'Hector, d'Hervilly, etc... Lui et les Anglais vont être maîtres de la Révolution, si l'Espagne ne se hâte [4]. »

Ce sentiment d'une fraction importante du parti royaliste n'était pas ignoré des Thermidoriens, grâce aux rapports secrets de Tallien avec les meneurs aux gages de l'Espagne [5]. Aussi, dans leur ardeur à diviser de plus en plus le parti royaliste, les Thermidoriens crièrent-ils bien haut que Pitt trahissait les princes tout en combattant les républicains; que sa prétendue sympathie pour la cause royale cachait l'affreux dessein de donner la France à déchirer à des Français, et rien de plus. Le *Journal du Bonhomme Richard* raconta, comme une anecdote caractéristique, que, dans une de nos colonies, quelqu'un

[1] C'est ce qu'avoue Rousselin, dans sa *Vie de Lazare Hoche*.
[2] *Correspondance de Hoche*. Lettre au général Chérin, en date du 9 messidor.
[3] *Ibid*. Lettre du 13 messidor.
[4] *Correspondance des agents*, citée par Puisaye, *Mémoires*, t. VI. p. 375.
[5] Voy. le chapitre précédent, *Les agents de Paris*, et le chapitre ci-après, *Les Armées pendant la Réaction*.

disant à un Anglais : « Mais vous tuez également le royaliste et le républicain ! » — L'Anglais répondit froidement : « Laissez donc faire; ce sont toujours deux Français de moins[1]. »

Sur ces entrefaites, le comte d'Entraigues fit réimpri-
mer et répandre dans Paris ses *Observations sur la
conduite des Puissances coalisées*. Ce comte d'Entraigues
était le même qui, en 1788, avait, dans son célèbre *Mémoire sur les États généraux*, prêché la croisade des
peuples contre les souverains, et appelé la noblesse
héréditaire « le présent le plus funeste que le ciel irrité
ait pu faire à l'espèce humaine[2]. » Depuis, devenu royaliste furieux, il avait émigré, et un traitement de trente-
six mille francs que lui faisaient les diverses Cours pour
services occultes[3], l'encourageait à infester son pays de
pamphlets où la folie le disputait à la violence. Dans celui dont il est question, il déclarait régicides au premier
chef tous ceux qui avaient prêté le serment du Jeu de
paume, ajoutant qu'il n'était au pouvoir d'aucune justice
humaine de leur pardonner, et que les monarchistes
coupables d'avoir pactisé avec la Révolution devaient
être plus impitoyablement châtiés que les Jacobins. En
même temps paraissaient des brochures atroces, une
entre autres intitulée *Révélations importantes*, où l'on se
vantait d'avoir provoqué les excès des Jacobins, pour déjouer les constitutionnels et armer les Puissances. C'est
en rendant compte de ces publications, œuvre d'esprits
en délire, que le royaliste Mallet du Pan, désespéré, écrivait au comte de Sainte-Aldegonde : « Je vous laisse à
penser l'impression que ces horreurs ont faite à Paris.
Chacun y a lu sa destinée; chacun s'est dit : « Entre des

---

[1] *Journal du Bonhomme Richard*, numéro 9.
[2] Beaulieu, *Biographie universelle*, art. d'Entraigues.
[3] *Ibid.*

ennemis si implacables et les républicains qui nous
tendent les bras, il n'y a pas à hésiter[1]. »

Il est facile de deviner quel effet Doulcet de Pontécoulant dut produire lorsque, au nom du Comité de salut
public, il vint dire à la Convention, à Paris, à la France :
« Jusqu'ici les républicains ont combattu pour la gloire ;
aujourd'hui, tous les Français combattront pour leur
vie. Républicains anglomanes de 1789, constitutionnels
de 1791, le même sort vous est réservé. Marchez donc
tous, marchez ensemble pour exterminer des bourreaux
qui n'ont d'autre désir que la vengeance[2]. »

A Paris, la majorité de la garde nationale était, selon
l'expression de Mallet du Pan : « 89[3] ; » et Raffet, qui la
commandait, figurait parmi les constitutionnels : comment les paroles de Doulcet de Pontécoulant auraient-
elles pu être perdues? Il n'y eut qu'un cri : Anathème
sur ceux qui ont mendié de l'Angleterre le glaive qui
doit servir à nous égorger[4] !

De son côté, Puisaye lançait, de son quartier général,
une proclamation où, pour ne point paraître l'instrument de l'étranger, il prenait le titre de « commandant en chef de l'armée catholique et royale de Bretagne,
en vertu des pouvoirs à lui donnés par Monsieur, régent
de France. » Mais lui-même nous apprend que cette proclamation, rédigée quand le fils de Louis XVI vivait encore, avait été soumise à l'examen et à la révision des
ministres anglais. Parmi les corrections qu'ils y firent,
une mérite d'être citée. Puisaye avait dit : « Il est beau

---

[1] *Mémoires et correspondance* de Mallet du Pan, t. II, chapitre VIII,
p. 173.
[2] *Ibid.* Lettre de Mallet du Pan au comte de Sainte-Aldegonde.
[3] *Ibid.*
[4] Voy. ce qu'un royaliste, observateur sensé, écrivait sur ce point à
Mallet du Pan, dans les *Mémoires et correspondance* de ce dernier, t. II,
chap. VIII, p. 174.

de recevoir le prix du courage des mains d'un roi qu'on a couronné » : aux trois derniers mots, Pitt fit substituer : « Qu'on a rétabli dans ses droits[1], » soit que ce trait fût dirigé contre l'ambition sans frein qu'on supposait au comte de Provence, très-peu aimé du gouvernement anglais, soit que Pitt voulût par là repousser l'accusation qui le montrait lui-même disposé à placer la couronne sur la tête du comte d'Artois, et à semer ainsi en France le germe de nouvelles discordes[2].

Si l'on en juge par la correspondance de Puisaye, il ne fut pas longtemps sans s'apercevoir du vide de ses espérances. Il est très-vrai de dire que les Chouans affluaient ; qu'ils demandaient à grands cris des armes ; qu'on en arma plusieurs milliers en trois jours[3]. Mais les nourrir! Comment les nourrir? Puisaye, qui, dans ses *Mémoires*, assure, page 60 du tome VI, que l'Angleterre lui avait donné des vivres pour une armée de six mille hommes pendant trois mois, et qui, page 144, nous montre « les bons Morbihannais accourant de toutes parts, et conduisant leurs bestiaux, leurs voitures, à ceux qu'ils appelaient leurs libérateurs, » Puisaye cite, page 209, la lettre suivante que, le surlendemain même du débarquement, il écrivait à M. Windham : « Notre position est brillante, mais nous allons bientôt manquer de tout. Je vous supplie de ne pas perdre un instant. Les minutes sont précieuses. La Bretagne serait à nous, si nous avions le strict et très-strict nécessaire[4]. »

[1] *Mémoires de Puisaye*, t. VI, p. 47 et 48.

[2] Cette dernière interprétation est celle que Puisaye était intéressé à donner et qu'il donne.

[3] Puisaye, *Mémoires*, t. VI, p. 152, dit 17,000 ; Vauban, *Mémoires*, p. 61, dit 10,000.

[4] Lettre de Puisaye à M. Windham, en date du 29 juin. Le débarquement, on s'en souvient, s'était opéré le 27. — Ce passage des *Mémoires* imprimés de Puisaye est fidèlement reproduit du manuscrit, que nous avons sous les yeux

Or, pendant qu'on était en peine du strict et très-strict
nécessaire, les émigrés à la solde des Anglais, par un
trait qui peint l'ancienne noblesse, déclaraient bien haut
que des personnages de leur espèce n'étaient pas faits
pour chouanner; ils se plaignaient de n'avoir pas leurs
aises; ils songeaient à briller; il leur fallait des chevaux de selle, des chevaux de peloton; il leur fallait...
tout ce qui manquait[1].

Chez les républicains, rien de semblable. Hoche, qui,
après avoir rassemblé et échelonné une partie de ses
troupes sur Rennes, Ploërmel et Vannes, pour garder ses
derrières, marchait avec le reste sur Auray, avait su répandre autour de lui l'ardeur de son âme de feu. Dans
ses rangs, tout respirait un enthousiasme viril, la sim-
plicité des camps, le rude génie de la guerre; et Puisaye
ne put se défendre d'un serrement de cœur douloureux,
la première fois qu'il aperçut de loin des officiers républicains conduisant les travaux en manches de chemise,
sans autre chose qui les distinguât du soldat que leur
hausse-col[2].

Au surplus, Puisaye n'avait pas compté un seul instant
sur la régularité militaire pour le succès. Le plan qu'il
avait apporté d'Angleterre consistait à pousser en avant
ses troupes, à peine débarquées, à soulever les campagnes, à étonner les villes, à ne rien attendre que de
l'insurrection. D'Hervilly s'opposant à l'exécution de ce
plan, Puisaye dut écrire au gouvernement anglais de décider à qui, de d'Hervilly ou de lui, appartenait le commandement suprême. En attendant la réponse, les deux
chefs restèrent chargés, l'un de la direction des troupes
soldées, l'autre de la direction des Chouans; et, au lieu
de faire une pointe dans le pays, on se contenta de former une ligne de défense.

[1] *Mémoires de Puisaye*, t. VI, p. 206.
[2] *Ibid.*, p. 274.

On avait sous la main quatorze mille Chouans environ : on en forma trois divisions, qui furent mises sous les
ordres : l'une du comte Dubois-Berthelot; l'autre, du
chevalier Tinténiac; la troisième, du comte Vauban. La
division Dubois-Berthelot fut postée à une demi-lieue à
droite, à une montagne située devant la ville d'Auray; la
division de Tinténiac prit position à une lieue à gauche,
devant la petite ville de Landevant; Vauban, qui reçut
le commandement de toute la ligne, occupa Mendon, au
centre[1].

L'objet de ces dispositions était de couvrir une attaque
projetée sur la presqu'île de Quiberon.

Cette presqu'île, liée à la grande terre par une langue
de sable très-étroite qu'on nomme la *Falaise*, était défendue, du côté de la terre, par le fort Penthièvre, qui s'élevait à l'entrée même, c'est-à-dire au point où la *Falaise*,
en se rétrécissant, vient aboutir.

Le jour fixé pour l'entreprise, Puisaye attaque la presqu'île du côté de la mer, avec trois mille hommes, parmi
lesquels cent cinquante Anglais, pris des garnisons
des vaisseaux, tandis que d'Hervilly marchait sur le
fort, le long de la *Falaise*. La garnison, composée en
partie de soldats qui avaient appartenu à l'ancien régiment de la Reine, se rendit sans combat, et Puisaye eut la
triste satisfaction de pouvoir arborer sur le fort Penthièvre, en France, le pavillon du roi d'Angleterre à côté de
celui de Louis XVIII[2] !

De nouveaux démêlés entre d'Hervilly et Puisaye, une
nouvelle rixe occasionnée par la distribution des logements que se disputèrent avec fureur les Chouans d'une
part, et, d'autre part, les troupes soldées, voilà ce que
produisit ce premier succès des émigrés[3]. Il rassurait si

---

[1] *Mémoires de Vauban*, p. 62.
[2] C'est lui-même qui le raconte, *Mémoires*, t. VI, p. 230.
[3] Puisaye, *Mémoires*, t. VI, p. 256.

peu le vainqueur, que, le jour même de la prise du fort, Puisaye écrivit à Windham : « Des renforts! Des hommes! De l'argent! Des armes, surtout des armes! De la cavalerie, ne fut-ce que six cents hommes! Mais point de délai! L'armée ennemie se grossit[1]... »

Et de plus, elle s'avançait, d'un pas rapide, d'un pas sûr!

Tinténiac, qui avait occupé Landevant, et Dubois-Berthelot, qui avait occupé Auray, ne tardent pas à y être attaqués. Voyant Tinténiac en péril, Vauban se porte rapidement du centre à la gauche avec deux mille hommes. Il arrive; la déroute commençait. Il essaye de l'arrêter, mais elle l'entraîne, et, pour rejoindre le reste de sa division à Mendon, il lui faut traverser deux bras de mer à la nage[2].

Pendant ce temps, l'aile droite, attaquée aussi, avait plié. Mais les républicains qui avaient forcé Dubois-Berthelot à la retraite n'étant guère que deux mille, Vauban les contraignit à abandonner la poursuite et à se renfermer dans Auray, en faisant mine de les attaquer avec la division du centre, qui ne s'élevait pas alors à moins de huit mille hommes[3].

Cessant ainsi d'être menacé à sa droite, il retourne à la gauche pour tomber sur les vainqueurs de Tinténiac, acharnés à la poursuite des fuyards. Un village que les vainqueurs venaient de traverser se trouve sur son passage; il y envoie le marquis de Saint-Aulaire; et, devant la maison d'un des leurs, les Chouans trouvent, gisant sur le pavé, les cadavres de sa mère, de sa femme, de ses deux enfants, qu'il a lui-même portés là, en criant vengeance! A ce spectacle affreux, hommes, femmes, tous

---

[1] La lettre est datée du 3 juillet 1795. *Papiers de Puisaye*, vol. IX. Manuscrits du British Museum.

[2] *Mémoires de Vauban*, p. 65.

[3] *Ibid.*

les habitants du village, se joignent, ivres de rage, aux Chouans de Saint-Aulaire ; on se lance sur les traces des républicains, qui marchaient par petites bandes, séparées les unes des autres ; on les attaque avec furie, avant qu'ils aient eu le temps de se rallier ; on en tue cent cinquante, et l'on fait huit cents prisonniers [1].

Cet avantage pouvait consoler de la défaite essuyée, mais ne la réparait pas. La première position assignée à Vauban n'étant plus tenable, il reçut ordre d'établir son quartier général à Carnac, sa droite s'appuyant au Mont-Saint-Michel, et sa gauche à Sainte-Barbe [2].

Carnac et le Mont-Saint-Michel s'élevant sur la côte, et le poste de Sainte-Barbe étant le seul qui communiquât avec la presqu'île de Quiberon, laisser forcer ce dernier poste, c'était tout perdre ; car, dans ce cas, le centre et la droite se trouvaient absolument coupés, sans autre retraite possible que la mer.

Vauban ne se dissimulait pas l'extrême danger de cette position. Le 18 messidor (6 juillet) informé par une lettre de Georges Cadoudal, qui commandait la division de gauche à Sainte-Barbe, que les républicains se disposaient à attaquer toute la ligne ; qu'ils s'avançaient sur trois colonnes ; que déjà ils étaient à Plumel, village situé à deux lieues en avant du centre de la position, Vauban ne songe qu'à défendre Sainte-Barbe. Convaincu de la nécessité de renforcer sa gauche à tout prix, il ordonne à sa droite de se reployer sur le centre ; et au centre de se reployer sur la gauche.

En cela, il désobéissait aux ordres de d'Hervilly, qui lui avait enjoint de tenir à Carnac et au Mont-Saint-Michel, jusqu'à la dernière extrémité. Mais Vauban était plus irrité contre d'Hervilly que Puisaye lui-même.

[1] *Mémoires de Vauban*, p. 67-69.
[2] *Ibid.*, p. 71-72.

Ayant réclamé, lorsqu'il occupait Mendon, un renfort de
troupes soldées qui avait été envoyé d'abord, puis retiré ; ayant insisté pour qu'on lui envoyât des canons
qu'il n'avait pas reçus, il croyait, de la part des troupes
soldées, à un parti pris d'humilier les Chouans, de les
compromettre. En outre, il tenait en fort petite estime
la capacité militaire de d'Hervilly, tournant en ridicule
ses prétentions à l'esprit de méthode, et rappelant, à ce
sujet, que le grand Condé entendant un jour le P. Joseph faire une dissertation savante sur l'art militaire, lui
donna une chiquenaude sur le nez, et lui dit : « Apprenez, Père, qu'une armée ne marche pas comme le doigt
d'un capucin. » Il n'hésita donc pas à prendre les dispositions auxquelles le salut des siens lui semblait attaché,
disant : « J'aime mieux être traduit devant un conseil de
guerre que de laisser égorger ou noyer dans trois heures les gentilshommes et les fidèles Bretons que je commande [1]. »

Arrivé à Sainte-Barbe et apprenant que les républicains commençaient à se former à une petite distance,
dans une position qu'il jugea mauvaise, il veut qu'on attaque sur-le-champ. Mais, cette fois encore, du canon,
demandé à d'Hervilly, n'avait pas été envoyé, et les
Chouans, se croyant abandonnés, étaient furieux. Tout le
camp retentissait d'imprécations contre les troupes soldées. Était-ce donc pour fournir aux malheureux paysans
de la Bretagne l'occasion de se faire égorger comme un
vil troupeau, que messieurs les émigrés avaient passé la
mer? Les régiments de d'Hervilly attendaient-ils donc
pour se rapprocher de l'ennemi que les Chouans leur fissent un rempart de leurs cadavres? Où étaient ces secours de l'Angleterre, si pompeusement promis et tant
vantés? Georges Cadoudal, nature impétueuse, n'était

[1] Voy. les *Mémoires de Vauban*, p. 63.

pas moins irrité que ses troupes. Il se reprochait d'avoir
été un des plus ardents à protéger cette descente, où il
ne voyait plus maintenant que la ruine du parti royaliste. Pressé par Vauban de marcher en avant, il répondit
avec emportement qu'il ne le pouvait ni ne le voulait;
que ses gens n'entendaient pas qu'on les livrât ainsi à la
mort; que la seule chose possible était une retraite, et
précipitée, une retraite à qui marcherait le plus vite.
Mais quoi! avant d'arriver sous les forts qui fermaient la
presqu'île de Quiberon, il y avait deux lieues de falaise
à traverser. Et qu'allait devenir cette multitude de vieillards, d'enfants et de femmes, dont l'armée des Chouans
traînait après elle le pâle cortége? Il ne fallut pas moins
que cette observation, faite par Vauban d'une voix émue,
pour ramener Georges à l'idée d'une retraite en règle.
Elle se fit donc en bon ordre, toujours à la demi-portée de
fusil, avec un feu des mieux nourris, telle enfin qu'il y
eut, de part et d'autre, des hommes tués à la baïonnette[1].

Mais, pendant cette marche, qui dura trois heures, la
terreur avait passé, comme un ouragan, sur toutes les
paroisses de cette contrée qui s'étaient levées pour le
royalisme, et l'entrée de la presqu'île présenta bientôt un
spectacle terrible. Près de dix-huit mille personnes de
tout âge et de tout sexe étaient entassées, devant le fort
Penthièvre, sur le parapet du chemin couvert, avec ou
sans armes, se lamentant ou tirant en l'air au hasard, se
poussant, se blessant les unes les autres, et enfin finissant
par se précipiter du haut de la palissade dans le chemin
couvert, pêle-mêle avec les voitures, les chevaux et les
bœufs. La confusion était si effroyable, que, si les troupes de Vauban, animées par l'extrémité du péril, n'eussent fait halte sous les forts, et combattu de pied ferme
jusqu'à ce qu'on eût fait passer dans l'intérieur de la

---

[1] *Mémoires de Vauban*, p. 74-76.

presqu'île, femmes, enfants, vieillards, la campagne était terminée[1].

Vauban frémissait de colère. Rencontrant d'Hervilly, au moment où il entrait dans le fort : « Monsieur, lui dit-il, j'espère que vous trouverez juste que la journée d'aujourd'hui soit expliquée entre vous et moi devant un conseil de guerre[2]. »

Ceci avait lieu le 19 messidor (7 juillet). A cette date, Hoche écrivait au général Chérin : « Mon cher général, les anglo-émigrés-chouans sont, ainsi que des rats, enfermés dans Quiberon, où l'armée les tient bloqués. J'ai l'espoir que, dans quelques jours, nous en serons quittes. Annoncez cette nouvelle aux bons citoyens[3]. »

Et il fallait qu'il fût bien sûr de pouvoir frapper sans retard le coup décisif, car il ajoutait : « Je suis sans secrétaire, sans aide de camp, sans adjudant général, presque sans vivres[4]. »

Du reste, son impatience d'assurer le triomphe des armes de la République ne l'empêchait pas de se préoccuper avec une anxiété magnanime du sort de tant de pauvres familles qui, cherchant à Quiberon un refuge, risquaient d'y trouver un tombeau. Il repoussait comme impolitique, cruelle, impossible, l'idée, horrible en effet, de les détruire; et, dans des lettres où il semble qu'on entende les battements d'un cœur généreux, il insistait sur la nécessité de « distinguer l'erreur du crime; » mais, à l'égard du crime, il demandait qu'on fût inexorable, et, l'impunité des traîtres révoltant son âme non

---

[1] *Mémoires de Vauban*, p. 76. — Le journal manuscrit de Beaupoil de Saint-Aulaire donne sur ce point les mêmes détails que les *Mémoires de Vauban*, et cela dans les mêmes termes. En réalité, les deux récits sont tellement identiques, que l'un doit avoir été copié sur l'autre.

[2] *Mémoires de Vauban*, p. 76-77.

[3] *Correspondance de Hoche.*

[4] *Ibid.*

moins ferme que généreuse, il écrivait, précisément à la même époque : « Un tribunal inique, profitant de la terreur qu'a pu inspirer la descente des émigrés, vient de mettre en liberté les complices, les aides de camp de Cormatin. Bientôt, peut-être, ce conspirateur odieux va paraître dans les rangs de nos ennemis. J'ai vu couler mon sang, et n'en ai point pâli... Maintenant, je ne puis voir, sans détester le jour, les assassins de ma patrie en liberté[1]. »

Pendant ce temps, les royalistes, resserrés dans Quiberon, continuaient à se déchirer entre eux. Les Chouans taxaient les émigrés de trahison ; les émigrés reprochaient aux Chouans d'avoir reculé avant de combattre[2]. Chez plusieurs officiers supérieurs le découragement était complet et n'était égalé que par la dureté avec laquelle d'Hervilly en punissait les manifestations. Le trait suivant est doublement caractéristique. Un jour, voyant qu'il y avait encore des canons au bord de la mer. « Pourquoi cela ? » demande brusquement d'Hervilly à Rotalier. « Parce que, répond ce dernier, l'artillerie se trouvera là toute rendue, quand il nous faudra nous rembarquer, ce qui nous sauvera la peine de la charoyer sur la grève. » D'Hervilly infligea sur-le-champ les arrêts à Rotalier[3]. Un autre jour, Vauban étant venu lui faire part d'une observation militaire qu'il jugeait importante, « Retirez-vous, » lui dit séchement d'Hervilly. — « Mais, monsieur. — Retirez-vous et taisez-vous[4]. » Immédiatement après l'occupation de la presqu'île, on avait débarqué en grande quantité fa-

[1] *Correspondance de Hoche.* Lettre aux représentants du peuple, en date du 26 messidor (14 juillet) 1795.
[2] *Mémoires de Puisaye*, t. VI, p. 270.
[3] Récit manuscrit du marquis de la Jaille, dans les *Papiers de Puisaye*, vol. CVIII. Manuscrits du British Museum.
[4] *Ibid,*

rines, sacs de biscuit, vin, rhum, etc..... Mais, comme
il n'y avait pas ombre d'administration, et que la confusion était au comble, tout avait été mis au pillage. « J'ai
vu voler derrière moi, dans l'instant même où je faisais
punir un voleur, » écrit avec tristesse le marquis de la
Jaille [1]. Et puis, c'était chaque jour entre d'Hervilly et
Puisaye quelque nouveau sujet d'aigreur. Des officiers
qui, tels que les vicomtes de Pontbellangé, de Saint-
Pierre, La Marche et Guernissac, avaient pris rang
parmi les Chouans, quoiqu'ils appartinssent aux troupes
soldées, furent traités par d'Hervilly comme démission-
naires et menacés de perdre leur traitement [2]. On s'é-
tait disputé les logements : on se disputait maintenant les
vivres, d'Hervilly donnant aux troupes qu'il commandait
ration entière de tout ce que Puisaye faisait acheter dans
le pays, et ordonnant en secret au commissaire des
guerres de n'accorder aux Chouans qu'une demi-ration
de riz qu'ils ne savaient pas même cuire [3], et qui n'empêcha pas plusieurs d'entre eux de mourir de faim [4]!

Tel était l'état des choses, lorsqu'une tentative fut
faite par les troupes soldées pour reprendre le poste de
Sainte-Barbe. Dans la nuit du 6 au 7 juillet, elles se
mirent en marche, Puisaye suivant les colonnes « plutôt
comme volontaire que comme chef, sans donner d'ordres et sans qu'on crût avoir à en recevoir de lui [5]. » Le
marquis de la Jaille, son premier aide de camp, l'accompagnait, et le récit manuscrit de ce dernier, que

---

[1] Récit manuscrit du marquis de la Jaille, *Papiers de Puisaye*, vol, CVIII.
Manuscrits de British Museum.

[2] Voy. *Correspondance secrète de Charette, Stofflet, Puisaye et autres*,
t. II, p. 315-317.

[3] Lettre de Puisaye à Windham, en date de l'Ile-d'Houat, 29 juillet 1795,
dans les *Papiers de Puisaye*, vol IX. Manuscrits du British Museum.
[4] *Ibid.*

[5] Récit manuscrit du marquis de la Jaille, dans les *Papiers de Puisaye*,
vol. CVIII. Manuscrits du British Museum

nous avons sous les yeux, peint trop vivement la situation pour que nous ne reproduisions pas ici ce document :

« L'armée parvint en bon ordre, avant la pointe du jour, à portée de mousquet des avant-postes ennemis. Leurs sentinelles avancées firent feu, et l'on battit la générale dans leur camp, où des cris confus, qui venaient jusqu'à nous, annonçaient du désordre. Les avant-postes ennemis firent en se retirant un feu de peloton. M. de Puisaye, M. de Contades et moi étions fort près. Nos trois chevaux furent blessés ; le mien fit volte, et m'emportait, lorsque les chevaux, effrayés d'un charriot d'artillerie, se jetèrent sur moi et me désarçonnèrent ; je tombai sur le sable. Plusieurs soldats de la seconde compagnie de grenadiers de d'Hervilly faisaient, en fuyant, rouler mon chapeau, que j'eus de la peine à ressaisir. Je joignis M. de Puisaye, qui leur barrait le chemin pour les faire rallier ; j'y fis moi-même tous mes efforts, ainsi qu'un officier et plusieurs bas-officiers qui étaient désolés de cette lâche conduite. L'officier me dit, dans son désespoir, qu'on ne pouvait compter sur des hommes d'aussi mauvaise volonté. Ne pouvant rien obtenir par mes exhortations et mes menaces, je saisis un de ces grenadiers par son fourniment, et je le poussai en avant du bras et de l'épée. Après avoir fait quelques pas, il tira son coup de fusil en l'air, sans ajuster, et me dit qu'il n'en tirerait pas davantage, dussé-je lui passer mon épée au travers du corps[1]. »

C'est ici que se place le mot de d'Hervilly à ceux de ses soldats qui lui demandaient de charger : « Je ne suis pas assez content de vous aujourd'hui pour vous faire ce plaisir, » mot que le marquis de la Jaille ne mentionne pas[2].

[1] Récit manuscrit du marquis de la Jaille, *Papiers de Puisaye*, vol. CVIII. — Manuscrits du British Museum.

[2] Mais il se trouve, et dans les Mémoires manuscrits de Puisaye, et dans

Cette retraite, en même temps qu'elle ajoutait au découragement des esprits, fournit un nouveau sujet de discorde. Hoche n'avait nul besoin de disputer Quiberon aux royalistes : ils s'y dévoraient les uns les autres. Puisaye comprit qu'il était perdu, s'il ne débarrassait pas la presqu'île d'une partie de ceux qui l'encombraient sans la défendre. Un grand nombre de paysans furent successivement embarqués sur des chasse-marées et reportés sur la grande terre [1].

D'un autre côté, Tinténiac eut ordre de conduire trois mille cinq cents Chouans et une compagnie de Royal-Émigrant vers Saint-Jacques, dans le canton de Sarzeau, tandis que trois mille autres, sous le commandement du chef de division Jean-Jean et du comte Lantivy, iraient débarquer au nord de Lorient [2].

Dans ses *Mémoires* imprimés, Puisaye prétend — et tous les narrateurs de ces événements l'ont copié, depuis Rouget de Lisle jusqu'à M. Thiers — que, dans sa pensée, la destination des deux corps expéditionnaires se rattachait à un grand plan stratégique ; que dès le 10 juillet, il avait fait consentir d'Hervilly au projet d'une attaque décisive sur le poste de Sainte-Barbe ; qu'ils avaient ensemble fixé cette attaque au 16 juillet, et que les deux corps expéditionnaires commandés par Tinténiac et Lantivy avaient pour instructions de se réunir à Baud le 14, et d'attaquer les derrières de l'armée républicaine, le 16, à la pointe du jour, pendant qu'elle serait attaquée de front du côté de la presqu'île [3].

Eh bien, tout ceci est inexact, et le réfutateur de Puisaye, en cette circonstance, est, chose singulière, Puisaye lui-même !

le journal manuscrit de Beaupoil de Saint-Aulaire, *Papiers de Puisaye*, vol. CVIII. Manuscrits du British Museum.

[1] *Mémoires de Vauban*, p. 80.
[2] *Mémoires de Puisaye*, t. VI, p. 296-297.
[3] *Ibid.*

En effet, dans son manuscrit qui est sous nos yeux, nous lisons :

« *M. d'Hervilly avait résolu d'attaquer le poste de Sainte-Barbe,* le 16. La force de la position de l'ennemi, sa supériorité en nombre, son artillerie, *me firent considérer cette entreprise comme insensée*[1]. » Il n'est donc pas vrai, ainsi que Puisaye l'affirme dans ses *Mémoires* imprimés, que le projet d'attaque vînt de lui.

Le même manuscrit porte : « Je souhaitais au moins avoir le temps d'envoyer des ordres à MM. de Tinténiac et Georges de la seconder[2]. » Il n'est donc pas vrai, ainsi que Puisaye l'affirme dans ses *Mémoires* imprimés, qu'il eût déjà donné à Tinténiac des instructions précises, indiquant le jour et l'heure où celui-ci devrait attaquer.

La suite de ce récit dira le mot de ces pitoyables contradictions. En attendant, il importe de noter que, le 14 juillet, l'ami de Puisaye, son aide de camp, son homme de confiance, le marquis de la Jaille, s'étant rendu chez d'Hervilly, chercha à le détourner de l'attaque, dont ce dernier lui montrait le plan, en objectant les pertes énormes auxquelles on s'exposait si l'on abordait les républicains par la Falaise. La réponse de d'Hervilly fut : « On pourra y perdre mille hommes, mais ce sacrifice est nécessaire[3]. »

Le 14 juillet, arrive la nouvelle qu'on va voir paraître un convoi portant le reste de l'infanterie des légions de Rohan, Salm, Damas, Béon et Périgord, le tout formant environ onze cents hommes y compris les officiers, sous le commandement du comte de Sombreuil.

A cette flotte devait s'en réunir une autre portant les

[1] *Papiers de Puisaye,* vol. CVIII. Manuscrits du British Museum.
*Ibid.*
[3] Récit de M. de la Jaille, écrit de sa propre main, dans les *Papiers de Puisaye,* vol. CVIII. Manuscrits du British Museum.

émigrés de Jersey; mais les « agents de Paris » manœuvrèrent si bien, qu'ils réussirent à empêcher cette jonction. Le chevalier de Lavieuville, chef de division près de Dol, et un de leurs instruments les plus actifs, ayant écrit au gouvernement britannique que, si une flotte se présentait à Saint-Malo, on lui livrerait la ville et le port; qu'il en avait la preuve; qu'il l'affirmait sur l'*honneur*[1], la flotte qui portait les émigrés de Jersey, au lieu de mettre à la voile pour Quiberon, mit à la voile pour Saint-Malo; où elle fut reçue à coups de canon. Le temps qu'elle perdit devant cette place et le circuit que cette manœuvre lui fit faire l'empêchèrent de se trouver à Quiberon, ce qui, selon la remarque du chevalier de Chalus, eût presque doublé le nombre des émigrés, et, peut-être, prévenu leur perte[2].

Les deux certificats qui suivent complètent l'enseignement qui résulte du tableau des divisions royalistes, tel que des royalistes eux-mêmes l'ont tracé :

« Je certifie que, dans la nuit du 30 au 31 décembre 1796, MM. de la Prévalaye, de Coniac et de Bonville, membres de la commission intermédiaire de la province de Bretagne, ont déclaré en ma présence que, peu de temps après la descente effectuée à Quiberon, M. de Talhouet de Bonamour, accrédité secrètement par Cormatin près les « agents du roi à Paris, » notifia, dans l'arrondissement de Rennes, au nom desdits agents, l'ordre formel de n'y point prendre les armes en cette circonstance.

« Londres, ce jour 25 mai 1798.

« L'abbé GUILLOT[3]. »

[1] Relation manuscrite du chevalier de Chalus, dans les *Papiers de Puisaye*, vol. CVIII. Manuscrits du British Museum.

[2] *Ibid.*

[3] Certificat de la main de l'abbé Guillot, *Papiers de Puisaye*, vol. CVIII. Manuscrits du British Museum.

« Je certifie le contenu ci-dessus véritable, pour avoir entendu moi-même la déclaration, y contenue, de MM. de la Prévalaye, de Coniac et de Bonville, en présence de M. le comte Joseph de Puisaye.

« A Londres, ce 25 mai mil sept cent quatre-vingt-dix-huit.

« DE CHALUS[1]. »

Voilà comment la discorde, ainsi qu'un cancer incurable, rongeait le parti royaliste.

L'on était à la veille du jour fixé par d'Hervilly pour l'attaque du poste de Sainte-Barbe, et les soldats de Sombreuil n'étaient pas encore débarqués. Ajournerait-on l'attaque jusqu'après le débarquement de ce renfort?

Puisaye fut fortement de cet avis, mais d'Hervilly en décida autrement : « Il faut en finir, » dit-il. Impatience étrange, que Puisaye, dans le manuscrit qui est devant nous, explique par une supposition terrible : « Il n'est pas possible que M. d'Hervilly ait une seule minute espéré quelque succès de cette attaque; mais il n'est pas possible aussi qu'il n'ait pas vu qu'elle le conduirait à la nécessité de se rembarquer, de quitter la Bretagne, et d'aller porter la guerre en d'autres lieux qui avaient plus d'attraits pour lui[2]. »

---

[1] Certificat de la main de l'abbé Guillot, *Papiers de Puisaye*, vol. CVIII. — Manuscrits du British Museum.

[2] Les derniers mots « *qui avaient plus d'attraits pour lui* » sont raturés dans le manuscrit, et non remplacés. Mais le sens de ce passage n'en est pas moins clair : ce n'est pas moins qu'une accusation en règle de *trahison*, dirigée par Puisaye contre d'Hervilly.

Que penser, après cela, de la véracité des *Mémoires* imprimés de Puisaye, *Mémoires* où il se donne comme ayant conçu le plan de l'attaque, comme y ayant fait consentir d'Hervilly, et comme l'ayant lui-même brusquée, pour ne pas compromettre le succès du plan convenu, d'après lequel Tinténiac devait se trouver sur les derrières de Hoche, *à point nommé?*

Et c'est de ces *Mémoires* imprimés de Puisaye, que tous les historiens nos prédécesseurs, ont tiré leur récit de l'affaire de Quiberon..., sans le dire, toutefois!

Il est à remarquer qu'en ce moment Puisaye se trouvait en possession de la réponse du ministre anglais, laquelle le nommait lieutenant général au service du gouvernement britannique et lui conférait le commandement absolu, même des troupes soldées [1]. Par quelle indigne faiblesse, soumit-il sa volonté à celle d'un homme qui n'était plus désormais que son subordonné? Par quel criminel oubli des devoirs de son rang, laissa-t-il la cause à lui confiée courir les hasards d'une aventure qu'il jugeait devoir aboutir à un désastre, et au fond de laquelle il soupçonnait une trahison? C'est sans doute parce qu'il sentit lui-même à combien d'amers reproches tant de pusillanimité le livrait en proie, qu'il fut amené à présenter mensongèrement comme le résultat d'ordres émanés de lui tous les malheurs qui suivirent. La vérité est qu'il en reste responsable devant son parti, mais pour n'avoir pas empêché les fautes où ils prirent naissance, non pour les avoir commises [2].

Dans l'après-midi du 27 messidor (15 juillet), ordre est donné à Vauban d'aller débarquer à Carnac, avec douze cents Chouans : tentative de diversion. Il devait partir à neuf heures, arriver à minuit. Mais les bateaux se firent attendre. Il partit trop tard, et, quand il arriva, il faisait jour. Alors, on ne surprend personne [3].

Ce jour-là même, deux transfuges royalistes parurent aux avant-postes de l'armée républicaine. Ils demandent à parler au général Lemoine, qui commandait, en l'ab-

---

[1] Cette réponse, c'était Sombreuil qui l'avait apportée, comme Puisaye lui-même le dit, t. VI, p. 329 de ses *Mémoires*.

[2] Il est curieux qu'il n'y ait qu'un habile mensonge dans cette déclaration des *Mémoires* imprimés de Puisaye, qui au premier abord paraît si noble : « A partir de ce jour (l'arrivée de Sombreuil), si l'on peut prouver qu'il était au pouvoir des hommes d'éviter ces malheurs, je suis seul coupable. » Voy. t. VI, p. 329.

[3] Vauban, *Mémoires*, p. 83. — Journal manuscrit de Beaupoil de Saint-Aulaire. Manuscrits du British Museum.

sence de Hoche, le camp de Sainte-Barbe, et l'informent qu'il sera attaqué le lendemain, au point du jour [1].

En effet, le 28 messidor (16 juillet), de très-grand matin, l'armée royaliste, composée de deux mille cinq cents hommes de troupes de ligne et de seize cents Chouans, se mit en marche. Le régiment de la Marine formait la colonne de droite, celui de du Dresnay en formait une seconde à la gauche du régiment de la Marine, à la distance de quarante toises. Derrière ces deux petites colonnes venait un corps de six cents Chouans, commandé par le duc de Lévis. A la gauche, et très-séparé des colonnes de droite, s'avançait le régiment d'Hervilly, avec mille Chouans commandés par le chevalier de Saint-Pierre. En tête, « Royal-Émigrant, » et l'artillerie de Rotalier : huit pièces de canon. Les colonnes, devant marcher parallèlement à la côte, se rapprochaient ou s'éloignaient, d'après les sinuosités du terrain.

Puisaye suivait l'armée, sans donner d'ordres et sans qu'on lui en demandât [2].

Le jour commençait à poindre, lorsque, du côté de Carnac, l'armée en marche aperçut une fusée. C'était le signe par lequel il était convenu que Vauban annoncerait son débarquement. Il devait en tirer une seconde, dans le cas où il serait forcé de se rembarquer. On fait halte, et l'on attend un quart d'heure, les yeux tournés avec anxiété du côté de Carnac. Il paraît que la seconde fusée fut tirée; mais le soleil montait à l'horizon, le ciel était sans nuages : elle ne fut point aperçue. On continua d'avancer.

Les avant-postes de l'armée républicaine, que les royalistes évaluèrent à dix mille hommes, étaient sous

[1] Voy. dans la *Correspondance de Hoche*, son compte rendu de l'engagement du 28 messidor (16 juillet).

[2] Récit manuscrit du marquis de la Jaille, dans les *Papiers de Puisaye*, vol. CVIII. Manuscrits du British Museum.

les hauteurs de Sainte-Barbe, leurs lignes à mi-côte; et
le général Humbert, placé à l'avant-garde, avait ordre de
reployer ses troupes, dès qu'il serait attaqué, jusque sous
le feu de la ligne.

Lorsqu'on fut à demi-portée de canon, d'Hervilly,
s'apercevant que l'ordre dans lequel on s'avançait offrait
comme point d'attaque le côté le plus fort de la position
à enlever, fait marcher les deux colonnes de la Marine et
de du Dresnay obliquement de droite à gauche, de
sorte qu'elles se présentaient diagonalement à la ligne de
l'ennemi, la prolongeant à demi-portée de fusil.

Le signal de l'attaque étant donné, Humbert se replie,
conformément à ses instructions. Le croyant en fuite, les
volontaires de Royal-Émigrant courent sur les retranchements avec ardeur, et déjà quelques-uns s'y sont précipités. Mais soudain un escadron de cavalerie, qui couvrait
deux batteries placées sur la hauteur, fait un mouvement
pour les démasquer, et bientôt un feu terrible d'artillerie
et de mousqueterie enveloppe les royalistes par le front
et par le flanc droit. Chaque décharge enlevait au régiment de la Marine des rangs entiers; celui de du Dresnay
était, lui aussi, écrasé sous une pluie incessante de mitraille, de bombes et d'obus. Il devenait manifeste que
ces deux colonnes seraient fondues avant que d'arriver à
la gauche : d'Hervilly ordonne une attaque générale des
retranchements et fait battre la charge. De Froyé, aide-
major du régiment de la Marine, vient lui faire observer
que les deux colonnes de droite sont beaucoup plus avancées que celles de gauche. « En avant! vous arriverez
trop tard! » lui crie d'Hervilly, comme éperdu; et, courant à Rotalier, il le pousse aussi en avant avec tout son
canon de campagne, qui reste engagé dans le sable jusqu'aux jarrets des chevaux. Pour comble, le duc de Lévis,
qui avait porté ses Chouans dans l'intervalle que la marche
oblique du régiment de la Marine laissait entre ce régi-

ment et la côte, venait d'être blessé au pied, et le désordre s'était mis parmi les siens. D'Hervilly passe à la gauche, où était son régiment. Le carnage continuait. Pas d'espoir de succès. Le baron de Gras est blessé à côté de Puisaye. Un boulet de canon vient tuer entre les bras du marquis de la Jaille un malheureux dont un premier boulet avait emporté la cuisse et que le marquis retirait du champ de bataille. Le régiment d'Hervilly avait comparativement peu souffert, mais ceux de la Marine et de du Dresnay étaient brisés. Et la cavalerie républicaine, sûre maintenant de tenir la victoire, descendait des hauteurs en poussant de grands cris. D'Hervilly donne l'ordre de la retraite. En ce moment, il est frappé d'un biscaïen dans la poitrine, et, un instant après, l'aide de camp, chargé de porter l'ordre aux colonnes de droite, est tué dans le trajet. Alors se produisit ce fait étrange, que tandis qu'on sonnait la retraite à gauche, on continuait à battre la charge à droite. La déroute commença. Des huit canons qui se trouvaient enfoncés dans le sable, cinq furent pris. Sur soixante-douze officiers, le seul régiment de la Marine en laissa cinquante-trois sur le champ de bataille. Les dragons et les hussards républicains, lancés à la poursuite de l'armée royaliste, se jetèrent si avant dans ses rangs et avec une intrépidité si téméraire, que la plupart y périrent. Puisaye en vit deux tués sous ses yeux à la baïonnette par un volontaire de « Royal-Émigrant. » Il demanda son nom, et apprit que c'était un frère de Charlotte Corday [1].

L'expédition de Vauban avait manqué. Débarqué à

---

[1] Le récit de cette bataille, tel que Vauban le donne, est une reproduction presque textuelle du journal manuscrit de Beaupoil de Saint-Aulaire. C'est ce journal qui, rapproché du récit manuscrit du marquis de la Jaille, nous a guidé. La narration de Puisaye dans ses *Mémoires* imprimés ne mérite aucune confiance, en ce qui touche le rôle qu'il s'y attribue.

Carnac avec l'amiral Warren, qui s'était offert à être de la partie, la présence du chef de brigade Romand à la tête de quelques colonnes mobiles l'avait forcé à regagner ses chaloupes à la hâte [1]. Ce fut un bonheur pour les royalistes, parce que le retour de Vauban, au moment même où ils se pressaient vers les forts, lui permit de se jeter dans les ouvrages avancés pour y protéger la retraite, que l'amiral Warren protégea bien mieux encore, en formant de tous les bateaux qui portaient du canon lesquels furent embossés avec beaucoup de célérité, une batterie formidable. « On doit à ce hasard, écrit Vauban, que les forts n'aient pas été pris ce jour-là [2]. »

En apprenant que d'Hervilly était blessé, Puisaye avait prié Sombreuil de se charger de la retraite; mais la confusion était telle, que les talents militaires qui avaient acquis à ce dernier tant de réputation parmi les royalistes ne lui fournissant aucune ressource, il répondit : « Il n'y a rien à faire [3]. »

La joie de cette victoire fut empoisonnée pour le général Hoche, qui, du reste, se trouvait absent le jour du combat [4], par la perte qu'il y fit de l'adjudant Dejeu, son ami le plus cher, et par la nouvelle que des mains avides avaient dépouillé le corps de ce brave officier, trouvé sanglant sur le champ de bataille. Il y a quelque chose de touchant dans les lignes suivantes que Hoche fit publier à l'ordre : « Le général prie les personnes qui auraient des effets au général Dejeu, de les lui remettre : il les payera ce qu'on lui demandera [5]. »

---

[1] Vauban, *Mémoires*, p. 83. — Relation de Hoche.

[2] Vauban, *Mémoires*, p. 87.

[3] Récit manuscrit du marquis de la Jaille, dans les *Papiers de Puisaye*, vol. CVIII. Manuscrits du British Museum.

[4] Voy. le récit de Rouget de Lisle, dans le tome II des *Mémoires de Tous*, p. 55.

[5] *Correspondance de Hoche*. Ordre du 29 messidor.

Pendant que ces choses se passaient, Tinténiac se laissait attirer au château de Coetlogon, par un billet lui annonçant que, là, des dames étaient chargées de lui transmettre les ordres du roi. Il y trouva ces ordres et la mort, l'entrevue ayant été troublée par une brusque attaque des républicains, qu'il courut repousser, et qui lui coûta la vie.

On lit dans le manuscrit de Puisaye :

« M. de Tinténiac avait pour second M. de Pontbellangé, homme adroit, qui était sous l'influence des « agents du roi, » et qui, connaissant son goût pour les combats, l'entraînait loin de son objet, à des attaques de villes et villages *bons à piller.* Dans une de ces attaques, M. de Tinténiac fut tué. Pontbellangé lui succéda, sortit du Morbihan, marcha sur Saint-Brieuc, où son ami le chevalier de Lavieuville, autorisé par les « agents du roi, » l'appelait. Enfin, ce M. de Pontbellangé, lassé des représentations de Georges pour le ramener à son objet, finit par déserter secrètement son armée, « accusé d'en avoir dérobé la caisse, qui contenait les sommes provenues du pillage [1]. »

Cela s'appelait défendre la cause de Dieu et du roi !

L'ordre de marcher sur Saint-Brieuc avait aussi été envoyé par les « agents de Paris » à la bande de Jean-Jean et Lantivy. Mais c'était l'époque de la récolte ; elle appelait les Chouans aux champs qu'ils avaient semés, et ils jetèrent l'épée pour la faucille [2].

Ainsi joué par les meneurs royalistes, ses rivaux, vaincu par les républicains, et comme prisonnier dans Quiberon, Puisaye se rongeait le cœur. Pour pousser l'Angleterre à quelque chose de décisif, que n'avait-il pas fait ? Il avait écrit à Windham : « Tous les yeux sur

[1] *Papiers de Puisaye*, vol. CVIII. Manuscrits du British Museum.
[2] Récit manuscrit du marquis de la Jaille, dans les *Papiers de Puisaye*, vol. CVIII. Manuscrits du British Museum.

le rivage sont fixés sur l'Angleterre. Votre nom est dans toutes les bouches, il est dans tous les cœurs[1] : » Il écrivait à Pitt, après la déroute du 16 juillet ; « Il est indispensable que je conserve la presqu'île qui, en *vous* donnant un port assuré dans cette partie, nous ouvre avec vous une communication sûre, à laquelle rien ne peut s'opposer[2]. » Dans une autre de ses lettres à Windham, on lit cette phrase extraordinaire : « Envoyez en abondance les objets de première nécessité ; hâtez-vous, monsieur, et, je vous le répéterai toujours, la France est à vous[3] ! »

De plus, il mandait au gouvernement britannique, soit que ce fût vrai, ou qu'il se crût intéressé à le faire croire : « J'ai ouvert des communications avec le général Canclaux. J'en aurai forcément une réponse sous huit jours — et aussi avec des membres de la Convention, dont je connais l'opinion[4]. »

Mais l'Angleterre elle-même, quoiqu'il n'ait jamais osé se l'avouer ou l'avouer, lui faisait défaut. Des pelles, des pioches, des tentes d'un nouveau modèle, voilà ce que, d'une main libérale, le ministre Dundas lui envoyait. Mais

---

[1] Lettre de Puisaye à Windham, en date du 8 juillet 1795. *Papiers de Puisaye*, vol. CVIII. — Manuscrits de British Museum.

[2] Lettre de Puisaye à Pitt, en date du 18 juillet 1795. *Ibid.*

[3] Ce qui est très-frappant, c'est que, dans le manuscrit, la lettre *v* est surchargée, mais le soin avec lequel Puisaye a cherché à la remplacer par la lettre *n* n'empêche pas que sous la seconde on n'aperçoive la première, d'autant que la lettre *n* est d'une autre encre que la lettre *v* et de beaucoup postérieure. Or, comme les lettres qui sont sous nos yeux sont, non pas des copies, mais, ainsi qu'il résulte d'une note de Puisaye lui-même, les originaux de ses lettres à Windham, que celui-ci voulut bien lui rendre en les apostillant de sa propre main, la lettre en question, lorsque Windham la reçut, portait bien véritablement les mots : « et la France est à *vous,* » ce que, plus tard, Puisaye essaya de changer en : « et la France est à *nous!...* »

[4] Lettre de Puisaye à Windham, en date du 11 juillet 1795. *Papiers de Puisaye*, vol. CVIII. Manuscrits du British Museum.

ce que Puisaye désirait le plus était précisément ce qui
n'arrivait pas. Il avait beau écrire lettres sur lettres,
pour qu'on lui fît passer un renfort de troupes britanni-
ques avec le comte d'Artois à leur tête; il avait beau
affirmer — tant il connaissait peu son pays ! — que la
présence d'un pareil renfort serait décisive ; il avait
beau tracer ces lignes honteuses : « Je préférerais main-
ténant deux mille Anglais à six mille Français[1] », ses
supplications se heurtaient à toutes sortes de prétextes :
tantôt, le corps de lord Moira, qui devait servir d'escorte au comte d'Artois, était prêt, mais le prince ne
l'était pas; tantôt un renfort de trois mille Anglais, commandé par le général Graham, se trouvait retenu loin
des côtes de France par les vents contraires[2].

En attendant, tout n'était, dans Quiberon, que jalousies réciproques, défiances, découragement; d'Hervilly
se mourait de sa blessure ; beaucoup ne parlaient plus
que d'aller en Vendée; et ceux des soldats qui, captifs
parmi les Anglais, ne s'étaient laissé enrôler que par le
désir d'être libres[3], brûlaient de courir se ranger sous
les drapeaux de la République, leur secrète idole, et de
la France, leur mère.

Une conversation qui, sur ces entrefaites, fut hautement racontée dans la presqu'île, y fit germer dans un
assez grand nombre d'esprits l'idée d'une capitulation.
Des officiers royalistes étant un jour sortis du fort pour
se promener sur la Falaise, aperçurent de loin quelques
républicains qui en faisaient autant. Tout à coup, un
de ces derniers met un mouchoir blanc au bout de son
épée, et deux d'entre eux s'avancent comme pour un
entretien amical. C'était le général Humbert, accom-

---

[1] C'est lui-même qui a soin de nous en instruire, *Mémoires*, t. VI, p. 441.
[2] Voy. le t. VI des *Mémoires de Puisaye, passim*.
[3] Les Anglais ne s'y trompèrent pas un seul instant. Voy. à cet égard
l'*Annual Register*, vol. XXXVII, p. 70.

pagné d'un capitaine de dragons. Aussitôt, du côté des
royalistes, le comte de Vauban et le marquis de Contades se portent en avant ; on s'aborde, la conversation
s'engage. Il y eut échange de paroles plus que polies.
Humbert, qui, depuis les conférences de la Jaunaye, se
croyait destiné au rôle de négociateur, demanda d'un
air affligé pourquoi l'on se battait, ajoutant qu'il vau-
drait mieux être d'accord ; que Tallien était à Lorient ;
que, si on lui écrivait, les choses pourraient s'arranger ;
qu'il était affreux de penser à tant de braves officiers de
marine qu'avait moissonnés la journée du 16 juillet ;
que c'était là une grande perte pour la France. De son
côté, le marquis de Contades parla de ce qui était contenu dans les forts comme d'une richesse que des Français, au lieu de se battre les uns contre les autres, feraient bien mieux de se partager. Cet entretien, auquel
Vauban mit fin brusquement, le jugeant dangereux et
impolitique, fut connu, et servit, peut-être, à affaiblir
parmi les royalistes la résolution de ne mourir que l'épée
au poing[1].

[1] Vauban, *Mémoires*, p. 93, raconte le fait d'une manière si formelle
et avec des détails si personnels, si vivants, si précis, qu'il est difficile
de comprendre que sa présence à l'entretien soit niée par Puisaye,
*Mémoires*, t. VI, p. 451,

Dans le récit manuscrit du marquis de la Jaille, il est dit de la façon la
plus expresse que Vauban était présent à l'entrevue.

Vauban, Puisaye en convient, était un homme d'honneur et très-in-
struit de tout ce qui s'est passé à Quiberon. Mais n'aurait-on pas intercalé
quelques passages dans son manuscrit ? Voilà ce que Puisaye suppose.
Toutefois il n'explique pas le but, impossible à concevoir, d'une intercalation relative au passage en question. Et ce qu'il n'explique pas davantage, c'est comment Vauban, *homme d'honneur*, aurait pu souffrir
qu'on publiât son manuscrit sans protester contre l'intercalation de passages qui lui auraient fait dire ce qu'il n'aurait pas dit et voir ce qu'il
n'aurait pas vu.

Du reste, quant au fait même de la rencontre, Puisaye ne le nie pas,
et, d'accord en ceci avec Vauban, il traite les avances de Humbert d'hypocrisie; ses assertions, de mensonges.

Ce qui est sûr, c'est que, ce jour-là, Hoche adressait au général Drut cette recommandation énergique : « Ne mangez, ne buvez, ne dormez, que la batterie de 24 ne soit établie[1]. »

Il était pressé de vaincre : des transfuges lui en fournirent le moyen.

Le fort Penthièvre, qui défendait l'entrée de la presqu'île, s'élevait sur un rocher couvert d'un tuf sablonneux et d'un talus susceptible d'être gravi dans tout son pourtour. Le feu du fort, uni à celui du camp retranché, suffisait pour couvrir la Falaise, sans compter que les chaloupes canonnières de l'amiral Warren étaient là, prêtes à la balayer, au besoin. Mais la mer basse laissait à sec de chaque côté une plage de quatre cents toises de largeur, par laquelle il était aisé de tourner, et le fort et les ouvrages[2]. Si donc un siége régulier était impossible, une surprise ne l'était pas.

Les renseignements de nature à en assurer le succès furent portés à Hoche par deux sergents-majors, nommés Nicolas Litté et Antoine Mauvage, un certain David, natif de Dieppe, et d'autres, dont le rapport de Tallien, qui cite ceux-là, ne nous a pas conservé les noms[3]. La désertion de ces hommes témoignait assez de leur détermination ; car il leur avait fallu se laisser couler un à un le long des rochers à l'ouest du fort Penthièvre, se jeter dans la mer à la marée basse, et parcourir un espace de plus d'une demi-lieue, ayant de l'eau jusqu'à la poitrine[4].

Le 2 thermidor (20 juillet), à dix heures du soir, Vauban monte à cheval, pour aller visiter les postes avancés.

---

[1] *Correspondance de Hoche.* Lettre au général Drut, en date du 30 messidor.

[2] Je me sers ici des propres expressions de Vauban. Voy. ses *Mémoires*, p. 89.

[3] Voy. le *Moniteur*, an III, 1795. Numéro 315.

[4] *Mémoires de Puisaye*, t. VI, p. 455.

La nuit était très-noire, il pleuvait. Vauban, inquiet, recommanda la plus stricte vigilance [1]. Puisaye en fit de même, et, retournant à son quartier général, qui était à quatre lieues du fort Penthièvre, se mit au lit [2].

Pendant ce temps, Hoche formait son plan d'attaque.

Avec lui était Tallien, qui, engagé plus avant qu'il n'avait cru par ses rapports avec les « agents de Paris, » trompé sur l'étendue de leur influence, et craignant les suites de leur perfidie, s'était fait envoyer, avec Blad, dans le Morbihan, pour mieux mettre à l'abri des soupçons son zèle contre les royalistes [3]. Et ce zèle, il s'étudiait, en l'outrant, à le faire paraître sincère [4].

Une nuit orageuse se prêtait admirablement à une surprise : on résolut de ne pas perdre un moment. Une colonne d'élite, commandée par l'adjudant général Ménage, reçoit ordre de filer par la droite le long de la mer, jusqu'au pied du fort, de l'escalader, de s'en emparer, tandis qu'une autre colonne, sous le commandement du général Valletaux, attaquerait de front, et qu'une troisième, sous la conduite des généraux Humbert et Botta, tournerait le fort par la gauche en suivant la lesse de basse mer [5].

Il était onze heures du soir, quand les troupes républicaines s'ébranlèrent. L'avant-garde s'avance dans les ténèbres, suivie par le reste de l'armée, qui marchait à pas lents et en silence. Ménage passe les avant-postes, guidé par quatre transfuges, vêtus de l'uniforme rouge sous lequel ils avaient déserté, et, à la tête de ses intrépides grenadiers, il entre dans la mer. Elle montait ; la

[1] *Mémoires de Vauban*, p. 93-94.
[2] *Mémoires de Puisaye*, t. VI, p. 457, 470, 471.
[3] Il avait été nommé commissaire, dans la séance du 13 messidor juillet). Voy. le *Courrier républicain*, numéro 605.
[4] On en aura plus loin la preuve.
[5] Rapport de Tallien, *Moniteur*, an III, 1795, numéro 315.

pluie tombait à grands flots, et un vent impétueux la jetait au visage du soldat. Heureusement, le bruit des vagues soulevées par la tempête couvrait celui de la marche des hommes dans la mer. Ménage et les siens, ayant de l'eau jusqu'à la ceinture, longent le fort, arrivent au pied du rocher qui en défend la gauche, s'efforcent de le gravir. Les quatre guides se sont fait connaître. Ceux de leurs compagnons qui étaient dans le secret tendent aux assaillants la crosse de leurs fusils, les aident à monter. C'en est fait : les républicains sont dans la place. En cet instant, de Folmont, commandant du fort, sortait pour faire sa ronde : il se trouve au milieu des assaillants, qui gardaient un profond silence, recule, crie aux armes et tombe mort. Aucun de ceux qui dormaient là dans cette nuit terrible ne se réveilla [1].

Cependant, la colonne centrale, celle qui s'avançait le long de la Falaise, a été aperçue par quelques canonniers toulonnais de service aux premières batteries, au moment où le jour commençait à poindre ; et aussitôt le canon du fort se fait entendre dans la direction de la Falaise. Ce bruit donnant l'éveil à une chaloupe canonnière anglaise postée dans le voisinage, elle découvre à son tour la colonne de gauche que conduisait Humbert, et fait feu. Cette colonne, dans les rangs de laquelle marchait le célèbre auteur de la *Marseillaise*, Rouget de Lisle, était sans défense contre la mitraille : elle se disperse, les uns se portant du côté de Sainte-Barbe, les autres vers la division centrale [2]. Mais là aussi l'artillerie du fort avait mis le désordre ; et déjà les soldats reprenaient le chemin de leurs lignes, lorsque tout à coup

---

[1] Sur la prise du fort Penthièvre, Voy., en les rapprochant, le récit de Vauban, *Mémoires*, p. 97-98 ; celui de Puisaye, *Mémoires*, t. VI, p. 474 et 540; celui de Hoche, dans le *Moniteur*, an III, numéro 315, et enfin le rapport officiel de Tallien, *ibid*.

[2] Rouget de Lisle, p. 77, t. II des *Mémoires de Tous*.

un cri retentit : « Un détachement des nôtres a pénétré. » Ils lèvent les yeux vers le fort : le drapeau tricolore y flottait à la place de l'étendard royaliste. En cet instant même, le général Botta reçoit une blessure mortelle, et tombe en criant : Vive la République [1]! Quelques-uns racontent que, pour mieux animer les soldats, le général Lemoine les gourmanda en ces termes : « Lâches, vous fuyez, et nous sommes maîtres du fort.[2] » Eux, pour toute réponse, courent sur les batteries la baïonnette en avant, s'en emparent, entrent dans le fort à leur tour. Ce fut alors que la première compagnie du bataillon d'Hervilly s'y présenta. Cantonné à K'ostein, à un quart de lieue du fort Penthièvre, ce bataillon s'était mis en marche, au premier bruit de l'attaque, croyant aller défendre le fort. La première compagnie est taillée en pièces. De la seconde, qui suivait, une partie prend la fuite, le reste se joint aux assaillants, au cri mille fois répété de : Vive la République! Le lieutenant-colonel, comte d'Attilly, fut tué en arrivant, et tué par ses propres soldats. Le comte de Grammont et le lieutenant Saint-Didier ne purent pas même, selon le mot douloureux de Vauban, se faire tuer [3]!

Puisaye, qui, au bruit, s'était élancé de son lit, accourait, lorsqu'un hussard lui apporte la sombre nouvelle. Désespéré, il tourne bride et prend le chemin du quartier de Sombreuil, placé à plus de deux lieues de là. Beaucoup de pauvres paysans le suivaient, pâles, éperdus, et courant presque aussi vite que les chevaux qui l'emportaient, lui et son escorte [4].

Averti, à son tour, par le canon, Sombreuil avait mis

---

[1] Rouget de Lisle, *Mémoires de Tous*, t. II, p. 77.
[2] Relation manuscrite du chevalier de Chalus, dans les *Papiers de Puisaye*, vol. CVIII. Manuscrits du British Museum.
[3] Vauban, *Mémoires*, p. 97-98.
[4] *Mémoires de Puisaye*, t. VI, p. 516.

sa division sous les armes, et s'avançait. Mais à peine
avait-il fait un quart de lieue, qu'il vit paraître des cen-
taines d'hommes qui, échappés au carnage, arrivaient
tout couverts de sang. Il se retourne vers les siens, le
visage bouleversé, et leur dit, avec un trouble qu'il ne
cherchait pas à cacher : « Mes amis, le fort est pris,
mais nous allons le reprendre à la baïonnette. Re-
plions-nous sur nos camarades, qui tout à l'heure vont
nous rejoindre [1]. » En effet, la division de Sombreuil ne
se fut pas plutôt repliée, qu'elle rencontra les régiments
de Béon et Damas, postés plus loin, en arrière du fort
Penthièvre [2].

Malheureusement pour les royalistes, il y avait parmi
eux beaucoup de femmes de la campagne, qu'avaient
attirées dans la presqu'île, soit la curiosité, soit le désir
d'apporter des vivres à leurs maris. Hoche ayant pris position à la tête de l'isthme, elles n'avaient pu ressortir. A
l'aspect des malheureux qui revenaient du fort défigurés
et sanglants, ces femmes prennent la fuite, les unes portant dans leurs bras leurs bagages, les autres pressant
leurs enfants contre leur sein, et toutes remplissant l'air
de cris lamentables. Les soldats républicains ne tardèrent pas à se montrer; et, alors, plus de trois mille
Chouans se mirent à fuir, comme les femmes, dans la
direction du petit fort Saint-Pierre, jetant au loin leurs
fusils, se dépouillant de leurs habits rouges [3], et « maudissant le jour qui avait jeté les émigrés sur leurs
côtes [4]. »

Puisaye, en abordant Sombreuil, le trouva très-inquiet

---

[1] Relation manuscrite du chevalier de Chalus, vol. CVIII des *Papiers de Puisaye*. Manuscrits du British Museum.

[2] *Ibid.*

[3] *Ibid.*

[4] C'est Puisaye qui s'exprime ainsi ! Voy. ses *Mémoires*, t. VI, p. 476.

et très-étonné de ne voir arriver ni les chaloupes armées ni celles de débarquement. Puisaye avait déjà envoyé un pilote nommé Rohu à sir John Warren, pour lui demander la protection de ses chaloupes : il ordonne au marquis de la Jaille d'aller chercher une réponse, et ce dernier part. Le temps s'écoulait... Les inquiétudes de Sombreuil redoublant : « Au nom de Dieu, dit-il à Puisaye, — s'il faut en croire celui-ci — allez trouver vous-même le commodore. Cela est nécessaire au salut de tout ce qui reste ici d'honnêtes gens. » Puisaye répondit — toujours d'après ce qu'il assure : « Eh bien, j'y consens. Songez à conduire votre retraite sur le port Aliguen avec assez de mesure pour que les chaloupes aient le temps d'arriver et que l'embarquement s'effectue avec le plus d'ordre possible. Faites embarquer le régiment de la Marine le premier. Par-dessus tout, gardez-vous de croire qu'on puisse traiter avec l'ennemi. Quelque capitulation que vous offrissent ces gens-là, vous et vos officiers n'en seriez pas moins massacrés [1]. » Il se rendit sans plus de délai au port Aliguen, où il rencontra le marquis de la Jaille, qui n'avait pu encore s'embarquer. Ils montèrent sur des bateaux séparés, et se dirigèrent vers la *Pomone*, où le marquis de la Jaille arriva le premier, le patron du bateau qui portait Puisaye n'ayant voulu mettre qu'une de ses voiles, à cause de la violence du vent et de l'agitation de la mer [2].

Une lettre de Sombreuil, dont il sera question plus loin, donne au récit de Puisaye un démenti terrible. En tout cas, même en supposant que le motif qui le décida, comme il l'affirme, à partir, fût le désir de sauver sa correspondance et les secrets redoutables qu'elle contenait, il faut le plaindre de n'avoir pas compris qu'il pou-

[1] Récit manuscrit de Puisaye, vol. CVIII de ses *Papiers*. Manuscrits du British Museum.

[2] Récit manuscrit du marquis de la Jaille. *Ibid.*

vait, qu'il devait confier ce soin à un autre : pour lui,
l'auteur et le chef de cette fatale entreprise, il n'y avait
de possible qu'une de ces deux choses : être le dernier à
quitter le rivage, ou mourir.

Pendant ce temps, les grenadiers républicains péné-
traient dans la profondeur de la presqu'île, chassant devant eux la foule éplorée des femmes, des enfants et des
vieillards.

Sombreuil, qui battait en retraite, fait halte aussitôt
qu'il se trouve avoir atteint le port Aliguen, et dispose
ses troupes dans une position assez favorable. Il avait autour de lui les restes des régiments de la Marine, de du
Dresnay, d'Hervilly et de Royal-Émigrant, ne formant pas
moins de 3,500 hommes. Or, les républicains envoyés
à sa poursuite s'élevaient à peine au nombre de
700 hommes, Hoche ayant sans doute jugé ce nombre
suffisant pour délivrer la presqu'île, et ne voulant pas
tout exterminer [1]. Le combat commence. Mais, parmi les
royalistes, les gémissements des femmes, les cris des
enfants, avaient troublé le cœur des plus intrépides. A
une demi-lieue derrière eux était le fort Saint-Pierre. Une
partie des soldats de Sombreuil prend la fuite de ce côté;
le torrent de la déroute entraîne les autres, et tous arrivent pêle-mêle au fort Saint-Pierre [2]... Au delà, c'était
l'Océan.

Les républicains avançaient toujours.

Nous avons laissé Puisaye à bord de la *Pomone*. Son
récit manuscrit contient le saisissant passage que voici :
« Je trouvai sir John Warren très-irrité de ce que,
*malgré les signaux qu'il avait réitérés depuis l'arrivée de*

[1] Voy. l'hommage que, sur ce point, Puisaye lui-même rend à la modération de Hoche, dans le tome VI de ses *Mémoires*, p. 585.

[2] Relation manuscrite du chevalier de Chalus, qui était là, dans les
*Papiers de Puisaye*, vol. CVIII. Manuscrits du British Museum.

*Rohu, les transports n'eussent point mis leurs chaloupes à
la mer [1] !* » Il fallut répéter le signal [2]; les chaloupes
canonnières se mirent enfin en mouvement, et la corvette
anglaise l'*Alouette*, embossée à demi-portée du rivage,
commença son feu.

Hoche était, en ce moment, devant le fort Saint-Pierre,
à la tête de ses grenadiers, qu'il avait rangés en bataille
dans un fond, de manière à les mettre à l'abri du feu des
Anglais [3]. « Amis, crie-t-il aux siens, prenez haleine, et
finissons-en. » Puis, s'adressant à un petit tambour, qui
était près de lui : « Toi, tiens-toi prêt à battre la charge [4]. »
Voyant Rouget de Lisle très-ému à l'idée de ce qui allait
se passer, et probablement plus ému lui-même qu'il
n'osait le paraître : « Eh bien, allez leur signifier de rendre les armes, ou qu'ils seront jetés à la mer. » Il ajouta :
« Qu'ils fassent cesser le feu des Anglais. Si je perds un
homme, ils sont tous morts [5]. »

Rouget de Lisle pousse son cheval vers le fort. Une
affreuse agitation y régnait. A son approche, beaucoup
accourent au bord du rocher. Il leur transmet les paroles
de Hoche. Une voix cria : « Eh, monsieur, vous voyez
bien que les Anglais tirent sur nous comme sur vous [6] ! »
C'était calomnier, non pas les Anglais seulement, mais
l'espèce humaine. Au même instant, Rouget de Lisle
entendit derrière lui le galop d'un cheval, et vit paraître
Ménage qui accourait le sabre à la main, la tête enveloppée d'un mouchoir blanc. Les royalistes profitant du
répit qui leur était laissé, pour se précipiter vers le petit
nombre de barques à leur portée, Ménage s'en plaint

[1] *Papiers de Puisaye*, vol. CVIII. Manuscrits du British Museum.
[2] *Ibid.*
[3] Récit de Rouget de Lisle, qui était présent, p. 95 du tome II des
*Mémoires de Tous.*
[4] *Ibid.*
[5] *Ibid.*, p. 96-98.
[6] *Ibid*

avec colère, et s'écrie : « N'y a-t-il donc plus que des émigrés parmi vous ? N'y a-t-il plus de Français ? » Beaucoup [1] s'élancent, en entendant ces mots, au bord de la roche, se jettent à corps perdu dans la plaine et entourent Ménage, que plusieurs prirent pour le général Humbert [2].

Il paraît certain que quelques soldats républicains, saisis d'horreur et de pitié, à l'idée d'égorger des Français, eux Français, sous les yeux d'une flotte anglaise, crièrent : « Rendez-vous, on ne vous fera rien ; » et si ce cri fut, plus tard, nié par Hoche, c'est qu'il ne l'entendit pas, le mensonge étant impossible à des hommes de sa trempe. Mais, ce qui est encore plus certain, c'est que les émigrés n'eurent que trop l'occasion de connaître d'avance le sort qui les attendait. Le chevalier de Chalus raconte avoir entendu un officier républicain leur dire : « Si vous vous rendez, vous serez tous fusillés. Sauvez-vous, sauvez-vous ! » Et sur l'observation de Chalus qu'il n'y avait point de barques, l'officier républicain répondit avec une émotion profonde : « Je ne puis vous en dire davantage. Ah ! malheureuse opinion, que tu vas faire de victimes [3] ! »

Quant à cette prétendue capitulation dont on a tant parlé depuis, et qui, malgré les dénégations formelles de Hoche [4], malgré celles de Rouget de Lisle [5], est restée

---

[1] « Tout ce qui n'était pas émigré, » dit Rouget de Lisle, mais la suite des faits indique que, parmi ceux qui se mirent en contact avec les républicains, il y avait aussi des émigrés.

[2] Il importe d'en faire la remarque, parce que cette erreur explique certaines contradictions apparentes qui, même l'esprit de parti à part, existent entre le récit de Rouget de Lisle et celui de royalistes, comme lui témoins oculaires.

[3] Relation manuscrite du chevalier de Chalus, dans les *Papiers de Puisaye*, vol. CVIII. Manuscrits du British Museum.

[4] Lettre de Hoche aux journaux, à la date du 16 thermidor.

[5] Voy. son récit dans le tome II des *Mémoires de Tous*.

au nombre des points historiques débattus, le passage suivant du manuscrit du chevalier de Chalus nous semble résoudre définitivement la question.

«... Un instant après, MM. de Sombreuil et Humbert, — l'auteur prend ici Ménage pour Humbert — se séparèrent. M. de Sombreuil, passant devant le front du fort, nous dit : « Mes amis, sauvez-vous, ou mettez bas les « armes. » En prononçant ces mots, il allait fort vite. Je sautai à la bride de son cheval, et l'arrêtai en lui disant : « Général, comment l'entendez-vous? Avez-vous fait des « conditions? Est-ce que les émigrés ne seront pas fusil- « lés? » Comme j'achevais de prononcer ces paroles, le hussard de M. de Sombreuil, qui était Allemand, me déchargea un coup de sabre, que je parai, en menaçant cet homme de le tuer. M. de Sombreuil lui parla aussi, et me dit : « Mon ami, nous sommes perdus, sauvez-vous. » Je répondis : « Cela n'est pas possible, il ne paraît pas « de chaloupes. » M. de Sombreuil aussitôt piqua des deux vers la côte, s'élança sur un rocher, et s'efforça de se précipiter dans la mer; mais son cheval prit le mors aux dents, et sauta sur la terre à dix pas. « Il est donc écrit « que je ne périrai pas dans les flots! » s'écria Sombreuil, et il retourna avec la même vitesse [1]. »

De fait, il n'y eut pas de capitulation, et il ne pouvait y en avoir : il y eut sommation de mettre bas les armes, sous peine d'un massacre immédiat, sommation à laquelle se mêlèrent des cris de : « On ne vous fera rien, » adressés à ceux qui n'étaient pas émigrés, et proférés çà et là par des voix inconnues. A des Français combattant contre leur pays sous le drapeau de l'étranger, et pris les armes à la main, la loi n'accordait pas de quartier : quel général eût osé se mettre, en cette circonstance, à

[1] Récit manuscrit du chevalier de Chalus, dans les *Papiers de Puisaye*, vol. CVIII. Manuscrits du British Museum.

la place de la loi ! Aussi, quand le chevalier de Chalus demanda à Sombreuil : « Avez-vous fait des conditions ? Est-ce que les émigrés ne seront pas fusillés ? » que répondit Sombreuil ? Rien, et, ne songeant plus qu'à se sauver, il poussa son cheval vers la mer.

Ce qui est vrai, c'est que, par une illusion bien concevable, beaucoup, parmi les royalistes, crurent réellement qu'ils auraient la vie sauve, s'ils se rendaient. Lorsque Boson de Périgord, envoyé pour faire cesser le feu des Anglais, aborda sir John Warren sur la *Pomone*, il lui dit expressément que Sombreuil avait fait une capitulation honorable. Puisaye, qui n'y croyait pas, pressa le commodore de continuer le feu[1], et l'y aurait probablement décidé, si un officier de marine, nommé de Géry[2], ne fût venu à la nage dire à l'amiral anglais, de la part de Sombreuil, que, si le feu ne cessait, « tout allait être égorgé. » Sir John donna l'ordre sollicité, mais il envoya à terre le lieutenant Cotton avec un billet que le marquis de la Jaille écrivit et qui était conçu en ces termes : « Le commodore demande quelles sont les conditions de la capitulation[3]. » Hoche renvoya le billet, en disant · « Qu'une pareille missive ne méritait pas de réponse[4]. »

Au reste, l'illusion dont beaucoup de royalistes se ber-

[1] Récit manuscrit de Puisaye, vol. CVIII de ses *Papiers*. Manuscrits du British Museum.

[2] Relation de Chaumereix, officier de marine, échappé au massacre de Quiberon, p. 7 et 8.

[3] Récit manuscrit du marquis de la Jaille, dans les *Papiers de Puisaye*, vol. CVIII. Manuscrits du British Museum.

[4] Rouget de Lisle, p. 107-108, t. II, des *Mémoires de Tous*.

Le marquis de la Jaille dit que le lieutenant Cotton rapporta une réponse verbale, de laquelle il résultait que, le général républicain et le représentant du peuple étant à Auray, les articles de la capitulation ne pourraient être arrêtés que le lendemain. Le témoignage de Rouget de Lisle, présent quand la réponse de Hoche fut donnée, dit assez que le marquis de la Jaille se trompe ici.

cèrent, fut loin d'être partagée par tous; et la preuve, c'est que plusieurs d'entre eux refusèrent de se rendre, et furent massacrés sur-le-champ : d'autres se retirèrent dans les rochers et se jetèrent sur la pointe de leurs épées; d'autres enfin se précipitèrent dans les flots et y périrent[1].

Vauban avait prévenu Sombreuil qu'il n'y aurait pas de quartier : préférant, quant à lui, le risque d'être noyé à la certitude d'être fusillé, il entra dans la mer[2].

Jamais plus lamentable spectacle ne s'offrit au regard des hommes! Là étaient déjà, luttant avec angoisse contre les flots qu'ils dépassaient à peine de la tête, près de dix-huit cents royalistes : officiers, soldats, paysans, parmi lesquels des femmes. Tout ce que l'escadre anglaise pouvait pour leur salut, elle le fit; et si le tardif envoi des chaloupes fut un malheur, la faute n'en doit pas être attribuée à sir John Warren, dont on a vu que les signaux ne furent pas exécutés. Quant à lui, sa conduite fut jusqu'au bout d'une loyauté parfaite, et son zèle trouva de dignes émules dans plusieurs de ses officiers, et notamment dans le capitaine Keats. Ceux qui ont prétendu le contraire, ont trahi la vérité. Mais, hélas! les embarcations n'approchaient qu'avec une peine infinie, repoussées qu'elles étaient par la marée et par le vent. Et puis, la crainte d'exposer les bateaux à chavirer en recevant une charge trop lourde les retenait forcément à quelques pas du rivage. Il fallait y arriver en fendant les vagues; il fallait pouvoir saisir à temps le cordage, la perche ou l'aviron que tendaient à ces infortunés les matelots envoyés à leur secours. Ceux qui avaient des amis parmi les Anglais, les appelaient à grands cris; les généraux royalistes, tenant au dessus des eaux

[1] Voy. les *Mémoires de Puisaye*, t. VI, p. 548, 549.
[2] *Mémoires de Vauban*, p, 103.

leurs chapeaux surmontés d'un panache blanc, l'agitaient en l'air pour se faire reconnaître de ceux de l'escadre. Il y eut des scènes effroyables. Un ancien page du prince de Condé, nommé Rouxeville, se sauvait à la nage. Il atteint une chaloupe et en saisit le bord de la main droite : un coup de sabre le force à lâcher prise ; de la main gauche, il s'accroche au bordage : un autre coup de sabre lui abat la main, et il est englouti dans les flots. Plusieurs périrent de cette manière. C'était, dans toute son horreur, un naufrage, et pis qu'un naufrage ; car de la côte, on faisait feu sur les têtes qui se mouvaient au dessus de l'abîme[1] !

Le fort Saint-Pierre était évacué, lorsque Tallien et Blad s'y présentèrent. Un aide de camp, qui les attendait à l'entrée, leur rapporta qu'à l'extrémité de la plateforme, élevée à pic de plusieurs toises au-dessus de la mer, il avait rencontré un jeune homme d'une beauté frappante, qui demandait à avoir un entretien avec Hoche. Ce jeune homme était Sombreuil. L'entrevue qu'il désirait lui fut accordée ; et Rouget de Lisle, qui a conservé ces détails à l'histoire, écrit : « En débouchant sur la plate-forme, nous vîmes Hoche et Sombreuil qui se promenaient paisiblement l'un à côté de l'autre, tout au bord du rocher, Hoche le plus près du bord ; de sorte que, d'un coup de coude, le chef royaliste pouvait précipiter le général républicain, de cinquante ou soixante pieds, dans la mer[2]. »

Mais ils avaient l'âme trop haute ; l'un pour com-

---

[1] Voy. les *Mémoires de Puisaye*, t. VI, p. 525 et 598 ; les *Mémoires de Vauban*, p. 103-105. — L'abbé Montgaillard affirme, t. IV, p. 343, que l'ordre de couper la main à Rouxeville fut donné par un officier anglais. De son côté, Puisaye assure que ceux qui en abordant les chaloupes menaçaient de les faire chavirer, furent précipités à la mer par leurs propres compatriotes.

[2] Récit de Rouget de Lisle, dans le tome II des *Mémoires de Tous*, p. 101-102.

mettre cet acte de trahison, l'autre pour le craindre.

Hoche présenta Sombreuil aux deux représentants. Blad ayant assez inconsidérément nommé la sœur de Sombreuil : « Monsieur, lui dit ce dernier, les malheurs de ma famille sont connus, il m'a dû être permis de les venger. » Tallien répliqua avec calme et dignité : « Nous et les nôtres, nous avons été ou failli être les victimes des horreurs dont vous parlez ; cela ne nous a point engagés à prendre les armes contre notre patrie. » Selon le récit de Rouget de Lisle, qui était présent, Sombreuil ne répondit que par un geste de résignation[1]. Il aurait voulu qu'on lui permît de se rendre, pour une heure, sur la flotte, afin, disait-il, d'aller démasquer les auteurs de la catastrophe. Sur le refus de Tallien, et sur l'observation de Hoche qu'il était prisonnier, il détacha son sabre, en tira la lame, et, après l'avoir portée à ses lèvres, la remit à Tallien[2].

Le 8 juillet, le marquis de la Jaille avait écrit à Windham, au sujet des prisonniers républicains : « J'oubliais, monsieur, de vous dire, par l'ordre du général en chef (Puisaye), que les prisonniers qui seront transférés en Angleterre ne sont, par aucune raison, susceptibles d'indulgence... Le général Puisaye a protégé tous les prisonniers qui vous sont envoyés, mais sa pitié ne va pas jusqu'à pardonner au crime, et ce n'est pas trop que d'exiger de votre justice que vous confondiez, dans les prisons, les officiers qui ont refusé de prêter serment de fidélité au roi avec les scélérats dont les excès ont prononcé l'arrêt[3]. »

Or, d'après un témoignage royaliste, les émigrés faits

[1] Récit de Rouget de Lisle, dans le tome II des *Mémoires de Tous*, p. 101-102.

[2] *Ibid.*

[3] Lettre du marquis de la Jaille à M. Windham, en date du 8 juillet 1795, dans les *Papiers de Puisaye*, vol. IX. Manuscrits du British Museum.

prisonniers à Quiberon traversèrent l'armée républicaine sans entendre un seul mot qui insultât à leur malheur ou fût de nature à l'aggraver [1]. Tel était le sentiment d'humanité qui animait les soldats républicains, qu'on en vit plusieurs escorter de vieux chevaliers de Saint-Louis, les soutenir, les aider à marcher, et donner leurs shakos à ceux dont la tête chauve était exposée nue aux injures de l'air [2]. D'autres s'empressèrent de partager leurs rations de pain noir avec les prisonniers [3]. Les femmes chouannes, leurs enfants, furent mis en liberté, et cette mesure fut accueillie dans l'armée avec la joie la plus généreuse [4].

Enfin l'escadre anglaise s'éloigna de ces côtes ensanglantées; et, le 6 thermidor (24 juillet) Hoche écrivit au Comité de salut public : « Quiberon offre à l'œil le spectacle du port d'Amsterdam. Il est couvert de ballots, de tonneaux, de caisses remplies d'armes, de farines, de légumes secs, de vins, liqueurs fortes, sucre, café, etc... Il paraîtra surprenant qu'un bataillon d'infanterie se soit emparé de bâtiments chargés de riz, de légumes, de sucre : ce fait est cependant réel [5]. »

Puisaye avait apporté plus de dix milliards de faux assignats : ils furent déchirés en morceaux et foulés aux pieds par les soldats [6].

Des prisonniers, l'on forma deux colonnes, qui furent dirigées sur Auray, l'une le 21 juillet, et l'autre deux

---

[1] Relation du chevalier de Chalus, vol. CVIII des *Papiers de Puisaye*. Manuscrits du British Museum.

[2] Récit de Rouget de Lisle, p. 100-101, t. II des *Mémoires de Tous*.

[3] Relation du chevalier de Chalus, vol. CVIII des *Papiers de Puisaye*. Manuscrits du British Museum.

[4] Sur cette conduite des soldats républicains, tous les témoignages s'accordent. A cet égard, le chevalier de Chalus parle comme Hoche, Chaumereix comme Tallien et Rouget de Lisle.

[5] *Correspondance de Hoche.*

[6] *Ibid.*

jours après. Sombreuil et l'évêque de Dol faisaient partie de l'une d'elles[1]. On avait à cheminer dans un pays
où le royalisme dominait, le long d'une route bordée de
haies et de fossés, et six cents républicains seulement
avaient charge d'escorter plus de trois mille royalistes.
Plusieurs s'évadèrent. Les autres n'essayèrent même pas
de se dérober à leur sort, quoique l'attitude de l'escorte
semblât les y inviter. Le chevalier de Chalus raconte
qu'un de ceux qui les conduisaient lui dit : « Sauvez-vous,
monsieur, sauvez-vous ! Il y a déjà assez de victimes[2] ! »

Quand la seconde colonne arriva à Auray, il était neuf
heures du soir. Nulle part en France le royalisme ne comptait plus de partisans qu'à Auray. Aussi l'émotion y fut-
elle extrême quand les prisonniers y parurent. Toutes les
femmes étaient aux fenêtres avec des flambeaux ; et l'expression de leurs visages disait assez de quel sentiment
leurs cœurs étaient agités[3]. On plaça d'abord Sombreuil
et ses compagnons dans une église : mais, le lendemain,
les officiers, séparés des soldats, furent transférés dans
une maison d'arrêt, où les habitants d'Auray vinrent de
toutes parts leur apporter du vin, des fruits, des fleurs,
que les soldats de garde leur remettaient avec la plus
grande fidélité[4].

Hoche avait demandé au Comité de salut public qu'on
épargnât « ceux qui n'étaient pas chefs ; » et il était
certes au pouvoir de la Convention, puisqu'elle faisait la
loi, d'en adoucir, en cette occasion, la rigueur. Mais
Tallien était là ! Rouget de Lisle, qui l'avait accompagné
lorsqu'il se rendait à Quiberon, et l'accompagna lorsqu'il

---

[1] Récit de Rouget de Lisle, p. 3, dans le tome II des *Mémoires de Tous*.

[2] Relation du chevalier de Chalus, citée par Puisaye, *Mémoires*, t. VI, p. 557.

[3] *Relation de M. de Chaumereix, officier de la marine, échappé au massacre de Quiberon*. Londres, 1795.

[4] *Ibid.*, p. 15-17.

revint à Paris, assure que, pendant la route, il se montra fort enclin à la douceur, mais qu'une fois à Paris il changea de dispositions, ayant reçu des renseignements qui lui firent craindre de s'être compromis avec les royalistes.

Ce qui est certain, c'est que le 9 thermidor (27 juillet), jour anniversaire de la chute de Robespierre, et pendant qu'on la célébrait en grande pompe, Tallien courut renouveler, à la Convention, la mise en scène qui, un an auparavant, lui avait si bien réussi. Au milieu de son rapport, il saisit un poignard, et le faisant briller du haut de la tribune, il s'écrie : « Il faut apprendre à toutes les nations qu'un animal ayant été frappé de ce poignard, il a été vérifié que la blessure était empoisonnée. » Il affirma que c'était là « l'arme dont tous ces chevaliers étaient armés[1]. » Le rapport, d'une violence étudiée, contenait ces mots significatifs : « En vain nous envoient-ils des parlementaires... Qu'y avait-il de commun entre nous que la vengeance et la mort[2] ? »

Les Thermidoriens, qui, dans les royalistes, leurs alliés de circonstance, avaient fini par craindre d'avoir des maîtres, applaudirent ; et ceux des royalistes déguisés qui avaient aidé les Montagnards, ennemis de Robespierre, à le renverser, se continrent, n'osant se donner pour ce qu'ils étaient, dans un moment où le royalisme venait d'être écrasé. Ce fut là ce qui décida de la vie des prisonniers faits à Quiberon.

Le 10 thermidor (28 juillet), un officier de gendarmerie alla chercher, à Auray, Charles de Sombreuil, Joseph de Broglie ; de La Londel, chef des Chouans ; l'évêque de Dol, et quatorze prêtres. Ils furent conduits à Vannes[3].

---

[1] *Moniteur*, an III, 1795, numéro 315.
[2] *Ibid.*
[3] Chaumereix, *Relation* déjà citée, p. 19.

Pour juger ceux qu'on laissait à Auray, on forma, dès le lendemain même, une commission militaire dans laquelle il fallut appeler des Belges et d'autres étrangers, par suite de la répugnance des officiers français à y siéger [1].

Hoche s'était éloigné d'un théâtre où il y avait à frapper, alors qu'il n'y avait plus à combattre; mais avant de partir, il tenta de soustraire à la mort Sombreuil dont la jeunesse, le courage et les grandes qualités d'âme, l'avaient profondément ému. Les prisonniers avaient été renfermés dans la cathédrale de Vannes : pendant la nuit, Borelli, aide de camp de Hoche, y pénétra, et s'approchant de Sombreuil, qui était couché sur un matelas, près du maître-autel, il lui proposa de la part de son général de faciliter sa fuite. A ces offres, Sombreuil répondit : « Je suis prêt à partir si je puis emmener avec moi tous mes compagnons ; sinon, je reste. J'ai quitté pour venir une femme que j'adore et que j'allais épouser, mais je dois l'exemple à mes soldats : à la bataille, comme à la mort, je marcherai le premier [2]. »

Après le départ de Hoche, ce fut au général Lemoine qu'échut le triste soin de présider aux exécutions. Le 30, il arrive à Auray, menace de faire fusiller tout militaire qui refusera de faire partie d'une commission, casse celle d'Auray, et en établit trois autres, une pour cette dernière ville, une seconde pour Quiberon, et la troisième pour Vannes, où il y en avait

[1] Chaumereix, *Relation* déjà citée, p. 19. 7
C'est par cette commission d'Auray, et le 27 juillet, que M. de Barante, *Histoire de la Convention*, t. VI, p. 59, fait condamner Sombreuil. Le récit de Chaumereix prouve, de reste, combien M. de Barante se trompe. Sombreuil, l'évêque de Dol, etc., furent transférés à Vannes, le 28 juillet, et ce fut à Vannes qu'ils furent, d'abord jugés, puis exécutés.

[2] Nous tenons ce fait, aussi honorable pour Hoche que pour Sombreuil, de M. Maxime Du Camp qui lui-même l'a entendu raconter au lieutenant général Borelli, pair de France.

déjà une, qui venait de juger l'évêque de Dol et Sombreuil[1].

L'exécution de ces infortunés, telle que le tableau en
est tracé dans une lettre envoyée à Chaumereix par une
femme qui l'aimait, présente quelques détails d'un intérêt navrant. Comme on liait aux condamnés les mains
derrière le dos, Sombreuil, quand vint son tour, se ré-
cria contre cette humiliation. « Votre roi a bien été attaché, » lui dit-on, et il se soumit. On conduisit les condamnés sur la place publique de Vannes, appelée la Ga-
renne. Sombreuil marchait le premier. Arrivé au lieu
de l'exécution, il refusa de se mettre à genoux. L'évêque
de Dol demanda qu'on lui découvrît la tête. On présenta
un bandeau à Sombreuil. « Non, dit-il, j'aime à voir mon
ennemi. » Lorsque les soldats le mirent en joue, il leur
cria : « Visez plus à droite, vous me manqueriez. » Ces
mots étaient à peine prononcés, qu'il tomba mort[2].

Quelques-uns racontent[3] que, devant ses juges, il avait
invoqué la protection de cette capitulation dont les royalistes firent alors et ont fait depuis tant de bruit. Pour
l'honneur de Sombreuil lui-même, il faut douter de cette
circonstance. S'il s'était cru en droit d'invoquer une capitulation, c'est ce qu'il n'eût certes pas négligé de faire
en termes formels dans la lettre que, le 4 thermidor
(22 juillet), il avait, pour sauver ses compagnons, adressée à Hoche. Or, voici, sur le point en question, ce que
contient cette lettre.

« Toutes vos troupes se sont engagées envers le petit
nombre qui me restait, qui aurait dû nécessairement suc-

---

[1] Chaumereix, *Relation* précitée, p. 20.
[2] *Ibid.*, p. 21, 22.
[3] Chaumereix, par exemple; mais il faut remarquer que ce n'est plus
comme témoin oculaire qu'il parle ici : il ne fait que transcrire des détails contenus dans une lettre à lui envoyée par une femme nommée So-
phie, et qui n'est même pas de l'écriture de cette femme.

comber[1]. Mais, monsieur, la parole de tous ceux qui sont
venus dans les rangs la leur donner doit être sacrée pour
vous. Je m'adresse à vous pour la faire valoir. S'ils
ne doivent pas y compter, veuillez m'annoncer leur
sort[2]. »

On le voit, Sombreuil, en termes très-obscurs et très-
embarrassés, fait ici allusion à des promesses qu'il ne
spécifie pas, émanées d'hommes qu'il ne peut nommer ;
mais d'une capitulation arrêtée entre lui et Hoche — capitulation dont il n'aurait pas manqué, si elle eût existé,
de rappeler à Hoche d'une manière précise, et les circonstances, et les termes — pas un mot ! Ce document,
qu'on a, ou ignoré, ou voulu ignorer, est décisif.

Sombreuil, avant de mourir, avait écrit une autre
ettre, celle-ci adressée à sir John Warren. La conduite
de Puisaye au moment du désastre y était flétrie comme
celle d'un « fourbe et d'un lâche[3]. »

Cette lettre, remise à Hoche pour qu'il la fît tenir au
commodore anglais, fut publiée par le général républicain, et cette publicité donnée aux anathèmes d'un
homme tel que Sombreuil, lorsqu'il était à la veille de
mourir, fut un coup de foudre pour Puisaye. Lui, se rejeta sur ce que c'était là un document fabriqué. Hoche,
un faussaire ! C'est un trait caractéristique des royalistes,
que certains d'entre eux aient pu imaginer un seul instant qu'on croirait cela[4] !

---

[1] Ce fait, avancé par Sombreuil, était inexact. Les témoignages, rapprochés de Hoche, de Vauban, de Puisaye, du chevalier de Chalus, etc...,
établissent surabondamment que, dans le dernier acte de la tragédie de
Quiberon, en avant du fort Saint-Pierre, le désavantage du nombre était
du côté des républicains.

[2] *Correspondance secrète de Puisaye, Charette, Stofflet et autres*,
tome II, p. 322-323.

[3] Voy. le texte de cette lettre dans la correspondance précitée.

[4] Puisaye, dans le dernier volume de ses *Mémoires*, a recours, pour
prouver que cette terrible lettre *ne pouvait pas être* de Sombreuil, à tou-

Il importe de remarquer que les conseils de guerre chargés de juger les prisonniers de Quiberon eurent soin de distinguer entre les émigrés et les soldats que les émigrés avaient enrôlés. Ces derniers échappèrent aux sévérités de la loi. Il en fut de même de ceux qui parlaient quelque langue étrangère : les juges crurent ou feignirent de croire qu'ils n'étaient pas Français[1]. Quant à ceux qui, ayant émigré, s'étaient mis à la solde de l'étranger et étaient venus avec lui porter la guerre en France, ils furent déclarés traîtres à la patrie, condamnés comme tels, et fusillés.

Charette n'avait pas attendu jusque-là pour violer la foi jurée, rompre la pacification, reprendre les armes, et il l'avait fait brusquement, sans dénoncer la trêve[2], à la façon d'un héros... de grand chemin. Au poste des Essarts, sur lequel il était tombé à l'improviste, les républicains étaient dans une telle confiance, que beaucoup d'entre eux furent surpris jouant aux boules[3].

Dans un mémoire manuscrit de Puisaye, qui est au British Museum, on trouve la révélation du secret affreux que voici : « Stofflet — écrit Puisaye — était l'objet de la vénération et de la confiance de la majeure partie de la Vendée. Sa droiture, sa fermeté, étaient incorrup-

---

tes sortes de subtilités, tellement puériles et ridicules qu'elles seraient inconcevables, si elles ne s'expliquaient par l'intérêt immense qu'il avait à repousser une accusation aussi grave, et à la repousser coûte que coûte.

Il est juste de dire qu'à son lit de mort, d'Hervilly disculpa généreusement Puisaye des fautes commises, dont il se déclara responsable, en présence du marquis de Bulleroy et du marquis de la Jaille. Leur attestation qui fait partie des *Papiers de Puisaye*, est sous nos yeux.

[1] *Mémoires sur la guerre civile de la Vendée*, par un ancien administrateur militaire, p. 208. Collection des Mémoires relatifs à la Révolution française.

[2] *Mémoires de madame de la Rochejaquelein*, n° XIV des éclaircissements historiques, p. 504.

[3] *Ibid.*

tibles. Il devait donc être suspect, au moins incommode.
Le chevalier d'Autichamp reçut, par une lettre de M. de
Charette, l'ordre de le faire périr. Cet ordre, encore
dans les mains de d'Autichamp, a été communiqué par
lui-même à Georges Cadoudal[1]. »

Voilà ce qu'était Charette ! Il y avait de la bête fauve
dans cet homme, et la bête fauve se réveilla en lui, aussitôt qu'il apprit la mort de Sombreuil et de ses compagnons. Mettant odieusement sur la même ligne les prisonniers que, lui, rebelle et parjure, avait faits à la suite
d'une trahison, et les Français qui, à Quiberon, avaient
été pris les armes à la main, combattant contre leur
pays dans les rangs de l'étranger, dont ils servaient les
desseins et touchaient la solde, il s'attribua ce qu'il ne
rougissait pas d'appeler le droit de représailles. Mais il
ne se donna pas, lui, la peine de nommer des commissions militaires et d'imaginer des distinctions clémentes :
non, il fit tout simplement traîner cent républicains qui
étaient en son pouvoir, dans un bois, où on les assomma
à coups de pieu et de bâton. D'autres furent tués, par
son ordre, dans la cour du château de Belleville. C'était
un dimanche ; et, au moment même où tombaient les
victimes, — assez près des mourants pour que leurs cris
parvinssent à son oreille — Charette entendait la messe[2] !

---

[1] Vol. CVIII des *Papiers de Puisaye*. Manuscrits du British Museum.

[2] Voy. les éclaircissements historiques à la suite des *Mémoires de madame de la Rochejaquelcin*, p. 504.

# CHAPITRE SIXIÈME.

## REPRISE D'ARMES EN VENDÉE.

Le comte de Provence prend le titre de roi. — Sa lettre au pape. — Sa déclaration. — Instructions envoyées aux « agents de Paris. » — Politique occulte du prétendant. — Le parti du prétendant secrètement hostile à l'Angleterre. — Efforts de ce parti pour détourner des côtes de Bretagne l'expédition préparée en Angleterre. — Charette, opposé à Puisaye par les « agents de Paris. » — Hypocrisie de Charette. — L'abbé Guillot dépêché à Scépeaux en vue d'une diversion à opérer, au moment de la descente des émigrés en Bretagne. — Répugnance de Charette à seconder Puisaye. — Envoi de Scépeaux et de Béjarry à Paris; caractère astucieux de cette démarche. — Enlèvement d'Allard. — Convois attaqués par les Vendéens. — Charette reprend les armes. — Son manifeste. — La foi des traités invoquée par Scépeaux. — Le poste des Essarts surpris par Charette, et ceux qui l'occupaient taillés en pièces.

Louis-Stanislas-Xavier, comte de Provence, n'eut pas plutôt appris la mort de l'enfant du Temple, qu'il se posa comme roi. Tout d'abord il manda au pape, par une lettre datée de Vérone, 24 juin 1795, que, devenu roi très-chrétien, son premier soin serait de faire fleurir la religion catholique et romaine dans son royaume[1].

Il publia, en outre, un manifeste qui commençait en ces termes : « Louis, par la grâce de Dieu, roi de France et de Navarre, à tous nos sujets, salut. »

[1] *State papers, Annual Register*, vol. XXXV, p. 253.

Le comte de Provence s'était toujours piqué de littérature. Aussi s'étudia-t-il à châtier le style de son manifeste, moins remarquable toutefois sous le rapport de la forme que sous celui des concessions qui y étaient faites aux nécessités d'une situation encore bien incertaine.

Après avoir tracé un noir tableau des conséquences de la Révolution, il demandait aux Français ce qu'ils avaient gagné à remplacer des despotes sanguinaires par des despotes hypocrites. Comme source du mal, il signalait l'esprit de révolte, et, comme remède, un prompt retour au gouvernement monarchique, non tel que l'avaient fait les abus qui s'y étaient successivement introduits, mais tel que l'avait organisé l'ancienne constitution monarchique. C'était cette ancienne constitution dans toute sa pureté qu'il s'agissait de rétablir. Quant aux abus, son frère et souverain seigneur, le roi défunt, était occupé à les détruire, au moment même où son peuple, dont il brûlait d'assurer la prospérité, avait comblé pour lui la mesure du malheur. Mais ce que Louis XVI n'avait pu, lui, Louis XVIII, l'accomplirait. Aux criminels auteurs des erreurs du peuple, il voulait bien accorder leur pardon, se contentant de les abandonner à leur conscience; mais point de pardon pour ceux qui avaient voté la mort du roi ou envoyé la reine à l'échafaud. En renfermant sa vengeance dans ces étroites limites, il prouvait assez sa résolution de ne tolérer aucun acte de vengeance particulière. Mais qu'on s'attendît à voir la fermeté unie à la clémence! Et malheur à ceux qui chercheraient à séduire le peuple! S'il s'asseyait sur ce trône, tout fumant encore du sang de sa famille, ce n'était point pour satisfaire un sentiment d'ambition, mais pour exercer son droit, qu'il saurait défendre.

Le manifeste se terminait par un engagement solennel de ne jamais oublier les services des « héros invincibles

désignés par Dieu pour la défense du trône et de l'autel. »
Les dernières paroles étaient celles-ci : « Illustres armées
catholiques et royales, dignes de servir de modèle à tous
les Français, recevez ce témoignage de satisfaction de
votre souverain. »

« Donné dans le mois de juillet de l'an de grâce mil
sept cent quatre-vingt-quinze, le premier de notre
règne[1]. »

En même temps, le Conseil de Louis-Stanislas envoyait
aux « agents de Paris » des instructions portant que la
mission de ceux-ci devait être :

De faire connaître, le plus tôt possible, le désir qu'avait
le roi d'aller, dès que les circonstances le lui permet-
traient, se mettre à la tête de ses braves serviteurs ;

De promettre le pardon à ceux qui abjureraient leurs
erreurs, à l'exception de ceux qui avaient sur leurs mains
le sang de Louis XVI, de Marie-Antoinette et de madame
Élisabeth ;

De combattre comme calomnieuse la supposition d'un
démembrement du royaume, dans le cas d'une restauration ;

De répandre et d'appuyer par des commentaires le
manifeste déjà publié ;

De s'efforcer enfin de rassurer les esprits sur la
crainte d'un retour à l'*ancien régime*, et de prôner,
comme distincte de ce régime, l'antique constitution de la
monarchie, à laquelle il s'agissait de revenir[2].

Restait à savoir de quelle manière le Conseil entendait
l'antique constitution de la monarchie. Voici, aux termes
des *Instructions*, de quels éléments on devait la considérer composée :

---

[1] Voy. le texte dans le vol. XXXV, p. 254-262 de l'*Annual Register*,
*State papers*.

[2] Instructions du Conseil du roi aux agents. Voy. les *Papiers de Puisaye*, vol. LXXXIV. Manuscrits du *British Museum*.

Religion catholique, apostolique et romaine, religion de l'État;

La couronne transmissible d'aîné mâle en aîné mâle;

Division du corps social en trois ordres distincts : clergé, noblesse, Tiers État;

États généraux investis du pouvoir de proposer leur vœu sur les lois qui leur paraîtraient utiles, avec droit attribué au monarque de convoquer les États ou de les dissoudre;

Formation des États généraux par la réunion des députés des trois ordres, appelés à s'assembler et à opiner séparément — leur unanimité requise pour exprimer le vœu des États;

Concentration entre les mains du roi des pouvoirs législatif et exécutif, comprenant le droit de faire la paix et la guerre, celui de disposer de la force à l'intérieur, celui de faire grâce, celui de régler la perception et l'emploi du revenu public, — avec cette réserve que le roi ne pourrait, sans le consentement des États généraux, ni aliéner le domaine de la couronne, ni établir des contributions nouvelles, ni augmenter les anciennes;

Enfin, comme gardiens et dépositaires des lois, les Parlements.

Le passage suivant contenait tout ce qui avait rapport au chapitre des garanties :

« Le roi, soumis lui-même aux lois, doit s'y conformer dans tous les actes du pouvoir exécutif. Les officiers de justice doivent être librement institués par lui; mais il ne peut les révoquer arbitrairement, et leurs offices ne deviennent vacants que par mort, démission volontaire ou forfaiture préalablement jugée. La justice doit être rendue, entre toutes les personnes et sur toutes les choses, même dans les contestations concernant le domaine de la couronne, par les tribunaux que les lois ont établis, selon les formes qu'elles ont prescrites, conformément aux décisions qu'elles ont portées. Nul Français ne peut être privé de sa liberté qu'avec l'observation des formes légales. Nul Français ne peut être poursuivi et puni pour une action que la loi n'a pas défendue. Toutes lettres closes ou patentes expédiées par le roi ou en son nom, contre la disposition des lois, sont nulles et comme non avenues. Il est défendu aux juges et aux autres officiers publics de les exécuter. Toutes lettres de surséance en matière criminelle, toutes celles en matière civile, à moins qu'elles ne soient demandées par la majorité des créanciers, toute évocation arbitraire, toute commission de justice, tout relief particulier de prescription et de laps de temps sont également nuls et comme non avenus[1]. »

Tel était le développement donné par les *Instructions* à cette phrase de la « Déclaration du prétendant » : « Cette antique et sage constitution, dont la chute a entraîné votre perte, nous voulons lui rendre toute la pureté que le temps avait corrompue, toute la vigueur que le temps avait affaiblie[2]. »

En d'autres termes, le prétendant promettait des garanties, mais après s'être réservé le pouvoir nécessaire pour les violer impunément !

La partie des instructions où la politique occulte du prétendant se trouve dévoilée mérite d'autant plus d'être citée ici textuellement qu'elle constitue, dans l'histoire de la Révolution, un document aussi curieux que nouveau :

« Le roi n'ayant pas à sa disposition la force qui subjugue et ne pouvant déterminer le mouvement des grandes armées qui agissent au dehors, paraît devoir s'occuper essentiellement d'influencer l'opinion dans l'intérieur du

---

[1] *Papiers de Puisaye,* vol. LXXXIV. Manuscrits du British Museum.
[2] *Ibid.*

royaume et de communiquer aux moyens qui y sont employés par les autres Puissances une direction utile à ses vues.

« Ce grand but exige beaucoup de mesure, de prudence et d'adresse de la part de ceux qui sont chargés de guider et d'exécuter.

« Les agents du roi dans l'intérieur doivent s'attacher d'abord à détruire les calomnies de toute espèce qu'on cherche à accréditer sur sa personne et, particulièrement, sur son projet, perfidement supposé, de consentir au démembrement d'une partie de la France pour assurer sa domination sur le reste. Ils doivent combattre ou faire combattre, soit par les journaux, soit par des écrits multipliés, tous les systèmes qui s'éloignent de celui que Sa Majesté a l'intention et l'intérêt de rétablir. Ils doivent répandre, beaucoup plus qu'elle ne l'a été jusqu'à présent, la déclaration que Sa Majesté a fait publier, faire connaître de plus en plus ses principes de modération et de clémence, annoncer son invariable détermination de corriger les abus de notre ancienne monarchie, en opposant des obstacles invincibles à leur renaissance, et se préparer à devenir les organes secrets de tous les sentiments que Sa Majesté jugera à propos de manifester.

« Ils doivent chercher à s'assurer de quelques hommes importants, soit par leur ascendant personnel, soit par leurs relations, les lier au parti du roi par des espérances ultérieures, et étendre successivement, le plus qu'il sera possible, ces intéressantes conquêtes. Ils doivent s'attacher à bien connaître eux-mêmes et à faire bien connaître au roi ces différentes factions, leurs principaux chefs, la faction des vrais Républicains, celle des Fédéralistes, celle des Terroristes, celle des Modérés, celle des Constitutionnels qui ne seraient pas éloignés de concourir au rétablissement du roi, pourvu qu'il se soumît à leur système; celle des Constitutionnels qui veulent une autre

dynastie; celle des Constitutionnels qui portent M. le duc
d'Orléans; celle avec laquelle l'Espagne est en relation;
celle que fait mouvoir la Maison d'Autriche; celle qui a
des liaisons avec la Cour de Berlin; celle qui est excitée et
entretenue par l'Angleterre.

« Les agents du roi doivent discerner parmi ces factions celles dont ils doivent chercher à se rapprocher et
celles dont ils ne peuvent tirer d'utilité qu'en les mettant
entre elles, soit par de fausses, soit par de vraies confi-
dences, dans une telle opposition qu'elles se combattent
et se détruisent mutuellement.

« La plus dangereuse de toutes est celle qui se propose
l'élévation de M. le duc d'Orléans. C'est à la combattre,
à la poursuivre, à la terrasser, qu'il faut employer sans
délai et sans interruption tous les moyens que les circonstances pourront indiquer.

« La faction que l'Espagne cherche à diriger et celle
que l'Angleterre favorise paraissent être les seules dont il
soit possible de seconder les opérations.

« Quel que soit le motif qui ait déterminé l'Espagne à
cesser les hostilités contre la France; quel que soit celui
qui la porte à former avec le gouvernement actuel des
liaisons ultérieures; qu'elle ait été, qu'elle soit influencée
à cet égard par un sentiment d'effroi juste ou exagéré,
par la connaissance de l'épuisement de ses finances ou
par des mouvements et des intrigues intérieures de la
Cour, on ne saurait douter qu'elle ne conserve le désir le
plus sincère du rétablissement de la Monarchie française
et la disposition la plus vraie à donner cette direction
secrète à ses rapports avec les membres du gouvernement
français, en se soumettant à toute la circonspection que
sa situation présente lui impose.

« On en a pour garants, non-seulement les sentiments
personnels de leurs Majestés catholiques pour le roi,
l'intérêt commun de la grandeur et de la gloire de leur

auguste Maison, mais l'intérêt essentiel et invariable de leur couronne et de leur empire.

« Aucune des Puissances continentales de l'Europe, excepté la France, n'offre des relations essentiellement intéressantes à l'Espagne; l'Angleterre ne lui en présente que d'alarmantes; la France seule peut lui assurer un appui solide et indispensable; mais ce ne sera jamais la France-République, ce sera la France-Monarchie, et Monarchie absolue.

« C'est en considérant le Cabinet espagnol sous un point de vue aussi évidemment vrai, que le système politique qu'il paraît avoir adopté doit être mûrement pesé dans le Conseil du roi.

« Si le ministère espagnol, après avoir essayé en vain d'inspirer à la Coalition une marche conforme aux vrais intérêts de la Maison de Bourbon, s'est convaincu que celles des Puissances coalisées dont le système est le moins défavorable, ne regardent le rétablissement de la Monarchie française que comme un objet secondaire; que toutes font des vœux pour son affaiblissement; que quelques-unes d'elles semblent ambitionner le démembrement de plusieurs de ses provinces et s'égarer même assez pour désirer son entière dissolution, le ministère espagnol devait-il, en épuisant ses ressources particulières, continuer à concourir à un plan aussi désastreux? Ne pouvait-il pas, ne devait-il pas penser qu'en versant dans l'intérieur du royaume une médiocre partie des sommes que coûterait une nouvelle campagne, il pourrait y déterminer un mouvement vraiment essentiel à la cause commune de la France et de l'Espagne, et parvenir à relever le trône en suivant secrètement, constamment et adroitement, le système reconnu le plus propre à assurer le succès de ce grand dessein?...

« Nous nous égarerions si nous pensions réussir par des moyens directs..., mais nous en avons d'indirects à notre disposition, dont nous devons nous empresser de profiter.

« Le double rôle que M. d'Entraigues joue avec franchise et avec succès auprès du roi et du Cabinet espagnol nous offre à cet égard une ressource importante.

« Il paraît essentiel que M. d'Entraigues s'occupe incessamment de ce grand objet et qu'il y emploie tous les moyens de son intelligence et de son expérience de la Cour d'Espagne, en les dirigeant par sa correspondance personnelle ou en les faisant circuler par celle de M. de Campos, et, surtout, de M. de Las Casas. Il ne l'est pas moins que le secrétaire d'ambassade que le roi destine à M. d'Havré soit annoncé par lui comme un homme sur lequel il compte personnellement et dont il a déterminé le choix, et qu'il reçoive une instruction qui, combinée avec M. d'Entraigues et le Conseil du roi, le mettra en mesure de remplir d'aussi grandes vues...

« La faction que l'Angleterre favorise dans l'intérieur n'est pas moins importante à diriger que celle que l'Espagne cherche à mettre en mouvement. Les agents du roi doivent d'abord s'attacher à bien discerner si ceux qui dirigent cette faction anglaise sont d'accord avec ceux qui portent la faction de la Maison d'Autriche, et à éclairer le roi sur ce point capital.

« Cette faction sera reconnue par lesdits agents comme dépendante ou comme indépendante de toute autre impulsion. Si elle est dépendante de la faction autrichienne, ils ne négligeront rien pour l'en détacher, en l'éclairant sur les vrais intérêts de l'Angleterre, qui ne sont pas d'accord avec ceux qu'on peut supposer au Cabinet de Vienne, et ce n'est qu'après s'être bien assuré de sa conviction à cet égard, qu'il sera possible d'en venir, avec beaucoup d'adresse, à quelques ouvertures, qui, suivant les circonstances, pourront devenir plus confidentielles.

« Si la faction anglaise est indépendante, les agents du

roi chercheront à bien démêler ses vues particulières, et essayeront, ou de l'éclairer en la dirigeant de bonne foi vers notre but, ou de l'égarer en l'y dirigeant également, mais en lui persuadant ou en lui faisant persuader qu'elle marche vers le sien, et en lui dissimulant surtout notre espérance de vraie régénération et de restauration solide.

« Plus la faction anglaise intérieure sera adroitement persuadée à cet égard, plus nous trouverons à l'extérieur de facilités auprès du Cabinet britannique pour l'engager à fournir tous les secours que nous réclamerons en faveur des provinces de l'Ouest et du Sud-Est de la France.

« Le grand obstacle que nous aurons toujours à craindre avec l'Angleterre, c'est qu'en lui supposant même une intention sincère d'un rétablissement quelconque du roi, elle subordonne l'activité de ses démarches à l'intérêt qu'elle croit avoir de n'en faire jamais d'assez décisives pour relever solidement sa seule et ancienne rivale, dont elle connaît trop bien les inépuisables ressources pour ne pas la redouter encore, même au milieu de ses ruines.

« Nos agents intérieurs, après avoir bien saisi toute l'étendue de ce vaste plan, s'attacheront à maintenir, étendre et assurer leurs communications et leur concert avec la Vendée et la Bretagne; ils établiront aussi un autre canal de correspondance avec ceux qui, rapprochés de M. Drake et, surtout, de M. de Wickham, s'efforceront de diriger l'emploi successif de leurs moyens dans les différentes provinces, qui chacune auront un chef principal à qui on laissera la latitude du choix exclusif de ses agents particuliers.

« Le duc de LAVAUGUYON,

« Le baron de FLACHSLANDEN,

« Le marquis DE JAUCOURT[1]. »

---

[1] *Papiers de Puisaye*, vol. LXXXIV. Manuscrits du *British Museum*.

L'importance de ce document n'a pas besoin d'être signalée : on voit combien les sympathies du prétendant et de ses conseillers étaient prononcées en faveur de l'Espagne; quelle opinion ils avaient de l'égoïsme, de la fourberie des autres Puissances coalisées, sur lesquelles cependant la cause de la royauté s'appuyait, et quelle secrète hostilité, quelle injurieuse défiance ils nourrissaient contre l'Angleterre, dont cela ne les empêchait pas de mendier les secours!

C'est cette défiance à l'égard du gouvernement anglais qui donne la clef des intrigues par lesquelles une fraction considérable du parti royaliste combattit les plans de Puisaye, l'*homme de Pitt*, comme on l'appelait. Pour les « agents de Paris », lui donner un successeur en Bretagne eût été un coup de fortune; mais, ce n'était pas chose facile. Ils s'arrêtèrent donc à l'idée d'entraver à ce point l'expédition préparée contre les côtes de cette province par les Anglais, qu'on se vît forcé de la diriger sur un pays aux ordres d'un autre chef. Ce chef était Charette, et ce pays, la portion du Poitou qu'occupait son armée[1].

Rien de plus téméraire qu'un pareil projet : comment se flatter de faire agir et subsister des troupes régulières sur une surface de quelques lieues, où Charette n'avait réussi à se maintenir que parce qu'elle était coupée par des marais, par des bois, par des ravins, et presque entièrement dévastée[2]? Mais, aux yeux du prétendant, de ses conseillers et de ses agents, Charette avait sur Puisaye l'avantage décisif de ne pas aimer les Anglais et de ne vouloir relever que de lui-même, dans l'œuvre du rétablissement de la monarchie.

A l'époque où s'ourdissait cette intrigue, c'est-à-dire au

[1] *Mémoires de Puisaye*, t. IV, p. 94.
[2] Cette remarque, qui nous a paru fort juste, est de Puisaye lui-même.

commencement du mois de juin 1795, Charette n'attendait plus qu'une occasion favorable pour lever le masque. De son hypocrisie et de son astuce il existe un témoignage irrécusable, c'est la lettre qu'il écrivit à Louis-Stanislas-Xavier, en réponse à celle que ce prince lui avait adressée le 1er février. On se rappelle en quels termes elle était conçue : « Monseigneur, la lettre dont Votre Altesse Royale vient de m'honorer transporte mon âme, etc. [1]. » Tel était le langage que Charette tenait secrètement à Louis-Stanislas-Xavier le 10 juin; et, le 8, l'avant-veille, il avait signé, de concert avec Sapinaud, Debruc, Fleuriot, de Couetus, Stofflet, Bernier, une déclaration publique, adressée aux représentants du peuple, dans laquelle il protestait de sa soumission aux lois de la République, et parlait avec une émotion bien jouée de « cette nation grande et généreuse qui voulait réunir ses enfants sous la même loi. » Et ce qu'il y avait de plus odieux dans ces mensonges, de plus odieux que le mensonge même, c'était son but, qui était d'amener les représentants du peuple à « retirer de la contrée les nombreux bataillons dont les bras et le courage pourraient être plus utilement employés pour la tranquillité générale[2]. »

Ainsi, c'était avec la pensée du renouvellement de la guerre civile dans le cœur, que Charette demandait, au nom de la *tranquillité générale*, le retrait des troupes dont la présence mettait obstacle à l'exécution de ce dessein sacrilège!

Cependant, Puisaye, à Londres, pressait les préparatifs d'une descente sur les côtes de Bretagne. Le moment fixé pour l'expédition approchant, il chargea d'Allègre et de

---

[1] Nous l'avons citée par anticipation dans le onzième volume de cet ouvrage, p. 373.

[2] Voy. le texte de cette déclaration dans Savary, *Guerres des Vendéens et des Chouans*, t. V, p. 122-124.

Boisberthollet d'aller en donner avis aux principaux officiers de l'arrondissement de Vannes, réunis en assemblée extraordinaire, au bourg de Grandchamp, à trois lieues d'Auray[1].

Là, il fut arrêté que l'abbé Guillot se rendrait avec toute la célérité possible auprès de M. de Scépeaux, pour lui faire part de la détermination des ministres anglais, et l'engager à s'entendre avec les généraux Charette, Sapineau, Stofflet, sur la reprise des hostilités, qui devait avoir lieu, toute affaire cessante, son but immédiat étant de favoriser par une diversion la descente projetée[2].

L'abbé Guillot part sur-le-champ, arrive, après cinq jours de marche, à Saint-James en Anjou, près Segré, et instruit Scépeaux du motif de son voyage. Celui-ci déclare qu'il ne veut rien confier au papier, mais qu'il va se rendre de sa personne en Vendée, sans aucun délai, afin de s'y concerter avec Charette, Stofflet et Sapineau, sans le concours desquels il ne peut prudemment rien entreprendre[3].

Scépeaux partit en effet le soir même, et prévint Charette que les émigrés et les Anglais étaient au moment de faire voile pour la Bretagne; que l'heure était venue de faciliter le débarquement, en forçant les républicains à diviser leurs forces[4].

Mais il n'entrait nullement dans les vues de Charette qu'un autre que lui eût l'honneur de faire triompher la cause des royalistes. La nouvelle qui lui était apportée cadrait trop peu d'ailleurs avec les renseignements envoyés par les « agents de Paris, » pour qu'il y ajoutât foi. Il croyait à la descente, mais il croyait qu'elle aurait lieu

[1] *Papiers de Puisaye.* Note de l'abbé Guillot, vol. CVIII. Manuscrits du British Museum.

[2] *Ibid.*

[3] *Ibid.*

[4] *Ibid.*

sur les côtes soumises à son commandement, et non sur
celles de Bretagne, où l'influence de Puisaye dominait[1].
Il ne se pressa donc point de reprendre les armes, ne
voulant en venir là qu'après avoir mis le plus possible
les chances de son côté. Il fit mieux : pour endormir la
vigilance des républicains et inspirer à la Convention
une fausse sécurité, il donna mission à Béjarry, son
adjudant général, et au vicomte de Scépeaux d'aller réclamer, à Paris, le payement des indemnités promises
aux royalistes qui avaient mis bas les armes[2].

C'est en parlant de cet acte de basse hypocrisie que
Puisaye ose écrire : « l'insincérité de Charette n'était pas
coupable ». Et la raison qu'il en donne, c'est que « en
concourant à ce que l'expédition ne fût pas reçue en Bretagne, Charette se conformait aux ordres qui lui étaient
transmis au nom de son souverain[3] ! »

Quoi qu'il en soit, des événements difficiles à maîtriser
vinrent précipiter le dénoûment et pousser Charette à
une levée de boucliers dont il ne retardait le signal que
pour en assurer le succès.

Au premier rang des Vendéens figurait un nommé
Allard, qui avait d'abord servi dans les charrois de l'armée républicaine, puis s'était jeté dans le parti ennemi[4]. Cet homme, comme c'est l'usage parmi les transfuges, outrait le zèle. Informés qu'il s'était mis à la tête
d'un attroupement de Vendéens entre Esnay et Palluau,
les républicains s'en émurent, et l'adjudant général
Cortez fut chargé de l'enlever, ce qu'il fit. Allard fut
amené aux Sables, et embarqué pour la Rochelle avec
un certain Descloudis, petit seigneur de Saint-Gervais,

---

[1] Mémoires de Puisaye, t. VI, p. 123.
[2] Ibid. 123, 226.
[3] Ibid., p. 226.
[4] Mémoires sur la Vendée par un ancien administrateur militaire,
p. 193-195.

que, peu de temps auparavant, on avait surpris conduisant, en costume de toucheur de bœufs, dans le Bocage,
une voiture chargée de blé et soigneusement recouverte
de cendres[1].

A cette nouvelle, l'irritation des Vendéens fut extrême.
Un convoi de blé passait entre Luçon et le Givre : ils
fondent sur les treize voitures dont il se composait,
et les dirigent vers le Bocage, après avoir massacré les
gens de l'escorte. Le 6 messidor (24 juin), nouvelle violation, et plus horrible encore, de la foi jurée. Cette fois,
non contents de se jeter, entre Lamôthe-Achard et Palluau, sur un convoi de dix mille rations de pain et d'eau-
de-vie, qu'escortaient quatre cents hommes d'infanterie, les rebelles, abusant d'une victoire due à une trahison, ôtent des caissons les subsistances qu'ils contenaient,
y entassent les prisonniers, et, chose effroyable, y mettent le feu[2] !

Le mouvement était donné : Charette se décida. Sans
s'arrêter au danger qu'allaient courir Scépeaux et Béjarry, que lui-même avait envoyés à Paris et auxquels
son brusque retour à la guerre civile pouvait coûter la
vie, il rassemble ses soldats, proclame solennellement
devant eux Louis XVIII, et annonce la reprise d'armes à
toute la Vendée par un violent manifeste daté de Belleville, 26 juin 1795[3].

---

[1] *Mémoires sur la Vendée*, etc., p. 193 et 195.

[2] *Ibid.*, p. 196.

[3] La vraie date de la reprise d'armes par Charette semble avoir été
ignorée de l'abbé Guillot et de Puisaye, puisque le premier, dans la Note
manuscrite que nous avons sous les yeux, et le second dans ses Mémoires, présentent la reprise d'armes comme postérieure au débarquement des émigrés à Quiberon, tandis qu'elle lui est antérieure, ce
débarquement ayant eu lieu seulement le 27 juin. Ce qui a pu induire
en erreur, et l'abbé Guillot, et Puisaye, c'est que Scépeaux était à Paris,
lorsque Charette, qui l'y avait envoyé, reprit les armes. Mais, comme
nous l'avons dit, ce dernier fut poussé par les circonstances à se déclarer
plus tôt qu'il ne l'aurait fait s'il eût choisi son heure.

Ce manifeste commençait ainsi :

« Enfin le moment est venu de déchirer le voile qui couvre depuis longtemps les véritables causes secrètes du traité de la pacification de la Vendée, et de faire connaître aux braves Vendéens, à tous les bons Français et à l'Europe entière, les motifs qui nous ont conduits à cette *apparence* de conciliation avec la *soi-disant* République française[1]. »

Ces motifs — Charette ne craignait pas de le déclarer — avaient été, de la part des Vendéens, le désir d'obtenir, *non pas une paix parfaite et durable, ce qui n'était pas possible, du moins quelques instants de relâche aux maux dont ils avaient été les tristes témoins*[2].

Il était impossible d'avouer avec plus de cynisme que la paix jurée n'avait été qu'un mensonge de la révolte aux abois.

Venaient ensuite des plaintes amères sur ce que les chefs des Chouans avaient été arrêtés, et sur ce qu'on avait désarmé les soldats et les cavaliers des armées vendéennes, auxquels les républicains eux-mêmes avaient procuré des armes — reproche étrangement contradictoire !

Enfin le manifeste dénonçait comme coupable d'avoir empoisonné le fils de Louis XVI, le parti qui gouvernait alors la France, parti que Charette désignait sous le nom de « Secte impie et barbare[3]. »

Ainsi se ralluma cette affreuse guerre dont Puisaye lui-même a précisé en ces termes les résultats : « La guerre royaliste a consommé près d'un million d'hommes[4]. » Il eût été plus exact encore de dire : « près d'un million de Français. »

---

[1] Voy. le texte dans Savary, *Guerres des Vendéens et des Chouans*, t. V, p. 129-133.

[2] *Ibid.*

[3] *Ibid.*

[4] *Papiers de Puisaye*. Lettre de Puisaye à M. G. Ellis, en date du 3 novembre 1815. Manuscrits du British Museum.

Scépeaux, à la nouvelle de la reprise des hostilités, quitta brusquement Paris, pour retourner à son poste. Comme il traversait Angers, il est reconnu : on l'arrête. Mais « il invoque *la foi des traités*, » et on lui rend aussitôt sa liberté[1]. Il en profita si bien, que, quelques jours après, il était à la tête du camp de Pontron, l'épée à la main[2] !

Pendant ce temps, Charette, comme nous l'avons raconté, avait rompu la pacification sans dénoncer la trêve, et surpris le poste des Essarts[3], dont les défenseurs républicains n'eurent pas à invoquer, eux, *la foi des traités;* car Charette les tailla en pièces, sans leur donner le temps de se reconnaître.

[1] *Biographie universelle et portative des contemporains,* publiée sous la direction de Rabbe, Boisjolin et Sainte-Preuve. Art. Scépeaux.

[2] *Ibid.*

[3] Voy. le chapitre *les Émigrés à Quiberon,* ci-avant p. 435.

# LIVRE SEIZIÈME

---

## CHAPITRE PREMIER.

### LES ARMÉES PENDANT LA RÉACTION.

L'Espagne gouvernée par Manuel Godoy. — Armée des Pyrénées occidentales; armée des Pyrénées orientales; détresse de l'une et de l'autre. — Pérignon remplacé par Schérer aux Pyrénées orientales. — Le typhus et la faim dans le camp de Moncey. — Engagements peu décisifs. — L'Espagne incline à la paix — La paix désirée par les meneurs du parti thermidorien. — Influence de Thérèse Cabarrus. — Ouvertures de Tallien à Godoy, par l'intermédiaire de Bourgoing. — Pleins pouvoirs donnés à Barthélemy et à Yriarte. — Difficultés qui s'opposaient à la paix, levées. — Dernières opérations de la guerre, aux Pyrénées. — Moncey occupe Vitoria et Bilbao. — Miollis expulsé du château de Miranda par les Espagnols. — Combat de Pontos. — Les Français chassés de la Cerdagne espagnole. — Paix de Bâle avec l'Espagne; la partie espagnole de l'île de Saint-Domingue cédée à la France. — Impression produite par cette paix sur les divers partis. — Armées de la République. — La guerre en Italie. — Effet de la réaction sur les armées. — Kléber devant Mayence — Lettre caractéristique de Kléber à Jourdan. — État de l'armée de Sambre-et-Meuse. — Prise de Luxembourg par Jourdan. — Trahison de Pichegru : ses négociations secrètes avec le prince de Condé; Montgaillard; Fauche Borel; offres faites à Pichegru; plan du prince de Condé; plan de Pichegru; difficulté de s'entendre; défiance du prince de Condé. — Ordre envoyé à Jourdan de passer le Rhin. — Grandes difficultés de cette entreprise. — Projet de Jourdan adopté par le Comité de salut public. — Préparatifs de Jourdan. — Passage du Rhin. — Marche de l'armée de Sambre-et-Meuse sur le Mein. — Capitulation de Manheim. — Défaite d'un corps de 10,000 hommes porté sur Heidelberg par Pichegru. — Pichegru, nommé au commandement général des armées de Sambret-Meuse et Rhin et Moselle. — Il paralyse tout. — Situation déplorable de l'armée de Sambre-et-Meuse, par suite du refus de Pichegru de la seconder. — Irritation de Kléber contre l'état-major de Pichegru. — Inaction systématique de ce général.—Wurmser en profite pour envoyer des renforts à Clairfayt. — L'armée de Sambre-et-Meuse menacée d'être détruite par Clairfayt. — Jourdan est forcé d'ordonner la retraite. — Causes de l'insuccès de cette campagne. — La réaction jugée par son influence sur les événements militaires.

Pendant que la République triomphait à Quiberon, la coalition des rois recevait une nouvelle atteinte ; et ce que la Prusse avait fait, l'Espagne le faisait à son tour.

Le roi d'Espagne était alors Charles IV, prince d'un caractère faible, et qui sembla contracter le goût d'une vie tranquille le jour même où il ceignit la couronne. Jamais maladie n'opéra dans un homme un changement plus complet que celui qui, pour Charles IV, fut en 1788 le résultat d'une hydropisie de poitrine. Lorsqu'il n'était encore que prince des Asturies, il avait déployé une violence de tempérament à peine égalée par sa force physique, qui était prodigieuse, et on l'avait vu se mesurer avec des palefreniers, poursuivre le marquis Squilais, premier ministre, l'épée à la main ; donner un soufflet au comte d'Aranda, et des coups de canne au marquis de Grimaldi[1]. La maladie fit d'un prince intraitable et brutal un roi qui ne marquera dans l'Histoire que par son aveugle soumission aux volontés de Marie-Louise, sa femme, et de Manuel Godoy, le favori qu'elle lui donna.

La nature suspecte des préférences féminines auxquelles Manuel Godoy dut de devenir premier ministre, de simple garde-du-corps qu'il avait été; son impuissance à racheter, à force de mérite et de modestie, le tort de son élévation, et la haine qui s'attache toujours à la fortune d'un parvenu, s'il est un homme médiocre, tout a concouru à noircir la mémoire de Manuel Godoy. Aux

[1] Voy. la *Biographie universelle*, art. Charles IV.

accusations justes ne s'en est-il pas mêlé de peu équitables? Oui, sans doute[1]. Mais ce qui est certain, c'est que ce fut sa fatale influence qui arma l'Espagne contre la Révolution française. Il a lui-même raconté comment le sage comte d'Aranda fut exilé après avoir essayé de prouver au roi, contrairement à l'opinion du favori, que la guerre contre la France était injuste, impolitique et ruineuse. La scène mérite d'être rapportée, telle que la décrit l'homme dont elle assura le déplorable triomphe.

« Lorsque je développai mon opinion et la pensée du gouvernement, plusieurs membres du Conseil et le roi lui-même donnèrent des signes d'approbation... Aussitôt que j'eus cessé de parler, Charles IV dirigea son regard sur le comte d'Aranda, comme pour l'inviter à prendre la parole... Le comte proféra ces paroles, que je crois bien me rappeler : «Pour moi, Sire, je n'ai rien à ajou-
« ter ni à retrancher à ce que j'ai exposé par écrit ou de
« vive voix. Il me serait aisé de répondre aux raisonne-
« ments, moins solides que complaisants, dont on a
« voulu appuyer le parti de la guerre; mais à quoi bon?
« Tout ce que je pourrais dire serait inutile. Votre Ma-
« jesté a donné des signes non équivoques d'approbation
« aux paroles de son ministre. Qui oserait déplaire à
« Votre Majesté par des raisonnements contraires? » Un conseiller essaya d'intervenir... Mais le roi leva la séance : « Assez pour aujourd'hui, » dit-il; il marcha vers son cabinet, et traversa rapidement la salle du Conseil, où chacun de nous était encore à sa place. Comme il passait près du comte, celui-ci balbutia quelques mots; je ne pus les saisir; c'étaient probablement des excuses. Nous entendîmes tous la réponse de Sa Majesté. La voici : « Avec
« mon père, tu fus toujours un peu entêté; mais tu n'en

---

[1] Et c'est ce qui résulte d'un examen impartial des faits exposés dans les *Mémoires du prince de la Paix*, traduits en français, d'après le manuscrit espagnol, par J. Q. Esménard, MDCCCXXXVI.

« vins jamais à l'insulter au milieu de son Conseil[1]. »

Le comte d'Aranda fut banni, et la guerre contre la France fut résolue.

De cette guerre funeste, nous n'avons plus heureusement à retracer que les dernières péripéties.

Sur les frontières de l'Espagne, les forces de la République se divisaient en deux armées : celle des Pyrénées occidentales, sous les ordres du général Moncey, et celle des Pyrénées orientales, que commandait le général Pérignon.

Or, d'après le plan du Comité de salut public, Moncey devait tâcher de s'ouvrir, par la prise de Pampelune, les plaines de la Castille et la route de Madrid, pendant que Pérignon s'attacherait à retenir les Espagnols sur les bords de la Fluvia.

Mais, selon la remarque de Jomini, il est plus aisé de méditer des entreprises à deux cents lieues du théâtre des opérations qu'il ne l'est de les exécuter sur le terrain[2]. Les fatigues du siége de Roses, le froid dans un pays montagneux, la pénurie des subsistances, avaient réduit l'une et l'autre armée à un état lamentable. Et celle des deux qui souffrait le plus était précisément celle qui avait à porter les grands coups. Une famine cruelle et le typhus, plus cruel encore que la famine, dévoraient les bataillons de Moncey. En quelques semaines, douze mille soldats moururent dans les hôpitaux ; sur soixante mille hommes qui, à la clôture de la campagne précédente, se tenaient prêts à faire face à l'ennemi, il en restait à peine vingt-cinq mille qui fussent capables de combattre ; les magasins étaient vides ; les trois cinquièmes des chevaux avaient péri[3].

D'un autre côté, Pérignon, chargé de seconder les ef-

---

[1] *Mémoires du prince de la Paix*, chap. xx, p. 222-223.
[2] Jomini, *Histoire critique et militaire des guerres de la Révolution*, t. VII, p. 102.
[3] *Ibid.*, p. 105.

forts de l'armée des Pyrénées occidentales, était décou-
ragé. Le vainqueur de Figuières et de Roses se jugeait
presque insulté par l'adoption d'un plan qui lui infligeait
l'humiliation d'un rôle secondaire[1]. L'Espagne lui avait
opposé dans O' Farril, chef d'état-major du général Urrutia, un adversaire digne de lui : entre les deux camps
la victoire parut flotter. Enfin, après quelques attaques
d'avant-postes qui manquèrent, Pérignon, forcé de repasser la Fluvia, que, le 1er mars, il avait fait franchir à deux
de ses colonnes, quitta l'armée, cédant la place à Schérer[2].

Schérer, arrivé au commencement d'avril, ne réussit
pas mieux que son prédécesseur à entamer la ligne de
défense des Espagnols. La position de Bascara, située à
égale distance des deux points de départ, fut le théâtre
d'une lutte où il y eut beaucoup de sang répandu en
vain. De la part des généraux espagnols, il s'agissait d'a-
guerrir les nouvelles levées; de la part des Français, de
masquer leur dénûment[3].

Pendant ce temps, le typhus et la faim continuaient
leurs ravages dans l'armée du général Moncey, qui était
bloqué du côté de la mer, contenu du côté de l'Espagne,
et mal servi par les fournisseurs de la République. Aussi
le système du général espagnol Colomera avait-il été de
laisser les Français se consumer dans leur camp. Mais
cette inaction, qui, chez lui, pouvait être imputée à
la timidité de la vieillesse et à une santé chancelante,
ayant excité des murmures dont il se montra offensé, son
remplacement, demandé par lui-même, eut lieu, et le
prince de Castel Franco fut chargé de donner une impulsion plus vive à la guerre[4].

[1] C'est ce que Jomini donne clairement à entendre, *Histoire*, etc., *des
guerres de la Révolution*, t. VII, p. 104.
[2] *Ibid.*, p. 108-112.
[3] *Mémoires du prince de la Paix*, t. I, chap. xxiv, p. 273, et Jomini,
*Histoire*, etc., *des guerres de la Révolution*, t. VII, p. 107.
[4] *Mémoires du prince de la Paix*, t. I, p. 270.

Moncey, menacé d'une attaque, et inquiet de ses communications avec la France, se résolut à l'offensive. Le
11 avril, il aborde la gauche des Espagnols sur trois points,
Pagochoeta, Elguibar, Sasiola. Il fut repoussé. Une circonstance singulière avait marqué l'attaque de Pagochoeta. Là,
les Espagnols s'étaient repliés, et les Français commençaient à couvrir les hauteurs abandonnées par l'ennemi,
lorsque tout à coup paraît, marchant à la tête de cinq cents
volontaires de la levée en masse de Biscaye, le curé
D. Antoine de Achutéguy. Il était en grand costume sacer-
dotal, et derrière lui flottait un drapeau représentant l'i-
mage de la sainte Vierge. Les litanies des saints firent retentir ces montagnes en réponse aux âpres accents de la
*Marseillaise*, qu'avaient entonnée nos soldats; le combat
fut rétabli à l'avantage des Espagnols; et, cette fois du
moins, l'enthousiasme religieux se trouva capable de résister à cet élan républicain qui avait décidé du sort de
tant de batailles[1].

Pendant deux mois entiers, la lutte se prolongea sans
résultat décisif, si bien qu'au commencement de juin,
l'armée espagnole occupait la même position qu'à l'ouverture de la campagne[2].

Mais déjà l'œuvre de la paix, à laquelle les deux gouvernements travaillaient depuis quelques mois, se trouvait fort avancée. Une vive mésintelligence ayant éclaté
entre les Anglais et les Espagnols, lorsqu'ils occupaient
ensemble Toulon, le Cabinet de Madrid s'était montré, à
partir de ce moment, disposé à traiter avec la France, et
les négociations avaient commencé entre le ministère espagnol et le général Dugommier, dès les derniers mois
de l'année précédente, par l'intermédiaire de Simonin,
payeur des prisonniers de guerre français à Madrid[3].

[1] *Mémoires du prince de la Paix*, t. I, p. 271.
[2] *Ibid.*
[3] *Biographie universelle*, art. Charles IV.

On était alors si enclin à la paix de part et d'autre,
qu'elle eût été probablement conclue sans plus tarder, si
Charles IV ne se fût avisé de mettre au nombre des conditions, non-seulement la mise en liberté du fils de
Louis XVI, mais son installation comme roi dans les provinces limitrophes de l'Espagne. La prétention était plus
qu'inadmissible, elle était insultante : rejetée avec indignation, elle eut pour effet une rupture violente des négociations entamées. Les choses parurent même s'envenimer, les représentants du peuple en mission près l'armée
des Pyrénées ayant déclaré « qu'entre des républicains et
des esclaves la seule correspondance possible était le
canon : » réponse que le Comité de salut public ap-
prouva[1].

Mais tout se réunissait pour ramener les deux gouvernements à l'idée de la paix.

Et d'abord, les sympathies du Cabinet de Madrid à
l'égard du parti royaliste français s'étaient fort refroidies
depuis qu'il avait vu avec quelle préférence décidée une
fraction importante de ce parti recherchait les subsides
et le patronage de l'Angleterre[2]. Fallait-il donc que la monarchie espagnole épuisât ses ressources, dépensât son
dernier homme et son dernier écu, pour que Pitt eût tout
l'honneur et tout le profit de la croisade entreprise contre
la Révolution française? Cette Révolution n'avait-elle pas,
d'ailleurs, perdu, après le 9 thermidor, le caractère qui
la rendait si terrible aux yeux des rois? La réaction qui
se développait en France ne fournissait-elle pas des
moyens nouveaux de travailler au rétablissement de la
royauté dans ce pays, moyens d'autant plus efficaces
peut-être, qu'ils seraient non sanglants et voilés[3]? La paix

<hr>

[1] *Biographie universelle*, art. Charles IV.

[2] C'est ce que Manuel Godoy lui-même dit clairement dans ses *Mémoires*, t. 1, p. 282.

[3] On se rappelle en quels termes s'expriment, sur ce point, les Instruc-

était donc désirable, pourvu qu'elle ne coûtât rien à la fierté castillane.

Ainsi raisonnait le ministère espagnol.

De leur côté, les meneurs de la faction thermidorienne poussaient à la paix avec l'Espagne, parce qu'ils ne trouvaient plus dans l'exaltation républicaine, calomniée par eux-mêmes, la certitude d'avoir la victoire à leurs ordres; parce qu'il leur fallait au moins des succès diplomatiques, pour couvrir de quelque éclat les oscillations misérables de leur politique intérieure; parce que l'Espagne avait des vaisseaux dont ils espéraient se servir contre les Anglais; et enfin, parce que détacher l'Espagne de l'Angleterre, c'était frapper celle-ci dans son commerce autant que dans ses alliances.

Ajoutez à cela l'influence que Tallien exerçait sur les affaires publiques, et l'influence que Thérèse Cabarrus exerçait sur Tallien [1].

Survint la paix de Bâle, qui montrait la Coalition désertée par l'initiateur de la Coalition, le roi de Prusse. Cette défection et l'empressement d'un grand nombre de princes de l'Empire à suivre l'exemple de la Prusse sans tenir compte des fureurs de l'Autriche, furent pour l'Espagne un nouveau motif de presser le pas dans les voies de la paix. Bourgoing, qui, en 1790, avait été envoyé à Madrid comme ambassadeur, en remplacement de Lavauguyon [2], qui y avait conquis des sympathies nombreuses, et connaissait l'Espagne presque mieux que les Espagnols eux-mêmes, reçut mission de faire entendre à Godoy et à Marie-Louise que, contre l'opposition et l'inimitié de

---

tions aux « agents de Paris, » citées plus haut dans le chapitre intitulé : *Reprise d'armes en Vendée.*

[1] « Cette femme célèbre n'avait point oublié son pays natal, » dit Manuel Godoy, en parlant du tour que ne tardèrent pas à prendre les négociations. Voy. les *Mémoires du prince de la Paix,* t. I, p. 285.

[2] *Moniteur,* 1790, numéro 137.

la grandesse d'Espagne, ils ne pouvaient avoir de meilleur appui que la France[1]. Vers le milieu du mois de mai, Tallien écrivait indirectement à Manuel Godoy par l'intermédiaire de Bourgoing que, si l'Espagne voulait sérieusement la paix, l'exaltation de certaines personnes ne serait pas un obstacle; que toute condition onéreuse serait écartée; que le moment était favorable, la France ayant pour désirer la paix des raisons politiques très-puissantes, mais qui pouvaient varier d'un moment à l'autre; qu'on n'aurait pas de peine à s'entendre; que déjà, du côté de la France, le citoyen Barthélemy avait été chargé de la négociation, avec instructions où les intérêts et l'honneur des deux peuples étaient sauvegardés; et qu'enfin, outre les considérations politiques, lui Tallien se sentait porté à faire cette démarche auprès de Manuel Godoy par des sentiments particuliers et des *affections personnelles* qu'on devinerait sans autre explication de sa part[2].

Quelques jours avant l'envoi de cette lettre, le diplomate espagnol Yriarte était arrivé à Bâle, qui était alors le rendez-vous de la diplomatie européenne, et avait été immédiatement présenté à Barthélemy par le prince de Hardenberg, dans le salon de l'envoyé de Venise, M. de San Fermo[3]. Mais rien n'était encore bien décidé à Madrid; et, quoique Barthélemy eût reçu de pleins pouvoirs pour traiter, dès le 21 floréal (10 mai), les pleins pouvoirs d'Yriarte ne lui furent donnés par l'Espagne que le 2 juillet, environ deux mois plus tard[4].

Les négociations offrirent peu de difficultés. Le Comité de salut public avait d'abord demandé que la République

[1] Schlosser, *Histoire du dix-huitième siècle,* traduite en anglais par Davison, t. VI, p. 609.

[2] *Mémoires du prince de la Paix,* t. I, p. 284-285.

[3] *Mémoires tirés des papiers d'un homme d'État,* t. III, p. 165.

[4] *Mémoires du prince de la Paix,* t. I, p. 284-285.

retînt jusqu'à la paix les quatre places fortes occupées par ses troupes; mais l'Espagne ayant repoussé cette condition, le gouvernement français n'insista pas, et consentit à traiter sur la base de l'intégrité absolue du territoire espagnol. Ce qui avait été envahi sur l'Espagne, il proposa de le restituer [1], moyennant cession à la France de la partie espagnole de l'île de Saint-Domingue. A cette époque, l'île de Saint-Domingue était en proie aux horreurs d'une anarchie qui en rendait la possession beaucoup plus onéreuse que profitable. Il n'était donc pas à craindre que le Cabinet de Madrid opposât, sur ce point, une résistance sérieuse. Et en effet, la proposition, soumise au conseil d'État, y fut reconnue admissible à l'unanimité [2].

Restait une question à résoudre. Charles IV se croyait engagé d'honneur à réclamer la mise en liberté du Dauphin. La mort de l'enfant du Temple, qui arriva sur ces entrefaites, trancha un nœud qu'il eût été, peut-être, difficile de dénouer.

Rien ne s'opposait donc à ce que la paix fût conclue au commencement de juillet. Et cependant la guerre se prolongea jusqu'à la fin du mois, par la raison, assez ridicule, que le gouvernement espagnol perdit plusieurs jours à découvrir la trace d'Yriarte, qu'on croyait à Berlin ou à Vienne, lorsqu'on le nomma ministre plénipotentiaire, et auquel on expédia deux courriers, sans pouvoir obtenir de ses nouvelles [3].

On a écrit que la cause déterminante de la paix entre l'Espagne et la France fut l'épouvante dont la Cour de Madrid fut saisie, en apprenant que l'armée de Moncey avait franchi l'Èbre; qu'elle s'était maintenue sur les

---

[1] *Mémoires du prince de la Paix*, t. I, chap. xxv.

[2] *Ibid.*

[3] C'est Manuel Godoy lui-même qui nous apprend cette circonstance. Voy. les *Mémoires du prince de la Paix*, t. I, p. 287-288.

bords de ce fleuve, et que, de là, elle menaçait la Castille. C'est là une de ces erreurs que se plaisent à répandre les écrivains qui préfèrent l'avantage de flatter les
passions nationales à l'honneur de servir la vérité. Jomini dit en termes exprès : « La paix... mit un terme
aux sollicitudes de Moncey, qui acheva, heureusement
pour sa gloire, une campagne dont l'issue pouvait être
encore douteuse, malgré son brillant début[1]. » Le fait est
que les efforts de Moncey pour se jeter sur Pampelune
furent constamment déjoués par l'habileté des généraux
espagnols Crespo et Filangieri, qui apportèrent dans leurs
mouvements stratégiques beaucoup de promptitude et de
coup d'œil. S'il est vrai qu'après avoir pris possession de
Vitoria et de Bilbao, il se crut en état de pousser jusque
sur l'Èbre la brigade de Miollis, qui pendant quelques
heures occupa le château de Miranda, il est vrai aussi
que, le même jour, 24 juillet, Miollis en fut expulsé par
les Castillans, non sans avoir perdu plusieurs des siens,
et, entre autres, Mauras, commandant des *chasseurs des
Montagnes*. Cet échec, l'impossibilité où étaient les républicains de tenir Bilbao, et la crainte de voir l'ennemi
revenir en Biscaye et menacer les communications de
l'armée, forcèrent Moncey à concentrer ses forces sur
Puenta-de-la-Reina, afin de resserrer Pampelune; et là
fut le terme des opérations militaires de la campagne de
1795 en Espagne, pour ce qui concernait l'armée des
Pyrénées occidentales[2].

Quant à celle des Pyrénées orientales, la fortune de la
guerre ne lui était pas plus favorable. Dans les premiers
jours de juillet, à la suite d'un ordre donné au général
Sauvet d'aller fourrager entre la Fluvia et la Ter, Schérer

---

[1] *Histoire critique et militaire des guerres de la Révolution*, t. VII,
p. 125.

[2] *Ibid.* Rapprochez du récit de Jomini ce qu'on lit dans les *Mémoires
du prince de la Paix*, t. I, p. 289-290.

et Urrutia en étant venus aux mains, le combat fut tel que les deux partis purent s'attribuer la victoire. Urrutia, dans un rapport publié par la *Gazette de Madrid* du 4 juillet, présenta la bataille de Pontos comme décidément gagnée par lui. « Mais, selon Jomini, Schérer, en se disant vainqueur, s'abusa moins que le comte Urrutia ; » et le résultat semble conclure comme Jomini, puisque Sauvet mit son convoi à l'abri, et ramena dans son camp trois cents chariots de grains, outre de nombreux troupeaux [1]. D'autre part, il est certain que le combat de Pontos augmenta la confiance d'Urrutia à ce point, qu'il détacha aussitôt, de Girone, le général Cuesta avec une forte division, le chargeant de chasser les Français de la Cerdagne espagnole, ce qui fut accompli.

Cuesta se préparait à attaquer Mont-Louis, lorsqu'une grande nouvelle retentit dans les deux camps. Aussitôt, les soldats, des deux côtés, déposent leurs armes et courent se jeter dans les bras les uns des autres. Cette nouvelle était celle du traité signé à Bâle, le 22 juillet 1795, entre la France et l'Espagne [2].

Par ce traité, qui valut à Manuel Godoy, de la part de son maître, de nouvelles faveurs et le titre de *Prince de la Paix*, la France restituait toutes ses conquêtes au delà des Pyrénées, et acceptait la médiation de l'Espagne en faveur de Naples, de Parme, de la Sardaigne et du pape. De son côté, l'Espagne cédait aux Français sa part de l'île de Saint-Domingue, et s'engageait à leur payer, pendant cinq ans, une sorte de tribut annuel de cent chevaux andalous, mille moutons et cent béliers [3].

Ces avantages étaient certainement peu en rapport avec

[1] Jomini, *Histoire militaire et critique des guerres de la Révolution*, t. VII, p. 131.

[2] *Mémoires du prince de la Paix*, t. I, p. 284.

[3] Schlosser, *Histoire du dix-huitième siècle*, traduite en anglais par Davison, t. VI, p. 611.

les sacrifices qu'avait coûtés à la nation française une guerre si meurtrière, si prolongée; et le prince de la Paix a pu avec quelque raison s'écrier dans ses Mémoires : « Qu'on me cite un autre traité où la France ait été aussi facile, aussi accommodante [1]! » Au fond, comme il en fait encore la remarque, « l'acquisition de la partie espagnole de Saint-Domingue était si peu désirable, que la République n'eut la pensée d'en prendre possession que quatre ans après [2]. »

Cela n'empêcha pas les Thermidoriens de triompher d'un traité qui était leur ouvrage et dont Tallien avait ébauché les préliminaires [3].

Pour ce qui est des royalistes, ceux d'entre eux qui, comme Puisaye, n'avaient cessé de prôner le patronage de l'Angleterre, éprouvèrent une satisfaction secrète d'un résultat qui semblait donner raison à leurs préférences. Ceux, au contraire, dont toutes les espérances s'étaient tournées vers l'Espagne se répandirent en plaintes amères sur ce qu'ils appelaient une véritable trahison. Mais il est à remarquer que cet événement n'altéra point, du moins en apparence, les prédilections des conseillers du prétendant. Ils attribuèrent ou feignirent d'attribuer la décision du Cabinet de Madrid à la pression des circonstances, et se plurent à supposer qu'il n'avait renoncé à servir la cause royaliste par l'épée qu'afin de se mieux mettre en état de la servir par l'intrigue. Les instructions qu'ils envoyèrent aux « agents de Paris » furent rédigées dans cet esprit [4].

Quoi qu'il en soit, et à supposer que le gouvernement

[1] *Mémoires du prince de la Paix*, t. I, chap. XXVI, p. 299.
[2] *Ibid.*, t. I, p. 295.
[3] *Ibid.*, p. 285.
[4] Voy. dans les *Papiers de Puisaye*, vol. LXXXIV, Manuscrits du British Museum, le document signé par le duc de la Vauguyon, le baron de Flachslanden et le marquis de Jaucourt.

français eût raison de considérer la seconde [1] paix de Bâle comme une victoire diplomatique, c'était peu pour compenser les revers de la campagne de 1795, si différente de la campagne de 1794, et par la gloire acquise, et par les résultats obtenus.

Au commencement du mois de mars, le nombre des armées de la République se trouvait réduit à huit, savoir :

Armée de Rhin et Moselle : général en chef. PICHEGRU.
   — de Sambre et Meuse. . . . . . . . JOURDAN.
   — du Nord . . . . . . . . . . . . . MOREAU.
   — d'Italie. . . . . . . . . . . . KELLERMANN.
   — des Pyrénées occidentales. . . . . . MONCEY.
   — des Pyrénées orientales. . . . . . . PÉRIGNON,
           remplacé à la fin de mars par SCHÉRER.
   — des côtes de l'Ouest. . . . . . . . CANCLAUX.
   — des côtes de Brest et de Cherbourg. HOCHE [2].

La paix de Bâle ayant laissé disponibles les forces employées du côté de l'Espagne, ordre fut expédié à l'armée des Pyrénées orientales de s'acheminer vers l'Italie, où Kellermann fut invité à tout préparer pour reprendre l'offensive [3]. Et en effet, sur cette partie du théâtre de la guerre, la campagne s'était jusqu'alors passée en escarmouches insignifiantes. Quoiqu'il régnât entre les Sardes et les Autrichiens une mésintelligence qui, loin de diminuer par la séparation des troupes des deux nations, n'avait fait que s'accroître, cette circonstance n'avait amené, en faveur des républicains, aucun résultat décisif ; une attaque des Sardes sur le mont Genèvre avait été repoussée ; on avait dépensé beaucoup de temps à dresser

---

[1] La première, on s'en souvient, était celle qui avait été conclue avec la Prusse.

[2] Savary, *Guerres des Vendéens et des Chouans*, t. IV, p. 390.

[3] Jomini, *Histoire*, etc., *des guerres de la Révolution*, t. VII, liv. IX, chap. LIII.

des plans; et c'était là à peu près tout [1]. Plus tard, il est
vrai, les choses changèrent de face; et il fut donné à
Schérer, qui remplaça Kellermann dans les premiers
jours d'octobre, de remporter sur le baron Devins une
victoire qui coûta aux Autrichiens 7,000 hommes, dont
5,000 prisonniers, outre d'énormes magasins de fourrages et plus de 80 pièces de canon [2]. Mais cette bataille,
demeurée célèbre sous le nom de bataille de Loano, fut
gagnée à la fin du mois de novembre; et, à cette époque,
la Convention avait cessé d'exister.

Que si maintenant nous parcourons d'un regard le
reste de nos frontières, quel triste spectacle! Nulle part
les changements apportés à la situation par le 9 thermidor n'apparurent d'une manière plus frappante que
dans la dégénérescence des armées. Les jeunes gens que
la loi d'août 1793 avait appelés à la défense de la patrie
refusant de quitter leurs foyers et restant impunis; ceux
qui étaient sous les drapeaux, excités à la désertion par
leurs familles; les vertus militaires qui avaient marqué
la campagne de 1794 et commandé l'admiration de
l'Europe, bannies de nos camps; la discipline absolument
ruinée; les soldats tout entiers au pillage, parce que « les
tribunaux militaires acquittaient les coupables, pour n'être
pas accusés de terrorisme : qualification justement odieuse,
qu'un certain parti prodiguait alors indistinctement à tous
les hommes énergiques, » telle est la peinture qu'a tracée
de l'état des armées, à cette époque, l'homme le mieux
placé pour en juger, c'est-à-dire le général Jourdan [3].

Hoche écrivait, de son côté : « Le luxe a reparu dans
les armées, et, semblables à des pachas, nos généraux

[1] Jomini, *Histoire*, etc., *des guerres de la Révolution*, t. VII, liv. IX,
chap. LIII.

[2] *Ibid*, p. 321.

[3] Ce qui précède est tiré *textuellement* de son manuscrit, qui est en
notre possession.

ont huit chevaux à leur voiture... C'en est assez, et cette
campagne verra s'écrouler plus d'une réputation[1]. »

Mais ce qui devait être encore plus fatal au succès de
nos armes que le luxe des généraux, c'était la perfidie de
celui d'entre eux que le gouvernement thermidorien avait
le plus comblé de faveurs et d'éloges. Pichegru, nommé
le 13 ventôse (3 mars), commandant en chef de l'armée de
Rhin et Moselle, portait la trahison dans son cœur. On trouvera plus loin le détail des négociations dont le flétrissant
souvenir est lié pour jamais à la mémoire de ce général.

Le premier échec que les Français éprouvèrent sur le
Rhin vint de la présomptueuse confiance avec laquelle le
gouvernement insista sur la nécessité d'assiéger Mayence
pendant l'hiver. Son but était d'assurer les conquêtes de
la campagne précédente, que menaçait effectivement la
possession de Mayence par les Autrichiens. Mais entreprendre avec quelque chance de succès, sur la rive gauche
du Rhin, le siége d'une place que toute une armée soutenait sur la rive droite, on ne l'aurait pu qu'après avoir
franchi le fleuve et battu les Impériaux. D'ailleurs, on
n'avait nul moyen de réunir les bouches à feu et l'immense attirail qu'exigeait une opération de cette importance; et, enfin, le pays, sur lequel avaient pesé tant
d'armées, était épuisé d'une manière absolue. Ces considérations furent présentées avec beaucoup de force et
de clarté par Kléber, dans un mémoire qu'il adressa au
Comité de salut public, en réponse à l'ordre d'aller prendre le commandement de la portion de l'armée de Rhin et
Moselle restée devant Mayence. Kléber jugeait l'entreprise dont on le chargeait, en capitaine expérimenté, et
ne voulait point compromettre sa réputation militaire.
Mais il ne fut point écouté. Les Thermidoriens se rappe-

[1] Correspondance de Hoche. Lettre de Hoche à son frère, en date du
9 germinal an III.

laient les prodiges qu'avaient accompli les armées républicaines, sans songer qu'eux-mêmes avaient mis un
terme à l'enthousiasme sacré qui avait rendu possibles
ces prodiges! Le siége fut donc commencé, et les prédic-
tions de Kléber ne se réalisèrent que trop : les chevaux
périrent faute de fourrage; les soldats privés de subsistances et exténués de fatigue, allèrent mourir dans les
hôpitaux; et il fallut finir par se borner à perfectionner
les lignes qui enveloppaient le front de la place [1].

Le 7 avril, Kléber écrivait à Jourdan :

« On me dit que tu es à Coblentz avec les représentants Gillet et Cavaignac. Eh bien, profite, si tu m'aimes,
de cette circonstance pour me demander; sans quoi, je
resterai accroché à l'armée du Rhin. Mes chevaux filent
sur Crevelt; ils sont partis le 3, je comptais les suivre
le 5 : le 4 au soir, une lettre du Comité de salut public
m'enjoint de rejoindre l'armée du Rhin, pour en prendre
le commandement jusqu'à l'arrivée de Pichegru... Cette
armée, excellente au fond, mais détruite, dénuée par l'i-
neptie, ne demande point un commandant provisoire,
mais un chef doué de tous les talents, de toute l'énergie
possible; et Kléber n'est pas l'homme qu'il faut. Je ne
suis quelque chose, moi, qu'avec toi; que quand tu m'as
encadré dans mes devoirs, etc... Tire-moi donc d'ici, je
t'en conjure. Non-seulement tu me rendras service, mais
tu serviras encore la cause publique. Il me tarde bien
de t'embrasser [2]. »

Cette armée dans laquelle Kléber brûlait de rentrer
était celle de Sambre et Meuse. Elle se trouvait alors
dans un état peu florissant : forcée de vivre par la voie

---

[1] *Mémoires* manuscrits du maréchal Jourdan.

[2] Nous extrayons textuellement cette lettre du manuscrit du maréchal
Jourdan. Les points placés à la suite du nom de Pichegru se trouvent
dans le manuscrit.

des réquisitions, elle avait épuisé les contrées de la rive gauche du Rhin et aurait été bientôt forcée de les abandonner si elle n'eût reçu quelques secours de la Hollande; il lui manquait trente mille chevaux, trois mille caissons et autant de voitures pour les services de l'artillerie, du génie, des vivres et fourrages[1]. En revanche, elle avait à sa tête un homme qui aux talents d'un capitaine familiarisé avec la victoire joignait les vertus du citoyen.

Nous avons dit que le gouvernement français jugeait nécessaire de porter le théâtre de la guerre sur la rive droite du Rhin. Le temps exigé par les préparatifs du passage donnant lieu de penser que les Autrichiens tenteraient de secourir Luxembourg qu'investissaient alors quatorze mille hommes, Pichegru reçut ordre de s'opposer au mouvement prévu. Celui-ci objecta l'affaiblissement de l'armée de Rhin et Moselle, les privations dont elle souffrait depuis longtemps, les fatigues essuyées par elle pendant un hiver rigoureux. Il n'en fallut pas davantage : le Comité de salut public, qui avait une confiance sans bornes dans Pichegru, ne prit pas la peine d'approfondir les motifs qu'il alléguait, et il l'autorisa à rappeler les vingt-quatre mille hommes qui investissaient Luxembourg, pendant qu'il envoyait à Jourdan l'ordre de les faire remplacer et d'opérer un mouvement général sur sa droite, de manière à pouvoir, au besoin, soutenir son collègue[2].

Le 15 avril, l'armée de Sambre et Meuse, dont la force s'élevait à quatre-vingt-six mille combattants, occupa les positions suivantes : vingt-quatre mille six cents hommes aux ordres du général Hatry, sous les murs de Luxembourg; vingt mille formant l'aile gauche sous ceux de Lefebvre, le long du Rhin depuis Uerdingen jusqu'à

---

[1] Manuscrit du maréchal Jourdan.
[2] *Ibid.*

Sinzig; vingt-six mille sept cents commandés par Kléber, entre Andernach et Coblentz, et quatorze mille huit cents bordant le Rhin, depuis Coblentz jusqu'à Bingen, sous le commandement de Marceau. L'armée de Rhin et Moselle, un peu moins forte, occupait divers camps depuis Mayence jusqu'à Huningue[1].

Jourdan s'étonne, dans ses Mémoires manuscrits, que l'empereur d'Autriche qui avait sur le Rhin une armée de cent quatre-vingt mille combattants, n'ait point cherché à sauver une place d'une aussi haute importance que Luxembourg. Il fait remarquer que Mayence et Ehrenbreitstein offraient des points de passage d'où cent cinquante mille hommes pouvaient facilement déboucher et marcher sur Trèves; auquel cas, les deux armées de la République, qui n'auraient plus eu de communication entre elles et qui étaient affaiblies des vingt-cinq mille hommes détachés devant Luxembourg, se seraient trouvées hors d'état de résister à une masse imposante, les accablant alternativement de tout son poids. Quel motif paralysa l'armée autrichienne? Manquait-elle des ressources indispensables pour entrer en campagne? Ou bien, le Cabinet de Vienne méditait-il une autre opération? Jourdan croit que le projet de l'Autriche était de faire pénétrer ses armées par la haute Alsace, en Franche-Comté, où les émigrés comptaient d'assez nombreux partisans, et où l'on pouvait s'attendre à rencontrer moins d'obstacles pour s'avancer sur Paris[2].

Quoi qu'il en soit, le maréchal Bender, gouverneur de Luxembourg, ne fut point secouru, et, comme ses approvisionnements étaient consommés, il capitula. La capitulation fut signée le 7 juin. La garnison, forte de neuf mille hommes, sortit avec les honneurs de la guerre,

[1] Ces détails sont extraits textuellement du manuscrit du maréchal Jourdan.

[2] Ibid.

déposa ses armes et ses drapeaux sur les glacis, et fut conduite au delà du Rhin, après avoir prêté serment de ne servir contre la République que lorsqu'elle aurait été échangée. Huit cents bouches à feu, dont quatre cent cinquante en bronze, mille milliers de poudre et une immense quantité de fers coulés tombèrent au pouvoir du vainqueur [1].

Tandis que Jourdan remplissait ainsi son double devoir de citoyen et de soldat, Pichegru se préparait à la trahison.

Ce fut entre le prince de Condé et Pichegru que s'ouvrirent les négociations infamantes dont celui-là même a révélé le secret, qui en fut l'intermédiaire principal.

Au mois d'avril 1795, le prince de Condé avait dû occuper avec son armée le cantonnement de Mulheim, en Brisgaw. Sa situation était loin d'être ce qu'elle apparaissait de loin à beaucoup de royalistes français qui, sur la foi du nom que portait ce prince, le croyaient investi d'un pouvoir considérable et jouissant d'un grand crédit auprès des Puissances coalisées. La vérité est qu'il commandait un corps mal payé et mal discipliné; qu'il était entouré de courtisans qui le trompaient, en lui représentant la France toute prête à embrasser ses genoux; que les Cours de Pétersbourg et de Vienne le berçaient de promesses illusoires; que les comtes de Provence et d'Artois ne l'aimaient pas, et que, si les Anglais lui donnaient de l'argent, c'était pour qu'il l'employât à tout autre chose qu'à augmenter l'illustration militaire de sa maison : témoin les trente-six mille louis qu'ils lui firent remettre, en avril, à Mulheim, « pour dépenses secrètes sur la rive gauche [2]. » Enlever à la République

---

[1] *Mémoires* manuscrits du maréchal Jourdan.
[2] *Mémoire concernant la trahison de Pichegru*, rédigé en l'an VI par M. R. de Montgaillard, p. 8. Paris, germinal, an XII.

ses défenseurs, en tâchant de gagner les officiers et en poussant les soldats à la désertion, tel était l'objet des « dépenses secrètes sur la rive gauche; » et les banquiers de cette agence de corruption étaient Crawford et Wickam, ce Wickam que, dans son *Histoire du dix-huitième siècle*, Schlosser flétrit du nom de « méprisable intrigant [1]. »

La trahison de Pichegru!... La plume hésite avant de tracer de tels mots; et l'historien se demande, frappé de stupeur, l'explication d'un aussi triste mystère. Pichegru était alors au zénith de sa réputation; la France aimait à saluer en lui un de ses plus grands capitaines; le gouvernement le regardait presque comme l'arbitre des destinées du pays; rien de plus élevé que ce qu'il possédait déjà, ne semblait pouvoir tenter son ambition; son orgueil n'avait à se plaindre d'aucune préférence accordée à un autre; loin de là, des généraux, Jourdan par exemple, qui avaient rendu plus de services que lui à la République, avaient reçu moins de louanges et moins de faveurs : quelle fatalité inconcevable le précipita dans les voies de la trahison?

Si, comme Jomini l'assure [2], il était adonné au vin et aux femmes, il est bien certain qu'il n'avait pas le moyen de satisfaire ce double penchant; car il ne possédait pas de fortune particulière; et son traitement journalier de général en chef n'était que de cent cinquante livres, somme réduite à ce point par l'extrême dépréciation du papier, qu'elle lui permettait à peine de se procurer du vin pour sa table, et qu'il fut un jour obligé de vendre deux de ses chevaux, faute d'avoir de quoi pourvoir à des dépenses de première nécessité [3].

[1] Traduction de Davison, vol. VI, p. 610.
[2] *Histoire militaire et critique des guerres de la Révolution*, t. VII, liv. VIII, chap. XLVI, p. 62.
[3] R. de Montgaillard, *Mémoire concernant la trahison de Pichegru*, p. 57.

Mais il est difficile de comprendre que des mobiles d'une nature ignoble agissent souverainement sur une âme illuminée par le génie et capable de vastes desseins. Faut-il supposer que Pichegru aspirait au rétablissement de la monarchie, par l'effet d'une conviction sincère et forte? Même dans ce cas, il y a lieu d'être surpris qu'il n'ait pas vu combien peu les circonstances se prêtaient à une parodie du rôle de Monk, et sur quelle carte douteuse il jouait son honneur.

Quoi qu'il en soit, et malgré ce mot de ses instructions secrètes à un des négociateurs du prince de Condé : « *Je n'ai pas envie de faire le second tome de Dumouriez* [1], » c'est bien après le nom de ce traître, que le sien prendra place dans l'histoire des traîtres.

De tous les intrigants au service du parti royaliste, nul n'était plus rompu aux habitudes d'une politique souterraine que Maurice Rocques, comte de Montgaillard [2] : ce fut à lui que le prince de Condé donna les pleins pouvoirs nécessaires pour traiter avec Pichegru [3].

Les offres faites à ce dernier étaient magnifiques. On lui écrivit : qu'il serait nommé maréchal de France et gouverneur d'Alsace ; qu'on lui accorderait le cordon rouge, le château de Chambord avec son parc et douze pièces de canon enlevées aux Autrichiens, un million argent comptant, deux cent mille livres de rente, et un hôtel à Paris; que la ville d'Arbois, sa ville natale, porterait le nom de *Pichegru*, et serait exempte de tout impôt pendant quinze ans, etc., etc. [4].

Furent adjoints à Montgaillard, dans cette négociation,

---

[1] R. de Montgaillard, *Mémoire, concernant la trahison de Pichegru*, p. 34.
[2] Frère de l'abbé de ce nom.
[3] R. de Montgaillard, *Mémoire concernant la trahison de Pichegru*, p. 9.
[4] Pièce trouvée à Venise dans le portefeuille du comte d'Entraigues, Voy. le *Moniteur*, an V, numéro 553.

un bourgeois de Neufchatel, nommé Antoine Courant, homme de beaucoup de sang-froid, d'une présence d'esprit rare, parlant très-bien plusieurs langues [1], et un autre habitant de Neufchatel, Fauche-Borel.

Quoique né dans une République et d'une famille protestante qu'avait chassée de France la révocation de l'édit de Nantes, Fauche-Borel s'était pris d'enthousiasme pour la cause royaliste, avait accueilli beaucoup d'émigrés dans un atelier d'imprimerie qu'il tenait à Neufchatel, et s'était mis à imprimer en leur faveur toutes sortes de brochures [2]. Si le désintéressement de son zèle en égala l'ardeur, c'est ce que le passage suivant du mémoire de Montgaillard autorise à mettre en doute : « Les promesses qu'on lui fit et dont il exigea la signature avant toute chose furent : un million, l'imprimerie royale, l'inspection générale de la librairie de France, la charge de conseiller d'État et le cordon de Saint-Michel [3].

Toujours est-il que Fauche-Borel, dans les négociations du prince de Condé avec Pichegru, accepta les périlleuses fonctions de porteur de messages. Sa première entrevue avec le général eut lieu le 14 août 1795. Il était muni d'une lettre contenant la preuve de l'authenticité de sa mission, et rien de plus : Pichegru en ayant exigé une autre plus explicite [4], Fauche-Borel repartit aussitôt pour Bâle, où il arriva, les portes fermantes [5]. Montgaillard l'attendait. Il passa la nuit à rédiger les instructions du prince de Condé, à dresser un état des récompenses qui devaient être accordées au général ainsi

---

[1] Montgaillard, *Mémoire concernant la trahison de Pichegru*, p. 10-11.
[2] Michaud jeune, *Biographie universelle*, au mot *Fauche-Borel*.
[3] *Mémoire concernant la trahison de Pichegru*, p. 10.
[4] *Précis historique des différentes missions, dans lesquelles M. Louis Fauche-Borel a été employé pour la cause de la monarchie*, p. 3. 1815.
[5] Montgaillard, *Mémoire concernant la trahison de Pichegru*, p. 14.

qu'à son armée, et Fauche reprit la poste à sept heures du matin [1].

Le prince de Condé demandait que Pichegru se déclarât sur la rive gauche et y fît proclamer la royauté par son armée; qu'il arborât le drapeau blanc sur tous les clochers qui bordent le Rhin, depuis Huningue jusqu'à Mayence; qu'il envoyât aussitôt à Mulheim un trompette, les yeux bandés, pour informer le prince que l'armée républicaine avait reconnu le roi et pour l'inviter à se rallier à cette armée; qu'il livrât Huningue incontinent comme place de sûreté, avec liberté d'y établir un pont de bateaux; qu'il arrêtât les représentants du peuple près l'armée du Rhin, et les fît conduire à Mulheim les fers aux mains et aux pieds [2], pour en être disposé ainsi qu'il appartiendrait.

« Le but de ce plan, observe Montgaillard, et le motif de l'insistance du prince de Condé à le faire adopter, étaient ceux-ci : il cherchait à hasarder le moins possible, et à se ménager en même temps une influence décisive dans le nouvel ordre de choses [3]. »

Mais ce n'était pas de la sorte que l'entendait Pichegru. Sur l'accueil qu'il fit au plan du prince de Condé, voici ce que Fauche-Borel raconte :

« A l'heure indiquée, je me trouvai au rendez-vous que m'avait fixé le général, mais je ne pus lui parler : il était forcé de partir avec son état-major. Cependant il m'aperçut, et son regard sembla me dire de le suivre. J'arrivai presque sur ses pas à son quartier-général, à Altkirch, près Strasbourg. Je me fis annoncer comme ayant sept caisses de vin de Champagne à lui livrer et désirant savoir où je devais les déposer. Il comprend le vrai

---

[1] Montgaillard, *Mémoire concernant la trahison de Pichegru.* — De meilleure heure, selon le récit de Fauche.

[2] *Ibid.*, p. 26-27.

[3] *Ibid.*, p. 28.

sens de cette annonce, descend au jardin. Je l'accompagne, chapeau bas. « Couvrez-vous, me dit-il, et, surtout, écartons toute apparence de mystère. » Ensuite il prend la lettre du prince, la lit, me la rend pour n'avoir rien sur lui qui pût le compromettre, et fait verbalement la réponse suivante, que je crois rendre mot pour mot : « Assurez le prince qu'il peut compter sur moi; je serai digne de la confiance qu'il daigne m'accorder, mais ce qu'il me propose ne peut avoir lieu. Je connais le soldat : il ne faut pas lui donner le temps de penser au premier mouvement; il faut l'entraîner et non chercher à le décider. Dès que je l'aurai comme transporté sur la rive droite du Rhin, je serai sûr de lui. Que le prince me désigne lui-même le point du fleuve le plus favorable pour qu'en le passant je me réunisse à son armée. Je crois que Neubourg ou Steinstadt serait l'endroit le plus avantageux, à cause de la position militaire du prince. Qu'il m'indique le jour et l'heure, ainsi que la quantité d'hommes et l'espèce d'armes qui lui conviennent. En passant, je laisserai mes pontons, comme si ma première colonne devait être suivie de la seconde, et, aussitôt sur la rive droite, je proclamerai la royauté. Par ce moyen, douze ou quinze mille des miens se joindront à l'armée du prince; nous marcherons bras-dessus bras-dessous; les places de l'Alsace s'ouvriront devant nous, et en quinze jours nous serons à Paris. Mais il faut que le prince s'entende avec les Autrichiens, pour qu'ils restent sur nos derrières [1]. »

Ainsi, Pichegru voulait bien trahir, mais à la condition qu'on le laisserait trahir à sa manière; et c'est à quoi le prince de Condé ne put se résoudre à consentir. Au fond, que lui importait ce que Pichegru pouvait penser

[1] *Précis historique des différentes missions, dans lesquelles M. Louis Fauche-Borel a été employé pour la cause de la monarchie, p. 3-6.*

et désirer ? D'une part, il le considérait comme un instrument de sa gloire personnelle ; d'autre part, il se défiait de lui, ainsi que se défient des traîtres ceux-là mêmes qui les emploient. Montgaillard raconte que Fauche-Borel ayant rapporté au prince de Condé, en preuve de la sincérité du général, qu'il était allé jusqu'à le baiser sur la joue, le prince s'écria : « Pichegru se sent de son ancien métier. Il est donc toujours soudard et crapuleux ! Voilà comme sont ces gens-là ! Épanchement de corps de garde, voilà tout [1]. »

Une expression favorite du prince de Condé, en parlant de ceux qu'il cherchait à corrompre, était celle-ci : « *La foi punique de ces gens-là.* »

Aussi insista-t-il sur la reddition préalable par Pichegru de Huningue et de Strasbourg. Mais, sur ce point, la résistance du général fut indomptable. Dans ses instructions à M. Courant, il écrivait : « Je ne donnerai pas Huningue au prince ; cette place ne lui servirait de rien. Point de petits paquets. Il s'agit d'un grand projet, et non pas d'une expédition à la Dumouriez. Je n'ai pas envie de faire le second tome de ce général [2]. »

Une autre difficulté, c'était l'argent : il en aurait fallu beaucoup, et le prince de Condé en manquait [3]. Parmi les officiers avec lesquels Fauche-Borel réussit à lier l'intrigue, il y en avait de si pauvres, qu'un d'eux, l'adjudant général Badouville, reçut en cadeau une montre et du linge [4].

De son côté, Pichegru était fort pressant, quoiqu'il eût soin d'employer un langage de nature à le sauver du reproche de cupidité. « Je n'ai nul besoin d'argent pour

---

[1] *Mémoire sur la trahison de Pichegru,* p. 25.
[2] *Ibid.,* p. 34.
[3] Fauche-Borel, *Précis historique,* etc., p. 7.
[4] Jomini, *Histoire militaire et critique des guerres de la Révolution,* t. VII, p. 62.

moi, écrivait-il, je n'en veux point; mais il m'en faut pour mes soldats, car la royauté est pour eux au fond d'une bouteille de vin [1]. »

Si dans ces tristes lignes, Pichegru ne calomniait point ses soldats, on en doit conclure que la réaction avait exercé sur l'esprit de l'armée une bien funeste influence et substitué de bien vils mobiles à ceux qui avaient si longtemps rendu les Républicains invincibles!

Il résulte du récit de Fauche-Borel que les Autrichiens furent mis au courant des négociations du prince de Condé avec Pichegru [2]. Selon Montgaillard, au contraire, le prince tenait à ce que les Autrichiens restassent dans une ignorance profonde de ce qui se passait et défendit qu'on en donnât la moindre communication, soit à Clairfayt, soit à Wurmser [3].

Quoi qu'il en soit, les négociations traînèrent à ce point, que Pichegru vit arriver le moment où il cessa d'être libre de suivre le plan d'abord proposé par lui, le Comité de salut public ayant envoyé aux deux armées de Jourdan et de Pichegru l'ordre péremptoire de passer le Rhin.

L'intention du Comité était que l'armée de Sambre et Meuse, celle que Jourdan commandait, ne tentât le passage à Rheinsfeld que quand celle de Rhin et Moselle l'aurait effectué vers Strasbourg, et se serait emparée de Manheim. Il était effectivement très-avantageux et conforme aux règles de l'art de la guerre de percer le centre de la ligne des Autrichiens morcelée sur une immense étendue; mais Jourdan représenta :

Que Pichegru aurait beaucoup de peine à aborder sur la rive droite, en présence des forces concentrées devant lui ;

---

[1] Montgaillard, *Mémoire concernant la trahison de Pichegru*, p. 33
[2] Fauche-Borel, *Précis historique des différentes missions*, etc., p. 6.
[3] Montgaillard, *Mémoire concernant la trahison de Pichegru*, p. 50.

Que quatre mille hommes suffisaient pour arrêter une armée à Rheinsfeld, tant le Rhin est encaissé dans cet endroit ;

Qu'une tentative au-dessus de Dusseldorf présentait de plus grandes chances de succès, surtout si Pichegru, par de sérieuses démonstrations, retenait l'ennemi dans le Brisgaw ;

Qu'il était impossible de réunir des équipages de pont entre Mayence et Manheim, les moyens de transport manquant pour cela ;

Qu'il était possible, au contraire, d'en faire arriver de la Hollande sur le bas Rhin, et moins difficile d'en rassembler sur la partie supérieure de son cours, derrière quelqu'une des îles dont il est parsemé ;

Que, d'ailleurs, rien ne s'opposait à ce que la droite vînt se réunir à la gauche, dès que celle-ci aurait atteint les bords du Mein, et à ce que les deux armées, leur jonction opérée, prissent une nouvelle base d'opération [1].

Les idées de Jourdan ayant été adoptées par le Comité de salut public, il fut décidé que deux grandes attaques auraient lieu : l'une par l'armée de Rhin et Moselle, entre Huningue et Brisach ; l'autre, par l'armée de Sambre et Meuse dans le duché de Berg. Le général du génie Dejean fut chargé de rassembler en Hollande des équipages de pont pour cette dernière attaque ; et Jourdan commença vivement ses préparatifs sur le bas Rhin.

Il avait en tête Clairfayt, dont le quartier général était à Gross-Gerau, et dont la droite, aux ordres de Verneck, s'étendait jusqu'aux confins du territoire prussien au-dessous de Dusseldorf.

Quant à l'armée autrichienne du haut Rhin, Wurmser, qui venait d'en prendre le commandement, menaçait de

---

[1] Manuscrit du maréchal Jourdan.

pénétrer en Alsace avec 80,000 hommes, non compris le corps de Condé [1].

Si Jourdan avait eu à la suite de son armée des équipages de pont attelés, il aurait pu par ses manœuvres tromper son adversaire, lui dérober des marches, faire naître habilement l'occasion de lancer ses bateaux à l'eau, et jeter sur la rive opposée des troupes qui s'y seraient retranchées, en attendant que les ponts eussent été établis ; mais ce moyen, jugé jusqu'alors indispensable, n'était pas à la disposition de Jourdan, ce qui le mettait dans l'impossibilité de cacher le point sur lequel il voulait tenter son opération. Il ne lui restait donc d'autre ressource que de tâcher de diviser les forces de l'ennemi, et, dans ce but, il résolut de former trois attaques.

Comme les équipages de pont de la Hollande ne pouvaient dépasser Essenberg, vis-à-vis les confins du territoire prussien, sans courir le risque d'être coulés bas par les Autrichiens, il fallut rapprocher de ce point celui de l'attaque principale, que facilitaient d'ailleurs la configuration du cours du fleuve et l'existence d'une île près d'Uerdingen. Quatorze batteries enveloppèrent le coude que forme le Rhin dans cette partie, depuis Bockum jusqu'à Angerort, et croisèrent leurs feux sur la rive droite ; trois bataillons, jetés dans l'île, se retranchèrent et élevèrent trois redoutes ; on transporta avec des peines infinies des bateaux de Venloo à Uerdingen pour passer les troupes destinées à protéger l'établissement du pont, et d'autres, loués à Duisbourg pour le même objet descendirent de la Roër à Essenberg, tandis que deux ba-

---

[1] Le manuscrit de Jourdan étant un document tout à fait inédit, et le passage du Rhin ne pouvant être mieux raconté que par celui qui le conçut et l'exécuta, nous avons cru devoir ne nous écarter en rien du texte qui est sous nos yeux, nous bornant à dégager le récit de quelques détails stratégiques de nature à n'intéresser que les gens du métier.

taillons, désignés pour faire le service de pontonniers, s'exerçaient à manier la rame.

La direction de cette attaque fut confiée à Kléber, ainsi que celle de la seconde attaque, qui ne devait être qu'un coup de main sur Dusseldorf, place défendue seulement par des troupes palatines, et à portée d'être bombardée, de la rive gauche.

Il fut décidé que la troisième attaque serait dirigée sur Neuwied, pour inquiéter l'ennemi sur ses chances de retraite, dans le cas où les Français forceraient le passage, et l'obliger conséquemment à tenir sur ce point ses principales forces.

Grâce au zèle et à l'activité du capitaine d'artillerie Tirlet, un équipage de pont, réuni à Mosel-Weirs près Coblentz, après deux mois de soins et de peines, fut transporté en arrière de Weissenthurm. Des redoutes battirent le cours du Rhin depuis Coblentz jusqu'à Andernach, et des batteries placées sur les hauteurs de Weissenthurm, plongèrent sur la rive opposée, ce qui permit aux Français de s'emparer de l'île de Neuwied, où ils en élevèrent de nouvelles. Enfin, un pont volant, construit à Mosel-Weirs sous la direction de Tirlet, descendit, pendant la nuit, de la Moselle sur le Rhin, et vint se placer derrière l'île de Neuwied, sans avoir été endommagé par le feu des batteries de la rive droite.

Malgré ces dispositions, le passage du Rhin était encore incertain, attendu que Pichegru, bien loin de se préparer à l'attaque dont il était chargé, ne faisait même pas de démonstrations; de sorte que les généraux ennemis, sans inquiétude de ce côté, firent descendre des renforts sur le bas Rhin [1].

[1] Ceci, comme tout ce qui se rapporte au passage du Rhin, est tiré textuellement, il ne faut pas l'oublier, du manuscrit de Jourdan, dont le récit lèverait tous les doutes sur la trahison de Pichegru, s'il y en avait de possibles.

Le comte d'Erbach, campé dans l'anse d'Uerdingen, avec environ quinze mille hommes, avait élevé une ligne de retranchements et des batteries, de Bockum à Angerort; une seconde ligne, partant de la redoute placée vis-à-vis l'extrémité gauche de l'île d'Uerdingen, passait en avant de Mundelheim et aboutissait à Dam; une troisième, appuyée au même point que la seconde, s'étendait par Saarn jusqu'à Bockum, et une autre ligne demi-circu-laire, partant d'Ehingen, se prolongeait sur Angerort.

Ainsi, c'était jusqu'à Angerort seulement que les Au-trichiens gardaient la ligne droite du Rhin : ils n'avaient pas jugé nécessaire de s'étendre jusqu'au village d'Eichel-kamp, parce que ce village, faisant partie du duché de Berg, était compris dans la ligne de neutralité convenue avec la Prusse.

Heureusement pour les Français, il se trouva que l'é-lecteur Palatin n'ayant pas rappelé son contingent de l'armée de l'empire, avait par là violé la condition à la-quelle étaient attachés les priviléges de la neutralité. Les commissaires de la Convention décidèrent donc que les Français pouvaient, sans enfreindre le traité avec la Prusse, passer le Rhin à Eichelkamp; et cette circonstance ne servit pas peu à faciliter l'entreprise. L'attaque fut fixée au 6 septembre; et Jourdan, arrivé la veille à Cre-velt, se mit à la tête de son aile gauche.

Ce jour-là même, 5 septembre, à huit heures du soir, les bateaux, réunis à Essenberg, ayant été remontés en face d'Eichelkamp, l'avant-garde, aux ordres de Lefebvre, se rendit au point d'embarquement. Tilly la suivit et se plaça en seconde ligne. Six bataillons de Grenier étaient dans l'île d'Uerdingen, et le reste de sa division en arrière de Bodberg. Grenier ne devait faire embarquer ses troupes que quand, par le débarquement de celles de Lefebvre et le feu de l'artillerie, l'ennemi serait forcé de s'éloigner des bords du Rhin. Championnet laissa trois bataillons dans les batteries devant Dusseldorf et se porta à l'embouchure de l'Erfft. Ces mouvements furent exécutés avec tant d'ordre, tant de silence, que l'ennemi n'en eut aucune connaissance et resta dans la plus parfaite sécurité.

A une heure du matin, trois mille hommes entrent dans les bateaux et débarquent sans obstacle. Lefebvre, en abordant à la rive droite, envoie prévenir le commandant des postes prussiens que l'armée française passe sur Eichelkamp comme territoire ennemi, mais qu'elle respectera le territoire du roi de Prusse. Puis, il réunit ses troupes, se porte sur la route de Duisbourg, tourne à droite, s'avance sur l'Aggerbach, rencontre à Spick quelques bataillons que le comte d'Erbach, informé de l'approche des Français, avait envoyés défendre le passage d'Aggerbach, entre au pas de charge dans le village, culbute les Autrichiens, et répare le pont, qui avait été rompu.

Au premier coup de fusil, les batteries françaises avaient déployé leur feu et réduit au silence celles de l'ennemi. Grenier reçoit l'ordre de commencer son passage. Malheureusement, ses bateaux touchent sur un banc de sable, et sont contraints de revenir derrière l'île.

Pendant que ceci se passait sur la gauche, les embarcations de Championnet débouchaient de l'Erfft, et ses grenadiers, débarquant sur la rive droite, enlevaient les redoutes autrichiennes. Marchant à leur tête, le général Legrand se présente sous les murs de Dusseldorf, somme le gouverneur de lui ouvrir ses portes, et ne lui accorde que dix minutes pour délibérer. Les dix minutes s'écoulent. Aussitôt les batteries de la rive gauche, tirant sans relâche sur la ville, y jettent l'épouvante. La capitale du duché de Berg allait être brûlée : elle se soumit. Les Français prennent possession de Dusseldorf, et Championnet continue de faire passer son infanterie.

A 7 heures du matin, toute l'infanterie de Lefebvre

était sur la rive droite, et celle des généraux Tilly et Grenier commençait de passer.

Lorsque le jour permit de distinguer les objets, Jourdan se porta en avant et s'aperçut que l'ennemi opérait sa retraite sur Ratingen, sous la protection de deux mille chevaux restés en bataille à portée du canon. Apprenant que Lefebvre avait enlevé le poste de Spick et que Championnet s'était rendu maître de Dusseldorf, le comte d'Erbach avait abandonné les bords du fleuve.

Les Français trouvèrent sept pièces de canon sur le champ de bataille. Le passage du Rhin venait de leur coûter seulement deux cents hommes.

Quel bruit n'avait pas fait dans le monde, au dix-septième siècle, le passage du Rhin par Louis XIV! Avec quels élans d'admiration n'avait-il pas été célébré par les orateurs, les peintres, les statuaires, les poëtes! Eh bien, le passage du Rhin par Jourdan, quoique effectué avec des moyens infiniment moindres, en des circonstances beaucoup plus défavorables, et devant des forces bien autrement imposantes, émut à peine l'opinion, parce que la nouvelle en fut portée à Paris dans un moment où les esprits étaient ailleurs. Le Comité de salut public, qui ne manquait jamais de faire précéder d'un rapport pompeux l'annonce des plus faibles succès, se contenta de faire lire à la tribune les dépêches de Jourdan, auquel il écrivit, néanmoins : « Vous avez exécuté, général, une des plus belles opérations militaires dont l'histoire des hommes ait conservé le souvenir [1]. »

Les instructions adressées à Jourdan, immédiatement après le passage du Rhin, étaient contenues dans ce peu de mots : « Obliger l'ennemi à évacuer le duché de Berg et la partie de la Vettéravie comprise entre le Mein, le Rhin et la ligne de neutralité. » Celles de Pichegru lui

---

[1] *Mémoires* manuscrits et inédits du maréchal Jourdan.

prescrivaient de tenter le passage du Rhin à Oppenheim,
pour couper toute communication entre la droite et le
centre des armées autrichiennes, et forcer les troupes qui
se reployaient devant l'armée de Sambre et Meuse, à se
jeter sur le haut Mein, en les devançant sur la partie inférieure de son cours. Si cette entreprise présentait trop
de difficultés, Pichegru devait diriger ses moyens offen-
sifs contre Manheim, et contraindre le gouverneur à
ouvrir ses portes par la menace d'un bombardement, ce
qui donnait à l'armée de Rhin et Moselle le double avantage d'un passage facile et d'une bonne tête de pont sur
le fleuve.

Ce plan n'était pas mal conçu, et les dispositions des
généraux ennemis en rendirent l'exécution facile. Clairfayt, après avoir laissé à Heidelberg une division aux
ordres du général Kosdanowich, se porta sur la Lahn,
au soutien de son aile droite, tandis que Wurmser resta
fort inutilement sur le haut Rhin ; de sorte que, Pichegru ayant peu d'obstacles à surmonter, on devait s'attendre à voir les deux armées républicaines opérer leur
jonction dans le pays de Darmstadt, et séparer celles de
l'Empire[1].

La trahison de Pichegru fit évanouir ces belles espérances.

Resserrée entre le Rhin et la ligne de neutralité, dans
un pays dépourvu de tout, où il lui fallut séjourner fré-
quemment pour attendre les convois de la rive gauche,
l'armée de Sambre et Meuse, après avoir remonté le
fleuve en chassant l'ennemi devant elle, atteignit les
bords du Mein le 25 septembre.

De son côté, conformément aux ordres reçus et grâce
à l'énergique insistance de Merlin (de Thionville)[2], Pi-

---

[1] *Mémoires* manuscrits et inédits du maréchal Jourdan.
[2] Montgaillard, *Mémoire concernant la trahison de Pichegru*, p. 47-48.

chegru s'était vu contraint de sommer le gouverneur de
Manheim de rendre la place, le menaçant, en cas de
refus, de la réduire en cendres; et, le 18 septembre,
sous l'impression de cette menace, la ville avait capitulé.

Le moment était donc venu où Pichegru, d'après ses
instructions, aurait dû s'avancer avec la majeure partie
de ses forces sur le Mein, pour couper la retraite à Clairfayt et opérer sa jonction avec Jourdan. Au lieu de cela,
il se borna à porter sur Heidelberg un corps de dix mille
hommes qui, peu de jours après, fut complétement
battu[1].

La Convention, en nommant, par son décret du 3 mars,
les généraux en chef des armées de Sambre et Meuse, de
Rhin et Moselle et du Nord, avait décidé que, dans le cas
où elles devraient agir de concert, le commandement
général serait donné à Pichegru : le Comité de gouvernement jugea l'heure arrivée de faire l'application de
cette disposition, et en informa Jourdan par une lettre où
était exprimée l'assurance qu'en lui le désintéressement
du grand citoyen étoufferait les susceptibilités du soldat[2].

Jourdan méritait certes cet hommage, mais il méritait
plus que cet hommage; et la France ne tarda point à
expier cruellement l'arrêté qui subordonnait à un homme
par qui elle était trahie, le modeste, l'illustre vainqueur
de Wattignies et de Fleurus!

Réunir les troupes disponibles pour attaquer Clairfayt
dans le Darmstadt, avant l'arrivée de Wurmser, sta-
tionné dans le haut Rhin, telle était alors la seule chose
qu'il fût possible d'entreprendre; car les armées françaises étaient dans le plus absolu dénûment et ne comptaient pas cent soixante mille hommes sous les armes[3].

---

[1] Manuscrit du maréchal Jourdan.

[2] Ceci est le résumé de la lettre qu'il reçut et qu'il reproduit textuellement dans son manuscrit.

[3] Manuscrit du maréchal Jourdan.

Mais la résistance obstinée de Pichegru paralysa tout, et rien ne put le décider à sortir de l'inaction systématique dans laquelle il retenait ses troupes sur la rive gauche. Bientôt il devint manifeste qu'il y avait parti pris, de sa part, de ne point seconder l'armée de Sambre et Meuse. Alors les Commissaires autorisèrent Jourdan, par un arrêté, à rester dans sa position, en attendant de nouveaux ordres. De plus, ils mirent sous son commandement les divisions de Rhin et Moselle campées devant Mayence, et le chargèrent de faire bombarder cette place, non sans avoir invité Pichegru à tenir l'ennemi en échec devant Manheim par de fausses attaques, et, sur le haut Rhin, par des démonstrations de passage. Mais rien n'avait été préparé pour l'attaque de Mayence, et Kléber essuya tant de tracasseries de la part de l'état-major de Pichegru, qu'il écrivit à Jourdan : « *Je viens te déclarer que, dussé-je être arrêté, lié, garrotté et même guillotiné, je ne continuerai pas à commander les quatre divisions de l'armée de Rhin et Moselle*[1].

Pendant ce temps, l'armée de Sambre et Meuse souffrait tellement de la disette que, sans le secours des pommes de terre, elle se serait débandée. L'impulsion donnée aux esprits depuis le 9 thermidor ayant détruit le règne des fortes vertus, les soldats, sous prétexte de chercher des subsistances, se livraient à l'insubordination et au pillage ; les officiers murmuraient, délibéraient, parlaient d'envoyer des députés à la Convention, pour se plaindre de la détresse de l'armée. Jourdan, désespéré, offrit sa démission : le gouvernement la refusa[2].

Sur ces entrefaites, Wurmser s'étant rapproché de Manheim et ayant envoyé à Clairfayt un renfort de vingt-cinq mille hommes, celui-ci conçut le projet de tomber,

[1] Manuscrit du maréchal Jourdan
[2] *Ibid.*

avec des forces supérieures, sur la gauche de l'armée de Sambre-et-Meuse, en passant le Mein à Seligenstadt et Rumpeinheim. C'est ce qu'il ne pouvait faire qu'en franchissant la ligne de neutralité; mais il savait de reste qu'il n'avait aucune opposition à craindre de la part des Prussiens. Et, en effet, dans la nuit du 10 au 11 octobre, il passa le Mein sans obstacle.

Cette manœuvre, tant vantée, n'offrait pourtant rien de bien remarquable, observe Jourdan, dès que l'inaction calculée de Pichegru laissait à l'ennemi toute la liberté de ses mouvements, et que les Autrichiens pouvaient prendre une direction où il n'était pas permis au général français de se porter[1]. Mais il n'en est pas moins vrai que l'armée de Sambre et Meuse eût été exposée au danger d'être anéantie, si Clairfayt n'eût mis beaucoup de mollesse à profiter de son avantage. Jourdan, après des retards qui, de son propre aveu, étaient imprudents, dut se décider à battre en retraite. Il ne lui restait plus d'autre parti à prendre que de repasser le Rhin : c'est ce qu'il fit après une marche rétrograde pendant laquelle il fut harcelé, harassé, mais non entamé par l'ennemi.

La plupart des auteurs qui ont raconté la campagne de 1795 ont jeté sur Jourdan le blâme de cette retraite. La lettre suivante qu'il reçut du gouvernement le justifie.

« Général, nous aimons à vous rendre la justice que vous méritez; nous approuvons la retraite que vous avez ordonnée, et nous sommes convaincus qu'elle était indispensable. Nous l'attribuons, comme vous, à la pénurie dans laquelle s'est trouvée l'armée que vous commandez, à l'augmentation inattendue du corps de Clairfayt, enfin à la ligne de neutralité, si gênante pour vous, et que le prince de Hohenlohe a si mal garantie. Nous vous avons

---

[1] Manuscrit du maréchal Jourdan.

félicité lorsque vous avez conduit l'armée de Sambre et Meuse à la victoire : nous vous félicitons de l'avoir arrachée, par une retraite heureuse, à une perte presque inévitable[1]. »

Le gouvernement ne disait pas tout, parce qu'il ne savait pas tout. La vérité est que le succès de la campagne fut compromis sans retour par la trahison de Pichegru; par l'insurmontable opposition qu'il mit à la jonction des forces de la République; par son refus de seconder l'armée de Sambre et Meuse; par la situation déplorable où un tel refus plaça les troupes de Jourdan, et enfin par cette inaction funeste qui permit à Wurmser d'envoyer à Clairfayt des renforts dont l'arrivée devait être et fut décisive[2].

A ces causes, il en faut joindre une autre, bien triste à constater. Depuis qu'on ne pouvait plus, sans être accusé de *terrorisme*, maintenir vigoureusement la discipline, avoir l'œil sur les traîtres, et faire sortir la victoire de l'irrésistible élan de l'enthousiasme républicain, non-seulement on avait vu le pillage et l'insubordination s'introduire dans les armées; non-seulement on avait vu confier le commandement général des forces militaires de la nation à un général qui la trahissait, au moment même où il la trahissait, mais il semblait que l'âme du soldat fût changée. Jourdan raconte, comme une chose qui eût été impossible dans les campagnes précédentes, qu'à la suite d'un des engagements qui mar-

---

[1] Manuscrit du maréchal Jourdan.

[2] Dans ses *Souvenirs de la Révolution et de l'Empire*, t. I, Charles Nodier s'étudie à laver Pichegru, auquel il avait été personnellement attaché, du reproche de trahison. Par malheur les faits qui la prouvent sont trop clairs, et Charles Nodier ne les discute pas : il se borne à nier l'autorité des témoignages de Montgaillard et de Fauche-Borel, dans un petit morceau de littérature très-fin, très-spirituel, très-amusant, mais qui ne saurait constituer une défense sérieuse.

quèrent sa retraite, les Autrichiens firent sept cents prisonniers parmi lesquels il ne se trouva que treize blessés : « Tant, s'écrie-t-il d'un ton navré, la résistance avait été molle! » Il ajoute : « Un semblable trait n'aurait pas dû se rencontrer parmi tant d'actions héroïques qui illustrèrent cette guerre; et c'est une douleur d'être obligé de le rappeler[1]. »

[1] Manuscrit du maréchal Jourdan.

# CHAPITRE DEUXIÈME.

## LUTTE ENTRE LES THERMIDORIENS ET LES ROYALISTES.

Rapprochement entre les Thermidoriens et les Girondins fidèles à la République. — Attitude menaçante des royalistes. — Temps d'arrêt dans la marche du royalisme, immédiatement après l'affaire de Quiberon. — Sortie violente du *Bonhomme Richard*. — Décret relatif à la célébration du 10 août. — La réaction royaliste reprend son cours. — Organisation de la presse royaliste. — La Convention attaquée avec fureur. — Ce qui servait le royalisme; curieuse appréciation de l'abbé Brottier. — Le salon de madame de Staël. — Paris, foyer de l'agitation. — Admiration excitée à l'étranger par Charette. — Il est nommé général en chef de l'armée catholique et royale par le prétendant. — Les *bureaux* de Charette. — Importante lettre qu'il écrit au prétendant, à propos du grade à lui conféré. — Lettre du prétendant au duc d'Harcourt sur la nécessité pour le roi de France de « conquérir son royaume. » — Défiances du prétendant et de son entourage à l'égard de l'Angleterre. — Expédition confiée au comte d'Artois par le gouvernement anglais. — Le royalisme place ses espérances dans l'agitation du dedans plus que dans les secours du dehors. — On prépare une Constitution nouvelle. — Commission des Onze; ses travaux. — Projet présenté par Sieyès; il est rejeté. — Résumé de la Constitution de l'an III. — Dispositions caractéristiques. — Défauts de la Constitution de l'an III. — En quoi son vice fondamental consistait aux yeux des royalistes. — Elle leur fournit le prétexte qu'ils cherchaient pour essayer d'abattre la Convention.

La tentative de Quiberon était venue apprendre aux Thermidoriens ce qu'ils avaient à craindre de ces royalistes que, le 9 thermidor, ils avaient acceptés pour alliés. Aussi cherchèrent-ils, dès ce moment, d'autres appuis.

Parmi les Girondins auxquels la réaction avait rouvert les portes de l'Assemblée, tous ne penchaient pas vers le royalisme, comme Henri Larivière; et il y en avait qui, tels que Louvet, avaient conservé l'ancienne ferveur de leur foi républicaine : ce fut avec ceux-ci que les Thermidoriens, menacés par les royalistes, cherchèrent à faire alliance. Dans un banquet destiné à célébrer l'anniversaire du 9 thermidor, Lanjuinais· ayant porté un toast « aux représentants qui, dans ce jour mémorable, avaient abattu le tyran et la tyrannie, » Tallien en proposa un, lui, « aux députés hors la loi sous la tyrannie de l'ancien gouvernement; aux 73, (ils avaient été sauvés par ce même Robespierre dont on fêtait la mort!); aux autres victimes de la Terreur et à tous ceux qui, dans ces temps désastreux, étaient restés fidèles aux lois de l'amour et de l'amitié. » — « Et à leur union intime avec les hommes de thermidor, » ajouta Louvet [1].

Les événements qui suivirent montrent de reste combien ce rapprochement était nécessaire.

Que n'avait-on pas déjà concédé aux royalistes? Le parti thermidorien avait. consenti, pour leur plaire, à l'humiliation de tous les aveux exigés de lui; il avait flétri, presque aussi souvent qu'on le lui avait demandé, le passé de la Révolution; il avait prêté les mains à l'annulation d'une foule de sentences prononcées par les tribunaux révolutionnaires; il avait voté la restitution des biens des condamnés à leurs familles [2]; il s'était laissé dire en face par Doulcet de Pontécoulant que ces tribunaux n'avaient jugé personne [3], et Legendre,

---

[1] *Moniteur*, an III, 1795, numéro 313.

[2] Décret du 14 floréal (3 mai). 1795.

[3] Voy. le discours qu'il prononça dans cette circonstance, p. 315 des *Souvenirs*, extraits de ses papiers et de sa correspondance.

un de ses orateurs, s'était écrié à cette occasion: « Ah !
si je possédais des biens qui eussent appartenu à l'une
des victimes — et n'en est-il pas que nous voudrions
racheter de tout notre sang; — jamais je ne pourrais
trouver de repos: le soir, en me promenant dans un
jardin solitaire, je croirais voir dans chaque goutte de
rosée les pleurs de l'orphelin dont j'occuperais l'héritage[1] ! »

Mais, comme il arrive, plus on accordait aux royalistes, plus ils devenaient impérieux et menaçants. Ils
avaient commencé par demander qu'on épargnât leurs
têtes, et ils en étaient venus à demander qu'on abattît
celles de leurs ennemis.

Le 6 thermidor (24 juillet), la Convention ayant décidé, sur la proposition de Gourdan, qu'une commission,
prise dans son sein, serait chargée d'examiner les arrestations pour faits révolutionnaires, ce fut, parmi les
royalistes des sections une véritable explosion de fureur.
Eh quoi! on mollissait, on hésitait, on osait croire qu'au
nombre des révolutionnaires arrêtés, il pouvait se trouver des innocents ! Quoi! on parlait d'*examiner*, quand
c'était de frapper qu'il s'agissait ! Une députation de la
section du Mont-Blanc courut presser l'Assemblée d'en
finir avec les *satellites du farouche Robespierre*. « Leur
impunité lasse notre patience, » dit insolemment l'orateur, et il insista pour qu'on achevât sans tarder « l'épu-
ration tant promise[2]. » Deux jours après, une députation de l'Observatoire venait présenter les mêmes
réclamations et poussait l'audace jusqu'à sommer la Convention d'être juste. « Est-ce que nous sommes injustes? »
s'écrie Dubois Crancé hors de lui, et, accompagnant ces
paroles d'un jurement grossier, il traite les pétitionnai-

---

[1] Doulcet de Pontécoulant, *Souvenirs*, p. 320.
[2] Séance du 11 thermidor (29 juillet) 1795.

res de brigands. Un mouvement d'indignation éclate à la barre. Des interpellations violentes sont adressées à Dubois Crancé. Il s'éloigne. La séance fut levée au milieu d'un tumulte effroyable [1].

Cependant, nul n'osait encore prononcer le nom de *roi*. Dans la séance du 21 floréal (10 mai), la section du Mont-Blanc était venue demander le rapport du décret qui punissait de mort les *provocateurs à la royauté*; mais ce décret, Marie-Joseph Chénier l'avait fait maintenir [2]. C'était donc à mots couverts que les partisans du rétablissement de la monarchie exprimaient leurs vœux. Le *Courrier républicain*, journal que Poncelin rédigeait, et dont le titre était un mensonge calculé, disait, par exemple, dans son numéro 593 : « La dénomination de roi, qui vient de *regere*, et qui signifie *régisseur*, n'exclut pas celle de *République*, et s'accorde même avec elle toutes les fois que l'individu qu'on appelle roi n'est que le ministre du souverain [3]. »

Ce langage artificieux ne trompait personne. Poncelin reçut une lettre, signée : *Un de vos abonnés qui vous lit et vous juge* : elle commençait ainsi : « Quelques phrases que vous employiez, vous ne nous tromperez pas. » Puis, répondant aux accusations de terrorisme dont les royalistes ne cessaient de poursuivre indistinctement tous leurs adversaires, l'auteur de la lettre disait : « On ne guillotine pas continuellement, il est vrai ; mais on guillotine *quelquefois*, et l'on assassine *tous les jours*... Je félicite la Convention d'avoir, par un décret, fait disparaître de dessus les murailles ce mot effroyable *la mort*, légende atroce inventée par des plébéculaires furieux, mais je ne la félicite pas de tolérer les assassins

[1] Séance du 13 thermidor (31 juillet, 1795.
[2] *Moniteur*, an III, numéro 255.
[3] *Courrier républicain*, numéro 593.

sans nombre qui, le soir, au coin d'une rue où l'humanité est écrite en gros caractères, vous plongent, en son nom, un poignard dans le sein [1]. »

Là était en effet le grand scandale. Pour mieux prouver qu'on n'était pas du parti des égorgeurs, on égorgeait.

On a vu dans un chapitre précédent quel accès de délire produisit la réaction née du 9 thermidor, à combien d'assassinats elle donna lieu, et comment les Thermidoriens finirent par craindre que ce réseau sanglant ne les enveloppât eux-mêmes. Ils avaient d'abord fermé les yeux, et, selon le mot de Mallet du Pan, « combattu les royalistes avec mollesse et les Jacobins avec fureur [2]. » Mais le moment vint où Mallet du Pan put écrire triomphalement à l'abbé de Pradt : « L'*Accusateur public*, qui se publie par numéros, a repris le ton que j'avais dans le *Mercure* ; il a écrasé Sieyès. « C'est avec votre déclara-« tion des droits à la main, lui a-t-il dit, qu'on a égorgé « vos collègues, vos bienfaiteurs, vos parents, une géné-« ration entière. Regardez, avide métaphysicien, vous « avez du sang jusqu'aux genoux [3]. »

Quand Sieyès était accusé *d'avoir du sang jusqu'aux genoux*, pour sa participation à la Déclaration des droits de l'homme, et qu'on l'appelait à rendre compte, comme *métaphysicien*, de l'extermination d'une génération entière, comment Tallien, Fréron, Legendre, Merlin (de Douai), Cambacérès, ne se seraient-ils pas émus ? Les collets noirs et les cravates vertes devinrent donc pour les Comités, où les Thermidoriens dominaient encore, un sujet sérieux d'inquiétude [4].

[1] *Courrier républicain*, numéro 595.
[2] *Mémoires et correspondance de Mallet du Pan.*
[3] *Ibid.*, t. II, chap. v, p. 143.
[4] Voy. dans le *Courrier républicain*, numéro 599, la réclamation d'un citoyen arrêté, puis mis en liberté, *après un long interrogatoire sur sa cravate verte.*

Beaulieu, parlant de choses dont il fut témoin, écrit :

« Quelques jours après le 4 prairial et le désarmement des Terroristes, les adroits Comités avaient engagé les sections à remettre leurs canons au gouvernement, en leur faisant entendre que la Révolution étant finie et le régime constitutionnel allant commencer, ces armes devenaient inutiles et pouvaient devenir dangereuses pour la stabilité de la Constitution, si quelque faction nouvelle parvenait à s'en emparer. Les bons Parisiens trouvèrent ce raisonnement sage et remirent leurs canons. Ce fut la section Lepelletier qui donna l'exemple, la même qui va bientôt montrer le plus de résistance aux fameux décrets des 5 et 13 fructidor. Maîtres de ces terribles canons, les Comités levèrent absolument le masque [1]. »

Mais comment furent-ils amenés à lever le masque ? Le passage suivant l'explique :

« Après la victoire de prairial, un décret chargea les sections de désarmer les Terroristes... C'était donner à chaque citoyen, dans un moment de fermentation et de souvenirs déchirants, la facilité d'assouvir sa vengeance ; c'était nous précipiter — c'est un royaliste qui parle — hors des mesures de toute raison, pour avoir ensuite le droit d'improuver notre conduite et d'armer contre nous ceux qui pourraient être victimes de nos erreurs. Je ne prétends pas dire que telle fut l'intention de ceux qui firent rendre ce décret ; mais ce que je sais bien, c'est qu'ils profitèrent de nos fautes pour armer contre nous ceux contre qui ils nous avaient armés [2]. »

Il suffit de rapprocher ces deux passages pour comprendre que, si les Thermidoriens en vinrent à se mettre sur la défensive, ce que Beaulieu appelle « lever le mas-

---

[1] *Essais historiques sur les causes et les effets de la Révolution de France*, t. VI, p. 201, 202.
[2] *Ibid.* p. 192, 193.

que, » ce ne fut pas sans motif, puisque l'écrivain royaliste avoue l'abus fait par son parti de « la facilité donnée à chaque citoyen d'assouvir sa vengeance, » laquelle pouvait aller loin, on le conçoit, « dans un moment de fermentation et de souvenirs déchirants. »

A cet égard, on trouve les inquiétudes des Thermidoriens et de ceux des Girondins qui n'avaient point passé au royalisme exprimées avec une vivacité naïve par Doulcet de Pontécoulant, dans la séance du 2 messidor (20 juin 1795) :

« On a abusé du nom de Terroriste comme on a abusé de celui de fédéraliste. Tel administrateur qui s'était insurgé contre la journée du 31 mai a été accusé de terrorisme... Il s'élève de petites sociétés d'amis de Jésus qui accusent de terrorisme les patriotes. *Et vous-mêmes, si vous n'y prenez garde, vous serez leurs victimes*[1]. »

De son côté Legendre disait :

« Sous le nom de Terroristes on a enveloppé quelques patriotes vertueux, mais dont l'énergie leur a fait beaucoup d'ennemis[2]. »

Et, deux jours après, revenant à ce sombre sujet, il s'élevait d'un ton indigné contre les royalistes, qui, suivant ses propres paroles, « voulaient gagner sans mettre au jeu. » Il ajoutait : « Ce sont eux qui commettent tous les crimes dont la France est le théâtre depuis quelque temps : il faut punir les égorgeurs du temps passé, mais ne pas oublier ceux d'aujourd'hui[3]. »

C'est dans cette situation d'esprit que l'expédition de Quiberon avait trouvé les Thermidoriens. Le royalisme en armes ayant été écrasé sur les côtes de Bretagne, il y eut naturellement un temps d'arrêt dans la marche ascen-

[1] *Courrier républicain*, numéro 594.
[2] *Ibid.*
[3] *Ibid.* numéro 596.

dante de la réaction monarchique; et les Thermidoriens, maîtres momentanés de la situation, crurent pouvoir le prendre sur un ton très-haut avec des alliés, devenus des ennemis, et qu'ils ne jugeaient plus aussi nécessaire de ménager. Ceux des Girondins qui n'avaient pas fait divorce avec leurs principes d'autrefois agirent de même. On lut sur tous les murs de Paris des placards où les soldats étaient excités contre la Jeunesse dorée. Ils portaient pour titre : *Frond, défenseur de la patrie.* L'auteur, c'était Louvet [1]. Le *Journal du Bonhomme Richard*, feuille qui soutenait le gouvernement et passait pour être subventionnée par lui, publia un article qui comparait les royalistes aux républicains en ces termes :

« Ils font des cadenettes : nous faisons dix mille prisonniers d'un coup de filet.

« Ils font de petits articles bien maussades dans de petits journaux bien tristes : nous leur enlevons fusils, caissons, munitions, bagages, équipements.

« Ils criaillent dans les spectacles : nous les écrasons au camp.

« Ils mettent des cravates : nous avons des moustaches.

« Ils égorgent dans les prisons : nos généreux volontaires les portent à l'hôpital sur leurs épaules...

« Ils fabriquent à Paris des lettres royales et des jérémiades monarchiques : nos drapeaux flottent sur les forts escaladés qui les protégeaient.

« Ils chantent des grand'messes et des vêpres dans des chapelles remplies de vieilles bigotes : nous entonnons la *Marseillaise* dans les champs de la Victoire.

« Ils mangent des bonbons pour se consoler : nous

[1] Beaulieu, *Essais historiques sur les causes et les effets de la Révolution de France*, t. VI, p. 169.

lançons sur leurs phalanges une grêle de dragées fou-droyantes.

« Ils font la chapelle : nous manœuvrons.

« Ils attendent un roi comme le messie : nous allons avoir une constitution républicaine.

« Ils sont une poignée : nous sommes des millions[1]. »

Lorsque, dans la séance du 3 pluviôse (25 janvier 1795), Cambacérès avait repoussé les imputations de royalisme à l'adresse de l'Assemblée, elle s'était levée tout entière, en criant : *Vive la République*[2] *!* Nul doute cependant qu'elle ne renfermât des royalistes. Mais, ne croyant pas leur heure venue, ils couvraient d'un enthousiasme faux leurs sentiments vrais.

« L'hypocrisie et la fureur, écrivait à ce sujet Mallet du Pan, occupent alternativement la scène. Chaque séance est un mensonge de plusieurs heures, à l'aide duquel on déguise ses propres intentions. La crainte d'être soupçonné d'idées contraires à celles que l'on professe fait exagérer encore la dissimulation[3]. »

Ainsi s'explique la facilité avec laquelle les Thermidoriens firent adopter le décret relatif à la célébration du 10 août. En voici les dispositions principales :

« Le 25 thermidor, jour correspondant au 10 août, à huit heures et demie du matin, moment auquel le trône a été renversé, une salve d'artillerie annoncera la victoire du peuple sur la tyrannie.

« La Convention siégera en costume. L'Institut national exécutera des hymnes en l'honneur de la liberté...

« L'anniversaire du 10 août sera célébré dans toutes les communes de la République et aux armées, avec

[1] *Journal du Bonhomme Richard*, numéro 22.
[2] *Moniteur*, an III, numéro 125.
[3] *Mémoires et correspondance de Mallet du Pan*, t. II, chap. v, p. 125, 126.

toute la pompe et toute la solennité que les localités comportent[1]. »

Ce décret fut adopté au milieu des plus vifs applaudissements.

Dans la Convention, il en coûtait peu aux royalistes non déclarés d'applaudir ou d'avoir l'air d'applaudir à des mesures semblables, rien n'étant mieux calculé que leur adhésion aux formules ou aux pratiques révolutionnaires pour voiler des projets dont la révélation prématurée eût compromis le succès. Que leur importait, d'ailleurs, la célébration de tel ou tel anniversaire républicain, pourvu que, trompé par leur empressement même à y consentir, le parti thermidorien n'hésitât pas à leur livrer des victimes! Le 15 thermidor, ils battaient des mains au souvenir de la « victoire du peuple sur la tyrannie; » et, dans les séances suivantes, le parti thermidorien les aidait à dresser une liste de proscrits sur laquelle on voyait figurer des patriotes intègres à côté d'hommes farouches, Massieu à côté de Lequinio, Chaudron-Rousseau à côté de Fouché[2]!

Au surplus, la réaction royaliste était trop dans la nature des choses pour qu'elle tardât à reprendre son cours. L'impression produite par la descente de Quiberon n'était pas encore entièrement effacée, que déjà les partisans de la monarchie relevaient la tête. La presse qui servait leurs desseins s'était organisée de manière à agir sur les esprits avec la puissance que donne l'unité. Il avait été convenu entre les journalistes de ce parti qu'à des jours dits ils s'assembleraient, tantôt dans un quartier, tantôt dans un autre, chez l'un d'entre eux ou chez un ami, et qu'après un déjeuner ou une collation ils chercheraient à se mettre d'accord sur les points qu'il con-

[1] *Moniteur*, an III, numéro 321.
[2] Séances des 21 et 22 thermidor (8 et 9 août) 1795.

venait de traiter en commun le lendemain ; de telle sorte
que l'opinion fût ébranlée par les mêmes coups, partis
de différents côtés[1]. Ce plan, exécuté avec beaucoup de
suite et d'intelligence, porta ses fruits. L'ensemble des
attaques en couvrit le péril. La Convention fut assaillie
dans une multitude d'écrits dont la violence croissait de
jour en jour ; et la presse royaliste sonna si bien le tocsin, que les Comités comprirent enfin « qu'après avoir
fait la Révolution, la liberté d'écrire allait tuer son propre
ouvrage[2]. Ils voulurent alors, coûte que coûte, arrêter le
mouvement ; mais l'impulsion était donnée. Rien ne leur
réussit, ni les menaces, ni les arrestations, ni les scellés
mis sur les presses. La *Gazette universelle*, passant toutes
les bornes, même de la licence, le rédacteur avait été arrêté : il fut réclamé par la section de l'Arsenal tout entière. Ceux qui, dans l'Assemblée, n'avaient pas voté la
mort du roi, retrouvèrent la parole que, le lendemain de
la défaite de leurs amis à Quiberon, ils avaient perdue.
Ils firent abolir les certificats de civisme ; ils firent rapporter le décret qui donnait à examiner à une commission
prise dans l'Assemblée la culpabilité des Montagnards
arrêtés, de peur qu'on ne les sauvât. Enfin les dénonciations de royalisme cessèrent d'être reçues par les sections, et bientôt, le 10 août, dont le décret du 15 thermidor avait si pompeusement ordonné l'anniversaire, fut
mis, presque à voix haute, au nombre des horreurs de la
Révolution[3].

Ce n'est pas que les royalistes en fussent venus à être
la majorité : loin de là ; mais ce qui constituait leur
force, c'était, indépendamment de la faiblesse du gouvernement thermidorien, la lassitude publique. Nous

---

[1] Beaulieu, *Essais historiques*, etc., t. VI, p. 194-196.
[2] Mallet du Pan, *Mémoires et correspondance*, t. II, chap. VIII,
p. 178, 179.
[3] *Ibid.* Lettre au comte de Saint-Aldegonde.

avons découvert, parmi les papiers de Puisaye, un mémoire royaliste qui peint la situation avec une singulière franchise. Ce mémoire, qui est évidemment de
l'abbé Brottier, contient le passage suivant. Rien de plus
caractéristique :

« On peut dire en toute vérité que l'ouvrage (le
royalisme)[1] domine en France dans tous les esprits, sinon
dans tous les cœurs. On remarquera cette différence que
j'établis ici, parce que aucun personnage, ni parmi les
instituts (les princes), ni parmi ceux dont on les fait,
ne se montre capable de se concilier les affections ni d'exciter l'enthousiasme. Mais en revanche, la cruelle nécessité subjugue tous les esprits et entraîne toutes les opinions en leur faveur. Ceci est la suite de la conviction
générale où l'on est que l'ouvrage (le royalisme) peut
seul donner le repos, dont chacun a le besoin le plus
pressant. Car si un gouvernement quelconque pouvait
procurer une lueur seulement de repos, on enverrait au
diable et l'ouvrage (le royalisme), et les ouvriers (les
agents) et les instituts (les princes)[2]. »

Rien n'était plus propre que cette disposition générale
à favoriser les intrigues du parti royaliste; et il mit à en
profiter une activité brûlante. Les émigrés commencèrent à rentrer en foule; les uns assuraient qu'ils n'a-
vaient jamais quitté la France; les autres, qu'ils ne l'a-
vaient quittée que comme victimes du 31 mai.

Madame de Staël était alors à Paris, où son mari représentait, en qualité d'ambassadeur, la Suède, par qui
la République française avait été reconnue. Cette circonstance, et, plus encore, l'intelligence toute virile dont
elle était douée, semblaient devoir rattacher madame de

---

[1] Nous avons déjà donné, dans le chapitre « Agents de Paris, » la clef du
langage mystérieux employé par les « agents » dans leur correspondance.

[2] *Papiers de Puisaye*, vol. LXXXIV. — *Mémoire sur l'agence de Paris.*
Manuscrits du British Museum.

Staël au parti républicain; mais son habitude du grand monde et ses rapports de société l'attiraient vers l'aristocratie. Ce n'était pas d'ailleurs au service de la République que M. Necker avait acquis la réputation dont sa fille était si fière, et la plupart de ses amis servaient la cause royaliste. Toutefois elle n'eut garde de se compromettre par des préférences trop décidées. Elle correspondait avec les émigrés, et entretenait des relations amies avec mainte célébrité révolutionnaire; elle tendait une main à Jaucourt et l'autre à Legendre. Celui-ci reçut d'elle des avances que non-seulement il repoussa, mais qu'il crut devoir dénoncer du haut de la tribune, les regardant comme des tentatives de séduction[1].

Cette sortie de Legendre contre madame de Staël eut lieu à l'occasion d'un projet de décret contre les émigrés, présenté par Delaunay, au nom des Comités réunis, et qui fut adopté. Il portait que les émigrés seraient mis sous la surveillance de leur municipalité, tenus de sortir de Paris dans trois jours, et obligés de s'en éloigner de dix lieues au moins[2].

C'était effectivement à Paris que l'agitation royaliste avait son véritable foyer; et, là, les divisions sourdes de l'Assemblée, la faiblesse du gouvernement thermidorien, la proscription qui avait frappé les hommes énergiques, l'essor des ambitions nouvelles, la frayeur des uns, l'incertitude des autres, la lassitude du plus grand nombre après une tourmente si prolongée, promettaient au royalisme un succès qu'on n'avait guère à attendre, ni de l'émigration armée, ni de l'insurrection vendéenne.

A la vérité, Charette avait relevé le drapeau de la monarchie, qu'il tenait maintenant d'une main ferme. Et, certes, les encouragements ne lui manquaient pas. Ja-

[1] Voy. son discours dans la séance du 1er fructidor (18 août) 1795.
[2] Séance du 1er fructidor (18 août) 1795.

mais exploits déshonorés par la cruauté et la perfidie n'avaient été, dans les régions monarchiques, l'objet d'un enthousiasme plus passionné. Marie-Anne, archiduchesse d'Autriche, faisait savoir à Charette par Delafarre, évêque de Nancy, qu'elle avait pour sa « conduite sublime et ses vertus une admiration profonde, et que telle était, à son égard, la façon de penser de toute la famille impériale[1]. » On le désignait comme le « second fondateur de la monarchie[2]. » Souvarow lui écrivait: « Héros de la Vendée! illustre défenseur de la foi de tes pères et du trône de tes rois! salut. Que le Dieu des armées veille à jamais sur toi; qu'il guide ton bras à travers les bataillons de tes nombreux ennemis, qui, marqués du doigt de ce Dieu vengeur, tomberont comme la feuille que le vent du nord a frappée[3]. »

Malheureusement, ces éloges pompeux et ces vœux poétiques ne donnaient pas à Charette des soldats en nombre suffisant, des munitions de guerre, des fusils, des canons, et une autorité que, dans son propre parti, personne ne contestât.

Sur ce dernier point, le prétendant avait cru lever toutes les difficultés en envoyant à Charette, et cela dès son soi-disant avénement à la couronne, le titre de commandant en chef de l'armée royale et catholique[4]. Mais des bandes d'insurgés qui combattent volontairement, à leurs frais, loin des princes pour qui leur sang coule, ne se gouvernent pas selon les règles applicables à une armée régulière. Le garde-chasse Stofflet n'avait dû qu'à

---

[1] *Correspondance secrète de Charette, Stofflet, Puisaye, et autres.* — Lettre de Delafarre à Charette, Vienne, 19 août 1795.

[2] *Mémoires de Puisaye*, t. IV, p. 120.

[3] *Correspondance secrète de Charette, Stofflet*, etc., t. I, p. 35.

[4] Puisaye, dans ses *Mémoires*, t. IV, p. 120, assigne à la lettre de nomination la date du 8 janvier 1795. C'est une erreur; cette lettre, qu'on trouve textuellement reproduite dans la *Correspondance secrète* déjà citée, porte la date du 8 juillet 1795.

son épée de marcher l'égal du marquis de Lescure ; et Cathelineau n'avait pas de brevet dans sa poche, lorsque la Rochejaquelein et d'Elbée l'avaient accepté pour leur chef. Voilà ce que les gens de l'ancienne Cour étaient incapables de comprendre. Ils se formaient une idée si fausse du genre de guerre dont le succès devait décider de leur fortune, que, dans une lettre du 18 août 1795, le duc de Polignac, ministre du prétendant près la Cour de Vienne, priait Charette « d'avoir la complaisance de faire faire dans ses *bureaux* le bulletin des opérations qui auraient lieu. » — « Les bureaux de Charette ! s'écrie Puisaye à cette occasion, qu'ils sachent donc que les bureaux des insurgés étaient la terre sur laquelle ils couchaient ! [1] »

Il est certain que le grade conféré à Charette, loin d'ajouter à son autorité, ne pouvait que l'affaiblir, par la jalousie qu'une telle distinction devait naturellement éveiller dans le cœur de ses émules. Charette le sentit bien lui-même, comme le prouve le passage suivant d'une lettre qu'il écrivit plus tard au prétendant, du camp de Montorgueil, et que nous tirons des papiers de Puisaye. C'est un document curieux à plus d'un titre.

.....« Vous m'avez décoré de la qualité de généralissime de vos armées ; mais, vû la connaissance que j'ai des esprits qui les composent, j'ai cru qu'il était sage de temporiser, et de différer à leur manifester mon titre, jusqu'à ce que je fusse encore plus assuré de la confiance et de l'amitié de leurs chefs. J'ai lieu de me féliciter d'en avoir usé ainsi, puisque j'apprends aujourd'hui que l'autorité que vous m'avez confiée est restreinte par la nomination ultérieure que Monsieur (le comte d'Artois) a faite, depuis peu, de quatre généraux de vos armées qu'il fait égaux en titre et en autorité. Il me fait l'honneur et la grâce de me comprendre dans le nombre des quatre.

[1] *Mémoires de Puisaye*, t. IV, p. 121.

Je ne suis pas moins reconnaissant de ses bontés que de celles de Votre Majesté, mais il paraît qu'il ignorait la qualité de généralissime dont vous m'aviez décoré précédemment... Quelque cher que soit à mon cœur le titre dont vous m'avez honoré, j'en ferai le sacrifice, si vous jugez vous-même, sire, qu'il puisse effectuer le parfait accord qui doit nécessairement régner entre les coopérateurs du bien public[1]. »

Quelle tragique histoire contiennent ces quelques lignes, où s'épanche dans un langage respectueux l'amertume d'une âme blessée! Ce titre dont Charette se croit obligé de faire un secret, ces trois généraux dont on oppose le pouvoir au sien, les décisions de Louis-Stanislas-Xavier contrariées par celles de son frère, l'offre que fait Charette de sacrifier son rang, si ce sacrifice est jugé nécessaire par le prétendant *lui-même*, tout cela ouvre à l'esprit les portes d'un monde en proie au démon de la jalousie, des ambitions vulgaires et de l'intrigue.

Une seule chose aurait pu remédier au mal: la présence d'un des deux princes, de l'aîné surtout, à la tête des insurgés. Mais, de toutes les difficultés, la plus grande était précisément celle-là.

On doit cette justice au prétendant qu'il ne se fit pas illusion sur ce qui était la véritable nécessité de la situation. Il existe de lui une lettre qui le prouve. Quoiqu'elle ait été écrite postérieurement à l'époque qui nous occupe[2], nous la citerons ici, parce que son importance historique gît dans les sentiments qu'elle exprime, et non

---

[1] *Papiers de Puisaye*, vol. LVII. — Manuscrits du British Museum.

[2] La copie de cette lettre se trouve parmi les *Papiers de Puisaye* (Manuscrits du British Museum). Elle porte la date du 28 octobre 1795. Montgaillard se trompe en lui assignant, dans son *Histoire de France*, t. IV, p. 373,374, la date du 28 septembre 1795; et Michaud jeune se trompe bien plus gravement encore dans sa *biographie de Louis XVIII* (*Biographie universelle*, supplément), en la donnant comme écrite antérieurement à l'expédition de Quiberon.

dans les faits auxquels elle se rapporte. Elle était adressée au duc d'Harcourt.

« J'ai reçu, mon cher duc, votre réponse à ma lettre du 15 août. J'ai voulu prendre quelques jours avant d'y répondre. Je ne peux qu'être reconnaissant de l'intérêt que le gouvernement anglais prend à ma conservation; mais je vois en même temps qu'il est dans l'erreur sur l'importance qu'il y met; et cette erreur est bien naturelle, parce que l'Angleterre se trouve, comme l'Europe entière, à la fin du dix-huitième siècle, tandis que la France, en moins de six années, est revenue à la fin du seizième, et, peut-être, à une époque plus éloignée, sans que l'on puisse comprendre comment elle y est arrivée.

« Ma situation est semblable à celle de Henri IV, sauf qu'il avait beaucoup d'avantages que je n'ai pas. Suis-je comme lui dans mon royaume? Suis-je à la tête d'une armée docile à ma voix? Ai-je toujours porté les armes depuis l'âge de seize ans? Ai-je gagné la bataille de Coutras? Non. Je me trouve dans un coin de l'Italie. Une grande partie de ceux qui combattent pour moi ne m'ont jamais vu. Je n'ai fait qu'une campagne dans laquelle on n'a à peine tiré un coup de canon. Mon inactivité m'expose à des jugements défavorables de la part de ceux qui me sont restés fidèles, jugements que je ne peux pas appeler téméraires, parce que ceux qui les portent ne sont pas instruits de la vérité. Puis-je conquérir ainsi mon royaume? Et, supposé que mes fidèles sujets obtiennent un tel secours que je n'aie qu'à me présenter pour recevoir une couronne, pourrai-je par là acquérir la considération personnelle qui me serait si nécessaire?

« On vous dira que si les progrès de Monsieur[1] me

---

[1] C'était le titre du comte d'Artois, depuis le prétendu avénement de son frère à la couronne.

promettent une entière sécurité, on me conduira dans
mes états; mais cela signifie uniquement que l'on me
fera venir lorsque les grands dangers seront passés. Dieu
m'est témoin, et vous le savez, mon cher duc, vous qui
connaissez le fond de mon cœur, que j'entendrais avec la
plus vive satisfaction répéter le cri des Israélites : « Saül
a tué mille hommes, et David dix mille; » mais ma joie
comme frère ne fait rien à ma gloire comme roi, et, je
le répète, si je n'acquiers pas de gloire personnelle, si
mon trône n'est pas entouré de considération, mon
règne sera peut-être tranquille par l'effet de la lassitude
générale, mais il ne sera pas long, et il sera peut-être
plus malheureux que celui de Henri III.

« Le passage du Rhin, la saison qui avance, tout se
réunit pour me persuader qu'au moins, pour cette année,
le corps du prince de Condé n'agira pas. D'ailleurs,
M. de Thugut a dit depuis peu, sans y être provoqué, que
je ne jouerais pas auprès de ce corps un rôle convenable;
et je sens, en effet, que j'y serais aussi déplacé qu'à
Vérone.

« Que me reste-il donc? La Vendée. Qui peut m'y conduire? Le roi d'Angleterre. Insistez de nouveau sur cet
article. Dites aux ministres, en mon nom, que je leur
demande mon trône ou mon tombeau : tout autre parti,
quel qu'il soit, est dangereux pour ma gloire, dangereux
pour le bonheur présent et futur de mon royaume, dangereux même pour la tranquillité de l'Europe, incompatible avec l'état présent de la France.

« Faites sentir tout ceci au Cabinet de Saint-James;
ajoutez une réflexion, moins importante puisqu'elle ne
regarde que moi : dites que j'éprouverais une bien douce
satisfaction de devoir mon trône, ma gloire, le salut de
mon royaume, à un souverain aussi vertueux que le roi
d'Angleterre et à des ministres aussi éclairés que les
siens.

« Portez-vous bien, mon cher duc, et comptez sur mon amitié .

« *Signé* Louis [1]. »

Le prétendant se faisait une bien étrange idée des conditions de la légitimité du pouvoir, lorsqu'il parlait de *conquérir son royaume*, et de le conquérir par l'appui d'un gouvernement armé contre la France; mais la partie de sa lettre où il témoignait de son vif désir de partager les périls de ceux qui combattaient pour lui était à la fois très-noble et très-sensée. Seulement, il est permis de douter qu'en adressant au gouvernement anglais une pareille demande, Louis-Stanislas-Xavier comptât beaucoup sur une réponse favorable. En réalité, il croyait peu à la sympathie des Puissances pour la cause de la Maison de Bourbon; et il se défiait, en particulier, de la sincérité de l'Angleterre.

Les sentiments de son entourage à cet égard se font jour avec une netteté caractérisrique dans la lettre que le comte d'Avaray adressait, de Vérone, à Charette, le 13 août 1795; il y était dit, en propres termes : « Atténuez le mauvais effet que peut produire en France la confiance *apparente* accordée aux Anglais.... Si vous apprenez que le roi est à l'armée de Condé, que cela ne vous étonne pas... Il est essentiel que l'Angleterre n'en soit pas prévenue; car, voyant le roi avec M. le prince de Condé, elle pourrait le laisser sur le Rhin, dans la dépendance de l'empereur [2]. »

De son côté, si Louis-Stanislas-Xavier mandait à Charette qu'il « travaillait à prolonger la guerre extérieure, » ce n'était pas sans ajouter qu'il la regardait « comme un mal nécessaire, jusqu'au jour où le bandeau serait tombé

[1] *Papiers de Puisaye*, vol. LVII. Manuscrits du British Museum.
[2] Lettre du comte d'Avaray au chevalier Charette, *Correspondance secrète de Charette, Stofflet, Puisaye et autres*, t. I, p. 23,25.

des yeux d'un plus grand nombre de ses sujets [1]. »

Nous avons sous les yeux une note écrite de la propre main de Louis-Stanislas-Xavier, et nous y lisons : « Finir le mémoire que M. Brottier a demandé à M. d'Entraigues, sur le moyen de se passer des Puissances étrangères, si elles venaient à faire la paix [2]. »

Le prétendant ne disait donc pas le fond de sa pensée lorsqu'il insistait, dans une missive destinée à être lue par les membres du Cabinet britannique, sur la satisfaction qu'il éprouverait à « devoir le salut de son royaume à un souverain aussi vertueux que le roi d'Angleterre et à des ministres aussi éclairés que les siens. » La lettre au duc d'Harcourt fut-elle communiquée par lui au Cabinet de Saint-James? Des écrivains royalistes assurent que non [3]. Peut-être le duc, prévoyant l'insuccès de la démarche, crut-il devoir s'abstenir, par égard pour la dignité de son maître, qu'un refus aurait compromise. Toujours est-il que les ministres anglais ne firent rien de ce que le prétendant paraissait si vivement désirer, soit qu'ils ne connussent pas sa demande; soit qu'ils fussent instruits de ses dispositions secrètes; soit enfin qu'ils ne fussent pas fâchés de voir se prolonger des divisions intestines qui, en épuisant la France, promettaient de la livrer à leurs coups.

Il est à remarquer, toutefois, qu'ils ne jugèrent pas contraire à leur politique de placer sous les ordres du comte d'Artois une nouvelle expédition qui, de même que celle de Quiberon, devait jeter sur les côtes de France plusieurs milliers d'émigrés en armes et qui, en outre, portait ces régiments anglais que Puisaye avait sollicités avec tant d'instance. Il est vrai que le comte d'Artois n'était pas homme à leur inspirer les mêmes ombrages que

---

[1] Lettre du prétendant à Charette, Vérone, 18 septembre 1795, *Correspondance secrète*, etc., t. I, p. 22.

[2] *Papiers de Puisaye*, vol. I. Manuscrits du British Museum.

[3] Montgaillard, *Histoire de France*, t. IV, p. 474-475.

son frère : les molles habitudes de ce prince, la faiblesse de son caractère, et sa répugnance, bien connue, à « chouanner, » ainsi qu'il le disait lui-même[1], étaient de sûrs garants qu'avec lui l'Angleterre ne risquait pas de voir ses sacrifices tourner au profit exclusif de la famille des Bourbons.

Quoi qu'il en soit, le parti royaliste, depuis le désastre de Quiberon, avait cessé d'attendre du dehors ses principales chances de succès. Tous les patriotes ayant été désarmés, à Paris, sous prétexte de terrorisme, la pique, arme du peuple, y ayant fait place au fusil, arme de la bourgeoisie, et l'élément royaliste s'y étant substitué, dans les sections, à l'élément révolutionnaire, quiconque brûlait de renverser le gouvernement établi avait maintenant les yeux fixés sur la capitale. Il ne fallait qu'une occasion pour faire éclater la mine : les meneurs du parti se tinrent prêts à la saisir ; et ce fut la nouvelle Constitution qu'on discutait alors qui la fournit.

On se rappelle que *des lois organiques de la Constitution de* 1793 étaient promises : une Commission de onze membres avait été nommée pour préparer le travail, et, le 17 floréal (6 mai), elle s'était mise à l'œuvre.

Les onze membres étaient Lesage (d'Eure-et-Loir), Daunou, Boissy d'Anglas, Creuzé-Latouche, Berlier, Louvet, La Réveillère-Lépeaux, Lanjuinais, Durand-Maillane, Baudin (des Ardennes) et Thibaudeau[2].

Ce dernier nous apprend dans ses Mémoires que Lesage (d'Eure-et-Loir), Boissy d'Anglas et Lanjuinais représentaient, dans la Commission, l'élément monarchique[3]. Le travail préparatoire se ressentit de cette influence.

Le premier acte de la Commission fut de mettre de côté la Constitution de 1795. Au nombre des griefs que les

---

[1] Voy. plus haut le chapitre intitulé « Les Émigrés. »
[2] *Mémoires de Thibaudeau*, t. I, chap. xv, 177.
[3] *Ibid.*, p. 179.

Onze, par l'organe de Boissy d'Anglas, articulèrent contre elle, il y en avait de singuliers. Ils lui reprochaient, par exemple, d'avoir subordonné le pouvoir exécutif au pouvoir législatif [1]; comme s'il y avait folie à subordonner le bras à la tête! Et aussi, de n'avoir donné à la Convention aucune garantie contre la tyrannie d'un de ses membres [2]: grief dont il n'est pas facile de comprendre le sens, surtout quand on le rapproche du premier.

Les véritables torts de la Constitution de 1793 n'étaient point là, aux yeux des législateurs du moment. Elle rappelait une époque de laquelle ils ne voulaient rien accepter; elle faisait revivre le souvenir d'hommes qu'ils avaient pris l'habitude de ne plus nommer que pour les vouer aux dieux infernaux; et, sur ce terrain, on était toujours sûr de rencontrer les républicains tels que Louvet à côté des royalistes tels que Boissy d'Anglas.

Aussi la Constitution de 1793, quoique votée par la Convention et acceptée par le peuple, fut-elle rejetée par la Commission des Onze, tout d'abord et « unanimement [3]. »

C'était une belle idée que celle d'une *Déclaration des Devoirs;* mais on ne saurait en faire honneur aux onze commissaires, quand on songe qu'ils ne l'adoptèrent que pour remédier aux inconvénients d'une *Déclaration des Droits;* et, suivant les propres termes de Thibaudeau, comme *une sorte de contre-poison* [4].

La question s'étant élevée de savoir si la législature aurait le droit d'agrandir ou de démembrer le territoire, les avis se partagèrent, quelques-uns rappelant avec raison combien étaient dangereux pour la liberté le

[1] Rapport de Boissy d'Anglas, dans la séance du 5 messidor (23 juin), *Courrier républicain,* numéro 597.

[2] *Ibid.*

[3] *Mémoires de Thibaudeau,* t. I, p. 179.

[4] *Ibid.,* p. 180.

culte de la gloire militaire et l'ardeur des conquêtes. Ces considérations ne prévalurent pas sur le désir de conserver la Belgique et d'acquérir la rive gauche du Rhin. Faute d'oser prendre une conclusion à cet égard, les Onze laissèrent la question indécise[1]; mais elle fut résolue en fait par le décret de la Convention du 10 vendémiaire (1er octobre) 1795, portant : que tous les pays conquis en deçà du Rhin, ainsi que la Belgique, l'État de Liége et le Luxembourg, seraient réunis au territoire de la République et formeraient neuf départements. Par cette extension, le nombre des départements s'élevait à 98.

La Constitution de 1793 avait déclaré partie intégrante du corps social tout homme né et domicilié en France, et âgé de vingt et un ans accomplis : les Onze ne jugèrent pas ces conditions suffisantes pour donner la qualité de citoyen français. Thibaudeau assure dans ses Mémoires que les uns, tels que Lesage et Lanjuinais, voulant subordonner l'exercice des droits politiques à la condition de payer une contribution, et Baudin à celle de savoir lire et écrire, les autres opinèrent pour qu'on laissât à l'égalité, sa plus grande latitude[2]. Il faut que, sur ce point, les souvenirs de Thibaudeau l'aient trompé; car, dans le rapport présenté, depuis, par Boissy d'Anglas à la Convention, au nom des commissaires, ceux qui ne payent pas de contributions sont mis sur la même ligne que les banqueroutiers, lesquels sont réputés *ne faire point partie du corps social, quoique ayant droit à la protection du gouvernement*[3]. En tout cas, ce ne fut point le principe de l'égalité dans sa plus grande latitude qui prévalut dans l'Assemblée, puisque la Constitution de l'an III, telle qu'elle fut définitivement votée, range au

[1] *Mémoires de Thibaudeau*, t. 1, p. 181.
[2] *Ibid.*, p. 182.
[3] Voy. le *Courrier républicain*, numéro 597.

nombre des conditions requises pour être citoyen français, celle de payer une contribution directe, personnelle ou foncière. Les pauvres n'étant pas des citoyens, qu'entendait-on qu'ils fussent? Des Ilotes? On aurait dû au moins avoir le courage de le dire.

En adoptant le système des deux Chambres, la Commission des Onze, si l'on en croit Thibaudeau, ne se laissa influencer par aucune idée d'aristocratie. Ce qui la détermina, ce fut, indépendamment de l'exemple de l'Angleterre et de l'Amérique, l'expérience des entraînements dangereux auxquels une assemblée unique est sujette à s'emporter [1].

Elle crut, selon l'expression de Baudin (des Ardennes), que deux Chambres étaient nécessaires: l'une pour représenter *l'imagination* de la nation, l'autre pour représenter sa *raison* [2]. De fait, après s'être prononcée pour l'établissement de deux Chambres, qui furent nommées : la première *Conseil des Cinq-Cents*, du nombre des membres dont elle devait se composer, et la seconde *Conseil des Anciens*, parce qu'on n'y devait être admis qu'à un certain âge, la Commission eut soin de ne conférer à cette dernière que le droit d'accepter ou de rejeter les lois proposées par le *Conseil des Cinq-Cents*, les deux branches de la législature ayant d'ailleurs pour commune origine l'élection par les citoyens, et ne se distinguant l'une de l'autre par aucune prérogative d'essence aristocratique.

Les Onze ayant emprunté des États-Unis l'idée des deux Chambres, il semblait naturel qu'ils empruntassent également des États-Unis l'idée d'un président. C'est ce que proposèrent Lesage, Lanjuinais et Durand-Maillane; mais dans un président, leurs collègues virent l'ombre d'un

---

[1] *Mémoires de Thibaudeau*, t. I. p. 182 et 183.
[2] *Ibid.*, p. 185.

roi : l'établissement d'un Directoire exécutif composé de cinq membres naquit de la frayeur qu'inspirait le retour possible de la royauté [1].

Restait la question de savoir par qui serait nommé le pouvoir exécutif ou Directoire. La crainte que le pouvoir exécutif ne fût trop puissant, s'il sortait de l'élection populaire, fut le motif qui porta la Commission des Onze à confier à la législature le choix des cinq Directeurs [2].

Telles étaient les bases du projet de Constitution que Boissy d'Anglas fut chargé de présenter à la Convention, ce qu'il fit dans la séance du 5 messidor (23 juin). La discussion s'ouvrit le 16, et elle était déjà avancée, lorsque Sieyès vint proposer un nouveau travail qui renversait celui de la Commission de fond en comble.

Nommé, dès l'abord, membre de cette Commission, il avait refusé d'en faire partie, pour n'avoir pas à quitter le Comité de salut public, dont il était à cette époque, et, peut-être aussi, parce qu'il répugnait à son orgueil de partager avec d'autres l'honneur de construire un édifice politique qu'il voulait paraître seul capable d'élever sur des fondements solides. Cet homme, de qui Mirabeau avait dit tout haut : que « *son silence était une calamité publique,* » et, tout bas : « *qu'il lui ferait une renommée qu'il ne pourrait supporter* [3], »jouissait alors d'une réputation colossale. On le regardait comme le penseur par excellence, comme l'invisible moteur de la Révolution, comme l'âme cachée des événements. Thibaudeau, qui ne fut pas dupe de cette grande mystification, représente Sieyès affectant de ne pas prendre séance avec ses collègues dans les Comités, se promenant en long et en large pendant les délibérations, et, quand il condescendait à donner son avis, s'éloignant aussitôt, comme si

[1] *Mémoires de Thibaudeau*, t. I. p. 183.
[2] *Ibid.*
[3] *Ibid.*, p. 178.

tout eût été dit dès qu'il avait parlé[1]. Mirabeau s'était montré un charlatan de vices : Sieyès fut un charlatan de gravité. L'immense réputation qu'il acquit montre assez avec quel succès il joua la comédie de la profondeur.

Son plan, néanmoins, ne fut pas adopté, mais il reparut plus tard.

Ce fut le 5 fructidor (22 août) que la Convention vota la Constitution dite de l'an III, sauf acceptation par le peuple. En résumé, cette Constitution portait :

Que la République française était une et indivisible;

Que l'universalité des citoyens français était le souverain;

Que la division de la France en départements serait maintenue, chaque département devant être distribué en cantons et chaque canton en communes;

Que tout homme né et résidant en France, âgé de vingt et un ans, s'étant fait inscrire sur le registre civique de son canton, ayant demeuré, depuis, pendant une année sur le territoire de la République, et payant une contribution directe, foncière ou personnelle, était citoyen français, appelé comme tel à voter dans les assemblées primaires;

Qu'il y aurait au moins une assemblée primaire par canton;

Que toutes les élections se feraient au scrutin secret;

Que chaque assemblée primaire nommerait un électeur jusqu'au nombre de trois cents citoyens inclusivement; deux électeurs, depuis trois cent un jusqu'à cinq cents; trois, depuis cinq cents jusqu'à sept cents; quatre, depuis sept cent un jusqu'à neuf cents;

Que, pour être électeur, il faudrait être âgé de vingt-cinq ans accomplis et être, soit propriétaire, soit usu-

---

[1] *Mémoires de Thibaudeau*, t. I, 178.

fruitier, soit locataire d'un bien évalué à un revenu de cent, cent cinquante, ou deux cents journées de travail, suivant la population des communes et les localités;

Qu'il y aurait une assemblée électorale par département;

Que les assemblées électorales éliraient les membres des deux branches du Corps législatif, ceux du tribunal de cassation, les hauts-jurés, les administrateurs des départements; les président, accusateur public et greffier du tribunal criminel, et les juges des tribunaux civils;

Que la législation serait confiée à deux Conseils, l'un, celui des *Cinq-Cents*, chargé de proposer les lois; l'autre, celui des *Anciens*, chargé de les accepter ou de les rejeter, et tous les deux renouvelables par tiers chaque année;

Que le *Conseil des Cinq-Cents* resterait invariablement fixé à ce nombre, et que le *Conseil des Anciens* se composerait de deux cent cinquante membres;

Que, pour être membre du *Conseil des Cinq-Cents*, il faudrait être âgé de trente ans accomplis;

Que, pour être membre du *Conseil des Anciens*, il faudrait être âgé de quarante ans accomplis, et, de plus, être marié ou veuf;

Que les membres du Corps législatif recevraient une indemnité annuelle de la valeur de trois mille myriagrammes de froment;

Qu'aucun corps de troupes ne pourrait passer ou séjourner dans la distance de six myriamètres de la commune où le Corps législatif tiendrait ses séances, à moins que ce ne fût sur sa réquisition ou avec son autorisation;

Que le Corps législatif aurait une garde qui ne pourrait être au-dessous de quinze cents hommes en activité de service;

Que le *Conseil des Anciens* aurait le droit de changer la résidence du Corps législatif;

Qu'aucune proposition, dans le *Conseil des Cinq-Cents*, ne pourrait être délibérée ni votée qu'après trois lectures, à dix jours d'intervalle l'une de l'autre;

Que les citoyens membres ou ayant été membres du Corps législatif ne pourraient être recherchés, accusés ni jugés en aucun temps pour ce qu'ils auraient dit ou écrit dans l'exercice de leurs fonctions;

Que le pouvoir exécutif serait délégué à un *Directoire* de cinq membres âgés de quarante ans au moins;

Que les membres du *Directoire* seraient nommés par le *Conseil des Anciens*, au scrutin secret, sur une liste présentée par le *Conseil des Cinq-Cents;* formée aussi au scrutin secret, et décuple du nombre des membres à élire;

Que le *Directoire* serait partiellement renouvelé par l'élection d'un membre chaque année;

Qu'il nommerait hors de son sein et révoquerait les ministres, dont les attributions et le nombre seraient d'ailleurs déterminés par le Corps législatif;

Que la mission du *Directoire* serait de pourvoir, d'après les lois, à la sûreté intérieure et extérieure de la République, de surveiller et d'assurer l'exécution des lois dans les administrations et tribunaux, par des commissaires à sa nomination, mais sans qu'il fût admis pour cela à entrer en partage du pouvoir législatif;

Que les cinq *Directeurs* seraient logés dans le même édifice, aux frais de la République; qu'ils auraient une garde de cent vingt hommes à pied et de cent vingt hommes à cheval, et que le traitement annuel de chacun d'eux serait de cinquante mille myriagrammes de froment.

Quant au pouvoir judiciaire, il était confié à des juges électifs. Au lieu d'assemblées communales, il ne devait y avoir que des administrations municipales et départementales, procédant aussi du principe électif. La presse était déclarée libre; mais on interdisait toute société populaire tenant des séances publiques. Dès le 26 thermidor (13 août), et sous l'influence de l'effet produit par la descente de Quiberon, l'Assemblée avait adopté une clause additionnelle, conçue en ces termes : « La nation française déclare que jamais, en aucun cas, elle ne souffrira la rentrée des Français qui, ayant abandonné la patrie depuis le 15 juillet 1789, ne sont pas compris dans les exceptions faites aux lois contre les émigrés. Les biens des émigrés sont irrévocablement acquis à la République. »

La Constitution de l'an III renfermait beaucoup d'autres articles, pour lesquels nous renvoyons le lecteur au texte même, parce que ces articles, ou se rapportent à de purs détails d'organisation, ou rentrent dans les Constitutions précédentes. Les dispositions signalées sont celles qui dessinent la physionomie politique de la législation thermidorienne et en caractérisent plus particulièrement la portée.

Une chose frappe d'abord dans cette œuvre : c'est l'absence de tout ce qui serait de nature à indiquer un but social commun, et à rappeler, fût-ce indirectement, le principe de la fraternité humaine. Pas une clause importante qui ne soit marquée au coin de l'individualisme, et de l'individualisme dans ce qu'il a de plus étroit. La *Déclaration des Devoirs* donnée pour préface à la Constitution de l'an III disait, art. 8 : « C'est sur le maintien des propriétés que repose tout l'ordre social, » ce qui revenait à déclarer étranger à l'ordre social quiconque n'est pas propriétaire : cette théorie conduisit naturellement, d'abord à priver les pauvres du titre de citoyen, puis à faire dépendre de certaines conditions de fortune, en le combinant avec l'élection à deux degrés, l'exercice du droit de souveraineté. Il y avait loin de là aux principeś qui avaient constitué l'esprit ou, plutôt, l'âme de la Révolution française!

En adoptant le système des deux Chambres, les législateurs de l'an III avaient cru faire acte de sagesse, et ils ne s'étaient pas aperçus que leur *Conseil des Anciens* n'avait aucune raison d'être. La raison d'être du Sénat, en Amérique, c'est la nécessité de ne pas laisser le principe unitaire absorber trop complétement le principe fédéral, et d'assurer, dans la constitution politique, la représentation des divers États dont la confédération se compose. La raison d'être de la Chambre des Lords, en Angleterre, c'est l'existence, dans ce pays, d'une aristocratie puissante, maîtresse du sol, et appuyée sur le droit de primogéniture. Mais en France, où il n'y avait ni fédération ni aristocratie, à quel principe politique ou à quelle force sociale pouvait répondre une seconde Chambre ayant même origine que la première, provenant de la même source et composée des mêmes éléments? Rien de plus futile que l'idée d'assigner un caractère distinctif au *Conseil des Anciens*, en n'y admettant que des hommes âgés de quarante ans, mariés ou veufs : cette clause n'aurait eu un sens que si l'on avait exclu du *Conseil des Cinq-Cents* les pères de famille et les vieillards.

Il est vrai que le double examen est une garantie contre les entraînements auxquels se laissent quelquefois emporter les assemblées délibérantes, et, à ce point de vue, l'existence d'une seconde Chambre avait pu paraître désirable, mais sa nécessité devenait tout au moins douteuse, dès qu'on admettait — disposition très-sage — qu'aucune loi ne serait discutée, au *Conseil des Cinq-Cents*, qu'après trois lectures préalables. D'ailleurs, le droit donné à une assemblée d'accepter ou de rejeter les lois, fait de cette assemblée un des pouvoirs de l'État, et présente, sous le rapport politique, plus d'inconvénients qu'il ne présente d'avantages sous le rapport purement législatif. Tel qu'il fut institué, le *Conseil des Anciens*, s'il n'était pas un rouage inutile, risquait de devenir un embarras.

Les législateurs de l'an III ne furent guère mieux inspirés dans cette partie de leur travail qui concernait la formation du pouvoir exécutif.

Et d'abord, le composer de cinq membres, c'était en faire presque un corps délibérant; c'était briser le nerf de l'action; c'était affaiblir outre mesure la responsabilité à force de la diviser; c'était déposer un germe d'anarchie au sein même du pouvoir qu'on chargeait de réprimer l'anarchie.

Ensuite, il était peu sage de rendre complétement étrangers à la confection des lois ceux à qui l'on confiait la mission de les mettre en mouvement; car on aurait dû prévoir le cas où, mieux placés que les législateurs pour apprécier ce que commandaient les circonstances, les Directeurs répugneraient à faire exécuter certaines mesures décrétées en dehors d'eux, et se trouveraient de la sorte en opposition ouverte avec les Conseils.

Un article, dans la Constitution de l'an III, mérite qu'on s'y arrête : c'est celui qui met les membres du Corps législatif à l'abri de toute recherche pour ce qu'ils auraient dit ou écrit dans l'exercice de leurs fonctions. Comment les réacteurs purent-ils voter un pareil article sans que le rouge leur montât au front? Comment purent-ils oublier à ce point que c'était en s'armant contre leurs adversaires de ce que ceux-ci « avaient dit ou écrit dans l'exercice de leurs fonctions, » qu'ils étaient parvenus à mettre, selon le langage du temps, la proscription à l'ordre du jour? Il était un peu tard pour s'apercevoir que la liberté de la tribune est une condition sans laquelle il n'est pas d'assemblée délibérante possible!

Il y aurait trop à dire s'il fallait relever tout ce qui prête à la critique dans la Constitution de l'an III. Mais ce qui est caractéristique, c'est qu'elle fut attaquée par les royalistes, non dans ce qu'elle avait de mauvais, mais, au contraire, dans ce qu'elle avait de bon. L'on en jugera par le passage suivant, résumé fidèle de leurs plaintes et de leurs anathèmes :

« Qu'est-ce donc que ce Directoire du pouvoir exécutif qui tiendra son existence du pouvoir législatif? Il sera donc son agent naturel! Il ne lui manque plus que d'être à sa solde! Si le Corps législatif est factieux ou, ce qui est la même chose quant à l'effet, l'esclave d'un parti factieux, le pouvoir sera donc le vil agent d'une législative détestable! Dans cette hypothèse, très-naturelle, où la nation ira-t-elle chercher ses garanties [1]? »

Ainsi, les royalistes trouvaient monstrueux que, dans le corps politique, le bras dépendît de la tête! Et l'esprit de faction ne leur paraissait à craindre que dans les représentants du peuple!

Il est juste de reconnaître que les arguments des ennemis de la Révolution n'étaient pas sans tirer quelque force du drame qui se jouait alors sur la scène politique. Mallet du Pan ne consultait certainement que sa haine et ne parlait que le langage plein de fiel de l'esprit de parti, lorsqu'il disait des vainqueurs de Robespierre : « Ce sont des valets qui ont pris le sceptre de leurs maîtres, après les avoir assassinés [2]. » Mais il certain que la Convention donnait au monde, depuis quelques mois, un spectacle peu fait pour recommander à l'admiration des hommes le gouvernement des assemblées. L'occasion parut admirable aux royalistes pour faire un essai hardi de leurs forces : le chapitre suivant dira le résultat de cette tentative.

---

[1] *Courrier républicain*, numéro 593. — Il ne faut pas oublier que, malgré son titre, ce journal, rédigé par Poncelin, était un des principaux organes du royalisme.

[2] *Mémoires et Correspondance de Mallet du Pan*, t. II, chap. v, p. 116.

# CHAPITRE TROISIÈME

Toutefois, comme les royalistes ne cherchaient dans la Constitution nouvelle qu'un moyen d'opérer la contre-

révolution[1], les plus intelligents d'entre eux ne virent
pas beaucoup d'inconvénient à l'adopter, à cause de ses
défauts mêmes. Le partage du pouvoir législatif entre
deux *Chambres de Députés*[2] leur plut, précisément parce
que c'était là une conception absurde, et ils aimèrent à
se persuader que les cinq Directeurs seraient bien vite
amenés, soit par leurs dissensions intestines, soit par
l'effet du mouvement des choses sur un pouvoir divisé,
à abandonner la puissance suprême à un seul[3].

Que la Convention disparût, ils ne désiraient pas davantage pour le moment; mais cela, ils le désiraient
avec passion.

Les Thermidoriens s'en émurent. Ils comprirent qu'on
n'attendait que la retraite de la Convention pour renverser
son ouvrage, et, avertis par l'exemple de l'Assemblée
Constituante, dont l'œuvre avait péri dès que la scène
s'était trouvée occupée par de nouveaux acteurs, ils songèrent à garder, suivant l'expression de Thibaudeau, le
gouvernail du vaisseau qu'ils venaient de lancer[4].

Qu'arriverait-il, d'ailleurs, à ceux des conventionnels
dont le zèle avait été si farouche et l'autorité si pesante?
Pouvaient-ils, sans dire adieu à toute prudence, retourner, comme simples citoyens, dans des provinces où,
comme proconsuls, ils avaient semé d'implacables ressentiments[5]?

Sur ces entrefaites, Dupont de Nemours émit l'idée
que, pour imprimer un caractère de stabilité à la Constitution, il fallait renouveler l'Assemblée tous les ans par

---

[1] *Mémorial de Sainte-Hélène*, chap. v, p. 307; 1842, in-4°.
[2] C'est le mot caractéristique dont se sert Beaulieu en parlant des deux
Conseils. Voy. ses *Essais historiques sur la Révolution de France*, t. VI,
p. 205, 206.
[3] *Ibid.*
[4] *Mémoires de Thibaudeau*, t. I, chap. xv, p. 187.
[5] Beaulieu, *Essais historiques sur la Révolution de France*, t. VI, p. 207.

tiers. Ce projet, publié par les journaux et affiché avec profusion, ouvrait à la majorité conventionnelle une voie où elle se précipita. Il fut décrété, d'abord, que les deux tiers de la Convention seraient réélus[1]; et ensuite, qu'ils le seraient par les assemblées électorales. Baudin (des Ardennes) avait proposé de laisser ce choix à la Convention elle-même[2]; mais l'autre système avait pour lui de paraître plus conforme au principe de la souveraineté du peuple[3] : il prévalut. La rédaction définitive du décret par lequel on tranchait cette importante question fut votée le 5 fructidor (22 août); et un second décret, rendu le 13 fructidor (30 août), régla la mise à exécution du premier.

A cette nouvelle, ce fut, parmi les royalistes, une effroyable explosion de colères. Ainsi, c'était la Convention qui allait gouverner encore! Toujours la Convention! D'ardentes protestations s'élevèrent du sein de presque toutes les sections de Paris, d'où les Jacobins avaient été chassés et où, depuis la défaite du peuple en prairial, l'influence des royalistes dominait. La presse opposante se répandit en imprécations contre les conventionnels, qu'elle affecta de ne plus appeler que les *exclusifs*, les *perpétuels*[4]. A ces clameurs se joignit le cri de tous ceux qui brûlaient de devenir, à leur tour, représentants du peuple, et auxquels on barrait tout à coup le passage[5]. C'était une puissante corde à faire vibrer que le mécontentement de l'ambition déçue : les royalistes le sentirent, redoublèrent de violence, et l'agitation prit bientôt des proportions formidables.

Une députation de la section des Champs-Élysées

---

[1] Le 4 fructidor (21 août) 1795.
[2] *Moniteur*, an III, numéro 358.
[3] *Mémoires de Thibaudeau*, t. I, chap. xv, p. 188.
[4] Beaulieu, *Essais historiques*, etc., t. VI, p. 208.
[5] *Ibid.*

courut dire insolemment à la Convention, par l'organe de
Lacretelle jeune : « méritez le choix du peuple et ne le
commandez pas. » Le bruit avait été répandu que Paris
était entouré de baïonnettes, et les paroles de Lacretelle
jeune se rapportaient aux sentiments tyranniques dont
on supposait la Convention animée. Chénier occupait,
ce jour-là, le fauteuil. Il répondit que l'Assemblée
ne laisserait pas avilir la puissance « qu'elle tenait du
peuple entier. » De son côté, Thibaudeau demanda où
étaient les signes de cette oppression dont parlait l'orateur sectionnaire, et il lui opposa, en preuve de sa mauvaise foi, la licence de son propre discours[1].

Mais ce scandale n'était que le prélude de scènes plus
indécentes encore et d'attaques sans frein. Pendant que
Saladin, devenu fougueux réacteur de fougueux révolutionnaire qu'il avait été, dénonçait, dans un écrit imprimé, les décrets des 5 et 13 fructidor[2], des agitateurs
dont la certitude de l'impunité centuplait l'audace,
allaient soufflant partout l'esprit de révolte. De ce nombre étaient Richer de Sérizy, Lacretelle jeune, le général
Servan, Fiévée, Quatremère de Quincy, Morellet, Tronçon
Du Coudray; La Harpe, qui avait tant admiré le discours
de Robespierre sur l'immortalité de l'âme; Lemaître,
qui correspondait avec le prétendant; l'ex-prêtre Poncelin; l'Espagnol Marchena, provocateur d'un 31 mai en
sens inverse, et Ladevèze, qui, jusqu'au 10 août, avait
rédigé l'Ami du roi[3].

Chaque jour, c'était quelque nouvelle brochure, dans
laquelle la Convention était traînée aux gémonies. Dans

[1] Mémoires de Thibaudeau, t. I, chap. xv, p. 189. Voy. aussi sur cette
séance l'Histoire parlementaire, t. XXXVII, p. 18.

[2] Mémoires de Thibaudeau, t. I, chap. xv, p. 188.

[3] Voy. Essai sur les journées de vendémiaire, par P. F. Réal, depuis
comte Réal. — L'Histoire parlementaire, t. XXXVII, p. 19. — Le Moniteur, an IV, numéro 1, discours de Tallien.

un de ces amers pamphlets, il était dit que « les votants pour *la mort ne mourraient pas dans leur lit, à moins qu'ils ne mourussent bientôt.* » Et l'auteur s'écriait, comme conclusion : « *Tuez-les*[1] ! »

Aux appels meurtriers des libelles se joignaient les meurtrières malédictions des journaux sectionnaires. Le *Courrier républicain*, le *Bulletin républicain*, le *Messager du soir*, le *Courrier universel*, la *Gazette universelle*, la *Quotidienne*, le *Postillon des armées*, s'étudiaient à présenter les actes des Conventionnels sous un jour affreux[2]; et le concert de leurs anathèmes était plus qu'il ne fallait pour couvrir la voix de Louvet, qui, dans la *Sentinelle*, défendait avec un courage désespéré la Révolution, déjà morte.

Jamais Paris n'avait vu autant d'étrangers. Les hôtels du faubourg Saint-Germain, qui, six mois auparavant, étaient déserts, avaient peine maintenant à contenir la foule des Chouans, des émigrés, des prêtres réfractaires, des femmes divorcées et des jeunes gens riches employés dans les charrois[3], qu'attirait dans la capitale la perspective d'un renouvellement complet des idées et des choses.

Habit gris à revers, collets de couleur noire ou verte, tel était le costume des royalistes : ils l'avaient emprunté des Chouans[4].

Quant aux points de réunion, c'étaient : Garchy, rue de la Loi; le théâtre de la rue Feydeau; le boule-

---

[1] Discours de Tallien dans la séance du troisième jour complémentaire, *Moniteur*, an IV, numéro 1.

[2] C'est l'expression même dont se sert Beaulieu, écrivain dont le témoignage n'est pas suspect, puisqu'il était du parti des agitateurs. Voyez ses *Essais historiques sur les causes et les effets de la Révolution de France*, t. VI, p. 205.

[3] « C'est une chose bien bizarre que la plupart des jeunes millionnaires, qui ont été arrêtés, étaient dans les charrois. » Note de Réal, page 7 de son *Essai sur les journées de vendémiaire*.

[4] *Ibid.*

vard des Italiens, et, surtout, le Palais-Égalité (Palais-Royal)[1].

Dans ce dernier lieu, étincelant et infâme repaire des agioteurs, des usuriers et des filles de joie, la Jeunesse dorée était toujours en force. On n'y entendait guère retentir que les refrains du *Réveil du peuple*. Si des soldats, se souvenant de l'hymne de leurs victoires, y entonnaient la *Marseillaise*, les collets verts leur répondaient par des huées. Plusieurs rixes s'ensuivirent[2].

En général, la Jeunesse dorée dominait partout où, pour dominer, il ne fallait que de l'argent et du loisir. Dans les spectacles, par exemple, elle acquit un tel ascendant, que la musique même de la Convention fut obligée de renoncer à la *Marseillaise*[3].

Encore si aux périls dont elle était environnée la Convention avait opposé une force unie et compacte! Mais non : elle avait dans ses propres rangs les plus dangereux alliés de ses ennemis. Après leur victoire sur Robespierre et Saint Just, les Thermidoriens, comme pour mieux accentuer leur empressement à déserter la Révolution, avaient quitté la Montagne et passé au côté droit, où étaient venus les renforcer, lors de leur rentrée dans la Convention, les 73 signataires de la protestation contre le 31 mai, de sorte — écrit Thibaudeau — « qu'on avait vu combattre dans les mêmes rangs Tallien et Lanjuinais, Fréron et Boissy d'Anglas, Legendre et Henri Larivière, Barras et Lesage (d'Eure-et-Loir), Rovère et Louvet[4] » : la tactique des royalistes divisa ce que le 9 thermidor avait rapproché. Ils se mirent à combler d'éloges les 73, tandis qu'ils vouaient les Thermidoriens à l'exécration et au mépris. Ces habiles manœuvres réus-

[1] Réal, *Essai sur les journées de vendémiaire*, p. 7.
[2] Beaulieu, *Essais historiques*, etc. t. VI, p. 203.
[3] *Ibid.*
[4] *Mémoires de Thibaudeau*, t. I, chap. xv, p. 127-200.

sirent. Louvet, esprit emporté mais sincère; Daunou, âme sérieuse et ferme, aimèrent mieux se réunir aux Thermidoriens que livrer ce qui restait encore de la République; mais leur conduite trouva peu d'imitateurs parmi leurs anciens amis, dont les uns se prêtèrent aux tentatives des sectionnaires par faiblesse, et les autres parce qu'ils étaient vendus en secret au royalisme [1].

Toutefois, les Thermidoriens exerçaient encore un grand pouvoir dans l'Assemblée. L'énergie qu'ils avaient perdue quand ils avaient la Révolution à défendre, ils la retrouvèrent pour se défendre eux-mêmes. Pressée par eux, la Convention prit coup sur coup des mesures auxquelles on n'était plus accoutumé et qui étonnèrent. Sur la proposition de Daunou, le bannissement à perpétuité des émigrés, et la garantie des acquéreurs de biens nationaux furent décrétés en principe [2]. Les prêtres furent signalés du haut de la tribune comme un fléau, et l'ordre fut donné, aux frontières, par le Comité de sûreté générale, de mettre en arrestation ceux d'entre eux qui, déportés, étaient rentrés [3]. Un autre décret prononça la peine du bannissement contre tout ecclésiastique qui troublerait l'ordre public [4]. En même temps, Chénier faisait l'éloge de Talleyrand, qui avait figuré parmi les prêtres révolutionnaires, et son nom était rayé de la liste des émigrés [5]. Parmi les royalistes qui avaient livré Toulon, soutenu un siége de quatre mois contre la République, porté les armes pour le roi et pris la fuite sous la protection des Anglais, beaucoup avaient réussi, depuis quelque temps, à rentrer en France comme *fugi-*

---

[1] C'est ce que Thibaudeau dit en propres termes, *Mémoires*, t. I, chap. xv, p. 197-200.

[2] *Moniteur*, an III, numéro 318.

[3] *Ibid.*, numéro 353.

[4] *Ibid.*, numéro 354.

[5] *Ibid.*, numéro 351.

tifs *du 31 mai* : le 19 fructidor (5 septembre), Fréron
les dénonça et fit rendre un décret contre eux[1]. Désespéré de la violence d'un torrent qu'il avait tant contribué
à déchaîner, il s'écria : « Il ne faut plus que la Convention se déguise sa position : nous sommes dans un dé-
filé. Le royalisme, les prêtres s'agitent. Êtes-vous fermes?
on dit que vous voulez la Terreur. Êtes-vous indulgents?
on tourne votre indulgence au profit de la contre-révolution[2]. »

De leur côté, les sections de Paris se préparaient ouvertement à la lutte, ce déploiement d'une vigueur
que ne soutenaient plus ni l'enthousiasme ni le génie,
les irritant sans les effrayer. Beaulieu a peint l'intérieur
des sections en homme qui suivait leur drapeau. Il les
représente composées de personnages « décemment couverts, appartenant tous à des familles propriétaires ou
commerçantes, et distingués par leur éducation; » il
assure que « les orateurs s'exprimaient bien, et qu'on
délibérait aussi paisiblement qu'il est possible de le supposer dans des assemblées de cette nature. » Il ajoute :
« Je n'ai vu de ma vie rien de plus imposant[3]. »

Mais ce témoignage, en ce qui touche le caractère *imposant* des délibérations est en désaccord complet avec le
témoignage du comte Pierre François Réal, qui, ainsi
que Beaulieu, fut témoin des scènes qu'il a décrites.
Suivant Réal, tout n'était que violence et désordre dans
l'intérieur des sections. Le royalisme s'y montrait paré
des couleurs de la démagogie, dont il affectait les allures et prenait le langage; on n'y parlait que de « souveraineté du peuple; » on y combattait le pouvoir, au nom
du « peuple souverain; » et c'était comme représentants

[1] *Moniteur*, an III, numéro 352.
[2] *Ibid.*
[3] *Essais historiques sur les causes et les effets de la Révolution de
France*, t. VI, p. 209.

du « peuple souverain, » que les royalistes et les nobles s'arrogeaient le droit d'insolence à l'égard de l'Assemblée. « Le nom de la Convention — écrit Réal — ne pouvait être prononcé dans les sections sans exciter des huées. J'ai entendu applaudir, appuyer, et renvoyer à des commissaires la proposition faite, à la *Halle aux Blés*, par l'escroc Rozambourg, d'exiger que le gouvernement donnât à l'instant aux sections l'état exact des troupes, des armes, des munitions, des subsistances, et la connaissance des *articles secrets* des différents traités[1] ! »

Au reste, Beaulieu lui-même explique ce qu'il y a d'obscur dans cette phrase : « aussi paisiblement qu'il est possible de le supposer dans des assemblées de cette nature, » lorsqu'il dit : « Les orateurs retracèrent la conduite des Conventionnels sous les plus épouvantables couleurs, » et lorsqu'il ajoute : « on a lieu de croire que les meneurs de la Convention avaient eux-mêmes soufflé ces dangereux discours, trop imprudemment applaudis, pour être en état de justifier les actes de violence qu'ils méditaient[2]. »

Des discours et des applaudissements d'un caractère tel qu'il a fallu les excuser par la supposition que ceux-là les inspirèrent contre qui ils étaient dirigés, ne pouvaient présenter rien ni de bien calme, ni de bien imposant. La vérité est que, s'armant des procédés révolutionnaires pour opérer la contre-révolution, les royalistes étaient revenus à l'organisation du club des Jacobins ; et le club des Jacobins, royaliste, ce fut la section *Lepelletier*.

Cette section avait marqué, dans les premiers orages de la Révolution, sous le nom de *Filles Saint-Thomas* ; c'était elle qui, le 10 août, avait fourni au château ces

---

[1] *Essai sur les journées de vendémiaire*, p. 16
[2] *Essais historiques*, etc., t. VI, p. 210-211.

grenadiers qu'écrasèrent les Marseillais. Elle s'était effacée, depuis ; mais, quand le 9 thermidor eut produit ses
résultats logiques, elle reparut, et visa tout d'abord à jouer
à l'égard des sections de Paris le rôle que le club des
Jacobins avait joué à l'égard des clubs de province : elle
se fit centre ; elle fut une autre *Société mère*.

Un arrêté, dont l'ancien club des Jacobins n'aurait dé-
savoué ni le principe ni la rédaction, signala l'entrée en
scène de la section *Lepelletier*. Elle appela cet arrêté
*Acte de garantie*. Il reposait sur la maxime : « Les pouvoirs de tout corps constituant cessent devant le peuple
assemblé[1] ».

Communiqué aussitôt aux 47 autres sections de Paris,
l'*Acte de garantie* est accueilli avec transport par la plupart d'entre elles. Toute la journée se passa en ambas-
sades. « Le nom de *souverain* — raconte Réal — se donnait, se rendait, avec une complaisance, une naïveté,
qui auraient excité le rire de l'observateur, si les suites
de cette ivresse n'eussent commandé l'indignation...
Dans toutes les sections, on prit des *actes de garantie*.
C'était le délire de la souveraineté[2]. »

Ceci se passait le 20 fructidor (6 septembre). Le lendemain, l'arrêté de la section Lepelletier est lu à la Convention par Colombel, au nom du Comité de sûreté
générale. Il concluait à ce que l'Assemblée se déclarât
en permanence. Cette proposition fut repoussée comme
annonçant la peur ; mais, en décidant qu'il y aurait
séance le soir, l'Assemblée parut trahir ses alarmes[3].

En effet, la section *Lepelletier*, décidée à heurter de
front la Convention, invita, sans plus de retard, les autres sections à former un comité central, ce qui provoqua,

[1] P. F. Réal, *Essai sur les journées de vendémiaire*, p. 10-11.
[2] *Ibid.*
[3] *Hist. parl.*, t. XXXVII, p. 21. — P. F. Réal, *Essai sur les journées de
vendémiaire*, p. 11-12.

de la part de l'Assemblée, un nouveau décret commina-
toire : malheur aux citoyens qui se réuniraient en
comité central ! ils seraient jugés coupables d'attentat
contre la souveraineté du peuple[1]. Mais il suffisait que la
Convention se prononçât contre un arrêté de section pour
qu'il fût à l'instant adopté par la majorité des sectionnaires, se proclamant *souverains*. Ils cassèrent le décret
qui interdisait la création d'un comité central[2].

L'anarchie était au comble, et, pour l'augmenter, on
répandait toutes sortes de rumeurs sinistres et de mensonges ridicules : tantôt, on avait délivré à chaque député
deux livres de poudre fine, tantôt on avait planté des potences rue de l'Arbre-Sec[3]. Arriva la nouvelle, la glorieuse
nouvelle, que le Rhin venait d'être franchi par l'armée
française; mais, comme le fait amèrement remarquer
le général Jourdan, c'est à peine si l'on prit garde à cet
éclatant fait d'armes, accompli au milieu d'obstacles regardés comme presque insurmontables[4]. L'attention des
sectionnaires était toute à la question des décrets de
fructidor, à celle de la poudre fine, à celle des potences
de la rue de l'Arbre-Sec !

Le 27 fructidor (13 septembre), la section du *Théâtre-
Français* envoya dire à la Convention que l'Assemblée
primaire de cette section avait rejeté les décrets relatifs
à la réélection des deux tiers. L'orateur de la députation
était un comédien nommé Dupont. Voici en quels termes
il apostropha la représentation nationale : « Convention
nationale, encore quelques jours, et la vérité éclatera !
Tu la connaîtras, mais trop tard[5] » Et il demandait à

---

[1] *Mémoires de Thibaudeau*, t. I, chap. xv, p. 190.
[2] P. F. Réal, *Essai sur les journées de vendémiaire*, p. 12.
[3] *Ibid.*, p. 13.
[4] Manuscrit de Jourdan. — Voy. plus haut le chapitre intitulé *Les Armées pendant la réaction*.
[5] *Hist. parl.*, t. XXXVII, p. 22.

lire une adresse. Thibaudeau, qui occupait le fauteuil en cette occasion, consulta l'Assemblée. Elle refusa d'entendre une lecture dont l'annonce seule était un outrage. Thibaudeau s'était contenté de répondre : « La Convention ne craint pas le jour de la vérité ; elle appelle d ses calomniateurs au peuple français.[1] »

Le contre-coup des agitations de Paris se fit sentir dans les départements de l'Eure, d'Eure-et-Loir, de Seine-et-Oise, du Loiret, c'est-à-dire dans le voisinage des pays que ravageaient les Chouans et où l'on attendait les forces que le comte d'Artois devait amener d'Angleterre[2]. A Nonancourt, à Dreux, des patriotes furent assassinés en plein jour, et l'on traîna la statue de la liberté dans la boue[3]. A Mantes, dans un repas splendide, un *plat de cocardes blanches* fut servi, et, en sortant de la salle du festin, les convives répondirent au *qui vive* des sentinelles : *Chouans*[4]. A Châteauneuf, non contents de couper les arbres de liberté et de jeter la statue de la liberté dans le ruisseau, les royalistes s'emparèrent des caisses publiques[5]. L'Assemblée primaire du canton correspondait avec la section *Lepelletier ;* elle lui avait envoyé des commissaires[6].

Poncelin ayant fait un voyage à Chartres[7], de grands troubles ne tardèrent pas à y éclater, soit qu'il eût reçu secrètement mission d'en semer le germe, soit pure coïncidence. Ce qui est certain, c'est que, le premier jour

---

[1] *Mémoires de Thibaudeau,* t. I, chap. xv, p. 193.

[2] C'est ce que fit observer Tallien, dans la séance du troisième jour complémentaire (19 septembre 1795). Voy. le *Moniteur,* an IV, numéro 1.

[3] P. F. Réal, *Essai sur les journées de vendémiaire,* p. 23.

[4] *Ibid.,* p. 19.

[5] Rapport d'Ysabeau dans la séance du troisième jour complémentaire (19 septembre 1795). Voy. *Moniteur,* an III, numéro 366.

[6] *Ibid.*

[7] Discours de Tallien. Voy. le *Moniteur,* an IV, numéro 1.

complémentaire de l'an III (17 septembre), Chartres fut en proie à une horrible sédition, où l'on entendit pousser des cris de *vive le roi*[1] ! Mais la faim était dans la ville, et là où une semblable cause agit, on peut se dispenser d'en chercher une autre.

Avertie du danger, la Convention avait envoyé à Chartres un de ses membres, Le Tellier, homme d'un caractère doux et d'une âme toute virile. Après d'inutiles efforts pour calmer les esprits, Le Tellier est assiégé, dans la maison commune, par une multitude de femmes désespérées, furieuses, qui hurlaient des paroles de mort. Elles le somment de signer un arrêté portant que le pain sera distribué à trois sous la livre. Lui, résiste, invoque la loi : la violer serait une honte. Les clameurs augmentent, le sang va couler. Le Tellier, remarquant qu'il est environné de fonctionnaires publics, accourus pour partager ses périls, signe l'arrêté fatal, rentre chez lui avec beaucoup de sérénité, écrit deux lettres touchantes où il explique qu'il a voulu sauver la vie des uns et épargner un crime aux autres, saisit un pistolet et se tue[2]. Sa lettre aux autorités constituées de Chartres se terminait ainsi : « Je sors de la vie avec un héritage de probité que je transmets à mes enfants aussi pur que je l'avais reçu de mon respectable père[3]. » Il avait violé la loi pour sauver ses concitoyens, et l'avait vengée en se donnant la mort. Le suicide, tant vanté, de Caton d'Utique, offre-t-il rien de plus magnanime ?

Cependant, telle est l'injustice, telle est la cruauté de l'esprit de parti, que le nom de cet homme héroïque ne fut prononcé, dans les sections, qu'avec insulte[4]. Elles

---

[1] Procès verbal de l'administration du département. Voy. le *Moniteur*, an III, numéro 366.

[2] *Ibid.*

[3] *Ibid.*

[4] P. F. Réal, *Essai sur les journées de vendémiaire*, p. 15.

ne lui pardonnaient pas d'avoir honoré les derniers
moments de la République par un acte qui rappelait
de quelles vertus ses inspirations avaient été la source.

Le moment était venu, pour les Thermidoriens, de
comprendre que, le 9 thermidor, ils avaient creusé un
gouffre qui risquait de les dévorer. Tallien adjura tous
les républicains de se rallier, déclarant avec une tardive
franchise, qu'il n'existait plus en France que deux partis :
celui de la République et celui de la royauté[1]. Defermon
lui-même, dont le zèle révolutionnaire paraissait si douteux qu'on le soupçonna d'avoir trempé dans les intrigues de Lemaître, Defermon n'hésita pas à dire :
« Nous sentons tous que nous n'avons à attendre d'une
monarchie que proscriptions et assassinats[2]. »

Ainsi pressée par des influences contraires, la Convention hésitait, avançait, reculait, passait tour à tour de la
faiblesse à la vigueur et d'une condescendance pusilla-
nime à des mesures acerbes. Bion ayant demandé l'arrestation de l'auteur ou de l'imprimeur de la brochure :
« *Tuez-les!* » cette motion n'eut pas de suite[3]; et deux
jours, rien que deux jours après, l'Assemblée rendait un
décret ordonnant aux pères, fils, frères, oncles, neveux ou
époux des émigrés, et aux ministres du culte insermen-
tés, de cesser toutes fonctions administratives, municipales, judiciaires, sous peine de forfaiture ou de faux[4].

La lutte en était là, lorsqu'eut lieu la proclamation
du vote des assemblées primaires touchant la Constitution de l'an III. Le résultat, tel qu'il fut proclamé solennellement par le président de la Convention, était
celui-ci :

[1] Discours de Tallien dans la séance du troisième jour complémentaire
(19 septembre 1795). Voy. le *Moniteur*, an IV, numéro 1.
[2] Même séance. *Ibid.*
[3] *Ibid.*
[4] Séance du cinquième jour complémentaire. *Moniteur*, an IV, numéro 3.

### CONSTITUTION DE L'AN III.

| | |
|---|---|
| Nombre des votants. . . . . . . | 958,226 |
| Pour. . . . . . . . . . . . . . . | 914,853 |
| Contre. . . . . . . . . . . . . | 41,892 |

### DÉCRETS DES 5 ET 13 FRUCTIDOR.

| | |
|---|---|
| Nombre des votants. . . . . . . | 263,131 |
| Pour. . . . . . . . . . . . . | 167,758 |
| Contre. . . . . . . . . . . . | 95,373 [1]. |

La publication de ces chiffres jeta les royalistes dans des transports de fureur. Ils avaient beaucoup compté sur les assemblées primaires de province. Le vote de ces assemblées, en ce qui concernait les décrets des 5 et 13 fructidor, était le levier au moyen duquel le comité secret d'émigrés, établi à Bâle, avait conçu l'espoir de renverser la Convention [2].

Le désappointement des sectionnaires parisiens fut d'autant plus vif, qu'en attaquant les décrets, ils avaient toujours prétendu parler au nom de la France, exprimer les sentiments du *Peuple Souverain.* Aussi prirent-ils le parti de nier hardiment leur défaite. Ils affirmèrent que les décrets avaient été rejetés; qu'on avait présenté à la Convention de faux calculs; et Crétot, Poncelin, les rédacteurs du *Messager du soir,* opposèrent à la correspondance officielle des Comités leurs correspondances particulières [3].

Beaulieu ne craint pas d'accuser le gouvernement d'alors du crime de faux, mais il ne fonde cette accusation que sur ce qu'il dit tenir « de personnes parfaite-

---

[1] Séance du 1er vendémiaire (23 septembre) 1795. *Moniteur,* an IV, numéro 4.

[2] Rapport de Delaunay (d'Angers) dans la séance du 23 vendémiaire (15 octobre) 1795. Voy. le *Moniteur,* an IV, numéro 28.

[3] P. F. Réal, *Essai sur les journées de vendémiaire,* p. 16.

ment instruites de ce qui se passait dans l'intérieur des Comités, » personnes qu'il ne nomme pas[1]. Les faussaires et les imposteurs, dans ce cas, auraient été : Cambacérès, La Réveillère-Lépeaux, Daunou, Berlier, Merlin (de Douai), Letourneur (de la Manche), Marec, Gamon, Larivière, Blad, Louvet, Jean Debry, Lesage (d'Eure-et-Loir), Sieyès, Rewbell, Boissy (d'Anglas), tous membres du Comité de salut public à cette époque; et Quirot, Montmayou, Colombel, Hardy, Barras, Lemont, Rovère, Mariette, Boudin, Calès, Pémartin, Gauthier (de l'Ain), Ysabeau, Bailly, Bailleul, Delaunay, tous membres, à la même époque, du Comité de sûreté générale.

Et ce n'était pas le pouvoir exécutif seulement que les sections vilipendaient ainsi, c'était la Convention tout entière. Un jour, les meneurs de la section *Lepelletier* lui envoyaient dire, en lui demandant l'arrestation de Pache et de Bouchotte : « Nous vous apportons le dernier cri de la justice outragée[2]; » un autre jour, l'Assemblée était insolemment rappelée à la *décence*, au nom de la section de la *Halle aux Blés*, par un homme perdu de réputation[3].

Au Palais-Égalité (Palais-Royal), on passa bientôt des paroles à l'action, de l'invective à la révolte. Le 2 vendémiaire, une patrouille des grenadiers de la Convention est assaillie; trois coups de feu sont tirés sur la troupe; un sergent est blessé à l'épaule : il fallut que les soldats missent la baïonnette en avant; et les agresseurs, chassés de la rue, se réfugièrent dans les spectacles, qu'ils remplirent du bruit de leur colère[4].

---

[1] *Essais historiques*, etc., t. VI, p. 211.

[2] P. F. Réal, *Essai sur les journées de vendémiaire*, p. 17.

[3] *Ibid.*, p. 18.

[4] Voy. le rapport de Delaunay, séance du 3 vendémiaire, (*Moniteur*, an IV, numéro 7,) et le récit de P. F. Réal, *Essai sur les journées de vendémiaire*, p. 20.

Il était temps que l'Assemblée songeât à se défendre. Sur la motion de La Réveillère-Lépeaux, elle vota un décret qui rendait la Commune responsable de la sûreté de la représentation nationale et ordonnait aux généraux de se tenir prêts à marcher[1].

Cependant, le peuple se livrait à ses travaux ordinaires, sans paraître prendre part à la querelle. Les sectionnaires n'avaient garde de l'appeler dans l'arène, sachant bien que le drapeau royaliste n'était pas le sien; et les Conventionnels, qui l'avaient désarmé en prairial, s'abstenaient de recourir à lui, par pudeur[2]. Toutefois, à mesure que la crise approchait, les vaincus de prairial sentaient s'évanouir leurs ressentiments; ils se disaient qu'après tout la Convention représentait le principe révolutionnaire, et, noblement émus de ses périls, ils faisaient des vœux pour elle. Ce fut une section des faubourgs qui, le 5 vendémiaire (27 septembre), vint à la barre protester de son dévouement à la représentation nationale. Les *Quinze-Vingts*, *Popincourt* et *Montreuil*, telles furent les sections qui, avec les *Thermes* et les *Gardes Françaises*[3], restèrent fidèles à ce qui n'était déjà plus la Révolution, mais en rappelait du moins le souvenir.

Du reste, si les royalistes n'avaient pas à compter sur le peuple de Paris, ils se croyaient assurés de l'appui du dehors : espoir qui soutenait leur audace. C'était précisément à cette époque que Pichegru écrivait : « J'ai des gens à moi auprès des sections[1]; » et c'était aussi à cette époque qu'une escadre anglaise, portant quelques milliers d'Anglais et d'émigrés, se dirigeait vers l'Ile-Dieu, située à trois lieues des côtes de la Vendée. Voilà

---

[1] *Mémoires de Thibaudeau*, t. I, chap. xv, p. 203.
[2] *Ibid.*, t. I, chap. xvi, p. 209.
[3] *Moniteur*, an IV, numéro 15.
[4] Instructions à M. Courant. Voy. le livre de Montgaillard sur la *trahison de Pichegru*, p. 33.

ce que les agitateurs savaient bien; mais ce dont ils ne se doutaient probablement pas, c'est que le comte d'Artois se souciait fort peu de se joindre à Charette, et avait résolu d'attendre le succès d'une insurrection à Paris, pour paraître au milieu des insurgés vendéens. Plus tard, un des agents du prétendant exhalait en ces termes le mépris que la conduite du frère du prétendant inspirait aux vrais royalistes : « Cadet (le comte d'Artois) a fait parade ou a été forcé par les épiciers (les Anglais) de faire mine seulement de venir chez Charles-Quint (Charette). Il est démontré à tout Français qu'il pouvait y venir. Quelques-uns de sa compagnie se sont réunis à Charles-Quint (Charette), et un prince devait y venir sur la tête, si ses pieds s'y refusaient[1]. » De fait, comment aurait-on pu prévoir que l'expédition du comte d'Artois se bornerait à une *parade ?*

Quoi qu'il en soit, ce fut le 10 vendémiaire (2 octobre) que le comte d'Artois vint débarquer à l'Ile-Dieu ; et, ce jour-là même, la section *Lepelletier* lança son appel à l'insurrection : coïncidence d'autant plus remarquable que le motif donné à cet appel violent n'avait rien de sérieux, et trahissait le parti pris de frapper un dernier coup.

Le 1er vendémiaire (23 septembre), la Convention avait fixé au 20 l'ouverture des assemblées électorales[2] : ce fut le prétexte choisi par la section *Lepelletier*. Dans un manifeste conçu en termes furieux, elle déclara :

Que le but de la Convention, en fixant cette date, était de reculer la convocation des corps électoraux et de prolonger de la sorte sa tyrannie;

Qu'après avoir versé le sang à Dreux, à Nonancourt,

---

[1] *Mémoire* sur l'agence de Paris. *Papiers de Puisaye*, vol. LXXXIV. Manuscrits du British Muséum.

[2] Rapport de Merlin (de Douai) dans la séance du 14 vendémiaire an IV (6 octobre 1795). *Moniteur*, an IV, numéro 18.

à Verneuil, elle voulait se ménager les moyens de le verser encore ;

Que la disette et ses affreuses suites avaient leur source dans l'impéritie des gouvernants, dans leur brigandage ;

Qu'il n'y avait qu'un moyen de couper court à ces fléaux : mettre la Constitution nouvelle en mouvement, et cela sans délai ;

Que toute prétendue loi tendant à retarder les opérations devait être regardée comme nulle et non avenue ;

Que le peuple, trompé, trahi, égorgé, par ceux qu'il avait chargés de ses intérêts, n'avait plus à demander son salut qu'à lui-même.

Suivait une invitation hautaine aux électeurs des assemblées primaires de Paris, de se rendre le lendemain, bien accompagnés, dans la salle du Théâtre-Français[1].

L'arrêté est expédié sur-le-champ par la section *Lepelletier* aux quarante-sept autres sections. Celles des *Gardes-Françaises* et des *Quinze-Vingts* étaient fermées. Quelques-unes, celle de *Bon-Conseil* entre autres, passent à l'ordre du jour. Celles du *Théâtre-Français*, de la *Butte-des-Moulins*, de la *Halle-aux-Blés*, de *Bondi*, de *Brutus*, répondent au signal avec enthousiasme. Sur quarante-huit sections, trente-deux sont prêtes pour la guerre civile[2].

L'attitude de la Convention, en ce moment de crise, fut pitoyable. Désobéie, bravée, menacée, le moins qu'elle pût faire était de maintenir son décret du 1ᵉʳ vendémiaire, et d'interdire la réunion annoncée, au nom de la loi, — de la loi qu'on osait regarder comme « non avenue ; » — et c'est ce qu'elle fit, à la suite d'un rapport assez éner-

---

[1] Voy. le texte dans l'*Histoire parl.*, t. XXXVII, p. 28-30.
[2] Voy. P. F. Réal, *Essai sur les journées de vendémiaire*, p. 27.

gique de Daunou, le 11 vendémiaire (3 octobre). Mais, loin de montrer aux agitateurs un front sévère, elle descendit à la déclaration suivante, où l'affirmation d'une fermeté mal jouée était employée à couvrir une conclusion presque suppliante : « La Convention nationale, toujours pénétrée des obligations d'un gouvernement paternel, mais en même temps invariablement décidée à faire respecter la loi et à punir ses infracteurs, déclare qu'il ne sera fait aucune recherche ni poursuite contre ceux qui, jusqu'à ce jour, se sont laissé entraîner à des mesures illégales à l'occasion des assemblées tenues en cette commune [1]. »

Amnistier les violateurs de la loi, comme preuve de l'inébranlable résolution où l'on était de la faire respecter, et parler des obligations d'un gouvernement paternel, en réponse à des cris de mort, c'était montrer une faiblesse qui touchait au ridicule. Pour combler la mesure, la séance où de la sorte on vota la peur, fut consacrée à la célébration d'une « fête funéraire en l'honneur des amis de la liberté, morts sous le régime décemviral ; » et tandis que la section *Lepelletier*, s'érigeant en assemblée souveraine, notifiait ses ordres dans Paris, les conventionnels en costume, un crêpe au bras, et les yeux fixés sur une urne funéraire [2], passaient leur temps à écouter des chants d'église ! D'où cette remarque d'un auteur du temps : « J'ai cru un instant qu'en célébrant cette fête, la Convention assistait à ses propres funérailles [3]. »

Heureusement, l'énergie de l'action, chez les sectionnaires, fut loin de répondre à la hardiesse du langage. Les électeurs qui, à la voix de la section *Lepelletier*, et au

[1] Voy. le *Moniteur*, an IV, numéro 15.
[2] *Ibid.*
[3] P. F. Réal. *Essai sur les journées de vendémiaire*, p. 28.

mépris des décrets de l'Assemblée, se réunirent dans la salle du Théâtre-Français (Odéon), se trouvèrent ne pas dépasser le nombre de cent [1]. Le vieux duc de Nivernais, lorsqu'ils étaient allés lui demander de venir les présider, leur avait d'abord répondu : « Vous me menez à la mort [2]; » puis, s'animant aux discours de ceux qui l'entouraient il avait dit « qu'à la vue du péril il sentait fondre les glaces de l'âge [3] : » il dut éprouver quelque surprise, sinon quelque frayeur, en s'apercevant que les sections n'avaient pas fourni à cette tentative de révolte plus de trois ou quatre cents hommes, et que la garde des électeurs fidèles au rendez-vous consistait en quelques jeunes gens errant çà et là avec de grands sabres [4].

Tels étaient néanmoins les ménagements que les Comités crurent devoir garder, que, pour donner à la réunion séditieuse le temps de se disperser d'elle-même, on apporta dans les opérations une lenteur calculée [5]. La publication du décret rendu le matin aurait dû être faite avant deux heures [6] : elle ne se fit que le soir très-tard, aux flambeaux. Ainsi qu'on pouvait s'y attendre, les conjurés n'en tinrent aucun compte. Ils sortent de la salle en tumulte, repoussent les magistrats, les poursuivent de huées, éteignent les flambeaux [7]. On envoya des troupes alors; mais, quand elles arrivèrent, la salle était vide [8].

Pendant ce temps, un grand nombre de républicains,

[1] Réal, *Essai sur les journées de vendémiaire*, p. 30.
[2] Thibaudeau, *Mémoires*, t. I, chap. xvi, p. 208.
[3] P. F. Réal, *Essai sur les journées de vendémiaire*, p. 29.
[4] *Ibid.*, p. 30.
[5] *Mémoires de Thibaudeau*, t. I, chap. xvi, p. 208.
[6] P. F. Réal, *Essai sur les journées de vendémiaire*, p. 30-31.
[7] *Ibid.*
[8] *Ibid.* — Thibaudeau, *Mémoires* t. I, chap. xvi, p. 208.—Rapport de Merlin (de Douai) dans la séance du 14 vendémiaire (6 octobre 1795), *Moniteur*, an IV, numéro 18.

de ceux-là même qu'en prairial la Convention avait désarmés, couraient lui demander des armes pour la défendre. L'enthousiasme des anciens jours s'était rallumé en eux. Mais la Convention en était venue à craindre le dévouement de ses défenseurs autant que la colère de ses ennemis. Elle ne distribua des fusils qu'aux citoyens munis d'une *carte de sûreté* [1].

En dépit de ces précautions soupçonneuses, la scène de la distribution des fusils sur la terrasse des Feuillants fut très-émouvante. Réal, qui était présent, vit un vieillard fondre en larmes, au moment où il recevait un fusil, et l'entendit s'écrier : « Je suis donc encore libre [2] ! » De ces citoyens, dits les *patriotes de* 89, on forma trois bataillons, dont le commandement fut confié au général Berruyer. On comptait beaucoup sur leur valeur, en cas de besoin, et cette attente ne fut pas trompée [3].

Les sections menaient à cette époque, la vie des camps ; « la nuit, leurs factionnaires correspondaient l'un avec l'autre et poussaient les mêmes cris que dans une place de guerre [4] : » il était donc naturel que l'Assemblée se mît sur la défensive. Cependant l'armement des *patriotes de* 89 fut dénoncé par les sectionnaires comme annonçant des projets atroces. Plus de doute ! Les égorgements de septembre, les mitraillades de Lyon, les noyades de Nantes, allaient recommencer [5] !

Sinistre fut l'aspect de Paris le 12 vendémiaire (4 oc-

[1] Rapport de Merlin (de Douai) dans la séance du 14 vendémiaire. — P. F. Réal, *Essai sur les journées de vendémiaire*, p. 32.

[2] *Ibid.*, p. 32.

[3] Voy. le *Mémorial de Sainte-Hélène*, chap. v, p. 315.

[4] *Mémoires de Thibaudeau*, t. I, chap. xvi, p. 208.

[5] Beaulieu, dans ses *Essais historiques*, etc., t. VI, p. 218, écrit, en vrai sectionnaire qu'il était, que la Convention arma « les égorgeurs de septembre, de Lyon, d'Arras et de Nantes, » sans prendre garde, qu'après un combat où la Convention ne fit que se défendre, ces prétendus égorgeurs, devenus maîtres du pavé, n'égorgèrent personne.

tobre). Des émissaires couraient çà et là d'un air éperdu, affirmant que l'heure du pillage allait sonner. Des placards, partout affichés, disaient que la Convention s'était jetée dans les bras des buveurs de sang. De nombreuses patrouilles parcouraient la ville. Les boutiques s'étaient fermées, en signe d'effroi. A l'approche de la nuit, les rues retentirent des appels du tambour. Dans plusieurs sections, l'on délibérait en armes; celle de *Brutus* fit battre la générale. La pluie tombait par torrents[1].

Quoique personne ou presque personne n'accompagnât les tambours, pas un seul d'entre eux ne fut arrêté, tant la torpeur de certains généraux était grande[2]! Le général Desperières, chargé du commandement d'une colonne, écrivit que la fièvre venait de le prendre et de le mettre au lit[3]. Menou, qui était à la tête de la force armée, ne se mit pas au lit, mais il alla trouver la Commission créée pour veiller à la sûreté publique, et d'un ton arrogant : « Je suis informé qu'on arme tous les bandits. Je vous déclare que je n'en veux, ni sous mes ordres, ni dans mon armée, ni marcher en compagnie d'un tas de scélérats et de brigands organisés en bataillons des *patriotes de 89*. » La Commission, qui se composait de cinq membres : Barras, Colombel, Daunou, Letourneur et Merlin (de Douai), répondit : « Ces sincères amis ne seront pas sous vos ordres; ils marcheront sous ceux d'un général républicain et resteront près de la Convention pour la défendre. » Menou sortit la figure altérée[4].

La section *Lepelletier* ayant déclaré et fait déclarer par les autres sections que le décret du 11 était tyran-

---

[1] P. F. Réal, *Essai sur les journées de vendémiaire*, p. 35-37.

[2] Rapport de Merlin (de Douai) dans la séance du 14 vendémiaire (6 octobre 1795).

[3] *Ibid.*

[4] Rapport de Barras dans la séance du 30 vendémiaire (22 octobre 1795), *Moniteur*, an IV, numéro 35.

nique [1], ordre est donné de l'investir dans le lieu ordinaire de ses séances. Il fallut que Menou se mît en marche à la tête de trois colonnes. Vers dix heures, celle du centre arrivait par la rue Vivienne, et celle de droite par la rue Notre-Dame-des-Victoires, celle de gauche occupant déjà le côté gauche de la rue des Filles-Saint-Thomas. Bientôt la section fut cernée de toutes parts. Convertie en force armée, elle semblait résolue à défendre le lieu de ses séances et se tenait rangée en bataille devant la porte, au nombre d'environ huit cents hommes [2]. Un jeune homme, nommé Delalo, s'avance vers le représentant du peuple qui accompagnait Menou, et lui dit : « Que nous demandez-vous? Nos armes, que nous n'avons jamais employées que pour votre défense. Quels sont vos défenseurs? Ceux qui vous ont égorgés, que nous avons vaincus à vos côtés, que nous avions désarmés par vos ordres. Quels canons nous opposez-vous? Les nôtres, que nous vous avons rendus volontairement. Que nous reprochez-vous? L'exercice légitime de nos droits. Nous avons, au prix de notre sang, maintenu la liberté de vos délibérations, et, au mépris de toutes les lois, vous violez les nôtres [3]. »

Ce discours enflammant les sectionnaires, au lieu de rendre leurs armes, ils présentent la baïonnette [4]. Les instructions données au représentant Laporte étaient précises : la section devait être désarmée. En conséquence, il ordonne aux troupes de charger; et déjà elles s'ébranlaient, lorsque Menou s'écrie : « Je passerai mon épée au travers du corps du premier qui osera insulter ces *Messieurs* [5]. » Il harangue alors le bataillon

[1] Réal, *Essai sur les journées de vendémiaire*, p. 55.
[2] *Ibid.*, p. 40.
[3] Beaulieu, *Essais historiques*, etc., t. VI, p. 219.
[4] *Ibid.*
[5] Ce furent les propres termes dont il se servit, selon Réal. Voy. *Essai sur les journées de vendémiaire*, p. 39. — Le rapport de Barras repro-

Lepelletier, l'invite à se retirer, et lui promet que, le lendemain, les délibérations ne seraient pas troublées[1]. Laporte, pour éviter l'effusion du sang, autorise le général à faire retirer les troupes républicaines, après la retraite des sectionnaires. Les choses sont convenues ainsi; mais, tandis qu'une partie des forces de la section fait mine de défiler, l'autre partie reste à son poste[2], attend que les troupes aient disparu, et, demeurée de la sorte maîtresse du champ de bataille, se proclame victorieuse[3].

A la nouvelle d'un résultat si peu attendu, l'indignation dans l'Assemblée nationale fut extrême. Chénier insiste sur l'arrestation des principaux factieux et le désarmement des autres[4]. « L'arrestation de Menou! c'est un traître! » s'écrient plusieurs voix[5]. Menou

duit la réponse avec une légère variante : « Si quelque soldat s'avise d'insulter les bons citoyens de la section Lepelletier, je lui passerai mon sabre à travers le corps. »

[1] Beaulieu, *Essais historiques*, etc., t. VI, p. 219.

[2] Voy. le rapport de Merlin (de Douai) dans la séance du 14 vendémiaire (6 octobre 1795).

[3] Dans le *Mémorial de Sainte-Hélène*, chap. v, pag. 509, édition in-4° de 1842, les choses sont présentées sous des couleurs un peu différentes. Napoléon montre l'infanterie, la cavalerie et l'artillerie entassées dans la rue Vivienne; les sectionnaires occupant les fenêtres de cette rue; la force militaire que commandait Menou *compromise*, et ce dernier se retirant, par une espèce de capitulation, sans avoir ni désarmé ni dissous le rassemblement. De la protection accordée par Menou aux sectionnaires, de sa désobéissance aux instructions qu'il avait reçues et de son empressement à se retirer *avant* l'accomplissement de la condition mise à sa retraite, pas un mot. En donnant à la résistance de la section *Lepelletier* le caractère d'une *victoire*, et à la retraite de Menou celui d'une nécessité subie, Napoléon a-t-il voulu relever, par le contraste, son succès du 13 vendémiaire, ou seulement laver Menou, un soldat, du soupçon d'avoir trahi l'Assemblée? Ce qui est sûr, c'est que le récit de Napoléon, très-inexact d'ailleurs en d'autres points, est contredit par les témoignages rapprochés de Barras, Merlin (de Douai), Réal et Beaulieu.

[4] *Moniteur*, an IV, numéro 15.

[5] *Ibid.*

n'inspirait aucune confiance aux patriotes[1], et plaisait, au contraire, aux royalistes, qui se louaient fort de sa tiédeur républicaine[2]. Dans les cours des Tuileries, on l'avait vu défendre aux musiciens sous ses ordres de continuer la *Marseillaise*, par égard pour les huées de la jeunesse royaliste[3]. Il fut destitué. Mais par qui le remplacer? Bentabolle, au milieu des applaudissements, prononça le nom de Barras. Il était alors minuit un quart environ[4].

Arrêtons-nous ici un instant pour noter les commencements d'une carrière qui fut et restera sans doute le plus grand prodige de l'Histoire.

Il y avait alors à Paris un homme qu'on rencontrait frappant à toutes les portes, et qui, très-peu taciturne de sa nature, ou plutôt très-indiscret, aimait à raconter à tout le monde les injustices dont il prétendait être victime[5]. Ses vêtements négligés annonçaient le découragement ou la misère, et il logeait dans une maison de chétive apparence, rue des Fossés-Montmartre, *hôtel de la Liberté*[6]. Sa taille était voûtée, son teint livide, mais la vie, dans tout ce qui constitue sa puissance, éclatait en son regard. Général d'artillerie, il s'était vu rejeter dans les cadres de l'infanterie par le représentant du peuple Aubry, qui lui reprochait sa jeunesse, et auquel il avait fait cette réponse, devenue fameuse : « Citoyen représentant, on vieillit vite sur le champ de bataille, et j'en arrive[7]. »

---

[1] Thibaudeau, *Mémoires*, t. I, chap. xvi, p. 210-211.

[2] L'écrivain royaliste Beaulieu dit de lui, *Essais historiques*, etc., t. VI, p. 205 : « Le général Menou, qui, dans tous ces troubles, s'est conduit de la manière la plus honorable et la plus pacifique, etc. . »

[3] C'est Beaulieu lui-même qui constate le fait, *Essais historiques*, etc., t. VI, p. 203.

[4] *Moniteur*, an IV, numéro 15.

[5] Voy. *Souvenirs historiques et parlementaires du comte de Pontécoulant*, t. I, p. 524.

[6] *Ibid.*, p. 326.

[7] *Ibid.*

Aubry était alors à la tête de la section de la guerre ; et Bonaparte, ou, comme on l'appelait à cette époque, Buonaparte [1], revenait de l'armée d'Italie. Sa carrière menaçait d'être brisée, lorsque Doulcet de Pontécoulant fut appelé à remplacer Aubry. Doulcet cherchait quelqu'un qui lui pût donner des renseignements sur l'armée d'Italie : Boissy d'Anglas lui indiqua Bonaparte. Le jeune général est aussitôt mandé ; on l'interroge. Lui, prend une plume, et, en quelques lignes, trace le plan de cette célèbre campagne d'Italie qu'il exécuta plus tard [2]. Doulcet devina sur-le-champ l'homme de génie. Bonaparte fut placé à la tête du *Bureau topographique* qu'avait créé Carnot, et chargé de tous les détails concernant les armées d'Italie et des Alpes [3].

Mais les fonctions de Doulcet au Comité de salut public ayant cessé le 15 fructidor (1er septembre), Letourneur de la Manche écarta Bonaparte du *Bureau topographique*, et lui expédia l'ordre de se rendre en Vendée comme général de brigade dans l'arme de l'artillerie. Or, le 29 fructidor (15 septembre), le Comité de salut public prenait l'arrêté suivant :

« Le Comité de salut public arrête que le général de brigade Bonaparte, ci-devant en réquisition près le Comité de salut public, est rayé de la liste des officiers généraux employés, attendu son refus de se rendre au poste qui lui a été désigné.

« Signé à la minute,

« LETOURNEUR, SIEYÈS, CAMBACÉRÈS, etc. [4] »

---

[1] C'est le nom que lui donna Barras en le recommandant à la Convention dans la séance du 18 vendémiaire (10 octobre 1795).

[2] *Souvenirs historiques*, etc., *du comte de Pontécoulant*, t. I, p. 327.

[3] *Ibid.*, p. 337.

[4] *Ibid.*, p. 345-346.

Ainsi frappé pour violation du premier devoir d'un soldat, l'obéissance aux ordres des chefs, Bonaparte, « sans emploi, sans solde, sans rations, presque sans moyens d'existence [1], » semblait un homme perdu, lorsque la lutte engagée entre la Convention et les sectionnaires vint tout à coup lui ouvrir un chemin vers la fortune.

Étrange influence des petites choses sur les grandes ! Bonaparte avait eu l'idée d'aller à Constantinople prendre du service dans l'armée du sultan; il en avait sollicité l'autorisation; il l'avait obtenue : la difficulté de réaliser certaines conditions financières liées à l'exécution de ce projet, changea peut-être, en le faisant échouer, les destinées du monde [2]... Mais non : la singularité tragique de tous les rapprochements de ce genre est illusion pure. Les accidents n'occupent pas en réalité dans l'Histoire la place qu'ils semblent y occuper. Les personnages historiques, auxquels les courtisans du succès et du bruit font un piédestal si haut, ne sont, au fond, que les serviteurs sans le savoir d'une force mystérieuse qui se joue de leur orgueil, au moment même où elle les emploie. L'importance qu'on leur donne et qu'ils se donnent leur vient du milieu qui les enveloppe. L'impulsion qu'ils s'imaginent créer, c'est eux qui la reçoivent. Ils ne font que représenter ce qu'on leur sup-

---

[1] *Souvenirs historiques*, etc., *du comte de Pontécoulant*, t. I, p. 346.

[2] Nous lisons dans les *Souvenirs historiques et parlementaires du comte de Pontécoulant :* « On ne conçoit pas que, dans le *Mémorial de Sainte-Hélène*, il (Napoléon) ait dit ou que Las Cases lui ait fait dire : « ... Jamais « je n'en ai eu seulement la pensée, pas plus que d'aller me faire Turc à « Constantinople. Tous ces récits sont de purs romans. » Il existe dans les dépôts publics des documents, écrits et signés de la main même de Napoléon, qui prouvent invinciblement le contraire. »

Et, en effet, non-seulement le registre des actes du Comité de salut public contient un arrêté du 27 fructidor an III, autorisant Bonaparte à passer à Constantinople, mais on a la rédaction par Bonaparte lui-même des conditions du projet. Voy. le livre sus-mentionné n° VIII des pièces historiques.

pose le pouvoir de produire. Ne confondons pas l'image aperçue dans le miroir avec l'objet que le miroir reflète. Les destinées du monde ne dépendent pas d'un seul, elles dépendent de tous. S'il y avait des hommes si grands, l'homme serait trop petit !

Dans le *Mémorial de Sainte-Hélène*, Napoléon a raconté que, le soir du jour où la section *Lepelletier* fut investie, il était dans une loge à Feydeau ; qu'averti de ce qui se passait, il courut aux tribunes de l'Assemblée ; qu'il y entendit attribuer à la trahison de Menou le résultat de mesures mal prises ; que divers représentants parurent successivement à la tribune, pour y peindre l'étendue et l'imminence du péril ; que chacun des membres proposa le général qui avait sa confiance ; que ceux qui avaient été à Toulon, à l'armée d'Italie, et les membres du Comité de salut public en relations journalières avec lui, Bonaparte, le proposèrent comme l'homme le plus capable de les sauver par la promptitude de son coup d'œil et l'énergie de son caractère ; qu'en conséquence on l'envoya chercher dans la ville, tandis que lui, qui avait tout entendu, délibérait en lui-même sur le parti qu'il devait prendre [1].

Ce récit est en désaccord complet, et avec les témoignages contemporains, et avec le procès-verbal de la séance. Le seul nom prononcé dans cette nuit célèbre fut celui de Barras, il le fut par Bentabolle [2], et aussitôt les applaudissements retentirent [3]. Rien de plus naturel : Barras, le 9 thermidor, avait tenu l'épée de la majorité conventionnelle, et lui, Letourneur, Delmas, étaient les hommes vers qui la Convention avait coutume de tourner les yeux dans les moments critiques [4]. Aussi Danican

---

[1] Voy. le *Mémorial de Sainte-Hélène*, chap. v, p. 310.
[2] Voy. le *Moniteur*, an IV, numéro 15.
[3] *Ibid.*
[4] Voy. les *Mémoires de Thibaudeau*, t. I, chap. xvi, p. 212.

dit-il que « la nomination de Barras avait été préparée d'avance[1]. » Comment, d'ailleurs, l'Assemblée aurait-elle songé à Bonaparte, qui, « destitué comme terroriste par Aubry, » écrit Thibaudeau, « végétait à Paris pauvre et inconnu[2]? »

Cependant voici comment les choses sont présentées dans le *Mémorial de Sainte-Hélène* :

« Napoléon se rendit au Comité, auquel il peignit vivement l'impossibilité de pouvoir diriger une opération aussi importante avec trois représentants qui, dans le fait, exerçaient tous les pouvoirs et gênaient toutes les opérations du général. Il ajouta qu'il avait été témoin de l'événement de la rue Vivienne; que les commissaires avaient été les plus coupables et s'étaient pourtant trouvés, au sein de l'Assemblée, des accusateurs triomphants. Frappé de ces raisons, mais dans l'impossibilité de destituer les commissaires sans une longue discussion dans l'Assemblée, le Comité, pour tout concilier, détermina de prendre le général dans l'Assemblée même. Dans cette vue, il proposa Barras à la Convention comme général en chef, et donna le commandement à Napoléon, qui par là se trouvait débarrassé des trois commissaires, sans qu'ils eussent à se plaindre[3]. »

Tout concourt à démentir ce récit. L'événement de la rue Vivienne ayant eu lieu entre dix heures du soir[4] et minuit, et Napoléon, qui était « dans une loge à Feydeau » ce soir-là, n'ayant quitté le théâtre que pour courir à l'Assemblée, il est difficile de comprendre comment il aurait pu être témoin de « l'événement de la rue Vivienne. » Il ne l'est pas moins de concevoir

---

[1] *Les Brigands démasqués*, p. 39.
[2] *Mémoires de Thibaudeau*, t. I, chap. xvi, p. 212.
[3] *Mémorial de Sainte-Hélène*, chap. v, p. 311.
[4] Le *Mémorial de Sainte-Hélène* dit sept ou huit heures du soir, voy. chap. v, p. 311. — Réal, qui s'attache à être précis, écrit dix heures.

qu'après avoir rayé Bonaparte de la liste des officiers, pour mépris de la discipline et désobéissance, le Comité de salut public eût jugé ses services nécessaires au point de subir ses conditions, et presque ses ordres. D'après le *Mémorial de Sainte-Hélène*, le Comité n'aurait proposé Barras à la Convention comme commandant en chef que pour « tout concilier. » Or, on lit dans le rapport de Barras sur les journées de vendémiaire, que ce fut, au contraire, *sur sa proposition*, que Bonaparte fut nommé commandant en second[1]; et, dans le rapport de Merlin (de Douai) sur les mêmes journées, on lit : « Dans cette crise violente et terrible, les regards de vos Comités se sont tournés vers le général du 9 thermidor. Barras leur a paru par son activité, par ses talents, par son âme aussi brûlante que pure, par son dévouement profond et absolu à la liberté, l'homme le plus propre à tirer la république du précipice où elle était sur le point de tomber[2]. »

Le décret qui plaçait Barras à la tête des forces conventionnelles fut rendu à *quatre heures et demie du matin*[3] : autre circonstance qui montre combien peu l'Histoire doit tenir compte des souvenirs de Napoléon, quand on rapproche cette circonstance du passage suivant du *Mémorial* : « Aussitôt que Napoléon se trouva chargé du commandement des forces qui devaient protéger l'Assemblée, il se transporta dans un des cabinets des Tuileries où était Menou, afin d'obtenir de lui les renseignements nécessaires sur les forces et la position des troupes et celle de l'artillerie. *Il était une heure après minuit*[4]. »

Quant aux motifs qui l'auraient, après une longue

[1] Séance du 30 vendémiaire (22 octobre 1795). — *Moniteur*, an IV, numéro 35.

[2] Séance du 14 vendémiaire (6 octobre 1795). — *Moniteur*, an IV, numéro 18.

[3] *Moniteur*, an IV, numéro 15.

[4] *Mémorial de Sainte-Hélène*, chap. v, p. 312.

hésitation, décidé à défendre l'Assemblée, savoir : la crainte que « la défaite de la Convention ne ceignît le front de l'étranger, » crainte qui l'aurait emporté à la fin dans son esprit sur celle « de se faire le bouc émissaire de tant de crimes auxquels on fut étranger[1], » le comte de Pontécoulant fait remarquer avec raison, dans ses Souvenirs posthumes, que « l'assertion de Napoléon sur ce point est démentie par l'autorité du plus simple raisonnement et le témoignage des contemporains[2]. »

Quoi qu'il en soit, la situation s'offrait sous un aspect des plus menaçants. Les royalistes s'étaient hâtés de répandre le bruit que la section *Lepelletier*, cernée par trente mille conventionnels, les avait forcés à une retraite déshonorante; ils ne parlaient que de l'énergie indomptable du président de cette section libératrice; ils ne nommaient la Convention qu'avec l'accent du mépris et du dégoût. Une commission, dite des onze, s'était organisée sous la présidence de Richer de Sérizy, et une commission militaire sous la présidence d'un ancien garde du corps, Lafond. L'Assemblée nationale, sauf quelques membres, mise hors la loi ; des représentants arrêtés ou gardés en otage; un hussard d'ordonnance tué d'un coup de fusil dans la rue Saint-Honoré; un envoi d'armes à la section fidèle des *Quinze-Vingts* intercepté; la fermeture des barrières; l'occupation de la trésorerie nationale; l'enlèvement des subsistances destinées aux troupes; la création d'un tribunal révolutionnaire.... tels furent, de la part des sections en révolte, les actes qui marquèrent la nuit du 12 au 13 vendémiaire. A trois heures du matin, dans une nuit sombre, au milieu d'une pluie affreuse, on entendait partout le son des tambours détendus arrachant les citoyens au sommeil,

---

[1] *Mémorial de Sainte-Hélène*, chap. v, p. 314.
[2] *Souvenirs historiques et parlementaires du comte de Pontécoulant*, t. I, p. 356.

et la voix stridente des émissaires de la rébellion, criant sous les fenêtres : « Armez-vous, armez-vous contre les terroristes [1] ! »

La garde nationale, organisée après le 9 thermidor, en dehors des Jacobins et contre eux [2], constituait une force contre-révolutionnaire ; ceux-là seuls étaient appelés au service qui étaient en état de s'habiller et de s'équiper : leur nombre s'élevait à environ vingt mille. Le reste formait ce que l'on appelait les *basses compagnies* et n'était guère organisé que sur le papier [3]. Vingt mille hommes, bien enrégimentés et bien armés ! c'était plus qu'il ne fallait pour renverser la Convention, si le peuple demeurait neutre ; car, la Convention, n'était défendue que par cinq mille hommes environ, y compris les quinze cents *patriotes de 89* [4]. Il est vrai qu'elle avait des canons ; mais l'artillerie dont elle pouvait disposer était encore au camp de la plaine des Sablons, gardée par une poignée d'hommes [5]. Les magasins ne contenaient pas plus de quatre-vingt mille cartouches. Point de vivres. Point d'eau-de-vie [6]. La communication avec l'état-major établi aux Tuileries était interrompue [7].

C'en était fait de la Convention, si l'activité de Barras et de Bonaparte eût été au-dessous de ce qu'exigeait la gravité des circonstances. Il n'en fut pas ainsi. Un chef d'escadron du 21e de chasseurs, — c'était Murat, — fut

[1] Rapport de Merlin (de Douai), séance du 14 vendémiaire (6 octobre 1795). — P. F. Réal, *Essai sur les journées de Vendémiaire*, p. 45 et 46.

[2] Voy. le *Mémorial de Sainte-Hélène*, chap. v, p. 508.

[3] *Mémoires de Thibaudeau*, t. I, chap. xvi, p. 209.

[4] *Ibid.*, p. 210.

[5] Réal, *Essai sur les journées de vendémiaire*, p. 44, dit 150. — Napoléon, dans le *Mémorial de Sainte-Hélène*, chap. v, p. 312, dit 15 seulement.

[6] P. F. Réal, *Essai sur les journées de vendémiaire*, p. 44. — Ce qui contredit cette assertion de Beaulieu que « les troupes ne se battirent que parce qu'on les gorgea d'eau-de-vie. » Voy. *Essais historiques*, etc., t. VI, p. 222.

[7] P. F. Réal, *Essai sur les journées de vendémiaire*, p. 44.

envoyé en toute hâte aux Sablons, avec trois cents chevaux, pour en ramener l'artillerie. Au moment même
où il y arriva, une colonne de la section *Lepelletier* s'y
trouvait déjà, prête à saisir le parc. Mais la troupe de
Murat était à cheval, et l'on était en plaine : la section
se retira. A six heures du matin, quarante pièces de canon entraient aux Tuileries. Elles furent placées à toutes
les issues. En prévision du cas où quelqu'un des débouchés serait forcé, on établit des feux masqués. Deux pièces de huit et deux obusiers furent laissés dans la place
du Carrousel, tant pour suivre les colonnes que pour fou-
droyer les maisons d'où l'on voudrait tirer sur la place.
On disposa des batteries au pied des murs du Jardin de
l'Infante, au guichet-neuf, sur le pont National (Royal).
Du côté de la rue Saint-Honoré, Bonaparte fit placer deux
pièces près de l'hôtel de Longueville, deux pièces sur la
place du Petit-Carrousel. Deux autres battaient la rue de
l'Échelle, et deux défendaient la rue du Dauphin. Enfin, un
obusier fut pointé dans le haut de la rue de Chartres, pour
battre, s'il le fallait, la place et le Palais-Royal. Ces dispositions faites, les canonniers attendirent, mèche allumée[1].

La Convention, si elle succombait, devait se retirer sur
Saint-Cloud : Barras lui avait ménagé cette retraite, en
faisant occuper toutes les hauteurs[2].

Ordre exprès fut donné par les Comités aux troupes
conventionnelles « de ne point attaquer, et même d'élu-
der autant que possible les provocations[3]. » Mais ce combat que les Thermidoriens voulaient éviter, les royalistes
le cherchaient. L'attaque allait venir des sections[4].

---

[1] Voy., sur les dispositions de défense, le rapport de Barras dans la
séance du 30 vendémiaire (22 octobre 1795); le récit de P. F. Réal, *Essai
sur les journées de vendémiaire*, p. 47, et le *Mémorial de Sainte-Hélène*,
chap. v, p. 313.

[2] Rapport de Barras dans la séance du 30 vendémiaire (22 octobre 1795).

[3] Rapport de Merlin (de Douai), *Moniteur*, an IV, numéro 16.

[4] Thibaudeau, *Mémoires*, t. I, chap. xvi, p. 211.

Le chef qu'elles se donnèrent, dans la nuit du 12 au 13 vendémiaire, était Danican, ce général de qui Hoche disait, le 25 pluviôse an III, dans une lettre au général Kricq : « Danican est le plus mauvais sujet que nous connaissions. Méprisez-le, en attendant son successeur[1]. » Il avait protesté contre les décrets; il se vantait d'avoir donné sa démission, à la tête de sa brigade[2] : ce furent là probablement ses titres à la confiance des sectionnaires; car, il n'avait ni l'audace, ni les talents de son rôle. Toutefois, comme il avait fait la guerre, il ne lui échappa point que les préparatifs de la Convention étaient bien conçus et formidables. Il représenta donc aux membres assemblés des sections qu'attaquer l'Assemblée dans l'enceinte où elle était retranchée n'offrait aucune chance de succès; qu'au lieu de prendre l'offensive, les sectionnaires devaient songer à organiser vigoureusement leurs moyens de défense, et forcer les conventionnels, s'ils prenaient l'initiative de l'attaque, à perdre l'avantage de leur position par la dissémination de leurs forces[3]. Mais ces conseils furent fort mal accueillis; il entendit murmurer autour de lui les mots de *traître, d'homme envoyé par la Convention;* et c'est lui-même qui nous apprend que, le 13, « au moment où le canon du cul-de-sac tonnait, la section Lepelletier donnait l'ordre de lui casser la tête[4]. » Il dut donc tout préparer pour un combat, et, s'il est vrai qu'en assignant leurs postes aux divers bataillons, il les fit jurer de ne point attaquer, on se demande dans quel but les sectionnaires furent rangés en bataille. Or, il est bien certain que, dès la nuit du 12 au 13 vendémiaire, ils occupaient en force, et Saint-Roch, et le Théâtre-Français, et l'hôtel de Noailles; que leurs co-

---

[1] Correspondance de Hoche.
[2] Danican, *Les Brigands démasqués*, p. 55.
[3] *Ibid.*, p. 41
[4] *Ibid.*

lonnes se formaient à tous les débouchés par où la Convention pouvait être assaillie ; qu'ils cernaient les jardins,
qu'ils cernaient le palais, et que « leurs tambours portaient l'audace jusqu'à venir battre la générale sur la place
du Carrousel et sur la place Louis XV[1].»

Pendant ce temps, les alliés secrets que le royalisme
en armes comptait au sein de l'Assemblée mettaient tout
en œuvre pour donner à la Convention l'attitude d'un accusé qui demande grâce. Dans un projet de proclamation, que Gamon ne rougit pas de venir présenter, on supposait que de mauvais citoyens avaient pu en effet se
glisser parmi les *patriotes de* 89 ; on promettait de les
chasser des rangs, d'accueillir les réclamations des bons
citoyens : « Retournez dans vos foyers, disait la proclamation, et les armes qu'on a délivrées rentreront dans
les arsenaux. » Des murmures éclatent. Baraillon ne
voit dans ce projet de manifeste qu'une lâche capitulation
et le flétrit. Roux (de la Marne) s'écrie : « Les hommes
qui sont armés dans la rue sont-ils les *bons citoyens* dont
on nous parle ! Et ceux qui sont venus nous défendre,
veut-on leur faire un crime de leur dévouement ? » A son
tour, Chénier rappelle la Convention au sentiment de sa
dignité. Lanjuinais, au contraire, appuie la proposition
comme moyen d'éviter la guerre civile. Vingt membres lui
répondent à la fois : « C'est toi qui fais la guerre civile, »
et Garan ajoute : « Ne vois-tu pas, Lanjuinais, que c'est
un 31 mai en sens inverse qu'on prépare ? » Lanjuinais
monte à la tribune : des cris de *à bas!* partis de tous les
points de la salle, le forcent à en descendre, et la Convention passe à l'ordre du jour[2].

A midi, Fréron, de retour du faubourg Saint-Antoine,
vint annoncer que les sections des *Quinze-Vingts*, de *Mon-*

---

[1] *Mémorial de Sainte-Hélène*, chap. v, p. 313.
[2] Voy. le *Moniteur*, an IV, numéro 16.

*treuil* et de *Popincourt*, étaient rangées « sous les murs de la Convention [1]. »

Cette nouvelle, donnée en termes qui semblaient faire de la Convention une forteresse, était une exagération ridicule. Ce que Fréron aurait dû dire, pour rester dans le vrai, c'est que le représentant du peuple Garot, envoyé au faubourg Saint-Antoine, en avait ramené, entre deux piquets de dragons et tambour battant, deux cents hommes des *Quinze-Vingts*, dont cinquante seulement étaient armés [2].

Le peuple désirait bien que les Thermidoriens l'emportassent sur les royalistes, mais il n'avait pas perdu la mémoire au point d'offrir son sang à ceux qui, en prairial, l'avaient foulé aux pieds; et en se bornant à faire des vœux pour leur victoire, il se montrait certes assez généreux !

Tandis que l'Assemblée perdait son temps en vains débats, le général Carteaux, qui occupait le Pont-Neuf jusqu'au jardin de l'Infante avec trois cent cinquante hommes et deux pièces de quatre, se trouva menacé par trois colonnes de sectionnaires, dont l'une s'avançait du côté de la rue de Lille, la seconde par la rue de la Monnaie, et la troisième par le quai de la Ferraille. Avant d'en venir aux mains, les deux partis entrent en pourparlers. Carteaux, ne se sentant pas assez fort pour garder sa position, prend le parti de battre en retraite. Il laissait derrière lui les canons. Lafond, le bras droit de la section *Lepelletier*, veut s'en emparer; mais Danican survient, s'écrie qu'on ne saurait enlever à des soldats leurs canons, sans humilier l'armée, sans rendre tout rapprochement impossible [3]; et les redoutables instruments de mort

---

[1] *Moniteur*, an IV, numéro 15.
[2] P. F. Réal, *Essai sur les journées de vendémiaire*, p. 49.
[3] Beaulieu, *Essais historiques*, etc. t. VI, p. 222.

sont emmenés par Carteaux, qui se retire en bon ordre
vers le jardin de l'Infante [1].

A trois heures, Danican écrivit aux Comités que les
sectionnaires avaient pris les armes seulement dans la
crainte d'être massacrés par les Terroristes, dont la Convention s'était entourée, et qu'il proposait de faire tout
rentrer dans l'ordre, si on lui envoyait une réponse de
nature à rassurer les habitants de Paris [2]. La dépêche
fut portée par un parlementaire, qui traversa les postes,
les yeux bandés, selon toutes les formes de la guerre [3].
Introduit de la sorte devant les membres du gouvernement, ce parlementaire, s'il en faut croire Napoléon,
« les émut beaucoup par ses menaces [4]. » Ce qui est
certain et fut avoué par Merlin (de Douai) lui-même
dans son rapport officiel, c'est que « la dépêche de Danican donna lieu à une ample discussion [5]. » Boissy
d'Anglas était d'avis qu'il fallait accorder une entrevue
au général des sections; et elle aurait eu lieu si Colombel
(de la Meurthe) ne s'était écrié : « Les ennemis n'auraient
pas tant d'audace s'ils n'étaient sûrs d'être soutenus par
quelques membres de la Convention [6]. » Bailleul alla jusqu'à proposer un arrêté tendant à *désarmer sur-le-champ*
tous les patriotes accourus autour de la Convention pour
la défendre, et dont la conduite, durant la Révolution,
aurait été « répréhensible [7]. » C'était unir l'ingratitude
à la peur; c'était se déshonorer deux fois: les Comités se bornèrent à répondre qu'ils enverraient vingt-

---

[1] P. F. Réal, *Essai sur les journées de vendémiaire*, p. 51.

[2] Danican, *Les Brigands démasqués*, p. 45.

[3] *Mémorial de Sainte-Hélène*, chap. v, p. 314.

[4] *Ibid.*

[5] Rapport de Merlin (de Douai) dans la séance du 14 vendémiaire, an IV, (6 octobre 1795).

[6] P. F. Réal, *Essai sur les journées de vendémiaire*, p. 56.

[7] *Ibid.*, p. 57.

quatre représentants chargés d'éclairer les citoyens [1].

Il était quatre heures quand le parlementaire fut renvoyé avec cette réponse. En ce moment, répandus confusément dans la salle des délibérations, les membres de la Convention s'entretenaient des dangers de la chose publique et de leurs propres périls, lorsque soudain le cri aux armes retentit autour du palais. « En séance! » crie le président. Au dehors, les militaires et les citoyens armés se rangent en bataille. Quelques minutes s'écoulent dans l'attente, au milieu d'un silence tragique. Bientôt, des décharges de mousqueterie se font entendre aux environs de la salle du Manége. Puis c'est le bruit du canon. « Recevons la mort, dit Legendre, comme il convient aux fondateurs de la République. » Profond silence. Le feu continue au dehors. Quelques députés sortent, le sabre à la main. Coups de canon. Toujours même silence de la part de l'Assemblée. Une voix, au fond de la salle : « Les officiers de santé, membres de la Convention, sont appelés à panser les blessés. » On venait de porter dans une salle voisine, le « salon de la Liberté, » plusieurs défenseurs de la Convention couverts de sang [2].

Sur la question de savoir lequel des deux partis commença le feu, les récits diffèrent. Les uns assurent que l'initiative du combat fut prise par les sectionnaires [3], les autres assurent qu'elle le fut par les conventionnels [4]. Il y en a qui accusent Bonaparte d'avoir précipité le dénoûment, ennuyé qu'il était d'une longue expectative [5].

[1] Rapport de Merlin (de Douai) dans la séance du 14 vendémiaire, an IV.

[2] Voy. le *Moniteur*, an IV, numéro 15.

[3] P. F. Réal, *Essai sur les journées de vendémiaire*, p. 63. — *Mémorial de Sainte-Hélène*, chap. v, p. 315.

[4] Beaulieu, *Essais historiques*, etc., t. VI, p. 224. — Danican, Les *Brigands démasqués*, p. 58.

[5] *Souvenirs historiques et parlementaires du comte de Pontécoulant.*

On a prétendu aussi que Louvet, Chénier, Dubois-Crancé, qui, contre l'avis de Lanjuinais, Boissy-d'Anglas, Rovère, ne voulaient entendre à aucune proposition, firent donner le signal par une fusée lancée d'un des pavillons des Tuileries ; mais l'écrivain royaliste Beaulieu dit, à ce sujet : « J'ai vu beaucoup de choses dans cette journée ; mais je n'ai point vu cette fusée [1]. » Toujours est-il que l'action s'engagea par des coups de fusil qui partirent de chez le restaurateur Venua [2]. Et, si l'on se rappelle que l'ordre exprès des Comités était de ne pas attaquer ; si l'on se rappelle, d'autre part, que Danican fut regardé comme un traître par beaucoup de sectionnaires pour leur avoir conseillé la défensive ; enfin, si l'on réfléchit que les sectionnaires ne pouvaient être venus *assiéger* la Convention que dans l'intention formelle d'en finir avec elle, on aura quelque peine à croire que les premiers coups de fusil soient venus du côté des conventionnels.

Quoi qu'il en soit, au moment où, aux environs de la cour du Manége, le feu commençait, une colonne de sectionnaires, que conduisait Lafond, débouchait par le quai Voltaire, et marchait sur le pont National (pont Royal). « Alors, écrit Bonaparte, on donna l'ordre de tirer [3]. »

A peu près à la même heure, on apportait dans l'Assemblée, pour armer les représentants du peuple, sept cents fusils, des gibernes et des cartouches [4].

Rien de plus propre à attester la grandeur du péril. Et, en effet, l'engagement ne tarda pas à devenir furieux. Une grêle de balles pleuvait des alentours de l'église Saint-Roch qu'occupaient les sectionnaires, et de toutes les fenêtres de la rue du Dauphin : la pièce de

---

[1] Beaulieu, *Essais historiques*, etc., t. VI, p. 225.
[2] *Ibid.*, p. 224. — P. F. Réal, *Essai sur les journées de vendémiaire*, p. 63.
[3] *Mémorial de Sainte-Hélène*, chap. v, p. 315.
[4] *Ibid.*

quatre qui battait la rue avait fait une première décharge, la foule répandue sur les degrés de Saint-Roch
fut culbutée. Les assaillants se sauvent dans l'église. Un
feu de file s'engage et se soutient des deux côtés. Mais, en
ce genre de combat, les sectionnaires avaient l'avantage.
Car ceux qui étaient retranchés dans les maisons pouvaient ajuster sans se montrer; et quant à ceux qui
étaient retranchés dans l'église, dont le canon du cul-de-
sac Dauphin ne frappait que l'encoignure, ils n'avaient
qu'à attendre que le coup fût parti. Alors ils descendaient
sur les marches, foudroyant les canonniers. Beaucoup de
conventionnels furent tués de cette manière. Impatients,
quelques Marseillais s'écrient : « Marchons sur Saint-
Roch! » et ils s'élancent intrépidement dans la rue Saint-
Honoré, ayant à leur tête le représentant Cavaignac, le
général Vachot, Rouget de Lisle. Ils n'étaient qu'une poignée, et la mort les enveloppait de toutes parts. Pris en
tête, en revers et sur les deux flancs, ils reculent. Presque tous ceux qui servaient la pièce de canon ayant été
tués ou blessés, elle allait être abandonnée : un commandant marseillais, le commissaire Yon, la ramène dans les
rangs. Le général Berruyer a son cheval percé de trois
balles : il met pied à terre, et le vieux guerrier reste un
moment presque seul à l'entrée du débouché sanglant.
Trois fois la pièce de canon fut abandonnée; trois fois les
sectionnaires perdirent l'occasion de s'en emparer, soit
manque de résolution, soit, comme s'en plaint Beaulieu,
que personne ne les commandât. Enfin, après plusieurs
décharges, Saint-Roch fut enlevé [1].

Du récit de P. F. Réal, confirmé par le rapport officiel
de Merlin (de Douai), il résulte qu'à un autre poste, devant la maison occupée par la section de police du Comité

---

[1] Voy., en les rapprochant, le récit de P. F. Réal, *Essai sur les journées de vendémiaire.* p. 61-67, et celui de Beaulieu, *Essais historiques.*, etc., t. VI, p. 227.

de sûreté générale, une horrible trahison fut commise et
châtiée. Des républicains étaient là avec une pièce de canon : les sectionnaires, qui se trouvaient en force dans
la rue de l'Échelle, eurent l'idée de s'emparer de cette
pièce sans coup férir. Fusils sous le bras, chapeaux en
l'air, drapeau baissé, ils arrivent, de la rue Saint-Honoré, par pelotons, criant : « Ne tirez pas ! nous sommes
vos frères. » On les laisse avancer, on leur tend les bras.
Mais à peine sont-ils à portée de la pièce, que deux d'entre eux, s'élançant, la saisissent, et, d'un ton de triomphe,
s'écrient : « Nous la tenons ! » En même temps deux décharges de mousqueterie étendent par terre vingt-trois républicains. Les conventionnels, indignés, répondent par
un feu terrible. La pièce est reprise, elle joue, et la rue est
balayée en un instant[1]. Réal constate que les morts qui
furent dépouillés, à ce poste, étaient presque tous habillés comme des ouvriers, mais portaient le linge le
plus fin[2].

Peu s'en fallut que Barras ne fût tué dans la rue Saint-
Nicaise, en allant haranguer les sectionnaires, qui en occupaient la partie basse. Mais ils ne purent s'y maintenir
longtemps. Deux coups de canon à balles et une vive
charge à la baïonnette les refoulèrent sous les arcades du
théâtre de la République[3].

Sur les quais, l'action de l'artillerie ne fut ni moins
prompte ni moins décisive. Les colonnes du faubourg
Saint-Germain y furent écrasées par le feu des canons
que Bonaparte avait fait placer à la hauteur du guichet
du Louvre et à la tête du pont National. Les trois mille
hommes qui formaient ces colonnes avaient été fournis
par les sections de l'*Unité*, du *Théâtre-Français*, de *Fon-*

---

[1] Voy. le récit de P. F. Réal, *Essai sur les journées de vendémiaire*,
p. 68, et le rapport de Merlin (de Douai), *Moniteur*, an IV, numéro 16.
[2] *Essai sur les journées de vendémiaire*, p. 70.
[3] *Ibid.*

*taine-Grenelle* et de *Bon-Conseil* [1]. Cette petite armée marchait sous les ordres de l'émigré Colbert Maulevrier [2] et de Lafond. Elle déploya une grande intrépidité. Prise en tête et en écharpe par l'artillerie des conventionnels, elle se reforma trois fois sous la mitraille, avant de se disperser tout à fait [3].

Restait le théâtre de la République, où les sectionnaires tenaient encore. Le général Brune y fut envoyé avec une division et deux obusiers. Les ténèbres commençaient à tomber sur Paris, lorsque ces troupes, composées de grenadiers de la Convention unis aux *patriotes de* 89, débouchèrent par la rue Saint-Nicaise et la rue de Rohan. Les sectionnaires voulurent résister : quelques obus les dissipèrent [4].

Pendant la nuit, à la barrière des Sergents, c'est-à-dire au même endroit où, du temps de la Fronde, les bourgeois de Paris établirent les premières barricades, des barricades furent essayées, mais abandonnées presque aussitôt [5]. Les rues étaient désertes. Çà et là, quelques fuyards au visage effaré. Tout était fini.

Le nombre des morts ne fut jamais constaté d'une manière précise. Il est dit dans le *Mémorial de Sainte-Hélène* qu'il y eut environ deux cents hommes tués ou blessés du côté des sectionnaires, et presque autant du côté des conventionnels [6]. Pas un chef ne périt [7], excepté Lafond, qui ne fut un des chefs que pour se battre et mourir. Ceux que l'incendie consuma ne furent pas ceux qui l'avaient allumé ! Pendant que les sections de l'*Unité*, du *Théâtre-Français*, de *Fontaine-Grenelle* et de *Bon-Conseil*

---

[1] Réal, *Essai sur les journées de vendémiaire*, p. 74.
[2] Rapport de Merlin (de Douai) dans la séance du 14 vendémiaire, an IV.
[3] *Mémorial de Sainte-Hélène*, chap. v, p. 317.
[4] *Ibid.*, — Réal, *Essai sur les journées de vendémiaire*, p. 76-77.
[5] P. F. Réal, *Essai sur les journées de vendémiaire*, p. 78.
[6] *Mémorial de Sainte-Hélène*, chap. v, p. 316.
[7] *Mémoires de Thibaudeau*, t. I, chap. xvi, p. 214.

livraient à l'artillerie de Bonaparte leur contingent de victimes obscures, la section *Lepelletier* délibérait[1]!

Parmi les représentants qui montrèrent de la résolution, le prisonnier de Sainte-Hélène nomme Fréron, Louvet et Sieyès[2]. Il oublie Barras, que Réal représente payant de sa personne partout, partout donnant des ordres, intrépide, infatigable[3].

Danican assure que, dans cette journée, il ne fut point question de retour à la monarchie[4]. Mais si les sectionnaires n'eurent pas le cri de *vive le roi* sur les lèvres, leurs chefs l'avaient dans le cœur. Ceux d'entre eux qu'on vit parcourir la ville, pour y souffler la révolte, portaient l'habit gris à revers, le collet noir[5]; et le représentant du peuple Paganel rencontra un des révoltés qui courait les rues à cheval, ayant au pommeau de son épée un drapeau blanc d'un pied et demi de longueur[6].

Aussi le peuple ne se mêla-t-il point à la lutte. Il n'avait pas pris le château, le 10 août, au profit de la République, pour le reprendre, le 13 vendémiaire, au profit de la monarchie.

Le 14, les curieux affluaient sur tous les points où l'on s'était battu. Durant la nuit, les cadavres avaient été enlevés. Il y eut encore quelques rassemblements, mais ils furent dissipés en un clin-d'œil. Avant la chute du jour, il n'y avait plus même, dans Paris, cette agitation que les flots conservent après le passage de la tempête. Le soir, les spectacles étaient remplis comme à l'ordinaire[7].

---

[1] C'est Réal qui en fait la remarque, *Essai sur les journées de vendémiaire*, p. 74.

[2] *Mémorial de Sainte-Hélène*, chap. v, p. 516.

[3] Voy. *Essai sur les journées des 13 et 14 vendémiaire*, p. 63, 71, 72, 75.

[4] *Les Brigands démasqués*, p. 42.

[5] P. F. Réal, *Essai sur les journées des 13 et 14 vendémiaire*.

[6] Déclaration de Paganel, *Moniteur*, an IV, numéro 17.

[7] Voy. le *Mémorial de Sainte-Hélène*, chap. v, p. 316, et les *Mémoires de Thibaudeau*, t. I, chap. xvi, p. 214.

# CHAPITRE QUATRIÈME

## FIN DE LA CONVENTION

Effet des journées de vendémiaire. — Efforts de la Montagne pour ressaisir son influence. — Les vaincus ménagés par les vainqueurs. — Barras recommande Bonaparte à la Convention. — Scène violente chez Forma-laguez. — Correspondance de Lemaître lue à la tribune. — Rapport de Delaunay (d'Angers) sur les complots royalistes. — Tallien va reprendre sa place sur les bancs de la Montagne. — Ses dénonciations contre Lanjuinais et Boissy d'Anglas repoussées. — Rovère et Saladin sont décrétés d'arrestation. — Situation tragique de Tallien. — Découverte de documents qui le compromettent. — Pièces mystérieuses déposées au Comité de salut public ; on les fait disparaître. — Tableau de la France à cette époque, tracé par Barras lui-même. — Nomination de cinq membres chargés de présenter des mesures de salut public. — Violente sortie de Thibaudeau contre Tallien. — Décret contre les parents des émigrés, présenté par Tallien et adopté. — Dernière séance de la Convention. — Jugement porté sur cette assemblée célèbre.

La victoire remportée par les Thermidoriens, le 13 ven-démiaire, eut pour effet immédiat, comme on devait s'y attendre, de consterner les royalistes ; mais leur abatte-ment fut de courte durée, l'attitude de leurs alliés dans le sein même de la Convention n'ayant pas tardé à leur rendre l'espérance.

A l'extérieur, l'impression produite fut profonde : elle explique le ridicule dénoûment de l'expédition du comte d'Artois, beaucoup mieux que les instructions remises plus tard par ce prince aux chevaliers d'Autichamp et de la Béraudière, instructions qui assignaient pour motifs à

l'évacuation de l'Ile-Dieu l'impossibilité de profiter de
la position prise, les dangers du mouillage pendant l'hiver,
la difficulté de nourrir les troupes[1]; et elle explique aussi
le surcroît d'importance qu'attachèrent, dès ce moment,
à la trahison de Pichegru ceux qui en discutaient avec lui
les termes. Ni le prince de Condé, ni Wickam, qui se
trouvait alors à Mulheim, où il s'était rendu dans l'espoir
que Huningue allait ouvrir ses portes, ne voulurent croire
à la défaite des royalistes, lorsqu'on leur en apporta la
première nouvelle; mais lorsque le doute ne leur fut plus
permis, ils jugèrent l'événement si grave, qu'ils se jetèrent tout à fait dans les bras de Pichegru et le pressèrent
d'éclater sans perdre un moment[2].

De leur côté, les partisans de la Révolution avaient repris courage. Les Montagnards, dans l'Assemblée, rele-
vèrent la tête. Pérard fut applaudi quand il s'écria : « Il
faut que tout ce qui combattit la patrie et versa le sang
des patriotes soit puni. » Il proposait la formation,
séance tenante, d'une commission de trois membres
« chargés de proposer des mesures de gouvernement
relatives au passé et au présent. » Mais le vague menaçant de cette proposition effraya; des murmures retentirent, et la motion, que Chénier combattit, fut rejetée[3].

A leur tour, Quirot et Gourdan demandèrent qu'on
rapportât la loi du 12 fructidor (29 août), relative aux
révolutionnaires détenus, « parce que, dit Gourdan,
cette loi ne portait que sur des patriotes arrêtés la plu-

---

[1] Instructions du comte d'Artois, remises à MM. les chevaliers d'Autichamp et de la Béraudière pour les généraux Stofflet et Scépaux, en
date du 17 novembre 1795. Voy. *Correspondance secrète de Charette,
Stofflet, Puisaye, et autres* t. I, p. 39.

[2] M. R. de Mongaillard, *Mémoire concernant la trahison de Pichegru*,
Paris, an XII.

[3] Hist. parl., t. XXXVII, p. 62 et *Mémoires de Thibaudeau*, t. I,
p. 216-217.

part pour cause de patriotisme. » Thibaudeau fit renvoyer cette proposition au Comité de sûreté générale[1].

Chaque jour, c'était, de la part des Montagnards, un nouvel effort pour ressaisir leur influence. L'un voulait qu'on cassât les nominations d'électeurs faites, à Paris, par les sections ; un autre, que les prévenus d'émigration fussent contraints de se constituer prisonniers ; un troisième, qu'on réintégrât les militaires destitués depuis le 9 thermidor[2]. Mais ce que la Montagne désirait surtout avec ardeur, c'était une décision qui ramenât sur ses bancs dégarnis les députés qui, tels que Thirion, tels que Lacoste, avaient été décrétés d'arrestation. Sur ce point, précisément parce qu'il était pour le côté gauche d'un intérêt suprême, le côté droit se montra résolu à ne point céder. Par l'organe d'André Dumont, il invoqua les décrets des 5 et 13 fructidor qui avaient déclaré ces députés inéligibles. Le peuple avait accepté les décrets des 5 et 6 fructidor : entendait-on fouler aux pieds la volonté du peuple ? Ainsi parla Tallien lui-même, qui était au moment d'aller reprendre son ancienne place sur la Montagne, mais qui hésitait encore. La question fut écartée par les ennemis de la République, au cri de : *Vive la République*[3] !

Le premier soin des Comités, après la victoire du 13 vendémiaire, avait été de reconnaître la dette contractée par la Convention envers ses défenseurs. Dans un rapport, présenté le 14, Merlin (de Douai) venait de rendre un hommage éclatant à l'humanité déployée, après le combat, par ces soldats de 89 que les sections, avant le combat, dénonçaient comme des égorgeurs à gages ; il venait de constater avec orgueil que pas un désordre

---

[1] *Mémoires de Thibaudeau*, t. I, p. 217 et 218.
[2] *Ibid.*, p. 218.
[3] Thibaudeau, dans ses *Mémoires*, t. I, p. 220, dit que trente membres de la Montagne s'abstinrent de prendre part à la délibération.

n'avait été commis par ces troupes qui, à entendre les meneurs de la section *Lepelletier*, comptaient sur deux heures de pillage; enfin, sur sa proposition, l'Assemblée venait de décréter que les vainqueurs du royalisme avaient bien mérité de la patrie[1] : restait à savoir quel rôle on réservait aux vaincus. Garrau s'était écrié amèrement : « Le règne des Thermidoriens n'a comprimé que les patriotes[2] » : allait-on lui donner raison jusqu'au bout, en refusant, le lendemain d'une révolte à main armée, de comprimer les royalistes?

Tout d'abord, l'Assemblée prit une attitude menaçante, jusque-là que, foulant aux pieds la justice, elle institua pour juger, pour punir de mort, les auteurs, fauteurs ou instigateurs de la sédition, trois conseils militaires qui ne devaient durer que dix jours[3].

C'était proclamer le règne affreux des juridictions exceptionnelles; c'était annoncer qu'on avait soif du sang des vaincus; c'était changer en loi ces odieuses paroles de Jean Debry : « On parle de formes : sans doute il en faut, mais seulement pour reconnaître l'identité des personnes[4]. »

Dérisoire affectation de tyrannie! La Convention, si farouche, en prairial, à l'égard du peuple, n'entendait pas même être strictement juste, en vendémiaire, à l'égard des royalistes. Au moment où elle adoptait les procédés sommaires à l'usage de tous les pouvoirs oppresseurs, elle ne rêvait que clémence. Les poursuites furent dirigées avec une mollesse systématique. On tint toute grande ouverte la porte par où les plus compromis pouvaient s'échapper. Le gouvernement était si décidé à fermer les

[1] Voy. le rapport de Merlin (de Douai) dans le *Moniteur*, (séance du 14 vendémiaire), an IV, numéro 18.
[2] *Mémoires de Thibaudeau*, t. I, p. 218.
[3] *Moniteur*, an IV, nos 19 et 20, — *Mémoires de Thibaudeau*, t. I, p. 255.
[4] *Moniteur*, an IV, n° 19.

yeux, et les royalistes le savaient si bien, que le comte
de Castellane, condamné à mort par contumace, ne prit
pas la peine de quitter Paris et poussa l'assurance jusqu'à se montrer en public. Un soir, rencontré par une
patrouille, il répondit au cri de : *Qui vive!* « Eh parbleu!
c'est moi, Castellane, contumace[1]. » Ce trait est caractéristique.

Seul, parmi les chefs militaires, Lafond périt. Il s'était
battu avec courage, il se défendit avec noblesse. Mais on
ne crut pas possible de l'acquitter : il avait été pris les
armes à la main. Le 21 vendémiaire, sa tête tombait en
place de Grève[2].

Lebois, président du tribunal criminel de la Seine,
avait soufflé la sédition dans les communes de Passy,
Choisy, Ivry, Bourg-l'Égalité : il fut condamné par contumace. Découvert le lendemain, il se donne plusieurs
coups de baïonnette, est conduit à l'hospice, jugé de nouveau, condamné à mort, exécuté[3].

Ce fut tout. Le général Menou ne parut devant un conseil de guerre que pour y être acquitté. Est-il vrai que
Napoléon le sauva, en disant que, si Menou méritait la
mort, les trois représentants qui avaient dirigé les opérations et parlementé avec les sectionnaires la méritaient
aussi? C'est ce qu'on lit dans le *Mémorial de Sainte-
Hélène*[4]. Mais les souvenirs du prisonnier de Sainte-Hélène
veulent être passés au crible d'une critique sévère. Que
dit-il, par exemple, à propos de l'accueil que lui fit la Convention, après la victoire de vendémiaire?

Le *Mémorial* porte : « Lorsque, après ce grand événement, les officiers de l'armée de l'intérieur furent présentés en corps à la Convention, celle-ci, par acclamation,

[1] *Mémoires de Thibaudeau*, t. I, p. 234.
[2] *Moniteur*, an IV, n° 29.
[3] *Ibid.*
[4] Chap. V, p. 316.

nomma Napoléon *général en chef de cette armée*, Barras ne pouvant cumuler plus longtemps le titre de représentant avec les fonctions militaires[1]. »

Le *Moniteur*, dans le compte rendu officiel de la séance, s'exprime tout autrement. Voici en quels termes Barras présenta Bonaparte à l'Assemblée : « J'appellerai l'attention de la Convention nationale sur le général Buonaparte : c'est à lui, c'est à ses dispositions savantes et promptes qu'on doit la défense de cette enceinte, autour de laquelle il avait distribué des postes avec beaucoup d'habileté. Je demande que la Convention confirme la nomination de Buonaparte à la place de *général en second* de l'armée de l'intérieur[2]. » Cela fut décrété[3].

Quoi qu'il en soit, les royalistes crurent, en se voyant ménagés, que la Convention avait peur de son propre triomphe. Ils se disposèrent donc à recommencer la lutte. Ils ne se cachèrent pas pour appeler la République une chimère, et leur récente défaite un abominable égorgement. On attribua des propos de ce genre à Lanjuinais lui-même, qui les nia[4]. Et toutefois, il lui échappa un jour de qualifier de *massacre* la journée de vendémiaire, dans un dîner auquel assistait Tallien. La scène, telle que Thibaudeau, un des convives, la raconte, est frappante ; elle mérite d'être conservée.

Il y avait à Paris une sorte de personnage mystérieux, nommé Formalaguez, dont le rôle consistait à recevoir de temps en temps dans un logement modeste situé à un troisième étage, et à réunir autour d'une table servie sans luxe, ceux des députés de la Convention entre lesquels une conciliation était possible ou désirée. Là vinrent se concerter, tant que leur alliance dura, les Ther-

---

[1] *Mémorial de Sainte-Hélène*, chap. v, p. 316.
[2] *Moniteur*, an IV, n° 23, séance du 18 vendémiaire (10 octobre 1795).
[3] *Ibid.*
[4] *Mémoires de Thibaudeau*, t. I, p. 222.

midoriens et les 73. On a vu plus haut comment, par des attaques violentes dirigées contre les premiers et d'ardents éloges prodigués aux seconds, le parti royaliste était parvenu à relâcher insensiblement les nœuds de cette alliance. Le 17 vendémiaire, à la suite d'un dîner donné par Formalaguez à Boissy d'Anglas, Lanjuinais, Larivière, Lesage, Legendre, Thibaudeau et Tallien, il arriva que Lanjuinais, en parlant du 13 vendémiaire, prononça le mot *massacre*. Tallien tressaillit. Peut-être ne cherchait-il qu'un prétexte pour rompre avec les 73. Ce qui est certain, c'est qu'il éclata contre Lanjuinais en accusations furieuses. Il voulait l'aller dénoncer sur-le-champ à la Convention comme complice des rebelles. On se jette au-devant de lui, on ferme les portes, on essaye de le calmer. Lui, insiste, menace et gronde. Sa colère était au comble. « S'il veut absolument sortir, dit tranquillement Thibaudeau, ouvrez-lui la fenêtre. » Enfin, Lanjuinais put s'expliquer : il déclara s'être servi d'un mot qui ne rendait pas sa pensée. Tallien se radoucit ; et, quand on se sépara, la réconciliation semblait accomplie. Mais il n'en était rien : la suite ne tarda pas à le montrer.

Le conspirateur Lemaître avait été arrêté, immédiatement après la défaite des royalistes[1]. Beaulieu, qui faisait cause commune avec les meneurs des sections et travaillait à quelques-uns de leurs journaux, assure qu'il n'avait jamais entendu parler de Lemaître avant le bruit qu'on fit de ce dernier, à la Convention ; et il ajoute que Louis-Stanislas-Xavier, qu'il appelle par anticipation LouisXVIII, fut étranger à l'événement du 13 vendémiaire[2]. Il est possible que Beaulieu et les hommes de son entourage n'aient pas été mis, à cette époque, dans le secret des intrigues ourdies par Lemaître, avec lequel Brottier lui-

---

[1] *Moniteur*, an IV, n° 28.
[2] *Essais historiques sur les causes et les effets de la Révolution de France*, t. VI, p. 230.

même, ainsi qu'on l'a vu, ne marchait pas d'accord[1]. Le fait est que le parti royaliste se divisait et se subdivisait en coteries qui n'avaient de commun qu'un violent désir de remplacer, par un régime monarchique quelconque, le régime de la Convention, les uns appelant de leurs vœux Louis XVIII, et les autres un prince de la maison d'Orléans. Laharpe, par exemple, Lacretelle et Sérizy passaient pour appartenir au parti du duc de Chartres[2]. Le grand complot contre-révolutionnaire n'était, en réalité, qu'un croisement de complots. Ainsi s'explique l'ignorance de Beaulieu, relativement aux menées de Lemaître; mais sur l'importance de ces menées et le lien qui les rattachait aux projets du prétendant, les papiers de Puisaye lèvent tous les doutes, alors même que le rapport d'Ysabeau dans la séance du 25 vendémiaire ne serait pas là.

Les lignes apparentes des lettres trouvées chez Lemaître étaient tracées avec de l'encre très-noire et destinées à donner le change au lecteur, non initié, sur la correspondance véritable, laquelle était écrite dans les interlignes avec une composition de nature à noircir par l'action des acides[3]. On lut toute cette correspondance à la tribune. Condé y était désigné par le chiffre de 77; le comte d'Artois, par le chiffre de 29, et le prétendant, par celui de 49[4].

Mais, deux jours auparavant, Delaunay (d'Angers) avait présenté, au sujet de la découverte de la conspiration Lemaître, un rapport où était dénoncée l'entente secrète de plusieurs des principaux sectionnaires de Paris avec un comité d'émigrés établi à Bâle[5]. Ce fut cette

[1] Voy. plus haut le chapitre intitulé : *Les agents de Paris.*
[2] Voy. le rapport d'Ysabeau, dans le *Moniteur*, an IV, numéro 50, séance du 25 vendémiaire (17 octobre 1795).
[3] *Ibid.*
[4] *Ibid.*
[5] Voy. le *Moniteur*, an IV numéro 28, séance du 25 vendémiaire (15 octobre 1795).

occasion que Tallien choisit pour rompre publiquement, violemment, avec les 73. A peine la lecture du rapport était-elle achevée, qu'on le vit se lever au haut de la Montagne, où il venait de reprendre sa place, laissée vide depuis le 9 thermidor. Son discours fut d'une véhémence extrême. Il demanda pourquoi ils étaient encore libres au milieu de Paris, les hommes qui avaient dirigé les rebelles contre la représentation nationale. Il flétrit du nom de *repaire* l'assemblée électorale du département de la Seine. Avec un mélange d'étonnement et d'indignation, il signala les efforts faits pour paralyser l'énergie de ceux qui avaient voulu détruire ce repaire. Il se reprocha d'avoir été lui-même indulgent, quand il fallait être ferme. « J'ai consenti à me taire, dit-il : j'ai eu tort ; je m'en accuse devant les amis de la liberté. J'aurais dû dénoncer ceux qui conspiraient avec les factieux de Paris ; ceux que les sections avaient pris sous leur protection spéciale et qui, par une réciprocité facile à concevoir, prenaient sous leur protection les sections de Paris ; ceux pour qui des chevaux étaient prêts, non loin d'ici ; ceux auxquels les sections faisaient des appels et disaient : *Dormez-vous ?* Non sans doute, ils ne dormaient pas ; ils conspiraient le renversement de la République ![1] »

Des cris s'élevant, *Nommez-les ! nommez-les !* « Je les démasquerai à l'instant, » dit Tallien. Et il demande que la Convention se forme en comité secret. L'Assemblée aussitôt se lève en signe d'adhésion. Le public des tribunes crie : *Vive la République ! A bas les royalistes ! Sauvez la patrie !* et il se retire[2].

Les noms que Tallien prononça furent ceux de Lanjuinais, Boissy d'Anglas, Henri Larivière, Lesage (d'Eure-et-

---

[1] *Moniteur*, an IV, numéro 28.
[2] *Mémoires de Thibaudeau*, t. I, p. 223-225.

Loir). Appuyé par Barras, encouragé par les applaudissements de la Montagne frémissante, il espérait l'emporter. Illusion de son orgueil! La majorité, qui tremblait d'avoir à remonter la pente révolutionnaire, résista. Il était minuit lorsque, sentant le sol se dérober sous lui, Tallien invoqua le grand jour de la séance publique. Il ne put rien obtenir, et, malgré ses clameurs, l'Assemblée décida qu'il n'y avait pas lieu à inculpation contre les quatre députés dénoncés[1].

Mais Rovère, ce héros de la Terreur rouge, devenu le héros de la Terreur blanche! Mais Saladin, qui, membre de la Convention, avait été des premiers à sonner le tocsin contre elle, à propos des décrets des 5 et 13 fructidor! Fallait-il, ceux-là aussi, les proclamer innocents? Leur arrestation, demandée par Louvet, dans la séance du 24 vendémiaire, fut décrétée[2].

Tallien et Barras, investis d'une sorte de dictature, qu'ils se partageaient[3] et qu'ils sentaient leur échapper, réunirent leur efforts pour obtenir l'arrestation d'Aubry, de Lomont, de Gau et du général Miranda. Aubry et Lomont, l'un et l'autre membres de l'Assemblée, venaient d'être réélus; mais cette circonstance ne les protégea point, parce que les papiers de Lemaître désignaient dans le second un complice des intrigues du royalisme, et que le premier avait cherché à introduire la réaction dans l'armée[4], en frappant les officiers franchement républicains : c'était comme tel qu'il avait frappé Bonaparte!

Ces succès partiels attestaient l'influence momentanée des Thermidoriens sans en garantir la durée. Ils le com-

---

[1] *Mémoires de Thibaudeau*, t. I, p. 225 et 226.

[2] *Moniteur*, an IV, n° 29.

Ils furent, plus tard, rendus à la liberté par le Conseil des Cinq-Cents. Voy. le *Moniteur*, an IV, n° 48.

[3] *Mémoires de Thibaudeau*, t. I, p. 244.

[4] *Ibid.*

prenaient bien. Ils tremblaient que la fin de la Convention ne marquât le terme de leur pouvoir. Aussi ne laissaient-ils échapper aucune occasion de disposer les esprits à un coup d'État : l'annulation des assemblées électorales. Daunou, républicain ferme, austère, et incapable de faire passer les expédients avant les principes, voulait qu'on respectât les élections. Tallien, Barras, Chénier, Louvet, ne voyaient que l'obstacle et brûlaient de l'écarter[1]. Ils rappelaient amèrement avec quel art perfide les ennemis de la Révolution, après le 9 thermidor, avaient fait servir la haine de la Terreur à l'établissement d'une Terreur en sens inverse, et ils oubliaient jusqu'à quel point ce crime avait été le leur! Ils s'étonnaient, ils s'indignaient, de n'avoir pas recueilli plus de fruit de la journée du 13 vendémiaire, comme si les fantômes de prairial ne se dressaient pas entre eux et le peuple, c'est-à-dire entre eux et la seule puissance qui leur eût été un sûr appui contre les royalistes! Le mot qui résumait toutes les plaintes, toutes les colères de Tallien était celui-ci : « La victoire n'a été utile qu'aux vaincus. Qu'avons-nous fait pour détruire les conspirateurs? Rien. Qu'avons-nous fait pour les encourager? Tout[2]. » Comme si lui-même n'avait eu aucune part dans l'enchaînement des faits qui avaient rendu ce résultat inévitable!

Du reste, la position de Tallien, à cette époque, avait quelque chose de singulièrement tragique. Il s'était vu amené par la fatalité d'une alliance hypocrite et impossible, non-seulement à se détourner des royalistes, mais à les combattre avec fureur. Un moment compromis par ses rapports secrets avec eux, il avait dû se poser comme

---

[1] Voy. ce que dit à ce sujet Thibaudeau, *Mémoires*, t. 1, p. 243.
[2] Voy. le *Moniteur*, an IV, n° 56.

leur ennemi le plus implacable, précisément pour
échapper à l'accusation d'avoir presque été leur complice. Malheureusement, on avait découvert des pièces
qui témoignaient contre lui d'une manière terrible, et,
par exemple, une lettre de M. d'Entraigues, dans laquelle
ce grand organisateur de complots disait : « *La conduite
de Tallien à Quiberon a prouvé quelle foi on doit lui
accorder*[1]. » Le paquebot anglais la *Princesse royale* ayant
été pris dans sa traversée de Hambourg à Londres, on
avait trouvé sur ce bâtiment une lettre du prétendant
au duc d'Harcourt, datée de Vérone, 5 janvier 1795, et
l'on y avait lu : « *Je ne peux pas douter que Tallien ne
penche vers la royauté, mais j'ai peine à croire que ce soit
la royauté véritable*[2]. » De plus, Rewbell et Sieyès, à leur
retour de Hollande, avaient dit bien haut qu'ils rapportaient du nord contre Tallien des renseignements précieux. Boissy d'Anglas, sachant que des pièces redoutables pour le héros du 9 thermidor étaient en la possession de Sieyès, demanda à ce dernier ce qu'elles étaient
devenues. « Je les ai communiquées à Tallien, par ordre
du Comité, » répondit Sieyès, qui, brouillé d'abord avec
Tallien, s'était réconcilié avec lui. « *Communiquer* n'est
pas *donner*, » répondit Boissy d'Anglas. Les pièces ne se
retrouvèrent plus[3]. Vainement un décret de la Convention ordonna-t-il que les papiers de Lemaître fussent
imprimés en totalité ; vainement le Comité de sûreté
générale insista-t-il, à diverses reprises, sur la nécessité
d'exécuter ce décret : d'obscures manœuvres mirent si
bien obstacle à cette impression, qu'il fut impossible de
l'obtenir[4].

[1] *Moniteur*, an IV, n° 38.
[2] *Mémoires de Thibaudeau*, t. I, p. 229-230.
[3] *Ibid.*, p. 232-233.
[4] Voy. la discussion qui eut lieu à ce sujet dans le Conseil des Cinq-
Cents, séance du 16 brumaire an IV. — *Moniteur*, an IV, n° 49.

Le 30 vendémiaire (22 octobre), Barras fit un rapport sur la récente défaite des royalistes dans Paris. C'était un violent manifeste. Les émigrés en force sur tous les points de la République, dix mille d'entre eux dominant Marseille, leurs sicaires organisés en compagnies, les commissions exécutives infestées de mauvais citoyens, Toulon de nouveau promis aux Anglais, la trahison sous le drapeau, la trahison partout, la cocarde tricolore devenue dans le Midi, pour quiconque la portait, un arrêt de mort, les patriotes couverts d'opprobre ou poursuivis à coups de poignard, voilà quel sombre tableau Barras traça[1] d'une situation que lui et ses pareils avaient tant contribué à produire. Sa conclusion fut menaçante. « Songez, dit-il, que la mollesse des gens de bien encourage le crime et laisse opprimer le peuple[2]. »

A la suite de ce rapport, l'Assemblée, cédant une fois encore à l'ascendant des Thermidoriens, nomma une commission de cinq membres chargée de présenter des mesures de salut public. Les Cinq furent : Tallien, Dubois-Crancé, Florent-Guyot, Roux (de la Marne) et Pons (de Verdun)[3].

Ce vote inquiéta Thibaudeau. Le 15 vendémiaire, il avait été nommé membre du Comité de salut public[4]; mais que devenait le pouvoir de ce Comité, dès que, pour remplir les fonctions qui lui étaient propres, on créait une commission spéciale? Thibaudeau avait applaudi à la défaite des royalistes; il ne marchait pas dans les rangs des 73, mais les airs dominateurs qu'affectaient les chefs du parti thermidorien lui déplaisaient, et il n'avait dans Tallien aucune confiance. En outre, il s'effrayait des progrès de la Montagne, voyait avec appréhen-

---

[1] Voy. ce rapport dans l'*Hist. parl.*, t. XXXVII, p. 46-61.
[2] *Ibid.*
[3] *Moniteur*, an IV, n° 36.
[4] Voy. ses *Mémoires*, t. I, p. 220

sion et colère l'appareil guerrier qui, depuis le 13 vendémiaire, environnait la Convention, et tremblait qu'on ne prolongeât son existence, pour rejeter la France, suivant ses propres expressions, dans l'océan révolutionnaire[1].

Le 1er brumaire, il se rend à l'Assemblée, bien décidé à attaquer Tallien. C'est, en effet, Tallien qu'il nomme tout d'abord, après avoir tonné contre les dictateurs et les ambitieux. Lesage-Senault l'interrompt, s'écrie que c'est Thibaudeau lui-même qu'il faut dénoncer, et est bruyamment applaudi par les tribunes. Une vive agitation se répand dans l'Assemblée. La Montagne frémit. Leyris fait observer que celui qu'on attaque n'est pas là. « Attends donc qu'il soit présent, » crie-t-il à l'orateur; et Pélissier ajoute, aux applaudissements de la gauche : « C'est de la plus grande lâcheté. » On sort pour aller avertir Tallien. Mais Thibaudeau, que l'Assemblée autorise à continuer, continue. Il reproche à son collègue absent d'avoir été l'apologiste des massacres de septembre; d'avoir, plus que personne, poussé à la réaction royaliste, après le 9 thermidor; d'avoir protégé les compagnies de jeunes gens qui portaient le trouble dans les spectacles et violaient les décrets de la Convention jusque dans la cour du Palais-National, pendant que leurs complices couvraient le Midi d'assassinats. Il lui convenait bien à lui sur qui les émigrés avaient fondé de si grandes espérances, à lui qu'avaient cherché et rencontré les manœuvres du prétendant, il lui convenait bien, à lui Tallien, d'accuser les autres de royalisme! D'où lui était venue, depuis peu, sa tendresse pour la Montagne? Fallait-il lui rappeler avec quel insultant dédain il la traitait naguère encore? Fallait-il lui rappeler que quelqu'un lui disant un jour : « *La Montagne se relève,* » il répondit : « *Bah! c'est la faction des mâchoires!* »? Le crime de cette

---

[1] *Mémoires* de Thibaudeau, t. I, p. 246 et 247.

faction des mâchoires était, à ses yeux, de n'avoir pas d'orateur. Et c'était le lendemain qu'il se constituait le leur! Tout à coup Tallien entre dans la salle, précédé par quelques personnes qui applaudissent. Les tribunes et la gauche éclatent en transports. Thibaudeau, poursuivant, invite Tallien à comparer ce qu'il est aujourd'hui à ce qu'il était autrefois : autrefois dans la médiocrité, aujourd'hui gorgé de richesses! Il lui demande ce qu'ont gagné à la Révolution les hommes qu'il accuse. N'était-ce donc pas assez que, pendant dix-huit mois, ils eussent erré de caverne en caverne, abreuvés d'opprobre et ne vivant que pour l'échafaud? On parlait de la nécessité de recourir à des mesures énergiques : eh! quelles mesures de salut public, proposées par Tallien, la Convention avait-elle donc rejetées? Entendait-il donc qu'on fît, après la victoire de vendémiaire sur les royalistes, ce qu'il avait proposé, après la victoire de prairial sur le peuple? Entendait-il qu'on incendiât un quartier de Paris, qu'on égorgeât les vaincus? « Je demande, dit Thibaudeau en terminant, que la Commission des Cinq nous fasse son rapport, séance tenante; qu'on discute les projets qu'elle proposera, et qu'elle soit dissoute[1]. »

La ressource suprême de Tallien, quand il sentait venir le danger, c'était d'évoquer les souvenirs du 9 thermidor. Il commença donc en ces termes : « Quand j'attaquai Robespierre, il était là, et moi, j'étais à cette tribune, où je suis encore pour combattre ceux qui voudraient détruire la liberté. » Il déclara ensuite ne pas connaître les faits articulés contre lui. Que son dénonciateur signât la dénonciation : il répondrait, non pas en Comité général, mais en public; et le public jugerait. Il conclut en proposant, au nom de la Commission des Cinq, la

---

[1] Voy. le *Moniteur*, an IV, n° 37, et les *Mémoires de Thibaudeau*, t. I, p. 247-249.

permanence de la Convention jusqu'au 5 brumaire,
époque déterminée pour l'organisation du Corps législatif[1].

Thibaudeau combattit cette proposition, affirmant que
décréter la permanence de la Convention, c'était décréter
la permanence de l'anarchie dans le gouvernement[2].
La Réveillère-Lepeaux demanda la question préalable, et
Bentabolle l'ajournement. Chénier lui-même opina pour
le rejet de la permanence, dans un discours où il s'efforça
de défendre Tallien : « J'eus un instant, dit-il, des soupçons sur l'indulgence que Tallien montrait pour le royalisme... Mais, à son retour de Quiberon, il s'aperçut
qu'on marchait à grands pas vers la contre-révolution,
et sa conduite, depuis ce temps, a été irréprochable[3]. »
C'était assez dire qu'elle ne l'avait pas toujours été.

L'Assemblée ayant chargé la Commission des Cinq de
lui présenter, le lendemain, les moyens d'adoucir les
maux du peuple et de sauver la République, Tallien,
dans la séance du 2 brumaire (24 octobre), fit un long
rapport qui n'était qu'une répétition de toutes les plaintes
dont la tribune, depuis un mois, n'avait cessé de retentir
sur les menées du royalisme et ses progrès. Pour remède,
il proposa de décréter, et l'Assemblée décréta :

Que les individus qui, dans les assemblées primaires
ou les assemblées électorales, auraient provoqué ou signé
des mesures séditieuses, ne pourraient, jusqu'à la paix
générale, exercer aucune fonction législative, municipale
et judiciaire ;

Que la même exclusion frapperait les émigrés et les
parents d'émigrés, à l'exception de ceux qui auraient été
membres des trois assemblées nationales, ou auraient
rempli sans interruption des fonctions publiques au

[1] *Moniteur*, an IV, n° 37.
[2] *Mémoires de Thibaudeau*, t. I, p. 258.
[3] *Moniteur*, an IV, n° 37.

choix du peuple, ou auraient obtenu leur radiation définitive;

Que tous ceux qui ne voudraient pas vivre sous les lois de la République et s'y conformer seraient autorisés à quitter le territoire, à la charge d'en faire la déclaration à la municipalité dans le délai d'un mois;

Qu'ils pourraient toucher leurs revenus, même réaliser leur fortune, mais qu'il ne leur serait permis d'emporter ni numéraire, ni métaux, ni aucune des marchandises dont l'exportation était prohibée par les lois;

Enfin, que les lois de 1792 et 1793 contre les prêtres sujets à la déportation et à la réclusion seraient exécutées dans les vingt-quatre heures après la publication du décret[1].

Ces dispositions étaient sanctionnées par des peines sévères. Thibaudeau s'opposa au décret, mais en vain : il fut adopté à une grande majorité[2].

Ce fut dans cette séance qu'Ysabeau donna lecture de la lettre qui contenait les mots déjà cités : « *La conduite de Tallien à Quiberon a prouvé quelle foi on doit lui accorder*[3]. »

La même lettre portait : « Je ne suis nullement étonné que Cambacérès soit du nombre de ceux qui voudraient le retour de la royauté[4]. »

Cambacérès se défendit par l'exposé des faits qui, selon lui, mettaient hors de doute la pureté et l'ardeur de son républicanisme. Quant à Tallien, il n'eut pas même occasion de se défendre, la discussion ayant été étouffée par l'ordre du jour[5]. D'un discours de Boudin, il résul-

---

[1] Voy. l'*Histoire parlementaire*, t. XXXVII, p. 74 à 87.
[2] *Mémoires de Thibaudeau*, t. I, p. 262.
[3] *Moniteur*, an IV, n° 38.
[4] *Ibid.*
[5] *Ibid.*

tait que d'autres députés étaient compromis : ce fut là
probablement le motif qui fit étrangler le débat.

La séance du 4 brumaire (26 octobre) fut la dernière
de la Convention. Au moment où la discussion allait
s'ouvrir, Philippe Delleville demanda : « Quelle heure
est-il? » Un membre répondit : « L'heure de la justice; »
à quoi Delleville répliqua : « L'heure de la Constitution[1]. »

La veille, en rendant un décret qui formait un Institut
des sciences et des arts, la Convention avait montré
qu'elle avait à cœur d'honorer par des actes utiles les
derniers moments de son existence; et c'est ce qu'elle
montra bien mieux encore en essayant de cicatriser,
avant de se dissoudre, ces grandes plaies de la patrie qui
avaient saigné si longtemps. Elle décréta l'abolition de la
peine de mort, à dater de la paix générale. Elle décida
que la place de la Révolution porterait désormais le nom
de place de la *Concorde*. Enfin, pour tous les délits,
poursuites ou jugements relatifs aux faits révolutionnaires, elle prononça une amnistie, dont furent exceptés,
toutefois, les rebelles de vendémiaire, les prêtres sujets
à la déportation, les émigrés[2].

Il était deux heures et demie, lorsque Génissieux, qui
présidait, se leva, et, d'une voix solennelle, dit : « La
Convention nationale déclare que sa mission est remplie
et que sa session est terminée. »

L'adieu de l'Assemblée à la France fut ce cri, qui
avait dominé le bruit de tant d'orages : *Vive la République*[3]*!*

La Convention avait duré trois ans, un mois et quatre
jours.

[1] Voy. l'*Hist. parl.*, t. XXXVII, p. 88.
[2] *Moniteur*, an IV. n° 44.
[3] *Ibid.*

# CONCLUSION HISTORIQUE.

## JUGEMENT PORTÉ SUR LA CONVENTION.

---

Pascal a dit en parlant de l'homme : « S'il se vante, je l'abaisse; s'il s'abaisse, je le vante. » La même chose se pourrait dire de la Convention. Jamais assemblée ne s'éleva aussi haut et ne descendit aussi bas. Non-seulement elle représenta d'une manière complète, mais elle outra tout ce que la nature de l'homme a de contradictoire. Grande et misérable, sanguinaire et miséricordieuse, héroïque et servile, elle fut tout cela. Elle eut des aspirations sublimes, elle eut des colères à faire frémir, elle eut des frayeurs d'enfant. Quelle majesté sauvage elle déploya, et comme elle mania la force! Mais combien elle se montra faible quand elle fut fatiguée de sa toute-puissance! Il est difficile d'affirmer si elle exagéra le crime plus que la vertu, ou la vertu plus que le crime. Devant elle, le monde trembla, et elle finit par trembler. Quand elle n'eut plus la terre entière à frapper d'épouvante, elle se fit peur.

C'est qu'en effet la Convention n'eut pas d'existence propre. Elle vécut d'une vie d'emprunt. Elle fut ce que la Révolution la fit. Elle devint un cadavre, dès que la Révolution ne fut plus là pour lui souffler une âme.

Depuis la fin de 1792 jusque vers le milieu de 1794,

un esprit mystérieux, indéfinissable, passa sur la France comme un vent d'orage : tous les prodiges qui marquèrent cette époque sans égale vinrent de là. Certains hommes qui furent grands pendant la Révolution ne le furent que par elle, et parce qu'elle dut les créer à son image. Ce fut elle qui fit du frivole et sensuel auteur d'*Organt* l'âpre Saint-Just; ce fut elle qui doua un terne avocat, nommé Robespierre, d'une éloquence telle, que ses ennemis, lorsqu'ils voulurent le tuer, se jugèrent perdus s'il parlait; ce fut elle enfin qui à des gens d'habitudes et de mœurs paisibles, donna le courage et le pouvoir d'aller faire pâlir les capitaines à la tête de leurs bataillons.

L'exécution de Louis XVI, votée par Vergniaud comme par Saint-Just, fut le premier acte par lequel la Convention, fit, suivant un mot demeuré célèbre, « un pacte avec la mort. » Si, en tuant un homme, elle eût cru tuer une idée, son erreur certes eût été profonde; mais il semble que son but, en jetant, comme défi, aux rois qui la menaçaient, une tête de roi, fut de rendre son propre salut impossible en cas de défaite et de se créer ainsi l'absolue nécessité de vaincre. Farouche calcul, et formidable, mais où l'audace de la Convention puisa, au début même de sa lutte avec l'Europe, quelque chose de la puissance irrévocable du destin!

J'ai dit, après avoir raconté la proscription des Girondins : « La Révolution, qu'ils condamnèrent à les tuer, portera leur deuil à jamais. » Rien de plus vrai, hélas! Nobles esprits, âmes intrépides, que ne perdait pas la Révolution en les perdant! Le jour où la Convention laissa Paris en délire arracher de leurs bancs profanés tant de républicains illustres, on put croire que, par cette large blessure creusée aux flancs de la Convention, tout son sang allait couler. Et pourtant, chose imprévue! chose inexplicable! jamais l'Assemblée n'appa-

rut plus terrible qu'en ce moment, et plus calme, et plus
sûre d'elle-même. Ce fut en montrant aux rois ses entrailles entr'ouvertes, qu'elle jura de les accabler.

Quel spectacle que celui de la France, après la funeste journée du 2 juin, au commencement du mois
d'août 1793 !

L'Angleterre a déclaré les côtes de France en état de
blocus. Le territoire est envahi. Les Autrichiens sont entrés dans Condé et vont entrer dans Valenciennes. L'armée du Nord, chassée du camp de Famars, s'est vue
refoulée derrière la Scarpe. Depuis Bâle jusqu'à Ostende,
trois cent mille baïonnettes étincellent, tournées contre
nous. Cent quatre-vingt mille combattants, sous Cobourg, tiennent la frontière, à quarante lieues de Paris.
Les Piémontais descendent à pas pressés du haut des
Alpes. Les Espagnols, maîtres du fort de Bellegarde, ont
la main sur la clef du Roussillon. Toulon appelle les
Anglais. Les prêtres conspirent. Les Girondins, échappés à la proscription, soulèvent le Midi. Lyon est en
pleine révolte. Toute la Vendée frémit sous les armes.
La France étouffe dans les étreintes de la guerre étrangère, pendant que la guerre civile, immense incendie, la
consume.

Voilà ses périls. Et ses ressources? Nulles. Le travail,
arrêté partout. Le commerce, mort. L'industrie, morte.
Dans les campagnes, l'extrême misère. Dans Paris, la famine. L'infâme industrie des accapareurs tenant le peuple
à la gorge. Pour toute monnaie, des chiffons de papier
hypothéqués sur des domaines nationaux dont personne
ne veut, et combattus par l'art meurtrier des faussaires.
Pour armées, des cohues de volontaires indisciplinés. Le
désordre dans les camps. La trahison sous le drapeau.
Des hôpitaux sans médicaments. La cavalerie sans fourrages. Les soldats sans pain et sans souliers. Pas assez
de fer. Pas de poudre.

A quelle époque, dans quel pays, trouver quelque chose de comparable à ce qui se vit en ce sombre moment? « Ne demandez pas, écrit le club des Jacobins à la Convention, ne demandez pas cent mille hommes : vous ne les aurez pas. Demandez des millions de républicains : vous les aurez. Allons! qu'à une heure fixe, le tocsin sonne sur toute la surface de la République! » C'est le cri de Paris, c'est le cri de la France. En ces heures suprêmes, le peuple français sort, on peut le dire, de l'Histoire, pour entrer dans les régions de l'Épopée. Voici ce que le Comité de salut public propose, et ce que la Convention décrète :

Tous les Français sont en réquisition permanente pour le service des armées. — Les jeunes gens iront au combat. — Les hommes mariés forgeront des armes, — les femmes feront des tentes et serviront dans les hôpitaux, — les enfants mettront le vieux linge en charpie, — les vieillards se feront porter sur les places publiques pour exciter le courage des guerriers, prêcher la haine des rois et l'unité de la République. — Les maisons nationales seront converties en casernes et les places publiques en ateliers d'armes.—Le sol des caves sera lessivé pour fournir du salpêtre.—La levée sera générale.—Les citoyens non mariés ou veufs marcheront les premiers.— Les bannières porteront : « Le peuple français, debout contre les tyrans! »

Alors se déroula un tableau d'une étonnante grandeur; alors se révélèrent, dans cette France qu'on croyait aux abois, une énergie de volonté, une fécondité de ressources, une dédaigneuse certitude de vaincre, presque impossibles à concevoir et impossibles à expliquer. Le peuple transforma ses passions en moyens de salut public. Il crut à la toute-puissance de la Révolution d'une manière furieuse. Il y eut des carêmes civiques, et les hommes d'alors jeûnèrent pour la patrie avec plus de ferveur qu'on n'avait jamais, avant eux, jeûné pour le ciel. Le *maximum*, employé déjà comme arme contre les accapareurs, fut généralisé comme moyen de soutenir les assignats. On ne cria plus, ainsi qu'en 1792 : « La patrie est en danger. » Le danger, il était pour l'Europe! Telle que la Rome de Pompée, la Révolution frappa du pied le sol, et il en sortit des légions. Les manufactures d'armes d'Amboise, de Rives, de Souppes, de Chantilly, déployèrent une activité formidable. A Paris, deux-cent cinquante-huit forges s'allumèrent en un instant. Les horlogers laissèrent là leurs travaux ordinaires pour le travail libérateur que réclamait la République. Mettre les canons en calibre, les blanchir, forger les culasses, forer les lumières, souder les tenons, fabriquer, limer, tremper, ajuster et monter les platines, fut l'occupation favorite de Paris. Les cellules de l'ancien couvent des Chartreux se remplirent d'ouvriers, et il s'y fit un bruit de marteaux à réveiller les moines endormis depuis cent ans. On fabriqua mille fusils par jour. On fabriqua par an sept cents bouches à feu en bronze, et treize mille bouches à feu en fer. Tout ce qui était métal devint canon, mousquet ou épée. Il fallait de la poudre : on fouilla le terrain des caves, on retourna les pavés des cuisines, on enleva les cendres des foyers, on gratta les murs, on les aurait léchés si c'eût été nécessaire. Un sol qui fournissait à peine un million de salpêtre en une année put en fournir douze millions en neuf mois. La poudre abonda. Mais le temps pressait. Les volontaires affluaient. Ceux à qui l'on ne put donner des fusils, saisirent des piques; ceux à qui l'on ne put donner des épées, prirent des bâtons; et tous, le sourire du triomphe sur les lèvres, le défi dans les yeux, partirent en chantant.

Qu'arriva-t-il? En moins de cinq mois, l'Europe fut bouleversée. Les Anglais, les Hanovriens, les Hollandais

sont écrasés à Hondschoote. Les Autrichiens sont écrasés
à Wattignies. Dunkerque voit fuir le duc d'York. Le
bruit a couru que le prince de Cobourg, campé sur les
hauteurs de Wattignies, a juré de se faire républicain si
les républicains le débusquaient; et les républicains
jurent qu'ils lui feront porter le bonnet rouge. La ligne
du Rhin est défendue, le Midi protégé contre les Piémontais, le Roussillon contre les Espagnols. Les lignes de
Weissembourg sont reprises. Les soldats courent dégager Landau, en criant : *Landau ou la mort!* L'Alsace est
rendue à la France. En même temps, Couthon paraissait
devant Lyon avec une cohue frémissante de rudes paysans,
« rochers d'Auvergne qu'il menaçait de précipiter dans
le faubourg de Vaize », si Lyon hésitait à demander
grâce, et Lyon demandait grâce. Carteaux avait occupé
Marseille. Pas de province révoltée qui ne fût soumise.
Les conspirateurs étaient en fuite. Les prêtres renonçaient
à être martyrs. Toulon était arraché aux Anglais. La
grande armée catholique et royale, battue à la Trem-
blaye, battue à Chollet, poussée jusqu'à la Loire, rejetée
sur la rive droite du fleuve, errante, décimée, poursui-
vie sans relâche, se traînait jusqu'à Savenay pour y recevoir le coup mortel. La Vendée n'était plus. Du vaste
incendie qui, au mois d'août, dévorait le cœur de la
France, il ne restait que des cendres fumantes.

Et ces choses, il avait fallu moins de cinq mois pour
les accomplir!

Des résultats aussi prodigieux satisfirent-ils les Jacobins, la Convention, le Comité de salut public? Non. Tel
était l'orgueil des hommes possédés du démon révolutionnaire, telle était leur foi dans le pouvoir sans bornes
de leur principe, qu'ils s'étonnèrent d'avoir encore des
coups à frapper. Ils s'indignèrent de ce qu'à une longue
série de triomphes se fussent mêlés quelques revers.
Est-ce que, dans la Flandre occidentale, on n'avait pas

abandonné Menin, emporté d'abord au pas de charge?
Est-ce qu'à Pirmasens les Français n'avaient pas été repoussés? Pourquoi Mayence était-il au pouvoir des Prussiens? Pourquoi les Espagnols possédaient-ils encore le
fort de Bellegarde? Au représentant en mission, Briez, se
justifiant de n'avoir pas conservé la ville de Valenciennes, sur l'impossibilité absolue de la défendre, Robespierre avait adressé cette question terrible : « Êtes-
vous mort? » C'était l'esprit de ces temps. La trahison
était la seule hypothèse par laquelle on jugeât possible
d'expliquer ce mystère : la victoire a hésité ou la République combattait. Custine paya de sa tête la perte de
Mayence; et l'infortuné Houchard fut envoyé à l'échafaud,
parce qu'il avait vaincu les Anglais sans les jeter à la
mer.

Rien de plus caractéristique que le décret du 16 messidor (4 juillet) : ordre aux garnisons étrangères de
Condé, Valenciennes, Landrecies et du Quesnoy, de se
rendre à discrétion vingt-quatre heures après sommation, sinon elles ne seront pas admises à capituler et
seront passées au fil de l'épée.

On se rappelle ce qui eut lieu : les villes de Landrecies,
de Valenciennes, de Condé se rendirent dans le délai
prescrit, après notification du décret farouche. Le commandant de la ville du Quesnoy ayant laissé passer sans
se rendre le délai fatal, demanda grâce pour ses soldats,
affirmant qu'il ne leur avait pas communiqué l'ordre, et
offrant sa tête en expiation. La manière dont le Comité
de salut public fit grâce est plus caractéristique encore
que le décret : « La garnison du Quesnoy n'a obtenu la
vie qu'en se rendant à la merci de la nation française, et
parce que les chefs ont offert de payer de leurs têtes leur
résistance aux décrets de la Convention. »

Depuis qu'il y avait des guerres dans le monde, c'était
la première fois qu'une assemblée ordonnait à l'ennemi

XII.                                                    58

de se reconnaître vaincu d'avance, sous peine de mort.

Et c'était la première fois aussi, depuis qu'il y avait dans le monde des assemblées délibérantes, qu'on voyait une assemblée publier des décrets de ce genre : « A tel moment, telle ville sera prise, — à telle date, telle bataille aura été gagnée. — L'ennemi occupe encore un point de notre territoire, et l'anniversaire de la fondation de la République approche : la Convention décrète qu'avant ce jour solennel le fort de Bellegarde aura été emporté. »

L'orgueil de la politique romaine ne s'éleva pas à cette hauteur. Il était réservé à la Convention de décréter littéralement la victoire : insolence qui eût touché à la bouffonnerie, si les actes n'eussent répondu au langage, et si en effet la victoire n'eût pas été forcée d'obéir.

L'incomparable campagne de 1794 prouva de reste que la Convention n'avait pas trop présumé d'elle-même lorsque, l'âme de la France palpitant pour ainsi dire en elle et lui dictant ses décrets, elle avait ordonné aux soldats républicains de franchir les Pyrénées, d'escalader les Alpes, de traverser le Rhin, de passer la Roër, de passer le Waal, de faire en quelques mois d'une nation à la veille d'être conquise une nation conquérante, et d'alle planter partout le drapeau tricolore sur le territoire de la Coalition mise en lambeaux.

Affaire de gens d'épée! ont dit à l'envi les détracteurs systématiques de la Révolution. Mais l'Histoire ne parlera pas ainsi. Comment nier la part qu'eut dans les triomphes de la République française cet enthousiasme brûlant qui, allumé au sein du peuple, entretenu par les sections révolutionnaires, exalté par la Commune, propagé par les Jacobins et formulé en lois par la Convention, fut mis en mouvement par le Comité de salut public?

Et d'ailleurs, si jamais la politique domina la guerre; si jamais l'esprit civil maîtrisa l'esprit militaire, ce fut alors. Qu'on nomme une campagne dont Carnot et ses collègues n'aient pas dirigé souverainement les opérations du haut du Comité de salut public, ainsi que du sommet d'une montagne élevée. On ne citera pas une grande bataille où la Convention n'ait assisté ou même commandé dans la personne de ses commissaires. Delbrel, Robespierre jeune, Goujon, Ricord, Salicetti, Bourbotte, n'étaient pas des soldats ; et pourtant, quelle ne fut pas leur influence sur la vie des camps, et quel soldat ne les contempla point avec stupeur courant à l'assaut des citadelles ou se plongeant dans la mêlée ? Les Allemands surnommèrent Merlin (de Thionville) *Feuer-Teufel, Diable de feu*. Le même surnom aurait pu être donné à Levasseur. Quant à Saint-Just, il se montra devant la gueule des canons ce qu'il était à la tribune : un homme de granit.

Où se manifesta surtout l'ascendant du génie civil, ce fut dans la soumission absolue des armées au pouvoir central. De tant de hardis capitaines, pas un n'osa essayer de répondre par un coup d'épée à la menace d'un coup de hache. Dumouriez, au milieu de son camp, eut peine à soutenir le regard du jurisconsulte Camus. L'intrépide cœur de Jourdan eut un instant de trouble en présence de Saint-Just. Lorsque les quarante mille hommes qu'avait commandés Custine se soulevèrent, le redemandèrent avec d'horribles clameurs, jurèrent qu'ils l'iraient chercher à Paris, le chirurgien Levasseur, pour dompter la révolte, n'eut qu'à paraître, à froncer le sourcil, et à parcourir les rangs, la pointe du sabre basse, en disant : « Il n'y a de chef que moi ici : malheur à qui en doute ! »

De là le ressentiment dont témoignent, à l'égard des représentants en mission, tous les livres militaires. Mais ce ressentiment même prouve que l'épée, à cette époque, n'eut de puissance que contre l'ennemi. La Révolution

avait depuis longtemps quit'é la scène quand le 18 brumaire eut lieu. Robespierre aurait rendu impossible
Napoléon.

Et une chose importante à remarquer, c'est qu'en faisant dépendre le gain des batailles d'un mobile étranger
à la vieille routine des camps, la Révolution fut amenée à
découvrir la vraie science de la guerre. Car, plus complétement que Frédéric II, et avant Napoléon, le Comité
de salut public, éclairé par Carnot, pratiqua l'art de manier les grandes masses d'hommes; de les porter vivement sur le point décisif, sans s'arrêter aux opérations
secondaires; de déjouer les calculs de l'esprit de méthode
par la rapidité des mouvements et l'imprévu de l'attaque;
de diviser l'ennemi, enfin, de manière à pouvoir opposer,
partout et toujours, le poids du nombre à ses forces dé-
tachées. De sorte que les progrès de la science militaire
naquirent précisément de la nécessité de laisser tout son
ressort à l'élan des vertus civiques.

Il est difficile de fixer la limite à laquelle la Révolution
se serait arrêtée dans la carrière de ses succès, si elle
n'eût malheureusement apporté avec elle une cause active de ruine : la Terreur.

Croire que la Terreur fut un système engendré par
quelques cerveaux en délire est le comble de la puérilité.
La Terreur, préparée par une oppression de plusieurs
siècles et provoquée par des périls inouïs, était au fond
même de la situation. La Révolution déchira les flancs de
la liberté, par qui elle fut engendrée, aussi fatalement
que l'enfant, à son entrée dans la vie, déchire les flancs
de sa mère. Mais il n'en est pas moins vrai que là fut l'é-
cueil suprême.

Non-seulement il est faux que la Terreur ait sauvé la
France, mais on peut affirmer qu'elle éreinta la Révolution. Si l'on en doute, qu'on fasse le compte des républicains que tua la République, depuis Vergniaud jusqu'à

Camille Desmoulins, depuis Camille Desmoulins jusqu'à Danton, depuis Danton jusqu'à Robespierre! Le tribunal révolutionnaire avait été institué contre le parti des nobles conspirateurs, mais ce fut le parti des révolutionnaires qu'il mit en coupe réglée. L'affreuse loi des suspects étendit sur la France une nuit que le soupçon ne tarda pas à peupler de fantômes. Dans cette nuit sanglante, où l'on n'entendait que le bruit de la foudre et où l'on ne distinguait les visages qu'à la lueur des éclairs, la Révolution frappa indistinctement amis et ennemis, les premiers surtout, parce qu'ils se trouvaient plus près d'elle.

Il faut bien le dire, d'ailleurs, ce qui était le résultat inévitable d'une situation exceptionnelle, c'était que la vigilance devînt soupçonneuse à l'excès, et que la répression fût inexorable; mais le régime né de cette nécessité s'aggrava de tout ce qui y fut accidentellement ajouté par les passions individuelles, par l'envie, la haine, la vengeance, une exaltation malsaine, des instincts féroces. Le salut public, fanatisme des âmes sincères, fut le prétexte dont se couvrirent d'ignobles fureurs. Ce qui était le but des uns, servit de masque aux autres. A côté de ceux qui se donnèrent un cœur implacable, parce qu'ils se crurent des soldats lancés dans une guerre à mort contre le mensonge et le mal, il y eut ceux qui étaient nés pour avoir des caprices et savourer des joies de tyran. A côté de Saint-Just, il y eut des Fouché, des Collot d'Herbois, des Vadier, des Amar, des Carrier, des Fouquier-Tinville : Nérons de la plèbe en démence, Caligulas du sans-culottisme. La confusion fut effroyable.

Qu'à l'abri de cette confusion, des iniquités aient été commises, sciemment et froidement, on le conçoit de reste. Et toutefois, il est juste de reconnaître que, si des innocents périrent, ce fut, en thèse générale, parce que l'atmosphère de feu qu'on respirait, la fièvre de

combat, le tourbillon qui, comme toutes choses alors,
emportait la justice, les firent croire coupables. Car
jamais, à aucune époque, l'innocence, une fois constatée, ne reçut des hommages aussi solennels. Ce livre
en a fourni mille exemples. Un décret que la postérité
n'oubliera pas est celui qui assurait aux gens acquittés
une indemnité proportionnée à la durée de leur détention. Les hommes de la Révolution sont les seuls qui
aient compris qu'un dédommagement est dû aux victimes
de poursuites injustes.

Certes, ils péchèrent, et d'une manière lamentable,
contre la philosophie dont ils proclamaient l'empire,
lorsque, ne tenant compte ni des influences de l'éducation, ni de la force des préjugés et des habitudes, ils
transformèrent en crime le refus de croire à l'égalité.
Mais furent-ils donc moins absurdes, moins farouches ou
plus sincères, tous ces monarques et tous ces prêtres par
qui tant d'hommes furent tués, torturés, écartelés, brûlés
vifs, égorgés en masse, pour avoir refusé de croire à la
sainteté du droit héréditaire d'oppression ou au dogme
de la présence réelle?

N'importe! les révolutionnaires de 1793 et 1794 furent, eux aussi, des fanatiques. Ils en ont porté la peine,
et qui sait combien de temps encore elle pèsera sur leurs
descendants!

La Terreur est ce qui a fait perdre en partie au monde
le sens de la Révolution.

La liberté parut un mensonge, le jour où on l'invoqua,
une hache à la main. L'égalité donna le frisson, même à
ses amants, quand elle fut l'égalité devant l'échafaud. La
fraternité? Quelle énigme, quand on vit les hommes
s'entr'égorger en son nom! La captivité infligée au fils
de Louis XVI ne fut pas seulement un acte inique et
cruel : ce fut un crime imbécile. Que devenait, après cela,
le principe essentiellement révolutionnaire et républi-

cain qui refuse une couronne à un fils de roi, et sauve
de l'opprobre un honnête homme, fils d'un forçat? Ou
la fraternité humaine n'était qu'un mot, ou elle signifiait
devoir de protection, devoir de tolérance, tout au moins, de
la part du plus fort à l'égard du plus faible, et l'on faisait
tomber sous le couteau des têtes de femmes! Ici, l'inconséquence se produisait sous les formes de la lâcheté; et
la Révolution ne pouvait se porter un coup plus terrible,
puisqu'elle mettait contre elle les âmes généreuses.

Elle arma de la sorte ses ennemis du pouvoir de traîner
dans la boue, avec succès, jusqu'aux idées dont elle avait
poursuivi le triomphe. L'horreur des moyens employés
pour atteindre le but cacha aux intelligences myopes ce
que ce but avait de sublime; et beaucoup d'hommes, plus
sincères que clairvoyants, après avoir fixé les yeux sur la
place des exécutions, devinrent incapables d'apercevoir
autre chose, le côté horriblement dramatique du tableau
ayant trompé leur attention en la fascinant.

Et, néanmoins, elle avait une force d'attraction telle,
cette Révolution inconcevable, que rien ne put arrêter le
mouvement qui attirait les peuples dans son fatidique
tourbillon. Il retentira d'âge en âge, ce cri que des milliers de voix poussèrent un jour sur la roche de Dons et
que tant d'échos, depuis, répétèrent : « Plutôt mourir
que de n'être pas Français. » Qu'avaient-ils donc à demander à la France, dans ce temps-là, ceux qui brûlaient
ainsi de lui appartenir? Ils lui demandèrent le bonheur
de vivre de ses héroïques angoisses et de mourir sous son
drapeau! Burke avait dit : « La France n'est plus qu'un
vide sur la carte de l'Europe, » et Mirabeau avait ajouté :
« Ce vide est un volcan. » Eh bien, des nations entières,
les bras étendus, coururent vers ce gouffre de feu, impa-
tientes de s'y précipiter. Qui expliquera ce mystère? Le
comte de Metternich avait, certes, raison, lorsque, saisi
de stupeur et d'effroi, il signalait comme un phénomène

incompréhensible le spectacle de « peuples se donnant à la France en chantant le *Ça-ira;* » mais un phénomène plus extraordinaire encore, ce fut celui de la musique prussienne jouant la *Carmagnole*, au bruit du canon républicain.

A ceux même de ses adorateurs que la Révolution tua, ne pas l'aimer jusqu'à la fin fut impossible. L'Histoire ne présentera jamais rien d'aussi grand que le tableau de madame Roland saluant, sur l'échafaud, la statue de la liberté, au moment de mourir pour la liberté, et de mourir par elle !

Ah! c'est qu'en effet la Révolution avait apporté aux hommes des idées dont l'éclat souverain brilla jusque dans l'ombre épaisse que jetait autour d'elle la guillotine. On aurait rougi, à cette époque, de parler des « *Droits du Français* » : On souffrait, on se battait, on mourait, pour la déclaration des « *Droits de l'homme.* » La Constitution de 1793 fut le premier pacte social qui, depuis l'origine du monde, eût fait un dogme de la fraternité humaine.

Et tout ne se borna pas à une vaine proclamation de principes. L'organisation de l'Institut national des aveugles; — celle de l'Institut des sourds-muets; — les améliorations introduites dans le service des hôpitaux ; — la restitution des petits engagements, au profit des plus pauvres tributaires des monts-de-piété; — les nombreux décrets pour secours aux enfants et aux vieillards, aux défenseurs de la patrie et à leurs familles, aux indigents, aux réfugiés, aux propriétaires des biens ravagés par la guerre, aux victimes d'une accusation reconnue injuste; — l'institution des comités de santé; — la tendre protection étendue par l'État aux enfants abandonnés dès le berceau; — l'adoption des orphelins par la patrie; — l'établissement de maisons destinées aux infirmes [1]...

---

[1] Voy. le *Moniteur*, an III, 1795, n° 274; — an III, 1795, n° 108; —

Que d'actes prouvèrent combien elle était humaine, au fond, cette Révolution terrible !

Mais il lui était réservé de léguer aux générations futures un exemple à jamais mémorable du danger de ce sophisme, plein de meurtres : « Le salut du peuple est la suprême loi. »

Je dis sophisme ; car le salut du peuple, en fait, signifie toujours le salut de telle ou telle nation dans telle ou telle circonstance, et certes il n'est pas de nation dont le salut vaille qu'on lui sacrifie un seul des principes qui sont, pour l'humanité, d'un intérêt permanent, invariable, éternel.

Je dis danger, parce que les routes ténébreuses où l'on s'enfonce pour arriver au salut, mènent à l'abîme.

On le vit bien par les résultats de la Terreur, qui eût été le suicide de la Révolution, si la Révolution n'avait pas été d'essence immortelle.

Le moment vint où, effrayée elle-même de tout le sang qu'elle avait fait répandre, épuisée par tout le sang qu'elle avait perdu, elle quitta la scène, s'affaissa, voulut être oubliée.

La Réaction alors s'empara de l'Histoire, et ce qui suivit fut hideux.

Il est des étoiles dont nous apercevons la lumière un an après qu'elles ont disparu. La boule qu'une main vigoureuse a lancée roule longtemps, après l'impulsion reçue. Ainsi s'expliquent, et les succès diplomatiques, qui, rendus inévitables par les triomphes précédents, marquèrent la période thermidorienne, et les succès militaires obtenus pendant le temps qu'il fallut à la

an II, 1794, n° 126 ; — an Iᵉʳ, 1793, nᵒˢ 185, 186; — an II, 1794, n° 110; — an II, 1794, n° 135; — an II, 1794, n° 249; — an II, 1794, n° 165; — an II, 1794, n° 304; — an II, 1794, n° 154; — an III, 1794, n° 76; — an II, 1794, n° 185; — an III, 1795, n° 243; — an Iᵉʳ, 1793, n° 163, etc., etc...

réaction pour gagner les camps et s'accroupir sous les
drapeaux. Cela fait, tout changea de face. Qu'on mesure
l'intervalle qui sépare la campagne de 1795 de la campagne de 1794!

Pour ce qui est de l'intérieur, il s'opéra, dès le lendemain du 9 thermidor, une métamorphose qui ne se
vit jamais, ni à aucune époque, ni chez aucun peuple.
Il y eut comme une autre France, ayant un autre cœur,
un autre esprit, et parlant une autre langue. Jusqu'à
l'expression des visages parut changée. Devenue cartha-
ginoise, de romaine qu'elle était, la politique ne fut plus
qu'un commerce de mensonges. L'ère des vils compromis s'était ouverte. Les Montagnards corrompus et
les royalistes cachés marchèrent un instant de concert,
épiant l'occasion de se tromper les uns les autres. Par
suite de ce mariage adultère, la Convention devint lâche
sans cesser d'être violente. Une poignée de voleurs de
grand chemin, les Chouans, fit passer sous les fourches
caudines une assemblée qui avait été l'effroi de la terre.
Quelques hommes, Soubrany, Goujon, Romme, restaient
encore, veillant sur l'héritage des vertus fortes : ils furent envoyés à la guillotine. C'étaient les derniers des
Romains. Enfin, cette monstrueuse alliance qui, baptisée
dans le sang des vaincus de thermidor, avait été cimentée
dans le sang des républicains en prairial, fut noyée dans
le sang des royalistes en vendémiaire.

Pendant ce temps, fut-il, du moins, coupé court à la
Terreur? Non. Elle s'exerça en sens inverse. On fut terroriste contre les terroristes, et l'on appela tels tous
ceux qu'on voulait tuer. A Paris, le bourreau fut moins
employé qu'auparavant; mais, dans les provinces, on
cria partout : Place aux assassins! Là, on trouva moyen
de renchérir sur les procédés sommaires de Fouquier-
Tinville : un coup de poignard, ce fut la justice. Il ne
s'agissait plus d'atteindre un but héroïque : le but était

désormais de revenir au régime des priviléges, le couteau à la main; il ne s'agissait plus de sauver la patrie : la Coalition était en poussière. On se mit donc à tuer par vengeance, par modération aussi... Cela s'appela le retour à l'humanité! Pour bien marquer qu'on n'était pas du parti des égorgeurs, on égorgeait. Qui aurait jamais rêvé quelque chose de plus affreux que les journées de septembre? Eh bien, à Lyon, à Aix, à Tarascon, à Marseille, il se passa des scènes à faire oublier les massacres de l'Abbaye. Seulement, certains procès-verbaux constatèrent que les prisonniers, dans telle prison, *manquaient*, tant le langage avait gagné en délicatesse! Et la pudeur avait si bien repris son empire sur les âmes, qu'il y eut des prisons où les assassins firent leur besogne, avec un masque sur le visage!

Détournons la vue.

Nous venons de dire, sans rien voiler, ce qui amena fatalement la Révolution à l'état de lassitude qui rendit possibles tant de barbaries en sens contraire. Mais ceux-là s'imaginent-ils la connaître, qui font tenir toute son histoire dans l'histoire de la Terreur?

Ah! ce qu'il y eut de vraiment admirable dans la Révolution est précisément ce que la plupart de ses historiens se sont étudiés à taire. Comme si elle n'avait pas remué toutes les idées et abordé tous les problèmes! Comme si elle n'avait pas agrandi d'une manière surprenante les horizons de l'esprit humain!

La liberté de conscience; — les franchises de la pensée; — l'inviolabilité du foyer domestique; — l'égalité devant la loi; — la proportionnalité entre les délits et les peines; — la vertu et le talent mis au-dessus des priviléges de la naissance; — en un mot, tout ce qui constitue le DROIT INDIVIDUEL, telle fut la religion pour laquelle vécurent et moururent les Girondins.

La liberté définie par le pouvoir donné au faible de

devenir libre; — la justice assignée pour règle à la liberté;
— le droit au travail reconnu comme corollaire du droit
à la vie; — la richesse de chacun considérée comme une
*dette* envers tous; — les fonctions transformées en *devoirs*;
— le lien qui unit les citoyens d'un même état étendu
aux diverses nations qui peuplent la terre; — l'obligation
prescrite à tous les peuples libres de se dévouer à la
défense de tous les peuples opprimés; — en un mot, l'ensemble des idées qui constituent le DROIT SOCIAL, telle
fut la religion pour laquelle vécurent et moururent les
Montagnards.

Ces deux conceptions, loin d'être contradictoires,
étaient de nature à se compléter l'une l'autre, et elles
renferment tous les éléments de la vérité.

Le point précis où elles s'harmonisent fut-il trouvé,
soit par les Girondins, soit par les Montagnards? Non,
sans doute. Et pourquoi s'en étonner? La Révolution ne
pouvait pas être et n'a pas été le point d'arrêt de l'esprit
humain; elle n'a pas subitement rendu immuable ce
monde moral qui, de même que le monde physique, se
meut d'un mouvement éternel; elle nous a laissé en
héritage un sol, indéfiniment fertile, à agrandir. Mais
n'est-ce rien que de l'avoir remué aussi profondément
et ensemencé avec tant d'intelligence?

Selon l'écrivain royaliste Beaulieu, la Convention
rendit onze mille deux cent dix décrets, activité qui
peint l'époque : on vivait alors un siècle dans une
année. Et combien elle fut féconde cette activité si prodigieuse!

La Convention ne se contenta pas de poser le principe
que toute société doit à ses membres le pain de l'âme
comme celui du corps; passant de la théorie à la pratique, elle décréta :

Qu'il serait ouvert des maisons nationales où tous les
enfants seraient nourris, logés et instruits gratuitement;

Que des ÉCOLES PRIMAIRES seraient fondées d'un bout à l'autre de la République;

Qu'il serait établi trois degrés progressifs d'instruction, embrassant tout ce qu'il importe à l'homme et au citoyen de savoir;

Que chaque département posséderait une ÉCOLE CENTRALE;

Qu'une ÉCOLE NORMALE, à Paris, enseignerait l'art d'enseigner;

Qu'il y aurait des ÉCOLES SPÉCIALES pour l'étude de l'astronomie, de la géométrie, de la mécanique, des langues orientales, de l'art vétérinaire, de l'économie rurale, des antiquités[1].

En même temps, la Convention nommait un jury chargé de prononcer sur les ouvrages relatifs à l'éducation physique et morale des enfants;

Elle ouvrait un concours pour la confection des livres élémentaires;

Elle généralisait l'enseignement de la langue française;

Elle faisait publier le recueil des actions héroïques des républicains français;

Elle faisait inventorier les collections précieuses;

Elle fulminait des décrets sévères contre la dégradation des monuments;

Elle veillait à la conservation des objets d'art trouvés sur des bâtiments pris par des corsaires français;

Elle instituait des récompenses nationales pour les grandes découvertes;

Elle prodiguait les secours aux savants et aux artistes;

Elle poussait la sollicitude à l'égard de tout ce qui est

---

[1] Voy. le *Moniteur*, an 1er, 1793, n.os 198, 227, 151, 262, 160, 164; — an IV, 1795, n° 41; — an III, 1794, n° 42.

utile jusqu'à proposer un prix pour le perfectionnement de la filature au fuseau;

Elle poussait le respect à l'égard des œuvres qui honorent l'esprit humain jusqu'à ordonner la publication de la traduction des ouvrages de Bacon, trouvée dans les papiers d'un condamné du 9 thermidor;

Elle décidait que des voyages scientifiques seraient entrepris aux frais de l'État, et que la République serait chargée de l'entretien des artistes envoyés à Rome;

Elle décrétait l'adoption, commençait la discussion et votait les articles les plus importants du CODE CIVIL;

Elle mettait en mouvement le TÉLÉGRAPHE;

Elle inaugurait le SYSTÈME DÉCIMAL;

Elle établissait L'UNIFORMITÉ DES POIDS ET MESURES;

Elle fondait le BUREAU DES LONGITUDES;

Elle réformait le CALENDRIER;

Elle instituait le GRAND-LIVRE;

Elle agrandissait et complétait le MUSÉUM D'HISTOIRE NATURELLE;

Elle ouvrait le MUSÉE DU LOUVRE;

Elle créait le CONSERVATOIRE DES ARTS ET MÉTIERS;

Elle créait le CONSERVATOIRE DE MUSIQUE;

Elle créait l'ÉCOLE POLYTECHNIQUE;

Elle créait l'INSTITUT [1].

L'esprit reste confondu quand on songe aux tragédies contemporaines de ce grand enfantement. De quel pouvoir étrange ne fallait-il donc pas qu'elle fût douée, cette révolution qui produisit tant de tribuns studieux, tant d'athlètes méditatifs, et fit sortir du déchaînement de

[1] Voy. le *Moniteur*, an II, 1794, nᵒˢ 289, 131, 152, 104; — an Iᵉʳ, 1793, nᵒˢ 143, 118, 38, 106, 107, 77; — an III, 1794, n° 57; — an IV, 1795, n° 41; — an Iᵉʳ, 1793, nᵒˢ 224, 235, 236, 238, 244; — an II, 1793, n° 37; — an Iᵉʳ, 1793, n° 94; — an Iᵉʳ, 1793, nᵒˢ 216 et 257; — an III, 1795, n° 281; — an Iᵉʳ, 1793, n° 265; — an II, 1794, n° 280; et an II, 1793, nᵒˢ 18, 48, 87, 88; — an III, 1794, n° 84; — an Iᵉʳ, 1793, n° 211; — an III, 1794, n° 22; et an III, 1795, n° 316; — an IV, 1795, nᵒˢ 35 et 41.

toutes les passions en délire, les calmes triomphes de la pensée? Ah! que les hommes de la génération présente la maudissent s'ils veulent, eux qui profitent de ses travaux : leurs anathèmes ne feront pas qu'elle n'ait pris souverainement possession d'eux, en dépit d'eux-mêmes; qu'elle n'ait marqué leur intelligence de son empreinte brûlante; qu'elle n'ait, à leur insu, fait passer dans leur âme une partie de son âme. Non, Saint-Just ne disait pas assez lorsqu'il disait : «La Révolution est une lampe qui brûle au fond d'un tombeau; » il aurait dû dire : « La Révolution est un grand phare allumé sur des tombeaux. »

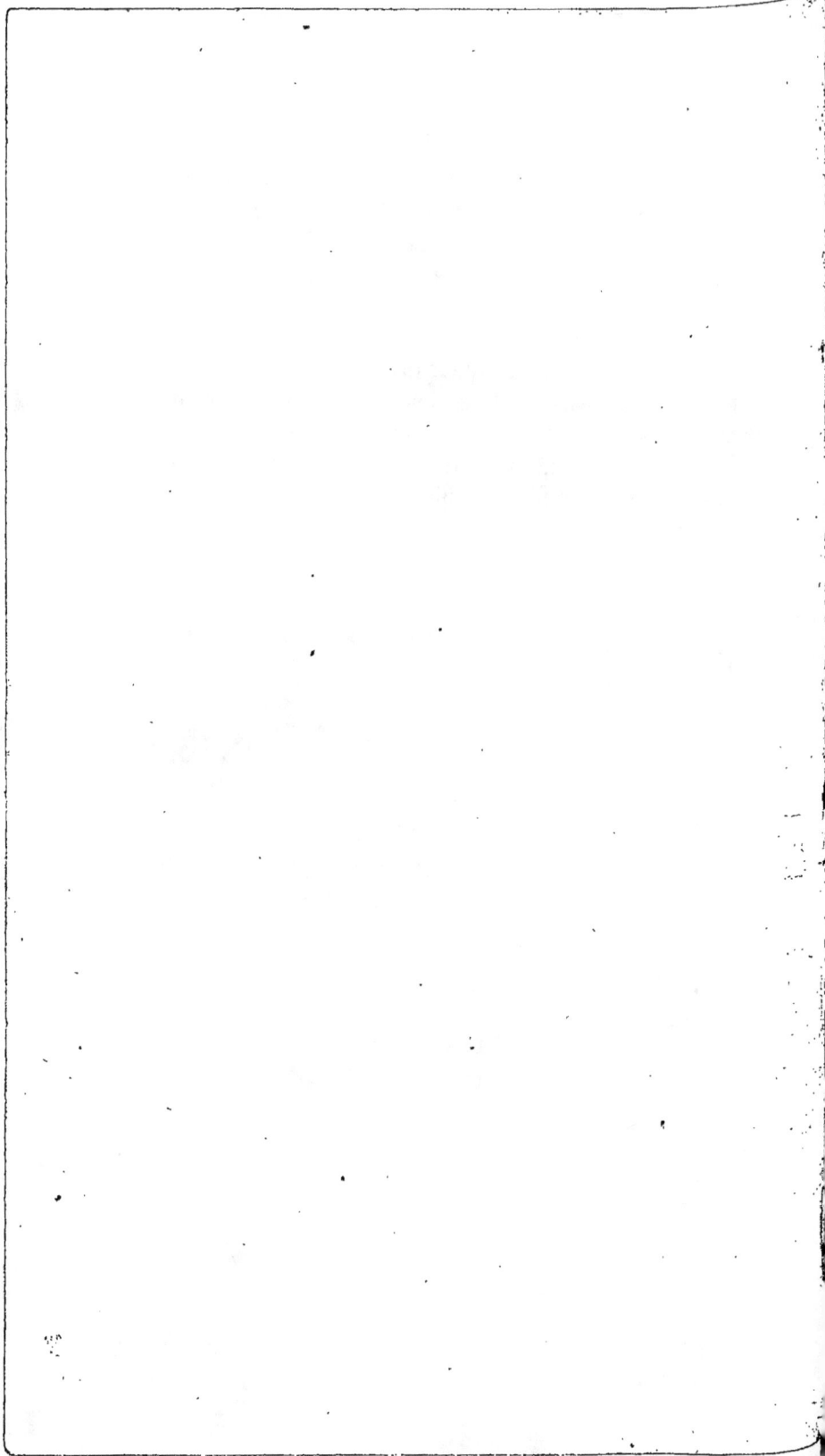

Le livre qu'on vient de lire a été, pendant dix-huit ans, l'occupation, le charme et le tourment de ma vie.

Ainsi que tant d'autres, j'aurais, peut-être, pu me concilier la faveur du plus grand nombre, en paraissant adorer ce que le monde adore et en vilipendant tous ceux qu'il a vilipendés. J'aurais pu courtiser avec profit, par un étalage d'admirations banales et de haines toutes faites, ce que certains appellent la conscience publique. Mais ce qui gouverne mes pensées et commande à ma parole, ce n'est pas votre conscience ou la leur : c'est la mienne. A qui aime la vérité d'un amour digne d'elle, qu'importe l'opposition de la terre entière, si, sur un point donné, la terre entière se trompe ou ment? Un honnête homme n'a peur que de lui-même.

J'ai été élevé par des parents royalistes. L'horreur de la Révolution est le premier sentiment fort qui m'ait agité.

Pour porter le deuil et embrasser le culte des victimes, je n'avais nul besoin de sortir de ma propre famille, car mon grand-père fut guillotiné pendant la Révolution, et mon père eût été guillotiné comme lui, s'il n'eût réussi à s'évader de prison la veille du jour où il devait passer en jugement.

Ce n'est donc pas sans quelque peine que je suis parvenu à me faire une âme capable de rendre hommage aux grandes choses de la Révolution et à ses grands hommes. Maudire les crimes qui l'ont souillée n'exigeait certes de moi aucun effort.

Je plains quiconque, en lisant ce livre, n'y reconnaîtrait pas l'accent d'une voix sincère et les palpitations d'un cœur affamé de justice.

# NOTES CRITIQUES

## I

Dans le chapitre intitulé *la Vendée vaincue*, j'ai écrit :
« Un fait donnera la mesure du degré de confiance que méritent les
« assertions dictées par l'esprit de parti. On lit dans Savary que L'Échelle
« savait à peine signer son nom. Eh bien, nous avons sous les yeux
« (collection de M. Fillon) plusieurs autographes de L'Échelle, dont
« non-seulement le style est très-correct, mais dont l'orthographe est
« irréprochable, ce que, par parenthèse, on ne peut pas dire du style et
« de l'orthographe de Kléber, et ce qui n'empêche pas Kléber d'avoir été
« un héros. »

M. Jean Reynaud, en sa qualité de panégyriste de Merlin (de Thionville), n'aime pas L'Échelle, qui, en Vendée, représenta le parti opposé
à celui des Mayençais, à la tête duquel figurait précisément Merlin (de
Thionville) et auquel appartenaient Kléber et Savary. Ainsi que je l'ai
expliqué dans le chapitre intitulé *Agonie et mort de l'armée catholique*,
quoique L'Échelle ne fût pas un nouveau-venu sur les champs de bataille; quoiqu'il eût quatorze ans de service comme soldat et comme
officier, les meneurs du parti mayençais ne lui pouvaient pardonner
d'être d'un parti dont le but avoué était de soumettre au pouvoir
civil la puissance de l'épée; leur orgueil blessé se révoltait contre le
crédit que valait à L'Échelle, auprès du Comité de Salut public, son patriotisme exalté, et, de même qu'ils avaient frémi de voir Rossignol
opposé à Canclaux, de même ils frémissaient de voir L'Échelle préféré à
Aubert Dubayet. La résistance de l'esprit purement militaire à l'ascendant de l'esprit civil, voilà ce qui caractérisa l'opposition qui, en Vendée,
eut son foyer dans l'armée de Mayence. Quiconque, parmi les officiers
républicains, refusa de s'associer à cette opposition était traité d'incapable, et, à la grande joie des royalistes, attaqué sourdement comme
*sans culotte*. Tel fut le sort des généraux Canuel et Muller; tel fut aussi

le sort de L'Échelle. C'est ce que M. Jean Reynaud aurait peut-être dû
ne pas perdre de vue, lorsqu'il a écrit les lignes suivantes :

« Kléber, dans le portrait qu'il trace de L'Échelle, est sur ce point de
« la même opinion que Savary : « Il ne connaissait pas la carte, dit-il,
« savait à peine écrire son nom, et ne s'est pas approché une seule fois
« à portée du canon de l'ennemi. » Le général Decaen, qui rapporte
» dans ses Mémoires les paroles de Kléber, les dit « d'une vérité frap-
« pante. » Comme ce général cite au même endroit les dépêches de
« L'Échelle au ministre de la guerre, il savait bien cependant qu'il y
« avait des pièces signées du nom de ce général. Or, quelle preuve y
« a-t-il que les prétendus autographes mentionnés par M. Louis Blanc
« soient bien de la main de L'Échelle et non, comme les dépêches en
« question, de la main de son acolyte et chef d'état-major Robert?
« C'est ce que l'historien aurait dû dire. Le témoignage de trois hom-
« mes considérables qui ont servi en Vendée ne saurait être sans poids
« aux yeux de la critique historique. » (*Vie et correspondance de* Merlin
(de Thionville), par M. Jean Reynaud, p. 80.)

Les autographes que j'ai mentionnés ne sont pas de *prétendus* autographes ; ce sont des autographes parfaitement authentiques, recueillis
sur les lieux mêmes et faisant partie de la belle collection qu'a bien
voulu m'envoyer, de Vendée, M. Benjamin Fillon. J'ignore si, en disant
que L'Échelle *savait à peine* écrire son nom, Savary et Kléber ont simplement recouru à une manière de parler; en tous cas, ils n'ont dit ni l'un
ni l'autre qu'il *ne savait pas* signer son nom: Or, dans les pièces qui
sont là devant moi, la signature est de la même écriture que le reste.
Si la science de L'Échelle s'était bornée à signer son nom au bas de
dépêches écrites par « son acolyte et chef d'état-major Robert, » le
contenu des pièces dont je parle et le nom mis au bas seraient au moins
d'une écriture différente, ce qui n'est pas. Je maintiens donc mon affirmation; et c'est précisément parce que l'historien est tenu d'éclairer
l'histoire par la critique, que j'ai dû peser les témoignages d'hommes
considérables sans doute, mais qui, en jugeant L'Échelle, jugent un
ennemi. Est-ce qu'en Vendée, il n'y avait pas deux partis bien tranchés,
celui de Nantes et celui de Saumur? Est-ce que la lutte entre ces deux
partis n'était pas celle de l'esprit militaire contre la puissance civile?
Est-ce que Kléber n'appartenait pas au premier, pour lequel Savary a
tenu la plume? Est-ce que L'Échelle n'appartenait pas au second? Est-ce
que, entre le corps des mayençais et les autres corps, il n'existait pas une
jalousie telle, une telle haine, que le Comité de Salut public dut enfin
essayer de remédier au mal par l'amalgame de tous les corps, mesure
dont Kléber lui-même fut obligé de reconnaître l'utilité, comme Savary
l'avoue, *Guerres des Vendéens*, etc., t. II, p. 312? Que le lecteur qui
tient à approfondir les choses relise avec attention le récit que j'ai fait
du désastre d'Entrames, et il verra ce que valent les appréciations dictées par les haines de parti. Ce qui « ne saurait être sans poids aux yeux
de la critique historique, » sur la question de savoir si un homme est

en état de tenir une plume, c'est son nom même tracé de sa main au bas de documents, tracés aussi de sa main, et qu'on a sous les yeux. Si ce n'est point là une *preuve*, il n'y en eut et il n'y en aura jamais.

En prenant la défense de Merlin (de Thionville), M. Jean Reynaud a obéi à des sentiments personnels d'affection et de gratitude dont nul plus que moi ne respecte la source, mais qui ne sont pas toujours, je le crains, des guides sûrs en matière de critique historique.

C'est ainsi qu'il dit : « On a fait de Merlin un pamphlétaire. L'écrit « contre Robespierre, dont nous avons déjà parlé, forme la base de cette « accusation. M. Louis Blanc, en le mentionnant, emploie le mot de « libelle, peut-être encore plus vif que celui de pamphlet. Parlant des « transformations de la physionomie de Robespierre, ce changement, « dit-il, est noté en termes haineux dans un libelle que publia Merlin (de « Thionville), devenu son adversaire. Des termes haineux contre Robes- « pierre ! En fait, cette brochure est une des meilleures productions « littéraires de la Révolution. En la comparant aux écrits politiques de « la même époque, on ne peut qu'être frappé de sa retenue, et, vu le « personnage à qui elle s'applique, sa modération est manifeste. »

Qu'il me suffise de dire que dans cette brochure *modérée*, Robespierre est comparé à un « chat-tigre; » qu'il y est représenté comme « n'ayant jamais ressenti que l'envie, la haine, la vengeance. » Et encore ces passions, suivant l'auteur, « manquèrent-elles du ressort du courage. » — « S'il n'eût péri des crimes que l'envie a contribué à lui faire com- mettre, il serait mort de l'envie même. » — « Tout homme instruit s'in- digne contre l'indignation publique quand il entend les dénominations qu'elle donne à Robespierre; il n'en est pas une qui ne soit une faveur. » — « Robespierre ne fut pas même un Néron, quoique Néron soit mort en lâche. » Tout le reste est sur ce ton. A entendre Merlin (de Thion- ville) Robespierre aurait été, non-seulement un monstre, mais un idiot. Il est vrai que Robespierre avait été injuste envers Merlin (de Thionville), en le soupçonnant d'avoir livré Mayence; mais il faut que la vengeance aveugle étrangement les hommes, pour leur dicter des choses de ce genre, et il est certes permis, — j'en demande pardon à M. Jean Rey- naud — de mettre en doute la valeur littéraire de pareilles diatribes. Mais que dire de la *retenue* et de la *modération* qui caractérisent cette bro- chure que M. Jean Reynaud s'étonne de voir qualifier de libelle et de pamphlet? Le lecteur jugera. Qu'il me suffise de faire remarquer qu'elle fut publiée en octobre 1794, *trois mois après le 9 thermidor*. Le 9 ther- midor, à sept heures du soir, Merlin (de Thionville) avait constaté lui- même en ces termes le silence gardé par lui dans la séance du matin, c'est-à-dire alors que Robespierre vivait et qu'il y avait à l'affronter : « N'ayant pris la parole ni pour ni *contre*, dans la discussion qui a eu « lieu ce matin, je ne suis pas suspect dans ce jour. » (*Hist. parl.*, t. XXXIV, p. 60.)

Le lecteur se rappelle, peut-être, l'extrait donné par moi d'un passage des *Mémoires de Levasseur* où Merlin (de Thionville) est vivement attaqué par son ancien collègue, sous le rapport de la sévérité des mœurs républicaines et du désintéressement. Ce passage, je l'ai déjà dit et je le répète, j'ai cru de mon devoir de le reproduire : 1° parce que Levasseur, honnête homme, et homme véridique, s'il en fut jamais, y raconte une scène dans laquelle il a été personnellement acteur ; 2° parce que les Mémoires de Levasseur sont, parmi les documents à consulter sur l'histoire de la Révolution, un de ceux qui portent au plus haut degré l'empreinte d'un esprit équitable et modéré ; 3° parce que le montagnard Levasseur n'aurait pu mentir, en cette occasion, pour le plaisir d'outrager un ancien montagnard, son collègue, sans être le plus odieux et le plus impudent des hommes ; 4° parce que les *Mémoires de Levasseur* ont paru du vivant même de Merlin (de Thionville), et que le passage en question est resté sans réponse.

Ceci posé, voyons ce que M. Reynaud trouve à reprendre dans l'accomplissement de ce que je persiste à considérer, non pas seulement comme mon droit, mais comme mon *devoir* d'historien. « M. Louis Blanc, » dit M. Jean Reynaud, « rapporte tout au long cette belle histoire, dont il « frémit, car il y ajoute cette phrase magistrale sur la conclusion tirée « par le narrateur, et qui se devine sans peine : L'histoire ne saurait « enregistrer, sans faire ses réserves, un jugement dont l'austérité révo- « lutionnaire a seule dicté les termes. » (*Vie de Merlin (de Thionville)*, p. 217).

Je ne sais pas et ne puis comprendre en quoi cette phrase est *magistrale*, mais je m'assure qu'à l'exception de M. Jean Reynaud, qui aurait dû, ce semble, être le dernier à s'en plaindre, tous mes lecteurs auront vu dans cette phrase *magistrale* une preuve manifeste de ma volonté d'être juste. Je continue la citation :

« Je pourrais rappeler à M. Louis Blanc, en prenant appui sur son « propre exemple, quelles sont les précautions dont il convient à un « écrivain de s'entourer avant de donner cours à des récits de cette « espèce. »

C'est là une peine dont M. Jean Reynaud peut se dispenser. Je sais par expérience, sans qu'il me le rappelle, combien les hommes publics sont exposés à la calomnie. Et c'est précisément parce que je sais cela, que je n'ai même pas fait allusion, dans mon livre, à un passage où Gœthe semble attribuer la reddition de Mayence à la trahison (*Siége de Mayence en* 1793) ; c'est précisément parce que je sais cela, que je me suis abstenu de mentionner, au sujet de Merlin (de Thionville), les attaques contenues dans les Mémoires de Lombard et dans le fameux livre de Prudhomme ; c'est précisément pour cela, que je n'ai pas évoqué contre lui le témoignage de Molsa, ingénieur du département de la Moselle, par qui il fut publiquement accusé d'avoir acquis au moyen de dilapidations des richesses qu'il était loin de posséder avant la Révolution. (Voy. le *Moniteur*, an VII, n° 307). Ai-je donné cours à des *récits de cette espèce ?* Non, je n'ai conséquemment nul besoin d'apprendre de M. Jean Reynaud les précautions dont il convient à un écrivain de s'entourer. Si j'ai cité le passage de Levasseur, qui paraît si fort chagriner M. Jean Reynaud, c'est par les raisons que j'ai dites et dont le caractère décisif n'échappera, je l'espère, à personne.

Il est vrai que M. Jean Reynaud se rejette sur ce que les *Mémoires de Levasseur* sont un ouvrage, selon lui, apocryphe. Mais, affirmer et prouver sont deux choses bien différentes. Voyons ce que dit, à ce sujet, M. Jean Reynaud :

« Je pourrais encore objecter à M. Louis Blanc, que les *Mémoires de* « *Levasseur*, par lesquels il a eu le tort de gâter son *Histoire de la* « *Révolution*, ne sont pas un ouvrage original, mais un ouvrage « apocryphe. Il semble même singulier qu'il lui ait été possible de « l'ignorer, puisque le troisième volume contient l'exposé du procès « politique, auquel ces Mémoires donnèrent lieu sous la Restauration, « et dont le résultat fut la condamnation d'Achille Roche, leur véritable « auteur. »

Voilà bien des erreurs en quelques lignes. Ce que je n'ai pas ignoré à coup sûr, c'est le procès en question. Mais comment m'eût-il été possible d'en conclure que le véritable auteur des *Mémoires de Levasseur* est Achille Roche, lorsque ce procès prouve, au contraire, de la manière la plus irréfragable, que le véritable auteur des *Mémoires de Levasseur* est Levasseur lui-même, et que, par conséquent, le livre dont il s'agit, loin d'être apocryphe, est parfaitement original? On en va juger.

Interrogé par le président sur la question de savoir quel est l'auteur de l'ouvrage incriminé, Achille Roche répond : « Les *Mémoires sont de* « *M. Levasseur*. L'introduction est de moi. Quant aux Mémoires, *je n'ai* « *fait qu'un travail de mise en ordre et de rédaction; j'ai changé des* « *expressions*. Au reste, j'assume la responsabilité de tout l'ouvrage. » (*Voy.* l'exposé du procès, t. V, p. 68, des *Mémoires de Levasseur*, édition de Bruxelles, 1830-1832).

M. Jean Reynaud dira-t-il, par hasard, qu'un ouvrage est apocryphe toutes les fois que l'auteur, n'étant pas un homme de lettres, confie à un secrétaire ou à un ami le soin de mettre en ordre les notes et matériaux qu'il lui fournit et de faire la chasse aux mots? A ce compte, adieu la plupart des Mémoires qui ont servi à construire l'Histoire! Est-ce que d'aventure les *Mémoires de madame de la Rochejaquelein*, pour ne citer qu'un exemple, seraient aussi un livre *apocryphe?* Qu'en pense M. de Barante? Aussi Achille Roche dit-il formellement, quand on l'interroge : les *Mémoires sont de M. Levasseur*; et, pour qu'on ne se méprenne pas sur la sincérité de cette déclaration, pour qu'on ne l'attribue pas à la crainte d'être frappé dans le cas où il se reconnaîtrait l'auteur du livre, il se hâte d'ajouter : « Du reste, j'assume la responsabilité de tout l'ouvrage. »

Le président lui demande encore : « De qui était le manuscrit? » Et que répond-il? « *Il était de M. Levasseur.* » (*Mémoires de Levasseur*, t. V, p. 68.) Poursuivons.

Le président demande à M. Rapilly, le libraire : « A qui avez-vous eu

affaire pour la publication de ces Mémoires? » M. Rapilly répond :
« Un jour, *M. Levasseur fils* m'apporta un manuscrit qui contenait les
« matériaux de l'ouvrage aujourd'hui incriminé. Il voulait les publier en
« un seul volume. Je m'adressai à M. Roche *pour avoir une introduction*
« et pour que l'ouvrage fût mis en quatre volumes. » (*Mémoires d: Levasseur*, t. V, p. 68-69.)

C'est, je suppose, sur ce passage de l'exposé du procès des *Mémoires de
Levasseur*, que M. Jean Reynaud se fonde pour dire que « l'éditeur n'ayant
« voulu se charger de l'ouvrage qu'à la condition d'en tirer une affaire,
« étendit la matière, par la plume d'Achille Roche, d'un à quatre volumes. »

Eh ! qu'importe que la matière ait été étendue d'un à quatre volumes,
si la chose a eu lieu du consentement de Levasseur, d'après ses instructions, et au moyen de nouveaux faits par lui fournis? Or, c'est ce que
met hors de doute la rédaction même de l'arrêt : « Attendu qu'il résulte
« des déclarations faites à l'audience par Rapilly et Roche que Levasseur
« n'a composé que des sommaires ou matériaux pouvant former environ
« un volume ; que Rapilly a demandé que l'ouvrage eût quatre volumes,
« et qu'alors Roche, *tant d'après les matériaux fournis que d'après les
« instructions de Levasseur, transmises par correspondance* (Levasseur
« alors était en exil) a personnellement rédigé les deux volumes incrimi-
« nés, dont l'impression a été faite sur des feuilles écrites de sa main, etc. »

Donc l'extension de l'ouvrage a été l'œuvre de Levasseur lui-même,
le rôle d'Achille Roche se bornant, selon sa propre déclaration, à un travail de rédaction et de mise en ordre.

Comment, du reste, pourrait-il y avoir sur ce point le moindre nuage
pour quiconque a sous les yeux le compte rendu de ce procès? Il ne contient pas une page qui ne constate et ne reconnaisse la valeur du livre
incriminé comme livre incontestablement original ; car, d'un bout à
l'autre, c'est Levasseur qui est en cause, toujours Levasseur. C'est comme
œuvre de Levasseur que l'avocat du roi attaque le livre, et c'est comme
œuvre de Levasseur que M. Berville le défend. Qu'on jette les yeux sur
le plaidoyer de ce dernier, on y lira : ..... « Mais, je veux que *Levasseur*
« soit étranger aux événements *qu'il* retrace, et *qu'il* ait émis seulement
« une opinion sur des temps déjà si loin de nous; considéré sous ce nou-
« veau point de vue, *son* livre est encore inattaquable (*Mémoires de Levasseur*, t. V, p. 93). — Comme opinion, la pensée *de Levasseur* est déjà
« inviolable; il y a plus, *cette opinion est de l'histoire.* Or l'histoire a
« toujours joui du privilège de l'inviolabilité (*Ibid.*, p. 101). — L'accu-
« sation fait un crime *à Levasseur de ses* opinions sur les hommes et
« les choses de la Révolution. — Vous ne voulez pas qu'un *montagnard*
« appelle sainte la cause *qu'il* a défendue (*Ibid.*, p. 119-120). » Il faudrait tout citer.

Et l'arrêt, de quelle manière s'exprime-t-il? Achille Roche est-il condamné pour avoir publié un livre de lui sous le nom d'un autre? Pas
du tout. Est-il condamné comme « véritable auteur » des Mémoires
incriminés? En aucune sorte. Si on le frappe, c'est uniquement pour

avoir fait l'office de secrétaire dans la publication d'un livre reconnu comme l'œuvre incontestable de Levasseur, mais jugé dangereux par le gouvernement d'alors. « Attendu que l'ouvrage renferme soit l'apologie, « soit l'éloge de l'anarchie employée comme moyen de gouvernement, « moyen que *Levasseur dit* avoir été calculé par lui et les hommes de son « parti (*Mémoires de Levasseur*, t. V, p. 146); — Attendu que si tout « Français a le droit de publier et de faire imprimer ses opinions, et si « ce droit appartient plus particulièrement à l'historien, c'est cepen- « dant à la condition de se conformer aux lois répressives de cette li- « berté, etc., etc. » (*Ibid.*, p. 147).

Les *Mémoires de Levasseur* sont donc un ouvrage parfaitement ori-ginal, et, de plus, un ouvrage d'une haute valeur historique, tant par l'intérêt des faits qui y sont exposés que par l'esprit d'équité qui y règne. Aussi, que ce livre ne soit pas de nature à plaire aux royalistes, cela se conçoit de reste, et il était dans les règles qu'un gouvernement de prêtres et de gendarmes, comme celui de la Restauration, ne vit dans les *Mémoires de Levasseur* qu'une publication *anarchique;* ce qui serait plus difficile à comprendre, ce serait l'aversion de M. Jean Reynaud pour un des livres, trop rares, où le culte de la Révolution est professé, si cette aversion ne s'expliquait par le motif indiqué plus haut. Levasseur n'a pu taire et ne s'est pas étudié à taire que Merlin (de Thionville) fut un des plus fougueux acteurs de la réaction thermidorienne. Et voilà pour-quoi, avec une sincérité dont personne ne doute moins que moi, mais que je crois égarée, M. Jean Reynaud voudrait voir rayer les *Mémoires de Levasseur* de la liste des documents à consulter. Mais son opinion à cet égard ne saurait être celle des historiens de la Révolution, soit qu'ils l'aiment, soit qu'ils la détestent ; et c'est ce dont il sera facile à M. Jean Reynaud de se convaincre en ouvrant l'*Histoire de la Révolution* par M. Villiaumé, et l'*Histoire de la Convention*, par M. de Barante. Qu'il demande à ces deux auteurs, l'un républicain, l'autre royaliste, s'ils regardent comme *apocryphes* ces *Mémoires de Levasseur* par lesquels, eux non plus, ils n'ont pas craint de *gâter* leurs livres !

Pour ce qui est de l'extrait qui a soulevé cette polémique, M. Jean Reynaud cite une lettre adressée en février 1819 à M. Bossange, libraire, lettre dans laquelle Levasseur se défend d'avoir voulu blesser un de ses anciens collègues. Mais la protestation est conçue en termes généraux, et, comme elle sert de réponse à une lettre de Merlin (de Thionville), relative seulement à sa *conduite à Mayence*, il n'est pas exact de dire que cette protestation s'applique à la scène où Levasseur reproche à Merlin (de Thionville) sa fortune et son faste. Il y a plus : puisque Mer-lin (de Thionville) a pu se plaindre publiquement de Levasseur à l'occa-sion du premier fait, qui l'empêchait de se plaindre aussi, à l'occasion du second? Il connaissait les attaques dirigées contre lui dans le manuscrit de Levasseur et il ne les dédaignait pas : la plainte en question le prouve de reste; pourquoi donc, son silence à l'égard d'une scène où son désin-téressement était mis en cause avec tant de rudesse ?

Au surplus, à quoi bon insister ? Voici ce que M. Jean Reynaud dit en propres termes :

« Mais ce sont là des fins de non-recevoir dont je ne veux pas. *Il y a des « choses qui portent en elles-mêmes leur cachet de vérité, qu'on n'invente « pas, qui s'imposent, et celle-ci est du nombre* : qui a connu Merlin le « retrouve là tout entier. D'ailleurs, ayant vécu, postérieurement à « l'époque dont il s'agit, dans la familiarité d'Achille Roche, je suis en « mesure de répondre que *ce généreux jeune homme n'était pas de « trempe à insérer frauduleusement dans un récit un tel document*, et « que, s'il lui a donné place, c'est qu'il s'était offert à lui, soit sur « quelque feuille volante dont le vieux Levasseur n'avait pas conservé « souvenir, soit, mieux encore, dans quelque conversation du fils par- « lant d'après le père. *Ainsi, on le voit, je ne fais aucune difficulté « sur le fond*. Mais qui ne découvre, à première vue, le vrai caractère de « cette histoire ? Qui ne voit le vaillant compagnon de Mayence, infli- « geant au rogue montagnard un mode de moquerie bien connu dans les « mœurs militaires et populaires ? »

Quoi ! M. Jean Reynaud me reproche d'avoir publié dans mon livre une de ces *choses qui portent en elles-mêmes leur cachet de vérité, qu'on n'invente pas, qui s'imposent !* Et cet Achille Roche, qui, en mettant la main aux *Mémoires de Levasseur*, en aurait fait un livre *apocryphe*, dont il faut *se méfier*, était un *généreux jeune homme*, incapable d'insérer dans un récit quoi que ce fût de *frauduleux !* Ou je me trompe fort, ou les lignes ci-dessus de M. Jean Reynaud tranchent la question contre lui d'une manière péremptoire et définitive, en ce qui touche le droit que j'avais de reproduire la conversation dont il s'agit, telle que les *Mémoires de Levasseur* la donnent. Mon tort, dès lors, serait de n'avoir pas de- viné que Merlin (de Thionville) plaisantait là où Levasseur le représente parlant très-sérieusement ! M. Jean Reynaud s'écrie : « Qui ne découvre « à première vue le vrai caractère de cette histoire ? » Mais, d'abord, celui-là même qui l'a racontée n'a pas découvert ce qui semble si évi- dent à M. Jean Reynaud ; car, après avoir dit comme quoi Merlin (de Thionville) répondit affirmativement à ces questions, faites sur le ton de l'indignation et du reproche : « Ah tu as un parc ! et des écuries ! et « des chiens ! » Levasseur ajoute : « Et quand tu es venu siéger à la « première législature, tu n'avais pas d'effets pour la valeur d'un louis ! « Ote-toi de là, je ne veux pas m'asseoir à côté d'un fripon. Merlin res- « tait atterré sur son banc. Je me levai, et j'allai me placer à l'autre ex- « trémité de la Montagne. » On pourrait assurément admettre avec M. Jean Reynaud que, par ressentiment de quelques questions malson- nantes, Merlin (de Thionville) se fût amusé de la crédulité soupçonneuse de son collègue en répondant *oui* à ces questions sur un ton goguenard, si tout s'était borné là ; mais, même en supposant, comme M. Reynaud, que Levasseur grommela le mot *fripon* entre ses dents, et que ce mot, Merlin (de Thionville) ne l'entendit pas, n'y avait-il rien dont Merlin eût à s'émouvoir dans le fait de Levasseur, lui déclarant qu'il ne pouvait plus, après cela, siéger à côté de lui, et se levant en effet, et allant se placer à l'autre extrémité de la Montagne? Souffrir qu'un collègue agisse comme s'il vous croyait un malhonnête homme, quand on n'a qu'un mot à dire pour le détromper, c'est pousser étrangement loin l'amour de la moquerie; et il faut croire qu'elle eut, en cette occasion, quelque chose de bien difficile à découvrir, puisqu'à Levasseur, qui pourtant devait le bien connaitre, Merlin (de Thionville) apparut, au moment même où il se serait livré, selon M. Jean Reynaud, à son humeur goguenarde, sous « l'aspect d'un homme qui reste atterré sur son banc. »

Quoi qu'il en soit, M. Jean Reynaud me rendra cette justice que je n'ai pas laissé ignorer à mes lecteurs l'explication qu'il donne de la scène dont il s'agit; car je me suis empressé de publier dans le dixième volume de cet ouvrage, à la suite du chapitre *la Fête de l'Être suprême*, une longue note de lui que la fille de Merlin (de Thionville) m'envoya.

C'est au lecteur à décider jusqu'à quel point l'interprétation de M. Jean Reynaud est admissible.


## II

### RÉPONSE A QUELQUES OBSERVATIONS DE M. CH. BERRIAT SAINT-PRIX, CONCERNANT L'INCENDIE DE BÉDOIN ET L'AFFAIRE LOIZEROLLES.

M. Ch. Berriat Saint-Prix, conseiller à la Cour impériale de Paris, a publié, sous ce titre : *La Justice révolutionnaire*, un livre où il me fait l'honneur de citer souvent à l'appui, et de ses affirmations et de ses appréciations, l'ouvrage qui m'a coûté tant de recherches et a employé tant d'années de ma vie. Toutefois, parmi les faits exposés dans cet ouvrage, il en est deux que M. Berriat Saint-Prix se croit autorisé à contredire.

Le premier se rapporte à l'incendie du village de Bédoin, le second à 'affaire Loizerolles.

*Incendie de Bédoin.* — Dans l'*Histoire parlementaire* de MM. Buchez et Roux, on lit : « Lorsque l'incendie (à Bédoin) fut allumé, toutes les « maisons étaient déménagées, et, par les soins de Suchet et de Maignet, « qui voulaient un châtiment exemplaire et non pas une dévastation, il n'y « eut que six habitations de brûlées (*Hist. parl.* t. XXXV, p. 173). » A cette assertion, formulée en termes péremptoires par des auteurs graves, M. Berriat Saint-Prix oppose un Mémoire sur l'incendie de Bédoin, par M. l'abbé Sauve, Mémoire duquel il résulte que le nombre des maisons brûlées se serait élevé à 433. Pour combattre l'allégation de MM. Buchez et Roux, M. Berriat Saint-Prix invoque « des documents authentiques conservés à Bédoin (*voy. La Justice révolutionnaire*, p. 204). » Mais il ne parle pas de ces documents comme les ayant compulsés lui-même. Seulement, il déclare « digne de toute confiance » la personne qui les a compulsés, et

qui est l'auteur du Mémoire ci-dessus mentionné. Il est à regretter que
M. Berriat Saint-Prix, qui, précisément à l'occasion de ce fait, insiste
avec beaucoup de raison sur la nécessité de remonter aux sources, n'ait
pas eu le pouvoir ou l'idée de faire lui-même le travail dont il se borne à
prendre les résultats, tels que les donne un Mémoire dont l'auteur, tout
homme de confiance qu'il est, a pu commettre des erreurs comme
MM. Buchez et Roux auxquels on l'oppose, et il est à regretter aussi que,
dans la discussion critique d'un point d'histoire, M. Berriat Saint-Prix
n'ait pas fait figurer la copie textuelle des documents compulsés par
l'auteur du Mémoire, puisqu'ils existent et qu'il est possible de se les
procurer. Cela seul eût tranché la question d'une manière tout à fait
décisive. Il n'est pas douteux que l'incendie de Bédoin a donné lieu, de
la part de ceux qui y cherchaient une arme contre le régime révolutionnaire d'alors, à de grandes exagérations, et c'est ce que M. Berriat
Saint-Prix reconnaît loyalement. Mais les erreurs des partisans de la
Révolution ne sont pas moins bonnes à rectifier que celles de ses
adversaires; et, pour mon compte, je remercie M. Berriat Saint-Prix de
m'avoir ouvert, relativement à l'incendie de Bédoin, de nouvelles sources
d'information.

*Affaire Loizerolles.* — J'ai dit que c'était Loizerolles père qui avait
été dénoncé, lui qu'on avait voulu frapper, lui que le tribunal révolutionnaire condamna, après avoir constaté son identité, et qu'il n'y eut
conséquemment pas substitution de personnes dans cette affaire (*Hist.
de la Rév.*, t. XI, p. 123 et 124.)

Mon opinion s'appuyait :

1° Sur le *Tableau historique de la maison Lazare*, dont l'auteur
raconte que Loizerolles père avait été dénoncé par l'administrateur Ga-
gnant, qui, arrêté à son tour et prisonnier à Saint-Lazare, se réjouit,
comme d'un triomphe personnel, de la condamnation de Loizerolles,
lorsque la nouvelle en parvint dans cette prison (*Hist. de la Rév.*,
t. XI, p. 461.)

2° Sur la déclaration de Fouquier-Tinville, dans sa *Réponse imprimée
différents chefs d'accusation*, etc., « que Loizerolles fils n'avait jamais été dénoncé. » (*Hist. de la Rév.*, t. XI, p. 461.)

M. Berriat Saint-Prix, qui maintient la tradition reçue sur les Loizerolles, c'est-à-dire : *le père condamné et exécuté à la place du fils* (*La
Justice révolutionnaire*, p. 118 à 126), passe complétement sous silence
e témoignage, si clair, si péremptoire, si important, de l'auteur du *Tableau historique de la maison Lazare.*

Quant à la déclaration du *Mémoire* imprimé de Fouquier-Tinville,
M. Berriat Saint-Prix lui oppose la réponse dans laquelle le *Compte
rendu* du procès de Fouquier lui fait dire : « que c'était le fils Loizerolles
qui était traduit en jugement et que son substitut Liendon aurait dû faire
mettre le père hors des débats. » (*Hist. parlem.*, t. XXXIV, p. 440.)

Entre ces deux déclarations contradictoires de Fouquier, nous n'avions pas hésité, cela va sans dire, à préférer celle consignée dans un *Mémoire rédigé et signé* par Fouquier, à celle que lui *met dans la bouche* le rédacteur d'un compte rendu de procès, écrit sous l'inspiration et au profit de la réaction victorieuse, comme le prouvent surabondamment les notes ridiculement emphatiques qui lui servent de commentaires, celle-ci entre autres : « Loizerolles père compare ses soixante et un ans aux vingt-deux ans de son fils ; il lui donne une seconde fois la vie ; . . Ce père vertueux, contre lequel il n'y avait point d'acte d'accusation, a été mis à mort, le 8 thermidor ; et ce père respectable a gardé le silence ! Et les buveurs de sang avaient eu la scélératesse de dire que de tels hommes étaient des conspirateurs ! » (*Hist. parlem.*, t. XXXIV, p. 488.)

M. Berriat Saint-Prix a pu consulter aux Archives de France des pièces originales dont notre éloignement de Paris nous interdisait l'accès ; et des extraits de ces pièces, cités par lui, il résulte bien que le nom de Loizerolles fils figure sur le registre d'entrée du parquet de Fouquier, dans l'acte d'accusation et dans le jugement rédigé à l'avance, mais ces pièces ne prouvent nullement que Loizerolles père n'eût pas été dénoncé, et, en outre, M. Berriat Saint-Prix le constate lui-même, le nom de Loizerolles n'est suivi d'aucune désignation ni dans l'exposé des faits de l'acte d'accusation, ni dans le réquisitoire d'extraction de la maison Lazare. On ne peut donc conclure rigoureusement des pièces citées par M. Berriat Saint-Prix que ce fut Loizerolles fils et non Loizerolles père que Fouquier entendait envoyer devant le tribunal révolutionnaire, et que le père fut condamné à la place du fils par ce tribunal. Bien plus, l'opinion contraire, que nous avions soutenue, et que M. Berriat Saint-Prix combat, se trouve confirmée par les renseignements nouveaux que nous fournit l'*Histoire du Tribunal révolutionnaire de Paris, d'après les documents originaux conservés aux Archives de l'Empire, par M. Émile Campardon, archiviste aux Archives de l'Empire* (Paris, Poulet-Malassis, éditeur, 1862.)

M. Campardon déclare que « l'assertion de Fouquier est exacte quand il affirme que c'était bien le père et non le fils qu'on avait voulu traduire au tribunal. » (*Hist. du Trib. rév.*, t. II, p. 121, note 1) ; il ajoute qu'il n'y a pas lieu de mettre en doute la vérité de ces paroles de Fouquier : « C'est Loizerolles père qui a été dénoncé comme ayant trempé dans la conspiration Lazare : ce fait est prouvé par la dénonciation. » (*Hist. du Trib. rév.*, t. II, p. 120.)

En effet, la conspiration de prison dans laquelle fut compris Loizerolles père eut pour principale base les renseignements fournis sur les détenus de Saint-Lazare par Charles Jeaubert et Robinet, réfugiés belges, et Leymandi, espions attachés à cette prison. Or, sur la liste des prisonniers dressée par eux, on lit : « *Loizerolles père* n'a pas cessé de lancer des sarcasmes contre la Convention et les patriotes, qu'il qualifiait d'hommes de sang. » (*Hist. du Trib. rév.*, t. II, p. 121 note 1.)

Un point sur lequel le doute ne nous semble plus possible, après les renseignements que nous venons de citer, c'est celui-ci : que le tribunal révolutionnaire entendit bien et dûment condamner Loizerolles père, et non Loizerolles fils. En effet, d'après M. Berriat Saint-Prix lui-même, Coffinhal rectifia, à l'audience, non-seulement l'acte d'accusation, mais aussi le n° 5 des questions à adresser au jury, et, sur ces questions il ne se borna pas à effacer le mot *fils* pour y substituer le mot *père*, « il ajouta, dit le substitut Ardenne, au procès de Fouquier, l'ancienne qualité du père. » (*Hist. parlem.*, t. XXXIV, p. 439.)

Donc, le jury répondit sur ce qui concernait Loizerolles père, et le tribunal révolutionnaire ne le condamna conséquemment pas à la place de son fils.

Le décret de la Convention du 14 pluviôse an III ordonnant l'annulation de la confiscation des biens de Loizerolles père, prouve également que la condamnation avait été prononcée contre le père et non contre le fils. Ce décret porte : « Le jugement du tribunal révolutionnaire du 8 thermidor est réputé non avenu contre *Jean*-Simon Loizerolles (le fils s'appelait *François-Simon*); il n'y a lieu à la confiscation des biens dépendant de la succession; les scellés et séquestre qui pourraient avoir été mis seront levés sur-le-champ partout où besoin sera. » (*Moniteur* du 17 pluviôse an III, p. 564.) Et la liste des condamnations et acquittements prononcés par le tribunal révolutionnaire, publiée au *Moniteur*, porte, en effet : « Du 8 thermidor..... *Loizerolles père*, âgé de 61 ans, né à Paris, ancien lieutenant général du bailliage de l'Arsenal. » (*Moniteur*, an II, n° 330.)

Il est évident que si Loizerolles père avait été condamné et exécuté à la place de son fils, comme dans le cas de Saint-Pern, par exemple, où le fils fut bien réellement exécuté et condamné à la place du père, ses biens n'eussent pas été confisqués, comme ils le furent, en dépit des paroles ridicules, disons mieux, impossibles que le sieur Pranville, ex-curé de Champigny, aurait attribuées plus tard à Loizerolles père : « Je ne fais pas de tort à mon fils, tout le bien est à sa mère. » (*Hist. parlem.*, t. XXXV, p. 115.). En d'autres termes : « *Mon fils ne sera pas ruiné, il ne perdra donc rien à ce qu'on lui sauve la vie!* »

C'est pourtant sur ce que ce curé de Champigny aurait appris un beau jour au fils de Loizerolles qu'a été construite toute cette fable de la substitution de personnes. Et que dire de cette affiche qui se trouve placardée à point nommé sur le passage du fils de Loizerolles, *trois mois après la condamnation?* Et comment cette affiche put-elle lui donner la conviction que son père avait été condamné pour lui, puisqu'elle portait la rectification, non-seulement faite à l'audience, par Coffinhal, mais inscrite sur la liste des condamnations publiées au *Moniteur*, et prouvait, par conséquent, tout le contraire de ce que le fils de Loizerolles voulut absolument y voir?

La légende qui a cours sur les Loizerolles est un chaos d'absurdités. La vérité, la voici : Le père et le fils avaient été dénoncés. Le mandat d'extraction ne portant pas d'autre désignation que Loizerolles, le père répondit à l'appel de l'huissier. Lorsqu'on amena Loizerolles devant le tribunal, Coffinhal, qui avait entre les mains l'acte d'accusation, portant la désignation de *fils*, fit, en voyant paraître le père, les rectifications nécessaires sur les pièces, et a,dress en conséquence, au jury les questions d'usage, qui, dès lors, ne pouvaient se rapporter qu'au père, lequel fut condamné.

Plus tard, Loizerolles fils, désirant ravoir les biens de son père, qui avaient été confisqués, accepta, de bonne foi peut-être, l'idée qui a servi de base à la légende, et qui lui fut suggérée sans doute par quelque ami ou quelque légiste officieux. C'était un coup de fortune pour la réaction. On fit grand bruit de la férocité des cannibales dont les vainqueurs de thermidor avaient délivré la France, et les biens confisqués furent rendus à la grande joie des contre-révolutionnaires, qui venaient de trouver, pour leur arsenal, une calomnie de plus !...

FIN

# TABLE DES MATIÈRES

## CHAPITRE V. — Insurrection de la faim.

## CHAPITRE VI. — Fureurs de la contre-révolution.

## LIVRE QUINZIÈME.

## CHAPITRE PREMIER. — Les émigrés.

L'émigration ne fut point déterminée par les excès révolutionnaires. — Origines et caractère égoïste de l'émigration. — Les émigrés cherchent partout des ennemis à la

## CHAPITRE IV. — Mystères du Temple.

## CHAPITRE V. — Les émigrés à Quiberon.

FIN DE LA TABLE.

# ERRATA

---

## TOME V.

Page 186, ligne 20, Woolstoncrafft, *lisez* : Marie Woolstonecrafft.

## TOME VII.

Page 62, *supprimez* les lignes 9 à 11, ainsi que la note 3.
Page 117, ligne 14, Compre, Corneille Paw, *lisez* : Campe, Corneille
    Pauw.
*Idem*, ligne 15, Maddisson, Gilleers, *lisez* : Madison, Schiller.
Page 158, ligne 19, Paris, *lisez* . Panis.
Page 451, ligne 29, un prêtre, *lisez* : un jurisconsulte.
Page 461, ligne 15, Choudrieu, *lisez* : Choudieu.

## TOME X.

Page 6, ligne 22, parties, *lisez* : partis.

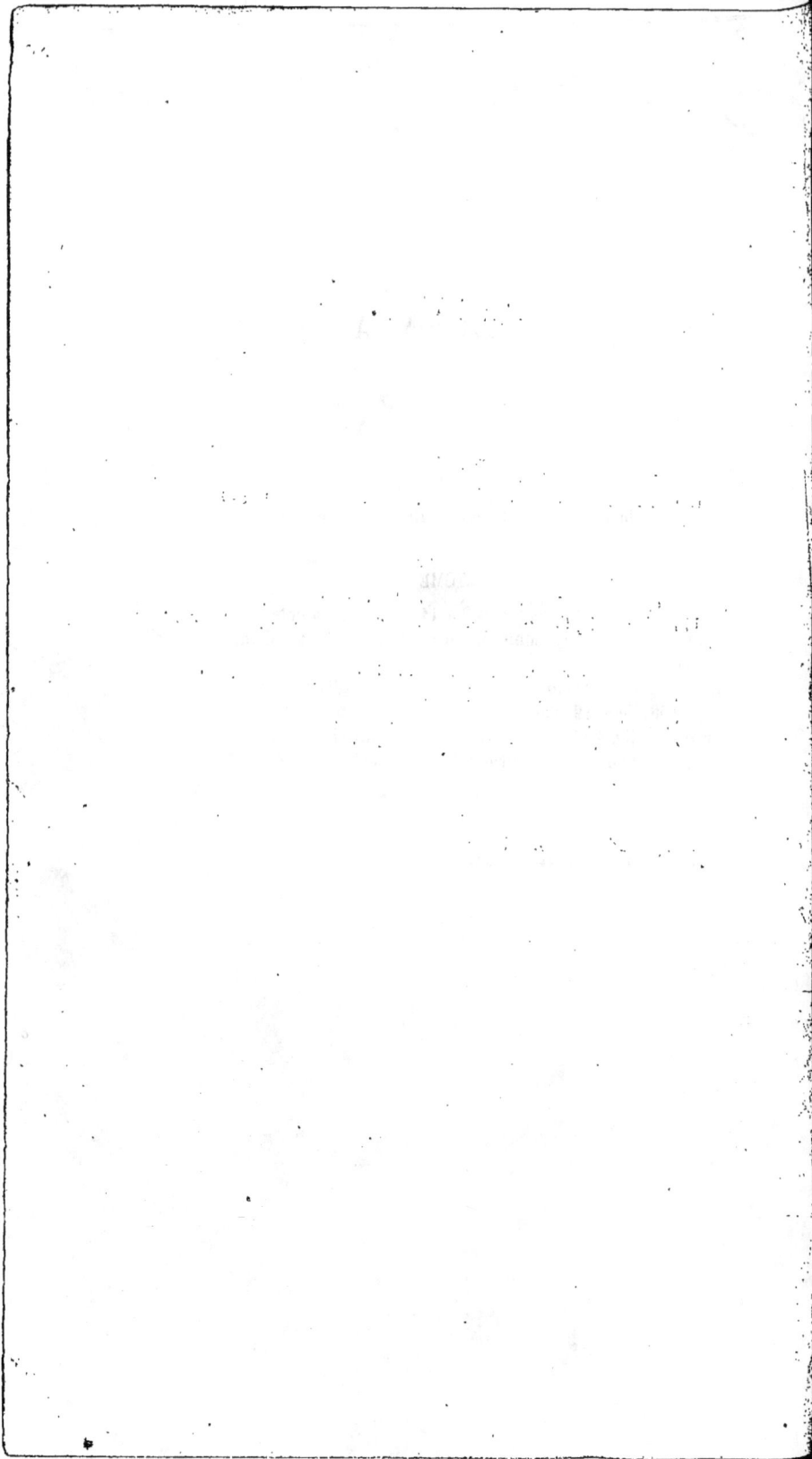